# DUNGEON MASTER'S GUIDE

던전 마스터즈 가이드 한국어판

# CREDITS

**D&D Lead Designers:** Mike Mearls, Jeremy Crawford

***Dungeon Master's Guide* Leads:** Jeremy Crawford, Christopher Perkins, James Wyatt
**Designers:** Robert J. Schwalb, Rodney Thompson, Peter Lee
**Editors:** Scott Fitzgerald Gray, Michele Carter, Chris Sims, Jennifer Clarke Wilkes
**Producer:** Greg Bilsland

**Art Directors:** Kate Irwin, Dan Gelon, Jon Schindehette, Mari Kolkowsky, Melissa Rapier, Shauna Narciso
**Graphic Designers:** Emi Tanji, Bree Heiss, Trish Yochum, Barry Craig
**Cover Illustrator:** Tyler Jacobson
**Interior Illustrators:** Rob Alexander, Dave Allsop, Daren Bader, Mark Behm, Eric Belisle, Steven Belledin, Kerem Beyit, Noah Bradley, Aleksi Briclot, Filip Burburan, Milivoj Ćeran, Sidharth Chaturvedi, Conceptopolis, jD, Jesper Ejsing, Wayne England, Emily Fiegenschuh, Scott M. Fischer, Justin Gerard, E.W.Hekaton, Jon Hodgson, Ralph Horsley, Tyler Jacobson, Jason Juta, Sam Keiser, Chad King, Vance Kovacs, Olly Lawson, Chuck Lukacs, Howard Lyon, Victoria Maderna, Aaron Miller, Mark Molnar, Terese Nielsen, William O'Connor, Hector Ortiz, Adam Paquette, Claudio Pozas, Steve Prescott, David Rapoza, Rob Rey, Aaron J. Riley, Amir Salehi, Mike Schley, Chris Seaman, Sean Sevestre, Ilya Shkipin, Carmen Sinek, Craig J Spearing, John Stanko, Alex Stone, Matias Tapia, Joel Thomas, Cory Trego-Erdner, Beth Trott, Cyril Van Der Haegen, Raoul Vitale, Tyler Walpole, Julian Kok Joon Wen, Richard Whitters, Eva Widermann, Mark Winters, Ben Wootten, Kieran Yanner, James Zhang

**Additional Contributors:** Wolfgang Baur, C.M. Cline, Bruce R. Cordell, Jesse Decker, Bryan Fagan, James Jacobs, Robin D. Laws, Colin McComb, David Noonan, Rich Redman, Matt Sernett, Lester Smith, Steve Townshend, Chris Tulach, Steve Winter, Chris Youngs

**Project Management:** Neil Shinkle, John Hay, Kim Graham
**Production Services:** Cynda Callaway, Brian Dumas, Jefferson Dunlap, David Gershman, Anita Williams

**Brand and Marketing:** Nathan Stewart, Liz Schuh, Chris Lindsay, Shelly Mazzanoble, Hilary Ross, Laura Tommervik, Kim Lundstrom, Trevor Kidd

**Based on the original D&D game created by**
E. Gary Gygax and Dave Arneson, with Brian Blume, Rob Kuntz, James Ward, and Don Kaye
**Drawing from further development by**
J. Eric Holmes, Tom Moldvay, Frank Mentzer, Aaron Allston, Harold Johnson, David "Zeb" Cook, Ed Greenwood, Keith Baker, Tracy Hickman, Margaret Weis, Douglas Niles, Jeff Grubb, Jonathan Tweet, Monte Cook, Skip Williams, Richard Baker, Peter Adkison, Bill Slavicsek, Andy Collins, and Rob Heinsoo

**Playtesting provided by**
over 175,000 fans of D&D. Thank you!
**Additional feedback provied by**
Teos Abadia, Robert Alaniz, Jason Baxter, Bill Benham, Darron Bowley, David Callander, Mik Calow, Christopher D'Andrea, Brian Danford, Krupal Desai, Josh Dillard, Sam E. Simpson Jr., Tim Eagon, David Ewalt, Rob Ford, Robert Ford, Jason Fuller, Pierce Gaithe, Richard Green, Christopher Hackler, Adam Hennebeck, Sterling Hershey, Paul Hughes, Gregory L. Harris, Yan Lacharité, Shane Leahy, Ryan Leary, Tom Lommel, Jonathan Longstaff, Rory Madden, Matt Maranda, Derek McIntosh, Paul Melamed, Shawn Merwin, Lou Michelli, Mike Mihalas, David Milman, Daren Mitchell, Matthew Mosher, David Muller, Kevin Neff, Adam Page, John Proudfoot, Max Reichlin, Karl Resch, Matthew Rolston, Jason Romein, Sam Sherry, Pieter Sleijpen, Robin Stacey, David "Oak" Stark, Adam Strong-Morse, Arthur Wright

한국어판 던전즈 앤 드래곤즈 던전 마스터즈 가이드 핸드북
**2019년 8월 05일 발매**
**저자:** Mike Mearls, Jeremy Crawford
**제작:** D&D5 한국어판 제작지원협회 (DKSA)
**유통:** TRPG Club
**기획:** Shane Kim, 정재민, 김효경, 한상덕
**번역:** DKSA 번역팀(Shane Kim, 박정민 외)
**교정:** DKSA, TRPG Club(곽건민, 김효경, 오근영, 전홍준, 정재민, 박찬일 외)
**편집:** 곽건민(이그니시스), DKSA 지원팀
**협력:** 김희정, 박형구 님과 커뮤니케이션 그룹스 D&D 팀, 이준호, 네이버 TRPG 카페, 한우주, 신두하, 한상덕, 민기쁨, 깔깔고블린과 권지훈, 다이스라떼와 Joey Croner.

**GALE FORCE NINE PRODUCTION TEAM:**
**Project Manager:** Matthew Vaughan
**Project Team:** Chris Forgham, Emily Harwood
**Producer:** John-Paul Brisigotti

## 표지 해설

타일러 재콥슨Tyler Jacobson은 아크리치 아세레락(Acererak)이 불사의 군대를 일으켜 세상을 휩쓸어버리려는 모습을 담았습니다.

면책조항: *Wizards of the Coast*는 아래 나열되는 던전 마스터의 즐거움을 위한 전술 제공에 공식적으로 관여하지 않았습니다. 첫째, 플레이어들의 계획이 얼마나 어리석고 우스꽝스러운 것이든 평범한 얼굴로 "괜찮아. 그렇게 해."라고 말하는 것. 둘째, 무슨 일이 벌어지든 모든 것이 자신이 미리 짜놓은 계획대로 돌아가는 것인양 행동하는 것. 셋째, 다음 이야기가 어떻게 진행될지 도저히 감도 잡을 수 없을 때는 갑자기 배가 아프다거나 집에서 전화가 왔다는 식으로 게임을 끝내고 다음 이야기를 궁리하는 것. 위의 모든 전술이 수포로 돌아갈 경우, 주사위 한 무더기를 스크린 뒤에서 굴리고 잠시 열심히 계산해 보는 척하다가, 깊은 후회와 안타까움의 한숨을 내쉬고는 하늘에서 티아마트가 불을 뿜며 날아오고 있다고 말하는 등이 이 전술에 포함됩니다.

ISBN: 979-11-88546-13-8  73602-K
Korean edition, 2019

# 목차

---

## 알리는 말씀

### 도량형 환산

D&D 5판 영문판은 영미권 특유의 도량형 단위인 임페리얼 유닛(Imperial Unit)을 쓰므로, 피트(ft) 및 파운드(lb)를 기본 단위로 사용하였습니다. 이에 한국어판 번역에서는 임페리얼 유닛을 미터법으로 변환하는 도량형 환산을 아래 제시합니다.

### 부피 단위

1 갤런 = 약 3.79리터

### 길이 단위

1 마일 = 약 1.6km
1 야드 = 약 0.9m
1 피트(ft) = 약 0.3m
1 인치 = 약 2.54cm

### 무게 단위

1 파운드(lb) = 약 0.45kg
1 온스 = 약 28.3g

### 약어

본 룰북에서는 위의 단위들에 더해, 아래 단어들을 약어로 사용하고 있습니다.
히트 포인트 = hp
던전 마스터 = DM
방어도 = AC
난이도 = DC

### 수정 내용의 적용

D&D 5판 한국어판은 2018년 9월에 발표된 수정안까지 적용하여 번역되었습니다.

# 소개문

**던**전 마스터가 된다는 것은 정말 훌륭한 일입니다! 당신은 영웅과 악당, 괴물과 마법이 넘치는 환상의 이야기들을 만들어나갈 뿐 아니라, 그 이야기들이 살아 숨쉬는 세상 그 자체를 만들 수 있습니다. 이 책은 이미 D&D 게임을 진행하고 있는 분, 아니면 한 번쯤 진행해 보려고 생각하는 분을 위한 것입니다.

던전 마스터즈 가이드(Dungeon Master's Guide)는 당신이 D&D 테이블 롤플레잉 게임을 진행하는 데 필요한 기초는 이미 익히고 있을 것이라 가정하고 있습니다. 만약 당신이 한 번도 D&D 게임을 해 본 적이 없다면, 던전즈 & 드래곤즈 스타터 세트(Dungeons & Dragons Starter Set)가 새로운 플레이어나 마스터인 당신을 위해 좋은 출발점이 되어줄 것입니다.

이 책을 보기 위해서는 중요한 책 두 권을 곁들여야 합니다. 플레이어즈 핸드북(Player's Handbook)은 당신의 플레이어들이 캐릭터를 만들고 게임을 진행하기 위한 규칙들이 실려 있는 책입니다. 또한 몬스터 매뉴얼(Monster Manual)은 당신의 D&D 세계를 가득 채워줄 많은 괴물을 담고 있습니다.

## 던전 마스터

던전 마스터(DM)는 D&D 게임을 뒷받침하는 창조적인 힘입니다. DM은 다른 플레이어들이 탐험하고 나아갈 세계를 창조하고, 이야기를 진행하는 모험을 만들기도 합니다. 모험은 대개 어떤 사명 하나를 둘러싸고 벌어지며, 한 번의 게임 세션으로 끝낼 수 있을 정도로 짧습니다. 하지만 플레이어들은 여러 번의 게임 세션을 거쳐야 마무리 지을 수 있는 거대한 분쟁에 휩쓸릴 수도 있습니다. 이렇게 여러 모험이 한데 모여 이어져 나가면 지속적인 캠페인이 되기도 합니다. D&D 캠페인은 수십 개의 모험으로 이루어져 몇 달 혹은 몇 년에 걸쳐 진행됩니다.

던전 마스터에게는 여러 가지 역할이 있습니다. 먼저 DM은 캠페인의 설계자로서, 괴물이나 함정을 배치하고 다른 플레이어의 캐릭터들(즉 **모험자들**)이 찾아낼 수 있는 보물을 숨겨두는 등 모험을 만들기도 합니다. 이야기꾼으로서, DM은 다른 플레이어들이 캐릭터들 주변에서 어떤 일이 벌어지고 있는지 더 쉽게 상상할 수 있도록 설명하고, 모험자들이 예상치 못한 어떤 일을 벌이거나 예측하지 못한 곳으로 들어갈 때 임기응변으로 이를 받아주는 역할도 합니다. 또한 DM은 연기자로서, 괴물이나 조연 캐릭터의 역할을 맡아 생명을 불어넣기도 합니다. 또한 DM은 게임의 심판으로서 규칙을 해석하고 적용하며, 필요할 때는 이를 변경하기도 합니다.

창작, 작문, 이야기 진행, 임기응변, 연기, 판정 - DM의 역할은 이처럼 다양하고, 모든 DM은 각자 특유의 방식으로 이러한 역할을 수행합니다. 아마 당신 역시 자신만의 방법으로 이런 역할을 즐기게 될 것입니다. 던전즈 & 드래곤즈Dungeons & Dragons는 취미이며, DM 역시 자신의 즐거움을 위해 게임을 한다는 것을 기억해 두면 도움이 될 것입니다. 당신이 더 즐거워할 역할에 집중하고, 나머지에 대해서는 보완책을 찾으면 됩니다. 예를 들어 당신이 스스로 모험을 만드는 데 큰 흥미를 느끼지 못한다면, 얼마든지 출판된 모험을 구매해서 사용할 수 있습니다. 또한 세계를 만들어 나가는 과정이나 규칙에 적응하는 과정에서 다른 플레이어들의 도움을 받을 수도 있습니다.

D&D 규칙은 당신과 다른 플레이어들이 즐거운 시간을 보내도록 도와주는 것이지만, 규칙 자체가 책임을 지진 않습니다. 당신이 DM이라면, 게임에 책임을 지는 사람 바로 당신입니다. 이 말은 당신의 목적이 캠페인에서 모험자들을 도살하는 것이 아니라는 뜻입니다. 당신은 플레이어들이 자신의 행동과 결정에 따른 결과를 받아들이도록 하는 캠페인 세계를 만들고, 플레이어들이 계속 그 세계를 경험해 나가도록 해야 합니다. 운이 좋다면, 당신의 캠페인에서 벌어진 사건들은 마지막 게임 세션이 끝난 뒤에도 여운이 남아 플레이어들의 기억 속에 오래도록 머물 것입니다.

## 이 책의 사용법

이 책은 세 부분으로 이루어져 있습니다. 제1부는 당신이 운영하고자 하는 캠페인을 어떻게 결정하는가에 대한 도움말이며, 제2부는 모험과 이야기를 만들어나가는 과정을 돕고 캠페인을 운영해 나가며 플레이어들이 게임 모임에 계속 참여하며 이를 즐기도록 해주는 조언들입니다. 마지막 부분은 규칙을 판정할 때의 도움말과 당신의 캠페인에 맞도록 규칙을 조정해 나가는 방법에 대해 다루고 있습니다.

## 제1부: 세계의 관리자

모든 DM은 그 자신의 캠페인 세계를 만들어내는 창조주입니다. 당신이 세상을 처음부터 창조하든, 아니면 인기 있는 영화나 소설의 세계를 가져와서 쓰든, 그것도 아니면 D&D 게임에서 출판된 배경을 이용하든, 캠페인을 진행하기 위해서는 이 세계를 당신 자신의 것으로 만들어야만 합니다.

당신의 캠페인을 시작하는 세계는 D&D의 **멀티버스**에 속하는 수없이 많은 세계 중 하나일 것입니다. 이 멀티버스는 수많은 모험이 도사린 방대한 이세계들로 이루어져 있습니다. 이미 널리 알려진 포가튼 렐름즈 같은 세계를 사용하기로 마음먹었다면, 당신의 캠페인 세계는 포가튼 렐름즈의 소설이나 게임 상품, 혹은 컴퓨터 게임 등의 무대를 그대로 반영하는 거울 우주로서 자리할 것입니다. 당신은 마스터로서 얼마든지 원하는 만큼 세계를 변형시킬 수 있고, 다른 플레이어들의 행동 하나하나의 결과 역시 세상을 조금씩 바꿔 나갈 것입니다.

당신의 세계는 그저 모험의 뒷무대로 끝나는 것이 아닙니다. 가운데땅이나 웨스테로스, 그 외에도 수없이 많은 환상 세계처럼, 당신의 세계 역시 현실에서 탈출해 환상적인 이야기들을 바라볼 수 있는 곳입니다. 잘 만들어지고 운영되는 세계는 모험자들 주변을 마치 물 흐르듯 흘러가며, 모험자들이 세상의 불순물이 아니라 진정 세상에 섞여 들어가고 있다는 느낌을 받게 해 줍니다.

연속성은 가상의 세계에 현실성을 부여하는 열쇠입니다. 모험자들이 보급을 위해 마을에 돌아올 때면, 그들은 이전에 만났던 **논플레이어 캐릭터(NPC)**들을 다시 마주칠 것입니다. 이게 계속된다면 플레이어의 캐릭터들은 곧 술집 주인의 이름을 알게 될 것이고, 술집 주인 역시 캐릭터들의 이름을 익힐 것입니다. 일단 이 단계까지 연속성을 획득했다면, 이제 당신은 약간씩 변화를 가미할 수 있습니다. 모험자들이 말을 몇 마리 더 사기 위해 마구간에 들려보면, 마구간을 운영하던 주인이 그 자리를 떠나 언덕 너머 대도시에 위치한 자기 집으로 돌아갔다는 이야기를 듣고, 그 자리에는 이전 주인의 조카가 와서 가문의 사업을 운영하고 있음을 알게 될 수도 있습니다. 이런 식의 변화는 모험 자체에 어떤 영향을 주지는 못하겠지만 플레이어들은 변화 자체를 충분히 느끼고 받아들일 것이며, 이를 통해 플레이어들은 그들의 캐릭터가 실제로 살아 움직이는 세상의 한 부분으로 세상과 함께 변하고 성장해 나가는 느낌을 받을 수 있습니다.

이 책의 제1부는 당신이 자신만의 세상을 만들기 위해 필요한 모든 것을 이야기하고 있습니다. 제1장에서는 당신이 운영하고자 하는 게임이 어떤 형태인지 묻고, 당신의 세계에서 벌어지는 주된 분쟁에 대해 당신이 확고하게 생각을 정리할 수 있도록

도와줍니다. 제2장에서는 당신의 세계를 더 넓고 거대한 멀티버스의 맥락 속에 자리하도록 이끌고, 플레이어즈 핸드북(Player's Handbook)에서 소개된 수많은 이세계들이나 신들에 대한 추가적 정보를 제공하여 필요하다면 당신의 캠페인에서 이를 활용할 수 있게 해 줄 것입니다.

## 제2부: 모험의 관리자

자기 자신만의 모험을 만들든, 아니면 이미 출판된 모험을 사용하든, 당신은 게임 모임이 시작되기 전에 게임을 준비하기 위해 시간을 쓸 것입니다. 당신은 더 흥미로운 이야기를 만들기 위해 고민하고, 새로운 NPC를 창조해 내고, 조우를 설계하고, 앞으로 다가올 사건에 대한 복선을 깔아두는 데 시간을 들일 필요가 있습니다.

이 책의 제2부는 당신이 멋진 모험을 만들거나 운영하도록 해 주는 도움말들로 이루어져 있습니다. 제3장은 D&D 모험의 기본 요소를 설명하며, 제4장은 기억에 남을 만한 NPC 제작법을 제공합니다. 또한 제5장은 던전이나 야생, 기타 지역에서 모험을 운영할 때의 안내를 제공하며, 6장에서는 모험과 모험 사이에 벌어지는 일에 대한 조언을 담고 있습니다. 제7장은 플레이어들이 당신의 캠페인을 계속해 나가도록 해 주는 다양한 보물과 마법 물건, 기타 특별한 보상을 다룹니다.

## 제3부: 규칙의 관리자

던전즈 & 드래곤즈Dungeons & Dragons는 참가자끼리 대립하는 경쟁 게임이 아니지만, 테이블에 둘러앉은 플레이어 모두가 규칙에 따라 게임을 즐길 수 있도록, 치우치지 않게 규칙을 판정할 누군가가 필요합니다. 게임 세계와 그 세계 안에서 벌어지는 여러 모험의 창조자로서, DM이 이러한 규칙 심판의 역할을 맡아야 자연스러울 것입니다.

심판으로서, DM은 규칙과 플레이어들 사이를 중재합니다. 플레이어들은 DM에게 자신이 무엇을 하고 싶은지 말하고, DM은 그 캐릭터의 행동이 성공했는지 아닌지를 판정하며, 필요에 따라서는 플레이어가 주사위를 굴려 행동의 결과를 결정하게 됩니다. 예를 들어 만약 어떤 플레이어의 캐릭터가 오크를 향해 무기를 휘두르려 한다면, 당신은 "명중 판정하세요."라고 말한 다음 오크의 방어도(Armor Class)를 확인하게 될 것입니다.

규칙은 일반적인 D&D 게임에서 벌어질 수 있는 모든 상황을 설명하지는 못합니다. 예를 들어, 어떤 플레이어는 자신의 캐릭터가 뜨거운 석탄이 가득 들어 있는 화로를 괴물의 얼굴에 집어던지길 바랄 수도 있습니다. 당신은 먼저 캐릭터에게 근력 판정을 하라고 선언하고, 마음속으로 난이도(Difficulty Class)가 15라고 지정해 둘 수 있습니다. 만약 근력 판정이 성공했다면, 당신은 괴물이 얼굴에 뜨거운 석탄을 잔뜩 뒤집어쓴 것이 어떤 효과를 발휘했는지 결정해야 합니다. 당신은 석탄이 1d4의 화염 피해를 가했고, 다음 턴이 끝날 때까지 괴물의 명중 판정에 불리점을 가할 것이라고 결정하였습니다. 당신은 피해 굴림을 굴릴 것이고, (석탄을 던진 캐릭터의 플레이어가 굴릴 수도 있습니다.) 게임은 계속 진행됩니다.

가끔은 규칙을 중재한다는 것이 일종의 한계를 설정하는 작업을 의미하기도 합니다. 만약 어떤 플레이어가 "난 달려들어 오크를 공격하겠어."라고 선언했다 해 봅시다. 하지만 그 플레이어의 캐릭터는 이동거리가 부족하여 오크에 닿을 수 없습니다. 당신은 "거기까지 가기엔 너무 멀어서 가서 공격할 수는 없어요. 다른 행동을 하실 건가요?"라고 말할 수 있습니다. 플레이어는 그 정보를 받고 다른 계획을 짜게 될 것입니다.

규칙의 심판으로서, 당신은 먼저 그 규칙을 소상히 알아야만 합니다. 하지만 당신은 이 책이나 플레이어즈 핸드북을 달달 외울 필요는 없습니다. 대신 그러한 내용에 대한 대략적인 기억을 가지고, 판정이 필요한 순간 적절한 곳을 찾아볼 수 있으면 됩니다.

플레이어즈 핸드북은 게임을 진행하는데 필요한 주된 규칙을 모두 담고 있습니다. 이 책의 제3부에서는 게임 내에서 벌어질 수 있는 여러 상황에 걸쳐 당신이 어떻게 규칙을 조정하면 좋을 것인지에 대한 여러가지 정보가 담겨 있습니다. 제8장에서는 명중 판정, 능력 판정, 내성 굴림 등에 대한 조언을 제공합니다. 또한 이 부분에서는 특정한 게임 스타일과 캠페인에 어울리는 몇 가지 추가적 선택 규칙 또한 포함되어 있습니다. 미니어처를 쓰는 방식이라거나, 추적 장면에 쓰일만한 체계, 광기를 어떻게 게임에서 표현해야 하는가 등이 선택 규칙의 예시가 될 것입니다. 만약 당신이 자신만의 무언가를 만들고자 한다면, 제9장이 그 창조를 도와줄 것입니다. 이 장을 통해 당신은 새로운 괴물, 종족, 캐릭터 배경 등을 직접 만들 수 있습니다. 이 장은 또한 판타지 세계에서 총기가 등장하는 등, 흔치 않은 상황이나 게임 진행 스타일에 맞는 부가 규칙 또한 설명하고 있습니다.

# 플레이어들을 파악하기

D&D 게임의 성공은 당신의 능력에 달려 있다고 봐도 과언이 아닙니다. 함께한 플레이어들이 즐거워 했던 게임이 곧 성공한 게임이기 때문입니다. 각 플레이어는 자신의 캐릭터(캠페인의 주역)를 만들고, 그들에게 생명을 불어넣고, 캐릭터의 행동을 정해 나감으로써 캠페인을 진행하는 역할을 맡습니다. 한편 당신의 역할은 (당신을 포함한) 플레이어들이 당신이 만든 게임 세계에 녹아들어 그것을 즐기게 하며, 그들의 캐릭터가 놀랍고 대단한 일들을 벌이도록 이끌어 나가는 것입니다.

당신의 플레이어들이 D&D 게임 내에서 무엇을 즐기는지 알아두어야 합니다. 그것은 플레이어들이 게임을 한층 즐겁게 여기며 오래 기억하게 하는 중요한 요소입니다. 일단 당신이 자신의 게임 집단 내에 있는 각 플레이어가 아래 활동 중 무엇을 가장 즐기는지 알아 둔다면, 당신은 각각의 플레이어가 훨씬 즐겁게 게임을 즐길 수 있도록 모험을 한층 더 알맞게 짜나갈 수 있을 것입니다.

## 연기하기

캐릭터에 이입하여 연기하고, 캐릭터의 목소리로 말하는 것을 즐기는 플레이어들이 있습니다. 근본적으로 역할 연기라 할 수 있는 이들은 NPC들, 괴물들, 그리고 다른 파티 동료들과의 사회적 상호작용에서 큰 즐거움을 얻습니다.

연기하기를 즐기는 플레이어들을 끌어들이려면…
• 그들이 자기 캐릭터의 배경과 개성을 만들어나갈 기회를 제공해 주세요.
• NPC들과 일상적으로 소통할 수 있도록 해 주세요.
• 전투 조우에서도 역할 연기를 즐길 수 있는 요소를 더해주세요.
• 캐릭터 각각의 배경이 모험 속에서도 의미를 가질 수 있도록 조정해 주세요.

## 탐험하기

자신 앞에 펼쳐진 판타지 세계를 탐험하길 바라는 플레이어들이 있습니다. 그들은 다음번 모퉁이를 돌면, 다음 언덕을 넘으면 무엇이 펼쳐질까 알고 싶어 합니다. 그들은 또한 숨겨진 단서나 보물들을 찾아내는 것을 좋아합니다.

탐험하기를 즐기는 플레이어들을 끌어들이려면…
• 앞으로 벌어질 사건에 대한 단서를 배치하세요.
• 그들이 탐험하고 무언가 찾아낼 시간을 주세요.
• 게임 주변에 펼쳐진 놀라운 환경에 대해 충분히 묘사해 주시고, 흥미로운 지도나 게임 도구를 써서 그걸 표현해 주세요.
• 괴물들에 대해서도 알아내야 할 비밀이나, 그 괴물들이 가진 문화적 세부사항을 배울 수 있게 해 주세요.

## 뛰어들기

여러 가지 사건이 벌어지도록 상황에 뛰어드는 행동을 선택하는 플레이어들이 있습니다. 그러한 행동이 더욱 큰 위기를 불러오게 될지라도, 이들 플레이어는 지루함을 참고 견디느니 위험에 뛰어들어 맞서는 것을 선택할 것입니다.

뛰어들기를 즐기는 플레이어들을 끌어들이려면…
• 주변 환경에 영향을 줄 수 있는 행동을 하게 해 주세요.
• 그들을 유혹할 수 있는 요소를 모험 속에 제공해 주세요.
• 캐릭터들이 더욱 긴박감을 느낄 수 있는 장면으로 이끌어 나가도록 그들의 행동을 유도하세요.
• 누구 편인지 알 수 없고 티격태격 할 수 있는 NPC들이 등장하는 조우를 만들어 주세요.

## 전투하기

판타지 세계에서 벌어지는 전투를 통해 악당과 괴물들을 걷어차주길 즐기는 플레이어들이 있습니다. 이들은 싸움을 시작할 이유를 찾고, 세심한 고려를 거쳐 과감하게 행동하길 원합니다.

전투하기를 즐기는 플레이어들을 끌어들이려면…
• 예측할 수 없는 순간에 전투 조우가 시작되게 해 주세요.
• 그들의 캐릭터가 가하는 공격이나 주문이 어떤 효과를 불러일으켰는가 생생하게 묘사해 주세요.
• 약한 괴물들이 대량으로 등장하여 싸우는 전투 조우를 만들어 주세요.
• 사회적 상호작용이나 탐험 장면에서 자연스럽게 전투로 이어지게 해주세요.

## 최적화하기

레벨이 올랐을 때, 새로운 요소가 생겼을 때, 새로운 마법 물건을 얻었을 때, 자신들의 캐릭터를 최적화하는 작업을 즐기는 플레이어들이 있습니다. 이들은 자기 캐릭터가 지닌 우월성을 뽐낼 수 있는 기회라면 무엇이라도 환영할 것입니다.

최적화하기를 즐기는 플레이어들을 끌어들이려면…
• 새로운 능력이나 주문을 계속 접하게 해 주세요.
• 그들이 원하는 마법 물건을 얻을 수 있다는 식으로 모험의 연결 고리를 만들어 주세요.
• 그들의 캐릭터가 충분히 빛날 수 있는 조우를 만들어 주세요.
• 비전투 조우에서도 경험치 등의 보상을 제공해 주세요.

## 문제 해결

떨어진 NPC들의 사기를 끌어올리거나, 악당들이 짜 놓은 계획을 무너트리거나, 수수께끼를 풀어내는 등 문제를 해결하는 것을 즐기는 플레이어들이 있습니다.

문제 해결을 즐기는 플레이어들을 끌어들이려면…
• 문제를 풀어야 진행되는 조우를 만들어 주세요.
• 계획을 세우고 전술을 수립해 가는 과정 그 자체에 게임 내에서 통용되는 이득으로 보상해 주세요.
• 플레이어들이 더 쉽게 이길 수 있도록 영리한 계획을 짜낼 기회를 제공해 주세요.
• 복잡한 행동 동기를 가진 NPC들을 등장시켜 주세요.

## 이야기 진행

이야기 구조에 기여하는 이야기 진행 자체를 사랑하는 플레이어들이 있습니다. 이들은 앞에 펼쳐질 이야기 속에서 자신의 캐릭터가 중요한 역할을 하길 바라고, 이야기 구조를 더 이어 나가고 그 속에 얽힌 조우 상황들을 즐깁니다.

이야기 진행을 즐기는 플레이어들을 끌어들이려면…
• 캐릭터들의 배경이 캠페인 전체의 이야기를 만들어나가는데 영향을 주도록 하세요.
• 조우를 거치면서 이야기가 완성되도록 해 주세요.
• 캐릭터 각각의 행동이 미래에 벌어질 사건에 영향을 주게 하세요.
• NPC들의 이상, 그들의 인간관계, 그리고 단점들이 모험을 헤쳐나가는 단서가 되게 해 주세요.

# 제1부

세계의 관리자

# 제1장: 당신 자신의 세상

**당**신의 세상은 당신이 만들어나갈 게임 캠페인의 무대이며, 모험이 벌어질 곳입니다. 당신이 포가튼 렐름즈 같이 미리 만들어진 배경을 사용한다 하더라도, 당신이 자신의 모험을 배치하고, 그 안에 살아갈 캐릭터들을 만들고, 이들의 행동을 통해 당신 자신의 캠페인을 진행시켜 나가면, 그 배경 역시 당신만의 세상으로 변해갈 것입니다. 이 장에서는 당신의 세상을 만들어나가는 방법, 그리고 그 세상 속에서 캠페인을 만드는 법을 설명하고 있습니다.

## 큰 그림 그리기

이 책, 플레이어즈 핸드북(Player's Handbook), 그리고 몬스터 매뉴얼(Monster Manual)에서는 D&D 세계가 돌아가는 기본적인 가정을 제공합니다. 이렇게 이미 만들어진 배경들 중에서도 포가튼 렐름즈, 그레이호크(Greyhawk), 드래곤랜스(Dragonlance), 미스타라(Mystara)등의 세계는 이러한 가정에서 그리 멀리 떨어져 있지 않습니다. 한편, 다크 선(Dark Sun)이나, 에버론(Eberron), 레이븐로프트(Ravenloft), 스펠잼머(Spelljammer), 플레인스케이프(Planescape) 등의 배경은 기본적인 가정에서 상당히 멀리 떨어져 있습니다. 당신이 자기 세상을 만들어나갈 때, 그 세상을 어떻게 설정하고 만들지는 당신에게 달려 있습니다.

## 핵심적 가정

일반적인 규칙들은 게임 세계 내에서 아래와 같은 핵심적 요소들이 작용한다고 가정하고 있습니다.

*신들이 세상을 살펴본다.* 신들은 실존하며, 다양한 믿음을 통해 자신을 드러내고 있습니다. 각각의 신들은 전쟁이나 숲, 바다 등 세상의 여러 측면을 지배하는 존재입니다. 신들은 자신들의 신성 마법을 통해 세상에 영향을 끼치며, 신도들에게 징조를 보내고 그들을 이끌어 나갑니다. 신도들은 자신들이 신앙하는 신들의 부하로서, 그들의 이상을 퍼트리고 라이벌을 몰락시킬 길을 찾아 나갑니다. 비록 어떤 이들은 신들을 경배하거나 존중하지 않을 수도 있지만, 적어도 그들의 존재를 부정하는 이는 없습니다.

*세상의 대부분은 거친 야생 그대로이다.* 넓게 펼쳐진 알려지지 않은 세상이 있습니다. 도시들, 여러 연합, 다양한 크기의 왕국들이 여기저기에 있지만, 그들의 경계 밖에는 온통 야생 그대로입니다. 사람들은 자신이 살아가는 곳 주변에 대해서는 잘 알고 있습니다. 또 그들은 여행자나 상인들에게서 다른 곳의 이야기들도 듣고 있습니다. 하지만 직접 보고, 겪고, 사는 사람이 아닌 이상, 저 멀리 산맥 너머나 깊고 깊은 숲속에 무엇이 있는지를 알고 있는 사람들은 거의 없습니다.

*세상은 고색창연하다.* 제국은 흥망성쇠를 거듭하였고, 제국의 흔적과 부패가 스치지 않은 곳은 거의 없습니다. 전쟁과 긴 시간, 그리고 자연의 힘이 결국 필멸의 세계를 되찾아 가는 과정에서, 과거의 제국은 모험과 신비로 가득찬 공간의 무대가 되어줄 것입니다. 고대 문명과 그들의 지식은 전설로 살아남았고, 고대의 마법 물건과 폐허는 그 증거가 되어줍니다. 때로는 혼돈과 악이 제국을 무너트리는 원인이 되기도 합니다.

*투쟁이 세상의 모습을 바꿔 나간다.* 힘을 가진 이들이 세상에 자신의 흔적을 남기고, 같은 목적을 가진 집단들이 역사의 방향을 틀고 있습니다. 종교를 추구하는 집단은 카리스마를 지닌 예언자 아래 있을 것이며, 왕국은 대를 잇는 왕조의 지배하에 있고, 비밀 조직은 오래전 실전된 마법을 되찾기 위한 수단을 강구할 수 있습니다. 이러한 조직들은 힘과 권력을 노리고 서로 충돌하고 경쟁하며 영향력을 펼쳐 나갑니다. 어떤 이들은 세상을 보호하고 황금시대를 열기 위해 움직이기도 하며, 어떤 이들은 끔찍한 결말을 가져오고 철권으로 지배하기 위해 움직입니다. 한편 또 다른 이들은 재물을 축적하기 위해 활동하기도 하며, 죽은 신의 부활을 꿈꾸는 자들도 있습니다. 그들의 목적이 무엇이든, 이러한 조직들은 필연적으로 서로 충돌하기 마련이며, 이들의 투쟁이 세상의 운명을 만들어갑니다.

*세상에는 마법이 존재한다.* 마법의 수련자들은 그리 숫자가 많지는 않지만, 그들이 존재한다는 증거는 세상 어디서든 찾아볼 수 있습니다. 마법은 상처를 치유하는 포션처럼 단순하고 쉽게 찾아볼 수 있는 것에서부터, 부유하는 거대한 탑이나 도시의 성문을 지키는 골렘과 같이 희귀하고 인상적인 것까지 다양하게 존재합니다. 문명의 세상을 벗어나면 마법의 함정으로 지켜지고 있는 마법 물건들이 있으며, 마법적으로 창조된 괴물들이 존재하는 마법으로 가득 찬 던전 역시 존재하고, 마법에 의해 저주를 받거나 마법적인 능력을 얻을 수 있는 기회가 존재하기도 합니다.

## 당신의 세상

당신의 캠페인 세계를 만들어나갈 때, 이러한 핵심적 가정들을 고려하고 어떻게 바꾸어 나갈지를 생각해 보는 것은 좋은 시작이 될 수 있습니다. 이 장에서 이후 이어질 부분들은 각각의 요소들을 설명하고 당신의 세상을 어떻게 여러 가지 신앙, 조직, 지역으로 채워 나갈지를 설명해 줄 것입니다.

이러한 가정은 반드시 지켜져야 하는 확고부동한 것이 아닙니다. 이들은 그저 모험으로 가득 찬 재미있는 D&D 세계를 만들도록 도움을 줄 뿐이며, 당신이 바란다면 다른 가정을 세울 수도 있습니다. 당신은 여러가지 핵심 가정 중 몇 가지를 바꾸거나 무시하는 과정을 통해 더 흥미로운 캠페인을 만들 수도 있습니다. 이러한 과정은 이미 출판되어 널리 판매된 게임 배경에서도 이루어진 바가 있습니다. 스스로 물어보십시오. "일반적인 가정들 중 내 세상에 어울리지 않는 건 무엇일까?"

*세상은 평범한 곳이다.* 마법이 지극히 희귀하고 위험한 것이라서, 심지어 모험자들조차 쉽사리 그걸 접할 수 없는 세상이라면 어떨까요? 이렇게 된다면 당신의 캠페인 세계 역사는 어떻게 변하게 되었을까요?

*세상은 새로운 곳이다.* 당신의 세상이 완전히 새로운 것이며, 캐릭터들이 기나긴 영웅의 명맥을 시작하는 위치에 있다면 어떨까요? 모험자들은 포가튼 렐름즈 배경에 등장하는 네더릴(Netheril) 제국이나 코르만소르(Cormanthor)같이 거대한 제국을 세우는 최초의 용사들일 수도 있습니다.

*세상은 널리 알려져 있다.* 세상이 속속들이 알려지고 "이곳에 용이 살고 있음"같은 문구가 쓰인 지도마저 만들어질 정도라면 어떨까요? 거대한 제국이 세상 구석구석까지 손길을 뻗고 있고, 그들이 서로 국경을 맞대고 있다면 어떨까요? 에버론 배경의 오대왕국(the Five Nations)은 한때 거대한 제국의 일부였고, 이 도시들 사이에서는 마법을 이용한 장거리 여행 역시 평범하게 이루어지고 있습니다.

*괴물들은 희귀하다.* 괴물들이 지극히 희귀하고 공포스러운 존재라면 어떨까요? 레이븐로프트 배경을 보면, 공포스러운 각각의 지역은 괴물 같은 지배자들에 의해 통치되고 있습니다. 그곳을 살아가는 평범한 사람들은 암흑군주(Darklord)와 그들이 부리는 사악한 졸개들의 공포에 숨죽이며 살아가지만, 다른 괴물들은 지극히 희귀하며 사람들의 일상사에 거의 등장하지 않습니다.

*마법이 흔하다.* 모든 마을이 강력한 마법사에 의해 다스려지고 있다면 어떨까요? 마법 물건을 파는 상점이 흔하다면 어떨까요? 에버론 배경에서는 마법이 일상사에 자연스럽게 녹아들어 있고, 마법으로 움직이는 비공정이나 마법 운송 수단이 대도시들 사이를 연결하고 있습니다.

*신들이 세상을 돌아다닌다면, 혹은 아예 존재하지 않는다면.* 신들이 지상을 활보하는 일이 흔하다면 어떨까요? 캐릭터들이 신에 도전해 그 힘을 빼앗을 수 있다면 어떨까요? 혹은, 신들이 머나먼 곳에 떨어져 있고, 심지어 천사들조차 필멸의 세상에 섭사리 모습을 드러내지 않는다면 어떨까요? 다크 선 배경을 보면, 신들은 지극히 멀리 있거나 아예 존재하지 않는 듯하고, 심지어 클레릭들조차 원소의 힘을 빌려 마법을 사용해야만 합니다.

# 당신 세상의 신들

플레이어즈 핸드북(*Player's Handbook*)의 부록 B에는 여러 만신전(특정한 종교관이나 철학에 의해 서로 무리 지은 신들의 집단)과 그에 속한 신들을 소개했고, 당신은 자신의 게임에 이러한 신들을 사용할 수 있습니다. 이렇게 소개된 신들 중에는 이미 출판된 D&D 세계들이나 판타지의 역사적인 만신전 신들 역시 포함됩니다. 당신은 이러한 만신전 중 하나를 들여와 당신의 캠페인에 사용할 수도 있고, 각각의 신들을 골라 뽑아와서 당신 자신의 만신전을 차릴 수도 있습니다. 아래 소개된 "예시 만신전" 부분이 좋은 참고가 되어줄 것입니다.

게임의 규칙만 명심한다면, 당신의 세상 속에 수백 수천의 신이 존재하든, 아니면 유일신을 섬기는 교회만이 존재하든 아무런 문제가 없습니다. 게임 규칙상에서 보면, 클레릭들은 권역을 선택하는 것이지 신을 선택하는 것이 아닙니다. 따라서 당신은 얼마든지 이러한 권역들을 자신이 원하는 신들에게 엮어줄 수 있습니다.

## 느슨한 만신전

대부분의 D&D 세계는 느슨한 신들의 만신전을 지니고 있습니다. 다종다양한 신은 세계의 여러 측면을 나타내며, 서로 연합하거나 경쟁하는 등의 행위를 통해 우주의 운명을 운영합니다. 사람들은 여러 신을 함께 모시는 사당에 모여 생명과 지혜의 신을 숭배하기도 하고, 비밀스러운 장소에 숨어들어 속임수나 파괴의 신에게 신앙을 바치기도 합니다.

만신전에 존재하는 각각의 신은 신의 권능(포트폴리오: Portfolio)이라 불리는 자신의 권리이자 영역을 지니고 있으며, 그 영역의 발달에 책임을 지고 있습니다. 그레이호크 세계를 보면, 헤이로너스(Heironeous)는 용맹함의 신으로서 그 자신을 따르는 클레릭이나 팔라딘으로 하여금 명예로운 전쟁, 기사도, 사회에서의 정의 구현이라는 이상을 널리 퍼트리길 요구합니다. 그의 형제인 전쟁과 폭정의 신 헥스터(Hextor)와 벌이는 끝없는 싸움 와중에도, 헤이로너스는 명예롭고 고귀하며, 정의로운 대의에 입각한 전쟁이라는 자신의 권능을 지켜갑니다.

D&D 세계를 살아가는 사람들 대부분은 다신교도로서, 그들 자신이 믿는 신들과 함께 다른 문화권의 만신전에 대해서도 인지하고 있습니다. 한 개인이 자신의 성향과는 무관하게 여러 신에게 공물을 바치는 경우도 흔합니다. 예를 들어 포가튼 렐름즈 세계에서라면, 어떤 이가 바다로 항해하기 전에는 움버리(Umberlee)에게 제사를 드릴 것이며, 수확절을 맞아 벌어지는 공동체의 축제에서는 챠운티(Chauntea)에게 축하를 바칠 것입니다. 또한 사냥을 나가기 전에는 말라(Malar)에게 기도할지도 모릅니다.

그중 몇몇은 특정한 신 하나에게 강한 소명의식을 느끼고, 그 신에게 봉사를 바치는 대신 자신의 수호신으로 두고 싶어 할 수도 있습니다. 이렇게 특별히 하나의 신에게 헌신을 바치는 자들은 주로 사제가 되어 성소를 지키거나 교회의 일원이 되기도 합니다. 이보다 더욱 희귀하게는, 소명에 따라 진정한 신성의 힘을 빌려 쓸 수 있는 클레릭이나 팔라딘이 되는 이들도 있습니다.

## 새벽 전쟁의 신들

| 신들 | 성향 | 권장 권역 | 상징 |
|---|---|---|---|
| 그럼쉬. 파괴의 신 | 혼돈 악 | 폭풍, 전쟁 | 뼈 돌출부가 있는 삼각형 속의 눈 |
| 까마귀 여왕. 죽음의 여신 | 질서 중립 | 생명, 죽음 | 왼쪽을 향하고 있는 까마귀의 머리 |
| 롤스. 거미와 거짓의 여신 | 혼돈 악 | 기만 | 거미줄 모양을 한 팔각형의 별 |
| 멜로라. 야생과 바다의 여신 | 중립 | 자연, 폭풍 | 물결치는 소용돌이 |
| 모라딘. 창조의 신 | 질서 선 | 지식, 전쟁 | 불타는 모루 |
| 바하무트. 정의와 고귀함의 신 | 질서 선 | 생명, 전쟁 | 왼 쪽을 향하고 있는 드래곤의 머리 |
| 베인. 전쟁과 정복의 신 | 질서 악 | 전쟁 | 아래를 향한 세 갈래 손톱의 손 |
| 베크나. 사악한 비밀의 신 | 중립 악 | 죽음, 지식 | 약간 부서진 외눈의 해골 |
| 셰하닌. 달의 여신 | 혼돈 선 | 기만 | 초승달 |
| 아반드라. 변화와 행운의 여신 | 혼돈 선 | 기만 | 서로 겹쳐진 3개의 물결선 |
| 아스모데우스. 폭정의 신 | 질서 악 | 기만 | 가까이 붙어 있는 3개의 삼각형 |
| 아이운. 지식의 여신 | 중립 | 지식 | 눈 모양의 양식이 그려진 지팡이 |
| 에라디스. 문명과 발명의 여신 | 질서 중립 | 지식 | 톱니 기계의 위쪽 절반 |
| 제히르. 어둠과 독의 신 | 혼돈 악 | 기만, 죽음 | 단검 모양을 하고 있는 뱀 |
| 코드. 힘과 폭풍의 신 | 혼돈 중립 | 폭풍 | 번개 같은 형태의 가드가 달린 검 |
| 코렐론. 마법과 기예의 신 | 혼돈 선 | 광휘 | 팔각 별 |
| 타리즈던. 광기의 신 | 혼돈 악 | 기만 | 삐뚤삐뚤 그려진, 시계 반대방향의 소용돌이 |
| 토로그. 언더다크의 신 | 중립 악 | 죽음 | 원을 그리고 있는 사슬에 연결된 T자 모형 |
| 티아마트. 재물과 탐욕, 복수의 여신 | 질서 악 | 기만, 전쟁 | 끝이 휘어진 오망성 |
| 펠러. 태양과 농경의 신 | 중립 선 | 생명, 광휘 | 밖으로 뻗어 나가는 8개의 돌출부를 가진 원 |

성소나 사원들은 종교적인 행사나 축일마다 사람들이 모이는 장소가 되기도 합니다. 사제들은 신들에 얽힌 이야기를 풀어놓으며, 그들이 떠받드는 신이 대변하는 윤리를 가르칠 것입니다. 또한 그들은 사람들에게 조언을 행하고 축복을 내리며, 종교적 행사를 주관하고, 자신의 신이 기꺼워할 일을 가르치는 업무를 행하기도 합니다. 도시나 큰 마을에는 공동체가 중요하게 생각하는 신들에게 바쳐진 여러 개의 성소가 있을 수도 있으며, 그보다 작은 정착지에서라면 그 지방에서 가장 널리 알려진 신 하나를 모시는 작은 사당 하나만 있을 수도 있습니다.

당신의 세상에 자리할 만신전을 빨리 만들어나가려면, 8개의 신성 권역을 대표하는 신들 하나씩을 간단히 정해 두면 됩니다. 이 8개의 권역은 각각 죽음, 지식, 생명, 광휘, 자연, 폭풍, 기만, 그리고 전쟁입니다. 당신은 이러한 신들의 이름이나 개성을 직접 만들어 낼 수도 있고, 다른 만신전에서 가져와 적용할 수도 있습니다. 이렇게 접근한다면 당신은 몇몇의 신으로 세상의 중요한 부분들을 대변하는 작은 만신전을 가지게 되며, 이러한 신들이 움직이는 영역을 상상하기도 쉬워집니다. 예를 들어 지식 권역의 신이라면 마법의 후원자이자 예언의 주관자가 될 것이고, 빛의 신이라면 태양신이며 시간의 지배자일 수도 있을 것입니다.

## 예시 만신전

새벽 전쟁(Dawn War)의 만신전은 기존에 이미 존재하던 요소들을 혼합해 새로운 캠페인이 사용할 만신전을 만들어 낸 예시입니다. 이 기존의 만신전은 2008년 출판된 D&D 제4판의 플레이어즈 핸드북(Player's Handbook)에 처음 사용되었습니다. 이 만신전에 대한 요약은 새벽 전쟁의 신들 표에 기재되어 있습니다.

이 만신전은 먼저 비인간 종족의 신들 여럿을 가져와 그들을 보다 대중적인 신으로 만들었습니다. 바하무트, 코렐론, 그럼쉬, 롤스, 모라딘, 세하닌, 티아마트 등이 그렇게 가져온 신들입니다. 이 세계에서는 인간도 모라딘이나 코렐론을 신앙하며, 그들이 대변하는 신의 권능을 추구할 수 있습니다. 또한 이 만신전에서는 아크데빌인 아스모데우스를 폭정이자 지배의 신으로 포함하기도 하였습니다.

나머지 신 중 일부는 이미 존재하는 다른 만신전에서 가져온 신들이며, 가끔은 새로운 이름을 지어주기도 하였습니다. 베인은 포가튼 렐름즈에서 가져온 신입니다. 코드, 펠러, 타리즈던, 베크나 등은 그레이호크에서 가져왔습니다. 그리스 신화에서는 아테나를 가져와 이름을 에라디스로 바꾸었으며, 티케를 아반드라로 바꾸었습니다. 또한 이집트 만신전에서 세트를 가져와 제히르라는 이름을 주기도 하였습니다. 까마귀 여왕은 북구 신화의 저승 여신 헬과 그레이호크의 위 자스와 유사합니다. 오직 아이운, 멜로라, 토로그라는 세 신만이 시작점부터 새로 만든 것입니다.

# 다른 종교 체계

당신의 캠페인에서, 당신은 하나의 종교와 밀접하게 연관된 신들의 만신전을 만들 수도 있고, 유일신적 종교를 만들 수도 있으며, 이신론을 따르는 체계를 창조할 수도 있습니다. 어쩌면 신비 교단이나 원시종교를 캠페인이 사용할 수도 있고, 아니면 자연의 힘이나 철학적 사상을 중심에 놓고, 신들은 배제할 수도 있습니다.

## 밀접한 만신전

느슨한 만신전에 대비되는 개념으로, 하나의 종교에 엄격하게 연관되어 있는 신들로 이루어진 밀접한 만신전을 들 수 있을 것입니다. 이 하나의 종교는 철학과 교리를 공유합니다. 이 밀접한 만신전의 추종자 중에는 각각의 신에 특별히 더 헌신하는 자들이 있겠지만, 어쨌든 모든 신도는 그들의 만신전에 속하는 모든 신을 공경합니다.

밀접한 만신전 체계를 만드는데 핵심적인 요소는 그 신앙을 가진 자들이 모든 신을 한데 아우르는 하나의 철학이나 교리를 따른다는 것입니다. 밀접한 만신전에 소속된 신들은 하나의 집단으로 움직이며 그들의 추종자들을 이끌어 나갑니다. 이러한 특성으로 인해, 밀접한 만신전은 마치 가족처럼 생각될 수 있습니다. 만신전에 소속된 신 중 한둘이 마치 부모와 같은 위치에 서며, 나머지는 만신전의 신앙자들이 중요하게 여기는 세상의 여러 측면을 대변하는 군소한 신들로 이루어집니다. 신전에서는 만신전에 속한 모든 신을 기릴 것입니다.

밀접한 만신전 속에는 꼭 하나 이상의 기괴한 신들이 속해 있습니다. 이들에 대한 신앙은 전체 만신전에서 공인받지 못하는 것입니다. 이들은 흔히 사악한 신으로 여겨지며 만신전의 적으로서 존재합니다. 예를 들자면 그리스 신화에 등장하는 티탄들이 이러한 위치에 속한다고 할 수 있을 것입니다. 이 신들 역시 그 자신의 교단을 지니고 있으며, 사회의 추방자들이나 악당들을 끌어모으곤 합니다. 이 교단은 흔히 신비 교단의 형태를 띠게 되며, 그 구성원들은 오직 그 신 하나에만 헌신할 것을 요구받습니다. 비록 교단의 구성원들이 밀접한 만신전에서 널리 신앙하는 다른 신들의 신상 앞에서 형식적으로 고개를 숙일지라도, 진정한 신앙은 추방된 그들의 신에게만 바칠 것입니다.

북구 신화의 신들은 밀접한 만신전의 좋은 예시가 되어줍니다. 오딘은 만신전의 지도자이자 어버이 같은 지위입니다. 토르, 티르, 프레이야 등은 북구 문화권에서 중요하게 여겨지는 여러 요소를 나타내는 하위 신들입니다. 한편, 로키와 그 추종자들은 어둠 속에 숨어서 가끔 다른 신들을 돕기도 하지만, 어떤 때는 만신전의 다른 모두와 대적하는 적으로서 나타나기도 합니다.

## 신성 위계

멀티버스의 여러 신은 그들이 지닌 우주적 힘의 크기로 나누어지기도 합니다. 어떤 신들은 여러 세계에서 신앙의 대상이 되며, 각각의 세계에서 차지한 그들의 영향력 크기에 따라 다른 지위에 있기도 합니다.

**대신**들은 필멸자의 이해 밖에 있는 존재입니다. 그들은 감히 소환하려 할 수도 없으며, 언제나 필멸의 세상사로부터 멀리 떨어진 채 연관을 가지지 않습니다. 아주 특별한 경우라면 그들 역시 하급 신들처럼 화신을 내보내기도 하지만, 대신의 화신을 죽여 보았자 신 그 자체에는 아무런 영향을 주지 못할 것입니다.

**소신**들은 수많은 이계 중 어딘가에 자리한 신입니다. 몇몇 소신들은 물질계에 현현해 있기도 합니다. 포가튼 렐름즈에 존재하는 유니콘 여신 루루에(Lurue)나 사후아긴들이 숭배하는 거대한 상어신 세콜라(Sekolah)가 그러한 신들입니다. 다른 신들의 경우 외세계에 존재합니다. 예를 들자면, 롤스는 어비스에 자리하고 있습니다. 이러한 신들은 인간들이 만나거나 마주할 기회를 얻을 수도 있습니다.

**준신**들은 신성한 기원을 지니고 있지만, 기도를 듣거나 응답해줄 수 없고, 클레릭에게 신성 마법의 힘을 내려주거나 필멸자들의 삶이 지닌 측면을 통제하지 못하는 존재들입니다. 이들은 여전히 강력한 존재이며, 이론적으로 이들이 충분한 신도들을 모으기만 한다면 진정한 신위를 얻을 수도 있습니다. 준신들은 아래와 같이 반신, 티탄, 신성의 자취(Vestige)라는 세 가지로 나뉩니다.

*반신*들은 필멸의 존재와 신 사이의 결합에서 태어난 존재입니다. 그들은 몇몇 신적인 특징을 지니고 있지만, 필멸의 부모에게서 받은 영향 때문에 준신들 중에서도 가장 약합니다.

*티탄*은 신들의 신성한 창조물입니다. 그들은 두 신들의 결합 사이에서 난 자식이거나, 신이 직접 주조해 낸 피조물이거나, 신이 흘린 피에서 태어난 것일 수도 있습니다. 어떤 존재들은 신의 의지를 통해 만들어지거나 신성한 물질을 통해 구성되기도 합니다.

*신성의 자취*는 모든 신도를 잃어버린 나머지 필멸자의 관점에서 보았을 때는 죽은 것이나 다름없는 처지가 된 신들입니다. 매우 특별한 의식을 통하면 이러한 존재들에 접촉할 수도 있으며, 이를 통해 그 존재가 지닌 힘을 끌어 쓰는 것 역시 가능합니다.

## 신비 교단

신비 교단은 입문 의식을 통해 신, 혹은 여러 신의 존재를 인지하는 비밀스러운 종교 집단을 말합니다. 신비 교단은 몹시 개인적이며, 입문자가 신들과 만들어가는 관계에 중점을 두고 있습니다.

가끔은 만신전에 대한 숭배가 신비 교단의 형태를 띠기도 합니다. 교단 역시 널리 알려진 신화나 종교의식에 대해서 알고 있지만, 그들만이 알고 있는 진정한 신화나 의식이 존재한다고 믿습니다. 예를 들어, 널리 신앙되는 만신전에 속한 특별한 신 하나와 신비로운 관계를 맺은 몽크들로 이루어진 비밀 결사를 상상해 볼 수 있을 것입니다.

신비 교단은 그들이 믿는 신의 역사를 강조하며, 그 신의 삶을 입문 의식으로써 재현하고자 합니다. 신비 교단의 창조 신화는 대개 신의 죽음과 부활에 연관되기도 하며, 저승 세계로의 여정과 귀환을 상징할 때도 있습니다. 신비 교단들은 때로 태양이나 달의 신들, 그리고 농업에 연관된 신들을 신앙하며, 그들이 대변하는 권능이 자연의 순환을 나타낸다고 믿기도 합니다.

교단의 입문의식은 창립 신화의 형태를 그대로 따라갑니다. 입문 희망자는 신의 발자취를 따라 그 신의 궁극적 숙명을 공유하게 됩니다. 죽음과 부활을 겪는 신들의 경우, 입문자는 옛 삶이 끝나는 상징적인 죽음을 맞이하고, 새로이 태어난 존재로서 일어서는 과정을 겪기도 합니다. 입문자는 이제 새로 태어난 존재가 되어, 필멸자들의 일로 얼룩진 세상에 남아 있긴 하지만 더 고차원적인 존재에 접한 채 살아갈 것입니다. 입문자는 죽음 이후 자신이 숭배하는 신의 곁에 갈 것이라 약속받고, 앞으로의 삶에서도 새로운 의미를 찾을 것입니다.

## 유일신앙

유일신 종교는 오직 하나의 신을 숭배하며, 때로는 다른 모든 신의 존재를 부정하기도 합니다. 만약 당신이 자신의 캠페인에 유일신 종교를 포함하고자 한다면, 당신은 다른 신들이 실제로 존재하는지 여부를 결정해야 할 것입니다. 만약 다른 신들이 전혀 존재하지 않는다고 해도, 유일신 종교는 다른 종교들과 공존하며 살아갈 수 있습니다. 만약 이러한 다른 종교들에도 주문을 시전할 수 있는 클레릭이 존재한다면, 그들의 주문 역시 진정하고 유일한 신에게서 내려오는 것이거나, 그게 아니면 아직 신위를 얻지 못한 강력한 영적 존재(천상의 존재나 악마, 강력한 요정이나 괴물, 정령 등)의 힘일 수도 있고, 그게 아니면 순수한 신앙에서 오는 것일 수도 있습니다.

유일신앙의 신은 방대한 권능을 가지고 있으며 만물의 창조자로서 숭배를 받고, 세상의 모든 측면에 관여합니다. 따라서, 이 신의 신도는 살아가면서 언제든 신의 도움이 필요할 때 무조건 유일한 신에게 기도를 바칠 것입니다. 전쟁에 나가든, 여행을 가게 되었든, 아니면 누군가의 사랑을 얻고자 할 때이든, 이들은 모두 같은 신에게 기도할 것입니다.

유일신앙 중 어떤 것들은 하나의 신이 가진 여러 측면을 묘사하기도 합니다. 하나의 신이 창조자의 측면과 파괴자의 측면을 모두 가지고 있을 수도 있으며, 클레릭들은 신의 특정한 한 면에 대해서 집중하기도 합니다. 이렇게 집중하는 면에 관계된 권역이 그들의 주문에 힘을 줄 것이며, 이러한 측면은 신도의 성향에도 연관됩니다. 파괴자로서의 신을 숭배하는 클레릭은 폭풍이나 전쟁 권역을 선택할 것이며, 창조자로서의 신을 숭배하는 이들은 생명이나 자연 권역을 고를 것입니다. 어떤 유일신앙의 경우, 몇몇 클레릭들의 집단이 종교적 결사가 되어 다른 권역을 받드는 사제들과 맞서기도 합니다.

## 이신론

이신론 종교는 세상 그 자체가 서로 맞서는 두 신과 그 힘의 대결이라고 이해합니다. 대개 서로 맞서는 두 힘은 선과 악 그 자체이기도 합니다. 혹은 이렇게 맞서는 두 신이 서로 다른 힘을 대변할 때도 있습니다. 어떤 만신전에서는 질서의 신들과 혼돈의 신들이 서로 맞서며 이신론적 체계를 만들어나갑니다. 생명과 죽음, 빛과 어둠, 물질과 영, 신체와 정신, 건강과 질병, 순수와 부정, 양의 힘과 음의 힘 등등, D&D 세계에서는 서로 대결하는 요소가 많이 있으며, 무엇이든 이신론적 종교의 원천이 될 수 있습니다. 대결하는 두 집단이 어떻게 구성되든, 둘 중 한쪽은 보다 좋은 것으로, 즉 더 은혜롭고 호감이 가며 성스러운 것으로 취급되고, 반면 다른 쪽은 반드시 악하다고까지 할 수는 없어도 더 나쁜 것으로 취급됩니다. 만약 이 근원적 투쟁이 물질과 영 사이에서 벌어지는 것이라면, 이 이신론적 종교의 신도들은 둘 중 한쪽(대개는 물질)을 악한 것으로, 그리고 나머지 한쪽(대개는 영)을 선한 것으로 여길 것이며, 따라서 명상과 고요함을 통해 악한 물질 세상에서 벗어나 자신의 영혼을 자유로이 하는 길을 찾아 나설 것입니다.

드물지만 두 힘이 서로 균형을 맞추어야 한다고 주장하는 이신론 체계도 존재합니다. 한쪽이 승리하는 대신 창조적인 긴장을 이어가야 한다는 것입니다.

세상 전체를 선과 악의 영원한 투쟁으로 해석하면, 필멸자들은 이 투쟁에서 어느 한 편을 선택하도록 요구받을 것입니다. 이신론적 종교를 믿는 이들 대부분은 그 종교에서 더 선한 것으로 묘사되는 신이나 세력을 신앙할 것입니다. 선한 신의 신도들은 그들이 숭배하는 신의 힘이 악신의 졸개들로부터 자신들을 보호해 주리라 믿을 것입니다. 왜냐하면 이러한 종교에서는 대개 악신이 해로운 모든 존재의 원천으로 취급받기 때문입니다. 이러한 악신을 숭배하는 이들은 제일 심하게 타락한 악랄한 자들 뿐입니다. 괴물이나 악마들 역시 악신을 숭배할 수 있으며, 자신들만의 비밀스러운 교단을 운영하기도 합니다. 이신론적인 신화는 대개 다가올 최종 전쟁에서 선의 신이 승리하리라는 예언의 신화를 담고 있지만, 악신의 세력은 이러한 예언이 미리 정해진 것이 아니라고 믿으며 자신들이 숭배하는 신의 승리를 획책해 나갈 것입니다.

이신론적 체계의 신들은 거대한 권능을 대변합니다. 세상의 거의 모든 측면을 양극단 사이의 대립으로 해석하며, 모든 것을 이편 아니면 저편으로 나누게 될 것입니다. 농업, 자비, 하늘, 의학, 운문 등은 선한 신의 권능에 속할 것이며, 기아, 증오, 질병, 전쟁 등은 악신의 권능이 될 것입니다.

## 정령신앙

정령신앙은 자연계에 존재하는 모든 것에 정령이 깃들어 있다는 믿음에서 기인합니다. 정령신앙에 기초한 세계관으로 보면, 가장 거대한 산들에서 시작해 조그마한 바위에 이르기까지, 드넓은 바다에서 조그마한 개울에 이르기까지, 해와 달에서 시작해 전사가 모시는 조상의 검에 이르기까지 모든 것에 정령이 깃들어 있습니다. 이 모든 물체와 그 안에 깃든 정령들에게는 의식이 있지만, 대개는 잠들어 있고 그중 몇몇만 깨어나 지능을 가지고 있을 뿐입니다. 이러한 정령 중 가장 강대한 것들은 신이라 해도 과언이 아닐지 모릅니다. 이 정령들은 숭배까지는 아니더라도 존중받아 마땅합니다.

정령신도들은 대개 하나의 특정한 영을 받들지 않습니다. 그 대신, 그들은 다양한 시기에 그에 걸맞은 다양한 정령에게 청원하고 기도하며 제물을 바칩니다. 신심이 깊은 캐릭터라면 매일 아침 그의 조상령에게 기도를 바치고 집의 정령에게 인사하며, 행운을 다스리는 칠복신 같이 중요한 정령들에게 정기적으로 기원을 드릴 것입니다. 가끔은 숲의 정령과 같은 그 지역의 정령에게도 향을 피울 것이며, 다른 정령들에 대한 기도 역시 때때로 보낼 것입니다.

정령신앙을 따르는 종교는 매우 관대합니다. 대부분의 정령은 그저 그들이 받아 마땅한 기도와 존경을 받기만 하면 누가 어떤 제물을 바쳤는지 신경 쓰지 않습니다. 정령신앙을 믿는 땅에 새로운 종교가 퍼져 나가면, 이 새 종교로 개종하기보다는 그 종교의 요소들을 받아들여 뒤섞일 가능성이 더 큽니다. 새로운 정령과 신의 이름을 가져온 사람들은 기존에 하던 기도에 더해 이 새로운 이름들을 붙여 나갈 것입니다. 명상가와 학자들은 자신들이 이미 받들고 있는 정령들에 대한 존경과 믿음을 바꾸지 않는 한도 내에서 복잡한 철학적 체계를 받아들일 것입니다.

정령신앙은 매우 거대하게 이루어진 밀접한 만신전처럼 작용합니다. 정령신앙을 따르는 클레릭은 세상 전체의 정령들을 만신전으로 여기며, 그들이 가장 선호하는 정령의 측면을 골라 권역으로 삼을 수 있습니다.

### 자연력과 철학

모든 신성력이 꼭 신들에게서 오는 것은 아닙니다. 어떤 캠페인에서는 신앙자들이 자신의 이상에 대해 충분히 강력한 신념을 가지기만 한다면, 그러한 신념에서 마법의 힘을 얻을 수 있기도 합니다. 다른 캠페인의 경우를 보면, 의인화되지 않은 자연의 힘이나 마법이 신들의 자리를 대신해 필멸자들의 믿음을 얻기도 합니다. 바로 드루이드나 레인저들이 특정한 자연의 신이 아니라 자연력 그 자체로부터 마법의 힘을 얻는 경우이며, 몇몇 클레릭 역시 특정한 신 대신 그들의 이상에서부터 마법의 힘을 얻기도 합니다. 팔라딘들 역시 특정한 신이 아니라 정의나 기사도에 대한 철학 그 자체로부터 힘을 얻을 수도 있습니다.

자연력과 철학들은 신앙의 대상이 아닙니다. 그런 것들은 기도를 듣거나 응답해 주지도 못하고, 제물을 받는 것도 아닙니다. 어떤 철학이나 자연력에 헌신한다는 것은 신들을 신앙하는 것처럼 배타적인 숭배를 요구하지도 않습니다. 선의 철학 그 자체를 믿고 헌신하는 동시에 선한 신들을 신앙하는 사람도 있을 수 있습니다. 자연의 힘을 받드는 이들 역시 자연을 다스리는 여러 신에게 존경을 바칠 수 있습니다. 이들은 자연의 신들이 자연력의 여러 측면을 나타내는 모습이라 생각할 것입니다. 신들이 자신의 힘을 나타내는 세계, 신성력을 사용하는 클레릭들이 있는 세계라면, 신들의 존재 자체를 부정하는 철학이 존재하기는 어려울 것입니다. 하지만 신들의 위상이 인간보다 그리 특별하지 않다는 믿음은 가능할 수도 있습니다. 이러한 철학에 따르면 신들은 불멸의 존재가 아니며(그저 매우 오래 살아갈 뿐입니다.), 필멸자 역시 신성의 자리를 얻을 수 있습니다. 사실, 신의 지위에 오르는 것은 여러 철학에서 추구하는 궁극의 목적이기도 합니다.

철학에 대한 신앙에서 나오는 힘은 그 믿음의 수에 기반합니다. 오직 한 명만이 가진 철학은 그에게 마법의 힘을 내려줄 수 있을 정도로 강하지 않을 것입니다.

## 인간형 종족과 신들

신들을 보면, 인간들은 다른 종족들에 비해 훨씬 다양한 믿음을 가지고 있습니다. 대부분의 D&D 배경에서, 오크, 엘프, 드워프, 고블린 등을 포함한 기타 인간형 종족들은 모두 자기들만의 밀접한 만신전을 가지고 있습니다. 오크라면 그럼쉬나 그 휘하에 있는 몇몇 오크의 신들을 믿는 게 일반적일 것입니다. 그에 비해, 인간들은 훨씬 다양한 신들을 믿습니다. 각각의 인간 문화권에는 그들이 믿는 여러 신의 목록이 있을 것입니다.

대부분의 D&D 배경에서, 인류 그 자체를 창조했다는 하나의 신이 등장하는 경우는 거의 없습니다. 그러다보니, 집단을 만들어 나가는 인류의 습성은 종교에까지 확대되곤 합니다. 카리스마를 가진 예언자 한 명이 왕국 전체를 새로운 신의 신앙으로 개종시키는 경우도 있습니다. 그 예언자가 죽음을 맞이한 이후 그가 시작한 종교는 흥망을 거듭할 수도 있고, 예언자의 신도들이 서로 분열하여 각기 다른 여러 종교를 세울지도 모릅니다.

그에 비해, 드워프 사회에서의 종교는 돌처럼 완고합니다. 포가튼 렐름즈의 드워프들은 그들의 창조주가 모라딘이라고 여깁니다. 각각의 드워프들은 다른 신들을 따를 수도 있지만, 드워프 문화권 전체는 모라딘과 그 하위 신들에게 신앙을 바칩니다. 그의 가르침과 마법은 드워프 문화에 너무나 깊이 뿌리박혀 있어서, 대격변이라도 일어나지 않는 한 그 자리를 빼앗기지는 않을 것입니다.

이러한 점을 생각해 볼 때, 당신의 세상 속에서 서로 다른 다양한 인간형 종족들과 신들의 역할을 고려할 필요가 있습니다. 각각의 종족들에게 따로 창조주가 있습니까? 그 신은 자기 선민종족의 문화를 어떻게 만들어나갔습니까? 선민종족이 아닌 다른 종족들도 그러한 신들에게 신앙을 바칠 수 있습니까? 자신들을 창조한 신에 반기를 든 종족은 없습니까? 최근 사이에 새로이 신에 의해 창조된 새 종족이 등장하지는 않았습니까?

하나의 신이 특정한 왕국이나 귀족 혈통, 혹은 문화 집단에 연관된 경우도 있습니다. 황제가 죽음을 맞이하면, 제국을 처음 세울 때부터 이를 보살펴 온 신에 의해 선택된 자가 새로운 통치자의 자리에 오르기도 합니다. 그처럼 국가 전체의 특별한 신이 있는 경우, 그 나라에서 다른 신을 믿는 것은 불법이 되거나 엄격히 제한받을지도 모릅니다.

마지막으로, 특정한 종족에 연관된 신들과 폭넓게 신도를 받아들이는 신들의 차이를 생각할 필요가 있습니다. 그들만의 만신전을 가진 종족은 세상 속에서 특권층에 자리하고 있습니까? 그들의 신은 다른 종족을 무시합니까? 아니면 신들 사이에 존재하는 힘의 균형을 맞추기 위해 자신이 다스릴 종족을 결정하는 경우도 존재합니까?

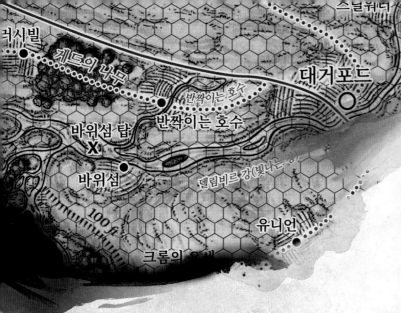

스널워터
[지역의 숲]
X
무너진 수도원

[러]시빌
게르트의 나무
스널워터
대거포드
바위섬 탑
X
반짝이는 호수
반짝이는 호수
바위섬
텔림버트 강(빛나는)
100 ft
유니언
크롬의 [요새]

# 캠페인의 지도 그리기

당신이 스스로 캠페인을 만들어나가다 보면, 지도가 필요해질 것입니다. 지도를 준비할 때는 두 가지 접근법 중 하나를 택할 수 있습니다. 큰 그림부터 시작하는 법과, 작은 부분부터 시작하는 법이 그 접근법들입니다. 몇몇 DM들은 캠페인을 만들 때 큰 그림부터 시작하는 쪽을 선호합니다. 대륙 전체를 그린 다음, 더 작은 부분들을 조금씩 채워나가는 것입니다. 한편, 다른 DM들은 정반대로 만들곤 합니다. 먼저 지방이나 왕국 하나 정도의 크기만 지도로 만들고, 캐릭터들이 새로운 지역에 들어설 때마다 그 지역의 지도를 새로이 그리는 것입니다.

어떤 접근 방법을 택하든 간에, 헥스(육각형) 모눈 지도는 야외 환경을 그려넣는데 아주 유용한 도구입니다. 이 지도를 사용하면 어느 방향으로 가든, 그 거리를 측정하기가 편하기 때문입니다. 1인치 당 5헥스가 있는 헥스 모눈종이는 지도를 그려넣는데 이상적인 도구가 되어 줄 것입니다. 일단 마음을 정했다면, 축척을 정해서 원하는 만큼 세밀하게 지도를 만들어 봅시다. 이 책의 제7장에 야생 지역을 만들고 지도를 그리는데 필요한 더 자세한 정보가 있습니다.

## 지역 규모

일반적으로 가장 세밀한 지역을 그리는데 필요한 지역 규모 지도는, 1헥스 당 1마일의 축척으로 만들어집니다. 이러한 축척의 지도 한 장이라면, 중앙에서 지도의 끝까지 가는데 꼬박 하루 동안 여행해야 할 거리가 됩니다. 이러한 이유로, 지역 규모의 지도는 캠페인의 시작 지역에 가장 쓸만한 도구가 되어 줄 것입니다. (이 장 뒤에 나오는 "캠페인 만들기" 부분을 참조하십시오.) 또한 이 지도는 이동에 날짜 단위가 들어가기보다는, 시간 단위가 들어가는 모험에 유용합니다.

이 규모 지역의 지표는 주로 한 가지 타입의 지형으로 이루어져 있으며, 부분마다 다른 타입의 지형이 끼어든 형태가 됩니다.

이 규모 지도에 정착지가 있다면, 아마도 8~12개의 작은 촌락이나 농촌이 모여 있는 마을 하나 정도의 크기가 될 것입니다. 야생 지역이라면 요새 하나가 있을 법하거나, 아예 아무런 정착지도 없을 수 있습니다. 또한 이런 지도 한 장이라면 여러 개의 도시나 마을로 둘러싸인 넓은 경작지를 그려 넣을 수도 있습니다. 지역 규모의 지도를 통하면, 이런저런 마을이나 촌락을 둘러싼 농지들을 보여줄 수도 있습니다. 자그마한 촌락들이라 해도 먹고 살기 위해서 주변에 1~2마일 거리의 농지를 끼고 있을 것입니다.

## 왕국 규모

왕국 규모의 지도를 그린다면, 헥스 한 칸은 6마일 정도가 됩니다. 이 규모의 지도는 큰 지역을 그려넣을 수 있습니다. 한 장이면 영국 본토나 캘리포니아주의 절반 정도 크기를 그려 넣을 수 있고, 아주 많은 모험의 무대가 되어줄 수 있을 것입니다.

이 규모의 지역을 지도로 그리기 위한 첫 번째 단계는 해안선을 그리고 지역 내에 있는 바다나 호수 등, 큰 수원의 위치를 분명히 하는 것입니다. 이 지역은 사방이 육지인가요? 아니면 어느 쪽에 해안이 있나요? 해안이 있는 지역이라면 가까이에 섬들이 있을 수도 있으며, 사방이 육지인 지역이라도 내해가 있거나 커다란 호수가 있을 수도 있습니다. 그게 아니라면, 지역 전체가 커다란 하나의 섬이거나 열도일 수도 있고, 여러 면이 바다로 둘러싸인 반도일 수도 있습니다.

해안선이 확정되었다면, 그다음에는 커다란 산맥들의 자리를 잡아 주어야 합니다. 낮은 언덕들은 산맥과 평야 사이를 이어줄 것입니다. 그리고 완만한 언덕들 몇몇이 지역 곳곳에 자리해 있을 수도 있습니다.

이렇게 하고 나면 지도의 나머지 부분은 비교적 평탄한 지형이 될 것입니다. 초원이나 숲, 늪지 등이 이러한 지형들이며, 적절하게 이러한 지형들을 채워 넣으면 됩니다.

이렇게 지형을 채우고 나면, 이 지역에 흐르고 있는 강을 그려 넣을 때입니다. 강은 산이나 비가 고이는 내륙 지대에서 시작되어, 고도를 따라 점점 낮은 곳으로 나아가 바다나 호수로 향합니다.

마지막으로, 지역 내에 있는 큰 마을이나 도시의 위치를 정할 때입니다. 이 규모의 지도에서라면 작은 마을이나 촌락의 위치를 일일이 생각할 필요는 없겠지만, 당신이 원한다면 농장 지역의 위치를 다 지정할 수도 있습니다. 어쨌든, 이 규모의 지도에서라면 8~12개의 도시나 마을이 위치할 수 있습니다.

## 대륙 규모

대륙 전체의 지도를 그리려면, 1헥스는 60마일 정도를 나타낼 것입니다. 이 규모에서라면, 당신은 해안선 전체를 그려야 할 뿐만 아니라, 거대한 산맥들을 그리고, 굵직한 강줄기를 그리고, 호수들을 채워놓은 다음, 정치적인 국경 역시 정해야 합니다. 이 규모의 지도는 여러 개의 왕국이 서로 마주한 모습을 나타내며, 하루하루 이동하는 모험보다는 더 대규모의 흐름을 보여줍니다.

대륙 규모의 지도를 그리는 순서는 왕국 규모의 지도를 그릴 때와 별반 다르지 않습니다. 대륙 규모의 지도 안에는 8~12개의 대도시가 있을 수 있고, 이들은 각각 거대한 무역의 중심지이거나 왕국의 수도일 것입니다.

## 여러 규모 사이를 오가기

어떤 규모의 지도에서 시작하든, 지도 사이를 오가면서 확대하거나 축소하는 일은 그렇게 어렵지 않습니다. 대륙 규모의 경우 헥스 1칸은 왕국 규모 지도의 헥스 10칸에 해당합니다. 대륙 규모의 지도에서 3칸, 즉 약 180마일 떨어진 두 도시는, 왕국 규모 지도에서 30칸 떨어져 위치할 것입니다. 마찬가지로 멀리 떨어진 두 지역을 대륙 규모의 지도로 옮겨온다면 그만큼 가까이 표시될 것입니다. 왕국 규모의 지도에서 1 헥스는 지역 규모 지도에서의 6 헥스에 해당합니다. 그러니 왕국 규모 지도의 가운데를 지역으로 설정하고 그 주변에 재미있는 지역들을 채워 넣는 것도 가능합니다.

# 정착지

번잡한 도시, 번영해 나가는 마을, 농작지 한가운데 위치한 촌락들은 모두 사람들이 살아가는 곳이며, 당신의 세상 속에서 문명의 모습이 어떠한가를 보여주는 풍경이 되어줄 것입니다. 당신의 모험자들이 처음으로 모험을 시작할 곳 역시 이러한 정착지 중 하나이며, 여기서 당신의 세상을 만들어나가게 될 것입니다. 당신의 세상 속에 사람들이 살아가는 정착지를 설정할 때는, 아래 질문들을 생각해 보시기 바랍니다.

- 이 정착지는 게임에서 어떤 목적을 위해 만들어졌습니까?
- 정착지는 얼마나 큰가요? 누가 살고 있습니까?
- 어떻게 생겼고, 냄새는 어떻습니까? 어떤 소리가 들립니까?
- 누가 다스리고 있나요? 권력을 쥐고 있는 사람들은 어떤 이들인가요? 더 큰 국가의 일부인가요?
- 정착지의 방위는 어떻게 이루어지고 있나요?
- 캐릭터들이 물건을 사고팔거나 서비스를 받으려면 어디로 가야 할까요?
- 신전이나 다른 조직의 시설들은 어떤 것들이 있나요?
- 이 정착지에 보통 마을과 다른 어떤 판타지적인 요소가 있나요?
- 캐릭터들은 왜 이 정착지에 신경을 써야 할까요?

이 부분에서 주어지는 안내선은 당신이 원하는 목적에 알맞게 정착지를 설정해 나갈 수 있도록 도와줄 것입니다. 하지만 당신의 목적에 부합하지 않는다면 이러한 조언은 무시해도 상관없습니다.

## 목적

정착지는 기본적으로 당신이 운영할 캠페인 속에서 이야기의 배경이 되고, 즐거움을 주기 위해 존재하는 것입니다. 일단 그 점을 이해하고 나면, 정착지의 목적은 당신이 정하는 대로 채워져 나가게 될 것입니다. 당신이 필요할 것 같다고 생각하는 부분만 정해 놓고, 대략적인 특징을 메모해 두십시오. 그런 다음 나머지는 모험자들이 움직이는 것에 발맞추어 상호작용을 통해 알아서 채워나가게 만들어 두면 됩니다. 이렇게 모험자들이 상호작용하여 만들어진 부분을 새로이 메모에 더해 나가면 됩니다.

### 지역색 보여주기

몇몇 정착지는 캐릭터들이 잠깐 들려서 쉬고 보급품을 보충하기 위한 장소로 쓰일 수 있습니다. 이러한 종류의 정착지는 그냥 간단한 설명 외에 아무 것도 필요하지 않습니다. 정착지의 이름, 크기, 그리고 몇몇 특색들만 정하면 됩니다. 근방의 염색 공장에서 나는 냄새가 마을 전체에 가득하다는 식으로 기억에 남을 특색 한두 가지만 정하고 다음에는 모험자들이 알아서 자신의 볼일을 보게 두면 됩니다. 캐릭터들이 하루 밤을 보내는 여관의 역사라든가, 보급품을 사려고 들른 상점 주인의 버릇 같은 세세한 것들을 정해 둘 수도 있지만, 꼭 그럴 필요는 없습니다. 캐릭터들이 이 정착지에 여러 번 돌아온다면, 그때 조금씩 지역색을 더해 나가면 됩니다. 그때는 지역 정착지에서 점차 활동 거점에 가까워질 것입니다. 정착지의 필요가 커진다면, 그에 따라서 설정도 발전해 나갑시다.

### 활동 거점

모험자들의 집이 있고, 훈련과 휴식을 취할 수 있는 정착지는 활동 거점이 됩니다. 캠페인 전체가 마을이나 도시 하나를 중심에 놓고 진행될 수도 있습니다. 이러한 정착지는 캐릭터들이 더 넓은 세상에 나아갈 수 있는 발판이 되어줄 것입니다.

잘 만들어진 활동 거점은 모험자들의 마음속 깊이 고향으로 남아 있는 특별한 장소가 될 것이며, 자신들과 관련이 있는 NPC들 여럿이 살고 있다면 더더욱 중요성이 커질 것입니다.

활동 거점을 더 생생하게 만들려면 먼저 당신이 이런저런 세부 사항을 정해 나가야 할 필요가 있습니다. 하지만 이런 과정에는 플레이어들의 도움을 받을 수도 있습니다. 그들에게 캐릭터의 스승은 어떤 사람인지, 가족의 구성원들이 있는지, 그리고 캐릭터의 삶에서 중요한 어떤 사람들이 있는지를 물어보도록 합시다. 그리고 그들이 말해준 캐릭터들을 더하고 조금씩 변형하면서, 캐릭터들에게 중요한 논플레이어 캐릭터(NPC)들로 완성합시다. 그리고 캐릭터들에게, 그들이 모험에 나서지 않을 때는 어디서 시간을 보내는지 물어봅시다. 그런 방식으로 그들이 좋아하는 주점, 도서관, 신전 등등을 만들어갈 수 있습니다.

이 NPC들과 장소를 시작 지점으로 삼고 난 다음, 살을 붙여 나가면 정착지의 면면이 완성됩니다. 정착지를 이끄는 지도자와 법집행관(이 장의 뒤에서 더 자세히 설명합니다.)을 만듭시다. 현자, 예언자, 사서, 주의 깊은 떠돌이 등과 같이 정보를 제공할 수 있는 캐릭터들을 더합시다. 모험자들과 줄기차게 연락을 주고받을 수 있는 상인들을 설정하거나, 여러 상인이 이런 거래를 위해 서로 경쟁하고 있다고 만들 수도 있습니다. 모험자들이 즐겨 찾는 주점을 운영하는 사람에 대해서도 생각해 봅시다. 그런 다음 변동 요소가 될 만한 이런저런 인물들을 떠올려 봅시다. 비밀 가득한 도박꾼, 미친 예언자, 은퇴한 용병, 술 취한 깡패와 같은 인물들이 모험에 활력을 불어넣고 캠페인에 변수가 되어 줄 것입니다.

## 모험의 장소

악마를 숭배하는 비밀 교단이 횡행하는 촌락이 있다고 해 봅시다. 위어랫들이 길드를 만들어 지배하는 마을은 어떻습니까? 아니면 홉고블린 군대가 점령한 도시도 괜찮습니다. 이러한 정착지들은 단지 휴식의 장소가 아니라, 모험이 펼쳐지는 무대가 될 수도 있습니다. 모험의 장소가 될 정착지를 떠올리고 있다면, 탑이라거나 창고 등, 모험이 실제 벌어지게 될 세세한 장소를 생각해 봅시다. 사건 중심으로 일어나는 모험이라면, 이 사건에서 만나게 될 NPC들을 떠올려 봅시다. 이러한 작업은 세계를 만들어가는 일인 동시에 모험의 준비이기도 하며, 여기서 만들어지는 캐릭터들은 당신의 모험에서 동료로, 후원자로, 아니면 적이나 엑스트라로 쓰일 수 있습니다.

# 크기

D&D 세계에서 대부분의 정착지는 작은 촌락에서 마을이나 도시 규모에 해당합니다. 농촌 촌락은 마을이나 도시 인구가 먹고살 수 있는 식량을 공급하고, 그 대신 촌락에서 만들 수 없는 물건들을 공급받게 됩니다. 마을이나 도시에는 그 근방 지역을 지배하는 귀족이 있을 수 있고, 이러한 지배자는 근방의 촌락을 공격에서 보호할 의무를 지닐 것입니다. 가끔은 지역의 군주가 도시나 마을에 사는 게 아니라 성채나 요새를 지어 그곳에서 지내기도 합니다.

## 촌락 VILLAGE

**인구:** 최대 1,000명 규모

**통치:** 귀족(대개는 이곳에 살지 않음)의 지배하에 있지만, 대리인을 내세워 통치하며 이 대리인이 귀족의 이름으로 분쟁을 판결하고 세금을 걷곤 합니다.

**방어:** 대리인은 병사들 몇몇을 고용하고 있을 수 있습니다. 그게 아니라면 촌락이 자체적으로 민병대를 꾸리기도 합니다.

**경제:** 기본적인 생필품 정도는 취급하며, 여관이나 작은 교역소에서 사고 팝니다. 다른 물품은 행상인들을 통해 구합니다.

**조직:** 촌락에는 작은 신전이나 사원이 한두 개 있을 수 있지만, 다른 조직은 거의 없습니다.

대부분의 정착지는 농경 촌락이며, 주변의 도시나 마을에 곡물이나 고기를 제공하고 먹고사는 곳입니다. 마을 사람들은 이런저런 방법으로 식량을 생산합니다. 곡식을 타작하거나 말을 돌보는 등 다른 일을 하는 사람도 한둘은 있습니다. 옷을 짓거나, 방아를 찧는 사람 역시 있을 수 있습니다. 이들이 만든 먹거리는 우선 자신들의 생계를 위한 것이며, 나머지는 근처의 다른 정착지와 거래됩니다.

촌락의 인구는 넓은 지역에 흩어져 있습니다. 농부들은 그들의 경작지 근처에 살고, 따라서 촌락 중심에서 한참 떨어진 경우도 있습니다. 촌락의 중심지에는 몇몇 건물들이 모여 있습니다. 우물, 시장, 작은 사당, 집회소, 여행자를 위한 여관 등이 중심지를 이루고 있을 것입니다.

## 마을 TOWN

**인구:** 최대 6,000명 정도

**통치:** 귀족이 거주하며, 이 귀족이 시장을 임명해 사무를 보고 있을 수도 있습니다. 선거로 뽑힌 마을 위원회가 중산층을 대변하는 경우도 있습니다.

**방어:** 귀족은 상당한 규모의 직업 병사를 꾸리고 있으며, 개인적으로 부리는 경호원들도 두고 있습니다.

**경제:** 기본적인 생필품은 쉽게 구할 수 있지만, 희귀한 것들은 찾기 어렵습니다. 대개는 마을이나 술집이 있어서 여행자들이 쉬어갈 수 있습니다.

**조직:** 마을에는 여러 개의 신전이 있을 수 있고, 상인 길드나 다른 조직 역시 있을 법 합니다.

마을은 큰 무역 중심지로서, 중요한 산업이 위치하고 지속적인 거래의 흐름이 있어 인구를 부양할 수 있는 곳입니다. 이러한 정착지는 상업에 의존하고 있습니다. 원자재와 식량을 주변 촌락에서 들여와서, 가공해서 다시 이러한 촌락에 팔기도 합니다. 다른 마을이나 도시와 오가는 거래 역시 활발합니다. 마을의 인구 구성은 촌락보다 훨씬 다양하게 이루어져 있습니다.

마을은 도로의 교차지점이나 강이 갈라지는 곳에 세워지는 경우가 많습니다. 이러한 곳은 무역의 중심이 되며, 전략적 방어의 요충지가 되기도 합니다. 또한 광산이나 다른 자연 자원의 생산지 근처에 마을이 세워지기도 합니다.

## 도시 CITY

**인구:** 최대 25,000명 규모

**통치:** 거주하고 있는 귀족이 거주하고 있으며, 주변 지역을 통치하는 여러 다른 귀족이 있거나 이들이 통치의 일부를 담당하기도 합니다. 귀족 한 명은 시장이고, 다른 한 명은 행정을 담당하는 등으로 분업이 이루어지기도 합니다. 선출된 도시 위원회가 중산층을 대변하며, 때로는 시장보다 더 큰 권력을 갖기도 합니다. 핵심 권력을 지닌 다른 집단들 역시 존재합니다.

**방어:** 도시는 직업 군인으로 이루어진 군대를 보유하고 있으며, 경비병과 순찰대를 운영합니다. 도시에 거주하는 각각의 귀족들은 개인 경호원으로 이루어진 사병을 두기도 합니다.

**경제:** 대부분의 상품이나 서비스를 찾을 수 있습니다. 여행자를 위한 여러 여관이나 술집이 있습니다.

**조직:** 상당수의 신전, 길드 등이 있으며, 다른 조직 역시 많이 있습니다. 어떤 조직들은 도시 내에서 강력한 힘을 보유하고 있기도 하며, 시의 성벽 안에서 권력을 발휘하는 경우도 있습니다.

도시는 문명의 요람입니다. 주변의 촌락과 무역이 이루어져야 이 거대한 인구를 지탱할 수 있기 때문에, 도시의 수는 그리 많지 않습니다. 도시들은 풍요로운 토지가 넓게 펼쳐지고 무역이 끊임없이 오가는 곳에 세워지며, 특별한 이유가 없다면 반드시 수로로 쓸 수 있는 강을 끼고 있습니다.

도시는 대부분 성벽을 지니고 있으며, 시의 인구가 늘어날 때마다 새로이 증축하는 식으로 확장해 갑니다. 이렇게 여러 번 늘어난 성벽이 나이테처럼 자연스럽게 도시 구역을 나누기도 합니다. 각각의 도시 구역에는 저마다의 위원회나 통치하는 귀족이 있을 수도 있습니다.

25,000명 이상을 부양하는 도시는 지극히 희귀합니다. 포가튼 렐름즈에 있는 워터딥이나 에버론의 샨, 자유도시 그레이호크 등과 같은 이 대도시들은 D&D 세계 속에서 빛나는 문명의 봉화라 할 수 있습니다.

# 분위기

모험자들이 처음 정착지에 들어서면 어떤 인상을 받게 될까요? 솟아오른 성벽과 병사들을 보게 될까요? 성문 앞에 줄지어 늘어서서 손을 벌리는 거지 무리를 보게 될까요? 시장 복판에서 시끄럽게 흥정을 벌이는 상인과 사람들을 보게 될까요? 코를 찌르는 비료의 악취를 맡게 될까요?

오감을 통한 세세한 묘사는 정착지의 모습에 생기를 불어넣고 플레이어들에게 그 개성을 상상할 수 있게 해 줍니다. 정착지의 개성을 설명해 줄 요소 한 가지를 정하고, 거기에서부터 시작해 나가도록 합시다. 어쩌면 현실 세계의 베네치아처럼, 운하를 기반으로 세워진 도시가 있을 수도 있습니다. 이러한 핵심 요소는 감각적인 세부사항들을 불러오는 힌트가 될 수 있습니다. 색색의 배들이 느릿하게 물가를 저어오는 모습, 노를 젓는 소리와 노래를 부르는 사공들, 물고기의 비린내와 오물 냄새, 몸에 달라붙는 것 같은 습기 등의 떠오르게 될 것입니다. 어쩌면 거의 언제나 안개로 가득 차 있는 도시가 있을 수도 있습니다. 그렇다면 당신은 차가운 안개의 감촉이 틈새 사이로 새어오는 느낌을 묘사할 수도 있습니다. 자갈길에 말발굽 소리가 들리고, 비가 내리는 냉랭한 날씨, 위험과 비밀이 도사린 느낌을 전해줄 수도 있을 것입니다.

정착지 환경에 따른 기후와 지형, 그 원천과 구성원들, 정부의 구조나 정치적 위치, 상업적인 중요성 등이 도시의 전체적 분위기를 결정합니다. 정글 바로 끄트머리에 위치한 도시는 사막에 인접한 도시와 아주 다른 분위기를 지닐 것입니다. 엘프의 도시와 드워프의 도시 역시 인간이 지은 것들과 비교해 보면 눈에 띄는 큰 차이를 보일 것입니다. 폭군이 통치하고 병사들이 골목을 순찰하며 반항의 낌새라도 보이면 즉시 잡아가는 도시와 초기 민주주의와 비슷한 구조를 가지고 개방된 분위기의 시장이 돌아가며 자유무역이 이루어지는 도시의 분위기 역시 천양지차를 보일 것입니다. 이러한 모든 요소를 조합해 보면, 당신의 캠페인 세계 속 여러 정착지를 가득 채울 끝없이 다양한 조합이 가능해질 것입니다.

# 통치 구조

대부분의 D&D 세계에서는 봉건 사회가 일반적이며, 권력이나 정부는 마을과 도시에 집중되어 있습니다. 권위를 지닌 귀족은 그 자신이 사는 정착지와 그 주변을 통치합니다. 이들은 주변 인구에게 세금을 걷고, 이 세금을 통해 공공 건물을 짓거나 병사들에게 급여를 주고, 나머지는 스스로 안락하게 살기 위해 소비하곤 합니다. (귀족들은 유산으로 상당한 재산을 물려받는 경우도 많이 있습니다.) 그 대신, 이들은 오크 습격자나 홉고블린 군대, 떠돌아다니는 인간 도적 떼 같은 위협으로부터 자신의 백성을 지켜야 하는 의무를 지고 있습니다.

귀족들은 자신의 대리인을 내세워 촌락을 다스리며, 이 대리인들이 촌락에서 세금을 걷고 때로는 재판관이 되어 분쟁을 해결하고 범죄를 처벌합니다. 이러한 관리, 보안관, 혹은 서리 등은 자신이 다스리는 마을에서 태어나 자란 사람이며, 다른 주민들의 존경을 받는 경우가 많습니다.

큰 마을이나 도시에서라면, 여러 귀족이 지위를 나누어 갖거나, 하급 귀족들(주로는 친척들입니다.)이 통치의 권한을 부여받기도 합니다. 또한 상인이나 장인 등의 중산층들도 대표자를 내세웁니다. 귀족 통치자가 평의회의 의장이 되거나, 자신의 대리인을 내세워 평의회를 다스리기도 합니다. 이 평의회는 촌락에서 이루어지는 것과 비슷하게 통치 기능을 수행하지만, 중산층 역시 그 대표자가 참여해 있다는 것이 다릅니다. 귀족이 멍청하지 않다면, 평의회의 의도를 아예 무시하기란 어렵습니다. 중산층이 가진 경제력은 무시할 수 없기 때문에, 때로는 대를 이어 통치권을 지닌 귀족보다 이들 평의회의 권한이 마을이나 도시를 움직이는데 더 큰 힘을 발휘하기도 합니다.

정착지의 규모가 커질수록, 통치권을 지닌 정부가 아닌 다른 인물이나 조직이 권력을 나눠 가질 확률도 커집니다. 자그마한 촌락에서조차 귀족이 보낸 관리보다 마을의 장로나 인기 있는 농부가 더 큰 영향력을 발휘할 수 있습니다. 현명한 관리라면 이러한 사람과 적이 되지 않으려 할 것입니다. 마을이나 도시라면, 강력한 신전이나 길드, 혹은 마법적인 힘을 지닌 몇몇 인물이 권력에 영향을 행사하는 일 역시 충분히 있을 법합니다.

## 정부의 형태

외따로 떨어진 정착지는 거의 없습니다. 마을이나 도시는 신정국가의 일부일 수도 있고, 상인 평의회가 운영하는 자유도시일 수도 있습니다. 대개 이러한 정착지들은 봉건 왕국이나 거대한 제국의 일부이며, 때로는 철권통치를 휘두르는 폭군이 지배할 수도 있습니다. 당신의 정착지가 세계 속에서 어떤 위치를 차지하고 있을지 그려보도록 합시다. 누가 이곳을 지배하는가, 그리고 다른 정착지들은 어떻게 통치되고 있는가를 생각해 봅시다.

### 정부의 형태

| d100 | 정부 | d100 | 정부 |
| --- | --- | --- | --- |
| 01-08 | 전제정 | 59-64 | 군사정 |
| 09-13 | 관료정 | 65-74 | 왕정 |
| 14-19 | 연합정 | 75-78 | 과두정 |
| 20-22 | 민주정 | 79-80 | 부권사회 |
| 23-27 | 독재정 | 81-83 | 실력주의 |
| 28-42 | 봉건주의 | 84-85 | 금권정 |
| 43-44 | 원로정 | 86-92 | 공화정 |
| 45-53 | 위계정 | 93-94 | 태수정 |
| 54-56 | 마법정 | 95 | 강도정 |
| 57-58 | 모권사회 | 96-00 | 신정국가 |

일반적이거나 판타지적인 다양한 정부의 형태가 아래 나와 있습니다. 당신은 이 중 하나를 고르거나, 정부의 형태 표에 따라서 무작위적으로 선택할 수 있습니다.

**강도정(Kleptocracy).** 이 정부형태는 각자 자신의 재산을 불리려 하는 여러 집단이나 개인이 연합해 통치하는 형태입니다. 이들은 때로 서로를 습격해 재산을 강탈하기도 합니다. 그레이호크 캠페인 배경에 등장하는 도적 제왕국(Bandit Kingdom)이 이러한 강도정치의 대표적인 예시라고 할 수 있습니다. 도적 길드가 지배하는 왕국 역시 이 형태라고 볼 수 있을 것입니다.

**공화정(Republic).** 특정한 계급에서 선출되는 여러 대표자가 의회를 만들어 자신을 선출한 이들을 통치하는 형태의 정부입니다. 오로지 지주들만이 투표권을 행사하거나 특정한 계급만이 투표권을 가지는 형태의 민주정은 대개 공화정의 형태를 따릅니다.

**과두정(Oligarchy).** 절대적인 지도자 여럿이 서로 권력을 나누어 갖고, 여러 구역이나 지방을 나누어 다스리면서 서로 연합한 형태를 과두정이라 합니다. 한 무리의 모험자가 권력을 얻어 나라

를 통치하게 되면 과두정이 될 공산이 큽니다. 자유도시 그레이호크는 여러 집단의 우두머리가 모여 이루어진 과두정의 통치를 받으며, 시장이 그 과두정의 대표로 자리합니다.

**관료정(Bureaucracy).** 여러 부서의 관료가 정부를 이루고, 각각 자기 역할을 수행해 통치하는 형태입니다. 각 부서의 장관이나 책임자, 서기관이 우두머리가 되거나, 평의회를 이룹니다.

**군사정(Militocracy).** 군사 지도자가 군법에 따라 국가를 운영하며, 군대를 동원해 통치하는 형태입니다. 군사정은 엘리트 군인들이 정부의 중심이 되며, 이들은 용기사이거나 바다 해적의 우두머리일 수도 있습니다. 드래곤랜스 캠페인에 등장하는 솔람니아(Solamnia)가 이 부류의 대표적인 형태입니다.

**금권정(Plutocracy).** 순전히 재산에 따라 움직이는 형태의 사회입니다. 엘리트들은 통치 평의회를 구성하며, 재산을 지불해 각각의 지위를 사고 이를 통해 권력을 행사합니다. 대표하는 통치자의 지위 역시 사고팔 수 있거나, 장식으로만 존재하고 실제로는 돈에 의해서만 움직이기도 합니다. 워터딥이나 발더스 게이트 등, 포가튼 렐름즈의 여러 도시가 금권정을 따르고 있습니다.

**독재정(Dictatorship).** 한 명의 최고 지도자가 절대적 권위를 지니고 있지만, 이 권위가 꼭 세습되는 것은 아닙니다. 세습에 관한 점을 제외하면 독재정은 전제정과 유사합니다. 그레이호크 캠페인 배경에서는 이우즈라는 반 악마이자 반신이 그 자신의 이름을 통해 정복한 땅에서 독재자로서 통치하고 있습니다.

**마법정(Magocracy).** 이 정부의 통치 주체는 여러 명의 주문 사용자들로 이루어진 과두정이거나, 때로는 관료정 혹은 부분적인 민주정 형태를 띠기도 합니다. 포가튼 렐름즈 배경에 등장하는 테이의 레드 워저드(Red Wizards of Thay)를 대표적인 예시로 들 수 있으며, 다크 선 캠페인 배경의 소서러킹(Sorceror-King)들 역시 이러한 정부 형태의 일종이라고 볼 수 있습니다.

**모권 사회(Matriarchy) 또는 부권 사회(Patriarchy).** 이 사회는 특정한 성별 중에서 가장 연로하거나 가장 중요한 인물이 통치권을 가진 형태입니다. 드로우 도시들은 신정 지배가 중심이 된 모권 사회의 일종이며, 거미의 악마 여왕인 롤스(Lolth)의 대여사제들이 각각의 도시를 통치하는 지위를 맡게 됩니다.

**민주정(Democracy).** 시민이나 이들이 선출한 대표자가 법을 만들어 집행하는 것이 민주정입니다. 관료나 군인이 정부의 일상사를 처리하며, 관직은 투표를 통해 선출됩니다.

**봉건주의(Feudalism).** 중세 유럽에서 일반적으로 이루어졌던 정부 형태입니다. 봉건 사회는 여러 계층으로 이루어진 귀족과 가신들로 구성되어 있습니다. 이 가신들은 병사나 세금을 자신의 군주에게 바치며, 군주는 자신의 신하들을 돌보아야 할 책임을 집니다.

**신정국가(Theocracy).** 특정한 신의 대리인이 그 대표자가 되어 통치하는 형태의 국가입니다. 신정국가에서 권력의 중심지는 대개 성스러운 땅에 서 있습니다. 에버론 캠페인 배경의 스레인(Thrane)은 은빛 불꽃(Silver Flame)의 이름 아래 서 있는 신정국가이며, 이 신성한 정령은 스레인의 수도인 플레임킵(Flamekeep)에 거한다고 알려져 있습니다.

**실력주의(Meritocracy).** 가장 똑똑하거나 잘 교육받은 사람들만이 사회를 다스리는 형태입니다. 이 사회는 때로 일상적인 통치를 위해 관료정의 형태를 띠기도 합니다. 포가튼 렐름즈 배경에 등장하는 캔들킵(Candlekeep)에서는 요새화된 장서고를 다스리는 학승들이 있으며, 이들은 수호자(Keeper)라는 전승 학자의 명령에 따라 움직입니다.

**연합정(Confederacy).** 자치권을 가진 각 도시나 마을이 모여 연합정부를 구성한 형태이며, 이들 모두는 일종의 연맹이나 동맹을 구성하여 공동의 이익을 추구합니다. (최소한 이론적으로는 그렇다는 점을 내세우기도 합니다.) 중앙 정부에 대한 태도나 상태는 연합정 내부의 여러 사정에 따라 매우 다양하게 갈립니다. 포

가튼 렐름즈 배경의 군주 연합(The Lords' Alliance)은 여러 도시로 이루어진 느슨한 연합정이며, 에버론 캠페인 배경의 므로르 홀드(Mror Holds)는 드워프 씨족들로 이루어진 연합정의 형태를 띠고 있습니다.

**왕정(Monarchy).** 세습되는 왕권을 통해 통치하는 형태입니다. 전제정과는 달리 왕권의 권력은 법으로 제한되어 있으며, 지배자는 민주정이나 봉건정, 혹은 군사정의 우두머리로서 다스립니다. 에버론 캠페인 배경의 브렐랜드(Breland) 왕국은 법을 만드는 의회가 있고, 그 법을 행사하는 왕권이 따로 있는 형태입니다.

**원로정(Gerontocracy).** 장로들이 사회를 다스립니다. 몇몇 경우, 엘프나 드래곤처럼 오래 사는 종족이 그 지혜로 땅을 통치하게 되기도 합니다.

**위계정(Hierarchy).** 봉건주의 사회나 관료정 하에서, 단 한 명의 통치자를 제외한 그 사회의 모든 구성원이 위계의 일원이 되어 다른 누군가에게 종속될 때 이를 위계정이라고 합니다. 드래곤랜스 캠페인 배경에서 크린의 드래곤군대는 일종의 군사 위계이라고 볼 수 있습니다. 용의 여왕이 타키시스(Takhisis) 아래 드래곤 대군주들이 있으며, 그 아래로 여러 계층의 위계에 따라 전체 사회가 구성되어 있기 때문입니다.

**전제정(Autocracy).** 대를 이어 지배하는 한 명의 통치자가 절대 권력을 지니고 있습니다. 전제군주는 잘 꾸려진 관료집단이나 군대의 지원을 받고 있을 수도 있고, 혼란스러운 사회 구조 속에서 유일한 절대 권위로 서 있을 수도 있습니다. 왕조의 통치자는 불멸의 존재이거나 언데드일 수도 있습니다. 에버론 캠페인 배경에 등장하는 아운데어(Aundair)와 카르나스(Karrnath) 왕국은 왕가의 혈통에 따라 이어지는 통치자들이 지배하는 국가입니다. 아운데어의 아우랄라 여왕(Queen Aurala)은 마법사와 첩자들을 풀어 자신의 의지를 관철하며, 카르나스의 흡혈귀 왕 카이우스(Kaius)는 산 자와 언데드로 이루어진 강력한 군대를 통해 자신의 명령을 수행합니다.

**태수정(Satrapy).** 정복자나 다른 국가의 대표자가 권력을 지니고, 더 큰 제국의 일부로서 해당 지역을 통치하는 형태입니다. 태수는 관료이거나 군사 장교일 수도 있고, 어쩌면 특이한 존재나 괴물일 수도 있습니다. 그레이호크 배경에 존재하는 하이포트(Highport)나 수더햄(Suderham) 시는 노예 군주라는 악랄한 약탈자들의 부하가 다스리는 형태의 태수정입니다.

### 귀족 칭호와 서열의 예시

| 서열 | 칭호 | 서열 | 칭호 |
|------|------|------|------|
| 1st | 황제/여황 | 6th | 백작 |
| 2nd | 왕/여왕 | 7th | 자작 |
| 3rd | 공작 | 8th | 남작 |
| 4th | 공자/공녀 | 9th | 준남작 |
| 5th | 후작 | 10th | 기사 또는 훈작 |

## 경제

캐릭터들은 작은 촌락에 있더라도 모험을 계속하기 위해 장비를 준비하고 생필품을 보급해야 합니다. 식량, 텐트, 배낭, 단순한 무기 따위는 흔하게 찾을 수 있습니다. 행상들은 갑옷이나 군용 무기를 팔 수도 있으며, 좀 더 특별한 장비를 취급하기도 합니다. 대부분의 촌락은 여행자들이 쉬어갈 수 있는 여관이 위치해 있고, 여기서 모험자들은 품질이 썩 마음에 들지는 않더라도 따뜻한 식사와 침대를 찾을 수 있습니다.

촌락들은 다른 정착지와의 무역에 크게 의존하고 있으며, 커다란 마을이나 도시와도 물건을 많이 주고받습니다. 상인들은 주기적으로 오가며 촌락 사람들에게 필수품과 기호품들을 사고팔며,

더 손이 큰 상인은 나라와 나라를 오가는 큰 무역을 하기도 합니다. 행상들은 자기 일을 보면서 모험자들이 솔깃할 법한 소문이나 모험의 실마리를 듣고 오기도 합니다. 상인들은 길을 오가며 자신의 생계를 꾸리기 때문에, 도적 떼나 괴물들의 위협을 피하고 상품을 지키기 위한 경호원을 고용하기도 합니다. 이들은 또한 마을과 마을 사이로 소식을 전하고, 모험자들의 주의를 끌 만한 상황의 변화를 알려주기도 합니다.

이 상인들이 도시에서나 찾을 수 있는 서비스를 제공해 주지는 못합니다. 예를 들어 캐릭터들이 도서관 또는 학식 높은 학자를 필요로 하게 되거나, 그들이 찾은 그리폰의 알을 잘 부화시킬 조련사를 찾거나, 성을 세우기 위한 건축가를 찾으려 한다면, 일단 촌락을 벗어나 큰 도시로 가서 찾아보는 편이 훨씬 나을 것입니다.

## 화폐

금화(gp), 은화(sp), 동화(cp), 호박금화(ep), 또는 백금화(pp)와 같은 단어들은 게임 규칙으로서 분명하게 기재되어 있습니다. 당신은 이러한 화폐에 개성을 부여함으로써, 게임 세계를 더욱 흥미롭게 꾸밀 수 있습니다. 사람들은 화폐에 나름의 별명을 붙이곤 합니다. 간단하게 "덩어리" 같은 단어로 쓸 수도 있고, "황금 쌍두 독수리"같이 거창한 별명이 붙을 수도 있습니다. 나라에서는 대개 국립 주조소를 두어 그 나라 고유의 화폐를 생산하며, 이 화폐들이 기본 규칙에서 설명하는 것들과 대응합니다. 대부분의 경우, 전 세계적으로 공급되는 화폐란 거의 없습니다. 하지만 대부분의 화폐는 널리 통용되긴 합니다. 그러나 외지인에게 싸움을 걸기 위해 외국의 화폐를 거절하는 경우도 없지는 않습니다.

### 예시: 포가튼 렐름즈

포가튼 렐름즈의 세계는 다양한 화폐의 좋은 예시입니다. 물물교환이나 각서, 여러가지 채권들 역시 페이룬에 존재하지만, 금속으로 만들어진 동전이나 무역괴들이 일상 화폐에 가장 많이 쓰입니다.

**평범한 동전류.** 동전들은 다양한 형태와 크기, 이름, 물질로 이루어져 있습니다. 셈비아(Sembia)의 야심찬 상인들 덕분에, 그 나라의 기이하게 생긴 동전들 역시 페이룬 전역에 걸쳐 찾을 수 있게 되었습니다. 셈비아에서는 사각형의 철로 된 판이 구리 동전을 대체하였습니다. 세모꼴을 이룬 은화는 까마귀라고 불리며, 다이아몬드 형태의 호박금화는 "하마크" 혹은 "푸른 눈"이라고 부릅니다. 오각형 모양의 금화는 귀족이라는 별명으로 알려져 있습니다. 셈비아에서는 백금화를 찍어내지 않습니다. 이러한 동전들은 모두 셈비아에서 널리 사용되며, 외국에서 들여온 동화나 백금화 역시 잘 쓰입니다.

전 세계적 무역의 중심지인 대도시 워터딥에서는 다른 이름들이 쓰입니다. 동화는 부리끝이라고 부르며, 은화들은 조각, 호박금화는 달덩이라고 부릅니다. 금화는 드래곤이라는 별명이 있고, 백금화는 태양이라고 합니다. 도시가 찍어내는 지역 화폐로 토알(Toal)과 항구 달(Harbor Moon)이 있습니다. 토알은 교역에 쓰이는 황동 화폐로, 가운데 구멍이 뚫려 있어 꿰어 다니기에 좋습니다. 토알은 한 닢에 2gp로 쳐주지만, 워터딥 밖에서는 거의 쓰이지 않습니다. 항구 달은 백금으로 만들어진 초승달 모양의 동전이며, 가운데 구멍이 있고 호박금으로 새김이 들어가 있습니다. 이 화폐는 주로 항구에서 큰 짐을 사고팔기 위해 쓰이던 것이며, 워터딥 내에서는 50gp 가치가 있지만 다른 곳에서라면 30gp 정도만 쳐줍니다.

북부에 위치한 도시인 실버리문(Silverymoon)에서도 초승달 모양의 빛나는 푸른 동전을 찍어내는데, 그곳에서는 이 동전을 호박금 달이라고 부릅니다. 이 동전은 실버리문에서는 1gp이지만

다른 곳에서는 1ep로 쳐줍니다. 또한 실버리문에서는 그믐달이라 부르는 더 큰 동전을 찍는데, 호박금으로 만든 동전의 외각을 은으로 어둡게 처리한 것으로, 실버리문 내에서는 5ep 값어치를 받지만 다른 곳에는 2ep만 받을 수 있습니다.

왕립 주조소에서 찍어내는 코르미르(Cormyr) 왕국의 화폐는 인기 있는 형태를 띠고 있는데, 한쪽 면에는 용이 새겨져 있으며, 반대편에는 주조한 해가 새겨져 있습니다. 여기서 동화는 엄지, 은화는 은색 매라고 부르며, 호박금화는 푸른 눈, 금화는 황금 사자, 백금화는 삼중왕관이라고 부릅니다.

작은 도시국가라 해도 자기들 나름의 동화, 은화, 금화 등을 찍어냅니다. 호박금화나 백금화를 생산하는 곳은 적습니다. 더 작은 나라들은 다른 나라에서 만들어진 화폐를 통용하거나, 고대의 화폐를 쓰기도 합니다. 마법사들이 지배하는 테이나 할루아(Halruaa) 등에서 온 여행자는 여행 시 자기 나라 화폐가 아니라 다른 곳의 화폐를 쓰기도 하는데, 마법사들의 나라에서 만든 화폐에는 저주가 걸려 있을지도 몰라 다른 이들이 꺼리기 때문입니다.

한편, 오래전 잊혀진 전설 속 나라나 위대한 마법의 중심지에서 만들어진 화폐들은 높은 대우를 받기도 합니다. 이러한 화폐들은 시장에서 쓰기보다는 수집가에게 비싸게 파는 경우가 더 이익이 될 정도입니다. 코르만티르(Cormanthyr)의 옛 엘프 궁정에서 만들어진 동전들이 이런 면에서 특히 유명합니다. 그들의 옛 언어대로 탈버(동화), 비도아르(은화), 탐마르크(호박금화), 실매어(금화), 루엔딜(백금화) 등의 이름이 여전히 남아 있습니다. 이 동전들은 아름답고 아직도 많이 남아 있으며 지금도 엘프들과 거래할 시 손에 넣을 수 있기도 합니다.

*무역괴.* 많은 양의 동전은 가지고 다니기 어려울 뿐 아니라 세기도 힘듭니다. 그래서 많은 상인은 무역괴를 선호합니다. 무역괴란 귀금속이나 합금으로 만들어진 막대 모양의 금속 덩어리로, 거의 누구에게나 받아들여지는 화폐의 대용품이라 할 수 있습니다. 무역괴에는 처음 그 막대를 만든 상회나 국가의 인장이 새겨져 있습니다. 이 막대들은 그 무게에 따라 값이 매겨지는데, 예시는 아래와 같습니다.

- 2lbs 은괴는 5인치 길이, 2인치 너비, 1/2인치 두께를 지니고 있으며 10gp 가치가 있습니다.
- 5lbs 은괴는 6인치 길이, 2인치 너비, 1인치 두께를 지니고 있으며 25gp 가치가 있습니다.
- 5lbs 금괴는 2lbs 은괴랑 같은 5인치 길이, 2인치 너비, 1/2인치 두께이지만 250gp의 가치가 있습니다.

발더스 게이트에서는 무역을 위해 대량의 무역 은괴를 생산하며, 화폐의 기준으로 삼고 있습니다. 미라바(Mirabar) 시에서는 검은 쇠로 만들어진 팽이 모양의 무역괴를 사용하며, 2lbs 무게의 이 무역괴 하나가 도시 내에서는 10gp 정도의 값어치를 지닙니다. 하지만 이 무역괴는 다른 곳에서 훨씬 그 가치가 떨어지는데, 철은 원래 그다지 가치있는 금속이 아니기 때문입니다.(파운드당 1sp 정도의 값어치만 가집니다.)

*기괴한 화폐.* 동전이나 금괴, 은괴 등만이 금속 화폐는 아닙니다. 곤드의 종(Gond Bells)은 작은 황동 종으로 거래시 10gp 정도의 가치를 지니지만, 곤드의 신전에서는 20gp를 쳐줍니다. 샤아르의 고리(Shaar Ring)는 샤아르의 유목민들이 상아를 갈아서 만든 고리로, 그들 사이에서는 3gp의 가치를 지닙니다.

## 당신만의 화폐 만들기

위의 예시에서 보았다시피, 당신이 만든 세계에서도 화폐가 어떤 단일 기준을 따라야 하는 것은 아닙니다. 각각의 나라와 시대는 그 나름의 가치를 가진 그 나름의 화폐를 가질 수 있습니다. 당신의 모험자들은 수많은 땅을 여행하며 오래전 잊혀진 보물을 찾을 수도 있습니다. 1,200여 년 전 이 땅을 다스린 엘타그림의 영지에서 600여 개의 고대 비도아르를 찾아내는 것은, 단순히 600sp를 얻었다는 것보다 훨씬 가치있는 경험을 만들어 줍니다.

여러 가지 동전에 다양한 이름과 세세한 묘사를 곁들이는 것은 당신의 세계 속 여러 나라의 역사와 상황을 연상케 하여 새로운 질감을 선사합니다. 코르미르의 황금 사자는 그 왕국의 고귀한 본성을 나타냅니다. 만약 금화의 표면에 악마의 얼굴을 그려넣고 "고문자"라고 부르는 나라가 있다면, 그 화폐는 그 나라의 본성을 나름대로 보여주고 있는 것입니다.

새로운 화폐를 창조하는 것은 특정한 장소와 연관을 가지기도 합니다. 워터딥의 토알이나 실버리문의 초승달은 또 다른 단계의 세밀함을 느끼게 합니다. 당신이 만든 새 화폐의 가치가 단순하기만 하다면,(1.62gp의 가치를 지닌 화폐를 만드는 것은 머리만 아프게 할 뿐입니다.) 당신이 그려낸 새로운 화폐는 복잡한 설정 없이 그 지역의 특색을 나타내 주는 새로운 요소가 되어줄 것입니다.

# 언어와 방언들

세상에 살을 붙여 나가면서, 당신은 그 지역의 지리와 역사에 맞는 새로운 언어와 방언을 만들 수 있습니다. 당신은 *플레이어즈 핸드북(Player's Handbook)*에 실린 기존의 언어를 새로운 것으로 대체할 수도 있고, 혹은 각각의 언어를 여러 개의 방언으로 분리할 수도 있습니다.

몇몇 세계에서는 지역적인 차이가 종족적인 차이보다 훨씬 중요하기도 합니다. 하나의 왕국에 살고 있는 드워프, 엘프, 인간들은 모두 공통된 언어를 사용하지만, 다른 왕국에서는 이들의 언어를 거의 알지 못하는 경우를 생각해 봅시다. 이런 경우 두 왕국 사이의 교류(외교를 포함해서)는 몹시 어려워질 것입니다.

널리 쓰이는 언어에는 고대 형태가 있을 수도 있으며, 모험자들이 잊혀진 옛 무덤이나 유적을 찾다가 지금은 완전히 사라진 옛 언어를 찾을 수도 있습니다. 이러한 언어들은 캐릭터들이 마주하게 될 문서나 고서에 신비를 더해주는 역할을 할 것입니다.

또한 당신은 다양한 비밀 언어를 만들 수도 있습니다. 드루이드들이 쓰는 드루이드어나 도둑의 속어 말고도, 특정한 조직이나

동화

금화

호박금화

은화

백금화

| 하퍼즈 | 건틀릿 결사단 | 에메랄드 엔클레이브 | 군주 연합 | 젠타림 |

정치 결사가 비밀리에 사용하는 언어를 만들수도 있습니다. 심지어 당신은 각각의 성향이 그들만의 언어를 가지고 있다고 할 수도 있습니다. 이 경우, 어떤 철학적 개념을 나누기 위한 언어라기보다 일종의 암호문이 될 가능성이 더 높을 것입니다.

어떤 한 종족이 다른 종족을 억압하고 있는 나라에서라면, 정복자의 언어는 사회적 신분의 표시가 될 수도 있습니다. 이와 유사하게, 글을 읽고 쓰는 것이 오직 상급 신분에게만 허락되는 형태의 사회나 국가 역시 있을 수 있습니다.

## 파벌과 조직

신전, 길드, 결사, 비밀조직, 학파 등은 여러 문명 속에서 사회적인 구조를 만들어 왔습니다. 이들의 영향력은 여러 도시와 마을에 걸쳐 뻗어 있으며, 정치적인 지배 구조와는 무관하게 널리 퍼져 나가곤 합니다. 조직들은 플레이어 캐릭터들의 삶에 큰 영향을 끼칠 수 있습니다. 이들은 NPC 개개인처럼 캐릭터들에게 후원자나 동료가 되어줄 수도 있고, 적이 될 수도 있습니다. 캐릭터들이 이러한 조직에 가입하게 된다면 그 자신보다 더 큰 무언가의 일부가 되어 움직일 수도 있으며, 이는 그들의 모험에 더 넓은 세계의 색채를 더해주는 결과를 가져올 것입니다.

## 모험자와 조직

캠페인의 시작 시점에 배경을 만드는 것은 모험자들을 세계와 엮을 수 있는 훌륭한 방법입니다. 하지만 게임이 진행하다보면 배경 요소는 덜 중요해지곤 합니다.

분파와 조직들은 플레이어 캐릭터들이 당신의 세계 속에 존재하는 더 높은 레벨의 모험자들과 관련성을 가지게 하며, 단순히 개개인이 아니라 더 큰 목표와 연관된 핵심 NPC들과 만나게 해 줍니다. 이와 마찬가지로, 악당 조직은 단순히 적 하나에 맞서는 것이 아니라 더 지속적이고 강대한 위협을 끊임없이 제공해 줄 것입니다.

서로 다른 캐릭터를 서로 다른 분파에 속하게 하면 게임판 위에서 흥미로운 상황을 연출하는 기회가 되어줄 것입니다. 이 조직들이 유사한 목표를 지니고 서로 싸우는 사이가 아니라면 말입니다. 각각의 분파와 조직을 대변하는 모험자들은 같은 목표를 추구하면서 서로 다른 이익과 우선순위를 경쟁할 것입니다.

또한 모험자 조직은 단순히 경험치나 보물이 아니라 더 특별한 보상을 제공하는 기회가 되기도 합니다. 조직 내에서 입지가 강해지는 것은 그 자체만으로도 가치가 있지만, 조직의 정보나 보물, 마법, 기타 자원을 받을 수도 있습니다.

## 조직 만들기

당신의 세계 속에 조직이나 분파를 만들어 넣는 것은 이야기의 중요한 부분에 연관된 일입니다. 당신의 플레이어들이 상호작용하여 동맹이나 그 구성원이 될 조직, 혹은 적대할 조직을 만들어 보도록 합시다.

일단 시작하기 위해, 이 조직이 세상에서 어떤 역할을 행하고 있는지 결정합시다. 무엇을 위한 조직입니까? 누가, 왜 이 조직을 창설하였습니까? 그 구성원들은 어떤 일을 하고 있습니까? 이러한 질문들에 답해보는 것은 조직의 개성을 만드는 좋은 시작이 되어줄 것입니다. 여기서부터 시작해서, 그 일반적인 구성원들을 생각해 봅시다. 사람들이 이 조직을 떠올릴 때 어떤 모습을 떠올립니까? 그들은 주로 어떤 클래스와 성향을 지니고 있습니까? 그들이 공유하고 있는 특성은 어떤 것들이 있습니까?

조직이 사용할 상징과 모토를 정하는 것은 이 모두를 요약해 내는 작업입니다. 수사슴을 상징으로 쓰는 조직은 날개 달린 뱀을 상징으로 쓰는 조직과 큰 차이를 보일 것입니다. 모토에 대해 말하자면, 단순히 메시지로서만이 아니라 그 조직이 보일 법한 말투와 스타일을 살려 만드는 것이 좋습니다. 하퍼즈의 예를 들자면, 그들의 모토는 "폭정에 종지부를. 모두에게 평등과 정의를"입니다. 하퍼즈는 자유와 번영을 위한 직설적인 메시지를 가지고 있습니다. 한편, 북부의 지배자들이 모여 만든 정치적 연합인 북부연합의 모토는 이렇습니다. "우리 땅에 대한 위협은 망설임 없이 제거되리니, 우월한 힘이야말로 안전을 보장하노라." 이 학식 높은 사람들은 복잡하고 정치적인 연합을 결성하고 있으니만큼, 이들은 평등과 정의보다 안정성에 더 강조를 두고 있는 것을 알 수 있습니다.

---

### 예시 파벌: 하퍼즈

하퍼즈는 평등을 주장하며 마법과 권력의 오남용을 막기 위해 비밀스레 활동하는 주문시전자와 첩자들의 느슨한 연락망입니다.

이 조직은 여러 차례 크게 일어섰다가 무너지고, 다시 일어서기를 반복해 왔습니다. 이 조직의 수명과 끈질김은 조직 자체가 분산되어 있고 풀뿌리식으로 운영되며, 비밀스러운 기원을 가진 데다 그 다양한 구성원들이 지닌 특징 때문에 가능했습니다. 하퍼즈는 포가튼 렐름즈 전역에 걸쳐 소규모 조직이나 개인으로 활동하고 있지만, 정보나 보증인이 필요할 때 가끔씩 만나기도 합니다. 하퍼즈의 이상은 고결하며, 각각의 구성원은 타락하지 않는 자신들의 순수함과 독창성에 자부심이 있습니다. 하퍼즈는 권력이나 영광을 추구하지 않으며 오직 모두를 위한 정의와 평등을 추구합니다.

***모토.*** "폭정에 종지부를. 모두에게 평등과 정의를."

***믿음.*** 하퍼즈의 믿음은 아래와 같이 요약됩니다.

- 정보나 비전 지식은 많을수록 좋다.
- 너무 많은 권력을 지니면 타락한다. 또한 마법의 남용은 반드시 감시되어야 한다.
- 무력한 이가 있어서는 안 된다.

***목표.*** 페이룬 전역에 걸쳐 정보를 모으고, 각 지역의 정치 역학을 주목하며, 정체를 숨긴 상태에서 평등과 정의를 향상하기 위해 노력합니다. 활동을 드러내는 것은 최후의 선택지입니다. 폭군을 몰락시키고, 특정한 정부, 지도자, 집단이 너무 많은 권력을 쥐지 못하게 합니다. 약자, 가난한 자, 그리고 억압받는 자를 도와야 합니다.

***일반적인 사명.*** 일반적인 하퍼들은 그 지역에 위치한 힘의 균형을 뒤흔들 신물을 보호하려 하거나, 강력한 권력이나 힘을 지닌 개인, 집단에 대한 정보를 모으거나, 야망에 찬 정치가나 사악한 주문사용자의 진의를 파악하는 등의 활동을 주로 하고 있습니다.

마지막으로, 플레이어 캐릭터들이 어떻게 이 조직과 만남을 가지고 접촉을 이어갈지 생각해 봅시다. 조직의 구성원 중 중요한 사람들은 누구일까요? 단순히 조직의 지도자만 생각할 것이 아니라, 현장에서 모험자들과 마주할 요원들에 대해서도 생각해 보면 어떨까요? 그들은 어디서 활동하며, 그들의 지도부나 거점은 어디일까요? 만약 모험자들이 조직에 합류한다면, 어떤 임무를 부여하게 될까요? 그 임무를 완수하면 어떤 보상을 받을 수 있을까요?

# 명성

명성은 특정한 조직이나 분파에서 모험자의 지위를 확인할 수 있는 선택 규칙입니다. 명성은 0에서 시작하는 수치로 알 수 있으며, 캐릭터가 특정 조직 내에서 호의와 평판을 얻으면 올라갑니다. 당신은 캐릭터의 명성과 받을 수 있는 이익을 연계해 놓을 수도 있고, 조직 내의 지위나 칭호를 줄 수도 있으며, 조직이 지닌 자원을 움직일 수도 있습니다.

캐릭터가 여러 조직에 들어 있다면, 각각의 조직마다 다른 명성을 지니는 게 일반적입니다. 예를 들어, 플레이어는 한 분파에 대해서 5의 명성을 갖고, 다른 분파에서는 20의 명성을 지닐 수도 있습니다. 캠페인이 진행되어가며 각각의 조직과 상호작용을 할수록, 이 명성은 오르내리게 될 것입니다.

## 명성 얻기

조직의 이익에 부합하는 사명을 완수하거나 임무를 해결하는 등, 조직과 연관된 활동을 하면 명성을 얻게 됩니다. 당신은 사명이나 임무가 완수되는 시점, 즉 일반적으로 경험치를 줄 때 명성 역시 같이 줄 수 있습니다.

조직의 이익을 증진시키는 일은 그 조직 내에서 캐릭터의 명성을 1점 증가시킵니다. 조직에서 특별히 지정된 임무를 수행하거나, 특별히 중요한 이익에 연관된 문제는 캐릭터의 명성을 2 증가시킵니다.

예를 들어, 고귀한 건틀릿 결사단(Order of the Gauntlet)에 연관된 캐릭터가, 블루 드래곤의 폭정에서부터 한 마을을 해방시키는 임무를 완수했다고 해 봅시다. 이 결사단 자체가 악을 행하는 이들을 벌하기 위해 만들어졌으므로, 임무를 수행한 캐릭터들은 각각 1씩 명성이 증가하게 됩니다. 반면, 드래곤을 죽이는 것이 결사단의 고위 구성원 중 하나가 직접 내린 임무였다면, 이 사명을 완수하는 것은 각 캐릭터의 명성을 2씩 증가시키게 됩니다. 캐릭터들이 구성원으로서 유용함을 증명하였기 때문입니다.

한편, 파티의 로그가 드래곤의 보물 더미 중에서 희귀한 독이 들어 있는 상자를 발견하였고, 젠타림의 요원에게 비밀리에 이 상자를 팔아 치웠다고 해 봅시다. 이런 경우 젠타림의 요원이 아니긴 하지만, 로그가 한 행동으로 인해 그 조직의 힘과 재산이 늘어났으므로 젠타림 내에서 로그의 명성이 2 증가할 것입니다.

## 명성의 이익

조직 내에서 명성이 증가하며 얻을 수 있는 이익은 계급과 권위가 있으며, 그 외에도 조직 내 구성원들의 친근한 태도와 더불어 다른 특성들을 얻기도 합니다.

*계급.* 캐릭터는 명성을 얻으면서 진급할 수 있습니다. 당신은 명성 수치의 특정 시점을 전제조건 삼아서 계급을 올릴 수 있습니다. (명성만이 유일한 조건일 필요는 없습니다.) 계급의 예시로는 아래 나와 있는 조직 내 계급의 예시표를 참조하시기 바랍니다. 예를 들어, 군주 연합에 가입하여 1점의 명성을 얻게 되면 그는 망토의 칭호를 얻게 됩니다. 조직 내에서 캐릭터의 명성이 커질수록, 그는 더 높은 칭호를 얻게 될 것입니다.

*당신은 계급의 전제 조건을 늘릴 수도 있습니다.* 예를 들어, 군주 연합에서 바늘검의 칭호를 얻으려면 5레벨이 필요하다고 할 수도 있습니다. 마찬가지로 전쟁공이 되려면 10레벨, 사자왕관이 되려면 15레벨이 필요하다고 할 수도 있습니다.

당신은 자신의 게임에 알맞게 명성의 등급치를 지정해 둘 수 있으며, 캠페인에 등장하는 조직에 따라서 알맞은 계급이나 칭호를 만들 수 있습니다.

*조직 구성원의 태도.* 조직 내에서 캐릭터의 명성이 커짐에 따라, 조직의 구성원들 역시 캐릭터의 소식을 더 많이 듣게 됩니다. 당신은 캐릭터에 대한 조직 구성원들의 기본 태도를 무관심하거나 친근한 정도로 정해둘 수 있습니다. 예를 들어, 자연의 질서를 지키는 것에 전력을 다하는 집단인 에메랄드 엔클레이브의 경우, 3점 이하의 명성을 가진 상대에 대해서는 그다지 친밀하게 대하지 않을 것이며, 10점의 명성을 쌓아야만 모든 구성원이 친숙한 태도를 보여줄 것입니다. 이러한 전환점은 그저 조직에 구성된 대다수 구성원의 태도를 평균적으로 나타내는 것일 뿐이며, 모든 구성원이 자동으로 비슷하게 친숙함을 느낀다는 뜻은 아닙니다. 개개의 NPC 집단 구성원은 캐릭터들이 지닌 명성에도 불구하고, 어쩌면 바로 그 명성 때문에 모험자들을 싫어할 수도 있습니다.

*특별한 이점.* 조직 내에서 계급이 올라가게 되면, 당신이 지정한 몇 가지 특별한 이점을 얻을 수도 있습니다. 낮은 계급을 지닌 캐릭터는 조직이 제공하는 연락책이나 모험의 단서, 안전 가옥, 혹은 장비의 할인 등을 받을 수 있습니다. 중간 계급의 캐릭터는 추종자(제4장의 "논플레이어 캐릭터 만들기"를 참조하시기 바랍니다.), 물약이나 두루마리에 대한 사용 권한, 도움을 요청할 수 있는 권한, 혹은 위험한 임무에서의 지원 등을 요청할 수 있게 됩니다. 높은 계급에 도달한 캐릭터는 소규모 군대를 부르거나, 희귀한 마법 물건을 빌려 쓰거나, 주문사용자의 지원을 얻고 낮은 계급의 구성원에게 임무를 부여하는 등의 권한을 얻을 수 있습니다.

*막간 활동.* 당신은 캐릭터들이 모험 간에 얻을 수 있는 시간을 활용해 조직 내에서 명성을 얻고 관계를 진척시키도록 할 수 있습니다. 막간 활동에 대해 더 자세히 알고 싶으면, 6장의 "모험과 모험 사이"를 참조하시기 바랍니다.

## 조직 내 계급의 예시

| 명성 | 하퍼즈 | 건틀릿 결사단 | 에메랄드 엔클레이브 | 군주 연합 | 젠타림 |
|---|---|---|---|---|---|
| 1 | 주시자 | 주마 | 봄지킴이 | 망토 | 송곳니 |
| 3 | 하프그림자 | 결행자 | 여름성큼이 | 붉은 단검 | 늑대 |
| 10 | 밝은양초 | 하얀매 | 가을걷이 | 바늘검 | 독사 |
| 25 | 현명한 올빼미 | 구원자 | 겨울추적자 | 전쟁공 | 아르드래곤 |
| 50 | 하이 하퍼 | 정의로운 손 | 야생의 주인 | 사자왕관 | 공포의 군주 |

## 명성을 잃어버리기

조직 내의 구성원들과 의견의 불일치가 있는 정도로는 명성이 떨어지지 않습니다. 하지만 조직에 반하거나 그 구성원을 심각하게 해치는 행동을 하게 되면 조직 내에서 명성을 잃거나 계급이 떨어질 수도 있습니다. 잃게 되는 명성이 얼마나 큰지는 캐릭터의 행동과 당신의 판단에 달려 있습니다. 조직에 대한 캐릭터의 명성은 절대 0 미만으로 떨어지지 않습니다.

## 신실함

명성 체계는 약간만 손질하면 캐릭터와 신과의 관계를 지정하는 척도로도 활용할 수 있습니다. 이는 신들이 세계에서 적극적으로 활동하는 캠페인 배경에서 사용할 때 매우 뛰어난 효과를 보여줄 수 있는 선택 규칙입니다.

이러한 접근법을 사용하면, 당신은 캠페인 배경에 존재하는 여러 신격에 대한 각 캐릭터의 명성을 기록해 놓을 수 있습니다. 각각의 캐릭터는 당신이 설정한 목적, 교리, 금기를 보고 하나의 신을 수호 신격으로 섬기거나, 만신전을 택해 섬길 수도 있습니다. 이렇게 신이나 만신전에 대해 캐릭터가 지닌 명성을 신실함이라고 부릅니다. 캐릭터가 자신의 신을 기쁘게 하고 그 이름을 드높이면 신실함이 상승합니다. 또한 신에 맞서는 일을 하거나 그 이름을 더럽히면, 혹은 신전을 파괴하거나 그 목표를 방해하면 신실함이 떨어집니다.

신은 자신에게 신실한 자에게 은총을 베풉니다. 신실함의 계급이 오르게 되면, 캐릭터는 하루 한번 신의 은총을 바랄 수 있습니다. 이 은총은 대개 클레릭 주문인 축복Bless 주문과 유사한 형태로 옵니다. 가끔은 이러한 호의가 신의 후원으로 이어지기도 합니다. 예를 들어, 토르를 섬기는 캐릭터는 주문을 얻을 때 천둥이 울려 퍼지는 소리가 들리기도 합니다.

높은 레벨의 신실함을 얻은 캐릭터는 장기적으로 이어지는 이득을 얻을 수도 있습니다. 이러한 이득은 축복이나 마법과 유사한 효과로 계속 이어질 것입니다. (초자연적인 재능에 대해서는 제7장의 "보물" 부분을 참조하시기 바랍니다.)

# 당신 세계 속에서의 마법

대부분의 D&D 세계에서, 마법은 자연적인 것이지만 여전히 약간은 신비롭고 두렵기도 한 것입니다. 세상 모든 사람이 마법을 알고 있고, 거의 대부분의 사람들이 살아가면서 그것이 존재한다는 증거를 보게 됩니다. 마법은 우주를 움직이는 힘이며, 전설적인 영웅들이 지니고 있던 고대의 힘이고, 스러진 제국의 비밀스러운 무덤에 숨어 있으며, 신들의 손길에 닿은 증거이고, 초자연적인 힘을 가진 존재들이 태어나며 갖게 되는 것이기도 합니다. 멀티버스의 비밀을 배운 자들이 마법의 힘을 얻게 됩니다. 역사와 난롯가 이야기들은 마법을 부려온 이들의 업적에 대한 것으로 가득 차 있습니다.

평범한 사람들이 마법을 어떻게 생각하는가는 그들이 어디에 살고 있는가, 그리고 마법을 수련한 자들을 어떻게 알게 되는가에 따라 크게 달라집니다. 멀리 떨어진 외딴 촌구석에 사는 사람들은 여러 세대가 지나는 동안 진정한 마법을 전혀 본 적 없을 수도 있고, 근처 숲속에서 은거하는 나이 든 은자가 기괴한 힘을 휘두른다고만 알고 있기도 합니다. 포가튼 렐름즈 배경의 거대 도시 워터딥에서, 마법술사와 보호자의 경계 결사(The Watchful Order of Magists and Protectors)는 마법사들의 길드로 이루어져 있습니다. 이 비전 마법사들은 마법을 널리 받아들이도록 애쓰고 있으며, 자신들의 서비스를 제공하여 이익을 보고 있습니다.

몇몇 D&D 배경은 다른 것들에 비해 마법이 더 많이 드러납니다. 가혹한 다크 선 캠페인의 배경인 아타스(Athas) 같은 몇몇 D&D 세계에서, 마법은 세상의 생명을 빨아들이는 행위로서 그 수련자들은 증오의 대상이 됩니다. 아타스에서 대부분의 마법은 사악한 자들의 손에 떨어져 있습니다. 이에 반해, 에버론의 세계에서 마법은 훨씬 평범한 것으로 일반인에게도 널리 알려져 있습니다. 상업 가문들은 마법 물건들을 팔고, 값만 적절히 치른다면 누구에게나 자신들의 서비스를 제공합니다. 사람들은 원소 마법을 이용한 비공정이나 열차를 타기 위해 승차권을 구매합니다.

당신의 세상에 마법을 맞춰 나가기 위해서는 아래 질문들을 생각해 보시기 바랍니다.

- 마법은 평범한 것입니까? 사회적으로 받아들여지고 있습니까? 어떤 마법이 희귀하게 취급됩니까?
- 각각의 주문 사용 클래스는 얼마나 희귀합니까? 높은 등급의 마법을 사용할 수 있는 이들은 얼마나 있습니까?
- 마법 물건이나 마법적인 장소, 초자연적 능력을 지닌 마법적인 존재들은 얼마나 희귀합니까? 얼마나 강력해져야만 이런 것들이 기이하지 않고 보다 평범하게 느껴집니까?
- 권력이나 통치자들이 마법에 대해 어떤 태도를 취하고 있습니까? 평범한 이들은 어떻게 마법을 사용하고 어떻게 마법으로부터 보호를 받습니까?

몇몇 질문에 대한 답변은 또 다른 질문에 대한 답변으로 이어집니다. 예를 들어, 에버론처럼 낮은 레벨의 주문 사용자가 많은 세계라면, 권력을 지닌 자들이나 일반인들은 더 평범하게 마법을 접하고 낮은 등급의 주문들을 사용하곤 합니다. 평범한 마법들을 사는 게 가능할 뿐 아니라 값도 그리 비싸지 않다는 것입니다. 사람들은 대개 널리 알려진 마법들을 인지하고 있으며, 위험한 상황이 되면 그에 대한 대처법을 생각하게 될 것입니다.

---

## 예시 파벌: 젠타림

젠타림(혹은 검은 연락망으로도 알려져 있습니다.)은 포가튼 렐름즈 전역에 걸쳐 자신들의 영향력과 권력을 늘리기 위해 그 세를 확장하고 있는 비밀 조직입니다.

대중이 알고 있는 검은 연락망의 겉모습은 꽤 온건합니다. 불법이든 합법이든 최고의 물건을 싸게 공급하는 것으로 알려져 있으며, 그저 그 경쟁자를 괴멸시키고 모든 이가 자신들에게 의존하게 만든다고만 알려져 있을 뿐입니다.

젠타림의 구성원들은 그 자신이 거대한 가족의 일원이라고 생각하며, 자원과 안전을 위해 검은 연락망에 의존합니다. 하지만 각 구성원에게는 자기 스스로의 목적을 추구하도록 자율권이 주어져 있으며 개인 나름의 부와 영향력을 얻는 것이 권장됩니다. 전체적으로 봐서 젠타림은 "최고 중의 최고"를 약속하지만, 이 조직의 실상은 구성원 개개인의 발전에 투자하기보다는 조직 전체의 선전과 영향력에 집중되어 있습니다.

**모토.** "우리와 함께 번영하거나, 적대하고 멸망하라."
**믿음.** 젠타림의 믿음은 아래와 같이 요약됩니다.

- 젠타림은 네 가족이다. 네가 가족을 돌보면, 가족도 너를 돌볼 것이다.
- 너는 네 운명의 주인이다. 마땅히 너의 것이 되어야 할 것을 쟁취하라.
- 누구에게든, 무엇이든 알맞은 값이 있는 법이다.

**목표.** 재산과 권력, 영향력의 축적. 궁극적으로는 페이룬의 지배.
**일반적인 사명.** 일반적인 젠타림의 사명은 보물 창고를 약탈하거나 훔치는 것, 강력한 마법 물건이나 신물을 빼앗는 것 등이 있으며, 유리한 사업 접선책을 지키거나 기존의 접선을 협박하는 것, 젠타림의 영향력이 약해진 곳에서 다시금 발판을 굳건히 세우는 일 등이 포함됩니다.

## 마법의 제한

문명화된 몇몇 지역에서는 마법의 사용이 제한되거나 금지될 수도 있습니다. 특별한 허가가 있거나 면허를 발급받아야 주문시전을 허락받는 경우도 있습니다. 이러한 지역에서라면 마법 물건이나 지속적인 마법 효과는 매우 희귀하지만, 마법에 대한 보호책만은 예외적으로 흔하게 접할 수 있을 것입니다.

몇몇 지역에서는 특정한 주문을 짚어서 금지할 수도 있습니다. 도둑질이나 사기를 위한 주문시전 자체를 범죄로 취급할 수도 있습니다. 투명화나 환영 주문등이 이러한 예시가 될 것입니다. 환혹이나 정신지배 주문들 역시 자유 의지를 왜곡하기 때문에 불법으로 간주하는 경우가 많습니다. 어쩌면 그 지역의 통치자가 특정한 주문이나 효과에 대한 공포증을 지닐 수도 있습니다. (형태변신 주문이나 정신을 조종하는 주문) 이런 경우 그 통치자가 해당하는 종류의 마법에 법적으로 금지를 걸어 놓을 수도 있습니다.

## 마법의 학파

마법의 학파(방호계, 환영계, 사령계 등등)를 나누는 것은 게임의 규칙으로 정해져 있지만, 당신의 세계 속에서 각각의 마법 학파가 어떻게 비춰지는가를 정하는 것은 당신의 결정입니다. 이와 유사하게, 몇몇 클래스의 선택 규칙은 세계 내에서 마법을 사용하는 조직이 존재한다는 것을 가정하고 있기도 합니다. 바드의 대학이나 드루이드 회합 등이 이러한 조직의 예시입니다. 이러한 마법 학파나 조직에 살을 붙여나가는 것 역시 당신의 역할입니다.

당신이 이러한 조직들에 어떤 공식적인 구조를 꼭 설계할 필요는 없습니다. 위저드(혹은 바드나 드루이드)들이 너무나 희귀하기에, 캐릭터 역시 한 사람의 스승에게서 배운 다음 자기 외에 같은 클래스를 가진 다른 캐릭터를 아무도 만나본 적 없을 수도 있습니다. 이런 경우, 위저드는 어떠한 공식적 훈련 없이 자신의 학파 전문화를 배웠을 것입니다.

하지만, 마법이 비교적 평범한 세계라면 학계 내에서 마법의 여러 학파를 구성하게 될 것입니다. 이러한 조직들은 그 나름의 위계서열, 전통, 제한, 그리고 절차를 지니고 있습니다. 예를 들어서, 사령술사인 마테로스(Materros)는 사령술 결사인 타르 자드 형제단의 일원일 수도 있습니다. 조직의 위계 서열에서 그가 처한 위치를 나타내는 표지로써, 그는 붉은색과 녹색으로 이루어진 대가의 로브를 걸칠 수 있도록 허락을 받았습니다. 물론 이러한 로브를 입었기 때문에 형제단에 대한 지식이 있는 사람이라면 그가 어디에 속한 사람인지 금방 알아볼 수도 있습니다. 타르 자드의 형제단이 지닌 무시무시한 명성을 생각해보면, 구성원을 알아볼 수 있는 것 자체가 혜택이나 문제거리가 될 수도 있습니다.

만약 당신이 이 방식을 선택한다면, 당신은 각각의 마법 학파나 바드 대학, 드루이드 회합 등을 위에서 설명한 "조직"의 일종으로 취급할 수 있습니다. 플레이어 캐릭터는 사령술사로서 타르 자드의 형제단 내에서 명성을 쌓아나가게 될 것이며, 일행 중의 바드는 맥 휘미드의 바드 대학에서 명성을 얻게 될 것입니다.

## 순간이동의 원

대도시에 위치한 영구적으로 작동하는 순간이동의 원은, 판타지 세계 내의 경제에서 중요한 위치를 차지하게 됩니다. *이계 전송 Plane Shift*, *순간이동Teleport*, *순간이동의 원Teleportation Circle* 등의 주문은 이러한 마법진들을 연결해주며, 주로 신전, 대학, 비전 마법 조직의 본거지, 중요한 도시 내의 지점 등에 위치해 있을 수 있습니다. 하지만 순간이동의 원을 통해 도시로 들어오는 위험 요소가 있을 수 있기 때문에, 이러한 마법진은 군사력과 마법으로 엄격하게 보호받는 것이 일반적입니다.

당신이 판타지 도시를 설계해 나간다면, 순간이동의 마법진이 어디에 있을 것이며, 모험자들이 알 수 있는 것은 어디에 있을지를 생각해 볼 필요가 있습니다. 만약 모험자들이 순간이동의 마법진을 통해 활동 거점으로 쉽게 돌아갈 수 있다면, 이러한 마법진을 캠페인 내에서 이야기 진행의 도구로 사용하는 것 역시 생각해 볼 만합니다. 순간이동의 마법진을 통해 도착해 보니 모든 방어 체계가 무효화되어 있고 경비병들이 모두 피바다 속에 쓰러져 있다면 어떨까요? 신전 내에서 싸우는 두 명의 사제 때문에 순간이동의 도착이 방해받는 상황이 벌어진다면 어떨까요? 이런 방식으로 모험이 시작될 수도 있습니다!

## 죽은 자 데려오기

누군가가 죽게 되면, 그 영혼이 몸에서 벗어나 물질계를 떠나 아스트랄계로 흘러가며, 그가 믿는 신이 거하는 이계로 향하게 될 것입니다. 만약 그가 신을 믿지 않는다면, 그 영혼은 성향에 따라 그에 어울리는 이계로 향할 것입니다. 죽은 자를 부활시킨다는 것은 이렇게 다른 세상으로 흘러가는 영혼을 붙잡아 다시 그 몸에 불어넣는다는 것을 뜻합니다.

적들이 이 과정에 간섭하여 죽은 상태에서 부활하려는 캐릭터의 노력을 한층 어렵게 만들 수도 있습니다. 몸 일부를 따로 떼어놓는 것은 살해당한 캐릭터를 도로 살려내기 위한 *사자 소생Raise Dead*이나 *부활Resurrection* 주문을 사용하기 어렵게 합니다.

영혼이 돌아오고 싶어하지 않으면, 부활시킬 수 없는 경우 역시 존재합니다. 영혼의 이름을 알고, 성향을 알고, 수호 신격을 알고 있다면 이를 기반하여 소생을 시도할 수 있지만, 소생을 받는 존재가 이를 거부할 수도 있습니다. 예를 들어, 명예로운 기사 스텀 브라이트블레이드가 살해당했을 때, 악한 드래곤의 여신 타키시스의 대여사제가 그 몸을 부활시키려 하였습니다. 그러나 그녀가 아무리 시도를 하더라도, 그를 부활시키려는 시도는 항상 자동으로 실패하였습니다. 만약 악한 클레릭이 스텀을 부활시켜 심문하고자 한다면, 그녀는 먼저 그의 영혼을 속여서 선한 클레릭이 그를 부활시키려는 것처럼 믿게 하여야 하며, 소생 주문을 시전한 다음 부활한 그를 포박해야 할 것입니다.

# 캠페인 창조하기

당신이 만드는 세상은 당신이 펼쳐 나갈 모험의 무대가
되어줄 것입니다. 모험에 필요한 것 이상으로 세상을 만
들 필요는 없습니다. 당신은 각각의 모험을 일화 형식으로
해나갈 수도 있고, 그 과정에서 이야기와 이야기 사이의 공
통된 요소란 오직 주인공들뿐일 수도 있습니다. 아니면 여러
번의 모험을 거쳐 서서히 커져 나가는 영웅담으로써, 캐릭터들
의 업적이 세계에 남도록 만들 수도 있습니다.

캠페인 전체를 설계해 나가는 것은 대담한 일이지만, 시작할 때
부터 모든 것을 일일이 짜나갈 필요는 없습니다. 당신은 처음부터
시작할 수 있고, 몇 번의 모험을 거쳐 나가며 캠페인의 진행 방향
을 가늠하고 그때부터 큰 그림을 그릴 수도 있습니다. 그 과정에서
세세한 사항은 얼마든지 더하거나 뺄 수도 있습니다.

캠페인의 시작은 또한 모험의 시작이기도 합니다. 당신이 바로
행동에 접어들고자 한다면, 플레이어들에게 모험이 기다리는 것
을 보여주고 그들의 주의를 바로 끌어오십시오. 천천히 이야기가
흘러가는 것을 보고자 한다면, 플레이어들에게 충분한 정보를 주
고, 필요한 것을 준비해 몇 주 뒤에 돌아오도록 하십시오.

## 작게 시작하기

당신이 캠페인을 처음 시작하고자 한다면, 작게 시작하도록
하십시오. 캐릭터들은 그저 자신들이 게임을 시작하는 곳인
촌락, 마을, 도시에 대한 정보만 있으면 됩니다. 그리고 그들
이 곧 향하게 될 장소인 근처의 던전에 대한 정보만 주면 됩
니다. 이 남작령이 근처의 공작령과 전쟁중인지, 아니면 멀
리 떨어진 숲이 이터캡과 거대 거미들로 가득한지 어떤지
를 미리 정한 다음 메모해 둘 수도 있지만, 게임의 시작 시
점에는 캠페인이 시작할 때 주변 지역에 대한 정보만 있으
면 충분합니다. 아래 단계를 밟아 나가면서 주변 지역
을 만들어나가면 됩니다.

### 1. 활동 거점 만들기

이 장의 앞에 소개된 "정착지" 부분을 참조해서 모험이
시작되는 지점을 만들어나가십시오. 야생 지대에 맞닿아
있는 작은 마을이나 촌락 정도면 대부분의 D&D 캠페인에
서 훌륭한 활동 거점이 되어줄 것입니다. 큰 마을이나 도
시는 도시 배경 모험을 주로 하는 캠페인에서 좋은 무대가
되어줍니다.

### 2. 지역 지형 만들기

이 장의 앞에서 소개된 "캠페인 지도 그리기" 부분을 참
조하십시오. 활동 거점을 중심으로 하여 지역 규모의 지
도(1헥스=1마일)를 그리면 됩니다. 이 정도면 지도 안
의 어느 곳이든 25~30마일 거리가 되어 하루 꼬박 여
행하여 닿을 수 있는 거리로 볼 수 있습니다. 이 지도
곳곳에 던전이나 그와 유사한 모험의 장소들을 설치
하십시오. 2~4개 정도면 충분할 것입니다. 이 크기
의 지도 안에서는 활동 거점을 제외하고도 1~3개
정도의 다른 정착지가 있을 수 있으니, 그 위치 역
시 정해 두는 편이 좋습니다.

### 3. 시작 모험 만들기

던전 하나 정도면 대부분의 캠페인을 시작하기에
알맞은 첫 모험이 되어 줄 것입니다. 제3장의 "모험
창조하기"를 참조해 주시기 바랍니다.

활동 거점은 여러 캐릭터가 함께 시작하는 장소가
됩니다. 이 시작 지점은 그들이 같이 자란 마을일 수

도 있고, 서로 모임을 결성한 도시에서 여행 나온 곳일 수도 있습니다.

어쩌면 그들 모두는 사악한 남작이 모종의 이유로 체포하여 감금당한 것일 수도 있고, 이런 경우 남작의 성 아래에 있는 던전에서 모험이 시작될 수도 있습니다.

이러한 단계마다, 각각의 지역에는 필요한 만큼만 세부 사항을 정해 두면 됩니다. 당신은 촌락에 위치한 모든 건물을 일일이 설정할 필요가 없으며, 큰 도시의 모든 대로마다 이름을 지어줄 필요가 없습니다. 만약 캐릭터들이 남작의 지하 감옥 안에서 첫 모험을 시작하게 되었다면, 당신은 이 첫 번째 모험 장소의 세부사항만 생각해 두면 되며, 굳이 남작의 기사들 모두의 이름을 다 지어줄 필요는 없습니다. 간단한 지도를 그리고, 그 주변 지역에 대해서 생각하고, 캠페인 초기에 캐릭터들이 주로 다닐 법한 곳들에 관해서만 결정해 두십시오. 가장 중요한 것은, 이러한 지역을 생생히 묘사해서 당신의 캠페인 세계가 살아있는 이야기처럼 느끼게 만드는 것입니다. 그러면 첫 번째 모험 만들기를 시작해 봅시다!

## 무대 잡기

당신이 캠페인을 만들어나가다 보면, 플레이어들의 기본적 사항들을 기록해 둬야 할 필요가 있습니다. 핵심적인 자료를 모아 캠페인의 유인물로 정리해서 좀 더 쉽게 나눠줄 수 있도록 하십시오. 일반적으로 이러한 유인물에는 아래와 같은 자료가 포함되어 있습니다.

* 캐릭터를 만들 때 지켜야 하는 제한 사항이나 새로운 선택 규칙. 흔히 금지되는 종족이나 새로운 종족 등이 포함됩니다.
* 캐릭터들이 알법한 캠페인 세계의 배경 이야기에 해당하는 정보. 만약 당신이 캠페인 전체에 어떤 주제나 방향성을 가지고자 한다면, 이 정보는 그러한 주제나 방향성에 초점을 맞추는 것이 좋습니다.
* 캐릭터들이 시작하게 되는 지역 주변에 대한 기본적인 정보. 여기엔 예를 들어 마을의 이름이나 주변의 중요한 장소, 캐릭터들이 알법한 중요한 NPC나 최근 떠도는 여러 문제에 대한 소문 등이 있습니다.

이 유인물은 가능한 한 짧고 요점만 있는 편이 좋습니다. 최대 2페이지 정도면 충분합니다. 당신의 마음속에 창작의 욕구가 분출해서 거대한 서사로 20페이지에 달하는 배경을 만들었다고 해도, 그것은 모험을 위해 아껴두도록 합시다. 플레이어들이 유인물이 아니라 게임 속의 세부 사항에서 그러한 정보를 얻을 수 있도록 합시다.

## 캐릭터들을 끌어들이기

당신의 캠페인이 어떤 것인지 정해졌다면, 자신의 캐릭터들이 어떻게 그 이야기에 접어들게 되었는지를 플레이어들이 직접 만들어 이야기하도록 유도해 봅시다. 이것은 플레이어들이 자기 캐릭터의 배경이나 역사를 통해 캠페인의 이야기와 연결을 만들 기회이며, 또한 당신에게는 그들의 배경을 통해 캠페인의 이야기를 꾸밀 기회이기도 합니다. 예를 들어, 은자로 살아가던 캐릭터는 어떤 비밀을 알게 되었던 것일까요? 마을의 영웅으로 살던 이의 운명은 어떤 것일까요?

몇몇 플레이어들은 적절한 아이디어를 떠올리는 데 어려움을 겪을 수도 있습니다. 모두가 창의력을 발휘하기란 쉽지 않은 법입니다. 당신은 캐릭터에 대해 몇 가지 질문을 던져서 플레이어들의 창의력을 자극할 수 있을 것입니다.

* 당신은 이 지방 토박이인가요? 그렇다면 당신의 가족은 어떤 사람들인가요? 현재 직업은 무엇인가요?
* 당신은 최근에 이곳에 도착했나요? 어디에서 왔나요? 왜 이 지역에 오게 되었나요?
* 당신은 캠페인이 시작하게 된 사건에 연관된 조직이나 인물과 어떤 관계를 맺고 있나요? 그들은 당신의 친구인가요? 아니면 적인가요?

플레이어들의 생각을 귀 기울여 듣고, 가능한 한 반영해 주십시오. 당신은 모든 캐릭터가 시작 지점의 마을에서 태어나고 자란 것으로 만들고 싶다 해도, 만약 어떤 플레이어가 자신의 캐릭터는 마을에 막 도착했다거나 이주자로 설정하고 싶어서 그에 따른 충분히 설득력 있는 이야기를 준비해 왔다면 그것을 받아들이는 게 좋습니다. 캐릭터의 이야기를 듣고 당신의 세계에 더 잘 맞도록 변형시켜 보도록 유도하거나, 당신의 캠페인을 짜는 첫 발걸음을 그 이야기에서 시작하도록 해 보십시오.

## 배경 만들기

배경은 캐릭터들이 세계에 뿌리를 내릴 수 있게 해주는 도구이며, 새로운 배경 만들기는 당신의 세계만이 가지고 있는 특별한 요소들을 플레이어들에게 소개하는 훌륭한 방법이라 할 수 있습니다. 당신의 캠페인 배경에 존재하는 특정한 문화나 조직, 역사적인 사건과 연관된 배경이 특별히 강력하게 적용될 수 있습니다. 어쩌면 특정한 종교의 사제들은 신실한 사람들에게서 탁발을 받아 살아가는 탁발승으로서, 그들의 신이 이룩한 업적에 대한 노래를 부르며 신도들을 깨우치고 즐겁게 할 수도 있습니다. 당신의 캠페인에 이러한 종교가 있다면 당신은 탁발승이라는 배경을 새로이 만들거나 기존의 복사 배경을 약간 조정하여 이러한 요소를 반영할 수 있습니다. 이 배경을 선택할 경우 악기에 대한 사용 숙련을 얻을 수 있고, 신도들에게서 환대와 호의를 받을 수 있는 요소를 포함하고 있을 것입니다.

새로운 배경을 만드는 데 필요한 조언을 찾으려면, 제9장의 "던전 마스터의 작업실"을 참조하시기 바랍니다.

## 캠페인의 사건들

판타지 세계의 역사에서 중대한 사건들은 엄청난 격변으로 치닫는 경향이 있습니다. 선의 세력과 악의 세력이 장엄하게 충돌하는 거대한 전쟁, 문명 전체를 폐허로 만드는 자연재해, 외계에서 침략해 오는 거대한 군대나 외계의 병력, 세계적 지도자의 암살 등이 이런 사건입니다. 세상을 뒤흔드는 이런 사건들은 역사의 한 장을 장식하기에 충분합니다.

D&D 게임에서 이러한 사건들은 캠페인에 불을 붙이고 지속시킬 수 있는 불꽃의 역할을 해 줍니다. 시작과 중간, 그리고 끝이 정해지지 않은 이야기가 가장 빠지기 좋은 함정은 관성입니다. 수많은 TV 드라마나 만화책처럼, D&D 캠페인 역시 모두 재미가 없어진 다음에도 그저 관성 때문에 계속 이어질 위험이 있습니다. 배우나 작가가 마음이 떠나듯, D&D 게임에서 배우이자 작가인 플레이어들 역시 마찬가지로 마음이 떠날 수 있습니다. 이야기가 아무런 변화도 없이 그저 이어지기만 하고, 별 다를 바 없는 악당들과 어슷비슷한 모험으로만 채워진다면 점차 지루하고 뻔해지면서 게임이 정체되기 마련입니다. 무엇보다 캐릭터들의 선택과 행동에 따라 세상이 변하지 않는다면, 게임은 멈춰버리고 맙니다.

세상을 뒤흔드는 사건은 반드시 분쟁을 불러옵니다. 새로운 사건이 생기면 권력을 지닌 집단이 움직이기 시작합니다. 그 결과는 의미 있는 방식으로 세상의 울림을 바꾸어, 그 결과 세상 모두를 변화시키는 계기가 되곤 합니다. 이들의 연대기는 당신의 세상 속 이야기에 크고 굵은 족적을 남기게 될 것입니다. 변화-특히 캐릭터들의 행동과 선택에 따른 변화-는 이야기를 계속 나아가게 합니다. 만약 변화가 미미하다면, 캐릭터의 행동은 중요함과 진지함을 잃어버리게 됩니다. 세상이 안온하다면 이제 세상을 흔들어 깨울 때입니다.

# 사건을 움직여 나가기

세상을 뒤흔드는 사건은 캠페인이나 이야기 흐름 속에서 언제든 벌어질 수 있지만, 가장 큰 사건들은 자연스럽게 이야기의 시작, 중간 혹은 끝을 장식하게 됩니다.

이러한 사건 배치는 이야기의 극적 구조를 반영하게 됩니다. 이 야기의 시작 지점에서, 무언가가 일어났기에 주인공의 세계는 뒤흔들렸고 이들이 행동에 나서지 않을 수 없게 됩니다. 캐릭터들은 그들의 문제를 해결하기 위해 행동을 취하게 되지만, 다른 힘들이 그들을 억누릅니다. 일행이 목표를 향해 중요한 성취 지점에 도달했을 때, 거대한 분쟁이 벌어져 캐릭터들의 계획을 뒤엎고, 세상을 다시금 뒤흔듭니다. 실패가 임박한 것처럼 보이게 되는 것입니다. 이야기가 끝나가는 시점이 되면, 캐릭터들이 성공했건 실패했건 이들의 행동과 결정에 따라 다시금 세상은 흔들리게 됩니다.

D&D 캠페인이 시작하는 지점에서 벌어지는 세상을 뒤흔드는 사건은 모험의 실마리를 제공하고 캐릭터들의 삶을 영원히 변하게 만드는 원인이 됩니다. 중간 지점에서 벌어지는 사건은 중요한 전환점을 마련하고 캐릭터들의 명운을 뒤집어 놓습니다. 패배 이후의 승리, 혹은 승리 이후의 패배처럼 그 위치가 뒤바뀌게 되는 것입니다. 캠페인이 끝나갈 무렵 벌어지는 사건은 훌륭한 클라이맥스의 일환으로 멀리 퍼져 나가는 사건이 될 것입니다. 어쩌면 이야기가 모두 끝난 다음, 캐릭터들이 택한 마지막 행동과 결단에 의해 거대한 사건이 벌어질 수도 있습니다.

## 흔들지 말아야 할 때

이야기 구조를 만들고자 할 때, "잘못된 액션"이나 행동 그 자체를 위한 행동을 주의해야 합니다. 잘못된 행동은 이야기를 나아가게 하거나 캐릭터를 변화시키지 못합니다. 많은 액션 영화가 잘못된 행동 때문에 망하고 말았습니다. 자동차 추격전이든, 사격전이든, 폭발이든 별다른 목적도 의도도 없이 반복적으로 벌어지다 보면 의미를 상실해 지루해지고 맙니다. 몇몇 D&D 캠페인 역시 비슷한 함정에 걸릴 위험이 있습니다. 벌어지는 사건이 캐릭터나 세상에는 별다른 변화를 주지 못하고 그저 스쳐 지나가기만 한다면, 결국은 질려버리게 될 것입니다. 그러니 매주 세상을 뒤흔드는 대사건을 일으키는 것은 DM에게 있어 그다지 유용한 일은 아닐 것입니다.

일반적으로 볼 때, 캠페인에는 3개의 거대한, 세상을 뒤흔드는 사건이 벌어질 수 있습니다. 이들 중 하나는 시작 지점에, 하나는 중간 즈음에, 하나는 끄트머리에 위치하게 됩니다. 보다 작은 규모의 사건들은 여러 마을, 촌락, 부족, 영지, 장원 등의 구조를 뒤흔들 수 있으며, 이런 것들은 자주 벌어지곤 합니다. 결론적으로 말해서, 중요한 사건들은 얼마나 작은 세상이건 결국 누군가의 세상을 흔들어 놓게 됩니다. 예기치 못한 끔찍한 사건들이 세상의 작은 부분들에 고통을 줄 수 있지만, 당신의 이야기에서 필요로 하지 않는 한, 가장 거대한 세계 규모의 사건은 캠페인의 중요한 순간을 위해 아껴 두기를 권합니다.

## 세계를 뒤흔드는 사건

이 부분은 당신이 생각한 세계에서 이미 벌어진 사건이나, 앞으로 벌어지게 될 사건에 영감을 주기 위해 사용할 수 있습니다. 당신이 정하기 어렵다면, 아래 표에서 주사위를 굴려 무작위로 사건을 생성해서 상상력에 영감을 불어 넣을 수도 있을 것입니다. 무작위로 굴려 나온 결과를 말이 되도록 조정해 나가는 과정에서 예상치 못한 가능성을 발견하는 경우도 종종 있는 법입니다.

시작하려면, 아래의 세상을 뒤흔드는 사건 표에서 주사위를 굴려 대분류를 선택해 보도록 합시다.

## 세상을 뒤흔드는 사건

| d10 | 사건 |
|---|---|
| 1 | 지도자의 등장 혹은 한 시대의 개막 |
| 2 | 지도자의 몰락 혹은 한 시대의 폐막 |
| 3 | 대재앙급 재난 |
| 4 | 습격이나 침략 |
| 5 | 혁명, 반란, 혹은 정부 전복 |
| 6 | 멸종이나 고갈 |
| 7 | 새로운 조직의 등장 |
| 8 | 발견, 확장, 발명 |
| 9 | 예측, 징조, 예언 |
| 10 | 신화나 전설 |

### 1-2. 지도자의 등장과 몰락, 시대의 개막과 폐막

하나의 시대는 위대한 지도자나 혁신가, 혹은 폭군에 의해 정의됩니다. 이 사람들은 세상을 변화시키고 역사의 페이지에 자신의 흔적을 새겨 놓습니다. 이 지도자들이 권력의 자리에 올라설 때, 이들은 자신이 살아가고 있는 세상을 획기적인 방법으로 변화시킵니다. 또한 그들이 몰락하거나 패망하여 사라진 이후에도, 그들이 한때 존재했었던 흔적은 유령처럼 오래 남아 세상에 자리합니다.

새로운 시대, 혹은 지나간 시대를 대변하는 지도자가 어떤 부분에 영향을 끼치고 있었는지 정해야 합니다. 아래 표에서 한 부분을 고르거나, 아니면 주사위를 굴려 무작위로 정해 봅시다.

### 지도자의 형태

| d6 | 지도자의 형태 |
|---|---|
| 1 | 정치적 지도자 |
| 2 | 종교적 지도자 |
| 3 | 군사적 지도자 |
| 4 | 범죄/지하 세계의 우두머리 |
| 5 | 예술/문화의 지도자 |
| 6 | 철학/교육/마법의 지도자 |

정치적 지도자는 왕이거나 귀족, 혹은 족장일 수 있습니다. 종교적인 지도자는 어떤 신의 화신이거나 대사제, 혹은 구세주 등의 모습으로 나타나며, 수도원의 지도자 혹은 영향력 있는 종교 교파의 지도자일 수도 있습니다. 주요한 군사적 지도자는 국가 전체의 군대를 통솔하곤 합니다. 이들은 또한 군사 독재자, 전쟁군주, 혹은 통치자의 전쟁 의회 막료 중 우두머리를 포함하기도 합니다. 하급 군사 지도자는 지역 민병대의 대장이거나 깡패 집단, 혹은 다른 군사 조직의 지휘관입니다. 넓은 규모에서 보면, 범죄 조직이나 지하조직은 첩자들의 조직망을 갖추고 뇌물을 살포하며 암시장과 비밀 무역을 운영합니다. 작은 규모로 보면 이 범죄자들은 지역의 깡패 두목이나 해적 선장, 혹은 강도집단일 수도 있습니다. 예술이나 문화 분야의 지도자는 시대의 정신을 담은 위대한 걸작을 만들어 낸 장인이거나 사람들의 생각을 바꾼 인물일 수도 있습니다. 명망 높은 바드, 극작가, 혹은 궁정 광대 중 자신들의 말과 예술로 사람들이 보편적인 진리를 깨닫게끔 이끈 이일 수도 있습니다. 작은 규모로 보면, 지역에서 큰 영향력을 지닌 운문가나 음유시인, 풍자작가, 조각가 등이 해당할 수도 있습니다. 철학이나 교육, 마법에 있어서 주된 지도자라면 천재적 철학가나 황제의 조언자, 혹은 깨우친 사상가나 세계 유수의 교육 시설 수장, 대마법사 등일 수도 있습니다. 작은 규모로 보자면 지역의 현자나 학자, 예언자, 현명한 장로나 교사에 해당하기도 합니다.

***지도자의 등장, 한 시대의 개막.*** 극적인 이야기로 보면, 새로운 지도자의 등장은 어떤 분쟁이나 분열의 종점을 가져오기도 합니다. 이 분쟁은 전쟁일 수도 있고, 선거, 독재자의 죽음, 예언, 영웅

의 등장 등이 해당하기도 합니다. 반면, 새롭게 부상한 지도자가 폭군이나 악마일 수도 있고, 냉혈한 심장을 가진 악당일 수도 있습니다. 이런 경우 그 지도자가 부상한다는 것은 평화롭고 정의로우며 안정적이던 시대가 끝나감을 의미하기도 합니다.

새로운 지도자는 당신의 캠페인 세계에 나타나 그 근본을 뒤흔들고, 그 지역에 새로운 시대를 가져옵니다. 이 인물이나 새로운 시대가 세상에 어떤 영향을 끼치게 될까요? 여기 지도자의 영향력이 세상에 어떤 충격을 가져다줄지 생각해 볼 몇 가지 문제가 있습니다.

- 그동안은 사실로 받아들여졌다가 어떤 지도자의 등장이나 영향력에 의해 더는 사실이 아니게 된 무언가가 있는지 생각해 보십시오. 새 지도자가 권력을 얻고 세상을 어떻게 바꾸었는가가 바로 그 시대를 정의하는 지표가 됩니다. 상식이 어떻게 바뀌었는가를 생각해 보십시오.
- 새로운 지도자가 권력을 얻는 과정에서 죽었거나, 패배했거나, 추락하게 된 인물이나 집단을 생각해 보십시오. 군사적인 패배일 수도 있고, 낡은 생각이 뒤집힌 것일 수도 있으며, 문화적인 재탄생일 수도 있습니다. 누군가 죽거나, 사라졌거나, 패배한 이가 있습니까? 혹은 기꺼이 타협한 이가 있습니까? 새로운 지도자가 그러한 죽음이나 패배를 이끌었나요? 아니면 우연히 일어난 죽음이나 패배 이후 공백을 얻은 것뿐인가요?
- 지도자의 여러 미덕에도 불구하고, 한 가지 단점으로 인해 특정한 사람들은 여전히 그를 싫어할 수 있습니다. 그 단점은 무엇인가요? 그리고 그 단점으로 인해 지도자를 미워할 사람들은 어떤 사람들인가요? 반면, 그 지도자의 가장 큰 미덕은 무엇이며, 그 미덕으로 인해 지도자를 지키고자 할 이들은 어떤 이들인가요?
- 지금은 지도자를 믿고 있지만, 한편으로는 의심을 가진 이들이 있습니까? 지도자의 믿음을 사고 있지만, 그의 비밀이나 의심, 악덕을 알고 있는 인물이 있습니까?

***지도자의 몰락, 한 시대의 끝.*** 시작한 것은 모두 끝나는 법입니다. 왕이나 여왕이 몰락하고, 세상의 지도가 다시 그려집니다. 법이 바뀌고, 새로운 전통이 생겨나며 옛것은 사라집니다. 몰락한 지도자에 대한 시민들의 태도는 처음에 미묘하게 바뀌다가, 과거를 돌아보거나 회상하게 될 때 극적으로 변화합니다.

몰락한 지도자는 관대한 통치자이거나 영향력 있는 시민일 수도 있고, 어쩌면 캐릭터들과 적대하던 이일 수도 있습니다. 이 인물의 죽음은 과거 그의 영향 아래 있던 사람들에게 어떤 변화를 가져올까요? 여기 지도자의 죽음이 가져올 수 있는 여러 효과에 대해 생각해 볼 만한 질문들이 있습니다.

- 지도자의 지배와 영향으로 인해 일어난 긍정적인 변화를 한 가지 생각해 보십시오. 그의 죽음으로 인해 그 긍정적인 부분이 어떻게 바뀌게 될까요?
- 이 인물의 권력 하에 있던 사람들이 보이던 일반적인 태도를 생각해 보십시오. 지도자의 영향 하에서는 깨닫지 못하고 있다가 나중에 알게 되는 중요한 사실이 있나요? 그 사실이 사람들의 태도를 어떻게 바꾸게 될까요?
- 지도자가 몰락하고 난 후, 그 빈 자리를 메꾸고자 할 사람이나 조직에 대해서 생각해 보십시오.
- 지도자의 몰락을 위해 계획을 짜 왔을 사람이나 조직에 대해서도 생각해 보십시오.
- 이 지도자가 몰락한 이후에도 사람들의 기억에 남을만한 요소를 3가지 정도 생각해 보십시오.

## 3. 대재앙급 재난

지진, 기아, 화재, 역병, 홍수 등 엄청난 규모의 재앙은 아무런 경고도 없이 문명 전체를 쓸어버릴 수도 있습니다. 자연적인(혹은 마법적인) 대파국이 일어나면 지도 전체가 새로이 그려지며, 경제가 파괴되고, 세상이 뒤바뀝니다. 예를 들어 시카고 대화재가 일어났을 때 이것은 도시의 옛 구획을 현대적 계획에 따라 재설계할 기회가 되어 주었습니다. 하지만 대부분의 경우, 재난은 오직 폐허만을 남깁니다. 폼페이는 화산재 아래 묻혔고, 아틀란티스는 파도 아래 가라앉았습니다.

아래의 대재앙급 재난 표에서 원하는 재난을 고르거나, 주사위를 굴려 무작위로 선택할 수 있습니다.

### 대재앙급 재난

| d10 | 대재앙급 재난 |
| --- | --- |
| 1 | 지진 |
| 2 | 기아/가뭄 |
| 3 | 화재 |
| 4 | 홍수 |
| 5 | 역병/질병 |
| 6 | 불의 비 (운석 충돌) |
| 7 | 폭풍 (태풍, 해일 등) |
| 8 | 화산 폭발 |
| 9 | 마법 난동 혹은 이계의 비틀림 |
| 10 | 신의 심판 |

이 표에 나와 있는 몇몇 재난은 맥락상 당신의 캠페인 세계에 어울리지 않을 수도 있습니다. 사막에서 홍수가 일어날까요? 너른 평지에 갑자기 화산이 폭발할 수 있을까요? 만약 무작위적으로 정한 재난이 당신의 배경과 충돌한다면, 주사위를 다시 굴려도 됩니다. 하지만 기이한 결과를 말이 되게 만들어 보려는 시도를 하다 보면 의외로 재미있는 결과를 얻을 수도 있습니다.

두 가지 예외를 제외하면, 위 표에 나와 있는 재난들은 대부분 실제 세계에서도 일어나는 것들입니다. 이계의 간섭이나 마법의 난동은 원자력 사고와 유사하다고 생각해 보십시오. 이 거대한 사건은 부자연스럽게 대지를 바꾸고 그 사람들에게 영향을 줍니다. 예를 들어, 에버론 캠페인 배경에서 일어난 마법적인 대재난은 나라 하나를 통째로 폐허로 만들었으며, 결국 완전한 황무지로 변하고 최종전쟁(the Last War)을 끝내는 결과를 가져왔습니다.

신의 심판은 다른 재난들과 전혀 다른 무언가입니다. 이 재난은 당신이 원하는 형태를 가지겠지만, 적어도 어떤 식으로든 크고 강대하며 직접적인 징표로서 신의 불쾌함을 표현할 것입니다.

당신은 세계 지도상에서 어떤 마을이나 지역, 국가를 지워버릴 수 있습니다. 대재난은 대지를 휩쓸고 캐릭터들이 한때 알고 있던 곳들을 완벽하게 없애 버릴 수 있습니다. 한두 명의 생존자가 캐릭터들에게 어떤 일이 벌어졌는가 전해준다면, 캐릭터들은 이 재난의 깊이를 체감할 수 있을 것입니다. 이 재난이 이후 불러오게 될 여파는 무엇일까요? 아랫부분들을 짚어 보면 이 재난의 본성과 이후의 흐름에 대해 생각해 볼 수 있을 것입니다.

- 무엇이 이 재난을 촉발했는지, 어디서 시작했는지 정하십시오.
- 이 사건의 전조가 있었는지, 혹은 여러 번의 신호와 징조가 있었는지 생각해 보고, 그 징조가 어땠는지 자세한 세부 사항을 생각해 보십시오.
- 사람들에게 다가오는 재난에 대해 경고하던 이가 있었을까요? 그리고 그 경고에 귀 기울이던 이가 있었을까요?

- 재난에서 다행히(혹은 불행하게) 살아남은 사람들은 누가 있었을까요?
- 재난이 휩쓸고 간 지역을 묘사해보고, 재난 이전에는 어땠는가와 비교해서 보여주도록 합시다.

## 4. 습격이나 침공

세상을 뒤흔들만한 여러 사간 중 가장 흔한 것은 다른 집단을 강제로 병합하는 침공이나 습격 사건입니다. 이는 주로 군사력으로 이루어지지만, 침입이나 재정적 간섭으로도 이루어집니다.

습격은 쳐들어간 지역을 완전히 병합하거나 권력을 빼앗지는 않는다는 점에서 침공과는 차이가 있습니다. 한편, 습격은 침공으로 이어지는 교두보가 될 수도 있습니다.

그 규모와 관계없이, 세상을 뒤흔들만한 습격이나 침공은 그 여파가 캐릭터들의 세상을 변화시킬 수 있을 만큼 거대하기에 의미가 있습니다. 그 메아리는 첫 번째 공격이 이루어지고 나서도 한참이 지날 때까지 남아 있을 것입니다.

당신의 캠페인 세계 일부가 습격이나 침공을 받았다고 생각해 봅시다. 당신의 캠페인이 지금 어떤 규모로 진행되어가고 있는가에 따라, 습격을 받은 지점은 도시나 지방처럼 작은 규모일 수도 있고, 대륙, 세계, 혹은 존재의 차원 전체에 침공을 받은 것일 수도 있습니다.

공격자가 어떤 이들인지 정하고, 사전에 알려져 있던 이들인지, 아니면 전혀 알려지지 않았던 새로운 적인지를 정해 봅시다. 위협에 노출된 지역으로 쳐들어오는 대상을 설정하거나, 아래의 침공하는 세력 표에서 무작위적으로 골라 보도록 합시다.

### 침공하는 세력

| d8 | 침공하는 세력 |
|----|----------------|
| 1 | 범죄 조직 |
| 2 | 강력한 괴물 또는 괴물의 집단 |
| 3 | 이계의 위협 |
| 4 | 과거의 적이 부활, 재기 |
| 5 | 파벌의 분열 |
| 6 | 야만적인 부족 |
| 7 | 비밀 조직 |
| 8 | 동맹의 배반 |

이제 침공의 양상에 대해 생각해 봅시다.

- 방어자가 예상하지 못했던, 혹은 제대로 막아낼 수 없었던 침공의 요소가 무엇일지 생각해 봅시다.
- 침공을 막으려던 방어자들에게 무언가 일어났습니다. 하지만 아무도 그것에 관해 이야기하려 하지 않습니다. 대체 무슨 일이 벌어졌던 것일까요?
- 공격자 혹은 침공자들이 지닌 동기는 분명하지 않고, 쉽게 이해하기도 어렵습니다. 그들의 동기는 무엇일까요?
- 누가 배신자이고, 어느 시점에 배신했나요? 왜 배신을 택한 것일까요? 공격자 중 하나가 배신하여 침공을 막아선 것인가요? 아니면 유력한 방어자 중 하나가 배신하여 침공에 협조한 것인가요?

## 5. 혁명, 반란, 전복

기존의 질서에 불만을 가지고 있던 사람이나 일련의 집단이 들고 일어나 기존의 지배 체계를 무너트리고 권력을 빼앗으려는 시도를 할 수 있습니다. 이 시도는 성공할 수도 있고 실패할 수도 있습니다. 그 결과가 어떻든, 혁명은 나라의 운명을 바꾸는 계기가 됩니다.

혁명의 규모는 꼭 대중 전체가 귀족에 대항하여 들고 일어나는 대규모일 필요는 없습니다. 상인 길드가 반란을 일으켜 신전의 교단을 무너트리고 자신들에게 호의적인 새 계파를 옹립하는 것도 충분히 중요한 사건입니다. 숲의 영혼들이 들고 일어나 근처 도시에서 문명의 힘을 무너트리고, 더는 숲을 베어가지 못하게 할 수도 있습니다. 반면, 이러한 혁명의 규모가 최대로 커지면 인류 전체가 신들에 맞서 싸우는 극적인 크기가 될 수도 있습니다.

캠페인 세계의 어느 부분에서 혁명이 발발했는지 상상해 봅시다. 현재의 세계 속 어떤 권력 집단이 대상이 되었는지, 그리고 그

에 맞서 혁명을 일으킨 집단은 어떤 이들인지 생각해 봅시다. 그런 다음 아래 지점들을 생각해 보며 분쟁에 살을 붙여 나갑시다.

- 혁명측이 성취하고자 했던 것 3가지를 생각해 봅시다.
- 혁명측은 그들이 전복하고자 하는 권력을 무너트렸고, 그 승리에는 뼈아픈 희생이 뒤따랐을 수도 있습니다. 그들이 추구했던 목표는 모두 성취되었을까요? 그들의 승리는 얼마나 오래갈까요?
- 권력에서 추락한 후 옛 질서가 어떤 비용을 치러야 했을까요? 과거의 권력 집단 중 새로운 권력 체계에 여전히 남아 있는 자가 있을까요? 옛 질서가 여전히 일부 권력을 가지고 있다면, 이 옛 권력자들이 어떻게 혁명분자들을 처벌하려고 들까요?
- 혁명의 주된 지도자 중 하나, 혁명의 얼굴로 알려진 이는 개인적인 이유로 혁명에 뛰어들었습니다. 이 인물은 누구이며, 그가 혁명에 몸을 던진 진짜 이유는 대체 무엇일까요?
- 혁명 이전에 있었던 진짜 문제는 무엇이며, 이것이 혁명의 원인이 되었던 것일까요?

## 6. 멸종이나 고갈

이전 캠페인 세계에 존재하던 무언가가 완전히 사라지고 말았습니다. 이 고갈된 자원은 귀금속일 수도 있고, 지역 생태계에서 중요한 역할을 차지하던 식물이나 동물일 수도 있으며, 전체 종족이나 문화권일 수도 있습니다. 이렇게 사라진 것은 결국 연쇄 효과를 불러일으켜, 영향을 받던 세상 전체를 변하게 합니다.

당신은 세상 속에서 원래 있었던 누군가, 혹은 어떤 장소나 사물이 완전히 사라지게 할 수 있습니다. 작은 규모에서 보자면, 한때 융성했던 광산 마을이 아무도 살지 않는 유령 마을이 되었다거나, 길게 이어져 내려오던 가문이 멸망한 등의 경우를 들 수 있습니다. 거대한 규모로 확대된다면 마법이 아예 사라진다거나, 마지막 드래곤이 죽어버렸다거나, 마지막 요정 귀족이 세상을 떠나 다른 세계로 가는 등이 포함됩니다.

세상에서, 혹은 그 안 어디에서 무엇이 사라졌나요? 당장 생각해 내기가 어렵다면, 아래의 멸종이나 고갈 표에서 아이디어를 찾아 보시기 바랍니다.

### 멸종이나 고갈

| d8 | 사라져 버린 것 |
|----|------------------|
| 1 | 동물 종 (곤충, 새, 물고기, 가축 등) |
| 2 | 거주지 |
| 3 | 마법 혹은 마법 사용자(마법 전체, 혹은 특정 학파 등) |
| 4 | 광물 자원 (보석, 금속 등) |
| 5 | 특정한 종류의 괴물 (유니콘, 맨티코어, 드래곤 등) |
| 6 | 사람들 (가문, 씨족, 문화, 인종 등) |
| 7 | 식물 종 (곡식, 나무, 약초, 숲 등) |
| 8 | 물 (강, 호수, 바다 등) |

사라져 버린 것을 정했다면 아래와 같은 질문들을 더해 보도록 합시다.

- 사라진 것에 의존하고 있던 영토, 종족, 혹은 특정한 집단이나 인물이 있었나요? 의존할 것이 사라진 지금은 어떻게 버티나요? 사라진 것을 대체할 무언가를 찾으려고 시도하나요?
- 이 멸종이나 고갈의 원인을 제공한 자는 누구인가요?
- 이렇게 사라져버린 이후 벌어질 여파를 생각해 봅시다. 이것이 세상에 어떠한 영향을 미치게 될까요? 멸종이나 고갈로 인해 가장 큰 피해를 볼 사람은 누구이며, 이득을 볼 이들은 누구일까요?

## 7. 새로운 조직

새로운 결사, 왕국, 종교, 집단, 교단 등이 새로 생겨나는 것은, 그들이 취할 행동, 교리, 정책 등을 통해 세상을 뒤흔드는 결과를 가져올 수 있습니다. 지역적 규모에서 본다면, 새로운 조직은 기존의 권력 집단에 영향을 주어 변화시키거나, 개종시키거나, 혹은 무너트리는 것도 가능하며, 한편으로는 기존 집단에 영합하여 새 조직의 권력 기반을 강화하는 길로 이어지기도 합니다. 더 크고 강력한 조직은 세계 전체를 통제할만한 영향력을 발휘하기도 합니다. 어떤 조직은 세상 사람들에게 이로운 일을 행하기도 하며, 다른 것들은 커져 나가면서 문명 자체를 위협하기도 합니다.

어쩌면 세상 어딘가에서 중요한 새 조직이 등장할 수도 있습니다. 그 시작은 비록 미약하고 시시할 수도 있지만, 한 가지만은 분명합니다. 이대로 커진다면 결국 이 조직은 세상을 변화시키고 말 것이라는 점입니다. 때로는 조직의 성향이 확실히 드러나기도 하지만, 대개는 시간이 흐르며 그 교리, 정책, 전통 등이 드러나기 전까지는 애매하게 여겨질 수도 있습니다. 어떤 조직이 새로 만들어졌는지 고르거나, 아래 표에서 무작위로 정해 아이디어를 얻어 보십시오.

### 새로운 조직

| d10 | 새로운 조직 |
|---|---|
| 1 | 범죄 조직 또는 강도 연합 |
| 2 | 길드 (석공, 약사, 금세공사 등) |
| 3 | 마법적 결사 / 단체 |
| 4 | 군대 / 기사단 |
| 5 | 새로운 가문 / 부족 / 씨족 |
| 6 | 특정한 원칙이나 이상에 따른 철학/교리 |
| 7 | 영지 (촌락, 마을, 공국, 왕국 등) |
| 8 | 종교 / 교파 / 계급 |
| 9 | 학파 / 대학 |
| 10 | 비밀 조직 / 교단 / 결사 |

이제 아래와 같은 추가적 정보를 생각해 보십시오.

- 새로운 결사는 세계에 이미 존재하던 기존의 권력 집단을 대체하여 영토를 새로 얻거나, 개종시키거나. 아니면 붕괴시키는 등 권력 집단의 수를 줄입니다. 새로이 만들어진 집단을 처음으로 시작한 자는 누구인가요?
- 새로운 조직은 특정한 집단의 지지를 받습니다. 이 조직을 지지하는 특정 집단이 어떤 이들인가요? 특정한 인종이나 사회 계급, 혹은 캐릭터 클래스가 이러한 집단을 이루고 있나요?
- 이 새 조직의 지도자는 어떤 이유로 인해서 추종자들이 인정하고 있습니다. 왜 그들이 이 지도자를 존경하나요? 그리고 이 지도자의 어떤 행동이 추종자들의 지지를 받고 있나요?
- 새 조직의 창설에 맞서는 라이벌 집단이 있습니다. 캠페인에 이미 있던 조직 중에서 이 새 조직에 맞설 이들을 골라보거나, 표에서 새로운 조직을 창설해 보세요. 왜 이들이 서로 맞서게 되었는지, 라이벌 조직을 이끄는 이는 누구인지, 그들이 새 조직을 막기 위해 어떤 일을 벌이는지 생각해 보세요.

## 8. 발견, 확장, 발명

새로운 땅의 발견은 지도를 확장하고 제국의 경계를 넓힙니다. 새로운 마법이나 기술의 발견은 새로운 가능성의 범주를 넓힙니다. 새로운 자원이나 고고학적인 발견은 부와 지식을 늘릴 새 기회를 제공해 주고, 부를 찾는 이들이나 권력 집단이 이 유적의 통제권을 찾기 위해 움직일 이유를 제공합니다.

새로운 발견 혹은 재발견은 당신의 캠페인 세상을 뒤흔들만한 의미 있는 변화를 가져올 수 있으며, 역사의 흐름을 바꾸고 시대에 중요하게 남겨질 사건이 됩니다. 이 발견을 거대한 모험의 실마리라고 생각하거나, 여러 가지 실마리를 줄 기회로 생각해 보십시오. 또한 이러한 발견이나 별명은 새로운 괴물을 창조했거나, 새로운 물건, 이계의 발견, 혹은 심지어 세계에 새로운 종족이 나타났거나 새로운 신이 등장한 것도 포함됩니다. 물론 발견되었다는 사실이 중요할 뿐, 새로 등장한 것이 완전히 독창적일 필요는 없으며, 당신의 캠페인 세계에 맞추어 살짝 변화시킨 것이라도 좋습니다.

이러한 발견은 특히나 당신의 캠페인에서 주인공인 모험자들이 직접 이룩한 경우 더욱더 깊은 인상을 남길 수 있습니다. 만약 그들이 마법적 특징이 있는 새로운 광물을 발견했다거나, 기존의 국가가 확장할 수 있는 새로운 땅을 발견했다거나, 세상에 거대한 파멸을 불러올 수 있는 고대의 무기를 발견했다고 한다면, 그들은 이 세상의 흐름을 바꿀 거대한 사건을 일으키고 있는 것입니다. 이러한 사건이 벌어지면 플레이어들은 자신들의 행동이 당신의 세상 속에서 얼마나 큰 영향을 끼치고 있는지를 확인하는 기회를 얻게 됩니다. 새로운 발견이 어떤 것인지 결정하거나, 아래 표를 통해서 아이디어를 얻도록 해 봅시다.

### 발견

| d10 | 발견 |
|---|---|
| 1 | 고대의 폐허 / 전설적인 종족의 잃어버린 도시 |
| 2 | 동물 / 괴물 / 마법적 변이 |
| 3 | 발명 / 기술 / 마법 (유용하거나 파괴적이거나) |
| 4 | 새로운 (혹은 잊혀진) 신이나 이계의 존재 |
| 5 | 새로운 (혹은 재발견된) 신물이나 종교적 성물 |
| 6 | 새로운 땅 (섬, 대륙, 잃어버린 세계, 데미플레인) |
| 7 | 이계의 물건 (이계의 포탈, 외계인의 우주선 등) |
| 8 | 사람들 (새로운 인종, 부족, 잃어버린 문명, 식민지) |
| 9 | 식물 (놀라운 약초, 기생 균류, 의식을 지닌 식물 등) |
| 10 | 자원이나 재물 (금, 보석, 미스랄 등) |

일단 당신이 어떤 종류의 발견이 일어났는지 정하고 나면, 정확히 어떻게 그 발견이 이루어졌는지, 누가 발견했는지, 이 발견이 세상에 어떤 영향을 미칠지 생각하면서 살을 붙여 봅시다. 당신의 캠페인에서 모험자들이 아래의 빈칸을 채워나갈 수 있도록 도움을 주는 것이 가장 이상적입니다. 하지만 어쨌든 아래 질문을을 유심히 생각해 봅시다.

- 이 발견은 특정한 인물이나 집단, 조직에 더욱 유용합니다. 누가 가장 많은 이익을 보게 되나요? 이들이 새로운 발견에서 얻게 될 이익을 3가지 생각해 보도록 합시다.
- 이 발견은 특정한 인물이나 조직, 집단에 피해가 됩니다. 누가 가장 큰 피해를 보게 되나요?
- 이 발견은 여파를 불러올 것입니다. 가장 큰 여파나 부작용 3가지를 생각해 봅시다. 누가 이러한 부작용을 무시하려 들게 될까요?
- 이 새로운 발견에 대한 통제권을 빼앗으려는 라이벌이 될 수 있는 인물이나 조직을 2~3가지 생각해 봅시다. 누가 승기를 잡을 수 있을까요? 그들은 무슨 목적을 지니고 있으며 이 통제권을 빼앗기 위해 어떠한 일을 벌이게 될까요?

## 9. 예견, 징조, 예언

가끔은 세상을 뒤흔들 대사건이 다가온다는 예언 자체가 세상을 뒤흔들 수도 있습니다. 제국의 몰락을 예견하는 징조라거나 한 종족이 멸망할 것임을 말하는 예언, 혹은 세상이 끝나리라는 묵시록이 그러한 사건입니다. 가끔은 이러한 징조가 선한 결과에 대한 것이기도 합니다. 전설적인 영웅이나 구세주가 나타나리라는 것

등이 그러합니다. 하지만 대부분의 극적인 예언은 미래의 비극과 암흑시대의 도래를 말합니다. 다른 세상을 뒤흔드는 사건들과 달리, 예언은 곧바로 직접적인 결과를 가져오지 않습니다. 하지만, 일단 예언이 내려오면 그 예언을 실현하려 들거나 실현을 막으려 드는 개인이나 집단이 나타날 수 있고, 그들의 움직임 자체가 예언에 영향을 주기도 합니다.

예언의 지지자 혹은 방해자가 벌이는 행동들은 모험의 실마리가 되어줍니다. 예언은 거대한 규모로 벌어지는 대사건을 앞서 말하는 것이며, 시간이 흐르고 나면 그 진실이 드러날 것입니다. (혹은 실현이 방해받을 수도 있습니다.)

세상을 뒤흔들법한 예언을 상상해 보십시오. 만약 지금 상태가 계속된다면, 예언은 실현될 것이고 세상은 극적으로 변화할 것입니다. 이러한 예언을 진지하게 만드는 걸 너무 부끄러워하지 마십시오. 아래와 같은 요소를 고려해 보면서 진지한 경고로서 작용하는 예언을 만들어 보도록 합시다.

- 캠페인 세계에 중대한 변화를 가져올 예언을 만들어 봅시다. 기존 캠페인에서 처음부터 만들어나갈 수도 있고, 다른 대사건들을 참조하여 만들면서 살을 붙일 수도 있습니다.
- 예언이 행해지기 전 나타났을 법한 징조들을 3개 이상 생각해 보도록 합시다. 이미 캠페인에서 일어났던 사건들을 징조로 만들어도 좋습니다. 시간이 흘러가며 예언이 성취되어가는 것을 보여주기 때문입니다. 나머지는 아직 일어나지 않은 징조들이며, 캐릭터들의 행동 여부에 따라 실현될 수도, 실현되지 않을 수도 있을 것입니다.
- 예언을 발견한 인물이나 존재에 대해 생각해 봅시다. 어떻게 예언을 발견하게 되었나요? 예언을 찾기 위해 그가 무언가 희생하거나 잃어버려야 했나요?
- 예언을 실현하기 위해 행동하는 인물이나 파벌을 생각해 봅시다. 또한 전력을 다해 예언의 실현을 막으려는 인물이나 파벌도 생각해 봅시다. 그들이 택할 법한 행동은 어떤 것들이 있을까요? 그들의 행동으로 해를 입을 사람들이 있을까요?
- 예언의 한 부분이 잘못되었습니다. 당신이 지정해 둔 징조 중 하나, 혹은 예언의 세부 사항 중 하나를 잘못된 부분으로 지정해 봅시다. 실제로 사건이 벌어질 때 그 부분만은 다르게 벌어지는 것입니다. 예언되었던 것과는 정반대의 사건이 벌어질 수도 있고, 단지 장소나 시간이 다를 수도 있습니다.

## 10. 신화와 전설

전쟁이나 질병, 발견 등이 일반적으로 세상을 뒤흔드는 사건이 될 수 있다면, 신화적 사건은 그러한 것들을 넘어서는 위치에 있습니다. 신화적 사건은 고대에서부터 전해 내려오는, 혹은 오랫동안 잊혀져 있던 예언이 완수되는 것일 수도 있고, 그저 신의 영향력에 의해 벌어지는 급작스러운 일일 수도 있습니다.

위의 예언 등과 마찬가지로, 당신이 현재 진행하고 있는 캠페인에서 이러한 사건의 아이디어를 얻을 수 있습니다. 만약 영감이 필요하다면, 이 부분의 맨 앞에 있는 세상을 뒤흔드는 사건 표에서 d10 대신 d8을 굴려 어떤 일이 벌어질지 영감을 얻어봅시다. 주사위의 결과로 나온 예언의 참조 부분을 살펴서 살을 붙여 나가되, 가능한 한 거대한 규모로 확대하도록 합시다.

지도자의 등장이나 몰락은 새로운 신의 탄생이나 사망이 될 수 있습니다. 어쩌면 세상 그 자체가 끝나는 사건일지도 모릅니다. 대재앙급 재난의 경우 세상이 물에 잠기는 홍수가 닥치거나, 빙하기가 오거나, 좀비 아포칼립스가 벌어질 수도 있습니다. 습격이나 침략이 이처럼 확대되면 세계대전이 벌어질 수도 있고, 악마의 침공이 세상을 뒤덮을 수도 있습니다. 어쩌면 선과 악의 마지막 대결이 벌어질지도 모릅니다. 혁명은 신을 끌어내리거나 만신전을 무너트리는 일로 확대됩니다. 어쩌면 새로운 힘(강력한 악마 군주 등)이 신의 자리에 올라서는 것일지도 모릅니다. 새로운 조직의 등장은 세상을 지배하는 제국의 등장이거나 새로운 만신전의 등장일 수도 있습니다. 세상을 멸망시킬 수 있는 장치의 발명이나 기괴한 이세계로 넘어가는 길의 발견 역시 이러한 사건이 될 수 있습니다. 이 이세계 너머에는 세상을 무너트릴 법한 우주적 공포의 존재들이 도사릴 수도 있습니다.

## 시간을 기록하기

달력이 있다면, 캠페인에서 일어나는 시간의 흐름을 기록해 둘 수 있습니다. 또한 이러한 달력은 당신이 앞으로 세상을 뒤흔들 사건을 언제 일어나게 할지, 미리 계획을 세우는데 유용하기에 더욱 중요합니다. 간단하게 시간의 흐름을 기록하려면, 실제 세상의 현재 연도를 기준으로 달력을 사용할 수도 있습니다. 캠페인이 시작할 시점의 날짜를 정하고, 모험자들이 여행하고 활동하며 다니는 동안 얼마나 시간이 흘러갔을지를 생각해 보도록 합시다. 달력은 또한 계절의 변화와 달의 움직임을 보여주기도 합니다. 또한 이를 통해 중요한 축제일이나 성축일을 지정할 수도 있고, 이러한 요소들은 당신의 캠페인 세상에서 중요한 열쇠로 작용할 수 있습니다.

이 방법은 좋은 시작점이지만, 당신의 세계에서 사용되는 달력이 꼭 현대적 역법을 따라야 할 필요는 없습니다. 당신이 자신의 세상에 걸맞은 독특한 달력을 만들고 싶다면, 아랫부분을 참조해 보시기 바랍니다.

### 기초

판타지 세계의 달력은 현대 세계의 것과 유사하지 않지만, 그래도 비슷하게는 만들 수 있습니다. ("하프토스의 역법" 부분을 참조해 보시기 바랍니다.) 한 달에 속한 매주에 이름이 붙어 있나요? 옛 로마 역법에 따르면 초하루, 열닷새 등 매 월 특별한 날에는 이름이 붙어 있었습니다.

### 자연적 순환

어느 시점에서 계절이 시작되고 끝나는지, 춘분이나 추분, 동지나 하지는 언제인지 정해 봅시다. 달력의 매월은 달의 움직임에 따라 결정되나요? 기이하고 마법적인 효과가 이러한 달의 움직임에 따라 영향을 받나요?

### 종교적 관점

달력 속에 종교적인 축일들을 포함해 봅시다. 세계에서 중요하게 여겨지는 신들은 매년 적어도 하루 정도 특별한 날을 정해 축일로 삼았을 것입니다. 어떤 신들은 천계의 움직임에 따라, 즉 하지나 동지 등을 자신의 축일로 삼을 수도 있습니다. 이러한 성축일은 신의 권능과 영역을 반영합니다. 농업의 신이라면 수확의 계절을 축일로써 선택할 가능성이 높습니다. 또한 신앙의 역사에서 중요한 날을 축일로 지정하기도 합니다. 성인의 탄생일이나 사망일, 신이 승천한 날, 현재의 대사제가 직위를 받은 날 등이 축일로 지정될 수 있습니다.

어떤 축일들은 공공의 행사로 취급받으며, 이런 날 시민들은 신전에서 축제를 즐기기도 합니다. 수확제가 벌어지는 날은 농업에 관계된 신들의 축제가 대규모로 벌어질 것입니다. 한편, 다른 축일들은 오직 그 종교에 관계된 사람들에게만 중요할 수도 있습니다. 이런 날은 정해진 사제들만이 특정한 장소에서 예식을 행하거나 제물을 바치며, 나머지는 그 존재를 모를 수도 있습니다. 어떤 축일들은 그 지방에서만 특별한 날일 수도 있고, 그중에서도 특별한 신전에서만 그날을 기념할 수도 있습니다.

사제들이나 평민들이 축일에 대해 어떤 생각을 하고 있을지 한 번 떠올려 보십시오. 신전에 가서 의자에 앉아 조용히 설교를 듣는 것은 대부분의 판타지 종교에서 그리 흔치 않은 풍경입니다. 대개 신전의 축사는 신에게 제물을 바치는 것을 포함합니다. 신도들은 도축한 가축을 가져와 제물로 바치거나, 향을 피우기도 합니다. 가장 부유한 시민들이 가장 큰 동물을 가져올 것이며, 자신들의 재산을 자랑하고 신실함을 증명하려 할 것입니다. 사람들은 조상의 묘 앞에서 신주를 따르기도 합니다. 이들은 해가 진 사원에서 하룻밤을 꼬박 새우거나, 신의 은총을 기리는 화려한 연회로 밤을 보내기도 할 것입니다.

## 공공의 관점

종교의 축일은 달력에 있어서 중요한 행사가 될 수 있습니다. 하지만 지역적이거나 국가적 경사 역시 중요한 휴일이 될 수 있습니다. 왕국이 세워진 날이거나 거대한 전쟁에서 승리한 기념일, 공예 축제나 시장이 벌어지는 날, 혹은 이와 비슷한 행사들은 그 지역이나 나라에서 충분히 기념할 만한 날이 되어줍니다.

## 판타지적인 사건

당신의 게임 배경은 일반적인 중세가 아니라 판타지 세계이기 때문에, 어떤 사건들은 마법적인 요소가 가미되기도 합니다. 예를 들어, 매년 동짓날이 되면 언덕 위에 유령같이 창백한 성이 나타날 수도 있습니다. 매년 세 번째 만월이 뜨는 날에는 라이칸스로프들이 특히나 더 피에 굶주린 모습을 보이기도 합니다. 어쩌면 매월 13일 밤이 되면 오래전 잊혀진 유랑 부족들의 유령이 말을 달리는 모습을 볼지도 모릅니다.

유성이 다가온다거나 월식이 일어나는 등의 일반적이지 않은 사건들 역시 좋은 모험의 요소가 되어줄 수 있으며, 당신은 자신이 만들어 놓은 달력에 만월이 어느 날이고 월식이 언제 벌어지는지, 이러한 요소들이 언제 벌어지는지 정해 둘 수 있습니다. 하지만 원하는 효과를 불러올 필요가 있다면 언제든지 수정할 수도 있습니다.

# 캠페인 끝내기

캠페인의 결말에서는 시작과 중간 지점에서 이어졌던 모든 이야기의 실마리가 매듭지어져야 합니다. 하지만 이렇게 이야기를 끝내기 위해 반드시 모든 캐릭터를 20레벨까지 성장시켜야 할 필요는 없습니다. 이야기가 자연스럽게 결말에 도달했다고 여겨지면, 언제든지 캠페인을 끝마칠 수 있습니다.

캐릭터들이 개인적 목적을 이룰 수 있는 시간이나 기회가 남아 있는지 미리 확인해 두도록 합시다. 캠페인이 끝나는 시점이 되면, 그들 자신의 이야기 역시 만족스러운 결말을 맞이하도록 이끌 필요가 있습니다. 가능하다면, 마지막 모험을 통해 캐릭터들이 가진 모든 목표가 궁극적으로 한데 모여 완결되는 것이 가장 이상적입니다. 아직 목표가 완결되지 못한 캐릭터가 있다면, 이를 완성할 기회를 줘 봅시다.

캠페인이 끝나고 나면, 다른 캠페인이 시작될 수 있습니다. 만약 당신이 여전히 같은 플레이어들과 새로운 캠페인을 시작하고자 한다면, 이전 캐릭터들의 행동이 전설이나 기록으로 남아 새로운 배경에 영향을 줘 보도록 합시다. 그들이 이전에 움직였던 캐릭터들의 행동으로 인해 세상이 어떻게 바뀌었는지 새 캐릭터들을 통해 경험할 기회를 줘 보도록 합시다. 하지만 어쨌든 새로운 캠페인은 새로운 주인공들이 활약하는 새로운 이야기여야 합니다. 과거의 영웅들이 더 주목을 받아서는 안 됩니다.

## 하프토스의 역법

포가튼 렐름즈 세계에서는 오래전 이 달력을 발명한 마법사의 이름을 딴 하프토스의 역법을 기준으로 사용합니다. 매년은 365일로 이루어져 있으며, 각각 30일로 이루어진 12개월이 존재합니다. 이 달력은 현대 쓰이고 있는 그레고리우스 역법과 대체로 일치합니다. 각 달은 10일씩으로 이루어진 세 순(旬)으로 이루어집니다. 달과 계절의 변화를 알려주는 특별한 축일이 5일 존재합니다. 또한 매 4년마다 하루씩, 한여름 축일이 끝난 다음날 실드미트라는 특별한 축일이 있습니다. 이를 통해 현대의 그레고리우스 력의 윤달과 유사한 구조를 이룹니다.

| 달 | 이름 | 보통 명칭 |
|---|---|---|
| 1 | 해머 | 깊은 겨울 |
| | 연례 축일: 한겨울 축일 | |
| 2 | 알투리악 | 겨울의 발톱 |
| 3 | 체스 | 일몰의 발톱 |
| 4 | 타르사크 | 폭풍의 발톱 |
| | 연례 축일: 푸른 잔디 축일 | |
| 5 | 미르툴 | 녹는 달 |
| 6 | 카이쏜 | 꽃피는 때 |
| 7 | 플레임룰 | 여름물결 |
| | 연례 축일: 한여름 축일 | |
| | 4년마다 있는 축일: 실드미트 | |
| 8 | 엘레아시아스 | 높은 해 |
| 9 | 엘레인트 | 지는 달 |
| | 연례 축일: 수확제 축일 | |
| 10 | 마르페노스 | 낙엽 달 |
| 11 | 우크타르 | 썩는 달 |
| | 연례 축일: 달의 축일 | |
| 12 | 나이탈 | 잠기는 달 |

# 플레이 스타일

새로운 세상을 만들고 (혹은 기존의 것을 가져오고) 캠페인의 시작이 될 핵심적인 사건들을 정하고 나면, 당신은 비로소 자신의 캠페인이 어떤 이야기인지 결정할 수 있습니다. 이제 당신은 어떤 식으로 이 이야기를 진행해야 하는지를 정해야만 합니다.

캠페인을 어떻게 진행하는 것이 좋을까요? 이것은 어디까지나 당신의 플레이 스타일과 당신의 캐릭터들이 어떠한 동기로 게임에 임하고 있는지에 따라 결정될 문제입니다. 당신의 플레이어들이 지닌 취향을 고려하고, 당신이 DM으로서 어떤 부분에 강점을 지니고 있는지 생각한 다음, 선택 규칙(제3부에서 다룹니다.)을 생각하고 나서 어떻게 게임을 진행할지를 생각해 보십시오. 또한 플레이어들에게 당신이 바라보는 게임의 구상을 설명하고, 그들에게서 의견을 받아들이는 것도 좋은 선택이 될 수 있습니다. 이 게임은 당신의 것인 동시에 그들의 것이기도 하기 때문입니다. 기반 작업을 일찍 깔아 두어 플레이어들이 어떤 선택권을 가졌는지 인지하고, 당신이 원하는 게임을 같이 만들 기회를 제공해 줍시다.

아래의 두 가지 예시는 대표적인 플레이 스타일이니, 당신이 바라는 것이 이 중 어디에 가까울지 생각해 봅시다.

## 핵 앤 슬래시

던전 문을 발로 차 날리고, 괴물들과 싸우고, 보물을 차지하는 모험들입니다. 이 스타일의 게임은 직선적이며, 재미있고, 흥분되며, 액션에 기반합니다. 플레이어들은 자기 캐릭터의 개성을 만드는데 시간을 그다지 쓰지 않으며, 비전투적인 상황이 많지 않고, 던전 속에서 다가오는 즉각적인 위험을 제외한 다른 것들에 대해서는 그다지 큰 관심을 쏟지 않습니다.

모험자들은 의심의 여지없이 사악한 괴물이나 적대자들에 맞서 싸우게 되며, 때로는 확실하게 선하고 전폭적으로 협조적인 NPC들과 만나게 됩니다. 이러한 게임을 즐긴다면, 모험자들이 버그베어의 소굴을 쓸어버릴 때 이게 옳은 일인가 아닌가 토론하는 일 따위는 벌어지지 않을 것이며 포로들의 고뇌에 공감하는 일 등도 기대하지 않는 게 좋습니다. 캐릭터들이 마을에서 쓰는 시간이나 돈에 대해서도 굳이 기록할 필요가 없습니다. 일단 일행이 임무를 완수하면, 가능한 한 빨리 다음 모험으로 이끄는 것이 좋습니다. 캐릭터들의 모험 동기는 괴물들을 죽이고 보물을 차지하는 것 이상으로 복잡할 필요가 없습니다.

## 깊이 있는 이야기

워터딥은 정치적인 격변에 휩싸여 있습니다. 모험자들은 도시의 비밀스러운 지배자인 가면 군주(the Masked Lords)들을 설득하

---

### 세계를 탐사하기

대부분의 캠페인에서는 세상 곳곳을 돌아다니게 되며, 새로운 환경을 탐험하고, 판타지 세상의 구석구석에 대해 배워 나가게 됩니다. 이러한 탐사는 거대한 야생일 수도 있고, 미로와 같은 던전일 수도 있으며, 언더다크의 어두운 동굴이거나 도시의 복잡한 도로일 수도 있습니다. 때로는 바다의 파도 위에서 탐험이 벌어지기도 합니다. 장애물을 돌파할 방법을 찾고, 숨겨진 요소를 발견하며, 던전의 기이한 부분을 조사하고, 단서를 찾고, 수수께끼를 풀고, 함정을 우회하거나 해체하는 작업 모두가 이러한 탐험의 일부가 될 수 있습니다.

가끔은 이러한 탐험이 게임의 부차적인 요소가 될 수도 있습니다. 예를 들어, 플레이어들이 다음 중요 장소로 이동하기 위해 3일간 별로 중요하지 않은 여정을 보내야 할 때, 그냥 간단히 이동했다고만 말하고 넘기는 경우를 생각해 봅시다. 반면, 탐험 그 자체에 초점이 갈 수도 있습니다. 세계나 이야기 속에 존재하는 신비로운 부분을 묘사하면, 플레이어들이 밀도 있게 감정을 느낄 기회가 생깁니다. 이와 비슷하게, 플레이어들이 수수께끼를 풀거나, 꾀를 모아 장애물을 돌파하거나, 비밀문을 찾아 던전의 복도를 탐색하는 것을 좋아한다면, 그런 요소를 강화한 탐사를 보여줄 수 있습니다.

---

여, 그들 사이의 견해차를 해결해야 합니다. 하지만 이들 사이의 견해 차이를 해결하려면, 우선 각각의 영주들과 캐릭터들 사이의 서로 다른 조건과 시각을 이해하고 극복해야 합니다.

이러한 게임 스타일은 복잡하고, 깊이 있으며, 도전적입니다. 이 게임은 전투에 초점이 맞추어져 있지 않으며, 협상이나 정치적 움직임, 그리고 캐릭터들의 상호작용에 집중되어 있습니다. 어쩌면 게임 모임 동안 한 번도 주사위를 굴리지 않는 날이 생길 수도 있습니다.

이 스타일의 게임 속에서, NPC들은 모험자들 만큼이나 복잡하고 풍부한 세부 사항을 지니고 있어야 하지만, 이는 게임 수치가 완벽하게 주어져야 한다는 뜻이 아니며 동기와 개성을 충분히 부여해야 한다는 말입니다. 각 플레이어는 자기 캐릭터가 어떤 행동을 하는지, 왜 그런 행동을 하는지 충분히 생각해야 합니다. 신전에서 사제에게 조언을 구하는 일은 오크들과 전투를 벌이는 일 만큼이나 중요한 조우가 될 수 있습니다. (또한 모험자들이 아무런 동기 없이 오크들과 싸우리라고는 기대하지 않는 게 좋습니다.) 플레이어들이 더 유리한 판단을 하더라도, 캐릭터가 "그런 행동을 할 법하지 않다면" 반드시 그 판단에 따르지 않을 수도 있습니다.

전투가 모험의 중심이 아니기 때문에, 게임 규칙은 캐릭터들의 이야기 진행에 비해 덜 중요해집니다. 능력치 판정이나 기술 전문화가 전투 보너스보다 더 중요해지는 경우도 있을법 합니다. 플레이어들의 역할 연기에 필요하다면 규칙을 바꾸거나 무시하는 것도 괜찮습니다. 이 책의 제3부에 실려 있는 여러 조언들을 참조해 보시기 바랍니다.

## 둘 사이의 어딘가

대부분의 캠페인에서 게임 스타일은 두 개의 극단 사이의 어딘가에 위치합니다. 액션도 많이 벌어지지만, 캠페인 전체에는 쭉 이어지는 이야기가 있으며 캐릭터들과 상호작용을 하는 인물들도 등장합니다. 플레이어들은 캐릭터의 동기를 고려하는 동시에 전투에서 자신들의 기술을 발휘하기도 합니다. 그 균형을 유지하려면 역할연기를 위한 조우와 전투 조우를 적절히 뒤섞을 필요가 있습니다. 던전 배경에서 게임이 진행된다 해도, 싸워야 할 대상이 아니라 구조해야 할 NPC를 배치한다거나, 협상으로 해결해야 하는 문제를 두거나, 그냥 이야기를 주고받을 누군가를 등장시키는 것 역시 가능합니다.

당신이 선호하는 스타일을 생각해 보면서 아래 질문들에 대해 고려해 보시기 바랍니다.

- 당신은 현실주의와 인과관계를 엄격히 적용하는 편입니까? 아니면 액션 영화처럼 게임을 만들어나가는 편입니까?
- 당신은 중세 판타지에 가까운 게임을 만들고 싶으십니까? 아니면 현대적 사고가 어느 정도 적용된 방식의 변형된 배경을 운영하려고 합니까?
- 당신은 진지하고 무거운 분위기의 게임을 좋아합니까? 아니면 유머를 섞는 것을 목표로 하고 있습니까?
- 진지한 게임을 하더라도 액션은 가볍게 이루어집니까? 아니면 밀도 있고 무거운 액션이 주로 이루어집니까?
- 과감한 행동을 주로 요구합니까? 아니면 주의 깊고 조심스러운 생각을 요구하는 편입니까?
- 단계적으로 계획을 거쳐 사건이 벌어집니까? 아니면 그때그때 임기응변으로 사건이 벌어지는 편입니까?
- 다양한 D&D 요소가 중심이 됩니까? 아니면 공포 등과 같은 특정한 주제가 중심이 됩니까?
- 전연령용 게임을 목표로 합니까? 아니면 성숙한 플레이어들을 위한 주제들을 담고 있습니까?
- 목적이 수단을 정당화하는 식의 도덕적 모호성을 다루는 것에 큰 불편함을 느끼지는 않습니까? 아니면 영웅적 원칙에 따라서 정의, 자기희생, 약자의 보호 같은 직선적인 주제를 다루는 것을 더 즐거워합니까?

## 캐릭터의 이름

캠페인의 스타일을 정하는 방식 중 일부는 캐릭터의 이름을 짓는 방법으로 나타나기도 합니다. 새 캠페인을 시작할 때 플레이어들에게 캐릭터의 이름을 지을 때 지켜야 하는 몇 가지 기본 규칙을 주는 것은 좋은 생각이 될 수 있습니다. 시디스, 트라보크, 아나스, 트리아나, 카이론 같은 이름의 캐릭터들이 모인 곳에 밥 2세 같은 이름을 지닌 인간 파이터가 등장한다면, 특히 그 캐릭터가 이전에 코볼드들에게 살해당한 밥 1세와 똑같이 생겼다면 이는 어울리지 않는 일입니다. 물론 다른 플레이어들이 모두 그런 가볍고 유머러스한 접근에 모두 크게 불편해하지 않는다면, 그것도 나쁘지 않습니다. 하지만 당신이 같이 플레이하는 게임 집단이 이름에 대해 더 진지한 입장을 취하고 있다면, 밥 2세의 플레이어에게 다른 이름을 짓는 편이 낫겠다고 조언하는 편이 좋습니다.

플레이어 캐릭터의 이름은 그 분위기와 컨셉에 어울려야 하며, 또한 당신의 캠페인 세계와도 어울려야 합니다. 당신이 만들 NPC의 이름이나 지역의 이름 역시 마찬가지입니다. 트라복과 카이론이 등장하는 모험에서 갑자기 컵케이크 공이 등장해 풍선껌 섬에 가라는 사명을 내리거나, 레이라는 이름의 미친 마법사를 처리하라는 명령을 내리는 것은 우스운 꼴이 될 수 있습니다.

## 계속되는 캠페인, 단편적인 캠페인

캠페인의 근간은 항상 계속 이어지는 모험으로 이루어지지만, 모험과 모험 사이를 연결하는 것에는 서로 다른 두 방법이 있습니다.

지속적인 캠페인이라면, 서로 연결되는 모험은 한층 거대한 목적이나 강조하는 주제를 공유합니다. 이러한 모험에서는 반복적으로 같은 악역이 등장할 수도 있고, 거대한 음모가 있을 수 있으며, 캠페인의 모든 모험의 배후에 있는 악의 지도자가 있을 수도 있습니다.

지속적인 캠페인은 일종의 판타지 서사시처럼 한 가지 주제와 거대한 이야기 흐름을 지니고 있습니다. 플레이어들은 그들이 선택한 행동이 다음 모험에 어떻게 반영되는지 지켜보면서 만족감을 얻게 됩니다. 이런 종류의 캠페인을 계획하고 운영해 나가는 것은 DM에게 있어 상당히 어려울 수 있는 과업이지만, 그 보상은 위대하고 기억에 남는 이야기를 만들기에 충분할 것입니다.

반면, 단편적인 캠페인은 매주 한 가지 이야기가 벌어지는 TV 드라마와 유사합니다. 각각의 이야기는 자체적으로 완성되어 있으며, 여러 모험을 잇는 큰 흐름은 없을 수도 있습니다. 이 개별적인 이야기들은 공통된 전제와 배경에 기반하고 있습니다. 플레이어 캐릭터들은 고용된 모험자일 수도 있으며, 매번 새로운 미지의 세계로 떠나는 탐험가일 수도 있습니다. 이들이 만나는 위험은 매번 새로이 등장하며, 이전의 것과는 연관이 없습니다. 이들은 또한 고고학자로서 매번 새로운 유적을 탐사하거나 새로운 신물을 발견하려는 것일 수도 있습니다. 단편적인 게임은 이후의 여파나 변화에 대해 크게 고민하지 않고 모험을 설계하거나, 이미 출판된 모험물을 구입하여 즐기기에 최적인 형태를 지니고 있습니다.

## 캠페인의 주제

캠페인에서의 주제는 문학의 주제와 마찬가지로 이야기에 더 깊은 의미를 부여하며, 이야기가 흘러감에 따라 인간 경험의 근본적 부분들을 표현해 나가도록 해 줍니다. 물론 당신의 캠페인이 꼭 문학 작품처럼 이루어져야 할 필요는 없지만, 여러 이야기를 통해 공통된 주제를 갖추는 것은 가능합니다. 아래의 예시를 참조해 주십시오.

- 필멸의 불가피함을 강조하는 캠페인이라면, 언데드 괴물들을 내보내거나 사랑하는 이들의 죽음을 통해 이러한 주제를 강조하는 것이 가능합니다.
- 교활한 악을 강조하는 캠페인이라면, 사악한 신들을 내세우거나, 유안티 같은 괴물 종족, 혹은 보통 사람들이 인지하지 못하는 머나먼 곳에서 온 신비한 적들을 통해 이러한 주제를 강조할 수 있습니다. 용감한 영웅들은 이러한 적에 맞서는 동시에 그들 동족의 냉정하고 차가운 면모와도 맞서 싸워야만 할 것입니다.
- 세계의 야만과 괴물들에 맞서는 동시에 내면의 악과 야수와도 맞서야 하는 캠페인이라면, 모험자들이 그 내면의 분노와 격분을 표출시킬 기회를 주는 것도 좋은 강조점이 될 수 있습니다.
- 채워지지 않는 권력과 지배의 갈증을 강조하는 캠페인이라면, 구층지옥의 군주들을 내세우거나 세상을 정복하려는 통치자들을 내보내 그 주제를 강조할 수 있습니다.

"필멸에 맞서다." 같은 주제를 선택한다면, 당신은 공통적인 악당이 등장하지 않는 다양한 모험을 만들 수 있습니다. 어떤 모험에서는 죽은 자들이 무덤에서 튀어나와 마을 전체를 위협하는 사건을 해결할 수도 있습니다. 그리고 다음 모험에서는 미친 마법사가 죽어버린 애인을 되살리기 위해 살점 골렘을 만드는 것을 막아야 할 수도 있습니다. 이야기에 등장하는 악당들은 불멸성을 획득하기 위해, 그리고 죽음을 피하기 위해 극단적인 선택을 하게 될 것입니다. 모험자들은 유령을 도와 자신이 죽었다는 사실을 받아들이게 할 수도 있고, 모험자들 중 하나가 유령이 되어 죽음을 넘나들게 될 수도 있습니다!

### 주제의 변주

가끔가다 한 번씩 여러 가지 주제를 뒤섞으면 플레이어들이 다양한 모험을 즐기게 할 수 있습니다. 주제에 집중하는 캠페인이라 할지라도, 가끔은 모두 내려놓고 편히 갈 수도 있는 법입니다. 만약 당신의 캠페인이 음모와 미스터리, 역할 연기에 치중하고 있다고 해도, 가끔은 아무 생각 없이 던전의 문을 걷어차는 방식의 모험을 즐길 수 있습니다. 특히 그러한 생각 없는 모험의 결과물이 다시금 캠페인의 플롯으로 쓰인다면, 이러한 기분전환마저도 좋은 이야기 진행의 기회가 됩니다. 만약 당신이 진행한 모험 대부분이 던전 탐사였다면, 가끔은 도시 미스터리를 진행하도록 유도해 보십시오. 그 결말이 다시금 버려진 건물이나 탑으로 향해 던전으로 되돌아오게 하는 것도 괜찮습니다. 만약 당신이 매주 공포물에 가까운 모험을 하고 있다면, 가끔은 평범한, 어쩌면 어리석어 보이는 악당을 등장시켜 보는 것도 좋습니다. 코믹한 분위기가 섞여 들어가는 것은 대부분의 D&D 캠페인에서 훌륭한 변주가 되어 주며, 가끔은 플레이어들 스스로 그런 요소를 더해 나가기도 합니다.

# 게임 플레이의 단계

캐릭터들의 힘이 점차 커지면 그에 따라서 세상을 바꿔 나갈 수 있는 능력 역시 성장하게 됩니다. 그러니 이러한 변화를 예상하게 캠페인을 만들어나가는 것이 중요합니다. 캐릭터들이 세상에 큰 영향을 주면 그들은 원하든 원치 않든 반드시 더 큰 위험과 마주하게 될 것입니다. 강력한 파벌이 그들을 위험 요소로 간주하여 적대할 계획을 세울 것이고, 우호적인 이들은 유용한 동맹을 맺기 위해 캐릭터들의 호의를 얻으려 할 것입니다.

게임 플레이의 단계는 당신의 캠페인 속에서 언제 세상을 뒤흔들 사건을 일으키면 좋을지 판단하게 도와주는 좋은 이정표 역할을 해줍니다. 캐릭터가 하나의 사건을 처리했다면, 이러한 행동에 맞추어 새로운 위협이 등장하거나 과거의 문제가 다른 모습으로 다시금 터져 나올 수도 있습니다. 이처럼 사건은 점차 그 규모와 파급 효과가 커져야 하며, 캐릭터들이 강력해지는 것에 발맞추어 극적 효과와 영향력 역시 커져야 합니다.

이러한 접근법을 사용하면 당신은 자신의 캠페인을 여러 부분으로 분할하여 생각하게 됩니다. 모험이나 NPC, 지도 등과 같은 도구를 각 단계에 맞춰서 사용한다고 생각해 보십시오. 캐릭터들이 다음 단계에 다가가기 전에는 그때 사용할 도구들을 미리 걱정할 필요가 없습니다. 또한, 캐릭터들의 선택으로 캠페인이 예상치 못한 방향으로 흘러간다 해도, 이렇게 단계를 구분해서 따로 설계해 두면 많은 부분을 새로 작업할 필요가 없을지도 모릅니다.

## 1-4 레벨: 지역의 영웅들

이 단계의 캐릭터들은 여전히 자신들을 규정짓는 클래스의 요소와 능력을 배우는 중이며, 어떤 전문화를 선택할지를 결정하기 전입니다. 하지만 1레벨 캐릭터라 할지라도 여전히 영웅은 영웅이며, 근본적인 개성, 익힌 기술, 그리고 그 앞에 놓인 장구한 운명 등을 생각해 볼 때 평범한 사람들과는 격이 다른 존재입니다.

캐릭터들은 자신들의 경력을 시작할 때 1레벨~2레벨 주문들과 평범한 장비, 도구를 사용합니다. 이 시기에 찾을 수 있는 마법 물건들은 대개 평범한 소비형 도구입니다. (물약이나 두루마리 등). 그리고 영구적인 물건은 아주 드물게 발견됩니다. 이들이 사용하는 마법은 조우에서 아주 큰 영향을 줄 수 있을지 몰라도, 모험 전체의 방향을 틀어버릴 정도의 위력은 발휘하기 어렵습니다.

이 저레벨 모험자들의 성패에 한 촌락의 운명이 달려 있을 수도 있습니다. 이 촌락의 사람들은 이제 막 능력을 개화하기 시작한 이들에게 의존할 것입니다. 이 캐릭터들은 위험한 지형을 탐사하고 유령 들린 무덤에 발을 들이며, 야만스러운 오크나 난폭한 늑대들, 거대한 거미나 사악한 사교도들과 싸울 것입니다. 피에 굶주린 구울이나 고용된 강도들 역시 이들이 물리칠 대상입니다. 만약 이들이 어린 드래곤과 만난다면, 아무래도 맞서 싸우기보다는 도망치는 것이 더 훌륭한 선택이 될 것입니다.

## 5~10레벨: 영지의 영웅들

이 단계에 도달하게 되면, 모험자들은 자신의 클래스 요소들 중 기초에 대해서는 숙달된 상태이겠지만, 여전히 이들은 성장해 가며 더 많은 것을 배우게 될 것입니다. 이들은 세계 속에서 자신의 자리를 찾으며, 그들 주변을 둘러싼 위험에 맞서게 됩니다.

전문적인 주문사용자들은 이 시점에서 3레벨 주문들을 사용하게 됩니다. 드디어 캐릭터들은 하늘을 날 수 있고, 화염구Fireball나 번개Lightning Bolt 같은 주문을 사용해서 막대한 피해를 가할 수 있으며, 물속에서도 숨쉬게 해주는 주문을 알게 됩니다. 이 단계가 끝날 시점에는 5레벨 주문을 쓸 수 있게 될 것이며, 이러한 주문 중에는 순간이동의 원Teleportation Circle이나, 투시Clairvoyance, 화염 직격Flame Strike, 전설 전승Legend Lore이나 사자 소생Raise Dead같이 모험 전체에 강한 영향을 끼칠 주문이 포함됩니다. 또한 이들은 영구적인 마법 물건들을 얻기 시작할 것이며, 이것들 중 몇 가지는 마지막 모험까지 쓰게 될 수도 있습니다.

작은 국가나 영지의 운명이 5~10레벨의 모험자들에게 달려 있습니다. 이 모험자들은 거칠고 무서운 야생의 세계와 고대의 폐허를 탐험하며 야만스러운 거인과 난폭한 히드라, 공포를 모르는 골렘, 사악한 유안티나 비열한 악마들, 피에 굶주린 악귀들, 교활한 마인드 플레이어들, 그리고 드로우 암살자 등과 싸우게 됩니다. 또한 이들은 막 둥지를 만들었지만 아직 그리 영역을 널리 펼치지는 못한 드래곤과 싸워 승리할 기회를 얻을 수도 있습니다.

## 11~16레벨: 영지의 주인들

11레벨이 되면, 이제 캐릭터들은 용기와 결단력의 빛나는 모범이 됩니다. 세상 전체가 바라보는 귀감이 되어 다른 일반 대중과는 뚜렷이 구별되는 존재가 되는 것입니다. 이 단계에 오르면, 모험자들은 낮은 레벨일 때보다 훨씬 다재다능한 능력을 얻게 되며, 어떤 도전을 마주하더라도 사용할 도구를 갖추게 됩니다.

전문적인 주문사용자들은 11레벨에서 6레벨 주문을 사용할 수 있으며, 이 주문들은 모험자들이 세상을 대하는 방법을 근본부터 뒤바꿔 버릴 수도 있는 강력한 잠재력을 품고 있습니다. 전투에서는 분해Disintegrate, 칼날 방벽Blade Barrier 등과 같은 강력하고 화려한 주문과 함께 치유Heal 같은 주문을 쓸 수 있으며, 비전투시에는 귀환의 단어Word of Recall나 경로 파악Find the Path, 조건화Contingency, 순간이동Teleport, 진시야True Seeing 등과 같이 모험의 방법을 완전히 새롭게 할 수 있는 주문들이 여기에 포함됩니다. 이 시점 이후로 주문 레벨이 올라가면서 얻는 주문들 역시 거대한 영향력을 주면서 몇 가지 새로운 효과를 더합니다. 모험자들은 희귀한 마법 물건들을 찾게 되며, 이것들은 그 자체만으로도 강력한 능력들을 갖추고 있습니다.

거대한 국가나 세상 전체의 향방이 이들 모험자들의 사명 성취 여부에 달려 있습니다. 모험자들은 아무도 발을 들인 적 없는 곳에 몸을 던지고 오래전 잊혀진 던전을 탐색하며, 이곳에서 만날 수 있는 적들은 끔찍하고 다양합니다. 공포스러운 계략을 짜는 하계의 지배자들, 교활하기 이를 데 없는 락샤샤나 비홀더, 굶주린 보라 벌레 따위가 그런 것들입니다. 이 시점에서 그들은 둥지를 갖추고 세상에 위용을 떨치는 성장한 드래곤을 마주하여 쓰러트릴지도 모릅니다.

이 단계에 도달하면, 모험자들은 세상에 여러 가지로 흔적을 남기게 됩니다. 이들이 벌인 모험의 결과물은 어렵게 얻은 보물이나 힘들게 쌓아 올린 명성으로 대변됩니다. 이 레벨에 도달한 캐릭터들은 성채를 건설하거나 한 지역의 통치자가 될 수도 있습니다. 이들은 길드나 사원, 혹은 기사단을 건립할 수도 있습니다. 또한 이들은 자기들 스스로 부하나 제자를 두기도 합니다. 이들은 나라 사이에 평화를 중재하거나 전쟁을 일으킬 수도 있습니다. 그리고 이들의 무시무시한 명성은 아주 강력한 적들의 주의를 끌 것입니다.

## 17~20레벨: 세상의 주인들

17레벨이 되면, 캐릭터들은 초영웅적인 능력을 지니게 되며 그들의 업적과 모험은 전설 그 자체가 됩니다. 보통 사람들은 그처럼 위대한 힘을 지닌다는 것을 차마 꿈도 꾸지 못할 것이며, 어떤 때는 그러한 힘이 곧 막대한 공포가 될 수도 있습니다.

전문적인 주문사용자들은 소원Wish, 관문Gate, 복수의 폭풍Storm of Vengeance, 아스트랄체 투사Astral Projection 등과 같이 대지를 뒤흔드는 9레벨 주문을 사용할 수 있습니다. 캐릭터들은 매우 희귀한 마법 물건들을 여럿 소유할 것이며, 보팔 검(Vorpal Sword)이나 대마법사의 지팡이(Staff of the Magi) 등과 같이 전설적인 물건들을 발견했을 수도 있습니다.

이 레벨에서 일어나는 모험의 여파는 널리 퍼져나가서, 주물질계에 거주하는 수백만 명의 운명이나 차원 그 자체의 운명을 결정하게 될 수도 있습니다. 캐릭터들은 여러 이계나 데미플레인을 여행하며 다른 세상의 곳곳을 탐험하게 됩니다. 이들은 야만스러운 발러나 타이탄, 대악마들, 리치 대마법사. 어쩌면 사악한 신들의 화신과 맞서 싸워야 할 수도 있습니다. 이들이 마주하게 될 드래곤은 깨어나기만 하면 수많은 왕국을 공포에 떨게 할 무시무시한 힘을 가진 고룡급의 드래곤일 것입니다.

20레벨에 도달한 캐릭터들은 필멸자로서 도달할 수 있는 지고의 경지에 선 것입니다. 그들의 업적은 역사에 찬란히 기록될 것이며 수백년 동안 바드들의 노래 속에서 살아 있을 것입니다. 그들에게는 궁극적인 운명이 다가옵니다. 클레릭은 천상에 도달해 그가 섬기는 신의 오른팔이 될 수도 있습니다. 워락은 그 자신이 힘을 지니고 다른 워락들의 후원자가 되기도 합니다. 위저드라면 영생불사의 비밀(혹은 언데드의 비밀)을 풀어 수없이 오랜 세월을 살아가며 멀티버스의 신비를 파헤칠 수도 있습니다. 드루이드는 대지와 하나가 되거나, 대자연의 정령이 되어 특정한 장소를 지키거나 야생의 일부로 살아가기도 합니다. 다른 캐릭터들 역시 한 씨족이나 왕가의 창시자가 되거나 하여 이후 여러 세대에 거쳐 내려오는 명예로운 선조가 될 것이며, 수천 년간 노래할 걸작 문학의 창시자가 되고, 길드나 기사단을 설립해 다른 모험자들의 선망의 대상이 되거나 그들의 원칙을 세울 존재가 될 것입니다.

이 지점에 도달했다고 해서 캠페인이 반드시 끝나야 하는 것은 아닙니다. 이 강력한 캐릭터들은 우주적 무대 위에서 벌어지는 거대한 모험에 몸을 던질 수도 있습니다. 그리고 이러한 모험의 결과물을 통해, 그들의 능력 역시 계속 성장할 수 있습니다. 이 이상 캐릭터들의 레벨이 성장하지는 않지만, 여전히 여러가지 방법으로 의미 있는 성장을 계속할 수 있으며, 장엄한 위업을 통해 멀티버스에 영향을 줄 수 있습니다. 제7장을 참조하면 이 단계에 도달한 캐릭터들에게도 진보와 성장을 유지할 수 있도록 의미있는 보상을 주는 방법들을 찾아볼 수 있습니다.

## 높은 레벨에서 시작하기

숙련된 플레이어들은 여러 캐릭터 클래스의 능력에 익숙해지고, 1레벨부터 시작하는 모험보다는 더 중요하고 의미있는 모험부터 시작하고 싶어할 수 있습니다. 높은 레벨의 캐릭터를 만드는 방법은 플레이어즈 핸드북(Player's Handbook)에 실린 캐릭터 제작 방법과 같은 방식을 따릅니다. 이러한 높은 레벨 캐릭터는 더 많은 hp와 클래스 능력들, 그리고 다양한 주문들을 알고 있으며, 어쩌면 더 뛰어난 장비를 지니고 시작할 수도 있습니다.

1레벨보다 높은 레벨로 시작하는 캐릭터들이 어떤 장비를 지니고 모험을 시작할지는 전적으로 당신의 결정에 달려 있습니다. 아래의 시작 장비 표는 당신이 이러한 결정을 보다 쉽게 내릴 수 있도록 참조할 수 있는 자료입니다.

## 판타지의 분위기

던전즈 & 드래곤즈Dungeons & Dragons는 판타지 게임이지만, 이 판타지라는 단어는 아주 넓은 다양성을 내포하고 있습니다. 여러 소설과 영화들 속에는 판타지 속에서도 서로 다른 다양한 분위기를 찾을 수 있습니다. H. P. 러브크래프트나 클라크 애쉬턴 스미스에게서 영감을 받은 공포 분위기의 캠페인을 진행하고 싶은가요? 아니면 로버트 E. 하워드나 프리츠 라이버의 고전적 검과 마법 소설처럼 근육질의 바바리안들과 교활한 도적들이 등장하는 이야기를 펼치고 싶은가요? 당신은 자신의 선택에 따라 캠페인에 다양한 분위기를 가미할 수 있습니다.

## 영웅 판타지 Heroic Fantasy

영웅 판타지는 D&D 규칙이 기본적으로 가정하고 있는 분위기입니다. 플레이어즈 핸드북은 이 기준선을 참조로 만들어졌습니다. 다양한 인간형 종족이 이 판타지 세계에서 인간과 함께 공존하고 있습니다. 모험자들은 괴물들의 위협에 맞서 마법적인 힘을 부여받고 이를 가지고 싸웁니다. 이 캐릭터들은 대개 평범한 배경에서 시작하지만, 무언가가 그들을 이끌어 모험의 삶에 뛰어들게 합니다. 모험자들은 이 캠페인의 "영웅"이지만, 그들이 반드시 정말 영웅적일 필요는 없으며, 이기적인 이유에서 하는 모험도 괜찮습니다. 기술이나 사회는 중세에 기반하고 있지만, 문화가 반드시 유럽풍이어야 할 필요는 없습니다. 이러한 분위기의 캠페인에서는 때때로 보물을 찾거나 괴물 혹은 악당을 물리치기 위해 고대의 던전을 돌아다니는 요소를 포함하기도 합니다.

이 장르는 판타지 소설에서도 아주 일반적입니다. 포가튼 렐름즈에 기반한 대부분의 소설은 영웅 판타지라고 생각할 수 있으며, 이러한 소설들은 플레이어즈 핸드북 부록 E에 포함된 작가들 대부분의 발자취를 따라가고 있습니다.

## 검과 마법 Sword and Sorcery

위협적인 덩치의 단호한 파이터가 뱀신의 사당 앞에서 뱀신의 고위 사제를 찢어 죽입니다. 헤픈 웃음을 남발하는 로그가 지저분한 여관에서 값싼 와인에 취하느라 더럽게 벌어들인 돈을 탕진합니다. 대담한 모험자들은 전설 속 황금 가면의 도시를 찾아 아무도 발을 들이지 않은 정글로 들어섭니다.

검과 마법 캠페인은 이러한 판타지 소설들의 고전적 분위기를 따라가며, 판타지 게임들의 뿌리에서부터 내려오는 전통을 이어갑니다. 이러한 분위기 속에서 당신은 사악한 주술사와 타락한 도

### 시작 장비

| 캐릭터 레벨 | 약한 마법 캠페인 | 보통 마법 캠페인 | 강한 마법 캠페인 |
|---|---|---|---|
| 1~4레벨 | 일반적 시작 장비 | 일반적 시작 장비 | 일반적 시작 장비 |
| 5~10레벨 | 500gp + 1d10 × 25gp, 일반적 시작 장비 | 500gp + 1d10 × 25gp, 일반적 시작 장비 | 500gp + 1d10 × 25gp, 비범 마법 물건 하나, 일반적 시작 장비 |
| 11~16레벨 | 5,000gp + 1d10 × 250gp 비범 마법 물건 하나, 일반적 시작 장비 | 5,000gp + 1d10 × 250gp 비범 마법 물건 2개, 일반적 시작 장비 | 5,000gp + 1d10 × 250gp 비범 마법 물건 3개, 고급 마법 물건 1개, 일반적 시작 장비 |
| 17~20레벨 | 20,000gp + 1d10 × 250gp 비범 마법 물건 2개, 일반적 시작 장비 | 20,000gp + 1d10 × 250gp 비범 마법 물건 2개, 고급 마법 물건 하나, 일반적 시작 장비 | 20,000gp + 1d10 × 250gp 비범 마법 물건 3개, 고급 마법 물건 2개, 희귀 마법 물건 1개, 일반적 시작 장비 |

시로 가득 찬 어둡고 어지러운 세상을 만나게 됩니다. 이 세상에서 주인공들은 이타적인 미덕보다는 자신의 탐욕과 이익에 따라 움직입니다. 이러한 배경에서는 파이터, 로그, 바바리안 캐릭터들이 위저드나 클레릭, 팔라딘 캐릭터들보다 훨씬 흔하게 등장합니다. 이러한 펄프 판타지 배경에서 마법을 사용한다는 것은 문명의 타락과 퇴폐를 상징하는 것이며, 따라서 위저드들이 고전적인 악당으로 등장합니다. 마법의 힘이 깃든 물건은 매우 희귀하고, 가끔은 위험하기도 합니다.

몇몇 던전즈 & 드래곤즈Dungeons & Dragons 소설은 고전적인 검과 마법의 분위기를 따라갑니다. 다양한 다크 선 소설과 게임의 배경이 되는 아타스에서는 영웅적인 검투사들과 폭군 소서러킹들이 등장하는 전통적인 검과 마법의 분위기를 읽을 수 있습니다.

## 서사시적 판타지 Epic Fantasy

신실한 팔라딘이 빛나는 플레이트 아머를 입고 랜스를 든 채 드래곤에게 돌격합니다. 고귀한 위저드는 머나먼 곳에 열린 구층지옥으로 가는 문을 닫기 위해, 사랑하는 이와 작별합니다. 폭군의 압제에서 사람들을 구하기 위해, 가까운 친구들이 똘똘 뭉쳐 힘든 저항을 시작합니다.

서사시적 판타지는 선과 악의 대결을 게임의 핵심적 요소로 끌어온 캠페인 장르입니다. 그리고 이 이야기 속에서 모험자들은 어찌 되었든 선에 위치에 서서 악과 싸우게 됩니다. 이 캐릭터들은 가장 정확한 의미에서 영웅들이라 할 수 있으며, 이기적인 이익이나 야망보다는 고결한 목표를 위해 싸웁니다. 이 캐릭터들은 또한 도덕적인 갈등에 맞서야 할 때도 있으며, 세상을 위협하는 악과 싸우는 동시에 내면에 있는 악한 충동과도 싸워야 합니다. 그리고 이러한 캠페인의 이야기들 속에는 종종 로맨스 요소도 들어갑니다. 비극적인 사건이 벌어져 비련의 연인들을 갈라놓기도 하며, 죽음이 갈라놓은 이후에도 이어지는 열정이 빛을 발하기도 합니다. 또한 왕후 귀족과 그들에게 충성을 바치는 명예로운 기사들의 이야기가 펼쳐질 때도 있습니다.

드래곤랜스 사가의 소설들이 D&D 세계에서 서사시적 판타지를 가장 잘 구현하고 있다 하겠습니다.

## 신화적 판타지 Mythic Fantasy

분노한 신이 몇 번에 걸쳐 그를 죽이려 하는데도, 영리한 로그는 전쟁을 벗어나 집으로 향하는 긴 여정을 떠납니다. 저승의 무시무시한 수호자들과 맞서 싸우는 고귀한 전사는 어둠을 뚫고 나아가 그가 잃어버린 연인의 영혼을 되찾아 오고자 합니다. 신성한 혈통을 주장하려는 반신들은 12개의 과업을 완수하여 다른 필멸자들을 위한 신의 축복을 얻어야 합니다.

신화적 판타지의 세계는 이처럼 길가메시나 쿠 훌린 등으로 대표되는 고대의 신화나 전설에서 그 주제와 이야기를 가져온 것들입니다. 모험자들은 전설로 남을 업적을 수행해야 하며, 신이나 그 대리자들을 돕거나 방해하는 위치에 섭니다. 때로는 모험자들 그 자신이 신의 혈통을 이었을 수도 있습니다. 그들이 맞서게 되는 괴물이나 악당들 역시 비슷한 기원을 지니고 있습니다. 던전에 등장하는 미노타우르스는 그저 소의 머리를 한 인간형 괴물이 아니라 방탕한 신의 씨앗에서 태어난 바로 그 미노타우르스입니다. 모험자들은 여러 차례에 걸친 시험을 통해 신들의 세계로 가서 그들의 호의를 얻어야 할 수도 있습니다.

이러한 신화나 전설은 꼭 그리스 로마의 것에만 국한되지 않고, 어느 문화권의 것을 가져와도 괜찮습니다.

## 다크 판타지 Dark Fantasy

뱀파이어들이 그들의 저주받은 성에서 전투를 벌이고 있습니다. 사령술사들은 죽은 육신을 가지고 무시무시한 하인을 만들기 위해 던전 속에 들어갑니다. 악마들이 순진한 이들을 타락시키고, 늑대인간들이 밤을 지배합니다. 이러한 요소들은 모두 판타지 장르 속에서 공포의 분위기를 첨가한 것입니다.

만약 당신이 캠페인 속에서 공포 요소를 쓰고 싶다면, 이미 여러 가지 자료가 마련되어 있습니다. 몬스터 매뉴얼(Monster Manual)에는 초자연적 공포 이야기를 만들기에 걸맞은 다양한 괴물을 소개하고 있습니다. 하지만 이러한 캠페인에서 공포 분위기를 만드는 데 가장 중요한 요소는 규칙에서 나오지 않습니다. 다크 판타지 배경은 천천히 무서운 분위기를 만들고, 완급을 조절해 세밀하게 묘사함으로써 완성됩니다. 이러한 분위기를 만들려면 플레이어들의 협조 역시 필요합니다. 그들이 당신이 만들려는 분위기를 기꺼이 받아들여야만 마침내 이러한 캠페인이 완성될 수 있습니다. 당신이 캠페인 전체를 다크 판타지 분위기로 가고자 하는지, 아니면 그저 오싹한 모험 하나를 돌리고자 하는지 몰라도, 우선 게임을 진행하기 전에 당신의 플레이어들에게 계획을 설명하고 의논하는 편이 좋습니다. 공포는 몰입도가 높으며 각 개인이 느끼는 정도가 다른데, 모든 사람이 그러한 게임을 즐기는 것은 아닙니다.

공포의 데미플레인을 무대로 하는 레이븐로프트의 게임이나 소설들은, D&D 배경에 다크 판타지 요소를 첨가한 결과물로 유명합니다.

## 음모물 Intrigue

타락한 조언자는 남작의 장녀와 모사하여 남작을 암살하고자 합니다. 홉고블린 군대는 침공을 시작하기 전 도플갱어 첩자를 도시에 침투시켰습니다. 대사관의 파티에서, 왕궁의 첩자는 그의 고용주와 접선을 시도하려 합니다.

정치적인 음모, 첩보, 사보타주, 이와 유사한 은밀행동식 모험물은 D&D 캠페인에 아주 흥미로운 요소를 더해줍니다. 이러한 종류의 게임 속에서 캐릭터들은 공격 주문이나 마법 무기보다는 더 뛰어난 기술 훈련이나 연락책 마련을 필요로 하게 될 것입니다. 역할 연기와 사회적 만남이 전투보다 더 중요해지며, 파티가 여러 세션을 거치는 동안 한 번도 괴물을 만나지 않을 때도 있습니다.

다시 한번 말하지만, 이런 캠페인을 운영하기 전에 먼저 당신의 플레이어들이 이를 알고 있는지 확인하는 것이 좋습니다. 그렇게 하지 않으면 방어에 집중한 드워프 팔라딘을 만든 플레이어가 하프 엘프 외교관과 티플링 스파이들이 가득한 곳에서 자신의 역할을 잃고 방황하게 될 것입니다.

에린 M. 에반스가 쓴 유황의 천사들(the Brimstone Angels) 연작은 포가튼 렐름즈 배경에서 음모물을 추구한 결과물입니다. 구층지옥의 살벌한 정치판에서 벌어지는 음모는 코르미르 왕가의 계승에까지 영향을 미치게 됩니다.

## 미스터리 Mystery

전설적인 세 개의 무기를 훔쳐다가 멀리 떨어진 던전에 숨겨놓고 그 장소에 대해 기이한 실마리만 남긴 자는 누구일까요? 누가 공작을 마법의 잠에 빠트렸을까요? 그리고 그를 일으키려면 어떻게 해야 할까요? 누가 길드마스터를 암살했고, 어떻게 그 암살자가 길드의 잠겨진 창고에 들어간 것일까요?

미스터리 주제의 캠페인 속에서 캐릭터들은 수사관의 역할을 맡게 되고, 마을과 마을 사이를 여행하며 그 지방의 권력자들이 해결하지 못하는 사건들을 해결해야 할 수도 있습니다. 이러한 캠페인은 전투에서의 강력함보다는 수수께끼를 해결하는 능력에 더 초점을 맞추게 됩니다.

거대한 미스터리는 어쩌면 캠페인 전체에 영향을 미치게 될 수도 있습니다. 누가 캐릭터의 스승을 죽였으며, 그를 모험의 길에 들어서게 한 것일까요? 붉은 손의 교단을 실제로 지배하고 있는 것은 대체 누구일까요? 이러한 경우, 캐릭터들은 가끔 모험의 끝에서 이 거대한 미스터리의 실마리를 하나씩 찾게 됩니다. 이런 식으로 개별적인 모험들을 연결해 나가는 것이 이 주제를 가장 잘 드러내게 합니다. 아무것도 없이 수수께끼만 남아 있는 모험은 당황스러울 수 있으니, 다양한 종류의 조우를 섞어 제공하도록 합시다.

다양한 D&D 배경의 소설에서 미스터리 장르가 섞여 있는 모습을 볼 수 있습니다. 코르미르에서의 살인(쳇 윌리엄슨 저), 할루아에서의 살인(리처드 S. 메이어 저), 스펠스톰(에드 그린우드 저) 등은 포가튼 렐름즈 배경에서 미스터리 요소가 가미된 것입니다. 타르시스에서의 살인(존 매딕스 로버츠 저)의 경우, 드래곤랜스 배경에서 비슷한 접근을 한 결과물입니다.

## 스워시버클러 물 Swashbuckling

레이피어를 든 선원이 배 위에 올라탄 사후아긴과 맞싸웁니다. 버려진 배에 숨어 있는 구울들은 보물 사냥꾼들이 나타나는 것을 기다리고 있습니다. 날렵한 로그와 매력적인 팔라딘은 복잡한 왕궁을 헤쳐나가며 발코니에서 뛰어내려 기다리던 말에 올라탑니다.

스워시버클러물은 해적과 총사들이 활약하는 역동적인 캠페인이 될 수 있습니다. 캐릭터들은 던전이나 폐허보다는 도시, 왕궁, 항해하는 배에서 더 많은 시간을 보내게 됩니다. 전투 기술보다 사회적 작용에 쓰이는 기술이 중요하긴 하지만, 음모물처럼 극단적이지는 않습니다. 어쨌든 간에 영웅들이 사악한 공작의 비밀방을 찾아내기 위해 왕궁 지하의 하수구를 수색한다면, 고전적인 던전 탐험을 해야 할 것이기 때문입니다.

스워시버클러물 분위기를 지닌 로그의 좋은 예시는 포가튼 렐름즈 배경에 등장하는 캐릭터인 잭 레이븐와일드로, 그는 리처드 베이커의 소설인 까마귀의 도시나 까마귀의 왕자 등에서 주인공으로 활약했습니다.

# 전쟁물 WAR

홉고블린 군대가 도시를 향해 진군해 오며, 코끼리와 거인들이 성채의 벽과 망루에 돌진해 옵니다. 바바리안 무리의 거친 물결 위로 드래곤들이 날아오르며 분노한 전사가 수풀을 가르듯 적들을 산산이 갈라놓습니다. 이프리트의 명령에 따르는 샐러맨더들이 아스트랄계의 요새를 습격합니다.

판타지 세계의 전쟁은 모험의 기회로 가득합니다. 전쟁물 캠페인은 일반적으로 부대의 이동이나 병력에 신경 쓰지 않고, 그 대신 전쟁의 물결을 뒤바꾸는 영웅들의 행동에 집중합니다. 캐릭터들은 특정한 임무를 부여받습니다. 언데드 군대를 움직이는 마법 깃발을 강탈하거나, 공성전 상황을 타파하기 위한 증원을 불러오거나, 악마 사령관의 숨통을 끊어 포위 상태를 해제하는 것 등입니다. 아니면 모험자 일행은 증원이 도착할 때까지 전략적 요충지를 수호함으로써 더 큰 군대의 움직임을 지원할 수도 있으며, 적의 수색병이 보고하기 전에 잡아 죽인다거나, 적의 보급선을 끊는 등의 활약을 하기도 합니다. 정보를 모아 외교적인 임무를 받아서 수행하는 것 역시 전투에 기반한 모험들 속에서 좋은 이야깃거리가 되어줍니다.

드래곤랜스 크로니클 소설의 랜스의 전쟁 부분이나 거미 여왕의 전쟁 소설 등은 D&D 소설들 속에서 전쟁 판타지가 가장 잘 표현된 훌륭한 예시입니다.

# 무협 WUXIA

늙은 사부가 신비롭게 사라진 후, 젊은 제자는 사부의 자리를 메꾸고 마을을 괴롭히는 오니를 쓰러트려야 합니다. 검증된 영웅들, 무공의 대가들이 사악한 홉고블린 전쟁군주로부터 고향 마을을 해방시키기 위해 돌아옵니다. 근처 사원에 숨어있는 락샤사 지배자가 벌이는 사악한 의식으로 인해 죽은 자들이 안식에서 깨어나 유령이 되고 있습니다.

아시아 무협 영화의 요소들을 가져와 캠페인에 첨가해 보면, 놀랍도록 D&D 분위기와 어울리게 만들 수 있습니다. 플레이어들은 이 캠페인의 분위기에 걸맞게 자기 캐릭터의 외형과 능력을 정해야만 하며, 이러한 분위기를 위해서 주문 등에 약간의 조정을 가해도 좋습니다. 예를 들어서 짧은 거리를 순간이동할 수 있는 능력이나 주문이 있다면, 이것을 실제 순간이동 대신 경공이나 신법으로 묘사하면서 조정할 수 있습니다. 벽을 타기 위해 능력을 판정할 때는 붙잡거나 밟을 곳이 있나 판정하는 대신, 벽과 벽, 나무와 나무 사이를 박차며 날듯이 이동할 수 있습니다.

전사들은 점혈로 상대에게 충격을 가할 수 있습니다. 게임 속 액션을 화려하게 묘사하는 것은 규칙의 근본을 바꾸지 않으면서도 캠페인의 분위기를 변화시킬 수 있는 좋은 방법입니다.

이와 마찬가지로, 문화적인 영향을 묘사하기 위해 클래스에 새 규칙을 도입할 필요도 없습니다. 이름만 새롭게 붙여도 분위기가 상당히 달라집니다. 전통적인 중국 무협의 영향은 "복수의 맹세"라는 검을 지닌 팔라딘 협객이 될 수도 있으며, 이와 유사한 배경을 일본으로 옮겨 오면 이 팔라딘은 다이묘에게 충성을 맹세한 사무라이가 될 수도 있습니다. 닌자는 그림자의 길을 따르는 몽크라고 보아도 됩니다. 선인, 술사, 스승 등으로 명칭을 바꾸면 위저드나 소서러, 워락 캐릭터들 역시 중세 아시아 문화에 더 쉽게 녹아들 것입니다.

## 무협용 무기 이름

플레이어들이 그레이트클럽이나 롱소드 대신 육척봉이나 박도 등의 이름을 쓰게 하면 무협 캠페인의 분위기를 살릴 수 있습니다. 무협용 무기 이름 표는 플레이어즈 핸드북(Player's Handbook)에서 소개하는 일반적인 무기가 실제 동양의 국가들에서 어떻게 불리는지 설명하고 있습니다. 하지만 변화된 이름을 쓴다 해도 게임적인 수치는 아무런 변화 없이 플레이어즈 핸드북에서 소개된 그대로 사용할 수 있습니다.

# 흐름을 교차시키기

그레이호크 소설과 게임의 배경이 되는 오어스에서 유명한 팔라딘 멀린드는 지구의 서부 영화에 나오는 전통적인 복장을 하고 허리에는 6연발 권총 두 정을 차고 있습니다. 그레이호크에서 정의와 상식의 신인 성 커스버트의 메이스는, 1985년 런던의 빅토리아 박물관에서 찾은 것입니다. 오어스의 방벽 산맥 어딘가에는 추락한 우주선이 있으며, 외계인들과 그들의 기괴한 기술력으로 만든 물건들이 있습니다. 그리고 포가튼 렐름즈의 유명한 마법사 엘민스터는 가끔 캐나다 작가인 에드 그린우드의 주방에 나타난다고 합니다. 그 주방에서 그는 오어스와 크린(드래곤랜스 사가의 배경 세계)에서 온 대마법사들과 만나기도 합니다.

D&D의 뿌리에는 공상과학 소설과 과학 판타지의 요소 역시 들어 있습니다. 당신은 언제든지 그러한 요소를 사용할 수 있습니다. 루이스 캐롤의 원더랜드에 등장하는 마법 거울 속으로 캐릭터들을 밀어 넣어도 되고, 별들 사이를 항해하는 우주선에 태워도 됩니다. 마법 화살Magic Missile 대신 레이저 광선총이 등장하면 미래의 모험도 가능합니다. 가능성은 무궁무진하게 존재합니다. 제9장의 "던전 마스터의 작업실"을 참조하시면, 이러한 가능성을 탐험할 수 있는 여러가지 도구와 조언을 찾을 수 있습니다.

## 무협용 무기 이름

| 무기 | 다른 이름 (문화권) |
| --- | --- |
| 그레이트소드 | 챵따오(중국), 노다치(일본), 대검(한국) |
| 그레이트클럽 | 테츠보(일본), 대곤봉(한국) |
| 글레이브 | 꽌따오(중국), 나기나타(일본), 언월도(한국) |
| 다트 | 슈리켄(일본), 수리검(한국) |
| 대거 | 비셔우·타머(중국), 코즈카·탄토(일본), 단검(한국) |
| 랜스 | 우마야리(일본), 거창(한국) |
| 롱보우 | 다이큐(일본), 장궁(한국) |
| 롱소드 | 챵지엔(중국), 카타나(일본), 장검(한국) |
| 메이스 | 츄이(중국), 카나보(일본), 철퇴(한국) |
| 배틀액스 | 푸(중국), 마사카리(일본), 전투도끼(한국) |
| 숏보우 | 한큐(일본), 단궁(한국) |
| 숏소드 | 슈앙따오(중국), 소검(한국) |
| 스피어 | 치앙(중국), 야리(일본), 창(한국) |
| 시미터 | 리우예다오(중국), 와키자시(일본), 곡도(한국) |
| 시클 | 카마(일본), 낫(한국) |
| 워 픽 | 꽝(중국), 쿠와(일본), 전쟁 곡괭이(한국) |
| 자벨린 | 마우(중국), 우치네(일본), 투창(한국) |
| 쿼터스태프 | 껀(중국), 보(일본), 봉(한국) |
| 클럽 | 비엔(중국), 통파(일본), 곤봉(한국) |
| 트라이던트 | 챠(중국), 마가리야리(일본), 삼지창(한국) |
| 파이크 | 마오(중국), 나가에야리(일본), 장창(한국) |
| 플레일 | 눈챠쿠(일본), 도리깨(한국) |
| 할버드 | 지(중국), 카마야리(일본), 미늘창(한국) |
| 핸드액스 | 오노(일본), 손도끼(한국) |

# 제2장: 멀티버스 만들기

모험자들이 높은 레벨에 도달하면, 그들은 현실의 다른 차원에 이르게 됩니다. 존재의 여러 세계는 멀티버스를 구성합니다. 캐릭터들은 어비스의 무시무시한 심연에서 친구를 구하기 위해, 아니면 오세아누스 강의 빛나는 물결 위를 항해하기 위해 길을 떠날 수 있습니다. 그들은 이스가르드의 친근한 거인들과 술잔을 마주할 수도 있고, 현명한 기스제라이 학자와 만나기 위해 림보의 혼돈과 마주해야 할 수도 있습니다.

존재의 여러 세계, 혹은 여러 차원은 여러 기이한 것을 접하는 기회인 동시에 때로는 위험한 환경이 되기도 합니다. 자연스러운 세계에서는 꿈에서도 볼 수 없을 법한 가장 기괴한 장소들이 이 안에 있습니다. 차원을 넘나드는 모험은 예측하지 못한 위험과 신비를 가져다줍니다. 모험자들은 고체로 된 불로 만들어진 거리를 걸을 수도 있고, 매일 새벽마다 죽은 자들이 되살아나 다시 전쟁을 벌이는 영원한 전장에서 자신의 열정을 시험할 수도 있습니다.

## 여러 세계

다양하게 존재하는 여러 세계는 신비와 비밀이 가득 찬 세상입니다. 이들은 단순히 다른 세계가 아니라, 영적인 동시에 기초적인 원칙에 따라 만들어지고 지배되는 다른 차원입니다.

외부 이계는 영성과 생각의 세계입니다. 이것들은 천상의 존재와 악귀들, 그리고 신들이 살아가는 곳입니다. 예를 들어 엘리시움의 경우, 단순히 선한 크리처들이 살아가는 장소 혹은 선한 크리처들이 죽으면 영혼이 가는 장소가 아닙니다. 엘리시움은 선 그 자체의 세계이며, 악이 절대 범접하지 못하는 영적인 영역입니다. 이곳은 물리적인 장소라기보다 일종의 정신적 상태에 가깝다고도 볼 수 있습니다.

내부 이계는 물리적 정수가 복제된 곳이며, 공기, 대지, 불, 물의 근본적인 정수로 이루어지는 곳입니다. 예를 들어 불의 원소계의 경우, 불 그 자체의 정수를 담고 있습니다. 이 세계의 모든 물질에는 근본적인 불의 본성이 담겨 있습니다. 에너지, 열정, 변화, 그리고 파괴의 요소가 모든 곳에 존재합니다. 심지어 고체로 이루어진 황동이나 현무암조차 불꽃의 춤을 추는 듯 일렁이며, 눈에 보이고 손에 만져지는 모든 곳이 불의 권화를 표현하고 있습니다.

이러한 맥락을 따라가 보면, 물질계야말로 모든 철학적, 기초적 힘이 모여들어 필멸의 삶과 물질이 만들어지는 세계가 됩니다. D&D의 여러 배경 세계는 물질계에 자리하고 있으며, 많은 캠페인과 모험들이 물질계에서 시작합니다. 멀티버스의 나머지 세계들은 물질계와 비교되는 것으로 스스로를 정의할 수 있습니다.

## 이계의 분류표

일반적인 D&D 우주관에 등장하는 여러 이계와 차원은 아래와 같은 분류를 통해 나누어집니다.

**물질계와 그 반향.** 페이와일드와 섀도펠 등은 물질계가 비친 모습을 구현합니다.

**전이계.** 에테르계와 아스트랄계는 그 자체만으로는 별다른 특징이 없으며, 한 세계에서 다른 세계나 차원으로 이동하는 통로의 역할을 주로 수행합니다.

**내부 이계.** 4개의 원소계와 이 원소계들을 둘러싸고 있는 태초의 혼돈이 내부 이계에 속합니다.

**외부 이계.** 16개의 외부 이계는 중립성을 제외한 8개의 성향에 따라서, 그리고 그 철학적 방향성에 따라서 나뉩니다.

**긍정력계와 부정력계.** 이 두 이계는 우주의 나머지 공간을 채우고 있으며, 삶과 죽음의 힘을 공급하여 멀티버스의 나머지 만물이 존재하는 기초가 되어줍니다

## 세계들을 함께 묶기

플레이어즈 핸드북(Player's Handbook)에 서술된 바와 같이 D&D 우주관에서는 20여개의 이계가 있다고 가정하고 있습니다. 당신이 자신의 캠페인을 운영할 때는 이중에서 어떤 것이 존재하고 존재하지 않는지 결정할 수 있으며, 일반적으로 주어진 이계들을 변형하거나 지구에 이미 존재하는 신화에서 영감을 얻어 새로운 이계를 만들 수도 있습니다.

대부분의 D&D 캠페인을 운영하려면 최소한 아래와 같은 요소들을 가진 세계들이 필요합니다.

- 악마들의 기원이 되는 세계
- 천상 존재들의 기원이 되는 세계
- 원소의 기원이 되는 세계
- 신들이 거하는 세계 (위의 셋 중 하나일 수도 있음)
- 필멸자들의 영혼이 죽은 이후 가는 세계 (위의 세계 중 하나일 수도 있음)
- 한 세계에서 다른 세계로 가는 방법
- 아스트랄계나 에테르계에 연관된 괴물이나 주문을 작동시키고 설명할 수 있는 방법

일단 당신이 캠페인에서 어떤 세계들을 쓸지 결정되었다면, 이것들을 한데 엮는 우주관을 만들지는 선택하기 나름입니다. 전이계를 통해 이동한다 해도 하나의 세계에서 다른 곳으로 가는 기본적인 방법은 마법적인 문을 이용하는 것이며, 서로 다른 세계 간의 정확한 관계는 주로 이론적인 관점에서만 접근하게 됩니다. 멀티버스에 있는 그 어느 누구도 책에서 도형을 보는 것처럼 여러 세계를 펼쳐놓고 볼 수 없습니다. 셀레스티아 산이 바이토피아와 아카디아 사이에 끼어 있다고 말할 수 있는 필멸자는 그 누구도 없습니다. 하지만 이론적인 관점에서, 또한 관념적인 관점에서 보았을 때 두 세계의 성향 사이에 셀레스티아가 존재하므로, 질서와 선 성향을 가진 세 세계를 이렇게 배열할 수 있는 것입니다.

학자들은 여러 이계의 관계를 모사하기 위해, 특히 외부 이계의 성향들을 나타내기 위해 몇 가지 이론적인 모형을 제시했습니다. 가장 널리 쓰이는 3개의 모형은 거대한 바퀴 모형, 세계수 모형, 그리고 세계의 기둥 모형입니다. 하지만 당신이 원한다면 새로운 모형을 만들어도 되고, 기존 모형을 변형하여 당신의 캠페인에 알맞게 사용해도 괜찮습니다.

---

### 자신만의 이계 만들기

이 장에서 소개하는 이계 대부분은 여행자에게 최소한 한 가지 이상의 중대한 효과를 줍니다. 만약 당신이 자신만의 새로운 이계를 만들고자 한다면, 이 형태를 따라가는 것을 추천합니다. 이곳에 들어선 플레이어들이 알아차릴 수 있는 한 가지 간단한 특성을 주되, 게임상에서 너무 복잡하게 영향을 줄 수 있는 것은 만들지 마십시오. 기억하기 쉬운 것이 좋습니다. 단순히 게임 수치적인 영향이 아니라 당신이 만들고자 하는 세상의 기원이 되는 철학과 분위기를 반영하도록 해 보십시오.

## 거대한 바퀴 모형

플레이어스 핸드북(Player's Handbook)에서 여러 이계를 설명하는 가장 기초적인 우주론의 형태가 거대한 바퀴 모형입니다. 물질계와 그 반향들이 바퀴의 가운데 축을 차지하며, 내부 이계들이 바큇살의 위치에 있고, 외부 이계들이 바퀴의 가장자리를 둘러싸고 있습니다. 그리고 이 모든 것을 연결하는 위치에 아웃랜드가 자리합니다.

이 배열은 여러 하계를 통해 흘러가는 스틱스 강을 설명할 수 있으며, 이를 통해 아케론, 구층지옥, 게헨나, 하데스, 카르케리, 어비스, 판데모니움 등이 한데 엮입니다. 하지만 강의 흐름을 설명하는데 꼭 이 방법이 쓰여야 하는 것은 아닙니다.

## 세계수 모형

여러 세상을 배열하는 또 다른 방법은 이것들이 거대한 우주적 나무의 뿌리부터 가지 사이에 놓여 있다고 생각하는 것입니다. 이 나무는 일종의 비유일 수도 있고 실질적인 것일 수도 있습니다.

예를 들어, 북유럽 신화의 우주관은 세계수 이그드라실에 기반하고 있습니다. 이 세계수의 세 뿌리는 세 개의 세상에 닿아 있습니다. 아스가르드(외부 이계로 치면 발할라, 바나헤임, 알프하임 등을 포함합니다.), 미드가르드(물질계), 니플헤임(저승)이 그 세상들입니다. 무지개다리인 비프로스트가 아스가르드와 미드가르드를 잇는 독특한 전이계 역할을 한다고 볼 수 있습니다.

이와 유사하게 포가튼 렐름즈의 세계에서 신들이 거하는 곳인 천상계들은 세계수의 여러 가지에 걸쳐 있다고 믿는 시각이 있습니다. 한편, 악마의 세계들은 피의 강에 의해 연결되어 있습니다. 중립적 세계들이 그들 사이에 있으며, 각각의 세상에는 하나 이상의 신이 자신만의 영역을 지니고 있습니다. 또한 이러한 이계들은 천상체나 악마들이 고향으로 삼는 곳이기도 합니다.

## 세계 기둥 모형

이 관점으로 우주를 본다면, 물질계와 그 반향을 받은 세계들은 두 개의 서로 대비되는 영역 사이에 있다고 볼 수 있습니다. 아스트랄계(혹은 아스트랄 바다)가 그 세계들의 위에 떠 있으며, 여러 신성한 영역들이(혹은 외부 이계)이 그 안에 있습니다. 물질계 아래에는 태초의 혼돈이 있으며, 제대로 분할되지 않은 혼돈의 세상이 펼쳐져 여러 원소가 그 안에서 충돌하고 있습니다. 태초의 혼돈 속에서도 가장 바닥에 있는 것이 어비스로, 이곳은 우주의 구조 그 자체가 뜯겨 나간 구멍이라 할 수 있습니다.

## 다른 관점들

당신이 자신만의 우주관을 만들고자 한다면, 아래의 대체적 관점들을 참고해 보십시오.

**옴니버스.** 이 간단한 우주관은 최소한의 것들만을 포함합니다. 물질계, 전이계, 태초의 혼돈, 선한 신들과 천상의 존재들이 거하는 천국, 그리고 악마와 악한 신들이 지내는 지옥만이 존재합니다.

**무수한 세상.** 이 우주관에서는 무수히 많은 세상들이 거품처럼 존재하며, 무작위적으로 서로 맞닿게 되거나 떨어집니다.

**항성계.** 내부 이계와 외부 이계는 물질계의 궤도를 돌고 있으며, 세상 사이의 영향력이 이 세계들을 가까이 끌어당기거나 멀어지게 합니다. 에버론 배경이 이러한 우주관 모형을 사용하고 있습니다.

**바람부는 길.** 이 우주관에 따르면 모든 세계는 끝없이 이어진 길에 있는 정류장들과 같습니다. 하나의 세계는 다른 두 세계에 인접해 있지만, 반드시 닿아 있어야 할 필요는 없습니다. 여행자는 셀레스티아 산의 기슭에서 쭉 걸어가서 게헨나의 기슭에 닿을 수도 있습니다.

**올림푸스 산.** 그리스 신화의 우주관에서 보면 올림푸스 산은 세상, 즉 물질계의 중심에 있으며, 그 꼭대기는 너무나 높이 있는 나머지 다른 세계로 분류됩니다. 이 꼭대기야말로 신들의 고향인 올림푸스이며, 하데스를 제외한 나머지 그리스 신들은 올림푸스에서 저마다의 영역을 지니고 있습니다. 하데스는 자신의 이름을 딴 하계에서 필멸자들의 영혼이 천천히 무로 사라지는 것을 지켜봅니다. 타이탄들이 영원한 암흑 속에 감금된 타르타로스가 하데스 아래에 있습니다. 그리고 알려진 세상의 머나먼 서쪽으로 가면 축복받은 엘리시안 들판이 펼쳐져 있고, 위대한 영웅들이 영혼이 이곳에서 쉬고 있습니다.

**태양의 배.** 이집트 신화의 우주관은 매일 움직이는 태양의 흐름에 따라 정의됩니다. 태양은 물질계의 하늘을 가로질러 정의로운 삶을 산 사람들이 영원한 보상을 받는 아름다운 축복의 땅으로 향합니다. 그리고 세상에는 악몽 같은 밤의 12시간이 찾아옵니다. 태양의 배는 그 자체만으로도 작은 외부 이계이지만 아스트랄계와 다른 세상들을 여행하며 물질계를 비추기도 합니다.

**하나의 세계.** 이 모형을 사용하면 다른 존재의 세계는 없다고 치부하며, 물질계 내에 바닥없는 어비스도, 찬란한 셀레스티아 산도, 기이한 메카너스의 도시도, 아케론의 요새도 있다고 가정하는 것입니다. 이 모든 차원이 하나의 세계 안에 포함되는 것으로서, 물리적인 여행을 통해 갈 수 있는 곳이 됩니다. 그러나 이러한 이동에는 비범한 노고가 필요할 수도 있습니다. 예를 들어, 축복받은 엘리시움의 섬에 가려면 거친 바다를 항해해야 할지도 모릅니다.

**다른 세계.** 이 모형을 사용하면, 물질계는 다른 모든 이계의 역할을 하는 쌍둥이 세계를 지니고 있는 것이 됩니다. 페이와일드와 유사하게 두 세상 사이의 "얇은 벽"을 찾아 통과하면, 이 쌍둥이 세상으로 넘어갈 수도 있습니다. 이 얇은 곳은 동굴이거나, 바다를 항해하는 과정이거나, 아무도 모르는 숲속의 요정일 수도 있습니다. 이 쌍둥이 세계에는 어둡고 사악한 장소(악마와 악신들이 거하는 곳)도 있으며, 신성한 섬도 있고, 원초의 분노가 가득한 곳도 있습니다. 이 "다른 세계"는 때때로 영원한 도시 하나에 의해 통치받거나 현실의 여러 면모를 상징하는 네 개의 도시에 의해 다스려지기도 합니다. 켈트 신화의 우주관에 바로 이런 쌍둥이 세계가 있으며, 그 이름은 티르 나 노그라고 합니다. 그리고 아시아 지역의 전설들 속에도 현실의 세계와 꼭 닮은 영혼의 세계가 등장하기도 합니다.

# 세계 간의 여행

모험자들이 다른 존재의 세계로 여행하고자 한다면, 그들은 초자연적 수호자를 마주하고 다양한 시련을 통과하여 마침내 전설적인 여정을 떠나게 될 것입니다. 이러한 여정의 본성과 시험의 형태는 그들이 어디로 여행하고자 하는가, 그리고 어떤 방법을 써서 여행하고자 하는가에 따라 다양합니다. 모험자들은 마법적인 포탈이나 주문을 사용하여 다른 세계로 갈 수 있습니다.

# 세계 간 포탈

레이스트린의 눈이 포탈에 고정되며, 하나하나 세밀하게 살피기 시작했다. 그는 꿈속에서든 깨어나서든 이것들을 여러 차례 보아왔다. 이 문을 여는 주문은 복잡하거나 정교하지 않고 단순했다. 포탈을 둘러싸서 지키고 있는 용의 머리 다섯 개에 각각 정확한 문구를 말하는 것으로 충분했다. 순서 역시 정확하게 지켜져야만 했다. 하지만 일단 그가 문을 열었더라도 하얀 로브를 입은 클레릭이 팔라딘에게 문을 열린 채로 둬 주십사 간청기도를 드리면 그들 역시 들어올 것이고, 문은 그 이후 닫히게 될 것이다.

그러면 그는 생애 가장 큰 도전을 맞이하게 될 것이다.

*— 마가렛 와이즈 & 트레이시 힉맨, 쌍둥이의 전쟁*

"포탈"이란 한 세계에 위치한 특정한 장소에서 다른 세계에 위치한 특정한 장소로 이동할 수 있는 차원간, 세계간 이동 기구를 뜻하는 일반적인 명칭입니다. 어떤 포탈들은 문의 형태를 띠고 있기도 하고, 깨끗한 창문이나 안개로 가득찬 통로의 형태로 나타나기도 합니다. 그리고 이런 포탈을 이용할 경우, 세계 간 이동은 그냥 단순히 그 안으로 발을 들이는 것으로 해결됩니다. 다른 포탈들은 아예 하나의 장소이기도 합니다. 선돌들로 이루어진 원이라거나, 솟아오른 탑, 항해하는 배, 심지어는 마을 전체가 포탈로 기능하기도 합니다. 그 마을이 여러 세계에 걸쳐 동시에 존재하는 곳이라는 말입니다. 원소계로 접어드는 포탈의 경우 소용돌이의 형태를 띄기도 합니다. 불의 원소계로 가려면 화산의 심장부에 가야 할 수도 있고, 물의 원소계로 가려면 바다 깊숙한 곳에 가야 할지도 모릅니다.

포탈을 이용한 여행은 물질계에서 원하는 이계로 이동할 수 있는 가장 간단한 방법입니다. 하지만 대부분의 경우, 이러한 포탈을 찾아내는 것 자체가 모험이 되는 경우가 많습니다.

우선, 모험자들은 자신들이 가려는 곳으로 향하는 포탈의 위치를 찾아야 합니다. 대부분의 포탈은 외딴곳에 있으며, 가려는 곳과 가까운 환경에 있는 경우가 많습니다. 예를 들어, 셀레스티아의 천상 산맥으로 가는 포탈은 높은 산의 정상에 있어야 어울릴 것입니다.

그다음으로 포탈은 대개 원치 않는 자들이 마음대로 드나들 수 없도록 이를 수호하는 수호자들이 있습니다. 이 "원치 않는 자들"이란 포탈의 정의와 목적에 따라 악한 캐릭터들일 수도 있고, 겁쟁이나 도둑일 수도 있으며, 로브를 입은 사람은 절대로 안 된다거나 아예 살아있는 존재는 들어가지 못할 수도 있습니다. 포탈의 수호자는 대개 강력한 마법적 크리쳐로, 지니, 스핑크스, 타이탄, 혹은 포탈의 목적지인 이계에서 직접 건너온 존재일 수도 있습니다.

마지막으로 포탈은 항상 열려 있지 않을 수도 있습니다. 특정한 상황에만, 혹은 특정한 요구 조건을 갖춰야만 포탈이 열릴 수도 있습니다. 포탈은 다양한 요구조건을 가질 수 있으며, 아래와 같은 예시들은 가장 일반적인 조건입니다.

**시간.** 포탈은 오직 특정한 시간에만 작동합니다. 물질계에 만월이 떠 있을 때라거나, 10일에 한 번, 혹은 별들이 특정한 자리에 왔을 때만 열리는 포탈 등이 이러한 경우의 예시입니다. 이러한 포탈은 일단 열리고 나면 아주 제한된 시간 동안만 열려 있습니다. 만월 직후 3일 동안만 열려 있거나, 더 짧게는 한시간, 더욱 짧게는 단지 1d4+1 라운드만 열려 있을 수도 있습니다.

**상황.** 특정한 조건을 갖춰야만 열리는 포탈도 있습니다. 맑은 날에만 열린다거나, 비가 올 때만, 혹은 가까이서 특정한 주문이 사용되었을 때만 열리는 포탈 등이 이러한 예시입니다.

**무작위.** 무작위 기간 중, 무작위 조건에 따라 열리는 포탈 역시 존재합니다. 또한 일단 열린 포탈이 닫히게 되는 조건 또한 무작위입니다. 일반적으로 이러한 포탈은 1d6+6 명의 여행자가 지나가거나, 1d6일이 지나면 닫혀 버리고 맙니다.

**명령어.** 어떤 포탈은 특정한 명령어를 말해야만 열리기도 합니다. 때로는 이러한 명령어를 말한 캐릭터만이 포탈을 지나갈 수 있습니다. (다른 이들에게는 평범한 문이나 창문처럼 보일 뿐입니다.) 또 다른 포탈의 경우, 일단 누군가 명령어를 말하고 나면 짧은 시간 동안 누구나 이동할 수 있는 경우도 있습니다.

**열쇠.** 특정한 물건을 지닌 여행자만이 포탈을 사용할 수 있는 경우입니다. 이 물건은 대개 문을 여는 열쇠와 마찬가지로 취급됩니다. 이 열쇠는 평범한 물건일수도 있고, 포탈에 맞추어 특별히 제작한 것일 수도 있습니다. 아웃랜드 가운데에 존재하는 도시인 시길은 문의 도시라고 알려져 있는데, 이 도시에는 수없이 많은 물건들에 반응하는 수없이 많은 포탈이 존재합니다.

포탈의 요구 조건을 확인하고 충족해나가는 과정, 그리고 그 열쇠가 되는 물건을 확보해 나가는 과정은 그 자체로 모험이 될 수 있습니다. 캐릭터들은 옛 도서관을 뒤져 명령어를 찾아낼 것이며, 현자들을 찾아가 포탈이 열리는 시간을 확인하려 할 것입니다.

## 주문

사르야는 손을 들어 그녀가 아는 것 중 가장 위험하고 강력한 주문을 읊기 시작하였다. 이 주문은 여러 세계 사이의 장벽을 뚫어 다른 차원의 존재가 건너올 수 있는 마법적인 다리를 만드는 주문이었다. 그 반응으로 마법의 파동이 퍼져 나왔고, 옛 도구에서 퍼져 나오는 파동이 점차 새롭고 기이한 것으로 요동쳤다. 사르야는 마법석의 변화를 무시하고 찍어 누르며, 관문 주문을 완성하고 자신 있게 말했다.

"문이 열렸노라!" 그녀는 외쳤다. "말키지드, 오너라!"

사르야 앞에 황금색 마법으로 빛나는 고리가 허공으로 떠올랐다. 그리고 그 너머로 말키지드의 세계가 보였다. 메마른 사막으로 가득한 지옥의 황폐한 세계, 바람이 몰아치는 협곡과 검고 성난 하늘이 붉은 번개로 찢겨지는 세계. 그리고, 관문 너머로 대악마 말키지드가 나타났다. 그는 문 너머로 자연스럽게 발을 걸쳐 지옥 차원에서 마법의 방 안으로 들어섰다.

— 리처드 베이커, 머나먼 변경

여러 가지 주문이 직접적 또는 간접적으로 이계에 접근할 수 있게 해 줍니다. 이계 전송*Plane Shift* 주문이나 관문*Gate* 주문을 사용하면, 정확도에는 약간의 차이가 있지만 어쨌든 모험자들은 직접 다른 세계로 건너갈 수 있습니다. 에테르화*Ethereealness* 주문 역시 모험자들이 에테르계로 들어갈 수 있게 해 줍니다. 그리고 아스트랄체 투영*Astral Projection* 주문은 모험자들이 자신을 아스트랄계에 투영하여 이를 통해 다른 세계로 갈 수 있게 해 줍니다.

***이계 전송*Plane Shift.** 이 주문에는 두 개의 중요한 제한 사항이 있습니다. 첫 번째는 물질 구성요소입니다. 작고 갈라진 소리굽쇠처럼 생긴 갈라진 금속 막대가 있어야 하며, 이 막대는 가고자 하는 이계에 맞게 조율된 것이어야 합니다. 이 주문은 본래 있던 곳에서 가려는 곳에 맞는 공진 주파수를 알아야 하며, 이 갈라진 금속은 반드시 주문의 목적에 맞는 재료로 만들어져야 합니다. 이는 때로 복잡한 합금일 수도 있습니다. 갈라진 막대를 제작하는 데는 돈이 비싸게 듭니다. (최소한 250gp) 하지만 주문에 필요한 막대의 제원을 알아내는 것 자체가 훌륭한 모험의 실마리가 될 수 있습니다. 어쨌든 카르케리의 심연에 자발적으로 가려는 이들은 별로 많지 않기 때문에, 아주 일부의 사람들만이 카르케리에 맞도록 조율된 막대를 만드는 방법을 알고 있을 것입니다.

두 번째로, 이 주문은 사용자가 특별한 정보를 알고 있어야만 시전자가 가려는 세계의 정해진 장소로 보내줍니다. 순간이동을 위한 마법진에 문양을 그려넣는 단계에서, 목적하는 이계의 특정한 장소에 맞는 문양을 새길 수 있다면 원하는 장소로 갈 수도 있습니다. 하지만 그러한 문양의 모양을 알아내기란 조율막대를 만드는 것보다 훨씬 어렵습니다. 이렇게 특정한 장소를 지정하지 못한다면, 이 주문은 시전자를 해당 이계의 목적지에 근접한 곳으로만 보낼 수 있을 뿐입니다. 일단 모험자들이 다른 세계에 도착했다면, 여전히 이들은 여행을 해서 원하는 목적지로 향해야 할 것입니다.

***관문*Gate.** 관문*Gate* 주문은 원하는 다른 세계의 정확히 원하는 장소로 이어지는 포탈을 열어 줍니다. 이 주문은 세계 간 이동이 가능한 지름길을 만드는 것이며, 일반적으로 그러한 여정을 거쳐야 할 때 만날지도 모르는 수많은 수호자나 귀찮은 시험 따위를 모두 건너뛸 수 있게 해 줍니다. 하지만 이 9레벨 주문은 가장 강력한 캐릭터들이 아니라면 사용할 수 없습니다. 또한, 목적지에서 기다리고 있을 위험이나 장애물을 제거해주지도 않습니다.

관문 주문은 강력하지만 막을 수 없는 것은 아닙니다. 신이나 악마 군주, 혹은 다른 강력한 존재가 간섭한다면, 자신의 영지 내에서 이러한 문이 열리는 것을 막을 수 있습니다.

# 아스트랄계 ASTRAL PLANE

할리스트라가 눈을 뜨자, 그녀는 자신이 끝없는 은색의 바다에 떠 있다는 것을 알 수 있었다. 저 멀리 부드러운 회색 구름이 흘러갔고, 기이하게 생긴 어두운 줄무늬가 어지럽게 하늘을 수놓고 있었다. 가운데 부분은 마치 어린아이가 줄을 가지고 논 것처럼 사납게 흐트러진 줄무늬의 끝이 어디인지 그녀는 짐작도 할 수 없었다. 그녀는 무엇이 자기 몸을 받치고 있는지 궁금해 하며 아래를 내려다보았지만, 그녀의 발아래에서는 기괴한 진줏빛 하늘 외에 그 무엇도 찾을 수 없었다.

아찔한 풍경에 그녀가 숨을 들이마시자, 그녀의 허파 속으로 무언가 달콤한, 보통 공기보다는 묵직한 것이 가득 들어왔다. 그것으로 인해 숨이 막히거나 목이 메진 않았다. 그녀는 자연스레 숨을 쉴 수 있었다. 그저 숨을 쉬는 것만으로 이처럼 매혹될 수 있다니, 그녀의 손발에 짜릿한 스릴이 스쳤다.

— 리처드 베이커, 유죄 판결

아스트랄계는 순수한 생각과 꿈의 세계이며, 이곳에 방문한 자들은 육신을 버린 영혼이 되어 이세계로 향합니다. 이곳은 광활한 은색의 바다로, 위아래가 똑같이 멀리 떨어진 별들의 반짝이는 빛 사이로 흰색과 회색의 줄무늬가 휘몰아치는 곳입니다. 아스트랄 바다의 대부분은 방대한 공간일 뿐입니다. 이곳을 방문한 이들은 가끔 죽은 신의 몸이 석화되어 떠도는 모습이나 다른 돌덩이가 은색의 공허 속을 부유하는 모습을 보고 놀라기도 합니다. 이보다 훨씬 흔한 장소는 색의 웅덩이입니다. 이곳에서는 빛나는 동전처럼 환한 마법의 색들이 뿜어져 나옵니다.

아스트랄계의 크리쳐들은 나이를 먹지 않고, 먹고 마실 것이 필요 없습니다. 이러한 이유 때문에 아스트랄계에서 살아가는 인간형 존재(기스양키 등등)들은 다른 이계로의 교두보를 마련해서 아이를 키워야 하며, 때로 그러한 교두보를 물질계에 둘 때도 있습니다.

아스트랄계에 찾아온 여행자는 단지 생각의 힘만으로 움직일 수 있지만, 거리는 이곳에서 큰 의미가 없습니다. 하지만 전투 상황이 된다면, 크리쳐의 이동 속도는 ft 단위로 계산했을 때 크리쳐의 지능 수치 ×3 입니다. 똑똑한 존재일수록 의지의 힘으로 움직이는 법을 더 잘 알 수 있기 때문입니다.

## 아스트랄체 투영 Astral Projection

*아스트랄체 투영Astral Projection* 마법을 통한 아스트랄계 여행은 캐릭터의 의식을 아스트랄계에 비추는 것으로, 주로 다른 세계를 방문하는 길을 찾기 위해 마법을 사용합니다. 외부 이계들은 물리적인 장소라기보다는 영혼의 상태와 비슷한 것이기 때문에, 캐릭터가 이 방법을 통해 외부 이계로 간다는 것은 물리적으로 여행한다기보다는 꿈을 통해 가는 것과 마찬가지입니다. 아스트랄계든 목적한 다른 세계든 간에 그곳에서 죽음을 맞이한다고 해도 캐릭터에게는 어떠한 실제 피해도 가해지지 않습니다. 하지만 아스트랄계에 있을 때 캐릭터의 은실이 끊어진다면 진짜로 목숨을 잃게 됩니다. (또는 캐릭터가 아스트랄계에 와 있을 때 자고 있는 물리적 신체를 죽여도 목숨을 잃을 수 있습니다.) 그러므로, 높은 레벨의 캐릭터들은 포탈이나 다른 직접적인 수단을 통해 이세계에 가기 보다는 *아스트랄체 투영Astral Projection*을 통해 이동하는 경우가 종종 있습니다.

여행자의 은실을 끊을 수 있는 것은 그리 많지 않습니다. 아래 설명하는 정신의 바람이나, 전설로 전해지는 기스양키들의 은검이 이러한 능력을 지니고 있습니다. 자신의 몸을 지니고 아스트랄계를 여행하는 캐릭터들(이계 전송Plane Shift 주문을 썼거나 아스트랄계로 통하는 희귀한 포탈을 탄 경우)은 은실이 존재하지 않습니다.

## 색 웅덩이 Color Pools

아스트랄계에서 다른 세계로 가는 길은 소용돌이치는 2차원의 웅덩이 모습을 하고 있으며, 이 웅덩이들은 지름이 1d6 × 10ft 크기입니다. 다른 세계로 가려면 그 세계에 연결된 색 웅덩이를 찾아야 합니다. 각각의 웅덩이는 그 색깔을 통해 어느 세계에 연결되어 있는지를 알 수 있으며, 이 색깔들은 아스트랄 색 웅덩이 표에서 찾아볼 수 있습니다. 올바른 색을 지닌 웅덩이를 찾는 것은 선택의 문제입니다. 올바른 웅덩이를 찾는 데에는 1d4 × 10시간을 여행해야 합니다.

### 아스트랄 색 웅덩이

| d20 | 이계 | 웅덩이 색깔 |
|---|---|---|
| 1 | 이스가르드 | 남색 |
| 2 | 림보 | 무광 검은색 |
| 3 | 판데모니움 | 진홍색 |
| 4 | 어비스 | 자수정색 |
| 5 | 카르케리 | 올리브색 |
| 6 | 하데스 | 녹슨 색 |
| 7 | 게헨나 | 적갈색 |
| 8 | 구층지옥 | 루비색 |
| 9 | 아케론 | 불타는 붉은색 |
| 10 | 메카너스 | 다이아몬드 청색 |
| 11 | 아카디아 | 심황색 |
| 12 | 셀레스티아 산 | 금색 |
| 13 | 바이토피아 | 호박색 |
| 14 | 엘리시움 | 오렌지색 |
| 15 | 비스트랜드 | 에메랄드 녹색 |
| 16 | 아보리아 | 사파이어 청색 |
| 17 | 아웃랜드 | 가죽의 갈색 |
| 18 | 에테르계 | 소용돌이 치는 흰색 |
| 19–20 | 물질계 | 은색 |

## 정신의 바람 Psychic Wind

정신의 바람은 물질계에서 느낄 수 있는 물리적인 바람이 아니라, 여행자의 정신을 흔들어 놓는 사상의 태풍을 말하는 것입니다. 정신의 바람은 잃어버린 기억, 잊어버린 생각, 사소한 즐거움, 무의식적 공포 따위의 사념이 아스트랄계에서 뒤엉켜 강력한 힘으로 자라난 것입니다.

정신의 바람이 불어오는 전조는 은회색의 하늘이 빠르게 어두워지는 것으로 알 수 있습니다. 몇 라운드가 지나고 나면 그 지역 전체가 그믐달 밤처럼 새카맣게 어두워집니다. 하늘이 어두워지고 나면 여행자는 갑자기 동요와 갈등을 느끼며, 아스트랄계 그 자체가 폭풍과 맞서는 느낌을 받습니다. 잠깐 시간이 지나고 나면 폭풍은 왔던 것처럼 금방 사라져버리며, 몇 라운드 안에 하늘은 다시 원래의 은회색을 되찾습니다.

정신의 바람은 두 종류의 효과를 지닙니다. 위치에 대한 효과와 정신에 대한 효과입니다. 함께 있던 한 무리의 여행자들은 같은 위치 효과를 받게 됩니다. 바람에 영향을 받은 여행자는 각각 DC 15의 지능 내성을 굴려야 합니다. 내성에 실패한 여행자는 정신적 효과 역시 같이 받습니다. d20을 2번 굴려 정신의 바람이 어떠한 위치적, 정신적 효과를 지녔는지 알아봅시다.

## 정신의 바람 효과

| d20 | 위치 효과 |
|---|---|
| 1–8 | 우회하여 여행 시간이 1d6시간 증가합니다. |
| 9–12 | 바람에 날려 여행 시간이 3d10시간 증가합니다. |
| 13–16 | 길을 잃습니다. 여행이 끝나는 시점에, 캐릭터들은 원래 목적지와는 다른 장소에 도착하게 될 것입니다. |
| 17–20 | 색 웅덩이를 통해 무작위로 다른 세계로 가게 됩니다. (아스트랄 색 웅덩이 표에서 주사위를 굴려 목적지를 정합니다.) |

| d20 | 정신 효과 |
|---|---|
| 1–8 | 1분간 충격 상태가 됩니다. 턴이 끝날 때마다 이 효과를 제거하기 위해 다시 내성굴림을 굴릴 수 있습니다. |
| 9–10 | 단기 광기에 빠집니다. (제8장 참조) |
| 11–12 | 11(2d10) 정신 피해를 받습니다. |
| 13–16 | 22(4d10) 정신 피해를 받습니다. |
| 17–18 | 장기 광기에 빠집니다. (제8장 참조) |
| 19–20 | 5분(1d10분)간 무의식 상태가 됩니다. 당신이 피해를 받거나 다른 누군가가 행동을 소비해 당신을 깨운다면 즉시 일어날 수 있습니다. |

## 아스트랄계의 조우

세계를 여행하는 이들이나 망명자들이 아스트랄계의 방대한 바다에 숨어듭니다. 아스트랄계에서 가장 유명한 거주자들은 바로 기스양키들이며, 이들은 아스트랄계를 항해하는 선박을 만들어 다른 여행자들을 약탈하거나, 아스트랄계에 몸을 가지고 여행하는 이들을 학살하며 아스트랄계와 접촉하게 된 다른 세계로 건너가서 약탈합니다. 그들의 도시인 투라누스는 아스트랄계를 떠도는 바위덩어리에 세워졌는데, 사실 이 바위는 죽은 신의 몸이 석화된 것입니다.

천상의 존재들, 악마들, 필멸의 모험자들은 가끔 아스트랄계로 들어와서 원하는 장소로 가기 위해 색 웅덩이를 찾곤 합니다. 아스트랄계에서 지나치게 긴 시간을 보낸 모험자들이라면 천사, 데빌, 데몬, 나이트 해그, 유골로스 등과 같은 다른 세계 여행자들을 마주칠 위험이 있습니다.

## 에테르계 Ethereal Plane

탐린은 손길이 닿는 것을 느꼈고, 그의 몸은 안개로 흩어졌다. 비명과 고함소리들이 멀어져갔다. 그를 둘러싼 벽들은 단지 회색 그림자처럼 변했다. 리발렌과 브레너스가 그 옆에 서 있었다.

"에테르계야." 리발렌이 말했다. "드래곤의 브레스도 여기선 우리에게 영향을 줄 수 없어."

— 폴 S. 켐프, 그림자폭풍

에테르계는 안개가 가득한 흐릿한 차원입니다. 이 세계의 "해안"은 변경 에테르계라고 부르며, 물질계와 내세계가 겹치는 지점입니다. 따라서 이러한 바깥 세계의 모든 부분과 에테르계의 모든 부분에는 서로 상응하는 지점이 있습니다. 변경 에테르계에서 시야는 60ft로 제한됩니다. 이 차원의 깊은 곳에는 소용돌이치는 안개로 가득찬 심층 에테르계가 있으며, 이곳에서의 시야는 30ft로 줄어들게 됩니다.

캐릭터들은 *에테르화Etherealness* 주문을 사용해서 변경 에테르계에 들어설 수 있습니다. *이계 전송Plane Shift* 주문을 사용하면 변경 에테르계나 심층 에테르계로 갈 수 있으나, 정확한 위치 정보를 알고 *순간이동의 원Teleportation Circle*을 사용하지 않았다면, 이 세계 속에서 원하는 장소에 정확히 도착하리라고 보장할 수 없습니다.

## 변경 에테르계 Border Ethereal

다른 세계에서 변경 에테르계로 온 여행자는 자신이 있던 곳에 그대로 겹쳐 보이는 풍경을 보게 됩니다. 하지만 이곳에서는 본래 풍경의 모서리가 흐릿해지고 색이 뒤섞이는 모습이 나타납니다. 에테르계의 거주민들은 보려고 애를 쓰기만 한다면 뒤틀리고 성에가 낀 유리창 너머로 보는 것처럼 다른 세계의 겹치는 위치를 볼 수 있지만, 최대 30ft 거리까지만 볼 수 있습니다. 반면, 겹치는 다른 세계들에서는 마법적인 도움을 받지 않는 한 에테르계를 볼 수 없습니다.

일반적으로, 변경 에테르계에 있는 존재들은 겹치는 세계의 다른 존재들을 공격할 수 없고, 다른 세계의 존재들 역시 변경 에테르계의 존재들을 공격할 수 없습니다. 에테르계에 도달한 여행자들은 겹쳐 있는 세계에서 보기엔 완전히 투명해지며, 아무런 소리도 내지 않게 됩니다. 또한 겹치는 세계에 있는 고체 구조물들은 변경 에테르계의 이동에 아무런 지장이나 영향을 주지 못합니다. 에테르계에서의 이동에 영향을 주는 것은 마법적인 효과(혹은 마법적인 힘으로 만들어진 것들)나 살아있는 존재들뿐입니다. 이런 것들 덕분에, 에테르계에 들어가는 것은 정찰이나 상대를 염탐하기 위해, 혹은 들키지 않고 움직이기 위해 아주 좋은 선택이 됩니다. 또한, 에테르계는 중력의 규칙을 따르지 않습니다. 이곳에 들어선 이들은 걷는 것과 마찬가지로 위아래를 아주 쉽게 오르내릴 수 있습니다.

## 심층 에테르계 Deep Ethereal

심층 에테르계에 가려면 *이계 전송Plane Shift* 주문을 사용하거나, *관문Gate* 또는 마법적인 포탈을 이용해야 합니다. 심층 에테르계의 방문자들은 소용돌이치는 안개에 감싸이게 됩니다. 이 세계 곳곳에는 흐릿한 색의 장막이 흩어져 있으며, 이 장막들을 통과하면 특정한 내부 이계나 물질계에 가까운 변경 에테르계로 향하게 됩니다. 이를 통해 여행자들은 페이와일드나 섀도펠로 갈 수도 있습니다. 원하는 변경으로 가려는 장막의 색은 원하는 목적지에 따라 달라지며, 이 색깔들은 아래의 에테르 장막 표에 나와 있습니다.

| d8 | 이계 | 장막의 색깔 |
|---|---|---|
| 1 | 물질계 | 밝은 터키석 색 |
| 2 | 섀도펠 | 흐릿한 회색 |
| 3 | 페이와일드 | 빛나는 흰색 |
| 4 | 창공계 | 창백한 청색 |
| 5 | 대지계 | 적갈색 |
| 6 | 화염계 | 오렌지색 |
| 7 | 수중계 | 녹색 |
| 8 | 태초의 혼돈 | 소용돌이치는 색깔 |

심층 에테르계를 통해 한 세계에서 다른 세계로 여행하는 것은 물리적 이동과 다릅니다. 거리는 의미가 없으며, 여행자들은 순수하게 자신이 지닌 의지의 힘만으로 움직이게 됩니다. 따라서 이 속에서 속도를 재거나 시간의 흐름을 측정하기란 사실상 불가능합니다. 심층 에테르계를 통해 세계 사이를 여행하는 데는 대개 1d10 × 10시간이 걸리며, 이는 출발한 곳이 어디든, 도착하려는 곳이 어디든 상관없습니다. 하지만 전투 상황이 되면, 캐릭터와 크리쳐들은 일반적인 이동 속도에 맞춰 전투를 하게 될 것입니다.

## 에테르 소용돌이 ETHER CYCLONE

에테르 소용돌이는 에테르계 내에서 용솟음치는 회오리의 형태입니다. 이 소용돌이는 급작스럽게 나타나며, 지나가는 길에 있는 에테르계의 모든 것을 비틀고 뿌리뽑아 버리며 나아갑니다. 여행자 중 상시 지혜(감지) 판정이 15 이상인 이들은 1d4 라운드 전에 전조를 느낄 수 있습니다. 이 소용돌이 직전에 에테르 물질들이 깊게 떨리는 소리가 들려 옵니다. 다른 세계로 가는 장막이나 포탈에 가지 못한 여행자들은 이 소용돌이에 말려들게 됩니다. 아래 에테르 소용돌이 표에서 d20을 굴려서 근처의 크리쳐들이나 캐릭터가 어떠한 효과를 받게 되는지 결정할 수 있습니다.

### 에테르 소용돌이

| d20 | 효과 |
|---|---|
| 1-12 | 여정의 시간이 늘어납니다. |
| 13-19 | 변경 에테르계로 날아가거나 무작위적으로 다른 세계로 날아가 버립니다. (목적지는 에테르 장막 표를 따릅니다.) |
| 20 | 아스트랄계로 휩쓸려 올라갑니다. |

소용돌이에 휘말렸을 때 가장 일반적인 경우는 여행의 시간이 늘어나는 것입니다. 집단으로 여행하는 캐릭터는 각자 DC 15의 매력 내성굴림을 굴립니다. 집단의 절반 이상이 성공하였다면, 이 여행은 1d10 시간 늘어나게 됩니다. 만약 절반 이상이 성공하지 못했다면, 여행에 걸리는 시간은 두 배로 늘어납니다. 가끔은 일행 전체가 변경 에테르계나 다른 세계로 날아가 버릴 수도 있습니다. 아주 가끔은 에테르 소용돌이가 세계 사이의 구조에 구멍을 내어, 일행 전체를 아스트랄계로 올려보낼 수도 있습니다.

## 에테르계에서의 조우

변경 에테르계에서 만날 수 있는 크리쳐들은 대개 물질계에 존재하면서 에테르계의 존재들을 감지하고 영향을 줄 수 있는 것들입니다. (예를 들자면 위상 거미 등이 여기에 포함됩니다.) 유령들은 에테르계와 물질계 사이를 자유로이 넘나들 수 있습니다.

심층 에테르계로 가게 되면, 대부분의 조우 상대는 다른 여행자들이며, 특히 내부 이계에서 온 자들이 많습니다. (원소, 지니, 샐러맨더 등이 여기에 포함됩니다.) 또한 가끔은 천계나 하계의 존재도 있습니다.

# 페이와일드 FEYWILD

포탈에 들어서자 따뜻한 욕조에 들어가는 것 같았지만, 공기 속에는 여전히 차가움이 남아 있었다. 처음에는 모든 것이 조용해지는 듯 했다. 강이 물결치는 소리가 멀어졌고, 개구리나 새들의 울음소리도 흐려졌으며, 저녁 마을의 부산스러운 소리 역시 지워져갔다... 잠시 후, 맥동하는 생명의 힘이 세상으로 터져나왔다. 개구리와 밤새들은 목소리를 높여 합창했다. 공기에서는 가을의 향기가 묻어나왔다. 달빛은 꽃잎을 비추며 푸른색, 은색, 자주색으로 빛나게 했다. 강물이 흐르는 소리 역시 복잡한 교향곡을 자아내는 것만 같았다.

— 제임스 와이어트, 경계의 맹세

페어리의 세계 혹은 요정계라고 부르는 페이와일드는 부드러운 빛과 환상의 땅이며, 음악과 죽음의 장소입니다. 이 세계는 영원한 황혼의 세계이며, 반짝이는 요정의 빛과 은은한 바람, 수풀과 들판 위에서 빛나는 반딧불이들이 춤추는 곳입니다. 하늘은 저물녘의 태양 빛을 받아 불타고 있지만, 해가 완전히 저물거나 떠오르는 일은 없습니다. 그저 하늘에 낮게 걸려 있을 뿐. 실리 페이들이 여름 궁정을 세워 정착한 곳들에서 멀리 떨어진 곳에는 날카로운 덤불과 끈적한 늪지의 땅이 펼쳐져 있으며, 이러한 땅은 언실리 페이들이 먹잇감을 노리기에 완벽한 영지가 되어 줍니다.

페이와일드는 물질계의 평행세계이며, 지형상으로는 똑같은 구조를 지니고 있지만 다른 형태를 지닌 차원입니다. 페이와일드의 지형은 자연계와 꼭 닮아 있지만 그 특징은 더 극적인 형태를 가지도록 변하게 됩니다. 물질계에서 화산이 서 있는 곳이 페이와일드에서는 하늘을 뚫을 듯 솟구친 수정의 탑 속에서 영원한 불이 타오르는 식으로 변하는 것입니다. 물질계에서는 혼탁한 물결이 느리게 흐르는 강이 있다면, 페이와일드에서는 맑은 강이 아름답게 물결치며 흐르게 됩니다. 물질계의 늪지는 검은 진흙이 넓게 펼쳐진 잔혹한 땅이 됩니다. 물질계에서 오래된 페허로 이동하는 길을 페이와일드에서 따라보면 위대한 페이의 성문 앞에 도달할 수도 있습니다.

페이와일드의 거주민들은 숲속의 존재들이며, 주로는 엘프, 드라이어드, 사티로스, 픽시, 스프라이트 등과 함께 켄타우로스나 점멸견, 페어리 드래곤, 트린트, 유니콘 등과 같은 마법적인 생명체들도 함께 있습니다. 이 세계의 어두운 부분에서는 해그, 황페자, 고블린, 오우거, 자이언트 같은 사악한 존재들 역시 존재합니다.

> ### 실리와 언실리 요정
>
> 두 명의 여왕이 페이와일드를 다스리며, 대부분의 요정들은 이 여왕들의 통치를 따릅니다. 티타니아 여왕과 그 신하들은 여름 궁정에서 실리 요정들을 다스리며, 대기와 어둠의 여왕이 황혼의 궁정에서 언실리 요정들을 다스립니다.
>
> 대부분의 필멸자들이 생각하는 것과 달리, 실리와 언실리 요정들은 꼭 선과 악으로 구분되지 않습니다. 대부분의 실리 요정들은 선하고 대부분의 언실리 요정들은 악하긴 하지만, 이들은 여왕들의 라이벌 구도 때문에 이런 성향을 가지게 된 것이지, 딱히 도덕적인 이유가 있어서는 아닙니다. 포모리언이나 해그 같은 페이와일드의 추한 존재들은 어느 쪽 궁정에서도 환영받지 못하며, 독립적인 영혼을 지닌 요정들 역시 궁정의 지배를 거부합니다. 두 궁정은 때때로 전쟁을 벌이지만, 가끔은 우정 어린 방법으로 경쟁하거나 비밀스럽게 동맹을 맺고 행동하기도 합니다.

## 요정 교차점 Fey Crossing

요정 교차점은 물질계와 페이와일드의 세계 속 풍경이 거울에 비친 것처럼 꼭 닮은 곳들로, 신비한 아름다움이 서려 있는 곳들입니다. 이러한 지점은 두 세계 간을 건너갈 수 있는 포탈이 존재하기도 합니다. 요정 교차점을 통해 지나가는 여행자들은 맑은 웅덩이로 들어가거나 신비한 버섯의 원 속으로 들어서거나, 복잡하게 얽힌 덤불에 들어감으로써 다른 세계로 가게 됩니다. 여행하는 자들은 그저 걸어서 다른 세상으로 간 것 같이 느끼지만, 밖에서 지켜보는 자들이 보기엔 갑자기 사라진 것처럼 보일 것입니다.

세상을 여행하는 다른 포탈들과 마찬가지로, 요정 교차점 역시 드물게 열리는 편입니다. 만월 때만 열리는 교차점도 있고, 특정한 날의 새벽에만 열리거나 특정한 물건을 가져온 자에게만 열리는 교차점도 있습니다. 요정 교차점은 두 세계 중 어느 한 곳이 심하게 변한 경우 영원히 닫혀 버릴 수도 있습니다. 예를 들어, 물질계에서 원래 산속이던 곳에 성이 세워진다면, 그곳은 더는 요정 교차점으로 기능하지 않습니다.

## 선택 규칙: 페이와일드의 마법

요정 크리쳐들이 어린아이를 납치해서 페이와일드로 데려간다는 이야기가 전해지곤 하며, 사라진 아이들은 부모가 나이를 많이 먹고 나서도 마치 하루 밖에 안 지난 외모로 돌아온다고도 합니다. 이렇게 돌아온 아이들은 자신을 납치한 자들이나 그동안 있던 일을 아무것도 기억하지 못합니다. 이와 유사하게, 페이와일드에 들렸던 모험자들은 가끔 페어리 세계에서의 기억이 흐릿해지는 경험을 겪기도 합니다. 당신은 이러한 신딕 규칙을 사용해서 이 세계의 기이한 마법적 영향력을 반영할 수 있습니다.

### 기억 상실

페이와일드를 떠나는 캐릭터나 크리쳐들은 DC 10의 지혜 내성 굴림을 굴려야 합니다. 요정 크리쳐들은 자동으로 이 내성에 성공하는 것으로 취급하며, 엘프 등과 같이 요정 조상 특성을 지닌 크리쳐들 역시 자동으로 성공합니다. 만약 이 내성 굴림에 실패한 크리쳐는 자신이 페이와일드에서 보낸 시간을 모두 잊어버리게됩니다. 만약 내성에 성공했다면 그의 기억은 여전히 남아 있지만 약간 흐릿해집니다. 저주를 끝낼 수 있는 주문을 사용하면, 이렇게 잃어버린 기억을 도로 되찾는 것도 가능합니다.

### 시간 왜곡

페이와일드에서는 시간의 흐름이 다르게 흐르기 때문에, 페이와일드에서 하루를 보내고 돌아와보니 원래 세상에서는 훨씬 많은 (혹은 훨씬 적은) 시간이 흐른 경우도 있습니다.

페이와일드에서 최소 하루 이상의 시간을 보낸 집단이나 크리쳐가 이 세계를 떠날 때, 당신은 캠페인에 알맞은 방법으로 실제 시간의 흐름이 얼마나 지났는지를 결정할 수 있습니다. 만약 무작위적으로 정하고 싶다면, 아래의 페이와일드 시간 왜곡 표를 참조하여 결정할 수도 있습니다. 소원*Wish* 주문을 사용하면 최대 10명에게까지 이러한 효과를 무시할 수 있습니다. 몇몇 강력한 페이들은 소원*Wish*과 유사한 능력을 사용하여 다른 자들에게 이런 효과를 부여할 수 있으며, 사명 부여*Geas* 주문을 통해 사명을 내린 후 이를 완수하면 소원*Wish* 주문을 사용해 주기도 합니다.

### 페이와일드 시간 왜곡

| d20 | 결과 | d20 | 결과 |
|---|---|---|---|
| 1–2 | 하루가 1분이 됨 | 14–17 | 하루가 1주일이 됨 |
| 3–6 | 하루가 1시간이 됨 | 18–19 | 하루가 1달이 됨 |
| 7–13 | 변화 없음 | 20 | 하루가 1년이 됨 |

# 섀도펠 SHADOWFELL

리벤은 그의 요새 한가운데 있는 탑의 가장 높은 방에 서 있었다. 그의 요새는 울퉁불퉁한 산의 한 면을 깎아 만든 것으로, 검은 바위와 그림자로 이루어져 있었다…. 별 하나 없이 어둠으로 가득한 이 세계의 하늘 아래로 회색과 검은색의 세상이 펼쳐졌고, 실제로 살아가는 자들의 어두운 그림자들이 그 세상에서 살아갔다. 섀도우와 망령들, 악령과 유령들, 다른 언데드의 존재들이 성채와 언덕에, 그리고 평야에 도사리고 있었으며, 그들의 퀭하게 빛나는 눈은 마치 무리 지어 날아다니는 반딧불이처럼 움직였다. 그가 볼 수 있는 모든 것에 어둠이 깃들어 있는 것이 느껴졌고, 그 느낌은 마치 자신이 더욱 거대한 존재가 된 것처럼 그를 고무시켜 주었다.

— 폴 S. 켐프, 신의 자손

그림자의 세계라 불리기도 하는 섀도펠은 모든 것이 검은색, 회색, 흰색으로 이루어진 무채색의 세계입니다. 이곳은 빛을 증오하는 어둠의 세계이며, 이곳의 하늘은 해도 별도 없는 완전한 암흑 그 자체입니다.

섀도펠은 페이와일드와 마찬가지로 물질계에 겹쳐 존재하는 평행 세계이지만, 물질계의 풍경에서 색채를 제거한 모습 같습니다. 물질계에서도 드러나는 중요한 지형들은 섀도펠에도 그대로 존재하지만, 비틀리고 뒤틀린 모습으로 반영됩니다. 물질계에서 산이 서 있는 곳은 섀도펠에서 날카로운 바윗덩어리가 거대한 해골 모양을 이루고 있는 곳이 되거나, 높이 쌓아 올린 자갈 더미가 되거나, 한때 거대했던 성이 무너진 모습으로 나타납니다. 물질계에서의 숲은 섀도펠에서 여행자들의 옷을 붙잡는 날카롭고 뒤틀린 가지들의 모습으로 자라나며, 나무 뿌리들은 똬리를 틀고 행인들의 발을 걸어 넘어트립니다.

섀도 드래곤과 다른 언데드 크리쳐들이 이 황량한 세계에서 살아가며, 클로커나 다크맨틀 등과 같이 어둠 속에 도사린 존재들 역시 이 세계를 고향으로 삼습니다.

## 그림자 교차점 SHADOW CROSSING

요정 교차점과 마찬가지로, 그림자 교차점은 물질계와 섀도펠 사이의 장막이 지극히 얇아져서 캐릭터나 크리쳐들이 쉽게 넘나들 수 있는 장소입니다. 먼지로 가득한 지하 묘지속 그림자가 이러한 교차점일 수도 있고, 파헤쳐 진 묘지가 교차점으로 변할 수도 있습니다. 그림자 교차점은 영혼이나 죽음의 악취가 감도는 음울한 장소들이 되는 경우가 많습니다. 주로 과거의 전장, 묘지, 무덤 등이 이러한 장소입니다. 이 교차점은 오직 어둠 속에서만 작동하며, 빛이 조금이라도 비치면 닫혀 버립니다.

## 공포의 영지들 DOMAINS OF DREAD

섀도펠의 머나먼 가장자리로 가면, 그리 어렵지 않게 데미플레인으로 건너갈 수도 있습니다. 데미플레인은 끔찍하게 사악한 존재들과 저주받은 것들로 가득한 공포스러운 곳입니다. 이 중 가장 널리 알려진 곳이 바로비아이며, 솟아오른 첨탑들로 이루어진 레이븐로프트 성에서 최초의 뱀파이어인 스트라드 폰 자로비치(Strahd von Zarovich) 백작이 다스리는 곳입니다. 섀도펠의 존재들은 이 잔혹하고 사악한 '암흑군주(Darklord)'들을 영원히 가두기 위해 어둠의 권세가 직접 이러한 세계를 만들었다고 생각하며, 아무 것도 모르는 필멸자들은 괜히 잘못 발을 들였다가 이런 곳에 떨어지기도 합니다.

## 선택 규칙: 섀도펠의 절망

섀도펠은 음울한 분위기로 가득 차 있습니다. 이 세계에서 오래 머물다 보면 캐릭터들은 절망에 영향을 받게 되고, 아래 선택 규칙을 사용하면 그 영향을 표현할 수 있습니다.

당신은 적당한 시점에 캐릭터들이 DC 10 지혜 내성 굴림을 굴리도록 할 수 있습니다. 본래부터 섀도펠에 살았던 존재들은 이 내성에 자동으로 성공하며, 대개는 하루 이상이 흘러야 이러한 판정을 하게 됩니다. 내성에 실패하게 되면 캐릭터는 절망에 영향을 받게 됩니다. d6을 굴려 정확히 아래의 섀도펠의 절망 표에서 어떤 효과를 받게 되었는지 결정합시다. 당신이 바란다면, 스스로 적당한 효과를 만들어 이를 대체할 수도 있습니다

### 섀도펠의 절망

| d6 | 효과 |
|---|---|
| 1–3 | **냉담함.** 캐릭터들은 죽음 내성굴림과 우선권 등에 필요한 민첩 판정에 불리점을 받게 되며, 아래 단점을 지니게 됩니다. "나는 더이상 아무 것도 이루지 못할 것 같아." |
| 4–5 | **공포.** 캐릭터들은 모든 내성굴림에 불리점을 받게 되며, 아래와 같은 단점을 지니게 됩니다. "나는 이곳이 결국 나를 죽일 거라고 생각해." |
| 6 | **광기.** 캐릭터들은 지능, 지혜, 매력을 사용하는 모든 능력 판정과 내성굴림에 불리점을 받게 되며, 아래와 같은 단점을 지니게 됩니다. "나는 더는 무엇이 진짜이고 무엇이 가짜인지 모르겠어." |

만약 캐릭터가 이미 절망 효과를 받는 상태에서 다시금 내성에 실패했다면, 새로운 절망 효과가 이전의 것을 대체합니다. 긴 휴식을 취하고 난 뒤라면 캐릭터는 DC 15의 지혜 내성 굴림을 굴려 절망을 극복하고자 할 수 있습니다. (이미 절망에 빠진 상태에서는 떨쳐내는 것이 더욱 어렵기 때문에 DC가 더 높습니다.) 내성에 성공했다면, 절망 효과는 더 이상 캐릭터에게 영향을 주지 않습니다.

*감정 진정화Calm Emotions* 주문은 절망을 제거할 수 있으며, 저주를 제거할 수 있는 주문이나 효과를 사용하는 것 역시 이러한 절망을 제거할 수 있습니다.

---

### 에버나이트 EVERNIGHT

포가튼 렐름즈 세계에 존재하는 도시 네버윈터를 그대로 반영하는 섀도펠의 도시는 에버나이트 시입니다. 에버나이트는 날카로운 돌과 썩어가는 나무로 만들어진 도시이며, 그 도로는 무덤의 먼지로 뒤덮여 있습니다. 돌로 포장된 몇 안 되는 도로들이라 해도 곳곳에 돌이 빠져 있어 곰보 자국처럼 보일 정도입니다. 하늘은 시체처럼 창백한 회색이며, 싸늘하고 오한이 스미는 바람이 불어와 몸에 소름이 돋게 합니다.

도시에서 살아 있는 거주민들이라고는 미친 사령술사이거나 사람의 살을 탐식하는 자들, 혹은 악신의 숭배자들뿐입니다. 또한 이 세계에서 살아남을 만큼 미쳤고 유능한 자들 역시 몇몇 살아가고 있습니다. 살아 있는 자는 에버나이트에서 소수에 속하며, 대다수의 인구는 비틀거리는 죽은 자의 무리들입니다. 좀비, 와이트, 뱀파이어, 다른 언데드들이 이 도시를 고향으로 삼고 있으며, 이들 모두는 지배 계층인 지능이 있고 육신을 포식하는 구울들의 감시를 받고 있습니다.

소문에 따르면 이 흉측한 장소는 모든 세계에 그에 상응하는 거울상을 가지고 있다고도 합니다.

---

## 내부 이계 INNER PLANES

*그는 달아오른 바위 위로 몸을 누이고, 멀리서 보이지 않는 불길이 솟구치는 연기로 가득한 하늘을 응시했다. 그 주변으로 거품치는 연기와 화염이 솟아오르는 용암의 바다가 펼쳐져 있었다. 이곳은 불의 원소계였다.*

*보크는 생각했다. 그 사악한 놈에게 고마워해야겠군. 여기서 이렇게 행복하리라곤 생각해본 적도 없으니.*

*— 토마스 M. 리드, 거미집 평야*

내부 이계는 물질계와 그 반향 세계들을 둘러싸고 있으며, 이러한 세계들이 만들어지는 재료가 될 순수한 원소의 힘을 공급하는 역할을 하고 있습니다. 4개의 원소계, 즉 창공계, 대지계, 화염계, 수중계가 고리 형태로 물질계를 에워싸고 있으며, 이들 모두는 태초의 혼돈이라 알려진 혼돈의 영역에 접해 있습니다. 이 세계들은 모두 연결되어 있으며, 그 접경지대들은 때로 그 자신만의 이름으로 또 다른 이계 취급을 받기도 합니다.

이들 세상의 가장 안쪽 가장자리, 즉 물질계에 가장 가까운 곳들에 가면, 네 개의 원소계는 물질계와 유사한 형태를 가집니다. 단, 이 가깝다는 말은 실제 지리적으로 가깝다는 뜻이 아닌 관념적인 의미입니다. 네 개의 원소는 서로 모여들어 물질계와 유사하게 뒤섞이며, 대지나 바다, 하늘을 만들어 냅니다. 하지만 원소의 힘 중 지배적인 것이 환경에 가장 큰 영향을 미치며 그 근본적인 요소를 반영합니다.

이 내부 고리에서 사는 구성원은 아라코크라나 아제르, 드래곤 터틀, 가고일, 지니, 메피트, 샐러맨더, 쏘른 등입니다. 몇몇은 물질계에서 건너온 것들이며, 지금도 물질계로 건너가거나 물질계에서 살아남을 수 있는 이들도 있습니다. 단, 이러한 여행을 위해서는 마법의 힘을 빌려야 할 때도 있습니다.

물질계에서 멀어질수록, 원소계는 더 기이하고 위험한 곳이 되어갑니다. 원소계의 가장 바깥쪽 지점들에 가면 원소는 가장 순수한 형태를 띠게 됩니다. 거대한 흙의 덩어리나 타오르는 불길, 수정처럼 투명한 물, 끝없는 대기만으로 모든 것이 이루어집니다. 이 깊은 곳에서 외부의 물질은 극도로 희귀합니다. 대지계의 깊은 곳에서는 한 줌의 공기도 찾기 어려울 것이며 화염계에서는 흙이라고는 찾아볼 수도 없을 것입니다. 이곳들은 경계 지역과 달리 물질계에서 온 여행자들이 살아남기가 매우 어렵습니다. 이러한 지역들은 거의 알려지지 않았기 때문에, 일반적으로 누군가가 불의 원소계에 갔다고 한다면 이는 대개 경계 지역에 갔다는 것을 뜻합니다.

바깥쪽 지역은 개별적인 존재로 인지되지 않는 원소의 정령들이 거하는 곳입니다. 흔히 원소라고 불리는 크리쳐들이 이곳에 살고 있고, 개중에는 악의 원소 대공(근원의 순수한 격노로 이루어진 원시의 존재들)이나 주문 사용자들이 불러낼 수 있는 원소 정령들이 있습니다. 갈렙 두어나 골렘, 투명 추적자, 마그민, 수괴 등도 이 심층부에 살고 있습니다. 이러한 원소 크리쳐들은 고향 세계에 있을 때 먹거나 마실 필요가 없으며, 순수한 원소의 힘이 이들을 살아갈 수 있게 해 줍니다.

## 태초의 혼돈 ELEMENTAL CHAOS

원소계 속으로 가장 멀리 들어가다 보면, 순수한 원소들이 녹아 서로 뒤섞이며 영원히 폭발하는 에너지와 물질로 이루어진 태초의 혼돈에 도착하게 됩니다. 여기서도 원소들을 발견할 수 있지만, 그들조차 이곳에서는 오래 머무르지 않으며 자신들의 고향 세계에서 편히 지내는 편을 선호합니다. 보고에 따르면 기이한 혼합 원소들이 이곳에서 거주한다고 하며, 이러한 크리쳐들은 다른 세계에서는 거의 찾아볼 수 없습니다.

# 창공계 PLANE OF AIR

대기의 근본 속성은 움직임, 역동, 그리고 고양감입니다. 대기는 생명의 숨결이며 변화의 바람이고, 무지의 안개와 고루한 생각을 날려버리는 신선한 숨결이기도 합니다.

창공계는 다양한 바람이 쉴 새 없이 불어오는 광활한 세계입니다. 여기저기에 작은 땅덩어리가 떠 있는 모습을 볼 수 있으며, 이것은 과거 대지계의 주민들이 침략했던 흔적이기도 합니다. 이 땅덩어리들은 수풀과 나무가 우거지게 자라나 있으며, 대기의 원소계에서 살아가는 주민들에게 고향이 되어 주기도 합니다. 다른 크리쳐들은 물리적인 표면처럼 작용하도록 마법이 주입된 구름 위에서 살아가며, 이러한 구름 위에는 마을이나 성체가 서 있기도 합니다.

떠다니는 구름 조각들로 인해 시야가 가려지는 일도 흔히 벌어집니다. 종종 폭풍이 몰아닥치곤 하는데, 대개는 강한 천둥벼락이 치는 정도이지만 가끔은 용오름이 솟아오르기도 하며 태풍으로 발전하기도 합니다. 공기는 부드러운 편이지만, 수중계의 접경지대로 가면 차가워지고 화염계의 접경지대에서는 뜨거워집니다. 비나 눈은 오직 수중계와의 접경지대에서만 볼 수 있습니다.

창공계의 대부분은 다양한 공기의 흐름, 조류, 바람들이 불어오는 복잡한 구조로, 이런 곳들은 **바람의 미로(Labyrinth Winds)**라고 부릅니다. 이러한 미로는 은은한 산들바람에서 시작해 길을 가는 이들을 산산이 찢어 놓을 정도로 세차게 몰아치는 소용돌이까지 다양한 바람으로 이루어져 있습니다. 비행에 능숙한 크리쳐들조차 이러한 조류에 마주하게 되면 조심스럽게 움직이며, 결코 바람을 거스르려 하지 않습니다.

이 바람의 미로 속에는 특정한 바람을 타지 않으면 절대 도착할 수 없기에 공격자들로부터 보호받는 비밀스러운 영지들이 여럿 있습니다. 그러한 영지중 하나가 **아아콰(Aaqa)**로, 이곳은 은빛 첨탑과 풍요로운 토지에서 자라는 신록의 정원으로 이루어진 아름다운 장소입니다. 아아콰의 바람 공작은 질서와 선을 열정적으로 따르며, 악의 원소가 부리는 하수인들과 태초의 혼돈이 접근하는 것을 주시하고 있습니다. 그들은 아라코크라와 바아티라는 잘 알려지지 않은 종족들의 시중을 받고 있습니다.

창공계에서 거대한 화재에 가장 가까이 있는 지역을 **열풍 해협(Sirocco Straits)**이라고 부릅니다. 이곳에서는 건조하고 뜨거운 바람이 모래 먼지와 돌무더기를 흩날립니다. 대지계에서 아아콰로 침공하고자 하는 가고일이나 그 동맹들이 이곳에 모여들곤 합니다.

화염계에 있는 불의 바다와 열풍 해협 사이, 높게 솟아오른 불기둥을 **거대한 화재(Great Conflagration)**라고 부릅니다. 이곳은 또한 **재의 이계(Plane of Ash)**라는 별명으로 부르기도 합니다. 창공계에서 불어오는 바람은 화염계의 화염 폭풍이나 용암과 뒤섞여 끝없이 몰아치는 불길과 연기, 재의 폭풍을 만들어 냅니다. 이 짙은 잿더미는 수십ft 정도로 시야를 가로막아 버리며, 몰아치는 바람 때문에 여행하는 것도 매우 어렵습니다. 이곳에서는 잿더미로 이루어진 떠다니는 작은 땅덩이 위에 무법자나 도망자들이 모여 도피처를 찾곤 합니다.

창공계의 반대편 끝은 수중계와의 접경으로, 서리절벽 가까이에 있는 이 지역을 **안개의 유역(Mistral Reach)**이라고 부릅니다. 이곳에서는 서리절벽에서 불어오는 눈보라가 흩날리며, 이곳에 떠다니는 땅덩이는 눈과 얼음으로 뒤덮여 있습니다.

# 대지계 PLANE OF EARTH

대지는 안정성, 경직성, 결연한 결심, 그리고 전통을 상징합니다. 이 세계는 태초의 혼돈을 중심에 두었을 때 창공계의 정반대쪽에 *위치하며, 속성 역시 대기에 속하는 것들과 정반대에 가깝습니다.

대지계는 물질계에서 찾아볼 수 있는 그 어떤 산맥들보다 높게 솟아오른 산맥으로 이루어져 있습니다. 이 세계는 태양이 뜨지 않으며, 가장 높은 봉우리들 근처에는 공기도 없습니다. 이 세계에 찾아오는 방문객 대다수는 산맥 아래 벌집처럼 이루어진 동굴과 미로를 통해 들어오곤 합니다.

산 아래 있는 동굴들 중 가장 거대한 것을 대공동, 혹은 일곱굽이 미로라고 부르며, 여기는 다오들의 수도인 보석의 도시(City of Jewels)가 위치한 곳이기도 합니다. 다오들은 그들의 재보에 대단한 자부심을 품고 있으며, 노예들을 이 세계 곳곳으로 보내 새로운 광맥이나 보석을 찾곤 합니다. 그들의 노력 덕택에 이 도시의 모든 건물이나 중요한 이정표는 모두 귀금속과 보석으로 이루어져 있으며, 높게 솟아오른 첨탑들 역시 보석으로 아로새겨져 있습니다. 이 도시는 강력한 마법에 의해 보호받고 있기 때문에, 방문객이 보석 하나라도 훔치려고 하면 도시에 사는 모든 다오가 그 사실을 알게 됩니다. 절도에 대한 처벌은 죽음이며, 연좌제로 그 동료들까지 함께 처벌받곤 합니다.

화염계에 위치한 창조의 샘 근처의 산맥을 용광로 산맥(Furnace)이라 부릅니다. 이곳의 동굴들에서는 용암이 넘쳐흐르며, 공기는 유황의 냄새로 가득합니다. 다오들은 이곳에 거대한 대장간과 용광로들을 차려놓고, 그들의 원석을 녹여 귀금속으로 만들어 냅니다.

수중계와의 접경지대는 뒤틀린 것들로 가득한 끔찍한 늪지대로, 성겨 있는 나무들과 덩굴, 점액으로 가득한 곳입니다. 이곳은 망각의 늪지(Swamp of Oblivion)라는 이름으로 알려져 있으며, 어떤 이들은 점액의 이계(Plane of Ooze)라고 부르기도 합니다. 이곳의 호수나 웅덩이들은 끈적하며 해초들이 무성하게 자라고 괴물 같은 모기 무리로 가득합니다. 이곳에 사는 거주민들은 쓰레기더미 위에 듬성듬성 지어졌을뿐인 목조 건축물에서 살아갑니다. 대부분은 나무 사이에 발판을 덧대어 그 위에서 살아가며, 일부만이 늪을 깊게 파고들어 그 안에서 살곤 합니다. 습지의 진흙 아래에는 단단한 지반이 없기 때문에, 이곳에 집을 세우려면 반드시 기둥과 막대로 고정해야 합니다. 그렇제 하지 않으면 점차 가라앉는 모습을 보게 될 것입니다.

망각의 늪지에 가라앉은 물건은 수백 년이 지나도 찾을 수 없다는 말이 있습니다. 가끔 가엾은 영혼들이 찾아와 멀티버스에서 영원히 지워버리려는 강력한 신물들을 늪지에 빠트리기도 합니다. 강력한 마법의 도구를 찾을 수 있다는 유혹에 이끌려 온 모험자들은 늪 속에서 이러한 보물들을 찾기 전에 괴물 같은 곤충류나 해그 등과 맞서야 할 것입니다.

망각의 늪지 가까이에는 점토 언덕(Mud Hills)이 있습니다. 이곳의 지면은 끝없이 흘러내리고 있으며, 흙과 돌 무리가 바닥없는 늪으로 가라앉습니다. 대지계에서는 끝없이 새로운 땅이 만들어지고 있기 때문에, 새로 솟아오른 언덕은 과거의 언덕을 늪지 안으로 밀어 넣곤 합니다.

# 화염계 Plane of Fire

불은 역동성, 열정, 그리고 변화를 상징합니다. 불의 나쁜 면모를 보면 잔학함과 파괴성을 띠기도 하지만, 불의 좋은 면모에는 영감의 번뜩임이나 자애의 따뜻함, 그리고 욕망의 불길도 포함됩니다.

화염계에 들어서면 타오르는 태양이 하루종일 황금색 하늘 한가운데에서 빛나는 것을 볼 수 있습니다. 정오가 되면 이 태양은 하얗게 달아오르며, 자정에 가까워지면 검붉은 색으로 빛납니다. 따라서 이 세계에서 가장 어두울 때조차 하늘은 붉은색 황혼으로 가득합니다. 정오에 가까워지면 이 빛은 거의 눈이 멀어버릴 정도로 강해집니다. 따라서 황동의 도시에서 벌어지는 대부분의 사업은 어두운 시간을 택해 이루어집니다.

이 세계의 날씨는 매서운 바람과 짙은 잿더미로 대표됩니다. 평범하게 공기로 숨을 쉴 수는 있지만, 이 세계에서 원래부터 살아온 자들이 아니라면 눈과 입을 가려야만 재를 마시는 것을 막을 수 있습니다. 이프리트들은 마법의 힘을 부려 화염 폭풍이 황동의 도시로 들어오지 못하게 했지만, 그곳을 제외한다면 이 세계 어디에서든 이 불길의 바람이 몰아닥칩니다. 이 잿더미의 바람은 가장 약할 때조차 후려치는 것 같고, 심해지면 사나운 태풍이 되어 불길로 휩쓸어갑니다.

화염계의 열기는 물질계에서 가장 뜨거운 사막에 비견될 만하며, 모험자들에게도 사막과 비슷한 위험을 가져다줍니다. (제5장 "모험의 환경"에서 "극심한 더위" 부분을 참조하십시오.) 이 세계로 깊게 들어갈수록 물을 찾기가 힘들어집니다. 어느 지점 이상을 지나가게 되면 물이 완전히 없어지기 때문에, 여행자들은 반드시 물을 지참하거나 물을 만드는 마법적인 수단을 지니고 있어야 합니다.

화염계는 방대한 **재의 황야(Cinder Wastes)**로 이루어져 있습니다. 이 드넓은 황야는 검은색 잿더미가 펼쳐진 곳이며, 군데군데 용암이 강을 이루어 흐르고 있는 곳입니다. 샐러맨더들이 무리지어 다니며 자기들끼리 전투를 벌이고 아제르들의 전초기지를 습격하거나 이프리트들을 피해 도망가기도 합니다. 이 사막 곳곳에는 고대의 유적들이 있습니다. 이 유적은 과거 잊혀져버린 문명의 흔적입니다.

**창조의 샘(Fountains of Creation)**이라 부르는 화산들로 이루어진 거대한 산맥이 아제르들의 고향입니다. 이 바위투성이 봉우리들은 대지계에서 뻗어 나와 이 세계의 중심인 재의 황야로 가는 굽이를 이룹니다. 이 세계의 가장자리를 이루고 있는 산맥들은 또한 **용암의 이계(Plane of Magma)**라는 별명으로 부르기도 합니다. 화염 거인이나 레드 드래곤들이 자신의 고향으로 삼는 곳이며, 근처 세계에서 넘어온 주민들 역시 이곳에 거주합니다.

화산에서 흘러내리는 용암 줄기들은 창공계로 향해 가면서 거대한 용암 바다를 이루게 되는데, 이것을 **불의 바다(Sea of Fire)**라고 부릅니다. 여기서는 이프리트와 아제르들이 거대한 황동 함선을 타고 항해를 하기도 하며, 바다 곳곳에는 고대 유적이나 오랜 기간 살아온 강력한 레드 드래곤의 둥지가 있기도 합니다. 이 불의 바다의 해안가에 바로 **황동의 도시**가 있습니다.

## 황동의 도시 City of Brass

아마도 내부 이계에서 가장 널리 알려진 장소가 바로 황동의 도시일 것이며, 이 도시는 불의 바다 해안가에 위치해 있습니다. 이 곳은 동화에 나오는 이프리트들의 도시이며, 고풍스러운 첨탑들과 금속으로 이루어진 벽들이 우아하고 잔혹한 도시의 본성을 드러내 보여줍니다. 화염계의 본질 그대로, 이 도시의 모든 것은 춤추는 불길처럼 살아있는 것으로 보이며 약동하는 에너지의 모습을 반영합니다.

모험자들은 전설적인 마법의 힘을 찾아 때때로 이곳을 방문하여 사명을 받기도 합니다. 마법적인 물건들을 살 수만 있다면, 황동의 도시는 그러한 물건을 찾기에 최적의 장소입니다. 하지만 그 물건들의 값은 단순히 황금만으로 치르지 못할 수도 있습니다. 이프리트들은 흥정을 좋아하며, 자신들이 입장상 우위에 있을 때는 더욱 그러합니다. 어쩌면 이곳에 찾아온 모험자들은 도시 내의 시장에서 살 수 있는 무언가를 이용해야만 치유할 수 있는 마법적인 질병이나 독에 걸릴 수도 있습니다.

도시의 심장부에는 높이 솟아오른 석탄의 궁정이 있으며, 여기서 폭압적인 이프리트 술탄이 이프리트 귀족들의 보좌를 받으며 수많은 노예와 수호병, 그리고 아첨꾼들에 둘러싸여 도시를 다스립니다.

## 수중계 PLANE OF WATER

물의 본성은 흐르는 것이지만, 이 흐름은 휘몰아치는 바람이나 솟구치는 불길과는 다르며, 훨씬 부드럽고 지속적입니다. 이것은 또한 파도의 리듬이며 생명의 감로주이기도 하고, 그와 동시에 비탄의 쓰디쓴 눈물이나 치유의 물약처럼 다가오기도 합니다. 시간이 흐르면, 물이 지나간 흔적은 모두 사라지기 마련입니다.

수중계에 들어서면 따스한 태양이 떠 있는 모습을 볼 수 있습니다. 이 태양은 물로 가득 찬 수평선을 따라 떠오르고 지기도 합니다. 하지만 하루에도 몇 번씩 비구름이 몰려와 폭포처럼 비를 쏟아내며, 번개와 천둥이 내려치면서 해를 가리다가 다시 맑아집니다. 밤이 되면 빛나는 별과 오로라가 하늘을 수놓습니다.

수중계는 끝없이 넓은 바다로 이루어져 있으며, 이 바다를 **세계해(Sea of Worlds)** 라고 부릅니다. 이 바다 곳곳에는 자그마한 암초나 섬들이 떠 있고, 수없이 많은 산호초나 끝없이 깊은 심연도 곳곳에 자리합니다. 바다 위를 가로지르는 폭풍들은 가끔 물질계로 이어지는 임시 포탈이 되기도 하며, 이를 통해 선박들을 수중계로 끌어오기도 합니다. 수없이 많은 세계에서 건너온 뱃사람들은 드넓은 바다 위에서 어떻게든 길을 찾아 고향으로 돌아가겠다는 절실한 희망을 안고 있습니다.

이 세계의 날씨는 극단적입니다. 이곳의 바다는 고요하거나, 태풍이 몰아치거나 둘 중 하나입니다. 드물게는 세계 그 자체가 진동하며 만들어지는 예기치 못한 거대한 파도가 세상 전체를 휩쓸어버리며, 배들은 고사하고 섬들조차 암초까지 떠밀어버리기도 합니다.

세계해의 위쪽 부분에는 생명이 꽃피는 **빛의 바다(Sea of Light)** 가 있습니다. 이곳은 햇빛이 물 위를 비추는 곳이기에 이런 이름이 붙었습니다. 수중에 사는 인간형 존재들이 산호초 곳곳에 성과 요새들을 짓고 살아갑니다. 마리드들은 무관심하게 이 지역을 지키는 청지기들로, 하등한 이들이 이 지역에서 함께 살아가도록 허용하고 있습니다. 마리드들의 황제는 **일만 진주의 성채(Citadel of Ten Thousand Pearls)** 에 거하고 있는데, 이곳은 진주가 박힌 산호초로 이루어진 호화로운 궁전입니다.

이 세계의 깊은 곳으로 내려가면 더는 햇빛이 닿지 않는 곳으로 가게 되며, 이곳은 **어두운 심연(Darkened Depths)** 이라는 이름을 가지고 있습니다. 이곳은 무시무시한 존재들이 살아가는 곳이며, 극도의 냉기와 강력한 수압 때문에 빛의 바다 표면에서 온 존재들은 순식간에 죽음을 맞이하곤 합니다. 크라켄과 강력한 레비아탄들이 이 영역을 소유하고 있습니다.

이 바다에서 솟아오른 몇 안 되는 섬들은 이 세계에서 드물게 존재하는 공기호흡하는 자들의 각축장이 됩니다. 뗏목이나 배들이 모여들어 아무것도 없는 바다 한가운데에서 섬처럼 모여 있는 것도 흔히 있는 일입니다. 이 세계에서 본래부터 살던 자들은 바다의 표면을 벗어나지 않으며, 밖에서 온 외지인들이 이처럼 살 곳을 만드는 걸 무시합니다.

수중계

원소계

이 세계에 존재하는 몇 안 되는 실제 섬 중 하나가 **공포의 섬 (Isle of Dread)**입니다. 이 섬은 물질계와 연결되어 있으며, 주기적으로 폭풍이 몰아닥쳐 섬을 휩쓸 때마다 물질계에서 누군가 건너오거나 건너가곤 합니다.

이 세상의 기이한 물결과 조류를 알고 있는 여행자들은 이를 통해 물질계와 수중계 사이를 자유롭게 넘나들곤 한지만, 불행한 이들은 물질계에서 폭풍에 휩쓸렸다가 공포의 섬 해안에 표류하곤 합니다.

대지계에 존재하는 망각의 늪지 근처에는 수중계의 영역인 **퇴적 평원(Silt Flats)**이 있습니다. 이곳에서 물길은 느리게 흐르고 토양과 찌꺼기들이 점차 쌓여가며 진득한 땅의 형태를 한 거대한 습지를 형성하여 두 세계를 연결하고 있습니다.

수중계의 반대편 끝은 **얼음 바다(Sea of Ice)**라고 부르며, 서리 절벽에 인접해 있습니다. 얼음같이 차가운 물은 떠다니는 빙산이나 빙판으로 덮여 있고, 추위를 좋아하는 크리쳐들이 이곳이나 서리 절벽에서 살아갑니다. 부유하는 빙산 위에 살고 있는 존재들은 수중계 멀리까지 떠내려가 더 따뜻한 바다의 거주민들이나 배를 위협하기도 합니다.

**얼음의 이계(Plane of Ice)**라는 이름으로도 부르는 **서리절벽 (Frostfell)**은 창공계와 수중계 사이의 경계를 이루고 있습니다. 이곳은 끝없이 넓은 빙하가 펼쳐진 곳이며, 무서운 눈보라가 몰아치고 있습니다. 얼어붙은 동굴이 얼음 이계 곳곳에 자리하며, 여기에는 예티, 레모라즈, 화이트 드래곤 등과 같이 냉기를 좋아하는 존재들이 살고 있습니다. 이 세계의 거주민들은 서로의 힘을 겨루고 생존하기 위해 끝없이 서로 전쟁을 벌이곤 합니다.

이곳에 사는 사나운 괴물들과 냉기 때문에, 서리 절벽을 여행하는 것은 매우 위험한 일입니다. 이계를 여행하는 대부분의 항해자들은 강한 바람과 눈보라를 헤치고 나아가는 한이 있더라도 거대한 빙하에는 결코 발을 들이지 않습니다.

## 외부 이계 OUTER PLANES

*여러 갈래의 유독한 가스가 더러운 구름처럼 진홍색 돔 안을 휘저었다. 구름은 한데 모여 거대한 거인이 내려다보는 것 같은 모습을 이루었으나, 그 눈만은 제대로 모양을 갖추지 못하고 계속, 계속, 계속 새로이 만들어지길 반복했다. 날카로운 바위와 치솟는 불꽃이 가득한 검은 악몽과 같은 땅을 비추는 루비의 빛 아래로, 그림자 속에서 무언가 미끄러져 기어 다녔다. 치솟아 오른 산맥은 루비 하늘을 찢어발기고 있었다. 수없이 날카롭게 솟아오른 바위들을 바라보았던 아주스는 예전 이곳을 이빨의 대지라고 불렀었다. 실로 적절한 이름이라 아니할 수 없었다. 수없이 많은 필멸자들의 생명을 차지한 공포의 왕국에서, 이곳은 말하자면 만남의 장소였다. 그는 아베너스, 구층지옥의 가장 위층에 서 있는 존재였다.*

*— 에드 그린우드, 지옥에 간 엘민스터*

내부 이계가 멀티버스를 만드는 순수한 에너지와 물질로 이루어진 것이라면, 외부 이계는 멀티버스에 방향과 사상, 목적을 제공해 주는 곳이라고 할 수 있습니다. 그렇기에 많은 현자는 외부 이계를 신성계, 영계, 혹은 신들의 거처라고 불렀으며, 실제로 많은 신이 외부 이계에 거하는 것으로 알려져 있습니다.

신들에 얽힌 문제를 이야기하려면 어쩔 수 없이 형이상학적인 화제로 넘어가야 합니다. 신들이 거하는 곳은 실존하는 어떤 장소라고 하기 어려우며, 사상과 영혼의 세계인 외부 이계에 존재하는 일종의 이상향이라 할 수 있습니다. 원소계와 마찬가지로 외부 이계 역시 접경지대가 존재하지만, 이러한 영적 지역은 일반적인 감각으로 인지하기 어렵습니다.

심지어 인지할 수 있는 지역에서라도, 이계의 모습을 외견만으로 파악하는 것은 위험한 일입니다. 기본적으로 여러 외부 이계는 물질계의 거주민들에게도 친숙하고 살 수 있는 곳처럼 보입니다. 하지만 이러한 세계는 강력한 존재의 의지만으로 지형 전체가 변화해 버리며, 거하는 신들의 뜻에 따라 완전히 새로 만들어지거나 지워져버릴 수도 있습니다.

외부 이계에서 거리라는 개념은 사실상 의미가 없습니다. 이러한 세계 중에서 지각이 가능한 부분은 아주 일부일 뿐이며, 실제로는 거의 무한하게 펼쳐져 있습니다. 모험자들이 안내를 받는다면, 1층에서 9층에 이르는 구층지옥을 하루 만에 모두 돌아볼 수도 있습니다. 하지만 지옥의 권세가 이를 허락해야만 이러한 안내를 받을 수 있습니다. 만약 지옥의 권세가 이를 용납하지 않는다면, 한 층의 일부만 돌아다니기 위해서도 몇 주가 걸리는 고통스러운 행군을 해야 할 것입니다.

기본적으로 설정된 외부 이계는 16개이며, 각각 8개의 성향 요소와 그 요소들이 뒤섞이는 지점을 나타내고 있습니다. (중립성은 제외됩니다. 중립성은 아웃랜드로 대표되며, 이는 "기타 세계" 부분에 설명합니다.)

## 외부 이계

| 외부 이계 | 성향 |
|---|---|
| **셀레스티아 산**의 일곱 천국 | LG |
| **바이토피아**의 쌍둥이 낙원 | NG, LG |
| **엘리시움**의 축복받은 들판 | NG |
| **비스트랜드**의 야생 | NG, CG |
| **아보리아**의 올림피아 평원 | CG |
| **이스가르드**의 영웅 영역 | CN, CG |
| **림보**의 끝없이 변하는 혼돈 | CN |
| **판데모니움**의 바람이 몰아치는 심연 | CN, CE |
| **어비스**의 끝없는 계층 | CE |
| **카르케리**의 타르타로스 심연 | NE, CE |
| **하데스**의 회색 황야 | NE |
| **게헨나**의 음울한 영원 | NE, LE |
| **구층지옥**의 바아터 | LE |
| **아케론**의 영원한 전장 | LN, LE |
| **메카너스**의 태엽 열반 | LN |
| **아카디아**의 평화로운 왕국 | LN, LG |

성향이 선에 가까운 세계들은 **천상계**라고 부르며, 악에 가까운 요소를 지닌 세계들을 **하계**라고 부릅니다. 한 세계의 성향은 그 세계의 핵심 요소이며, 세계가 지닌 성향과 다른 성향을 지닌 캐릭터가 그 안에 들어서면 여러 부조화를 겪게 됩니다. 예를 들어 선한 캐릭터가 엘리시움에 들어서면 세계와 어울리며 조율된 편한 느낌을 받게 되지만 악한 크리쳐가 들어선다면 불쾌하고 불편한 느낌을 받을 수밖에 없을 것입니다.

천상계는 천상의 존재들이 살아가는 곳이며, 천사, 코아틀, 페가수스 등이 여기 자리합니다. 하계들은 악마들의 본거지로, 데몬, 데빌, 유골로스나 그 수하들이 살아갑니다. 그 사이에 있는 세계들은 자신만의 독특한 거주민들이 살고 있습니다. 메카너스에는 건설 종족인 모드론이 살아가며, 림보에는 슬라드라 부르는 흉물들이 도사리고 있습니다.

## 외부 이계의 여러 계층

외부 이계 대부분은 서로 다른 환경이나 영역으로 구분되는 여러 계층으로 이루어져 있습니다. 이 영역들은 대개 같은 영역에 서로 겹쳐 있는 것으로 묘사되곤 합니다. 예를 들자면, 셀레스티아 산 같은 경우 7개 계층이 케이크처럼 쌓여 있는 형상이며, 구층지옥은 9개의 계층으로 이루어져 있고, 어비스는 셀 수 없이 많은 계층이 쭉 이어져 있습니다.

이렇게 여러 계층으로 이루어진 세계의 경우, 대다수의 포탈은 그 첫 번째 층에만 연결되어 있습니다. 첫 번째 층이 가장 위쪽 계층인가 가장 아래층인가는 그 세계의 특징에 따라 다릅니다. 대다수의 방문자가 도착하는 지점이기 때문에, 첫 번째 계층은 대개 해당 세계의 관문 도시 취급을 받곤 합니다.

## 외부 이계를 여행하기

다른 곳에서 외부 이계로 가는 것과 외부 이계 사이를 여행하는 것은 서로 다릅니다. *아스트랄체 투영Astral Projection* 주문을 사용한 캐릭터는 자신이 바라는 색의 웅덩이를 통과하여 원하는 곳으로 갈 수 있습니다. 또한 *이계 전송Plane Shift* 주문을 시전한 캐릭터들 역시 다른 세계로 직접 건너갈 수 있습니다. 하지만 가장 일반적으로 사용하는 방법은 포탈이며, 두 세계를 직접 연결하는 포탈을 사용하거나 문의 도시인 시길에 가서 원하는 포탈을 찾게 되곤 합니다.

여러 외부 이계를 연결하는 두 개의 특이한 구조가 있습니다. 스틱스 강과 무한의 계단이 바로 그것입니다. 또한 당신의 캠페인 내에는 다른 방식의 세계 간 교차점이 있을 수도 있습니다. 예를 들어 세계수 우주관을 사용한다면 뿌리로 가서 하계로 가거나 높은 가지에 위치한 천상계로 갈 수 있을 것입니다. 당신이 바란다면, 당신의 우주관 속에서는 단순히 도보 여행만으로 하나의 세계에서 다른 세계로 건너갈 수도 있습니다.

### 스틱스 강 River Styx

끈적한 거품이 끓어오르고 지독한 악취가 떠도는 이 강은, 강변에서 이루어진 전투의 결과물들이 썩어가며 흘러가는 곳입니다. 악마가 아닌 다른 크리쳐가 이 강에 닿거나 이 강물을 마신다면, 그는 즉시 *저능화Feeblemind* 마법에 걸린 것과 같은 효과를 받습니다. 이 경우, 저항하기 위한 지능 내성 굴림의 DC는 15입니다.

스틱스 강은 아케론, 구층지옥, 게헨나, 하데스, 카르케리, 어비스, 판데모니움의 표면층 위를 흐릅니다. 또한 이 강의 여러 지류는 이 세계들의 아래 계층으로 흘러가기도 합니다. 예를 들어, 스틱스 강의 여러 갈래는 구층지옥의 모든 층으로 흘러 들어가며, 이 지류들을 통해 여행자들은 한 세계에서 다른 세계로 이동할 수 있습니다.

교활한 뱃사공들이 나룻배를 타고 스틱스 강 위를 떠다니며, 그들은 이 강의 변덕스러운 조류를 잘 이해하고 있습니다. 하지만 이들은 흥정에 아주 능하고, 적절한 값을 받아야만 여행객들을 싣고 세계와 세계 사이를 옮겨 줄 것입니다. 이들 뱃사공 중 일부는 악마이며, 다른 것들은 물질계에서 죽은 자들의 영혼이 이런 일을 하기도 합니다.

### 무한의 계단 Infinite Staircase

무한의 계단은 여러 세계를 연결해 주는 초차원적인 나선 계단입니다. 이 계단으로 연결된 문은 가끔 아무런 특징 없는 문의 모습으로 나타납니다. 포탈 너머에는 조그마한 승강대가 있으며, 그 위아래로 무한히 이어진 아무런 특징 없는 계단이 늘어서 있습니다. 이 계단을 타고 오르내리다 보면 계단 자체의 모습이 변해가는데, 단순한 나무나 돌로 만들어진 계단이던 것이 혼란스럽게 뒤

얽힌 계단으로 변해가며, 이런 곳에서는 한 단 한 단마다 서로 다른 중력이 적용되기까지 합니다. 무한의 계단을 부지런히 오르다 보면 자기 마음속의 진정한 욕망을 발견할 수 있다고도 합니다.

무한의 계단에서 이어지는 문은 때로 아무런 특징도 없고 관심도 받지 않는, 먼지만 가득한 반쯤 잊혀진 곳으로 연결됩니다. 하나의 세계 속에는 무한의 계단으로 가는 문이 여럿 있을 수도 있지만, 이러한 입구는 상식적으로 생각하기 어려운 곳에 있으며 데바나 스핑크스, 유골로스, 다른 강력한 괴물들이 문을 지키고 있기도 합니다.

## 선택 규칙

각각의 외부 이계는 독특한 개성이 있으며, 이곳들을 여행하는 것은 놀라운 경험이 될 것입니다. 이러한 세계는 방문자들에게 다양한 방식으로 영향을 줍니다. 때로는 세계의 형태를 반영하는 새로운 성격 특성이나 단점이 생기기도 하며, 심지어는 그 세계의 거주민들이 본래 가진 것과 가까워지도록 성향 그 자체를 변화시키기도 합니다. 각 세계가 가진 세부 설정에는 몇몇 선택 규칙들이 있으며, 이러한 선택 규칙들을 활용하면 이계를 여행하는 모험자들에게 더 기억에 남을만한 경험을 전달해 줄 수 있을 것입니다.

### 선택 규칙: 정신 부조화 Psychic Dissonance

각각의 외부 이계는 자기 성향과 맞지 않는 성향을 가진 방문자에게 정신적인 부조화를 느끼게 합니다. 선한 존재들은 하계에서, 악한 존재들은 천상계에서 너무 오랜 시간을 보낸 경우, 이러한 부조화에 영향을 받게 됩니다. 당신은 이 부조화를 선택 규칙으로 사용할 수 있습니다. 자신의 성향에 맞지 않는 세계에서 긴 휴식을 마칠 때마다, 방문객은 DC 10의 건강 내성 굴림을 굴려야 합니다. 이 내성에 실패할 경우, 해당 방문자는 1단계씩의 탈진을 얻게 됩니다. 질서나 혼돈 성향은 이와 같은 효과를 내지 않으며, 따라서 메카너스나 림보는 이러한 특성을 가지지 않습니다.

## 셀레스티아 산 Mount Celestia

우뚝 솟아오른 셀레스티아 산은 빛나는 은색 바다 기슭에 자리하며, 그 꼭대기는 보이지도 않고 표현할 수도 없는 곳까지 치솟아 있습니다. 이 산의 곳곳에는 일곱 개의 분지가 있으며, 각각 일곱 천상의 계층을 형성하고 있습니다. 이 세계는 질서와 정의의 현현이며, 천상의 우아함과 끝없는 자비가 넘치는 곳입니다. 이곳에서는 천사들과 선한 용사들이 악의 침입을 막아서고 있습니다. 이곳은 방문객들이 진정으로 경계심을 풀 수 있는 몇 안 되는 이계입니다. 거주민들은 가능한 한 스스로 정의로운 행동을 하고자 합니다. 수많은 존재가 이 산의 꼭대기로 오르고자 하지만, 오직 가장 순결한 영혼들만이 가장 높은 곳에 도달할 수 있습니다. 이 산의 봉우리를 바라보는 경험은 아무리 노회한 여행자들이라도 경탄의 한숨을 자아내게 하는 것입니다.

### 선택 규칙: 축복받은 선함 Blessed Beneficence

악한 존재가 들어섰을 때는 정신적 부조화를 느끼게 되는 것과 달리, 선한 존재들은 이곳에서 세계의 선량함에 의해 말 그대로 축복을 받게 됩니다. 선한 성향을 가진 캐릭터나 크리쳐들은 이 세계에 있는 동안 항상 축복Bless 주문의 효과를 받습니다. 또한 긴 휴식을 끝낼 때마다, 선한 이들은 하급 회복Lesser Restoration 주문의 효과를 받을 수 있습니다.

## 바이토피아 Bytopia

쌍둥이 천국을 이루고 있는 바이토피아의 두 층은 언뜻 비슷하면서도 대조를 이루고 있습니다. 한 면은 완전히 정착이 이루어진 목가적인 풍경인데, 다른 한 면은 길들여지지 않은 야생의 모습을 띠고 있습니다. 하지만 양쪽 어디든 이 세계가 지닌 근본적인 선함과 질서의 성향을 보여줍니다. 바이토피아는 생산적인 일이 이루어지는 천국이며, 일을 잘 끝냈을 때의 만족감으로 가득한 곳입니다. 이 세계 전체에 타고 흐르는 선한 힘으로 인해, 이곳에서 살아가는 크리쳐들은 모두 선의와 행복으로 가득차 있습니다.

## 선택 규칙: 확산되는 선의 PERVASIVE GOODWILL

이 세계에서 긴 휴식을 마칠 때, 질서 선이나 중립 선 성향이 아닌 방문자들은 DC10의 지혜 내성 굴림을 굴려야 합니다. 이 내성에 실패한 경우, 방문자들의 성향은 질서 선이나 중립 선으로 변합니다. 정확히는 기존 방문자의 본래 성향에서 더 가까운 쪽으로 변화하게 될 것입니다. 만약 1d4일 내에 이 세계를 떠나지 않는다면, 이 변화는 영구적인 것이 되어 버립니다. 방문자가 바이토피아를 떠난다면 하루가 지나고 나서 다시 본래의 성향으로 돌아오게 될 것입니다. *악과 선 퇴치Dispel Evil and Good* 주문을 사용해도 방문객에게 원래의 성향을 되찾아 줄 수 있습니다.

## 엘리시움 ELYSIUM

엘리시움은 치우침 없는 친절함과 자비의 고향이며, 안전한 안식처를 찾고자 하는 여행자들을 환영하는 곳입니다. 이 세계의 목가적 풍경은 생명과 아름다움으로 빛나고 있습니다. 이 세계로 들어선 이들의 영혼과 육신에는 평안함이 깃들게 됩니다. 이곳은 안온한 휴식의 천국이며, 기쁨의 눈물이 뺨을 타고 흐르는 곳입니다.

## 선택 규칙: 압도적인 환희 OVERWHELMING JOY

이곳에서 시간을 보내는 방문자들은 압도적인 만족과 행복에 사로잡혀 버릴 위험이 있습니다. 이 세계에서 긴 휴식을 취하고 나면, 방문객들은 DC 10의 지혜 내성 굴림을 굴려야 합니다. 내성에 실패하면 방문객은 다음 긴 휴식을 취할 때까지 이 세계를 떠나려 하지 않을 것입니다. 내성 굴림에 3번 실패하면, 방문객은 절대 제발로 이 세계를 떠나려고 하지 않으며, 만약 강제로 다른 세계로 가게 된 경우 무슨 짓을 해서라도 돌아오려 할 것입니다. 하지만 *악과 선 퇴치Dispel Evil and Good* 주문을 사용하면 이 효과를 제거할 수 있습니다.

## 비스트랜드 THE BEASTLANDS

비스트랜드는 드넓은 자연이 펼쳐진 세계로, 울창한 숲에서 시작해 이끼가 끼어 있는 들판이나 눈으로 뒤덮인 봉우리, 빛이 들지 못할 정도로 우거진 정글, 곡식과 들꽃이 가득한 벌판이 있는 약동하는 생명의 땅입니다. 이 세계는 자연의 야생과 아름다움을 그대로 담아내고 있으며, 다양한 동물들도 돌아다닙니다.

## 선택 규칙: 사냥꾼의 낙원
### HUNTER'S PARADISE

비스트랜드에 들어선 방문자는 사냥과 추적 능력이 향상된 것을 느낄 수 있습니다. 캐릭터들은 이곳에서 지내는 동안 지혜(동물 조련), 지혜(감지), 지혜(생존) 판정에 이점을 받게 됩니다.

## 선택 규칙: 야수 변형 BEAST TRANSFORMATION

이 세계에 온 방문자가 본래부터 이 세계에 있던 야수를 죽이게 된다면, 살해자는 DC 10의 매력 내성 굴림을 해야 합니다. 이 내성에 실패하면 그는 *변신Polymorph* 주문에 걸린 것처럼 자신이 죽인 야수의 형태로 변하게 됩니다. 처음에는 이 형태가 되어서도 자신의 지능이나 말할 수 있는 능력을 유지할 수 있습니다. 긴 휴식을 취할 때마다 다시 내성 굴림을 굴리며, 여기에 성공하면 원래 모습으로 돌아올 수 있습니다. 그러나 내성 굴림에 3번 실패하면, 그는 영원히 자신이 죽인 야수의 모습으로 변하게 되며, *저주 해제 Remove Curse* 주문이나 비슷한 마법을 받지 못하는 한 원래 모습으로 돌아올 수 없습니다.

## 아보리아 ARBOREA

아보리아는 격렬한 분위기와 깊은 감정의 세계이며, 강철같은 의지와 스스로를 불태우는 열정이 타오르는 곳입니다. 이곳에 사는 선한 거주민들은 악과의 싸움에 모든 것을 바친 이들이지만, 때로 그들의 무모한 감정으로 인해 파괴적인 여파가 몰아칠 때도 있습니다. 아보리아에서는 흔히 격노에 빠지며, 종종 이것을 재미있는 것으로 생각하거나 명예롭게 여기기도 합니다. 아보리아의 산맥과 숲은 지극히 거대하고 아름다우며, 모든 평원과 강물에는 어떠한 침범도 용서하지 않는 자연의 정령들이 거주합니다. 여행자들이 이곳을 지날 때는 살금살금 걸어야 합니다.

아보리아는 엘프들과 그들의 신이 거하는 고향이기도 합니다. 이 세계에서 태어난 엘프는 천상체의 특성을 띠게 되며 가슴 속에 야생을 품고, 언제라도 악과 싸울 준비를 하고 있습니다. 하지만 그들의 생김새나 행동은 물질계의 보통 엘프와 다를 바 없습니다.

## 선택 규칙: 과격한 열망 INTENSE YEARNING

방문자들이 아보리아에서 얼마나 오래 지냈는지를 기록해 두십시오. 방문객이 아보리아를 떠나려 할 때, 그들은 매력 내성 굴림을 해야 합니다. 이 판정의 DC는 5에 방문객이 보낸 날짜 1일당 1을 더한 수치입니다. 이 내성에 실패할 경우, 방문객은 아보리아에 돌아가려는 강렬한 열망에 사로잡히게 됩니다. 이 효과가 지속되는 동안, 실패한 자는 모든 능력 판정에 불리점을 받게 됩니다. 긴 휴식이 끝날 때마다 다시 내성 굴림을 할 수 있으며, 성공하게 되면 이 효과를 바로 끝낼 수 있습니다. 또한 악과 선 퇴치Dispel Evil and Good 주문을 사용해도 이 효과를 끝낼 수 있습니다.

# 이스가르드 YSGARD

이스가르드는 높이 솟아오른 산맥, 깎아지른 듯한 피요르드 절벽, 바람이 몰아치는 전장, 그리고 길고 무더운 여름과 차갑고 냉혹한 겨울이 존재하는 거친 세계입니다. 이곳의 대륙은 용암바위로 이루어진 바다 위에 떠 있고, 그 아래에는 너무나 거대해서 인간이나 거인, 드워프나 노움들이 왕국을 세우고 살 수 있을 만한 동굴들이 있습니다. 자신들의 투지를 시험하기 위해 이스가르드에 온 영웅들은 세계 그 자체에 맞설 뿐 아니라, 드넓은 대지에서 살아가고 있는 거인이나 드래곤, 다른 끔찍한 괴물들과도 맞서 싸웁니다.

## 선택 규칙: 불멸의 분노 IMMORTAL WRATH

이스가르드는 죽은 영웅들이 영광의 들판에서 영원한 전투를 벌이고 있는 곳입니다. 구조물이나 언데드가 아닌 크리쳐가 이스가르드에서 지내는 동안 공격이나 주문을 받고 죽음을 맞이했다면, 그는 다음 날 아침에 해가 떠오를 때 다시 살아납니다. 모든 hp는 회복되며, 죽기 전 받았던 모든 상태이상이나 질병, 효과는 모두 사라집니다.

# 림보 LIMBO

림보는 순수한 혼돈이 소용돌이치며 형태도 없는 물질과 에너지가 잡탕처럼 끓어오르는 곳입니다. 바위는 물이 되어 녹아내리며 금속이 얼어붙고, 다이아몬드가 불타 연기처럼 사라지다 눈이 되어 흩날리는 등 예측할 수 없이 영원히 지속되는 끝없는 변화의 과정

이 벌어지는 곳입니다. 이 혼돈 곳곳에는 숲이나 평야, 폐허가 된 성채, 흐르는 시냇물같이 평범한 지형으로 된 작은 파편들이 떠다닙니다. 이 세계 전체는 악몽과도 같은 어지러움으로 가득합니다.

림보에는 중력이 없으며, 따라서 이 세계에 찾아온 방문객들은 떠다니게 됩니다. 이들은 자신의 생각만으로, 원하는 방향을 향해 보통 걷는 속도로 움직일 수 있습니다.

림보는 그 거주민들의 의지에 따라 그 형태를 바꾸어 갑니다. 매우 잘 훈련되고 강력한 정신력이 있으면, 이 세계에서 자신만의 섬을 만들어 낼 수 있으며, 그 장소를 수년간 유지할 수도 있습니다. 하지만 물고기 따위의 단순한 존재는 자기 주변의 물이 얼거나, 사라지거나 유리로 변하기 전 아주 잠시만 그 환경을 유지할 수 있을 것입니다.

슬라드들이 이곳에 거주하며 혼돈을 자유로이 헤엄치고, 한편으로는 기스제라이 몽크들이 정신력의 힘을 이용해 지은 수도원에서 모여 살기도 합니다.

## 선택 규칙: 정신의 힘 POWER OF THE MIND

림보에 들어선 크리쳐는 행동을 사용하고 지능 판정을 해서 자신이 볼 수 있는 30ft 내의 물체를 정신력만으로 움직일 수 있습니다. 이 판정의 DC는 움직이고자 하는 물체의 크기에 따라 다릅니다. 초소형 물체는 DC 5이며, 소형은 DC 10, 중형은 DC 15, 대형은 DC 20, 거대형 혹은 그 이상의 크기를 지녔다면 DC 25입니다. 판정에 성공하면 정신력을 사용한 자는 이 물체를 5ft + 성공한 DC 이상으로 나온 수치 1당 1ft 거리만큼 움직일 수 있습니다.

또한, 방문자는 지능 판정과 행동을 사용하여 누군가 장비하고 있거나 소지하지 않은 비마법적 물체를 변형시킬 수 있습니다. 이 경우 판정은 마찬가지로 물체의 크기에 따라 DC가 결정됩니다. 초소형의 경우 DC 10, 소형은 DC 15, 중형은 DC 20, 대형 이상인 경우 DC 25에 성공하면, 정신력을 사용한 자는 이 물체를 유사한 크기의 다른 형태로 변형시킬 수 있습니다. 단, 변화시키려는 물체는 비마법적이며 생명체가 아니어야 합니다. 예를 들어, 판정에 성공했다면 방문자는 거대한 바위를 타오르는 불덩이로 바꿀 수 있을 것입니다.

마지막으로, 림보의 방문자는 지능 판정과 행동을 사용해서 자기 주변의 지형을 안정화시킬 수 있습니다. DC는 안정화하고자

하는 지역의 반경에 따라 결정됩니다. 10ft 반경의 구체를 안정화하는 DC는 5이며, 10ft씩 커질 때마다 DC가 5씩 증가합니다. 판정에 성공했다면, 정신력의 사용자는 자신이 그 지역을 변화시키거나 24시간이 지나기 전까지는 해당 반경이 마구 변화하지 않도록 막을 수 있습니다.

## 판데모니움 PANDEMONIUM

판데모니움은 광기의 세계이며, 거대한 바위 사이로 울부짖는 바람이 깎아내린 터널들이 존재하는 곳입니다. 이곳은 차갑고 시끄러우며 어두운 곳으로, 어떠한 빛도 찾아볼 수 없습니다. 햇불이나 모닥불처럼 비마법적인 불을 피웠다면, 몰아치는 바람 때문에 그 불은 금방 꺼져버리고 맙니다. 이곳의 시끄러운 바람 소리 때문에, 모든 대화는 목청껏 외쳐야만 하며, 그나마도 들리는 거리는 최대 10ft 정도입니다. 듣기에 관련된 모든 판정에는 불리점이 가해집니다.

이 세계의 거주자들 거의 대부분은 탈출하려는 그 어떤 희망도 포기한 상태이며, 대다수는 쉴 새 없이 몰아치는 바람 때문에 미쳐버렸습니다. 또한 이들은 멀리서 들려오는 고문당할 때의 비명 같은 바람 소리를 피하기 위해 안식처를 찾으려고 필사적입니다.

### 선택 규칙: 광기의 바람 MAD WINDS

이 세계의 울부짖는 바람을 맞게 되는 방문자는 매 시간 DC 10의 지혜 내성 굴림을 굴려야 합니다. 방문자는 내성에 실패할 때마다 1단계 씩의 탈진을 받게 됩니다. 이 세계에서는 6단계의 탈진에 도달하게 된다 해도 죽지는 않습니다. 그 대신, 계속 지속되는 광기 하나를 무작위로 얻습니다. 광기에 대한 자세한 설명은 제8장의 "게임 진행하기"를 참조해 주시기 바랍니다. 이 세계에서는 긴 휴식을 보낸다 해도 탈진 단계가 내려가지 않으며, 미칠 것 같은 바람소리로부터 어떻게든 벗어나지 않는 한 탈진을 떨어트릴 수 없습니다.

## 어비스 THE ABYSS

어비스는 타락, 잔혹함, 혼돈의 정화 그 자체입니다. 이 세계는 말 그대로 끝없이 아래로 이어지는 수많은 층으로 구성되어 있습니다. 어비스의 각 층은 그 자체의 끔찍한 환경을 반영합니다. 서로 비슷한 층은 하나도 없지만, 각각은 모두 거칠고 난폭합니다. 또한, 어비스의 각 층은 그 자체의 파멸적 본성을 내포하고 있기도 합니다. 실제로 방문객이 이 세계에 들어서서 볼 수 있는 모든 것은 썩어가거나 퇴화해가는 모습을 보여줄 것입니다.

### 선택 규칙: 어비스의 오염 ABYSSAL CORRUPTION

악하지 않은 성향을 지닌 방문자가 어비스에서 긴 휴식을 취하게 되면 DC 10의 매력 내성 판정을 해야 합니다. 이 내성에 실패하면 그는 어비스의 오염에 타락하기 시작한 것입니다. 어비스의 오염 표에 따라서 정확히 어떤 방식으로 그 타락이 이루어지는지 확인할 수 있습니다. 또한 당신이 바란다면 자신이 만들어낸 효과로 표의 효과를 대신할 수 있습니다.

긴 휴식이 끝나고 나면, 타락에 영향을 받은 크리쳐는 다시 DC 15의 매력 내성 판정을 행할 수 있습니다. 이 내성에 성공하면 타락의 효과는 끝납니다. 또한 *악과 선 퇴치/Dispel Evil and Good* 주문을 사용하거나 저주를 해제할 수 있는 주문을 사용해도 마찬가지의 효과를 얻을 수 있습니다.

만약 오염에 영향을 받은 크리쳐가 1d4 + 2일 안에 이 세계를 떠나지 않는다면, 그의 성향은 혼돈 악으로 변화하게 됩니다. *악과 선 퇴치* 주문을 시전하면 이렇게 변해버린 성향을 원래대로 되돌릴 수 있습니다.

## 어비스의 오염

| d10 | 결과 |
|-----|------|
| 1-4 | **배신.** 캐릭터는 아래와 같은 단점을 가집니다. "내 동료들이 자기 목적을 이루지 못하게 해야만 내 목적을 이룰 수 있을거야." |
| 5-7 | **피의 갈망.** 캐릭터는 아래와 같은 단점을 가집니다. "나는 죽이는 게 너무 즐거워. 일단 시작하면 멈출 수가 없어." |
| 8-9 | **광기의 야망.** 캐릭터는 아래와 같은 단점을 지닙니다. "나는 어비스를 지배할 운명이야. 내 동료들은 그 운명을 위한 도구일 뿐이고." |
| 10 | **악마의 빙의.** 캐릭터는 데몬에 의해 빙의되며, *악과 선 퇴치 Dispel Evil and Good* 또는 그와 유사한 주문을 사용해야만 자유로이 풀려날 수 있습니다. 빙의된 캐릭터가 명중 판정이나 능력 판정, 내성 굴림 등을 굴려서 1이 나올 때, 데몬은 캐릭터 몸의 통제권을 빼앗고 마음대로 행동하기 시작합니다. 이 경우, 매 턴이 끝날 때 캐릭터는 다시 DC 15의 매력 판정을 행하게 되며, 이 판정에 성공한 경우 캐릭터는 다시 몸의 통제권을 찾아올 수 있습니다. |

## 중요 계층

어비스의 각 계층은 그곳을 지배하는 데몬 군주들에 의해 정의되며, 이러한 특징은 아래 예시를 보면 더욱 잘 드러납니다. 데몬 군주들에 대한 더 많은 정보는 몬스터 매뉴얼을 참조하십시오.

**벌어진 주둥이(the Gaping Maw).** 데모고르곤(Demogorgon)이 지배하는 어비즘의 계층은 야만과 광기가 떠도는 거대한 황야이며, 벌어진 주둥이라는 이름으로 부릅니다. 이곳에서는 가장 강력한 데몬들조차 공포로 인해 미쳐갑니다. 데모고르곤의 이중적인 본성을 반영하고 있는 벌어진 주둥이는 빽빽한 정글로 이루어진 야생 그대로의 거대한 대륙과 그 대륙을 둘러싸고 있는 끝없이 평평하게 펼쳐진 바다로 이루어져 있습니다. 데몬의 대공은 탁한 바다에서 솟아오른, 뱀의 모습을 한 쌍둥이 탑에서 그의 계층을 지배합니다. 탑들 꼭대기는 이빨이 난 거대한 두개골의 모습으로 장식되어 있습니다. 이 첨탑의 기저부는 아비즘(Abysm)의 요새로 이어지며, 이곳에 들어서고도 광기에 빠지지 않는 자들은 거의 없습니다.

**타나토스(Thanatos).** 만약 오르커스(Orcus)가 힘만 지니고 있다면, 그는 모든 세상을 자신이 지배하는 죽어버린 세계인 타나토스처럼 바꾸었을 것입니다. 검은 하늘 아래 펼쳐진 타나토스의 땅은 음산한 산들과 황무지, 폐허가 된 도시와 비틀린 검은 나무들로 가득한 숲으로 이루어져 있습니다. 무덤과 납골당, 묘비와 석관이 지평선에 가득합니다. 언데드들이 이 세계를 활개 치고 다니며 자신들의 무덤에서 뛰쳐나와 이곳으로 발을 들인 어리석은 여행자들을 포식합니다. 오르커스는 흑요석과 뼈로 만들어진 거대한 에버로스트(Everlost: 영원한 상실) 궁전에서 이 세계를 지배합니다. 망각의 끝이라는 이름을 지닌 울부짖는 황야에 자리한 이 궁전은 수많은 무덤과 매장지로 이루어진 좁은 협곡들에 둘러싸여 있으며, 이들은 죽은 자들의 도시, 네크로폴리스를 형성하고 있습니다.

**데몬웹(the Demonweb).** 롤스(Lolth)의 계층은 마법에 걸린 두꺼운 거미줄로 이루어진 연결망 구조이며, 이 거미줄들은 통로가 되고 곳곳에서는 고치처럼 이루어진 방들이 있습니다. 이 세계에 있는 건물과 구조물, 선박 등의 다른 것들은 모두 거미의 덫에 걸린 것처럼 존재합니다. 롤스의 거미줄이 지닌 본성에 의해 이 세계 곳곳에는 무작위적인 포탈이 나타나며, 거미 여왕의 교활한 계략에 따라 데미플레인이나 물질계의 여러 세계로 이어집니다. 롤스의 하수인들은 거미줄 안에 던전을 구축하기도 하며, 거미줄로 엉겨 있는 바위의 복도들 사이에서 도사리고 있다가 롤스가 증오하는 적들을 함정에 몰아넣고 사냥하곤 합니다.

이 던전들 아래로 이어진 끝없이 깊은 데몬웹 구덩이 아래에 거미 여왕이 살고 있습니다. 이곳에서 롤스는 그녀가 창조한 자신의 시녀들인 데몬 요크롤 들에게 둘러싸여 있으며, 이들은 그녀의 세계 속에서는 다른 어떤 데몬보다 강력한 힘을 발휘합니다.

***끝없는 미로(Endless Maze).*** 바포멧(Baphomet)이 지배하고 있는 어비스의 계층은 끝없이 이어진 던전이며, 그 중앙에는 뿔이 난 왕 그 자신이 지구라트처럼 지어진 거대한 궁전을 차지하고 있습니다. 혼란스럽게 구부러진 복도들과 수없이 많은 방으로 이루어진 이 궁전은 수 마일의 해자로 둘러싸여 있으며, 이 해자 곳곳에는 반쯤 가라앉은 계단과 터널들이 요새 아래로 이어져 있습니다.

***삼중 세계(Triple Realms).*** 암흑 대공 그라즈트(Graz'zt)는 아자그라트(Azzagrat) 계층에서 자신이 지배하는 어비스의 세 계층을 다스립니다. 그의 권좌는 거대 도시 젤라타르(Zelatar) 한가운데에 있습니다. 젤라타르는 터져 나갈 듯 붐비는 시장과 환락의 궁전들로 멀티버스 곳곳에서 방문객들을 불러모읍니다. 또한, 젤라타르는 기이한 마법적 전승이나 타락의 즐거움을 찾는 수많은 손님이 찾아오는 곳입니다. 아자그라트의 데몬들은 그라즈트의 명령을 따라 최소한의 질서를 지키려는 듯 겉치장을 하고 방문객들을 환대합니다. 하지만, 이 삼중세계는 사실 어비스의 다른 곳들과 별 다를 바 없이 위험하며, 미로처럼 이어진 도시와 뱀처럼 가지를 휘두르는 나무들이 가득한 숲속에서 세계를 넘어온 방문객들은 흔적도 없이 사라지곤 합니다.

***사망의 골짜기(Death Dells).*** 이노그(Yeenoghu)는 사망의 골짜기라 부르는 협곡으로 이어진 계층을 지배합니다. 여기서, 모든 존재는 살아남기 위해 사냥을 해야만 합니다. 심지어 식물들조차 피에 뿌리를 적셔야 살아갈 수 있으며, 어리숙한 자들을 함정에 빠트립니다. 이노그의 하수인들은 그 주인의 굶주림을 채우기 위해 사냥감을 찾아 왕국을 돌아다니며, 물질계에서 사냥감들을 잡아 와서 놀 군주의 세계에 풀어 놓곤 합니다.

# 카르케리 CARCERI

존재하는 모든 감옥의 상징이자 근원인 카르케리는 황폐함과 절망으로 가득한 세계입니다. 카르케리의 여섯 계층은 방대한 진흙탕과 악취나는 정글, 바람이 휘몰아치는 사막, 날카로운 산맥과 냉랭한 바다, 검은 얼음으로 이루어져 있습니다. 이 감옥 세계에 빠진 모든 배신자와 변절자는 이 황폐한 땅에서 고통스럽게 생을 보내고 있습니다.

## 선택 규칙: 감옥 이계 PRISON PLANE

누구라도 카르케리를 쉽게 떠날 수 없습니다. 소원*Wish* 주문을 제외한 다른 주문으로 카르케리를 떠나려 하면 자동으로 그 주문은 실패하게 됩니다. 이 이계로 이어지는 포탈이나 관문들은 모두 일방통행입니다. 이 세계 밖으로 나갈 수 있는 비밀통로도 존재하긴 하지만, 이런 곳들은 매우 잘 숨겨져 있으며, 함정과 강력한 괴물들이 지키고 있습니다.

# 하데스 HADES

하데스의 계층은 암울한 3계층이라고 부릅니다. 이곳은 즐거움과 희망, 열정이 사라진 곳입니다. 회색 하늘 아래 펼쳐진 잿빛의 대지로 이루어진 하데스는 천상의 신들이나 하계의 악마 군주들이 차지하지 못한 많은 영혼이 향하는 곳입니다. 이 영혼들은 결국 라르바가 되며, 해도, 달도, 별도, 아무런 계절도 없는 이 황량한 세계에서 영원을 보내게 됩니다. 모든 색과 감정을 빼앗긴 이 음울한 세계를 버텨낼 수 있는 방문객은 거의 존재하지 않습니다. 이 장의 앞부분에서 소개된 "섀도펠의 절망" 규칙을 적용하면, 이 세계를 방문한 자들이 느끼는 절망을 표현할 수 있을 것입니다.

## 선택 규칙: 타락한 변형 VILE TRANSFORMATION

이 세계에서 긴 휴식을 끝마칠 때마다, 방문객은 DC 10의 지혜 내성 굴림을 굴려야 합니다. 이 내성에 실패하면 방문한 크리쳐는 1단계의 탈진을 얻게 되며, 이 탈진은 하데스에 남아 있는 한 사라지지 않습니다. 만약 어떤 크리쳐가 탈진 6단계에 도착하더라도 그는 죽지 않습니다. 그 대신, 해당 크리쳐는 라르바로 변형되어 버리며, 그 이전까지 받고 있던 모든 탈진이 사라집니다.

라르바는 원래 모습일 때의 얼굴 형상만이 미묘하게 남아 있을 뿐 전신이 벌레처럼 변해버린 참혹한 형상의 악마입니다. 라르바는 전생의 희미한 기억만이 남아 있을 뿐이며, 아래의 수치 칸에서 라르바에 대한 정보를 확인할 수 있습니다.

하데스는 라르바로 넘쳐납니다. 나이트 해그나 리치, 락샤샤들은 사악한 의식을 위해 이 라르바들을 수확하며, 다른 악마들은 먹잇감으로 삼곤 합니다.

---

## 라르바 LARVA

중형 악마, 중립 악

---

**방어도** 9
**히트 포인트** 9 (2d8)
**이동속도** 20ft

---

| 근력 | 민첩 | 건강 | 지능 | 지혜 | 매력 |
|------|------|------|------|------|------|
| 9 (-1) | 9 (-1) | 10 (+0) | 6 (-2) | 10 (+0) | 2 (-4) |

---

**기술** 상시 감지 10
**언어** 생전 알았던 언어를 이해하지만 말할 수는 없음
**도전지수** 0 (10xp)

---

### 행동

**물기.** 근접 무기 공격: +1 명중, 5ft. 간격, 목표 하나. 명중시: 1 (1d4-1) 관통 피해.

---

# 게헨나 GEHENNA

게헨나는 의심과 탐욕의 세계입니다. 이곳은 유골로스들의 고향이며, 엄청난 수의 유골로스가 이곳에서 살고 있습니다. 화산으로 이루어진 거대한 산맥들이 게헨나의 네 계층에 가득하며, 작은 화산으로 이루어진 땅덩이들이 허공에 날아다니면서 거대한 산맥과 충돌하곤 합니다.

이 세계를 이루고 있는 황량한 지면은 이동하기에 불편하고 위험하기도 합니다. 45도 이하의 평탄한 지형은 아예 존재하지 않습니다. 곳곳에 위치한 깎아지른 절벽과 깊은 협곡이 더더욱 위험한 장애물이 되곤 합니다. 화산 폭발이나 독성 안개, 치솟아 오르는 불길 따위도 몹시 큰 위험요소입니다.

게헨나에서 자비나 연민은 아무런 가치도 없습니다. 이곳에 사는 악마들은 멀티버스 내에서도 가장 탐욕스러우며 이기적이고 비정합니다.

## 선택 규칙: 잔혹한 방해 CRUEL HINDRANCE

이 세계의 잔혹한 본성은 방문객들이 서로를 도와주는 것을 매우 어렵게 만듭니다. 방문객이 hp를 회복하거나 어떤 상태이상을 회복시켜 주는 등 이로운 효과를 지닌 주문을 사용하려 할 경우, 시전자는 먼저 DC 10의 매력 내성 굴림을 굴려야 합니다. 만약 이 내성에 실패한 경우 주문은 자동으로 실패한 것이 되며, 주문 슬롯을 허비하고 행동 역시 소모된 것으로 칩니다.

# 구층지옥 NINE HELLS

바아터의 구층지옥은 여행객들의 상상력, 보물수색꾼들의 탐욕, 그리고 모든 도덕적 존재의 분노를 끌어들입니다. 이곳은 상상할 수 있는 모든 잔혹함의 극치가 모여 있는 곳으로, 질서와 악의 궁극적 세계입니다. 구층지옥의 데빌들은 그 상급자들의 법칙에 속박되어 있지만, 자기들 계층 내에서는 끊임없이 반란을 획책합니다. 이들은 자신의 계급을 올릴 수 있다면 얼마나 사악한 계획이든 아랑곳하지 않고 벌일 것입니다. 이 위계질서의 꼭대기에는 한 번도 그 자리를 내주지 않은 지배자 아스모데우스가 있습니다. 만약 그가 쓰러진다면, 그를 쓰러뜨린 자가 이 세계를 지배하게 될 것입니다. 이게 바로 구층지옥의 법칙입니다.

## 선택 규칙: 확산되는 악 PERVASIVE EVIL

구층지옥에서는 악이 퍼져 나가며, 이 세계에 방문한 자들은 그 영향을 느낄 수 있습니다. 이 세계에서 긴 휴식을 끝낼 때마다, 악 성향을 지니지 않은 방문자는 DC 10의 지혜 내성 굴림을 굴려야 합니다. 이 내성에 실패하면, 방문객의 성향은 질서 악으로 변화하게 될 것입니다. 방문객이 1d4일 안에 구층지옥을 떠나지 않는다면 이 변화는 영구적인 것이 됩니다. 방문객들이 구층지옥을 떠난다면, 하루가 지나고 난 후 성향이 원래대로 돌아옵니다. *악과 선 퇴치Dispel Evil and Good* 주문을 사용해도 본래의 성향을 되찾을 수 있습니다.

## 아홉 계층

구층지옥에는 아홉 계층이 있습니다. 최초의 여덟 명이라 부르는 아크데빌들이 각 계층을 지배하며, 이들 모두는 제9층 네서스의 대공작인 아스모데우스에게 복종합니다. 방문객이 구층지옥의 가장 깊은 층에 내려가려면, 위의 여덟 계층을 통과해야 합니다. 대부분은 스틱스 강을 통해 이러한 계층 사이의 여정을 거쳐 나갑니다. 오직 가장 용감무쌍한 모험자들만이 이 여정의 고통과 공포를 이겨낼 수 있을 것입니다.

*아베너스(Avernus).* 아스모데우스의 뜻에 따라, 구층지옥에 가는 포탈 중 이보다 낮은 계층으로 직접 이어지는 포탈은 존재하지 않습니다. 따라서, 아베너스는 지옥에 오려는 방문객들의 도착 지점이 됩니다. 아베너스는 바위투성이 황무지로, 피의 강이 흐르고 살점을 물어뜯는 파리들로 이루어진 구름이 존재하는 곳입니다. 불덩어리 유성이 가끔 어두운 하늘에서 떨어지며 대지에 충돌해 흔적을 남기곤 합니다. 부러진 무기와 뼛조각이 흩어져 있는 텅 빈 전장이 곳곳에 펼쳐져, 구층지옥의 군단이 적들에 맞서 싸운 흔적을 볼 수 있습니다.

대여공작 자리엘(Zariel)이 아베너스를 지배하고 있습니다. 그녀는 아스모데우스의 총애를 잃은 이전의 라이벌 벨(Bel)을 대체하여 이 자리를 차지했고, 벨을 자신의 조언자로 두었습니다. 악한 드래곤들의 여왕인 티아마트가 죄수로서 이 세계에 있으며, 그녀의 영역은 온전히 그녀의 소유이되 아스모데우스와 맺은 고대의 계약에 따라 구층지옥과 공존하고 있습니다. (이 계약의 내용은 오직 티아마트와 구층지옥의 군주들만이 알고 있습니다.)

자리엘의 권좌는 타오르는 현무암으로 이루어진 성채에 자리하며, 대여공작의 호의를 얻지 못한 방문객들의 시체가 권좌 아래에 장작더미가 되어 깔려 있습니다. 자리엘은 아름다운 모습을 한 천사의 형상으로 나타나지만, 그 날개는 불에 타 망가져 있습니다. 그녀의 눈은 백열하는 분노로 타오르며, 그녀는 바라보는 것만으로도 누군가를 불태워버릴 수 있습니다.

*디스(Dis).* 구층지옥의 제2계층인 디스는 날카로운 산맥과 미로 같은 협곡으로 이루어진 곳이며, 곳곳에 철광맥이 풍부하게 존재합니다. 강철로 이루어진 길이 협곡 곳곳에 펼쳐져 있으며, 뾰족한 첨탑으로 이루어진 강철 요새들이 이 협곡을 감시하고 있습니다.

두 번째 계층은 현재의 군주인 디스파터(Dispater)의 이름에서 그 이름을 가져왔습니다. 교활한 기만자이자 조작자인 디스파터는 악마적인 미남이며, 작은 뿔이나 꼬리, 갈라진 왼쪽 발굽을 제외하면 인간과 구분하기 어려운 생김새를 지니고 있습니다. 그의 진홍 왕좌는 디스의 강철도시 심장부에 있으며, 이 끔찍한 대도시는 구층지옥 중에서도 가장 큰 도시입니다. 세계를 여행하는 여행자들은 이곳에서 데빌들과 거래하고, 나이트 해그나 락샤사, 인큐버스나 서큐버스, 혹은 다른 악마들과 계약을 맺곤 합니다. 디스파터는 특별 규정에 근거해 구층지옥 중 자신의 계층에서 이루어지는 모든 계약에 참여하고 그 이익 중 일부를 가져갑니다.

디스파터는 아스모데우스의 가장 충성스럽고 유능한 부관 중 하나이며, 멀티버스에서 그를 속일 수 있는 자는 거의 존재하지 않습니다. 그는 필멸자들의 영혼을 거래하는 대부분의 다른 데빌들보다 훨씬 편집적이며, 그의 부하들은 물질계 곳곳에서 악의 계획을 퍼트리기 위해 끝없이 일하고 있습니다.

*미나우로스(Minauros).* 구층지옥의 제3계층은 악취가 가득한 진흙탕입니다. 이 세계의 갈색 하늘에서는 산성비가 내리며, 지면 위로 두껍게 쌓인 오물들 사이로 부주의한 방문객들을 집어삼키는 구덩이가 숨겨져 있습니다. 바위를 깎아 만든 거대한 도시들이 진흙탕 위로 솟아올라 있으며, 이중 가장 큰 도시가 바로 미나우로스입니다. 이 계층의 이름은 이 도시에서 따 온 것입니다.

이 도시의 끈적한 벽은 수백피트 높이로 치솟아 올라 있으며, 미나우로스의 대공작인 맘몬(Mammon)의 궁정을 지키고 있습니다. 맘몬은 거대한 뱀의 형상을 하고 있지만, 상반신은 인간형에 머리에는 뿔이 나 있습니다. 맘몬의 탐욕은 거의 전설적일 정도로 유명한데, 그는 영혼 대신 황금으로 거래를 할 수 있는 몇 안 되는 아크데빌 중 하나입니다. 그의 소굴은 그와의 계약에서 이겨보려다 실패한 자들의 보물더미로 가득합니다.

*플레게토스(Phlegethos).* 제4계층인 플레게토스는 열풍이 몰아치고 용암의 바다가 위로 타오르는 대지가 펼쳐진 곳입니다. 숨 막히는 연기와 뜨거운 잿더미가 이곳의 공기를 채우고 있습니다. 플레게토스의 가장 거대한 화산 꼭대기, 불꽃의 칼데라 호 중앙에 흑요석과 검은 유리로 지어진 요새 도시인 아브리모크(Abriymoch)가 있습니다. 녹아내린 용암의 강이 외벽에서 흘러내리며, 따라서 도시 자체는 거대한 지옥의 분수 가운데에 서 있는 조각처럼 보입니다.

아브리모크는 플레게토스를 공동 지배하는 두 명의 아크데빌, 대공작 벨리알(Belial)과 그의 딸 대여공작 피에르나(Fierna)의 권좌가 위치한 곳입니다. 벨리알은 점잖은 모습의 건장한 미남으로 보이지만, 그의 말에는 항상 위협의 기운이 서려 있습니다. 그의 딸은 조각같이 아름다운 외모를 지녔지만, 그 안에는 구층지옥에서도 가장 악랄한 심성이 숨어 있습니다. 벨리알과 피에르나는 자신들의 생존을 위해 서로가 필요하다는 사실을 잘 알고 있기에, 둘 사이의 동맹은 절대 깨지지 않을 것입니다.

*스티지아(Stygia).* 구층지옥의 제5계층인 스티지아는 냉기의 불꽃이 타오르는 얼어붙은 대지의 세계입니다. 얼어붙은 바다가 이 계층을 둘러싸고 있으며, 음울한 하늘에서 번개가 끝없이 내려칩니다.

대공작 레비스투스(Levistus)는 한때 아스모데우스를 배반한 대가로 스티지아의 얼음 속 깊은 곳에 감금되어 있습니다. 하지만 그는 정신감응를 통해 예전처럼 그의 계층을 지배하며 그의 추종자와 하수인들에게 명령을 내리고 있으며, 그의 명령은 구층지옥과 물질계 곳곳으로 퍼져 나갑니다.

또한 스티지아는 그 이전 지배자였던 아크데빌 게리온(Geryon)이 거주지이기도 하며, 뱀과 같은 형상의 게리온은 아스모데우스가 감금된 레비스투스에게 그 통치권을 돌려주며 해임되었습니다. 게리온의 몰락은 하계의 궁정에서 뜨거운 논쟁이 벌어지는 화제입니다. 아스모데우스가 왜 그를 해임하였는가, 그 비밀스러운 이유가 무엇인가를 아는 자는 아무도 없으며, 어쩌면 아스모데우스가 더 거대한 목적을 위해 게리온의 충성을 시험하고 있는 것인지도 모릅니다.

**맬볼즈(Malbolge).** 제6계층인 맬볼즈는 과거 여러 지배자가 거쳐갔으며, 그중에는 해그 여백작 말라가드(Malagard)와 아크데빌 몰록(Moloch)도 포함되어 있습니다. 말라가드는 아스모데우스의 심기를 거슬러 내쳐지고 말았으며, 그 후임인 몰록은 임프의 몰골이 되어 여전히 제6계층 어딘가에 숨어서 아스모데우스의 총애를 도로 회복할 방법을 궁리하고 있습니다. 맬볼즈는 끝없이 이어진 경사면으로 이루어져 있으며, 전체적으로 보면 믿을 수 없을 정도로 거대한 산의 사면처럼 보입니다. 이 계층은 가끔 여기저기가 무너져 굴러 떨어지곤 하며, 그럴 때마다 끔찍한 소리를 내는 산사태가 일어나 치명적인 결과를 불러일으킵니다. 맬볼즈의 거주자들은 엉성한 요새에 살거나 산등성이를 깎아 만든 거대한 동굴에 살고 있습니다.

맬볼즈의 현 지배자는 아스모데우스의 딸인 대여공작 글라시아(Glasya)입니다. 그녀는 작은 뿔과 피막 날개, 갈라진 꼬리를 지닌 서큐버스 모습으로 나타납니다. 그녀는 잔혹한 성품을 지니고 있으며, 즐거운 마음으로 자기 아버지를 무너트리려는 계략을 짜는 중입니다. 맬볼즈의 경사면에 위치한 그녀의 성채는 갈라진 기둥들이 떠받치고 있으며, 이 기둥들은 무너질 것처럼 보이면서도 여전히 굳건하게 서 있습니다. 그녀의 궁전 아래로는 수많은 감옥과 고문실로 이루어진 미로가 있으며, 글라시아는 이곳에서 그녀를 불쾌하게 한 자들을 감금한 다음 고문하고 있습니다.

**말라도미니(Maladomini).** 제7계층인 말라도미니는 페허로 가득한 황야로 이루어져 있습니다. 한때 번영한 것처럼 보이지만 지금은 쇠락하고 패망한 도시의 모습이 이 세계 전체를 채우고 있으며, 부서진 건물, 무너진 도로, 쓰레기 더미, 그리고 텅 빈 요새의 황량한 빈 껍데기만이 남아 있으며, 이 모든 곳은 굶주린 파리 무리들이 들끓고 있습니다.

말라도미니의 대공작은 파리대왕이라는 이름으로도 알려진 바알제불(Baalzebul)입니다. 거대한 달팽이의 하반신을 지닌 퉁퉁 불어터진 모습의 이 악마는, 아스모데우스가 충성이 흔들렸다는 이유로 내린 징벌 때문에 지금의 몰골을 가지게 되었습니다. 바알제불은 아스모데우스의 자리를 찬탈하려는 장구한 계획을 세우고 있지만, 그 계략은 매번 실패하고 마는 비참하고 타락한 괴물입니다. 그는 자신이 맺은 모든 계약이 파멸로 이어지는 저주에 걸려 있습니다. 아스모데우스는 다른 대공작 중 누구도 가늠하지 못할 이유 때문에 가끔 바알제붑에게도 호의를 보이곤 하며, 몇몇은 네서스의 대공작이 이 퇴락한 경쟁자가 여전히 유용하다고 판단했기에 이렇게 존중을 보낸다고 생각하곤 합니다.

**카니아(Cania).** 구층지옥의 제8계층인 카니아는 빙하의 지옥이며, 뼈에서 살을 발라내는 얼음 폭풍이 몰아치는 곳입니다. 얼음에 파묻힌 도시는 방문객들의 안식처이며 카니아의 찬란하고 교활한 지배자인 대공작 메피스토펠레스(Mephistopheles)의 죄수들이 지내는 곳이기도 합니다.

메피스토펠레스는 얼음 성채인 메피스타(Mephista)에 거주하며, 이곳에서 그는 바이터의 왕좌를 빼앗고 이 세계 전체를 정복할 계략을 짜고 있습니다. 그는 아스모데우스의 가장 거대한 적이자 동맹이며, 네서스의 대공작은 가끔 메피스토펠레스의 조언을 믿는 것처럼 보이기도 합니다. 메피스토펠레스는 아스모데우스가 어떤 커다란 실수를 하기 전까지는 그를 무너트릴 수 없다는 사실을 잘 알고 있으며, 양쪽 모두는 상대편에게 불리한 상황이 오기를 조용히 기다리고 있습니다. 메피스토펠레스는 또한 글라시아의 대부 같은 역할을 하고 있으며, 이것이 서로의 관계를 복잡하게 만들고 있습니다.

메피스토펠레스는 장신의 거대한 악마 형상을 지니고 있으며, 인상 깊은 형태의 뿔과 냉정한 외관을 지니고 있습니다. 그는 다른 아크데빌들처럼 영혼을 거래하지만, 자신이 개인적으로 관심을 줄 가치가 없는 자들에 대해서는 시간을 할애하지 않습니다. 그의 본능은 카니아의 얼어붙은 바람처럼 날카로우며, 오직 아스모데우스만이 그를 속이거나 방해할 수 있다고 합니다.

*네서스(Nessus).* 구층지옥의 최하층 네서스는 성채로 이루어진 벽들로 둘러 싸인 거대하고 어두운 구덩이입니다. 이곳에서 아스모데우스에게 충성하는 핏 핀드 장군들이 악마 군단을 이끌고 있으며, 멀티버스 전체를 정복할 계획을 짜고 있습니다. 이 계층의 중앙에는 깊이를 알 수 없는 거대한 균열이 있으며, 그 균열 가운데에 거대한 성채이자 첨탑인 맬쉼(Malsheem) 요새가 솟아올라 있습니다. 그리고 이 요새에 아스모데우스와 하계의 궁정이 자리합니다.

맬쉼 요새는 속이 비어있는 거대한 석순 모양을 하고 있습니다. 이 성채는 아스모데우스가 빼앗은 영혼들을 가두는 감옥이기도 합니다. 아스모데우스에게 이 영혼들 중 하나를 풀어달라고 간청하는 데에는 막대한 비용이 들어가며, 소문에 따르면 네서스의 대공작이 영혼 하나를 돌려주는 대가로 왕국 전체를 차지했다고도 합니다.

아스모데우스는 이마에 작은 뿔이 자라나고 수염을 기른 미형의 남자 모습으로 나타나며, 꿰뚫는 듯한 붉은 눈과 펄럭이는 로브 차림을 하고 있습니다. 또한 그는 다른 형태를 취하기도 하지만, 거의 반드시 한 손에 루비가 박힌 왕홀을 들고 나타납니다. 아스모데우스는 모든 아크데빌 중에서도 가장 점잖고 교활한 존재입니다. 그가 지닌 궁극적인 악은 오직 그가 보여주고 싶을 때, 그가 자제력을 잃고 격노에 빠질 때만 모습을 드러냅니다.

## 아케론 ACHERON

아케론에는 4개의 계층이 있으며, 각 계층은 기괴한 공허 속을 떠돌아다니는 거대한 강철 정육면체의 형상을 띠고 있습니다. 가끔이 육면체들은 서로 충돌하기도 합니다. 과거에 일어난 충돌의 메아리들이 여러 세계를 거쳐 퍼져 나가며, 이 세계에서 항상 벌어지는 군대 간의 충돌 소리와 뒤섞입니다. 바로 이 투쟁과 전쟁이 아케론의 본성입니다. 전장에서 쓰러진 병사들의 영혼이 오크들의 숭배를 받는 그럼쉬나 마글루비에트에 충성하는 고블리노이드 군세와 끝없는 전투를 벌여야 하며, 그 외에도 전쟁의 신들이 이끄는 수많은 군단이 서로 싸우고 있습니다.

### 선택 규칙: 피의 갈증 BLOODLUST

아케론은 다른 존재들에게 해를 입히는 자들에게 포상을 내리며, 계속 싸워갈 힘을 부여합니다. 아케론에 있는 동안, 적대적인 크리처의 hp를 0으로 만든 크리처는 자기 최대 hp의 절반만큼 임시 hp를 얻게 됩니다.

## 메카너스 MECHANUS

메카너스는 모든 것이 태엽장치처럼 돌아가는 엄격한 질서의 세계이며, 모든 것은 서로 맞물려 돌아갑니다. 이 세계를 이루는 톱니바퀴들은 너무 방대하여 심지어 신들조차 이 기계가 무엇을 왜 계산하는지 파악할 수 없습니다. 메카너스는 절대적인 질서 그 자체의 현현이며, 그 영향력은 이곳에서 시간을 보내는 모든 이에게 나타납니다.

메카너스의 주 거주민들은 모드론입니다. 또한 이 세계는 모드론들의 창조자이자 신적인 존재인 프리머스(Primus)가 지내는 곳이라고도 합니다.

### 선택 규칙: 평균의 법칙 LAW OF AVERAGES

메카너스의 있는 동안, 크리처들은 모든 명중이나 주문에 자동으로 중간값을 내게 됩니다. 예를 들어, 1d10 +5의 피해를 주는 공격은 메카너스에서 자동적으로 10점의 피해만을 주게 됩니다.

### 선택 규칙: 질서 강제 IMPOSING ORDER

이 세계에서 긴 휴식을 끝마칠 때마다, 질서 중립 이외의 성향을 지닌 방문자들은 DC 10의 지혜 내성 굴림을 굴려야 합니다. 이 내성에 실패하게 되면 해당 방문자의 성향은 질서 중립으로 바뀌고 맙니다. 이 방문자가 메카너스를 벗어나 하루의 시간이 흐르고 나면 원래의 성향대로 돌아올 수 있습니다. *악과 선 퇴치Dispel Evil and Good* 주문을 시전하면 방문객의 원래 성향을 찾을 수 있습니다.

## 아카디아 ARCADIA

아카디아는 완벽한 선을 그리는 나무들로 이루어진 과수원의 모습을 하고 있으며, 자로 잰 듯 반듯하게 흐르는 강과 정방형의 평원, 완벽한 도로, 그리고 기하학적으로 아름다운 모양을 지닌 도시들로 이루어져 있습니다. 이 세계의 산맥은 침식으로 모양이 망가지지 않습니다. 아카디아의 모든 사물은 공공의 선과 흠 없는 존재의 형태를 갖추고 있습니다. 이곳에서 순수는 영원히 지속되며, 모든 것은 조화를 이루고 있습니다.

낮과 밤은 아카디아에서 가장 높은 산에 걸려 있는 구체에 의해 결정됩니다. 이 구체의 절반은 태양빛으로 발하며 낮을 밝히고, 나머지 반은 달빛을 내며 별이 가득한 밤하늘을 채웁니다. 이 구체는 완벽한 균형을 갖추고 회전하며, 세계 전체에 낮과 밤을 내립니다.

아카디아의 기후는 폭풍의 왕들이라는 별명을 지닌 네 명의 반신들에 의해 만들어집니다. 이 네 왕은 구름왕, 바람여왕, 번개왕, 비의 여왕이라는 이름을 지니고 있습니다. 이들은 각각 자신이 지배하는 날씨로 둘러싸인 성에 살고 있습니다.

아카디아의 아름다운 산 아래에는 거대한 드워프 왕국이 수천 년을 지나도록 끄떡없이 버티고 있습니다. 이 세계에서 태어난 드워프들은 천상체 분류를 지니며 언제나 용감하고 친절한 성품을

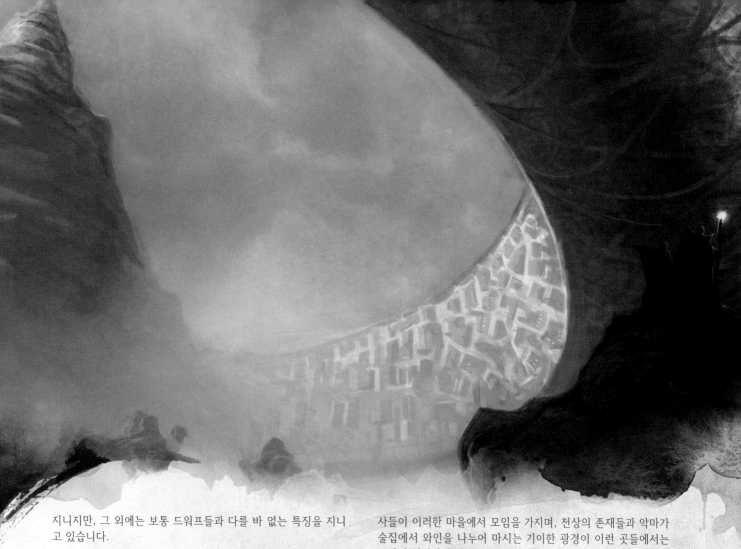

지니지만, 그 외에는 보통 드워프들과 다를 바 없는 특징을 지니고 있습니다.

### 선택 규칙: 이계의 활력 PLANAR VITALITY

이 세계에 있는 동안, 방문객들은 중독 또는 공포 상태에 걸리지 않습니다. 또한 이들은 질병이나 독에 면역을 지니게 됩니다.

# 기타 이계 OTHER PLANES

여러 세계 사이에는 다양한 이계들이 존재합니다.

## 아웃랜드와 시길
### THE OUTLANDS AND SIGIL

아웃랜드는 외부 이계들 사이에 존재하는 세계입니다. 이곳은 중립의 세계이며, 모든 요소가 조금씩 존재하며 역설적인 균형 상태를 나타내고 있습니다. 이곳에서는 서로 정반대의 것들도 화합되며 동시에 존재합니다. 이 세계는 다양한 지형이 혼재해 있으며, 초원과 산맥, 좁은 강이 흐릅니다.

아웃랜드는 거대한 접시처럼 원반형을 이루고 있습니다. 사실, 각각의 외부 이계는 아웃랜드의 그트머리에 이어져 있으며, 멀티버스를 거대한 바퀴 모양이라 생각하는 이들은 아웃랜드의 구조를 그 증거로 제시하곤 합니다. 하지만 이러한 논쟁은 전후가 불분명합니다. 왜냐하면 아웃랜드의 형태 자체가 거대한 바퀴론에서 그 구조를 가져온 것일 수도 있기 때문입니다.

원반 그트머리에는 서로 정확한 간격을 지니고 16개의 마을이 위치해 있습니다. 이 마을들은 관문마을이라 불리우며, 각각의 외부 이계로 이어지는 포탈이 자리한 곳입니다. 각 마을은 자신들이 이어진 외부 이계의 다양한 특성을 보여주고 있습니다. 이계의 대

사들이 이러한 마을에서 모임을 가지며, 천상의 존재들과 악마가 술집에서 와인을 나누어 마시는 기이한 광경이 이런 곳들에서는 그다지 희귀하지 않습니다.

말을 타고 달리면 천국에서 지옥으로도 갈 수 있다는 아웃랜드의 특성 덕분에, 이 세계는 딱히 이계 여행을 하지 않고도 이계를 무대로 한 캠페인을 벌이기에 좋은 곳이 되어 주기도 합니다. 아웃랜드는 외부 이계에서 접하려 할 때, 물질계와 가장 유사한 곳입니다.

### 아웃랜드의 관문마을

| 마을 | 관문 목적지 |
|---|---|
| 엑셀시오르 | 셀레스티아 산의 일곱 천국 |
| 트레이드게이트 | 바이토피아의 쌍둥이 낙원 |
| 엑스타시 | 엘리시움의 축복받은 들판 |
| 파우넬 | 비스트랜드의 야생 |
| 실바니아 | 아보리아의 올림피아 평원 |
| 글로리움 | 이스가르드의 영웅 영역 |
| 사오스 | 림보의 끝없이 변하는 혼돈 |
| 베들람 | 판데모니움의 바람이 몰아치는 심연 |
| 플라그 모트 | 어비스의 끝없는 계층 |
| 커스트 | 카르케리의 타르타로스 심연 |
| 호플리스 | 하데스의 회색 황야 |
| 토치 | 게헨나의 음울한 영원 |
| 립케이지 | 구층지옥의 바아터 |
| 리거스 | 아케론의 영원한 전장 |
| 오토마타 | 메카너스의 태엽 열반 |
| 포티튜드 | 아카디아의 평화로운 왕국 |

## 문의 도시, 시길 SIGIL, CITY OF DOORS

아웃랜드 중앙에는 바퀴의 축처럼 솟아오른 대첨탑이 있습니다. 이는 바늘처럼 날카로운 산으로, 하늘을 꿰뚫으며 솟아올라 있습니다. 이 산의 뾰족한 꼭대기 위에, 고리처럼 생긴 모양의 도시인 시길이 있으며, 이 도시의 복잡한 거리는 고리의 굴레 안쪽에 자리합니다. 시길의 거리에 서서 머리 위를 쳐다보면, 바로 머리 위에도 도시가 펼쳐져 있음을 볼 수 있습니다. 이 도시에서 자기와 가장 멀리 떨어진 위치는 바로 자기 머리 위에 있는 곳이기도 합니다. 이곳은 문의 도시라고 불리며, 다른 세계나 이계들로 이어지는 수많은 포탈이 자리한 이계 최대의 대도시이기도 합니다.

시길은 무역상의 천국입니다. 온갖 종류의 상품과 물건, 여러 이계 사이를 떠도는 정보가 모여드는 곳이기 때문입니다. 이 도시는 세계 간에 오가는 정보의 교역에 의존하고 있으며, 특히 중요한 상품은 특정한 포탈을 열기 위해 필요한 명령어나 물건입니다. 모든 종류의 포탈 열쇠가 이곳에서 판매되고 있습니다.

이 도시는 불가해한 존재인 고통의 여주인이 다스리는 곳이며, 그녀는 신들만큼이나 오래되었다고 합니다. 도시 내의 현자들조차 그녀의 목적을 알지 못합니다. 시길은 그녀의 감옥일까요? 그녀는 퇴락하고 만 멀티버스의 창조주일까요? 아무도 알지 못합니다. 어쩌면 알고 있는 자가 있을 수도 있지만, 그들이 말하지 않고 있는 것일지도 모릅니다.

## 데미플레인 DEMIPLANES

데미플레인(창조된 유사세계)은 여러 가지 이유로 만들어져 그 자신의 물리 법칙을 가지게 된 이차원 공간입니다. 어떤 것들은 주문에 의해 만들어지며, 어떤 것들은 자연스럽게 생겨나 멀티버스의 구석에 자리하기도 합니다. 이론적으로는 *이계 전송Plane Shift* 주문을 사용하기만 하면 이계 여행자는 자유로이 데미플레인에 갈 수 있다고 하지만, 이 이동을 위해 조율 주파수를 찾아내는 작업은 무척 어렵습니다. *관문Gate* 주문은 이보다 훨씬 안정적이며, 시전자가 해당 데미플레인의 존재를 알고 있다면 이동이 가능합니다.

데미플레인은 조그만 방 정도로 작을 수도 있고, 하나의 세계가 다 들어갈 정도로 거대할 수도 있습니다. 예를 들어 *모덴카이넨의 장엄한 저택Mordenkainen's Magnificent Mansion* 주문을 사용하면 여러 개의 방이 서로 연결된 데미플레인을 창조할 수 있습니다. 하지만 레이븐로프트의 배경이 되는 바로비아 영지는 왕국 전체가 뱀파이어 군주인 스트라드 폰 자로비치의 뜻에 따라 움직이는 데미플레인인 경우입니다. 데미플레인이 물질계나 다른 세계와 연결되면 그저 안개가 가득한 공간을 지나가거나 포탈을 통과하는 것만으로도 간단하게 그 데미플레인으로 들어갈 수 있습니다.

## 파 렐름 THE FAR REALM

파 렐름, 머나먼 이계는 알려진 멀티버스 밖에 존재합니다. 이 세계는 그 자체의 물리적·마법적 법칙에 따라 움직이는 아예 별개의 우주일 수도 있습니다. 파 렐름에서 새어 나오는 힘이 다른 세계에 닿게 되면, 물질은 외계의 형상으로 비틀리며, 이해할 수 있는 모든 기하학과 생물학은 무시됩니다. 마인드 플레이어나 비홀더 같은 흉물들은 이 세계에서 온 것들이거나, 이 세계의 기괴한 영향력을 받아들여 변형된 결과물입니다.

파 렐름에 머무르는 존재들은 너무 기괴한 나머지 평범한 정신력으로는 고통없이 받아들일 수 없습니다. 그곳에서는 허무 속에서 거대한 것들이 헤엄쳐 다니며, 형언할 수 없는 것들이 감히 귀를 막지 않는 자들에게 끔찍한 진실을 속삭입니다. 필멸자들에게 있어서 파 렐름에 대한 지식을 가진다는 것은 물질과 공간, 이성

의 한계를 시험하는 투쟁 그 자체입니다. 몇몇 워락만이 이 투쟁을 넘어 그곳의 존재들과 계약을 맺곤 합니다. 파 렐름을 본 사람들은 누구든 간에 그곳의 수많은 눈, 촉수들, 그리고 공포에 대해 속삭입니다.

파 렐름으로 향하는 포탈들은 잘 알려지지 않았으며, 작동하는 포탈이 남아 있을지 어떨지도 모릅니다. 고대 엘프들은 한때 화염폭풍 봉우리(Firestorm Peak)라는 곳에 파 렐름으로 향하는 거대한 포탈을 열었다고 합니다. 그러나 그들의 문명은 피로 물든 공포로 붕괴해버렸고, 그들이 열었던 포탈의 위치는 오래전에 잊혀져 버리고 말았습니다. 잃어버린 포탈들이 여전히 존재할 수도 있지만, 외계의 마법이 지닌 공포스러운 힘 때문에 주변 지역들은 끔찍하게 변이되어 있을 것입니다.

# 알려진 물질계 세계들

물질계의 여러 세계는 무한히 다양하게 존재합니다. 가장 널리 알려진 세계들은 오랜 기간 D&D의 캠페인 배경으로 사용되어 출판된 것들입니다. 만약 당신의 캠페인이 이 세계들 중 하나에서 시작한다면, 이 세계 자체가 당신의 캠페인을 위해 존재하는 것입니다. 당신은 출판된 것을 자기 나름대로 변형하여 자신만의 판본으로 자유로이 사용할 수 있습니다.

**토릴(Toril)**은 영웅 판타지 분위기인 포가튼 렐름즈 배경 세계로, 고대의 제국과 영지 위에 세워진 환상적인 도시와 왕국이 있는 곳입니다. 이 세계는 거대하며, 세계 안의 여러 던전은 오랜 역사를 지니고 있습니다. 토릴에는 페이룬이라는 중앙 대륙 외에도 알 콰딤과 카라 투르, 마즈티카라는 지역이 있습니다.

**오어스(Oerth)**는 검과 마법 분위기의 그레이호크 배경 세계로, 빅바이나 모덴카이넨 같은 영웅들의 고향입니다. 이들은 야망이나 탐욕에 따라 움직입니다. 플라네스(Flanness)라 불리는 대륙의 중심은 자유도시 그레이호크로, 불한당과 대마법사들의 고향이며 모험으로 가득한 곳입니다. 사악한 반신 이우즈가 북방에서 악몽같은 통치를 펼치고 있으며, 모든 문명을 위협하고 있습니다.

**크린(Krynn)**은 서사시적 판타지인 드래곤랜스 세계의 배경으로, 악한 드래곤의 여왕 타키시스와 그녀의 드래곤 군대에 의해 돌아온 신들이 가려진 곳입니다. 이 세계의 중앙 대륙인 앤살론(Ansalon)은 전쟁에 휩싸여 있습니다.

**아타스(Athas)**는 소드 앤 소서리 분위기인 다크 선 배경의 세계로, 물 한 방울이 사람의 생명보다 소중한 곳입니다. 신들은 이 사막 세계를 버렸고, 강력한 소서러킹들이 폭군으로 통치하고 있습니다. 이곳에서 금속은 거의 존재하지 않으며 귀중품으로 취급받습니다.

**에버론(Eberron)**은 영웅 판타지 분위기의 에버론 배경이 되는 세계로, 끔찍한 전쟁이 끝나면서 정치적 음모에 의해 돌아가는 냉전이 시작되었습니다. 코바이어(Khorvaire) 대륙에서 마법은 흔하게 볼 수 있으며, 드래곤마크 가문들이 그 힘과 영향력에서 왕국들과 버금가는 위치를 차지하고 있습니다. 이곳에서는 원소력을 이용한 탈것들이 이용되어 세계 곳곳을 돌아다닐 수 있습니다.

**아에브리니스(Aebrynis)**는 영웅 판타지 분위기인 버스라이트 배경의 세계로, 신성한 혈통을 타고난 후예들이 세릴리아 대륙을 가로지르고 있습니다. 여러 왕가와 교회, 길드, 강력한 마법사들이 힘의 균형을 이루고, 악신의 혈통에서 태어난 공포스러운 괴물들에 맞서 싸우고 있습니다.

**미스타라(Mystara)**는 영웅 판타지 분위기로 초창기 D&D 게임의 배경이 되었던 세계로, 다양한 문화가 공존하며, 야만적인 괴물들과 싸우는 제국이 서서히 무너지는 곳입니다. 이 세계는 영생자들의 영원한 투쟁에 의해 모양을 갖추며, 이 영생자들은 한때 모험자였던 이들이 신성의 지위를 획득한 결과이기도 합니다.

제2부

모험의 관리자

# 제3장: 모험 창조하기

모험의 창조는 던전 마스터가 받을 수 있는 가장 큰 보상입니다. 환상적인 풍경과 괴물, 함정, 퍼즐과 갈등으로 가득한 조우로 이루어진 모험을 만들어 자신을 표현하는 방법이기 때문입니다. 모험을 디자인할 때의 결정권은 당신이 가집니다. 당신은 원하는 대로 모든 것을 만들 수 있습니다.

기본적으로 모험이란 이야기입니다. 모험은 소설, 영화, 만화, 혹은 TV 드라마 등과 많은 부분에서 유사성을 지니고 있습니다. 특히 연재되는 만화나 TV 드라마가 좋은 비교 거리가 되어줄 것입니다. 각각의 모험은 별개로 이루어져 있지만, 이것들이 이어져 나가며 더 큰 이야기의 흐름을 만들어나가기 때문입니다. 모험 하나는 단발성의 이야기이지만, 캠페인은 전체 연재와 마찬가지라고 할 수 있습니다.

당신이 자신만의 모험을 만들어나가든, 아니면 이미 만들어진 모험을 사용하는 것이든, 이 장에서는 당신이 플레이어들과 함께 즐겁고 기억에 남는 경험을 만들기 위한 모험을 꾸밀 때 도움이 되는 조언들을 갖추어 놓았습니다.

모험 창조는 당신의 플레이어들과 당신의 캠페인에서 필요로 하는 여러 탐험이나 사회적 상호작용, 그리고 전투 등을 하나로 조화롭게 꾸미는 것이며, 더 나아가 좋은 이야기의 일부로 살아가게 하는 것입니다. 이러한 작업을 통해 당신의 플레이어들은 모험이 단순한 조우의 연속이 아니라 하나로 이어진 이야기로 느끼게 될 것입니다.

## 위대한 모험의 요소

최고의 모험 들은 여러 부분에서 공통점을 가지고 있습니다.

### 있을법한 위협

모험이 이루어지려면, 영웅의 주의를 끌 위협이 있어야 합니다. 이러한 위협은 단순히 악당 한 명이나 괴물 하나일 수도 있고, 부하를 거느린 악당이나 한 무리의 괴물일 수도 있으며, 거대한 악의 조직일 수도 있습니다. 이처럼 다양한 본성의 대적자들은 저마다 목적을 지니고 있으며, 영웅들은 이렇게 숨겨진 악당의 목적을 밝히고 무찔러야만 합니다.

### 익숙한 흐름을 영리하게 비틀기

용이나 오크, 탑에 사는 미친 마법사가 등장하는 모험은 틀에 박힌 것처럼 보일 수도 있지만, 이러한 것들이 판타지 이야기 속에서 등장하는 요소의 일부임은 부정할 수 없습니다. 마찬가지로 술집에서 시작하는 모험은 흔히 빠진 도입처럼 보이지만, D&D 세상 속에서는 여전히 생명력이 있는 아이디어입니다. 익숙한 이야기 요소들은 여전히 유용하며, 플레이어들은 때때로 그 요소들에 변화를 주길 원할 뿐입니다. 예를 들어 왕명을 받들어 모험자들에게 임무를 내리는 인물이 실제로는 변장한 왕일 수도 있으며, 탑에 군림하는 광기의 마법사가 사실은 한 무리의 탐욕스러운 노움들이 보물을 지켜보겠답시고 만든 환영일 수도 있습니다.

### 현재의 명확한 초점

모험은 지금, 바로 여기서 시작되어야 합니다. 물론 동기를 부여하기 위해 역사적 배경을 약간 첨가하는 과정은 필요하며, 모험자들이 자신의 길을 헤쳐나가는 동안 과거의 흥미로운 전승을 찾을 수도 있습니다. 하지만 일반적으로 이러한 세계의 역사는 그 자체로 목표가 되기보다는 현재 상황의 증거로서 기능해야만 합니다. 모험은 현재 벌어지는 사태에 집중해야 하며, 악인들이 무엇을 노리는가, 그리고 모험자들이 어떻게 이야기에 들어서게 되는가에 초점을 맞추어야 합니다.

### 영웅들의 활약

모험은 모험자들의 행동과 결단에 따라 변화해 나갈 수 있어야 합니다. 모험에는 소설이나 TV 드라마와 유사한 부분이 있긴 하지만, 결과가 미리 정해진 한 가지 방향으로만 향해서는 안됩니다. 이런 외길 진행을 철로형 진행이라고 합니다. 이런 방식에서 플레이어들은 자신들이 아무리 열심히 노력하더라도 정해진 결과를 바꿀 수 없다는 점에 실망하게 될 수도 있습니다. 그러므로 이런 방식은 피해야 합니다. 예를 들어 주된 악역이 모험의 막바지에 이르기 전에 모습을 드러냈다면, 모험자들이 이 악역을 물리쳐 모험을 끝낼 가능성 역시 반드시 염두에 두어야 할 것입니다.

### 각각의 플레이어들을 위한 준비

책의 소개에서 이야기한 바와 같이, 게임 테이블에 둘러앉은 플레이어들은 각자 바라는 것이 따로 있습니다. 모험은 당신의 게임 모임 내에 있는 여러 플레이어와 캐릭터들에게 매력적이어야 하고, 이들 모두를 가능한 효율적으로 이야기에 끌어들여야 합니다.

모험의 시작 지점에서, 이야기를 탐험, 사회활동, 전투라는 3개의 기본적 요소로 나누어 보십시오. 당신의 모험이 이 3개 요소를 골고루 사용하고 있다면, 모든 타입의 플레이어에게 매력적으로 비칠 것입니다. 당신이 만든 캠페인의 모험이 꼭 모든 플레이어 타입을 끌어들일 필요는 없습니다.

단지 당신이 같이 즐기고 있는 플레이어들에게 유효하기만 하면 문제는 없습니다. 당신이 같이 게임을 즐기는 플레이어들이 전투 이외에는 전혀 관심이 없다면, 당신은 얼마든지 자유롭게 전투로 가득 채운 모험을 만들 수 있습니다.

### 깜짝 요소

당신의 플레이어들을 놀라게 하고 즐겁게 할 기회를 찾아보시기 바랍니다. 예를 들어서, 언덕 위에서 폐허가 된 성을 탐험하다가 그 아래에 묻힌 드래곤의 무덤을 발견하는 기회로 이어질 수 있습니다. 야생 환경을 돌파하는 여정 도중에 만월 아래 우뚝 선 신비한 탑을 발견할 수도 있습니다. 플레이어들은 그런 장소를 기억할 것입니다.

너무 많은 깜짝 요소가 들어가면 플레이어들이 질릴 수도 있겠지만, 가끔 비틀어 넣는 요소로 사용하면 플레이어들이 전술을 조정하고 창의적으로 생각하게 할 수 있습니다. 예를 들어, 당신은 등에 기름통을 짊어진 고블린 공병들을 고블린 소굴에 배치할 수 있습니다. 악당의 본거지에 공격을 가할 때, 생각하지 못한 라이벌이나 특별한 손님이 있다면 문제가 더 복잡해질 것입니다.

있을지도 모를 전투 조우를 준비할 때, 약간 특이하게 느껴지는 괴물 조합을 시도해 보는 것도 좋습니다. 예를 들어 홉고블린 전쟁군주와 그 애완동물인 맨티코어라든가, 성체 블랙 드래곤과 함께 있는 한 무리의 윌 오 위스프 등을 생각해 볼 수 있을 것입니다. 급작스럽게 적의 증원이 도착하거나, 괴물들에게 특이한 전술을 주는 것도 좋습니다. 판단을 그르칠 만한 가짜 증거를 던진다거나 플레이어들이 항상 정신없이 반응할 수밖에 없도록 이야기의 흐름을 비트는 것도 괜찮습니다. 하지만 너무 심하게 하지는 말아야 합니다. 가끔은 오크 경비병들에 맞서 싸우게 되는 단순하고 직접적인 조우도 당신의 플레이어들을 충분히 즐겁게 할 수 있을 것입니다.

### 지도를 유용하게

좋은 모험은 항상 주의 깊게 만들어진 지도가 필요합니다. 야생 지역은 그저 넓게 펼쳐진 황야가 아니라, 흥미롭고 특별한 지점이나 다양한 요소를 갖추고 있습니다. 던전은 서로 갈라지는 복도와 같이 결단을 요구하는 지점이 있어서 플레이어들이 어디로 갈지 결정하는 기회를 줍니다. 캐릭터들에게 선택지를 제공하면, 플레이어들은 항상 예측불가의 모험을 즐길 수 있을 것입니다.

만약 지도를 그리는 데 그리 능숙하지 않다면, 인터넷을 조금만 검색해도 무료로 사용할 수 있는 다양한 지도를 찾을 수 있습니다. 일반적인 건물 설계도나 실제 세계에 존재하는 건물 역시 지도를 그리는데 좋은 자료가 될 수 있습니다. 또한 소프트웨어의 도움을 받아 지도를 만들 수도 있습니다.

## 출판된 모험

당신에게 자신만의 모험을 만들 시간적 여유나 아이디어가 없다면, 혹은 진행하고 있는 당신의 이야기 속에서 페이스를 조절하기 위해 끼워 넣을 무언가를 찾고자 한다면, 출판된 모험을 구매하는 것도 좋은 선택이 될 수 있습니다. 출판된 모험은 이미 만들어진 지도와 NPC, 괴물과 모험으로 이루어진 사전제작된 시나리오입니다. 출판된 모험의 좋은 예시는 D&D 스타터 세트(D&D Starter Set)에 포함되어 있습니다.

당신은 자기 캠페인에 맞추거나 플레이어들을 끌어들이기 위해 얼마든지 이 출판된 모험에 조정을 가할 수 있습니다. 예를 들어, 악역을 당신의 캠페인에 이미 등장했던 인물로 교체한다거나, 플레이어 캐릭터의 배경에 연관된 무언가를 추가 요소로 더하는 것은 모험의 원래 설계자가 상상하지 못했던 방식으로 당신의 플레이어들에게 재미를 줄 것입니다.

출판된 모험은 플레이어 캐릭터들의 모든 행동에 일대일로 대응할 수 없습니다. 출판된 모험은 당신이 자신만의 모험을 만들고 준비할 시간을 벌어줍니다. 그렇게 당신이 게임을 준비할 시간을 오롯이 당신의 캠페인에서 가장 중요한 지점을 짜고 출판된 모험으로는 표현할 수 없는 장면을 만들도록 해 줍니다.

또한 출판된 모험은 영감을 심어줍니다. 당신은 모험을 쓰여있는 그대로 사용해야 할 필요가 없으며, 아이디어만 따로 가져와서 당신이 바라는 목적에 맞게 재가공하여 쓸 수 있습니다. 예를 들어, 당신은 출판된 모험에 등장하는 사원 지도에 다른 괴물들을 등장시켜 사용할 수도 있으며, 출판된 모험에 나오는 추적 장면을 응용해 당신의 캠페인에 사용할 수도 있습니다.

## 모험의 구조

이 세상 모든 이야기와 마찬가지로, 일반적인 모험은 시작, 중간, 그리고 끝으로 이루어져 있습니다.

### 시작

모험은 플레이어들이 흥미를 느낄만한 실마리로 시작합니다. 좋은 모험의 실마리는 플레이어들의 흥미를 유발함과 동시에 캐릭터들이 그 모험에 참여할 수밖에 없는 적당한 이유를 지니고 있습니다. 어쩌면 괴물들이 길에서 습격을 가해 온다거나, 암살자들이 목숨을 노리고 기습을 가했다거나, 도시의 문 앞에 드래곤이 나타나는 등, 캐릭터들이 미처 예상하지 못한 방식으로 모험에 흘러들어갈 수도 있습니다. 이러한 실마리는 플레이어들을 즉시 당신의 이야기 속으로 끌어들일 것입니다.

좋은 모험의 시작은 흥미롭고 초점이 딱 맞아야 합니다. 당신은 플레이어들이 집에 가서도 다음 게임 시간을 기대하게끔 만들길 원할 것이니, 이후에 이야기가 어떻게 흘러갈 것인가에 대해 명확하게 하면서도 기대할 만한 요소를 만들어 주십시오.

### 중간

모험의 중간은 이야기가 풀려나가는 주된 지점입니다. 새로운 도전에 처할 때마다, 캐릭터들은 중요한 선택을 하고 모험의 결과에 한 걸음씩 다가갑니다.

모험 과정 전체를 통해서 캐릭터들은 새로운 목표를 발견하거나 기존 목표를 수정하게 되는 비밀을 발견할 수도 있습니다. 상황이 어떻게 돌아가고 있나에 대한 생각 자체가 바뀔 수도 있습니다. 보물에 대한 소문 때문에 죽음의 함정으로 꼬여 들어갈 수도 있습니다. 어쩌면 여왕의 궁정에 있는 첩자 역시 사실 여왕 본인이 더 큰 권력을 얻기 위해 준비한 계획의 일부일 수도 있습니다.

모험자들이 적대 세력에 맞서는 동시에, 그 적대 세력들 역시 자신들의 사악한 계획을 진행할 것입니다. 이러한 적들은 자신들의 행동을 감추려 할 수도 있고, 이를 통해서 자신들에게 맞서려는 이들을 잘못된 길로 인도하려 할 수도 있습니다. 아니면 그저 문제를 손쉽게 처리하기 위해서 귀찮게 덤벼오는 모든 적대자를 죽이려 할 수도 있습니다.

이야기의 주인공은 플레이어 캐릭터들이라는 점을 잊지 마십시오. 이들이 주변에 영향을 주지 못하고 사건을 지켜보기만 하고 있다는 느낌을 받아서는 안됩니다.

### 결말

결말 부분은 이야기의 절정을 포함합니다. 모험하는 동안 계속 누적되어 온 긴장이 최고조에 달하는 순간을 말합니다. 강력한 절정이 오면 플레이어들은 백척간두에 서서 자신의 운명을 시험하게 될 것입니다. 캐릭터들의 행동과 선택은 이야기의 결과물이 되어 절대 잊혀지지 않을 결말을 장식할 것입니다.

결말에서 이야기의 모든 부분이 다 끝맺음을 맞이해야 하는 것은 아닙니다. 여전히 실마리가 남아 있을 수도 있고, 이 실마리를 통해 다음 모험으로 이어질 수도 있습니다. 끝마치지 않은 일을 조금 남겨두는 것은 모험자들을 다음 모험으로 이끄는 쉽고 간단한 방법이 될 수 있습니다.

## 모험의 종류

모험은 위치에 기반하거나 사건에 기반할 수 있습니다. 이러한 분류의 차이점은 아래에 설명하고 있습니다.

## 장소 기반 모험

어두운 던전이나 머나먼 야생에서 벌어지는 모험은 수많은 캠페인의 주춧돌이 되어 왔습니다. 가장 위대한 D&D 모험들의 상당수가 장소에 기반하고 있습니다.

장소에 기반한 모험 만들기는 여러 단계로 나눠서 할 수 있습니다. 여기서는 각각의 단계에서 당신의 모험을 만들 수 있도록 기본 요소를 정하게 도와주는 표를 제공합니다. 마음을 정할 수 없다면, 주사위를 던지고 그에 따른 무작위 결과를 통해 영감을 얻을 수도 있습니다. 매 단계를 직접 정하거나 무작위로 정하는 방법을 섞어서 사용할 수도 있습니다.

## 1. 파티의 목표를 확인하기

던전 목표 표는 모험자들이 던전에 들어서게 되는 동기나 목표물을 설정해 줍니다. 야생 목표 표는 비슷하게 모험자들이 야외 모험에 들어서게 되는 이유를 만들어 줍니다. 기타 목표 표는 두 분류에 딱 들어맞지 않는 장소 기반 모험에 있어서 적절한 목표를 제공해 줄 수 있을 것입니다

### 던전 목표

| d20 | 목표 |
|---|---|
| 1 | 던전의 괴물들이 지상 세계를 침략하는 것을 막기. |
| 2 | 악당의 사악한 계략을 폭로하기. |
| 3 | 던전 내에 도사린 마법적 위협을 파괴하기. |
| 4 | 보물을 획득하기. |
| 5 | 특정한 목적을 지닌 특별한 물건을 찾기. |
| 6 | 던전 안에 숨겨진 빼앗긴 물건을 되찾기. |
| 7 | 특정한 목적을 위해 필요한 정보를 획득하기. |
| 8 | 인질을 구출하기. |
| 9 | 이전 모험자 파티의 최후를 찾기. |
| 10 | 해당 지역에서 사라진 NPC를 발견하기. |
| 11 | 드래곤이나 다른 무시무시한 괴물을 처치하기. |
| 12 | 기이한 장소나 현상의 원인과 본성을 확인하기. |
| 13 | 던전 안으로 도망친 적들을 추적하기. |
| 14 | 던전에 감금된 상태에서 탈출하기. |
| 15 | 폐허를 일소하고 새로 건물을 세우기. |
| 16 | 악당이 왜 던전에 관심을 가졌는지 발견하기. |
| 17 | 던전 안에서 일정한 시간을 보내서 내기에 이기거나 통과의례를 거치기. |
| 18 | 던전 안에 있는 악당과 협상하기. |
| 19 | 밖에 존재하는 위협을 피해 던전 안으로 숨기. |
| 20 | 주사위를 2번 굴립니다. 이후에는 20을 무시합니다. |

### 야생 목표

| d20 | 목표 |
|---|---|
| 1 | 던전이나 기타 흥미로운 장소를 발견하기. (왜 그 장소를 찾느냐에 대해서는 던전 표를 참조하십시오.) |
| 2 | 자연적 혹은 초자연적 위협의 규모를 가늠하기. |
| 3 | NPC를 목적지로 호위하기. |
| 4 | 악당의 세력에게 발견되지 않고 목적지로 향하기. |
| 5 | 상인과 농장을 습격하는 괴물들을 막기. |
| 6 | 멀리 떨어진 마을과의 무역로를 개설하기. |
| 7 | 멀리 떨어진 마을로 향하는 무역상을 호위하기. |
| 8 | 새로운 땅의 지도를 만들기. |
| 9 | 새로운 개척지를 만들 장소를 물색하기. |
| 10 | 천연자원을 발견하기. |
| 11 | 특정한 괴물을 사냥하기. |
| 12 | 멀리 떨어진 곳에서 고향으로 돌아가기. |
| 13 | 숨어있는 은자에게서 특정한 정보를 획득하기. |
| 14 | 야생에서 잃어버린 특정한 물건을 발견하기. |
| 15 | 실종된 탐험가들의 최후를 발견하기. |
| 16 | 도망치는 적을 추적하기. |
| 17 | 다가오는 군대의 규모를 파악하기. |
| 18 | 폭군의 지배에서 도망치기. |
| 19 | 야생의 특정 장소를 공격자들에게서 방어하기. |
| 20 | 주사위를 2번 굴립니다. 이후에는 20을 무시합니다. |

## 기타 목표

| d12 | 목표 |
|-----|------|
| 1 | 요새나 마을, 배 등등의 요새화된 장소의 통제권을 빼앗기. |
| 2 | 공격자들로부터 특정한 지역을 지키기. |
| 3 | 정착지의 특정한 보호 지점에서 물건을 빼앗기. |
| 4 | 무역상에게서 특정한 물건을 빼앗기. |
| 5 | 잃어버린 배나 상인에게서 특정 물건이나 상품을 회수하기. |
| 6 | 감옥이나 수용소에서 특정한 죄수를 탈출시키기. |
| 7 | 감옥이나 수용소에서 탈출하기. |
| 8 | 인정이나 보상을 받기 위해 장애물이 가득한 여정 통과하기. |
| 9 | 요새화된 특정 장소에 잠입하기. |
| 10 | 유령 들린 집이나 기타 장소에서 기이한 현상의 원인을 확인하기. |
| 11 | 특정한 계획에 간섭하기. |
| 12 | 자연적 혹은 초자연적 재해에서 특정한 캐릭터나 괴물, 혹은 물건을 탈출시키기. |

## 2. 중요한 NPC들 만들기

모험의 악역, 모험의 동료, 모험의 후원자 표를 이용해 이러한 NPC들을 만들어 보십시오. 이러한 NPC들을 보다 자세하고 생동감 있게 만들기 위해서는 제4장을 참조하시기 바랍니다.

## 모험 악역

| d20 | 악역 |
|-----|------|
| 1 | 특정한 목적이 없는 야수나 괴물의 일종 |
| 2 | 목표가 타락이나 지배욕인 흉물 |
| 3 | 목표가 타락이나 파괴욕인 악마 |
| 4 | 목표가 지배욕이나 약탈인 드래곤 |
| 5 | 목표가 약탈인 거인 |
| 6-7 | 어떤 목적이든 지니고 있는 언데드 |
| 8 | 신비로운 목표를 가진 요정 |
| 9-10 | 인간형 사교도 |
| 11-12 | 인간형 정복자 |
| 13 | 복수를 추구하는 인간형 적 |
| 14-15 | 지배를 위한 계략을 꾸미는 인간형 적 |
| 16 | 범죄의 배후조종자인 인간형 적 |
| 17-18 | 습격자 혹은 약탈자인 인간형 적 |
| 19 | 저주에 걸린 인간형 적 |
| 20 | 잘못된 정보에 속아 넘어간 인간형 열성 신도 |

## 모험 동료

| d12 | 동료 | d12 | 동료 |
|-----|------|-----|------|
| 1 | 숙련된 모험자 | 7 | 복수를 추구하는 자 |
| 2 | 비숙련 모험자 | 8 | 미쳐 날뛰는 광인 |
| 3 | 열정적인 일반인 | 9 | 천상의 동료 |
| 4 | 병사 | 10 | 요정 동료 |
| 5 | 사제 | 11 | 변장한 괴물 |
| 6 | 학자 | 12 | 동료를 가장한 악당 |

## 모험 후원자

| d20 | 후원자 | d20 | 후원자 |
|-----|--------|-----|--------|
| 1-2 | 은퇴한 모험자 | 14 | 신비한 요정 |
| 3-4 | 지역의 지배자 | 15 | 옛 친구 |
| 5-6 | 군사 장교 | 16 | 옛 스승 |
| 7-8 | 교단의 공인 | 17 | 부모나 다른 가족 일원 |
| 9-10 | 학자 | 18 | 절망한 일반인 |
| 11-12 | 존경받는 장로 | 19 | 분쟁중인 상인 |
| 13 | 신 혹은 천상의 존재 | 20 | 후원자를 가장한 악당 |

## 3. 모험 장소의 세부사항 만들기

제5장을 참조하면 모험 장소를 창조하고 살을 붙여 나가는 작업에 대한 조언을 받을 수 있습니다. 해당 장에는 던전이나 야생 장소, 혹은 도시 모험에 필요한 각종 요소를 담고 있는 표도 제공됩니다.

## 4. 이상적인 도입부 찾기

모험은 모험자들이 어떤 일을 해야 하며 왜 그 일을 해야 하는지에 대해 알게 되는 사회적 작용으로 시작할 수 있습니다. 또한 기습 공격을 당해 시작하는 모험도 있고, 사고로 인해 얻은 정보에서 모험이 시작될 수도 있습니다. 최고의 도입부는 캐릭터들이 자연스럽게 모험의 목적을 알아내고 그 배경으로 접근하는 것입니다. 아래 모험 도입부 표를 통해서 영감을 얻으실 수 있습니다.

## 모험 도입부

| d12 | 도입부 |
|-----|--------|
| 1 | 야생을 여행하던 중, 캐릭터들은 갑자기 발 아래 열린 구멍으로 굴러 떨어졌고, 모험 장소에서 눈을 뜨게 되었습니다. |
| 2 | 야생을 여행하던 중, 캐릭터들은 우연히 모험 장소에 연결된 입구를 발견하게 되었습니다. |
| 3 | 길을 따라 여행하던 중, 캐릭터들은 괴물들의 공격을 받아 도망친 끝에 모험 장소에 도달했습니다. |
| 4 | 모험자들은 시체에서 지도를 찾아냈습니다. 이 지도를 통해 모험으로 향하게 되었고, 악당도 지도를 원하고 있습니다. |
| 5 | 캐릭터들은 신비한 마법 물건이나 악랄한 악당에 의해 순간이동Teleport 되어 모험 장소에 도착했습니다. |
| 6 | 수상한 이방인이 술집에서 캐릭터들에게 접근하였고, 그들이 모험 장소로 향하도록 이끌었습니다. |
| 7 | 마을이나 촌락에서 모험 장소를 탐색할 자원자들을 모집하였습니다. |
| 8 | 캐릭터들이 아끼는 NPC가 부탁하여, 일행은 모험 장소로 향하게 되었습니다. |
| 9 | 캐릭터들이 명령에 복종해야만 하는 NPC가 명령을 내려, 일행은 모험 장소로 향하게 되었습니다. |
| 10 | 캐릭터들이 존경하는 NPC가 일행에게 모험 장소로 가줄 수 있는지 부탁을 해 왔습니다. |
| 11 | 어느 날 밤, 캐릭터들은 모두 모험 장소에 들어가는 꿈을 꾸게 되었습니다. |
| 12 | 유령이 나타나 촌락을 습격해 왔습니다. 연구해 본 결과, 유령을 잠재우는 유일한 방법은 모험 장소에 들어가는 것이라는 결론이 나왔습니다. |

## 5. 이상적인 절정부 만들기

모험이 맞이하게 될 절정의 결말은 이전에 예상한 모든 것이 드러나는 시점이 될 것입니다. 절정부는 캐릭터들이 그 순간에 성공하느냐 실패하느냐에 달려 있지만, 모험 절정부 표를 살펴보면 당신의 모험에 맞는 적절한 절정부를 만들 때 도움이 될 영감을 얻을 수 있을 것입니다.

### 모험 절정부

| d12 | 절정부 |
|---|---|
| 1 | 모험자들은 주된 악당과 그 부하들에 맞서게 되고, 치열한 전투 끝에 결말을 맞이합니다. |
| 2 | 모험자들은 침입자를 물리치기 위해 설치된 수많은 장애물을 돌파해 악당을 추적하고, 악당의 도피처에서 그에 맞서 싸우게 됩니다. |
| 3 | 모험자들이나 악당의 행동 결과, 대격변적인 사건이 벌어져 모험자들은 도망쳐야 하는 상황에 처합니다. |
| 4 | 모험자들은 악당이 자신의 계략을 완성하기 전에 어떤 장소에 도착해야 하며, 목적지에 도착해 악당의 계략을 무찔러야 합니다. |
| 5 | 악당과 그 부관 두세 명이 큰 방의 각각 떨어진 장소에서 의식을 행하고 있다. 모험자들은 동시에 모든 의식을 방해해야만 합니다. |
| 6 | 모험자들이 그 목적을 달성하기 직전, 동료 중 하나가 그들을 배반하였습니다.(이 절정은 조심스럽게 사용하고, 너무 많이 쓰지 않도록 하십시오.) |
| 7 | 이계로 향하는 포탈이 열렸습니다. 이계의 존재들이 몰려오고, 모험자들은 악당에 맞서는 동시에 포탈을 닫아야만 합니다. |
| 8 | 주된 악역이 공격을 가해오는 동시에, 각종 함정이나 위험요소, 혹은 움직이는 물건이 모험자들을 공격합니다. |
| 9 | 모험자들이 주된 악역과 마주하게 된 그 순간 던전이 붕괴되기 시작하며, 악역은 혼란을 틈타 도주하려 합니다. |
| 10 | 현재의 모험자들보다 훨씬 강력한 위협이 모습을 드러내 이야기의 주된 악역을 처치한 다음, 모험자들에게 관심을 돌립니다. |
| 11 | 모험자들은 도망치는 악당을 쫓거나 그들이 아끼는 누군가, 혹은 무고한 일반인들을 구출하는 것 중 하나를 선택해야만 합니다. |
| 12 | 모험자들은 주된 악역의 숨겨진 약점을 찾아내야만 그 악당을 물리치려 시도할 수 있습니다. |

## 6. 조우 계획하기

당신이 모험의 장소를 만들고 전체적인 이야기 흐름을 짜 두었다면, 이제 모험을 채워 나갈 조우들을 만들 차례입니다. 장소에 기반한 모험에서, 대부분의 조우는 지도 안의 특정 장소와 연관되어 있습니다. 모험 지도 속 각각의 방이나 야생 지역에 대해서, 그 부분에 대한 핵심 요소를 미리 작성해 두십시오. 그 지역의 물리적 특성이나, 거기서 벌어질 조우 등이 핵심 요소에 해당합니다. 모험의 핵심 요소는 숫자를 붙여 만들어진 여러 지역에 대한 간단한 묘사에서 시작해, 당신의 플레이어들을 끌어들일 조우로 완성될 것입니다.

이 장의 뒷부분에 이어지는 "조우 만들기" 부분을 참조하면 각각의 조우를 만들 때 필요한 조언을 받을 수 있습니다.

# 사건 기반의 모험

사건 기반의 모험을 짤 때는 캐릭터들이나 악당이 어떤 일을 하고 있고 그 결과가 무엇인가에 좀 더 집중하게 됩니다. 이러한 일이 어디서 벌어지고 있는가는 부차적인 문제가 될 것입니다.

사건 기반의 모험을 짜는 것은 장소 기반의 모험을 만드는 것보다 더 많은 작업이 필요하지만, 그 과정 역시 몇몇 단계로 분할하여 진행할 수 있습니다. 각 단계에는 당신이 모험의 요소를 선택할 수 있는 표가 주어지며, 당신은 이 표에서 모험 요소를 선택하거나 무작위로 결정하여 영감을 얻을 수 있습니다. 장소 기반의 모험과 마찬가지로, 당신은 각 단계에서 선택과 무작위를 혼합하여 모험을 만들어 갈 수 있습니다.

## 1. 악당에서부터 시작하기

악당을 만드는 데 신경을 쓴다면, 그 노력은 이후에 많은 도움이 될 것입니다. 악당이 무엇을 목표로 하고 어떤 일을 벌이느냐가 이야기의 진행에 아주 중요한 요소이기 때문입니다. 이 장의 앞부분에 주어진 모험 악역 표를 이용해 악당들의 목표를 설정하고, 악당에게 살을 붙여 나가는 작업은 제4장을 참조하시기 바랍니다.

예를 들어, 당신의 악당은 과거 감금당했거나 부상을 입고 나서 그에 대해 복수하고자 하는 언데드일 수 있습니다. 언데드 악당의 흥미로운 부분은 그가 입었다는 부상이 수백 년 전에 벌어진 일일 수도 있다는 것입니다. 그는 자신이 당한 부상에 대해 복수하기 위해, 자신을 공격한 자의 후손들을 찾아 나설 것입니다. 종교적인 기사단의 일원들에 의해 감금당한 뱀파이어를 상상해 봅시다. 이제 그가 풀려났다면, 그는 기사단의 후예들을 찾아 보복하려 할 것입니다.

## 2. 악당의 행동을 결정하기

일단 악당을 만들었다면, 이제 악당이 자신의 목표를 성취하기 위해 어떤 일을 벌이느냐를 결정할 때입니다. 악당이 어떤 일을 언제 벌이는지에 대한 시간표를 만들고, 모험자들이 이 일에 간섭하지 않는다면 시간표대로 사건이 벌어지게 하십시오.

방금전 예시로 돌아가 본다면, 당신이 만든 뱀파이어 악당은 우선 여러 명의 기사를 살해할 것입니다. 잠겨진 문을 가스 형태로 통과할 수 있는 뱀파이어는 우선 가능한 한 자연스러운 죽음을 위장하여 자신의 목표들을 살해할 것이지만, 시간이 지나고 나면 이러한 연쇄살인이 끔찍한 살인자에 의해 벌어진 일이라는 점이 분명해질 것입니다.

만약 당신에게 더 많은 영감이 필요하다면, 악당의 행동이 모험의 향방에 어떤 영향을 미칠까에 대해 몇 가지 다른 선택 사항을 고려해 보시기 바랍니다.

### 사건 기반 악당의 행동

| d6 | 행동의 종류 | d6 | 행동의 종류 |
|---|---|---|---|
| 1 | 큰 사건 | 4 | 치고 빠지기 |
| 2 | 광란의 범죄 | 5 | 연쇄 범죄 |
| 3 | 커져가는 타락 | 6 | 단계를 밟아가기 |

**큰 사건.** 악당의 계획은 어떤 축제나 천문학적 사건, 성스러운 (혹은 사악한) 축일, 혹은 왕가의 결혼식이나 어떤 아이의 탄생 같은 특정 시점에 결말을 맞이하게 될 것입니다. 악당의 모든 활동은 그 시점에 벌어질 특정한 사건을 위해 맞물려 돌아갈 것입니다.

**광란의 범죄.** 악당은 점점 더 과감해지고 매번 더욱 잔혹해집니다. 살인자의 경우, 처음에는 뒷골목에서 한 명을 죽이는 정도였다가, 점차 과격해져 나중에는 시장 한복판에서 대학살을 벌이게 될 것입니다. 이러한 악당의 행동은 점차 더 큰 공포를 불러오고 더 많은 피해자를 만들 것입니다.

**뱀파이어 악당**

**커져가는 타락.** 시간이 흐를수록 악당의 힘과 영향력은 커져가며, 더 넓은 지역에서 더 많은 희생자를 만들 것입니다. 이러한 타락은 악당이 통솔하는 군대가 더 넓은 지역을 점령하거나, 사악한 교단이 새로운 구성원들을 끌어들이거나, 역병이 퍼져나가는 식으로 이루어집니다. 왕권을 차지하고자 하는 자는 왕국 내 귀족들의 지지를 얻고 나서 며칠 혹은 몇 주가 지나고 나서 쿠데타를 계획할 것이며, 길드의 지도자라면 마을 경비대의 장교나 마을 평의회의 장로들에게 뇌물을 주는 식으로 타락을 퍼트릴 것입니다.

**치고 빠지기.** 악당은 단 한 건의 범죄를 저지른 다음 처벌을 피하려 합니다. 그는 점점 더 많은 범죄를 저지르려 계획을 세우는 대신, 몸을 숨기거나 추적을 피해 달아나는 것을 목표로 세울 것입니다.

**연쇄 범죄.** 악당은 연이어 여러 건의 범죄를 벌이지만, 이 모든 행동은 점차 심해지는 않고 기본적으로 유사한 형태가 반복되는 방식으로 벌어집니다. 이러한 악당을 만들어내는 방법은, 악당이 범죄를 저지르는 패턴을 만들어내는 것입니다. 이런 종류의 악당 중에는 대표적으로 연쇄 살인범이 가장 널리 알려졌지만, 특정한 종류의 건물만 노리는 연쇄 방화범이나, 특정한 주문을 시전하는 주문시전자에게만 영향을 주는 마법적 질병, 특정한 종류의 상인들만 목표로 하는 도적, 귀족들을 차례로 납치하고 그 모습을 훔치는 도플갱어 등도 이러한 형태의 악당이 될 수 있습니다.

**단계를 밟아가기.** 악당은 그 자신의 목적을 추구하기 위해, 특정한 순서에 따라서 차례차례 행동을 밟아갑니다. 어떤 물건을 훔치려 하는 마법사는 자신의 목적을 위해 일단 성물함을 만들어 리치가 되려 할 수 있습니다. 또한 사교도는 희생 제물을 바치기 위해 선한 신의 사제들 7명을 차례로 납치하려 할 수도 있습니다. 혹은, 복수심을 품은 악당이 진정한 복수 대상을 찾아내기 전까지 마주친 희생자를 하나씩 죽여가는 방식 역시 이러한 악당의 예시가 될 수 있습니다.

## 3. 파티의 목표 결정하기

당신은 사건 기반 목표 표를 이용해 파티의 목표를 결정할 수 있습니다. 이러한 목표는 모험자들이 악당의 계획을 알아낼 방법을 제시할 수도 있고, 악당의 계획을 망치기 위해 정확히 무엇을 해야 하는지를 알려줄 수도 있습니다.

### 사건 기반 목표

| d20 | 목표 |
|---|---|
| 1 | 악당에게 정의의 심판을 내립니다. |
| 2 | 결백한 NPC의 결백을 입증합니다. |
| 3 | NPC 한 명을 보호하거나 숨겨줍니다. |
| 4 | 특정한 물건을 보호합니다. |
| 5 | 악당의 행동일지도 모르는 기이한 현상의 원인과 특징을 발견합니다. |
| 6 | 수배 중인 도주범을 찾아냅니다. |
| 7 | 폭군을 물리칩니다. |
| 8 | 통치자를 끌어내리려는 음모를 발견합니다. |
| 9 | 적대적인 국가나 원수진 가문 사이에 평화를 주재합니다. |
| 10 | 통치자나 평의회의 지원을 확보합니다. |
| 11 | 악당이 참회하도록 도움을 줍니다. |
| 12 | 악당과 협상합니다. |
| 13 | 비밀리에 반란군에게 무기를 공급합니다. |
| 14 | 밀수꾼 무리를 막아 세웁니다. |
| 15 | 적대 세력에 대한 정보를 수집합니다. |
| 16 | 토너먼트에서 우승합니다. |
| 17 | 악당의 정체를 파악합니다. |
| 18 | 빼앗긴 물건의 위치를 찾아 냅니다. |
| 19 | 결혼식이 어떤 방해도 받지 않도록 합니다. |
| 20 | 주사위를 2번 굴리고, 이후에는 20을 무시합니다. |

예를 들어, 당신이 이 표에서 주사위를 굴려 10이 나왔다면, 파티의 목표는 통치자나 평의회의 지원을 확보하는 것이 됩니다. 당신은 기사단의 지도자를 뱀파이어 악당의 목표로 삼아서 이야기를 이어나가기로 했습니다. 어쩌면 기사단의 지도자가 수백 년 전 뱀파이어에게서 훔친, 보석으로 가득한 상자를 지니고 있을 수도 있고, 이 상자를 미끼로 하여 악당을 함정에 빠트리도록 유도할 수도 있습니다.

## 4. 중요한 NPC들 만들기

사건을 기반으로 한 모험들 대다수는 잘 만들어진 NPC 배역들을 지니고 있습니다. 이러한 NPC 중 몇몇은 동료나 후원자로 분류할 수도 있겠지만, 대부분은 캐릭터들이나 다른 이들의 행동 결과에 따라 모험자들에 대한 태도를 결정할 것입니다. (NPC를 만드는 방법에 대한 자세한 정보는 제4장을 참조하시기 바랍니다.)

지금까지 당신이 결정한 모험의 요소들을 살펴보면, 어떠한 배역의 캐릭터들을 만들어야 하는지, 그리고 각 배역들을 얼마나 자세하게 만들어야 하는지 결정할 수 있습니다. 전투에 참여할 것 같지 않은 NPC들에 대해서는 굳이 전투용 수치를 모두 작성할 필요가 없습니다. 예를 들어, 협상에만 중요하게 관여할 캐릭터들의 경우는 그들이 품은 이상, 다른 캐릭터들과의 관계, 그리고 인격적인 결점 등만 만들어두면 됩니다. 필요하다면 모험 동료 표나 모험 후원자 표를 이용해 세부사항을 정할 수 있습니다. (장소 기반 모험 부분에 이러한 표가 나와 있습니다.)

## 5. 악당의 반응 결정하기

모험자들이 자신의 목적을 추구해 가며 악당의 계획을 방해한다면, 악당은 어떻게 반응하게 될까요? 폭력으로 치닫게 될까요? 아니면 무시무시한 경고를 보내게 될까요? 문제를 해결할 단순한 방법을 선택할까요? 아니면 더 복잡한 계략을 짜며 방해를 물리치려 할까요?

당신이 2단계에서 결정한 악당의 행동을 돌아봅시다. 이러한 행동들을 취할 때, 모험자들이 어떻게 반응하게 될까를 생각해 봅시다. 모험자들이 악당의 성공을 방해하거나 계획에 훼방을 놓는다면, 그 결과가 악당의 전체 계획에 어떤 영향을 미치게 될까요? 악당이 이러한 충격을 완화하기 위해 취할 행동은 어떤 것이 있을까요?

악당의 반응을 결정할 때 순서도를 사용하는 것도 좋은 방법 중 하나입니다. 악당의 계획이 시간표에 따라 진행되며, 모험자들이 그 계획을 방해할 때의 대안을 그려나가면 됩니다. 아니면 시간표와는 분리된 형태의 순서도를 만들고, 모험자들이 취할 다양한 행동에 따라 각각의 대응을 생각해 두는 것도 좋습니다.

## 6. 핵심 장소 설정하기

이런 모험의 경우 장소가 핵심적인 요소는 아니니만큼, 복잡한 던전의 전체 지도를 그리거나 야생 환경 전체를 만들 필요는 없습니다. 핵심 장소만 간단히 만들어도 됩니다. 모험의 핵심 장소는 전투가 벌어질 만한 도시 안의 특정한 곳이거나, 반드시 살펴봐야만 하는 방 하나일 수도 있습니다. 이는 왕좌가 놓인 방일 수도 있고, 길드의 사령실일 수도 있으며, 뱀파이어의 저택 지하일 수도 있고, 기사단의 회의장일 수도 있습니다.

## 7. 도입부와 절정부 만들기

"장소 기반 모험" 부분에서 모험 도입부 표를 찾아보시면, 당신의 모험에 캐릭터들을 끌어들일 수 있는 여러 가지 흥미로운 실마리를 발견할 수 있을 것입니다. 꿈이나 유령의 등장, 혹은 단순하게 도움을 요청하는 사람들을 이용해서 모험자들을 끌어들일 수 있습니다. 또한 같은 부분에서 모험 절정부 표를 찾아보시면, 사건 기반의 모험에 대해서도 사용할 수 있는 여러가지 절정부를 찾을 수 있습니다.

예를 들어, 모험의 도입부 표를 이용하면 당신은 모험자들이 동료의 요청에 따라 모험에 들어가게 된다고 결정할 수 있습니다. 어쩌면 모험자들에게 도움을 요청하게 되는 NPC는 뱀파이어가 죽이려 드는 기사 중 하나일 수도 있습니다. 아니면 기사가 살해당하지 않길 바라는 기사의 친구나 친척일 수도 있습니다. 이 NPC는 캐릭터들이 뱀파이어의 범죄를 알아차리도록 도와줄 것입니다.

한편 모험의 절정부 표를 참고하면, 당신은 모험자들이 뱀파이어의 소굴에서 훔쳐 온 보석 상자를 미끼로 뱀파이어를 끌어들이는 식의 결말을 만들 수 있습니다. 약간의 비틀기를 더한다면, 당신은 뱀파이어의 진정한 목적이 그 보물상자 안에 있는 목걸이 하나를 되찾는 것이라 정해 둘 수도 있습니다. 이 목걸이는 9개의 보석이 박혀 있는 데, 보석들을 이용하면 뱀파이어가 구층지옥으로 통하는 문을 열 수 있습니다. 뱀파이어가 성공한다면, 강력한 데빌이 문을 통해 나타나서 고대의 계약에 따라 뱀파이어를 도와주게 되며 모험자들은 더욱 강력한 위협과 마주할 것입니다.

## 8. 조우 계획하기

당신이 모험의 전체적 이야기 구조를 만들었다면, 이제 모험의 각 부분을 채워 나갈 조우를 짜기 시작할 시간입니다. 사건 기반의 모험을 만들 때, 각 조우는 악당의 계략이 이루어지는 단계들을 나타내며, 여기에 캐릭터들이 끼어드는 과정을 그리게 됩니다. 정확히 언제 어디서 무슨 사건이 벌어질지 모든 것을 당신이 결정해 둘 수는 없지만, 모험자들이 겪을 수 있는 대략적인 조우의 목록을 만들어 둘 수는 있습니다. 이는 악당이 부리는 세력들에 대한 대략적 묘사나 그 부관과 하수인들, 그리고 모험이 벌어지는 핵심적 장소들에 대한 묘사를 통해 이루어집니다.

이 장의 후반부에 있는 '조우 만들기" 부분을 참조하면 각각의 조우를 만드는 데 필요한 조언을 찾을 수 있을 것입니다.

# 미스터리

미스터리는 강도나 살인 같은 특정 범죄의 수수께끼를 푸는 것에 초점이 맞추어진 사건 기반 모험의 일종입니다. 미스터리 소설의 작가와는 달리, 던전 마스터의 경우 캐릭터들이 정확히 무엇을 할지 모두 예측할 수는 없습니다.

악당이 "광란의 범죄"나 "치고 빠지기" 혹은 "연쇄 범죄" 행동을 할 경우, 당신은 악당의 범죄를 통해서 미스터리 모험물을 만들 수 있을 것입니다. 이와 유사하게, 만약 모험자들의 목적이 악당의 정체를 파악하는 것이라면, 이것 역시 미스터리 모험물의 일부가 될 수 있습니다.

미스터리 모험물을 만들기 위해서는, 일반적인 사건 기반 모험을 만드는 단계를 차례로 밟아가면 됩니다. 그런 다음 희생자, 용의자, 단서라는 추가 요소들을 고려해 보십시오.

## 희생자

희생자와 악당 사이의 관계를 생각해 보십시오. 희생자와 악당 사이에 아무런 관계도 없는 건조한 시나리오를 만들 수도 있지만, 미스터리의 흥미로운 부분은 NPC들 사이의 비틀린 관계를 발견하고 그 관계가 어떻게 범죄로 이어져 나갔는지를 발견하는 것 역시 포함하고 있습니다. 무작위적인 살인사건 역시 미스터리할 수 있지만, 감정적인 연결은 부족해집니다.

또한 희생자와 모험자들의 관계 역시 생각해 둘 필요가 있습니다. 모험자들이 알고 있는 누군가가 범죄에 희생되었다면, 이는 확실하게 모험자들을 미스터리로 이끄는 실마리가 되어줄 것입니다. 또한 모험자들은 동시에 용의자가 될 수도 있습니다.

## 용의자

당신이 창조한 여러 인물 중에는 범죄를 저지를 동기나 의도, 혹은 기회가 있었음에도 불구하고 범죄를 저지르지 않은 다른 NPC들 역시 섞여 있을 것입니다.

처음부터 뻔히 지목된 용의자도 있을 수 있고, 수사하다 보면 드러나는 용의자도 있을 수 있습니다. 탐정 소설에서 흔히 쓰이는 기법은, 한정된 형태의 용의자 집단을 만드는 것입니다. 범죄가 일어난 상황에서 접근할 수 있는 사람의 숫자 자체가 한정되어 있다면 그들이 곧 용의자 집단이 될 것입니다.

플레이어와 모험자들이 악당의 정체를 밝혀내는데 주력하게끔 하는 유용한 조언 하나를 드리자면, 용의자 중 최소한 한 명 이상이 비밀을 갖게 하는 것입니다. 모험자들이 비밀에 대해 질문하면, 그 용의자는 신경질을 내거나 거짓말을 할 것입니다. 그러나 이것이 꼭 그 용의자가 진범이라는 뜻은 아닙니다. 그가 지니고 있는 비밀은 그가 저지른 다른 불법이나 사업상의 비밀, 어두운 과거, 혹은 숨기고 싶은 자신의 악덕 등일 것입니다.

## 단서

단서는 범인의 정체를 찾아내는 요점입니다. 몇몇 단서는 증언으로 주어지며, 이러한 용의자나 목격자, 증인의 발언을 통해 모험자들은 상황이 어떻게 돌아가는지 깨달을 수 있습니다. 다른 단서들은 희생자가 핏자국으로 쓰다가 끊긴 마지막 메시지라거나, 범인이 떨어트린 장신구, 혹은 용의자의 방에서 찾아낸 무기 등과 같은 물질적 형태로 주어지기도 합니다.

단서는 용의자와 범죄 사실을 연관 짓는데 사용되며, 대개 용의자의 동기, 의도, 기회 등을 밝혀줍니다. 몇몇 단서는 용의자를 잘못 의심하게 하며, 모험자들이 착각하게 만듭니다. 결과적으로 그들은 다른 증거들을 찾아보다가 올바른 방향으로 가게 되거나, 그 단서로 인해 생긴 의심을 해소할 증거를 찾게 될 것입니다.

모험자들에게 단서를 너무 주지 않는 것보다는 차라리 과도하게 많이 주는 편이 더 낫습니다. 만약 모험자들이 수수께끼를 너무 빨리 풀어버렸다면, 당신은 약간 실망을 느낄지도 모르지만 플레이어들은 상당한 성취감을 느낄 것입니다. 만약 수수께끼가 너무 어렵다면, 플레이어들은 피곤함을 느낄 것입니다. 모험자들이 몇몇 단서는 그냥 지나쳐 버릴지도 모른다는 점을 감안한다면, 단서를 몇 개 놓치더라도 범인을 특정하기에 충분하도록 많은 단서를 뿌려 놓는 편이 좋습니다.

# 모략물

모략 모험물은 권력 분쟁에 연관된 사건 기반의 모험물을 통틀어서 말하는 것입니다. 모략은 흔히 귀족이나 왕가의 궁정에서 벌어지지만, 상인 길드나 범죄 조직, 교회 교단 내에서도 이러한 권력 분쟁은 흔히 찾아볼 수 있습니다.

모략 모험물에서는 어두운 사건이나 악당들의 음모가 나오는 대신, 서로 다른 권력자나 인물들 사이에 은혜와 호의가 오가는 거래가 등장하며 혀에 꿀을 바른 외교적 수사들이 동원됩니다. 어떤 왕자는 자신이 세자로 지명받고자 하고, 궁정의 시녀 중 누군가는 여왕의 오른손이 되고자 하는 야망을 품고 있습니다. 적지를 뚫고 새로운 무역로를 개척하고자 하는 상인의 열망 역시 모략물의 좋은 요소입니다.

일반적인 다른 모험물들과 마찬가지로, 모략 모험물 역시 플레이어와 그 캐릭터들에게 이로운 점이 있어야 돌아갑니다. 누가 왕의 시종이며 누가 엘프들의 숲에서 벌목할 권리를 가지고 있는지 아무도 관심이 없다면, 그런 주제가 중심이 되는 모험에 캐릭터들을 던져보았자 아무 일도 벌어지지 않을 것입니다. 그러나 왕의 시종에게 연줄이 닿아있다면 캐릭터들이 국왕군을 빌릴 수 있으며, 국왕군이 있으면 그들이 모험을 떠났을 때 자신들의 요새를 보호할 수 있다는 사실을 알게 되면 플레이어들은 시나리오에 관심을 보이기 시작할 것입니다.

모험자들은 어떤 강력한 존재에게 부탁해야 할 때, 그 존재가 부탁을 들어주는 대신 모험자들에게 뭔가를 요구하는 상황에 처하면서 모략에 휘말립니다. 혹은 어떤 캐릭터들이 자신들의 목표를 추구하다가 어떤 강력한 NPC의 계약에 끼어들게 되기도 합니다. 이 장의 앞에서 다룬 몇몇 사건 기반 모험의 목표는 그 자체로 모략 모험물의 주제가 될 수 있습니다. 예를 들어, 모험자들이 음모를 밝혀내거나, 평화 협정을 체결하거나, 어떤 통치자 혹은 평의회의 조력을 받고자 한다면, 그 자체가 모략 모험물로 가는 길이 될 수 있습니다.

모략 모험물을 만들어내는 과정은 다른 사건 기반 모험을 만드는 것과 유사하지만, 두 개의 주된 차이점이 있습니다. 바로 악당을 다루는 방식과 캐릭터들이 영향력을 얻게 되는 방식입니다.

## 악역

몇몇 모략 모험물은 왕의 암살을 바라는 귀족 등과 같이 주된 악역 한 사람의 행동에 의해 전개됩니다. 하지만 모략 모험물에서는 아예 악역이라고 할 만한 인물이 등장하지 않거나, 여러 명의 악역이 등장할 수도 있습니다.

***악역이 없는 경우.*** 몇몇 모략 모험물은 서로 간의 부탁이나 호의를 교환해 가는 과정을 통해 이루어지며, 딱히 악역이라 할 인물이 존재하지 않습니다. 이런 형태의 모험이라면, 사건 기반 모험을 만드는 과정의 제1~제2단계, 즉 악당과 악당의 행동을 결정하는 단계를 생략하고, 바로 모험자들의 목적을 설정하는 제3단계에서 시작해도 됩니다. 왜 모험자들이 이 모략에 끼어들게 되었는가를 생각하고, 자신들의 목적을 위해 모험자들과 거래하고 이야기할 NPC들을 만드는데 시간을 쏟도록 합시다.

***악역이 많은 경우.*** 몇몇 모험물에는 많은 악역이 있으며, 각 악역은 자신만의 목표와 동기, 방법을 지니고 있습니다. 모험자들은 왕이 급사한 후 공백이 된 왕좌를 노리는 귀족으로 가득한 궁정의 분쟁에 휘말릴 수도 있으며, 두 도적 길드 사이에서 벌어진 피투성이 암투를 끝내기 위한 협상에 뛰어들 수도 있습니다. 이러한 경우라면, 당신은 사건 기반 모험 제작의 제1~2단계에 많은 시간을 들이고, 각각의 악역을 주된 NPC로서 자신만의 목적을 가진 인물로 창조해야 합니다.

제5단계에서, 당신은 모험이 진행되는 동안 각 악역이 현재 벌어지는 사건에 어떻게 반응할지를 결정해야 합니다. 하지만, 당신은 모든 악역의 반응 전체를 세세하게 결정할 필요가 없으며, 가장 크게 반응하고 또한 캐릭터들과 맞상대할 것 같은 이들에 대해서만 집중적으로 신경을 쓰면 됩니다. 모험자들이 악당 하나의 계략을 파헤칠 때마다 그를 제외한 다른 악당들의 계획은 진행되어 나갈 것이며, 모험이 계속되는 과정에서 계획이 무너진 악역 역시 반응하거나 반응하지 않을 수 있습니다.

## 영향력

시나리오에 따라서, 당신은 서로 다른 NPC나 집단에 대해 모험자 일행이 가진 영향력을 파악하거나 각각의 캐릭터들이 지닌 영향력을 파악해야 할 수도 있습니다.

영향력 부분을 다루는 방법 중 하나는 이를 고양감처럼 다루는 것입니다. 캐릭터는 특정한 상황에서 자신의 행동에 의해 영향력을 얻을 수 있으며, 게임중 이것을 소비해야 할 때 소비함으로써 없어지게 될 것입니다. 캐릭터들은 NPC들의 부탁을 받거나 조직의 이상을 위해 일해서, 혹은 자신들의 힘과 영웅심을 과시해서 이러한 영향력을 얻을 수 있습니다. 고양감과 마찬가지로, 영향력을 소비한 캐릭터는 그 영향력에 관계된 판정에서 이점을 얻게 될 것입니다.

영향력을 다루는 또 다른 방법의 하나는 이것을 명성(제1장에서 설명했습니다.) 처럼 다루는 것입니다. 즉, 캐릭터들이 특정한 궁정이나 여러 핵심 조직 내에서 얻는 명성 자체를 영향력으로 생각하는 것입니다.

## 틀을 짜는 사건

당신은 눈에 띄는 사건 하나를 이용해 모험 전체를 하나의 틀로 짜거나, 아니면 이러한 사건을 이용해서 플레이어들의 관심을 끌 수 있습니다. 틀을 짜는 사건 표에는 몇 가지 제안이 주어지며, 당신은 이러한 사건들을 참고로 자신만의 틀을 만들 수도 있습니다.

### 틀을 짜는 사건

| d100 | 사건 |
|------|------|
| 01–02 | 통치자의 즉위 기념일 |
| 03–04 | 중요한 사건의 기념일 |
| 05–06 | 투기장 대회 |
| 07–08 | 무역상이나 선단의 도착 |
| 09–10 | 서커스의 도착 |
| 11–12 | 중요한 NPC의 도착 |
| 13–14 | 행진하는 모드론들의 도착 |
| 15–16 | 예술 공연 |
| 17–18 | 체육 공연 |
| 19–20 | 아이의 탄생 |
| 21–22 | 중요한 NPC의 생일 |
| 23–24 | 공공 축제 |
| 25–26 | 유성의 출현 |
| 27–28 | 과거 벌어진 비극의 추모제 |
| 29–30 | 새 신전의 축성일 |
| 31–32 | 대관식 |
| 33–34 | 평의회 모임 |
| 35–36 | 하지나 춘분, 추분 |
| 37–38 | 처형 |
| 39–40 | 풍요 기원제 |
| 41–42 | 만월 |
| 43–44 | 장례식 |
| 45–46 | 학자나 마법사들의 졸업식 |
| 47–48 | 수확제 |
| 49–50 | 성축일 |
| 51–52 | 기사나 다른 귀족의 작위 수여식 |
| 53–54 | 월식 |
| 55–58 | 한여름 축제 |
| 59–60 | 한겨울 축제 |
| 61–62 | 괴물들의 이동 |
| 63–64 | 왕가 축제 |
| 65–66 | 초승달 |
| 67–68 | 새해 |
| 69–70 | 죄인의 사면 |
| 71–72 | 이계의 연결 |
| 73–74 | 행성의 정렬 |
| 75–76 | 사제의 즉위식 |
| 77–78 | 유령의 출몰 |
| 79–80 | 지난 전쟁 참전 군인들의 추모식 |
| 81–82 | 왕위 수여 혹은 즉위 |
| 83–84 | 왕의 공청회 |
| 85–86 | 조약 체결 |
| 87–88 | 일식 |
| 89–91 | 토너먼트 |
| 92–94 | 재판 |
| 95–96 | 시민 폭동 |
| 97–98 | 결혼 혹은 혼인 기념일 |
| 99–00 | 두 사건이 같이 일어남 (2번 주사위를 굴려 99–00 무시) |

## 심화 작업

어떤 때는 모험이 보이는 것처럼 그저 단순하지만은 않을 수도 있습니다.

## 도덕적 갈등

캐릭터들이 무기를 휘두르거나 주문을 사용하는 것만으로는 해결하지 못할 위기를 주고 싶다면, 모험에 도덕적 갈등을 부여해 보는 것이 좋습니다. 도덕적 갈등은 모험자들이 반드시 선택해야만 하는 양심적인 문제를 더하여 만들어집니다. 이 선택은 결코 간단하지 않을 것입니다.

### 도덕적 갈등

| d20 | 갈등 요인 | d20 | 갈등 요인 |
|-----|-----------|-----|-----------|
| 1–3 | 동료의 갈등 | 13–16 | 구조의 갈등 |
| 4–6 | 우정의 갈등 | 17–20 | 존경의 갈등 |
| 7–12 | 명예의 갈등 | | |

아닙니다. 소중한 친구가 갑자기 악당의 목숨을 살려 달라고 말하며, 자비를 베풀어 악당과의 차이를 보여 달라고 간청하기도 합니다. 약한 NPC가 반드시 해야 하지만 상당히 위험한 임무를 맡아 달라고 애걸할 때도 있습니다.

**명예의 갈등.** 캐릭터는 승리할 것인가, 아니면 개인적인 맹세나 명예의 규칙을 지킬 것인가 선택에 처하게 됩니다. 미덕의 맹세를 선택한 팔라딘은 속임수와 기만에 기대는 것이 가장 쉽게 임무에 성공하는 길임을 알았을 때 이런 갈등에 빠지게 됩니다. 충성스러운 클레릭은 그 자신이 따르는 교단의 명령에 불복종하고 싶다는 유혹에 빠질 수도 있습니다. 당신이 이러한 갈등을 내보내고자 한다면, 자신의 명예를 저버린 한 캐릭터가 나중에라도 이를 참회하고 속죄할 기회를 반드시 주도록 합시다.

**구조의 갈등.** 모험자들은 악당을 잡거나 쓰러트리는 대신, 무고한 이들의 생명을 구할 것을 선택할지도 모릅니다. 예를 들어, 모험자들의 무사히 악당의 요새 근처까지 갔을 때, 악당의 세력 일부가 무고한 이들이 사는 마을로 향했고 곧 그곳을 쓸어버리려 한다는 사실을 알게 되었을 때 등을 생각해 봅시다. 캐릭터들은 악당을 쓰러트릴 것인가, 아니면 돌아가 무고한 이들을 구출할 것인가를 선택해야 하며, 이 무고한 이들 중에는 캐릭터들의 친구나 가족들이 있을지도 모릅니다.

**존경의 갈등.** 두 명의 중요한 동맹이 서로 대치되는 방향을 제시하거나 반대되는 조언을 해 줍니다. 예를 들어 일련의 엘프 군사 조직이 숲에서 준동하고 있을 때, 대사제는 엘프들과 평화 조약을 맺으라 충고하는 한편, 베테랑 전사는 결정적인 선제 공격을 가하면 엘프들에게 힘을 증명할 수 있다고 조언합니다. 모험자들은 양쪽 조언을 모두 따를 수는 없으며, 한 쪽의 조언을 따르면 반대쪽의 존경과 경의를 잃게 될 것입니다. 그 결과 베테랑 전사 혹은 대사제는 모험자들을 더는 도와주지 않을 수도 있습니다.

## 비틀기 요소

비틀기 요소는 이야기를 복잡하게 만드는 동시에 캐릭터들이 자신의 목표를 성취하는 것을 더 어렵게 만듭니다.

### 비틀기

| d10 | 비틀기 요소 |
|---|---|
| 1 | 모험자들은 자신들과 같은, 혹은 상반되는 목적을 지닌 다른 집단과 서로 경쟁하게 됩니다. |
| 2 | 모험자들은 전투능력이 없는 어떤 NPC의 안전을 보호해야 하는 의무를 지게 됩니다. |
| 3 | 모험자들은 악당을 죽일 수 없는 제약을 받게 되지만, 악당은 모험자들을 죽이려 들 것입니다. |
| 4 | 모험자들에게 시간제한이 생깁니다. |
| 5 | 모험자들은 잘못되었거나 지나치게 복잡한 정보를 받게 됩니다. |
| 6 | 모험의 목적을 달성하는 것은 예언을 성취하는 것이 되거나, 반대로 예언의 달성을 막는 것이 됩니다. |
| 7 | 모험자들은 두 개의 다른 목표를 갖게 되는데, 그 중 오직 하나만을 달성할 수 있습니다. |
| 8 | 모험자들은 알지 못하고 있지만, 모험의 목적을 달성하면 악당의 목적 역시 돕게 됩니다. |
| 9 | 모험자들이 목표를 달성하기 위해서는 그들의 적과 협력해야만 합니다. |
| 10 | 모험자들은 목적을 완수하는 동안 (사명 부여Geas 주문 등과 같은) 마법적인 제약에 걸려 있게 됩니다. |

**동료의 갈등.** 모험자들이 자신의 목표를 성취하기 위해서는 두 명의 도움이 필요합니다. 그러나 이 두 NPC는 서로를 극도로 증오하며, 어느 한편이 협조한다면 다른 쪽에서는 절대로 도움을 주지 않을 것입니다. 이 증오는 너무나 깊어서 세상의 운명이 달린 일이라 해도 흔들리지 않습니다. 모험자들은 자신들의 목표를 이루기 위해 둘 중 더 도움이 될 쪽을 선택해서 도움을 받아야 합니다.

**우정의 갈등.** 한 명 이상의 모험자와 친분을 지니고 있는 NPC가 도저히 불가능한 요구를 해 와서 캐릭터들을 위험한 사명에 몰

## 부가 임무

당신은 또한 모험의 주된 임무에 더해, 몇 가지의 부가 임무를 설정할 수도 있습니다. 이 부가적인 임무를 위해서는 캐릭터들이 주된 이야기의 흐름에서 잠시 떨어져야 할 수도 있습니다. 부가 임무는 주된 목표에 비하면 어디까지나 부차적인 요소이지만, 부가 임무를 성공적으로 수행하면 주목표에 달성에 어느 정도 이익을 얻을 수 있습니다.

### 부가 임무

| d8 | 부가 임무 |
|---|---|
| 1 | 그 지역에 있는 것으로 알려진 특정한 물건 찾기 |
| 2 | 악당이 소지하고 있는 빼앗긴 물건 되찾기 |
| 3 | 그 지역의 NPC에게서 특정한 정보 얻어내기 |
| 4 | 인질 구출하기 |
| 5 | 사라진 NPC의 행방 발견하기 |
| 6 | 특정한 괴물 살해하기 |
| 7 | 그 지역에서 일어나는 기이한 현상의 원인 찾기 |
| 8 | 그 지역의 어떤 캐릭터나 존재의 지원 확보하기 |

# 조우 만들기

조우는 당신의 모험을 구성하는 거대한 이야기 속에서 하나씩의 장면으로 구현됩니다.

가장 먼저, 조우는 플레이어들에게 재미있어야만 합니다. 다음으로, 조우는 당신이 부담 없이 운영할 수 있어야 합니다. 무엇보다도, 잘 짜인 조우는 당신의 캠페인에서 이야기의 흐름을 이어주는 역할을 합니다. 잘 짜인 조우는 이러한 역할을 수행하기 위해 확실한 목표를 지니고 있어야만 하며, 이렇게 조우를 짜나가면 다음에 이어질 조우를 예고하는 역할 역시 수행할 수 있습니다.

조우의 결과는 셋 중 하나로 나타납니다. 캐릭터들이 성공하거나, 부분적으로 성공하거나, 실패하는 것입니다. 조우는 상정할 수 있는 세 가지 결과에 모두 대응할 수 있어야 하며, 그래서 플레이어들이 느끼기에 캐릭터들의 행동이 성공했느냐 실패했느냐가 유의미한 차이를 불러왔다고 느낄 수 있어야 합니다.

## 캐릭터의 목표

주어진 조우에서 무엇을 어떻게 해야 좋은지 모르는 상황이 계속된다면, 지루함과 피곤함으로 흥분과 기대가 빠르게 식어갈 것입니다. 분명한 목표 설정은 플레이어들이 관심을 잃을 위험을 피할 수 있는 중요한 열쇠입니다.

예를 들어, 만약 당신의 모험이 가지는 전체 이야기가 멀리 떨어진 수도원으로 귀중하기 이를데 없는 성물을 운반하는 것이라면, 각각의 조우는 이 사명을 완수하기 위해 나아가는 여정의 한 부분들을 보여줄 것입니다. 여행 중 일어나는 조우는 성물을 빼앗으려고 덤벼드는 적이라거나, 끝없이 수도원을 위협해 오던 괴물 무리 등에 맞서는 것으로 이루어질 수 있습니다.

몇몇 플레이는 그들 자신만의 목표를 만들기도 하며, 이러한 자기 목표 설정은 게임을 즐기는 좋은 방법으로서 장려할만합니다. 어쨌든, 당신의 캠페인은 당신의 것인 동시에 플레이어들의 것이기도 하기 때문입니다. 예를 들어, 어떤 캐릭터는 적들과 싸우는 대신 그들을 매수하려 할 수도 있고, 달아난 적을 뒤쫓아 어디로 갔는지 확인하려 할 수도 있습니다. 주어진 주된 목표를 무시하는 플레이어는 그 결과 역시 감당해야 할 텐데, 이 부분 역시 조우를 설계하는 데 있어 중요한 과정입니다.

## 예시 목표

아래 목표들은 조우의 기반으로 사용할 만한 것들을 모아본 것입니다. 이러한 각각의 목표는 모험 중 벌어지는 조우 하나에 초점을 맞추고 사용하는 것을 전제로 하고 있지만, 여러 조우를 거쳐 하나의 목표를 추구하는 것도 좋은 방법이 될 수 있으며, 이렇게 여러 조우를 거치게 하면 모험자들에게 반드시 넘어야할 거대한 장애물이라는 느낌을 줄 수 있습니다.

*화평 맺기.* 캐릭터들은 두 개의 서로 대립하는 집단(혹은 그 지도자들) 사이에서 그들이 휘말려든 분쟁을 끝내야 합니다. 조금 더 복잡하게 만들고자 한다면 캐릭터들이 양쪽 집단 중 어느 한 곳, 혹은 양쪽 모두에 적이 있는 상황이라거나 제3의 인물 혹은 집단이 자신들의 이익을 위해 이러한 분쟁을 선동하고 있는 상황을 가정해 볼 수 있습니다.

*NPC나 특정한 물건 보호하기.* 캐릭터들은 경호원으로 움직이거나 자신들이 소지하고 있는 어떤 물건을 보호해야 합니다. 조금 더 복잡하게 만들고자 한다면 파티의 보호를 받는 이러한 NPC가 저주를 받는다거나 질병에 걸려 있는 경우, 패닉에 빠져 사방으로 공격해 대는 경우, 싸움에 참여하기엔 너무 어리거나 나이가 많은 경우, 혹은 모호한 결정을 해서 보호하고 있는 모험자들의 생명까지 위험에 빠트리는 경우 등을 생각해 볼 수 있으며, 물건이라면 저주를 받았거나 운반하기 어려운 물건을 생각해 볼 수 있습니다.

*물건 회수하기.* 모험자들은 조우가 벌어지는 지역에서 특정한 물건의 소유권을 획득해야 합니다. 이렇게 물건을 회수하는 시점은 어쩌면 전투가 끝난 다음일 수도 있습니다. 조금 더 복잡하게 하고자 한다면, 적들 역시 해당 물건을 원하고 있어서 회수하는 바로 그 시점에 두 집단이 싸움에 돌입하는 경우 등을 들 수 있습니다.

*강행돌파.* 모험자들은 위험한 지역을 돌파해 나아가야 합니다. 이 목표는 해당 지역의 적들을 처치하는 것보다 탈출지점으로 향하는 것이 더욱 우선된다는 점에서 물건을 회수하는 것과 유사하게 작용할 수 있습니다. 시간제한이 더해진다면 문제가 더욱 복잡해집니다. 잘못된 결단을 내릴 경우 길을 잃게 만드는 것 역시 그러합니다. 또한 함정, 위험요소, 괴물 등이 등장해도 조우를 더욱 복잡하게 만들어 줄 수 있을 것입니다.

*잠입.* 모험자들은 적들이 알아채지 못한 상태에서 해당 조우 지역을 통과해야 합니다. 이 과정에서 모험자들 일부가 발견된다거나 하면 조우를 복잡하게 만들어 줄 수 있습니다.

*의식 중단.* 사악한 교단의 지도자가 짠 계획, 악의가 가득한 워락, 강력한 악마 따위가 벌이는 의식을 중단해야만 합니다. 캐릭터들은 의식을 중단시키기 위해 뛰어들어야 하며, 일반적으로 이 과정에서 그들의 앞을 가로막는 악의 하수인들과 전투를 벌여야 하고, 궁극적으로 강력한 마법의 힘을 발휘하는 의식을 방해해야 합니다. 조우에 복잡함을 더하려면 캐릭터들이 등장했을 때 이 의식이 막바지에 도달하게 하여 시간제한을 두는 방법도 있습니다. 또한 의식의 종류에 따라서, 의식이 완료되었을 때 나타나는 결과 역시 조우의 요소가 될 수 있습니다.

*하나만 제거하기.* 악당은 모험자들 모두를 죽여버릴 만큼 강력한 하수인들에게 보호받고 있습니다. 캐릭터들은 그냥 도망갔다가 다른 날 다시 악당과 대면하려고 할 수도 있으며, 이러한 하수인들을 통과하여 목표물인 악당 하나만을 제거하고자 할 수도 있습니다. 복잡함을 더해보려면 이러한 하수인들이 그저 악당의 조종을 받는 무고한 자들인 경우를 들 수 있습니다. 악당을 죽이면 이러한 조종 역시 깨지게 되지만, 적어도 조종받는 동안에는 모험자들 역시 하수인들의 공격을 상대해야 할 것입니다.

## 전투 조우 만들기

전투 조우를 만들기 위해서는, 상상력을 최대로 가동하고 당신의 플레이어들이 즐길만한 것을 떠올려 보시기 바랍니다. 일단 당신이 세부적인 사항을 대충 구상했다면, 이 부분을 사용해서 조우의 난이도를 조정할 수 있습니다.

### 전투 조우의 난이도

전투 조우는 4종류의 난이도로 나누어집니다.

*쉬움*. 쉬움 난이도의 조우는 캐릭터들의 자원을 소모하게 하거나 심각한 위기에 몰아넣지 않습니다. 이러한 조우들은 히트 포인트를 약간 잃는 정도에서 끝나며, 승리는 거의 보장된 것이나 마찬가지입니다.

*보통*. 보통 난이도의 조우는 플레이어들이 놀랄만한 순간이 한두 번 정도 찾아오지만, 캐릭터들은 대개 낙오자 없이 승리를 쟁취하게 될 것입니다. 한두 명 정도는 치료 수단을 사용해야 할 수도 있습니다.

*어려움*. 어려움 난이도의 조우는 모험자들에게 안 좋게 돌아가기 시작합니다. 약한 캐릭터들은 전투에서 쓰러질 수도 있으며, 캐릭터 한두 명 정도가 사망할 가능성 역시 작게나마 존재합니다.

*치명적*. 치명적 난이도의 조우는 캐릭터 한두 명 정도가 목숨을 잃어야 할 정도로 격렬합니다. 생존을 최우선으로 생각하는 것이 좋은 전술일 수도 있으며, 빠른 사고전환이 필요합니다. 모험자 일행은 패배를 각오하고 싸워나가야만 할 것입니다.

### 조우 난이도 산정하기

아래 방법을 사용하면 전투 조우의 난이도를 조정할 수 있습니다.

*1. 경험치 한계 결정*. 먼저 파티 내의 각 캐릭터마다 경험치 한계를 산정합니다. 캐릭터 레벨에 따른 경험치 한계 표를 보면, 각 레벨 당 4개씩의 경험치 한계가 나와 있습니다. 각 캐릭터의 경험치 한계를 모두 산정하십시오.

*2. 파티의 경험치 한계 결정*. 조우 난이도에 따라 각 캐릭터마다 경험치 한계를 정했다면, 이 수치를 모두 더하십시오. 이렇게 나온 총합 수치가 파티의 경험치 한계가 됩니다. 4가지의 난이도가 있으니, 파티 경험치 한계 역시 4종류가 될 것입니다.

예를 들어, 당신의 모험자 일행이 3레벨 캐릭터 3명과 2레벨 캐릭터 1명으로 이루어져 있다면, 이 일행의 경험치 한계는 아래와 같이 정해질 것입니다.

**쉬움:** 275 XP (75 + 75 + 75 + 50)
**보통:** 550 XP (150 + 150 + 150 + 100)
**어려움:** 825 XP (225 + 225 + 225 + 150)
**치명적:** 1,400 XP (400 + 400 + 400 + 200)

---

### 도전 지수

조우나 모험을 설계할 때, 파티의 평균 레벨보다 높은 도전 지수를 지닌 괴물을 내보낼 때는 주의를 기울여야 합니다. 특히 이는 낮은 레벨의 게임을 진행할 때 더 큰 문제가 됩니다. 이러한 괴물들은 한 번의 행동만으로 낮은 레벨 모험자를 쓰러트릴 수 있습니다. 예를 들어, 오우거의 도전 지수는 2이지만, 1레벨 위저드를 단 한 방에 쓰러트릴 수 있습니다.

또한, 몇몇 괴물들은 낮은 레벨의 캐릭터들이 상대하기가 불가능하거나 매우 어려운 기능들을 지니고 있습니다. 예를 들어 락샤샤는 도전지수 13인데, 6레벨 이하 주문에 면역입니다. 12레벨 이하의 주문 시전자는 6레벨 이상 주문을 쓰지 못하며, 이는 실질적으로 락샤샤에게 영향을 줄 수 없다는 것입니다. 이는 심각한 불이익을 가져다줍니다. 이러한 조우는 모험자 일행에 있어 괴물의 표기된 도전지수보다 훨씬 심각한 위험을 가져다줄 것입니다.

---

## 캐릭터 레벨에 따른 경험치 한계

| 캐릭터 레벨 | 조우 난이도 | | | |
|---|---|---|---|---|
| | 쉬움 | 보통 | 어려움 | 치명적 |
| 1 | 25 | 50 | 75 | 100 |
| 2 | 50 | 100 | 150 | 200 |
| 3 | 75 | 150 | 225 | 400 |
| 4 | 125 | 250 | 375 | 500 |
| 5 | 250 | 500 | 750 | 1,100 |
| 6 | 300 | 600 | 900 | 1,400 |
| 7 | 350 | 750 | 1,100 | 1,700 |
| 8 | 450 | 900 | 1,400 | 2,100 |
| 9 | 550 | 1,100 | 1,600 | 2,400 |
| 10 | 600 | 1,200 | 1,900 | 2,800 |
| 11 | 800 | 1,600 | 2,400 | 3,600 |
| 12 | 1,000 | 2,000 | 3,000 | 4,500 |
| 13 | 1,100 | 2,200 | 3,400 | 5,100 |
| 14 | 1,250 | 2,500 | 3,800 | 5,700 |
| 15 | 1,400 | 2,800 | 4,300 | 6,400 |
| 16 | 1,600 | 3,200 | 4,800 | 7,200 |
| 17 | 2,000 | 3,900 | 5,900 | 8,800 |
| 18 | 2,100 | 4,200 | 6,300 | 9,500 |
| 19 | 2,400 | 4,900 | 7,300 | 10,900 |
| 20 | 2,800 | 5,700 | 8,500 | 12,700 |

모험 내에서 전투 조우를 설계할 때마다 사용하게 될 테니, 이 총합 점수를 잘 기록해 놓는 편이 좋습니다.

*3. 괴물의 경험치 합계 내기*. 당신이 조우에 등장시키는 모든 괴물의 경험치들을 전부 더해 합계를 냅니다. 각각의 괴물은 수치 블록 내에 경험치 값을 지니고 있습니다.

*4. 다수 괴물에 따른 총 경험치 값 조정*. 만약 조우에서 괴물을 여럿 등장시키려 한다면, 그 괴물의 총 경험치 값에 특정한 수치를 곱해 적용하게 됩니다. 괴물의 수가 많을수록 캐릭터들을 공격할 때 더 많은 명중 굴림을 굴리게 되며, 따라서 그 조우는 더 위험해질 수밖에 없습니다. 조우 난이도를 정확히 파악하려면, 조우에 등장한 모든 괴물의 경험치 값 합계에, 아래 조우 곱셈 표에 주어진 값을 곱하여 조정된 경험치를 산출하시기 바랍니다.

예를 들어, 만약 당신이 총 경험치 합계 500XP를 지닌 네 마리의 괴물을 내보내는 조우를 계획하고 있다면, 당신은 아래 표에 따라서 4마리이므로 총 경험치 값에 2를 곱해야 하며, 따라서 최종 경험치 합계는 1,000XP가 됩니다. 이 조정된 값은 실제 괴물들이 지닌 경험치가 아니며, 단지 조우의 난이도를 정확히 측정하기 위해 사용되는 값일 뿐입니다.

이 계산을 행할 때 주의해야 할 점은, 다른 괴물들의 평균적인 도전 지수보다 상당히 낮은 도전 지수를 지니고 있는 약한 괴물들의 경우는 아예 무시하는 편이 낫다는 것입니다. 단, 당신의 판단 하에 이 약한 괴물들 역시 조우의 난이도에 영향을 줄 수 있다고 판단하는 경우는 예외로 둘 수 있습니다.

### 조우 곱셈 표

| 괴물 숫자 | 곱하는 값 | 괴물 숫자 | 곱하는 값 |
|---|---|---|---|
| 1 | ×1 | 7–10 | ×2.5 |
| 2 | ×1.5 | 11–14 | ×3 |
| 3–6 | ×2 | 15 이상 | ×4 |

*5. 경험치 비교*. 위에서 조정된 괴물의 총 경험치 값을, 파티의 경험치 한계와 비교합니다. 4개의 경험치 한계 중 일치하는 값이

그 조우의 난이도가 됩니다. 만약 정확히 일치하는 값이 없다면, 조정된 총 경험치 값보다 낮은 것들 중 가장 가까운 한계 값이 난이도가 됩니다.

예를 들어, 한 마리의 버그베어와 3마리의 홉고블린이 등장하는 조우라면, 조정된 경험치값은 1,000XP가 됩니다. 이 조우는 3레벨 캐릭터 3명과 2레벨 캐릭터 1명으로 이루어진 모험자 일행 입장에서 보면 어려움 난이도의 조우가 될 것입니다. (어려움 난이도의 경험치 한계가 875이고, 치명적 난이도의 경험치 한계는 1,400이기 때문입니다.)

## 일행의 크기

위에 주어진 안내는 기본적으로 3명에서 5명으로 이루어진 모험자 집단에 해당하는 것입니다.

만약 일행이 3명 이하의 캐릭터로 이루어져 있다면, 조우 곱셈 표의 곱하는 값을 한 단계 큰 것으로 취급합니다. 예를 들어, 괴물 하나가 등장하는 조우라면 1이 아니라 1.5를 곱해 조정된 경험치 합계를 내면 됩니다. 그리고 15 마리 이상이 등장하는 조우의 경우, 곱하는 값이 5로 증가합니다.

만약 일행이 6명 이상의 캐릭터로 이루어져 있다면, 표에 나온 값을 한 단계 낮은 것으로 취급합니다. 이 대규모 일행이 한 마리의 괴물만이 등장하는 조우를 상대한 다면, 괴물의 경험치 값에 0.5를 곱해 조정된 값을 판정합니다.

## 다단계 조우

가끔은 한 번에 모든 적이 등장하지 않고, 시간차에 따라 여러 적이 등장하는 조우가 나올 때도 있습니다. 예를 들어, 괴물들이 여러 차례에 걸쳐 닥쳐 들어오는 경우를 볼 수 있을 것입니다. 이러한 조우의 경우, 조우의 각 단계나 각각의 차례를 별개의 조우로 설계하여 난이도를 측정할 수 있습니다.

모험자 일행은 이렇게 다단계 조우를 상대해야 할 때 짧은 휴식을 취하지 못하는 상태에서 연달아 적과 싸우게 되므로, 히트 다이스를 소비해 hp를 회복하거나 짧은 휴식으로 충전되는 능력을 사용하지 못하게 될 것입니다. 규칙상으로 볼 때, 다단계 조우의 한 부분에서 맞싸우게 되는 괴물들의 조정된 총 경험치 값이, 해당 모험자 일행의 모험일(아래 "모험일" 부분을 참조하십시오.)의 총 경험치 값의 1/3보다 크다면, 그 조우는 모든 부분을 합친 것보다 더 어려워질 가능성이 높습니다.

## 경험치를 예산으로 사용해 조우 설계하기

당신은 시작 시점부터 자신이 원하는 난이도에 맞추어 조우를 설계할 수 있습니다. 모험자 일행의 경험치 한계 자체가 일종의 경험치 예산이 되며, 쉬움, 보통, 어려움, 치명적 난이도의 경험치 한계를 가지고 이를 적절히 소비해 조우를 채워 나가면 자신이 원하는 난이도에 맞추어 조우를 설계할 수 있습니다. 다만, 여러 마리의 괴물로 구성된 조우는 기본 경험치 값이 아니라 조정된 값을 소비해야 한다는 점을 잊으면 안 됩니다. (4단계를 참조하십시오.)

예를 들어, 제2단계에서 모험자 일행의 경험치 합계를 산정해 보고 보통 난이도의 조우를 만들고자 한다면, 괴물들의 조정된 경험치 합계가 550XP(보통 난이도의 경험치 한계)보다는 크고 825XP(어려움 난이도의 경험치 한계)보다 작으면 됩니다. 아울 베어나 맨티코어 등 도전 지수 3의 괴물을 하나만 내보낸다면, 이들은 경험치 700XP 가치를 지니고 있기에 하나로도 충분히 보통 난이도의 조우가 되어줍니다. 당신이 두 마리의 괴물을 내보내고자 한다면, 두 괴물의 기본 경험치 값 합계에 1.5를 곱한 것이 조정된 수치가 됩니다. 다이어 울프 두 마리(각각 200XP)를 내보낸다면, 400 × 1.5로 조정된 경험치 값은 600이고, 역시나 보통 난이도의 조우로 사용할 수 있습니다.

이러한 접근법을 더욱 편하게 사용하시려면, 던전 마스터즈 가이드(Dungeon Master's Guide)에 나와 있는 부록 B에서 도전 지수별로 정리된 괴물들의 목록을 찾아보실 수 있습니다.

## 모험일

일반적인 모험 상황이나 평균적인 운을 고려해 볼 때, 대부분의 모험자 일행은 하루에 6번에서 8번 정도의 보통이나 어려움 난이도 조우를 행할 수 있습니다. 만약 모험에 쉬움 난이도 조우가 더 많다면, 모험자들이 행할 수 있는 조우의 숫자도 더 많아질 것입니다. 만약 치명적 난이도의 조우가 더 많다면, 하루에 할 수 있는 조우의 숫자 역시 줄어듭니다.

당신은 조우 난이도를 측정하는 방법과 유사한 방식으로, 괴물이나 다른 적수 및 장애물의 경험치 값을 이용해 모험자 일행이 현재 얼마나 모험을 진행했는지 확인할 수 있는 척도를 만들 수 있습니다.

일행의 캐릭터 하나마다 아래 주어진 모험일 경험치 표를 이용해 하루에 얻게 될 예상 경험치 량을 가늠해 볼 수 있습니다. 모든 일행 구성원의 예상 경험치 합계가 일행 전체의 모험일 경험치 합계가 됩니다. 이것은 일행이 긴 휴식을 취하기 전 얼마나 많은 조우를 할 수 있는가를 확인하기 위해 대략적으로 사용할 수 있는 기준이 되어줍니다.

## 모험일 경험치 표

| 레벨 | 캐릭터 하나당 하루에 얻는 조정XP | 레벨 | 캐릭터 하나당 하루에 얻는 조정XP |
|---|---|---|---|
| 1 | 300 | 12 | 11,500 |
| 2 | 600 | 13 | 13,500 |
| 3 | 1,200 | 14 | 15,000 |
| 4 | 1,700 | 15 | 18,000 |
| 5 | 3,500 | 16 | 20,000 |
| 6 | 4,000 | 17 | 25,000 |
| 7 | 5,000 | 18 | 27,000 |
| 8 | 6,000 | 19 | 30,000 |
| 9 | 7,500 | 20 | 40,000 |
| 10 | 9,000 | | |
| 11 | 10,500 | | |

## 짧은 휴식

일반적으로, 모험일 전체를 통틀어 일행은 두 번 정도의 짧은 휴식을 하게 되며, 대개 1/3 지점과 2/3 지점에서 이렇게 휴식을 취하게 됩니다.

## 조우 난이도 조정하기

여러가지 지형과 상황을 선택하여 조절하면 조우를 더 쉽게, 혹은 더 어렵게 만드는 것도 가능합니다.

적들은 영향을 받지 않지만 캐릭터들은 영향을 받는 악조건을 추가하면 조우의 난이도를 간단히 한 단계 올릴 수 있습니다.(예를 들자면 쉬움에서 보통으로 올릴 수 있습니다.) 마찬가지로 적들은 받지 못하지만, 캐릭터들은 받는 이점을 제공하면 조우의 난이도를 한 단계 낮출 수 있습니다. 이렇게 이점이나 악조건을 제공하면 계속해서 조우의 난이도를 변경해 갈 수 있습니다. 만약 캐릭터들이 이점과 악조건을 동시에 받게 된다면, 두 요소는 서로 상쇄되고 난이도에는 변함이 없습니다.

상황에 따른 악조건은 아래와 같은 것들입니다.

- 일행 전체는 기습당했고, 적들은 그렇지 않다.
- 적들은 엄폐를 받고 있고, 일행에게는 엄폐가 없다.
- 캐릭터들은 적들을 볼 수 없는 상황이다.
- 캐릭터들은 어떤 환경 효과나 마법적인 원천에 의해 매 라운드 피해를 입게 되고, 적들은 그렇지 않다.
- 캐릭터들은 로프에 매달려서 깎아지른 절벽 가운데 있거나, 바닥 한가운데 끼어 있는 등 이동에 심각한 장애가 있는 상황이거나 몸을 숙여 피할 수 없는 상황이다.

상황적인 장점들은 악조건들과 유사하지만, 그 영향을 받는 것이 캐릭터들이 아니라 적들이라는 점이 다릅니다.

## 재미있는 전투 조우

아래 요소들을 추가해 보면 훨씬 재미있고 긴장감 넘치는 전투 조우를 만들 수 있습니다.

- 캐릭터와 적들 모두 심각한 피해를 입을 수 있는 지형을 배치합니다. 너덜거리는 로프 다리나 점액질로 가득한 웅덩이 따위가 좋은 예시입니다.
- 높낮이가 변화하는 지형 요소를 배치합니다. 구덩이나 빈 상자더미, 사다리, 발코니 등이 이에 해당합니다.
- 캐릭터나 적들이 이용하여 이동할 수 있는 요소를 배치합니다. 샹들리에나 화약통, 혹은 기름통, 회전하는 칼날 함정 따위가 이러한 요소입니다.
- 적들이 닿기 힘든 위치에 있거나 방어적 위치를 점유하고 있어서, 캐릭터들은 장거리에서 공격하거나 전장을 쭉 통과해야 적에 닿을 수 있습니다.
- 서로 다른 종류의 괴물들이 서로 힘을 합쳐 싸웁니다.

# 무작위 조우

야생 지대나 던전을 탐험하다 보면, 예상하지 못했던 적들과 마주치기도 합니다. 무작위 조우는 바로 이런 예상치 못한 상황을 연출하기 위해 사용되곤 합니다. 무작위 조우는 대개 표 형태로 제공됩니다. 무작위 조우 상황이 발생하면, 당신은 주사위를 굴려 표에서 나온 숫자에 따라 적들을 등장시키고 일행과 상대하게 합니다.

몇몇 플레이어나 DM은 무작위 조우를 시간낭비로 취급하기도 하지만, 잘 설계된 무작위 조우는 여러 가지 목적에서 유용하게 사용될 수 있습니다.

- **긴급성 연출.** 무작위 조우의 가능성이 있다면, 모험자들은 이리저리 돌아다니지 않을 것입니다. 배회하는 괴물 무리들을 피하려면 일단 안전하게 휴식을 취할 장소를 찾는 것을 최우선으로 생각하게 될 것입니다. (이런 경우는 실제 조우를 하지 않고 그냥 DM 스크린 뒤에서 주사위를 굴리는 것으로도 효과를 볼 수 있습니다.)
- **분위기 표현.** 주제에 잘 맞게 연관된 괴물들이 무작위 조우로 등장하면 모험의 전반적인 분위기를 표현하는 데 많은 도움을 줄 수 있습니다. 예를 들어 거대 박쥐나 망령, 거대 거미, 좀비 등으로 채워진 무작위 조우 표는 공포물 분위기를 내는데 적합할 것이며, 모험자들로 하여금 밤에 살아가는 더 강력한 존재들을 만날지도 모른다는 예감을 가지게 할 것입니다.
- **캐릭터의 자원 소모 유도.** 무작위 조우는 일행의 hp와 주문 슬롯을 소비하게 하며, 모험자들이 기운 빠지고 취약해진 듯한 효과를 내게 해 줍니다. 이 과정에서 긴장이 생기고, 플레이어들은 캐릭터가 전력을 다하지 못하는 상황에서 어떻게 행동해야 할지 결정해야 합니다.
- **보조 제공.** 어떤 무작위 조우는 캐릭터들에게 해를 주거나 방해하는 대신 도움을 주기도 합니다. 우호적인 크리쳐나 NPC들은 모험자들에게 유용한 정보를 주거나 필요한 경우 직접 도움을 제공하기도 할 것입니다.
- **흥미 유발.** 무작위 조우는 당신의 세계 속 숨겨진 세부 사항들을 보여주는 기회가 될 수 있습니다. 무작위 조우를 통해 다가오는 위험을 예고하거나 모험자들이 맞이할 다음 조우에 대한 단서를 제공하는 것도 가능합니다.
- **캠페인의 주제 강화.** 무작위 조우는 플레이어들이 캠페인의 주된 주제를 되새기게 해 줍니다. 예를 들어, 당신의 캠페인이 두 국가 간의 계속되는 전쟁을 무대로 하고 있다면, 당신은 무작위 조우 표를 통해 항상 반복되는 분쟁의 여러 측면을 보여줄 수 있습니다. 우호적인 지역에서라면 당신의 조우 표에서는 전쟁터에서 지쳐 돌아가는 병력이나 침공하는 적에게서 도망치는 피난민들, 무기를 운반하면서 중무장한 무역상들, 말 위에 올라타고 전선으로 달려가는 전령 등을 보여줄 수 있을 것입니다. 또한 캐릭터들이 적대 지역에 있다면, 조우 표는 죽은 지 얼마 안 되는 시체로 가득한 전쟁터, 행진하고 있는 사악한 휴머노이드의 군대, 탈영병들의 목을 매달고 있는 급조한 교수대 등을 보여줄 수 있을 것입니다.

무작위 조우가 당신이나 플레이어들을 피곤하게 만들어서는 안 됩니다. 플레이어들은 무작위 조우 때문에 이야기가 지지부진 늘어지고 있다는 느낌을 받고 싶지 않을 것입니다. 마찬가지로, 당신 역시 모험의 이야기 진행에는 아무런 보탬도 되지 않으면서 시간만 낭비하는 식의 무작위 조우는 만들고 싶지 않을 것이며, 완급 조절에 방해가 되는 것도 피하고 싶을 것입니다.

모든 DM이 무작위 조우를 즐겨 사용하는 것은 아닙니다. 당신 생각에 무작위 조우가 게임에 방해가 될 것 같다거나, 당신이 원하지 않는 문제를 발생시킬 것 같다면 무작위 조우는 당신과 맞지 않는 것이니, 사용하지 않아도 무방합니다.

## 무작위 조우 발동

당신은 DM으로서 무작위 조우가 게임 진행 내에서 이야기를 방해하기보다는 이야기 요소의 일부로 사용되고자 할 것이기 때문에, 언제 이러한 조우를 발동시킬지에 대해서는 조심스럽게 선택해야만 합니다. 아래 주어진 상황 중 하나에 처했을 때 무작위 조우를 발생시키는 것을 고려해 보시기 바랍니다.

- 플레이어들이 이야기의 주된 흐름에서 벗어나 게임이 전체적으로 느려지고 있을 때.

다른 크리쳐들이 뛰어 들어오는 것 모두가 무작위 조우로 취급 받지는 않습니다. 토끼가 수풀 속에서 뛰어나오는 것이 표에 포함된 경우는 없다고 봐도 됩니다. 마찬가지로 던전의 방에서 무해한 작은 쥐가 오간다거나, 도시의 거리에서 평범한 시민들이 돌아다니는 것들을 모두 조우로 취급하지는 않습니다. 무작위 조우 표는 모험의 이야기 구조를 진행시키는 사건이 벌어지거나 장애물을 만났을 것이라 가정하고 굴리는 것이며, 이를 통해 앞으로 다가올 중요한 요소를 예견하거나 모험의 주제를 되새겨 보고, 흥미로운 곁가지 이야기를 즐길 수 있습니다.

## 무작위 조우 표 만들기

당신만의 무작위 조우표를 만드는 작업은 단순하고 직선적입니다. 주어진 던전 지역이나 야생 지역에서 어떤 종류의 조우가 가능할까를 생각한 다음, 그 결과를 배열하기만 하면 됩니다. 이 경우 벌어지는 조우는 괴물이나 NPC 하나, 혹은 여러 명의 NPC나 괴물들일 수도 있으며, 무작위로 벌어지는 사건(지진이나 행렬 등등)일 수도 있고, 무작위로 일어나는 발견(불에 탄 시체나 벽에 쓰인 메시지 등등)일 수도 있습니다.

*당신의 조우들을 구성하기.* 모험자들이 모험할 지역을 결정했다면, 그게 야생 지역이든 던전 지역이든, 그곳에서 지낼만한 크리쳐들의 목록을 만들 수 있을 것입니다. 만약 어떤 크리쳐를 포함해야 할지 잘 모르겠다면, 부록 B에서 각 지형에 어떠한 괴물들이 살고 있는가에 대한 목록을 참조할 수 있습니다.

삼림지대의 경우, 당신은 켄타우르스, 페어리 드래곤, 픽시, 스프라이트, 드라이어드, 사티로스, 점멸견, 엘크, 아울베어, 트린트, 거대 올빼미나 유니콘 등으로 이루어진 표를 만들 수 있을 것입니다. 만약 엘프들이 그 숲에 살고 있다면, 표에는 엘프 드루이드나 정찰병들 역시 포함될 수 있습니다. 어쩌면 놀들이 숲을 위협하고 있을 수도 있으니, 플레이어들에게 재미있는 놀라움을 주기 위해 표에 놀과 하이에나들을 포함시켜 봅시다. 또다른 재미있는 놀라움은 방황하는 포식자로, 점멸견을 사냥하러 돌아다니는 굴절 야수 따위가 이에 해당할 것입니다. 이 표에는 또한 괴물에 해당되지 않는 몇몇 무작위 조우 역시 포함될 수 있습니다. 불타버린 나무가 있는 공터라든가(놀들이 한 짓입니다), 덩굴로 뒤덮인 엘프의 석상, 먹은 사람들을 잠시 투명하게 만들어 주는 빛나는 열매가 열린 덤불 등등이 이러한 조우의 예시입니다.

괴물들을 무작위 조우 표에 더하려 한다면, 이 괴물들이 왜 자기 둥지를 벗어나 돌아다니고 있을지에 대해 상상해 보십시오. 이 괴물들은 왜 여기 있을까요? 순찰중일까요? 먹이를 찾는 중일까요? 무언가를 찾는 중일까요? 또한 이러한 존재들이 해당 지역을 다닐 때 은신하여 다니지 않을까도 생각해 보십시오.

설계된 조우들과 마찬가지로, 무작위 조우 역시 기억에 남을만한 장소에서 벌어지면 더 흥미로운 상황이 연출됩니다. 야외 상황이라면, 모험자들이 숲을 지나쳐 갈 때 유니콘과 만나게 되는 경우라거나, 빽빽한 숲을 통과해 가는 도중에 거미의 둥지를 지나게 되는 경우를 생각해 보십시오. 사막을 건너가는 도중이라면, 캐릭터들은 와이트들이 도사린 오아시스를 발견하게 되거나 블루 드래곤이 살고 있는 바위 언덕을 만날 수도 있습니다.

*가능성.* 무작위 조우 표는 여러가지 방법으로 만들 수 있습니다. 1d6을 굴리고 6가지의 조우 하나하나에 대응하게 하는 단순한 방법에서 시작해서 d100을 굴리고 매일 어느 시간인가에 따라 변화를 주거나 던전의 층마다 수정된 확률을 제공하는 등의 복잡한 방법에 이르기까지 여러 방법이 사용될 수 있습니다. 예시로 주어지는 조우 표는 2에서 20까지의 범위를 가지고 있으며, 1d12+1d8로 어떤 조우가 발생할지를 결정하게 됩니다. 이 방법을 사용하면 조우 표의 중간값에 위치한 조우가 더 발생하기 쉬워

- 캐릭터들이 짧은 휴식 혹은 긴 휴식을 위해 멈춰 있을 때.
- 캐릭터들이 별다른 사건도 일어나지 않는 긴 여행 중일 때.
- 잠복하고 있어야 하는데도 캐릭터들이 주변의 주의를 끌고 말았을 때.

## 무작위 조우를 위한 판정

당신은 언제 무작위 조우가 발생할지 결정할 수도 있고 주사위를 굴려 정할 수도 있습니다. 당신은 무작위 조우 판정을 매 시간마다 할지, 4~8시간마다 1번씩 할지, 혹은 하루에 한 번, 긴 휴식 중에만 할지 등을 결정할 수 있습니다. 이러한 빈도는 주변 상황이 얼마나 번잡한지 등에 따라 결정됩니다.

만약 주사위를 굴려 판정하기로 했다면, d20을 굴리시기 바랍니다. 만약 결과가 18 이상으로 나왔다면, 무작위 조우가 발생한 것입니다. 적당한 무작위 조우 표를 찾아 주사위를 굴리고 어떠한 조우가 발생하였는가를 결정하거나, 주사위의 결과가 현재 상황과 맞지 않는다면 다시금 판정을 할 수도 있습니다.

무작위 조우 표는 당신이 진행하고 있는 모험의 일부로서 주어질 수도 있고, 이 장에서 만드는 방법을 배워 당신이 직접 만들 수도 있습니다. 당신 자신만의 무작위 조우 표를 만들어 보는 것은 직접 운영하는 캠페인의 주제를 강화하는데 좋은 방법이 되어줍니다.

집니다. 2나 20이 나오는 결과는 희귀하지만(대략 1% 남짓입니다.) 9~13의 결과는 각각 8% 정도로 발생합니다.

삼림지대 조우표는 위에서 사용된 여러 아이디어를 적용해 실제로 만들어진 예시입니다. **굵은 글자**로 쓰인 크리쳐들은 몬스터 매뉴얼*Monster Manual*에서 자세한 수치를 찾아볼 수 있습니다.

## 무작위 조우 도전

무작위 조우가 반드시 모험자들의 평균 레벨에 따라 결정되어야 하는 것은 아니지만, 무작위 조우에서 만난 적에 의해 일행 전체가 도륙되는 결말 따위는 플레이어들에게 가장 불만족스러운 것이기 때문에 이런 상황은 피하는 것이 좋습니다.

또한 괴물들과 만나는 모든 무작위 조우가 전투로 이어져야 하는 것은 아닙니다. 1레벨 모험자 일행은 먹이를 찾아 숲 위를 맴도는 어린 드래곤을 만날 수도 있지만, 싸우기보다는 숨거나 드래곤이 자신들을 발견했다 해도 흥정을 통해 살아남을 수 있습니다. 이와 유사하게, 일행은 언덕을 배회하는 바위 거인을 만날 수도 있지만, 거인이 아무도 해칠 의사가 없는 상황 역시 가능합니다. 거인은 오직 자신을 귀찮게 한 자들만을 공격할 것입니다.

일반적으로 무작위 조우 표에서 꼭 악하지는 않더라도 적대적인 괴물을 만나면 전투로 이어지곤 합니다. 아래의 괴물들은 적절한 전투 도전이 되어줄 수 있습니다.

- 일행의 평균 레벨과 같거나 살짝 낮은 도전 지수를 지닌 괴물 하나.
- 조정된 XP값이 모험자 일행에게 있어 쉬움, 보통, 혹은 어려움 등급의 조우로 사용될 만한 괴물 집단. 이러한 난이도 측정은 이 장의 앞부분에서 다루고 있습니다.

## 삼림지대 조우표

| d12 + d8 | 조우 | d12 + d8 | 조우 |
|---|---|---|---|
| 2 | 1 **굴절 야수** | 12 | 1 **아울베어** |
| 3 | 1 **놀 무리 군주**와 2d4 **놀** | 13 | 1d4 **엘크**(75%) 또는 1 **거대 엘크**(25%) |
| 4 | 1d4 **놀**과 2d4 **하이에나** | 14 | 1d4 **점멸견** |
| 5 | 불타버린 나무가 있는 공터. 캐릭터들이 이 지역을 수색하고 DC 10의 지혜(생존) 판정에 성공하면 놀의 흔적을 찾을 수 있습니다. 이 흔적을 따라 1d4 시간 추적해 보면 놀들과 조우가 발생하거나, 엘프들의 화살에 꼬챙이가 되어 벌레들의 먹이가 된 놀들의 모습을 발견할 수 있습니다. | 15 | 2d4개의 빛나는 열매가 자라는 마법적 식물을 발견합니다. 이 열매를 먹은 크리쳐는 1시간 동안 투명상태가 되며, 공격하거나 주문을 시전하면 투명상태가 해제됩니다. 일단 열매를 따고 나면, 12시간 이후 열매의 마법적 효력은 사라집니다. 열매는 자정이 되면 다시 자라나지만, 모든 열매를 다 따게 되면 식물은 그 마법의 힘을 모두 잃게 되고는 다시 열매가 자라지 않습니다. |
| 6 | 1 **거대 부엉이** | 16 | 잔잔한 바람에 엘프의 음악 소리가 들려옵니다. |
| 7 | 담쟁이덩굴로 가득한 엘프의 영웅이나 신의 석상 | 17 | 1d4 오렌지색 (75%) 또는 청색(25%) **페어리 드래곤** |
| 8 | 1 **드라이어드**(50%) 또는 1d4 **사티로스**(50%) | 18 | 1 **드루이드** (엘프) 드루이드는 기본적으로 일행에게 무관심하지만 캐릭터들이 숲에 침략해 온 놀들을 제거하는 데 도움을 주면 우호적 태도를 취합니다. |
| 9 | 1d4 **켄타우르스** | 19 | 1 **트린트**. 트린트는 모험자 일행 중에 엘프가 하나라도 있거나 눈에 보이는 요정 크리쳐가 동행하고 있으면 일행에게 호의적입니다. 반면, 일행이 불을 피우고 있거나 들고 있다면 적대적입니다. 어느 상황도 아니라면 트린트는 무관심하며, 그냥 일행을 스쳐 지나갑니다. |
| 10 | 2d4 **정찰병**(엘프). 정찰병 중 한 명은 뿔피리를 들고 있고 행동을 소모해서 이를 불 수 있습니다. 만약 뿔피리를 불게 되면, 이 표를 다시 굴립니다. 주사위의 결과가 괴물이라면, 1d4분 후 그 괴물들이 도착합니다. 놀, 하이에나, 아울베어, 굴절 야수를 제외한 다른 존재들은 정찰병들에 우호적입니다. | | |
| 11 | 2d4 **픽시**(50%) 또는 2d4 **스프라이트**(50%) | 20 | 1 **유니콘** |

# 제4장: 논플레이어 캐릭터 만들기

**논** 플레이어 캐릭터란 던전 마스터에 의해 운영되는 모든 캐릭터를 말합니다. NPC들은 적이나 아군일 수도 있고, 보통의 평범한 사람들이나 이름있는 괴물일 수도 있습니다. 이들은 마을의 여관 주인이나 외딴곳에 탑을 짓고 사는 늙은 마법사, 왕국을 멸망시키려는 데스 나이트, 그리고 동굴 속 둥지에서 황금을 세고 있는 드래곤 따위를 모두 포함합니다.

이 장에서는 당신의 게임 속 논플레이어 캐릭터들에게 어떻게 살을 붙여 나갈 것인가를 다룹니다. 괴물과 유사한 게임 자료 상자를 어떻게 만들까에 대해서는 제9장, "던전 마스터의 작업실"을 참조하시기 바랍니다.

## NPC 설계하기

당신의 모험과 캠페인에 생명을 불어넣는 데는 잘 만들어진 NPC들보다 좋은 것이 없습니다. 물론 게임 속 모든 NPC가 소설이나 영화에 나오는 잘 만들어진 캐릭터들처럼 입체적인 인물일 필요는 없습니다. 대부분의 NPC는 캠페인 속에서 움직이는 단역에 불과하며, 모험자들이야말로 그 이야기 전체를 이끌어가는 주역입니다.

## 빠른 NPC 만들기

위협이 되지 않는 NPC는 전투용 자료가 필요 없습니다. 더 나아가서, 대부분의 NPC는 그저 한두 가지의 특색만 갖추면 충분히 기억에 남을 것입니다. 예를 들어, 당신의 플레이어들은 어깨에 검은 장미 문신을 새기고 농담이 잘 통하지 않는 대장장이라거나, 엉망진창으로 차려 입고 코가 짜부라진 바드를 기억하는데 그렇게까지 어려워하지는 않을 것입니다.

## 세세한 NPC 만들기

당신의 모험 속에서 훨씬 큰 역할을 수행할 NPC들의 경우, 그들 각각의 개인사나 개성을 만들어 둘 시간이 좀 더 필요합니다. 당신이 앞으로 볼 것처럼, 기억에 남길만한 NPC를 만드는 주된 구성 요소는 10여 개의 문장으로 요약이 가능합니다. 이 10여 개의 요소는 각각 아래와 같습니다.

- 직업과 개인사
- 외모
- 능력
- 재능
- 버릇
- 다른 이들과의 상호작용
- 유용한 지식
- 이상
- 연관성
- 단점이나 비밀

여기 쓰인 자료들은 주로 인간형 NPC들에 통용되는 것이지만, 세세한 부분을 약간 조정하기만 하면 충분히 괴물형 NPC들에 대해서도 적용할 수 있을 것입니다.

### 직업과 개인사

해당 NPC가 가진 직업과 개인사를 짧게 요약해, 그 인물의 과거를 나타낼 수 있는 한 문장을 만듭시다. 예를 들자면 NPC는 한동안 군대에 있었을 수도 있고, 범죄로 인해 감금되었을 수도 있으며, 예전에 모험자였을 수도 있습니다.

### 외모

해당 NPC의 가장 특징적인 외형적 요소를 한 문장으로 나타내 봅시다. 아래의 NPC 외모 표에서 주사위를 굴려 정하거나, 당신이 만든 캐릭터에 걸맞은 특징을 선택할 수 있습니다.

### NPC 외모

| d20 | 특징 |
| --- | --- |
| 1 | 특징적인 장신구. 귀걸이, 목걸이, 서클렛, 팔찌 등 |
| 2 | 피어싱 |
| 3 | 화려하거나 이국적인 옷차림 |
| 4 | 격식을 갖춘 깔끔한 옷차림 |
| 5 | 넝마주이의 더러운 옷차림 |
| 6 | 독특한 귀 모양 |
| 7 | 이빨이 빠져 있음 |
| 8 | 손가락이 몇 개 없음 |
| 9 | 특이한 눈동자 색 (혹은 서로 다른 눈동자 색) |
| 10 | 문신 |
| 11 | 반점 |
| 12 | 특이한 피부색 |
| 13 | 대머리 |
| 14 | 수염이나 머리를 땋았음 |
| 15 | 특이한 머리카락 색 |
| 16 | 신경질적인 눈 경련 |
| 17 | 독특한 코 생김새 |
| 18 | 독특한 자세 (허리가 굽었거나 뻣뻣함) |
| 19 | 매우 뛰어난 아름다움 |
| 20 | 매우 심각한 추함 |

### 능력

NPC들에게 6가지 능력 수치를 모두 정해주어야 할 필요는 없습니다. 하지만 그들의 능력 중 지나치게 높거나 지나치게 낮은 것이 어떤 특징을 만들어주는지는 생각해 둘 필요가 있습니다. 엄청난 괴력을 가진 장사라거나, 낫 놓고 기억자도 모르는 천치가 좋은 예시일 것입니다. 이러한 특색을 묘사하면 플레이어들이 NPC의 능력을 훨씬 잘 추측하게 해줄 수 있습니다.

### NPC 능력

| d6 | 높은 능력치 표현 |
| --- | --- |
| 1 | 근력 — 강력한, 억센, 황소처럼 힘이 센 |
| 2 | 민첩 — 유연한, 재빠른, 우아한 |
| 3 | 건강 — 튼튼한, 건장한, 활력이 넘치는 |
| 4 | 지능 — 신중한, 학식 있는, 호기심 많은 |
| 5 | 지혜 — 예민한, 영적인, 사려 깊은 |
| 6 | 매력 — 설득력 있는, 힘 있는, 타고난 지도자인 |

| d6 | 낮은 능력치 표현 |
| --- | --- |
| 1 | 근력 — 섬약한, 여윈 |
| 2 | 민첩 — 굼뜬, 어설픈 |
| 3 | 건강 — 병약한, 창백한 |
| 4 | 지능 — 이해가 느린, 멍청한 |
| 5 | 지혜 — 방심한, 깜빡깜빡하는 |
| 6 | 매력 — 어색한, 지루한 |

## 재능

당신의 NPC가 특별히 잘하는 일이 있다면, 그것을 한 문장으로 요약해 봅시다. 아래 NPC 재능 표에서 굴려 정하거나, 이 표를 이용해 아이디어에 영감을 얻을 수 있습니다.

### NPC 재능

| d20 | 재능 |
| --- | --- |
| 1 | 악기를 잘 다룹니다 |
| 2 | 여러 언어를 능숙하게 사용합니다 |
| 3 | 믿기지 않을 정도로 운이 좋습니다 |
| 4 | 완벽한 기억력을 지니고 있습니다 |
| 5 | 동물들을 잘 다룹니다 |
| 6 | 아이들과 잘 지냅니다 |
| 7 | 퍼즐을 푸는 재주가 있습니다 |
| 8 | 한 가지 게임에 아주 능숙합니다 |
| 9 | 사람 흉내를 매우 잘 냅니다 |
| 10 | 아름다운 그림을 그립니다 |
| 11 | 채색하는 재주가 있습니다 |
| 12 | 노래를 매우 잘 부릅니다 |
| 13 | 엄청난 술고래입니다 |
| 14 | 뛰어난 목수입니다 |
| 15 | 뛰어난 요리사입니다 |
| 16 | 다트나 돌을 매우 잘 던집니다. |
| 17 | 저글링을 매우 잘합니다 |
| 18 | 연기의 달인이거나 변장에 매우 능숙합니다 |
| 19 | 춤을 아주 잘 춥니다 |
| 20 | 도둑의 속어를 잘 알고 있습니다 |

## 버릇

플레이어들이 NPC를 기억하는 데 도움이 될 버릇이 있다면, 이 버릇을 한 문장으로 나타내 봅시다. 아래 NPC 버릇 표에서 굴려 정하거나, 이를 이용해 당신 자신의 아이디어에 영감을 얻을 수 있습니다.

### NPC 버릇

| d20 | 버릇 |
| --- | --- |
| 1 | 계속해서 노래나 휘파람을 흥얼댑니다 |
| 2 | 운율에 맞추거나 다른 특이한 방식으로 말합니다 |
| 3 | 특별히 높거나 낮은 목소리를 지니고 있습니다 |
| 4 | 말을 더듬거나 늘어집니다 |
| 5 | 지나치게 명확하게 발음하곤 합니다 |
| 6 | 너무 크게 말합니다 |
| 7 | 속삭이듯 말합니다 |
| 8 | 수식으로 남발한 표현을 사용하거나 말이 길어집니다 |
| 9 | 잘못된 단어를 자주 사용합니다 |
| 10 | 특이한 맹세나 선언을 자주 합니다 |
| 11 | 계속해서 농담이나 말장난을 시도합니다 |
| 12 | 절망적인 예견을 자주 하는 경향이 있습니다 |
| 13 | 안절부절못하곤 합니다 |
| 14 | 자꾸 곁눈질하곤 합니다 |
| 15 | 멀리 떨어진 곳을 응시하곤 합니다 |
| 16 | 무언가를 계속 씹고 있습니다 |
| 17 | 특이한 걸음걸이를 가지고 있습니다 |
| 18 | 손가락을 튕기곤 합니다 |
| 19 | 손톱을 물어뜯곤 합니다 |
| 20 | 머리를 꼬거나 수염을 잡아 뜯곤 합니다 |

## 다른 이들과의 교류

이 NPC가 다른 이들을 어떤 식으로 대하는지 한 문장으로 요약해 봅시다. 필요하다면 아래의 NPC 교류 특징 표를 사용할 수 있습니다. NPC의 태도는 그가 누구와 맞상대하고 있는가에 따라 변할 수 있습니다. 예를 들어, 여관 주인이라면 손님들에 대해서는 친절하지만, 종업원들에 대해서는 오만방자할 수도 있습니다.

### NPC 교류 특징

| d12 | 특징 | d12 | 특징 |
| --- | --- | --- | --- |
| 1 | 시비조 | 7 | 솔직함 |
| 2 | 건방짐 | 8 | 화가 치민 |
| 3 | 윽박지름 | 9 | 과민함 |
| 4 | 무례함 | 10 | 어색함 |
| 5 | 호기심 어림 | 11 | 조용함 |
| 6 | 친근함 | 12 | 수상쩍음 |

## 유용한 지식

이 NPC가 플레이어 캐릭터들에게 유용할만한 지식을 알고 있다면 그게 무엇인지 한 문장으로 나타내 봅시다. 어떤 NPC는 마을에서 가장 좋은 여관이 어디인가 하는 사소한 것만을 알고 있을 수도 있지만, 어떤 이는 살인사건의 실마리를 푸는데 필요한 단서를 알고 있을 수도 있습니다.

## 이상

해당 NPC가 품고 있는 이상이나, 그의 행동을 전체적으로 지배하는 행동의 원칙이 있다면 그것을 한 문장으로 나타내 봅시다. 플레이어 캐릭터가 그 NPC와 교류를 하면서 그에게 영향을 끼치기 위해서 그의 이상을 알아내야 할 수도 있습니다. (제8장의 "게임 진행하기"에서 보다 자세하게 다룹니다.)

이상은 성향과 연관되어 있을 수도 있으며, 아래의 NPC 이상 표에서 이러한 내용을 찾아볼 수 있습니다. 여기 주어진 성향과의 연관은 오직 제안일 뿐이며, 예를 들면 악한 캐릭터라 할지라도 아름다움을 이상으로 삼을 수도 있습니다.

### NPC 이상

| d6 | 선한 이상 | 악한 이상 |
| --- | --- | --- |
| 1 | 아름다움 | 지배 |
| 2 | 자애 | 탐욕 |
| 3 | 대의명분 | 힘 |
| 4 | 생명 | 고통 |
| 5 | 존경심 | 보복 |
| 6 | 자기희생 | 살육 |

| d6 | 질서적 이상 | 혼돈적 이상 |
| --- | --- | --- |
| 1 | 공동체 | 변화 |
| 2 | 공평함 | 창의성 |
| 3 | 명예 | 자유 |
| 4 | 논리 | 독립성 |
| 5 | 책임감 | 제약의 극복 |
| 6 | 전통 | 변덕 |

| d6 | 중립적 이상 | 기타 이상 |
| --- | --- | --- |
| 1 | 균형 | 야심 |
| 2 | 지식 | 발견 |
| 3 | 서로간의 존중 | 영광 |
| 4 | 절제 | 국가 |
| 5 | 중립성 | 속죄 |
| 6 | 사람들 | 자기 발견 |

## 유대

해당 NPC에게 특별히 중요한 사람이나 장소, 물건에 대해 한 문장으로 나타내 봅시다. NPC 유대 표를 통해 넓은 범위에서의 분류를 찾아볼 수도 있습니다.

플레이어즈 핸드북(Player's Handbook)에 나와 있는 캐릭터 배경을 살펴보면 이러한 유대를 한층 자세히 만들 수 있으며, 플레이어 캐릭터들은 NPC들이 지닌 유대를 찾아 그 NPC와 교류를 할 때 그에게 영향력을 행사할 수도 있을 것입니다. (제8장 참조.)

### NPC 유대

| d10 | 유대 |
|---|---|
| 1 | 개인적 인생 목표에 전력을 다하고 있습니다 |
| 2 | 가까운 가족 구성원을 지키고자 합니다 |
| 3 | 동료나 동지들을 지키고자 합니다 |
| 4 | 자신의 후원자, 고용주 등에게 충성합니다 |
| 5 | 연애 문제에 사로잡혀 있습니다 |
| 6 | 특별한 장소에 끌립니다 |
| 7 | 감상적인 기념품을 지키고자 합니다 |
| 8 | 귀중한 소지품을 지키고자 합니다 |
| 9 | 복수심에 불타고 있습니다 |
| 10 | 두 번 주사위를 더 굴리고, 결과 10을 무시합니다 |

## 단점이나 비밀

어떤 NPC가 지닌 개인적인 역사나 개성 중 그 캐릭터에게 불리하게 작용할 단점이 있거나 그가 숨기고자 하는 비밀이 있다면, 이를 한 문장으로 나타내 봅시다.

NPC 단점과 비밀 표에서는 몇 가지 아이디어를 제공합니다. 플레이어즈 핸드북의 배경 부분을 이용하면 보다 자세한 단점을 만들어낼 수 있습니다. 플레이어 캐릭터들은 해당 NPC와 교류할 때 이러한 단점이나 비밀을 알아내서 그 캐릭터에 대해 영향력을 행사할 수도 있습니다. (제8장 참조.)

### NPC 단점이나 비밀

| d12 | 단점이나 비밀 |
|---|---|
| 1 | 금지된 사랑을 하고 있거나 로맨스에 약합니다 |
| 2 | 배덕적인 쾌락을 즐기고 있습니다 |
| 3 | 오만합니다 |
| 4 | 다른 이의 소지품이나 지위를 질투하고 있습니다 |
| 5 | 탐욕이 넘칩니다 |
| 6 | 쉽게 격노하곤 합니다 |
| 7 | 강력한 적을 지니고 있습니다 |
| 8 | 특정한 공포증을 지니고 있습니다 |
| 9 | 수치스럽거나 오명을 뒤집어쓴 개인사가 있습니다 |
| 10 | 비밀스럽게 범죄나 악행을 저지르고 있습니다 |
| 11 | 금지된 지식을 지니고 있습니다 |
| 12 | 무모한 용기를 지니고 있습니다 |

# 괴물을 NPC로 다루기

당신의 모험에서 인간형 NPC와 마찬가지로 하나의 역할을 담당하기로 한 이름있는 괴물이 있다면, 그 괴물 역시 다른 NPC들과 마찬가지로 버릇이나 이상, 단점, 비밀을 지니고 있을 수 있습니다. 만약 비홀더가 범죄 조직의 수괴로서 도시의 범죄 활동을 통솔하고 있다면, 이 비홀더의 외모나 개성을 그저 몬스터 매뉴얼(Monster Manual) 에 나와 있는대로만 사용해서는 안 됩니다.

시간을 들여 그에 걸맞은 배경을 주고, 외모에서 특징적인 부분을 만들고, 특히 그가 지닌 이상과 연관성, 단점 등을 설정해야 합니다.

예를 들어, 대도시 워터딥의 지하에서 광범위한 범죄 계획을 지휘하는 비홀더 자나사(Xanathar)를 봅시다. 자나사의 구체형 몸은 거리에 깔린 포석과 비슷한 질감의 가죽 피부로 둘러싸여 있습니다. 자나사의 몸에서 뻗어나온 눈줄기들은 곤충의 다리처럼 관절이 있으며, 어떤 눈줄기에는 반지가 끼워져 있습니다. 자나사는 느릿느릿하게 늘어지는 목소리로 말하며, 중앙의 큰 눈을 이용해 대화 상대를 노려보곤 합니다. 다른 모든 비홀더처럼 자나사 역시 다른 존재들을 하등하다고 여기지만, 자나사는 인간형 하수인들의 유용함을 잘 알고 있습니다. 자나사는 워터딥 지하의 하수구들을 이용해 움직이기에, 사실상 도시 내의 어디에든 존재할 수 있습니다.

자나사의 이상은 탐욕입니다. 그는 강력한 마법 물건들을 긁어모으며, 금화와 백금, 온갖 귀중한 보석들에 둘러싸여 있습니다. 그는 또한 자신의 둥지와 깊은 연관을 지니고 있습니다. 이 둥지는 복잡하게 이루어진 동굴 구조로 이루어져 있으며, 워터딥의 소용돌이치는 하수구 속 어딘가에 존재합니다. 자나사는 자신의 전임자로부터 이 둥지를 물려받았고 그 무엇보다 이를 소중히 여기고 있습니다. 그의 단점은 기이한 쾌락에 중독되어 있다는 것입니다. 그는 잘 마련된 음식, 향유, 그리고 희귀한 향신료와 약초등에 푹 빠져 있습니다.

이러한 정보를 준비하면 자나사는 그저 평범한 비홀더 하나에서 벗어나 더 큰 역할을 수행할 수 있게 됩니다. 이 크리쳐의 개성이 지닌 복잡한 부분들을 이용하면 모험자들과 만났을 때 더 다양하게 반응할 수 있으며, 또한 더 흥미로운 이야기의 가능성 역시 생겨날 것입니다.

## NPC의 게임 자료

특정한 NPC에게 게임적 자료를 제공하고자 한다면, 당신은 3가지의 선택지를 취할 수 있습니다. NPC가 필요로 하는 게임적 능력만을 제공하거나, 괴물들의 자료 상자를 만들어 주거나, NPC에게 클래스와 레벨을 주는 것입니다. 뒤의 두 방법에 대해서는 추가적인 설명이 필요합니다.

### 괴물 자료 상자 사용하기

몬스터 매뉴얼(Monster Manual)의 부록 B를 이용하면 여러 일반적인 NPC들을 당신이 원하는 대로 조정하여 괴물과 마찬가지로 게임적 정보를 부여할 수 있습니다. 또한 이 책의 제9장에서도

괴물 자료 상자를 조정하거나 새로운 자료 상자를 만드는 방법에 대한 안내를 제공하고 있습니다.

### 클래스와 레벨 이용하기

당신은 플레이어즈 핸드북(Player's Handbook)의 규칙을 사용해서 플레이어 캐릭터를 만들듯이 NPC를 만들 수 있습니다. 심지어는 NPC의 중요한 정보를 계속 다루기 위해 캐릭터 시트를 만들어줄 수도 있을 것입니다.

*클래스 선택지.* 플레이어즈 핸드북에서 제공된 클래스 선택지에 추가로, 악한 플레이어 캐릭터나 NPC가 사용할 수 있는 두 개의 추가적 클래스 선택지를 소개합니다. 클레릭들을 위해서는 죽음 권역이 추가될 것이며, 팔라딘을 위해서는 맹세파기자 선택지가 추가됩니다. 두 선택지 모두 이 장의 끝부분에서 자세하게 설명하고 있습니다.

*장비.* 대부분의 NPC는 쭉 나열된 장비 목록이 필요하지 않습니다. 전투 상황에서 마주하게 될 적들에게는 무기와 갑옷이 필요하며, 추가로 몇 가지 보물을 지녔을 수도 있습니다. (모험자들과 대적할 때 사용할만한 마법 물건 역시 이 보물에 포함됩니다.)

*도전 지수.* 전투를 위해 만들어진 NPC라면 도전지수를 필요로 합니다. 이 책의 제9장에는 NPC의 도전 지수를 정하는 규칙들이 소개되어 있으며, 이를 사용하면 괴물을 설계할 때와 마찬가지로 도전 지수를 지닌 NPC를 만들 수 있습니다.

## NPC 파티 구성원

모험의 전리품을 나누어 갖기를 원하거나 위험을 감수하고자 하는 마음을 지닌 NPC 중 일부는 모험자들의 파티에 합류하길 원할 수도 있습니다. 또한 어떤 이들은 모험자들에 대해 충성심을 느끼거나 감사를 표하기 위해, 혹은 모험자 중 누군가를 사랑하기에 그와 동행하고자 할 수도 있습니다. 이러한 NPC들은 당신이 조종할 수도 있으며, 특정한 플레이어에게 조종권을 넘겨줄 수도 있습니다. 설사 다른 플레이어가 NPC의 통제권을 지니고 있다 해도, 그 NPC는 단순히 플레이어들이 자신들에게 이롭게 사용할 수 있는 하인이여서는 안 되며, 그 자신의 특색과 개성을 갖춘 독자적인 존재여야만 합니다. 그리고 그렇게 NPC를 만들어나갈 권한은 바로 당신이 가지고 있습니다.

파티의 구성원으로서 모험자들과 동행하고자 하는 NPC들은 누구든지 경험치를 똑같이 나누어 가질 수 있습니다. 제3장에서 설명한 바와 마찬가지로 전투 난이도를 결정하고자 할 때도, 이러한 NPC 파티 구성원들 역시 전력으로 포함하여 경험치를 산정하여야 함을 잊지 마시기 바랍니다.

## 낮은 레벨의 추종자들

당신의 캠페인을 진행하다보면, 플레이어 캐릭터들은 낮은 레벨의 NPC를 추종자로 거둘 수 있습니다. 예를 들어, 팔라딘이라면 1레벨 팔라딘을 종자로 얻을 수 있을 것이며, 높은 레벨에 도달한 위저드라면 2레벨의 위저드를 제자로 들일 수 있고, 클레릭이라면 3레벨쯤 되는 클레릭을 부제로 선택할 수 있을 것이며, 바드 역시 4레벨쯤 되는 다른 바드를 도제로 데리고 다닐 수 있습니다.

낮은 레벨의 캐릭터를 파티에 합류시킬 때 얻는 장점 중 하나는 주된 캐릭터가 죽거나, 은퇴하거나, 모험에서 물러나야만 할 경우에 예비 캐릭터로서 사용할 수 있다는 것입니다. 반면 이렇게 추종자를 데리고 다닐 경우의 불이익 중 하나는 당신과 당신의 플레이어들 모두 계산해야 할 파티 구성원이 늘어난다는 데 있습니다.

낮은 레벨의 NPC 파티 구성원 역시 다른 파티 구성원들과 마찬가지로 경험치를 분배받기 때문에, 이들은 모험자들보다 훨씬

빠르게 레벨이 오를 것입니다. (숙련된 대가들 아래에서 공부하게 되는 경우의 이익이라고 보면 됩니다.) 그리하여 결국 이들 추종자는 자신의 스승을 따라잡게 될 것입니다. 또한 이는 모험자들의 발전이 어떤 이유로든 느려지게 된다는 것을 의미하며, 이는 자신들이 추종자를 동행시키는 과정에서 그 부담을 짊어짐으로써 얻는 경험치가 줄어들기 때문입니다.

강력한 괴물들은 높은 레벨의 캐릭터들에게는 알맞은 도전이 될 수 있지만, 낮은 레벨의 추종자라면 즉시 죽어버리거나 무력화될 수밖에 없습니다. 모험자들은 충분한 노력과 자원을 들여 낮은 레벨의 파티 구성원을 보호해야 하며, 이 보호가 실패했을 경우에는 치료 수단 역시 강구해야 합니다.

## 모험자 NPC들

만약 플레이어들이 완전히 기능하는 파티를 구성하기엔 모자란다면, 당신은 그 빈틈을 메꾸기 위해 NPC를 추가할 수도 있습니다. 이 NPC들은 파티 내의 가장 낮은 레벨 모험자와 같은 레벨을 지니고 있으며, 플레이어즈 핸드북(Player's Handbook)에 소개된 방식을 통해 만들어지고 성장하게 됩니다. 이렇게 파티 구성원을 만드는 작업은 당신이 직접 할 수도 있고, 플레이어들이 할 수도 있습니다. 어쩌면 플레이어들에게 직접 보조 역할 캐릭터를 만들도록 하는 것이 가장 간단한 방법이 될 수도 있습니다.

플레이어들로 하여금 보조 캐릭터들의 역할에 맞추어 연기하도록 하며, 그 NPC들의 개성, 이상, 유대, 단점 역시 가능한 한 자세히 묘사하도록 한다면, 이들이 단순한 보조용 인형에서 벗어나게 만들 수 있을 것입니다. 만약 플레이어들이 NPC의 역할을 잘 수행하지 못하고 있다고 생각한다면, 당신은 NPC의 소유권을 가져가 다른 플레이어에게 주거나, 당신 자신이 움직이거나, 파티에서 아예 떠나도록 할 수도 있습니다.

NPC 보조 캐릭터는 클래스 선택지가 제한되어 있을 때 가장 사용하기가 용이합니다. 보조 캐릭터로서 적당한 경우의 예를 들자면 생명 권역을 지닌 클레릭이나 챔피언 아키타입을 지닌 파이터, 혹은 시프 아키타입을 선택한 로그나, 방출계를 전문화한 위저드 등을 생각해 볼 수 있을 것입니다.

## 선택 규칙: 충성도

충성도는 어떤 NPC 파티 구성원이 파티의 다른 구성원들을 얼마나 잘 보조하고 보호하려 드는가 판단하는 선택 규칙입니다. 이는 그가 다른 구성원들을 얼마나 좋아하거나 싫어하는 정도하고 꼭 일치하지 않을 수도 있습니다. NPC 파티 구성원이 계속 괴롭힘 받거나 무시당한다면, 일행을 배신하거나 떠나버리는 것 역시 가능합니다. 반면 동료들에게 생명의 빚을 졌거나 그들과 같은 목표를 공유하게 된다면 죽을 때까지 함께 싸울 수도 있습니다. 충성도는 역할 연기로 넘어갈 수도 있으며, 아래 규칙에 따라 게임적으로 적용될 수도 있습니다.

### 충성도 점수

NPC의 충성도는 0에서 20까지의 수치 중 하나로 나타납니다. NPC의 최대 충성도는 모험자 일행의 구성원 중 가장 높은 매력 수치를 지닌 사람의 매력 수치와 같습니다. 그리고 시작시에는 최대 충성도의 절반에서 시작하게 됩니다. 만약 최대 매력 수치를 지닌 캐릭터가 죽거나 파티에서 떠나서 최대 매력 수치가 변화한다면, 그에 따라 충성도 역시 변화하게 됩니다.

### 충성도 기록하기

해당 NPC를 플레이어 중 누군가가 조종하고 있다 해도, 당신은 그 NPC의 충성도를 비밀리에 기록해 나갈 필요가 있습니다. 누가 충성스러운지 아닌지는 확인할 수 없기에, 이 수치 기록은 플레이어들이 알아서는 안 됩니다.

NPC의 충성도는 다른 파티 구성원이 그가 연관성을 가진 목표를 이루는 것을 도와줄 때마다 1d4씩 상승합니다. 또한 다른 구성원이 특별히 그 NPC를 잘 대해줄 때(예를 들어 어떤 마법 무기를 선물로 주는 경우 등이 이에 해당합니다.) 혹은 위기에서 구조 받았을 때 역시 1d4씩 상승할 수 있습니다. 그러나 NPC의 충성도는 절대 최대치 이상 상승하지 않습니다.

반면 다른 파티 구성원이 NPC의 성향이나 연관을 지닌 것에 반대되는 행동을 하는 경우 충성도는 1d4점 감소할 수 있습니다. 또한 파티의 구성원들이 NPC를 고의로, 순전히 이기적인 이유로 위험에 빠트리거나, 괴롭히거나, 속이려는 경우에는 2d4점 감소할 수 있습니다.

충성도가 0이 된 NPC는 더는 파티에 충성심을 느끼지 않으며 그들과 갈라져 자기만의 길을 갈지도 모릅니다. 충성도는 절대 0점 미만으로 떨어지지 않습니다.

충성도가 10 이상인 NPC라면, 다른 동료 파티 구성원들을 돕기 위해 목숨을 던지거나 사지를 잃을 위험도 감수할 수 있습니다. NPC의 충성도가 1에서 10 사이라면, 그의 충성심은 흔들리고 있는 것입니다. 충성도가 0이 된 NPC는 더는 파티의 이익을 위해 움직이지 않을 것입니다. 충성을 잃어버린 NPC는 파티를 떠나거나, 방해받으면 다른 캐릭터들을 공격할 수도 있으며, 심지어는 비밀리에 파티를 몰락시키려는 음모를 꾸밀 수도 있습니다.

# 연줄

연줄은 한 명 이상의 플레이어 캐릭터와 연관을 지니고 있는 NPC들을 칭하는 말입니다. 이들은 같이 모험을 떠나지는 않지만, 정보를 제공하거나 소문을 들려주며, 이런저런 보급품을 공급해주고, 전문적인 조언을 제공하기도 합니다. 물론 이러한 것들은 공짜일 수도 있지만, 파티가 적절한 대가를 지불해야 할 때도 있습니다. 플레이어즈 핸드북(Player's Handbook)에서 제공하는 배경 중 몇 가지는 시작하는 모험자들을 위한 연줄로 이용할 수 있습니다. 또한 캐릭터들은 모험을 해나가는 동안 더 유용한 연줄들을 찾고 유지해 나갈 것입니다.

일반적인 연줄을 위해서라면 NPC의 이름이나 몇 가지 세부 사항들만 정해두면 되지만, 반복적으로 만날 연줄이라면 좀 더 살을 붙여야 합니다. 특히 이후 어떤 시점에서 동맹이나 적이 될 가능성이 있다면 더욱더 그러합니다. 최소한 연줄이 되는 NPC들이 지니고 있는 목표나, 그 목표가 게임이 진행되며 어떻게 반영되어 나갈까에 대한 부분은 생각해 둘 필요가 있습니다.

## 후원자

후원자는 모험자들을 고용하는 인물이며, 모험의 실마리를 제공하고 사명을 내리며 도움과 포상을 제공합니다. 대부분의 경우, 후원자들은 모험자들이 성공하길 바라며, 따라서 이들의 도움을 얻기 위해 설득까지 할 상황은 많지 않습니다.

후원자는 다가오는 위협을 느끼고 젊은 모험자들을 찾아다니는 은퇴한 모험자일 수도 있으며, 마을의 경비병들만으로는 공물을 요구하는 드래곤에 맞설 수 없다는 사실을 알고 있는 시장일 수도 있습니다. 또한 지역의 촌락을 공포에 빠트리고 있는 코볼드 무리에 현상금을 걸어 놓은 보안관 역시 후원자가 될 수 있으며, 버려진 영지에서 괴물들을 제거해주길 바라는 귀족 역시 좋은 후원자가 될 수 있습니다.

## 고용인

모험자들은 여러 상황에서 필요한 서비스를 받기 위해 보수를 지불하고 NPC들을 고용할 수 있습니다. 이러한 고용인들에 대한 정보는 플레이어즈 핸드북 제5장의 "장비"에서 찾아볼 수 있습니다.

고용인 NPC들은 모험에서 중요한 역할을 맡는 경우가 거의 없으니, 자세하게 설정해야 할 필요도 크지 않습니다. 모험자들이 다른 마을로 가려 하거나 편지를 보내려 할 때, 마차의 마부나 편지를 가져갈 배달부가 바로 고용인이 됩니다. 모험자들은 이러한 고용인들과 아예 이야기할 기회가 없을지도 모르며, 따라서 이름조차도 필요 없을 때가 있을 것입니다. 모험자들을 바다 건너로 데려다줄 배의 선장 역시 고용인이지만, 이러한 캐릭터는 이후 동료나 후원자가 되거나, 어쩌면 적이 될지도 모릅니다.

모험자들이 NPC를 장기적으로 고용하게 된다면. NPC들의 봉사에 대한 대가는 캐릭터들의 생활 비용에 포함됩니다. 제6장의 "모험과 모험 사이"에서 "추가적 비용" 부분을 참조해 보시기 바랍니다.

## 엑스트라

엑스트라는 이야기 속의 주된 캐릭터들이 거의 마주칠 일이 없는, 배경으로 존재하는 캐릭터나 크리처들을 일컫는 말입니다.

엑스트라들 역시 모험자들이 지목하게 되면 얼마든지 더 중요한 역할을 맡을 가능성이 있습니다. 예를 들어, 플레이어 하나가 지나가다 거리의 부랑아와 마주하여 잠깐 이야기를 나눌 수 있습니다. 이 순간 그저 엑스트라였던 부랑아는 이야기의 한 장면에 불려 나오게 되며, 임기응변으로 이루어지는 역할 연기 장면을 통해 중심인물로서 중요성을 부여받게 됩니다.

엑스트라들이 있을 때는 언제나 그들이 갑자기 중요해져서 필요할지도 모르는 이름이나 버릇 등이 준비되어야 합니다. 당신이 정 급할 때라면 플레이어즈 핸드북의 제2장 "종족" 부분에 나와 있는 종족의 대표적 이름들을 사용할 수 있을 것입니다.

# 악당

이들은 자신의 행동을 통해 영웅들에게 해야 할 일을 부여합니다. 제3장을 참조하면 당신의 모험에 알맞은 악당을 창조할 수 있는 방법을 찾을 수 있으며, 이 부분에서는 그러한 악당들이 어떤 사악한 계획들을 품고 있으며 그 방법은 무엇인지, 약점은 어떤 것인지 등으로 살을 붙여 나가는 방법을 해설할 것입니다. 아래 표들을 참조하여 영감을 얻어보도록 합시다.

## 악당의 계획

| d8 | 목표와 계획 | |
|----|----|----|
| 1 | 불멸성 (d4) | |
| | 1 | 전설적인 물건을 통해 생을 연장하기 |
| | 2 | 신의 자리에 오르기 |
| | 3 | 언데드가 되거나 더 젊은 몸을 차지하기 |
| | 4 | 이계 크리처의 정수를 빼앗기 |
| 2 | 영향력 (d4) | |
| | 1 | 권력자의 지위나 관직을 빼앗기 |
| | 2 | 대결이나 토너먼트에서 승리하기 |
| | 3 | 강력한 인물의 총애를 차지하기 |
| | 4 | 권력자 자리에 꼭두각시를 앉히기 |
| 3 | 마법 (d6) | |
| | 1 | 고대의 신물을 차지하기 |
| | 2 | 구조물이나 마법적인 도구 창조하기 |
| | 3 | 신의 뜻을 이룩하기 |
| | 4 | 신에게 제물을 바치기 |
| | 5 | 잊혀진 신이나 권능에 접촉하기 |
| | 6 | 다른 세계로 가는 관문 열기 |
| 4 | 재앙 (d6) | |
| | 1 | 묵시록적인 예언을 성취하기 |
| | 2 | 복수심에 찬 신이나 후원자의 뜻 받들기 |
| | 3 | 사악한 전염 퍼트리기 |
| | 4 | 정부를 전복시키기 |
| | 5 | 자연 재해를 불러 일으키기 |
| | 6 | 하나의 혈통이나 씨족 전체를 파괴하기 |
| 5 | 열정 (d4) | |
| | 1 | 사랑하는 이의 생명을 연장하기 |
| | 2 | 누군가의 사랑을 쟁취하기 |
| | 3 | 사랑하는 이를 되살리거나 회복시키기 |
| | 4 | 사랑의 라이벌을 파멸시키기 |
| 6 | 힘 (d4) | |
| | 1 | 어떤 지역을 정복하거나 반란을 일으키기 |
| | 2 | 군대의 소유권을 빼앗기 |
| | 3 | 왕좌 막후의 권력자가 되기 |
| | 4 | 권력자의 총애 얻기 |
| 7 | 복수 (d4) | |
| | 1 | 과거의 모욕이나 수치에 복수하기 |
| | 2 | 과거의 감금이나 부상에 대해 복수하기 |
| | 3 | 사랑하는 이의 죽음에 대해 복수하기 |
| | 4 | 빼앗긴 소유물을 되찾거나 도적을 처벌하기 |
| 8 | 재산 (d4) | |
| | 1 | 자연 자원이나 무역로를 독점하기 |
| | 2 | 재산을 불려 나가기 |
| | 3 | 고대의 폐허 약탈하기 |
| | 4 | 영지나 상품, 돈을 강탈하기 |

# 악당의 수단

| d20 | 수단 | d20 | 수단 |
|---|---|---|---|
| 1 | 농업적 재앙 (d4) | 12 | 살인 (d10) |
| 1 | 마름병 | 1 | 암살 |
| 2 | 흉작 | 2 | 식인 |
| 3 | 기근 | 3 | 오체 분시 |
| 4 | 기아 | 4 | 익사 |
| 2 | 습격이나 폭력 | 5 | 감전사 |
| 3 | 현상금 사냥 혹은 암살 | 6 | 안락사 (비자발적) |
| 4 | 납치 혹은 강제 (d10) | 7 | 질병 |
| 1 | 뇌물 | 8 | 중독사 |
| 2 | 유혹 | 9 | 암습 |
| 3 | 축출 | 10 | 질식 또는 교살 |
| 4 | 감금 | 13 | 임무 방기 |
| 5 | 유괴 | 14 | 정치 (d6) |
| 6 | 법적 위협 | 1 | 배반이나 모반 |
| 7 | 폭력적인 압박 | 2 | 음모 |
| 8 | 구속 | 3 | 첩보나 염탐 |
| 9 | 노예화 | 4 | 인종학살 |
| 10 | 위협이나 괴롭힘 | 5 | 압제 |
| 5 | 사기나 기만 (d6) | 6 | 세금 부과 |
| 1 | 계약 위반 | 15 | 종교 (d4) |
| 2 | 부정행위 | 1 | 저주 |
| 3 | 거짓말 | 2 | 신성 모독 |
| 4 | 계약서 조작 | 3 | 거짓된 신 |
| 5 | 위조 혹은 협잡 | 4 | 이단이나 사교 |
| 6 | 돌팔이 치료 혹은 속임수 | 16 | 스토킹 |
| 6 | 명예 훼손 (d4) | 17 | 절도나 강도 범죄 (d10) |
| 1 | 모함 | 1 | 방화 |
| 2 | 소문이나 중상모략 | 2 | 공갈이나 협박 |
| 3 | 공개적인 모욕 | 3 | 절도 |
| 4 | 조롱이나 명예 실추 | 4 | 위조 |
| 7 | 결투 | 5 | 강도 |
| 8 | 처형 (d8) | 6 | 약탈 |
| 1 | 참수 | 7 | 강탈 |
| 2 | 화형 | 8 | 밀렵 |
| 3 | 생매장 | 9 | 소유권 쟁취 |
| 4 | 십자가형 | 10 | 밀수 |
| 5 | 익사 | 18 | 고문 (d6) |
| 6 | 교수형 | 1 | 산성 고문 |
| 7 | 꿰어 죽이기 | 2 | 눈 멀게 하기 |
| 8 | 산 채로 제물로 바치기 | 3 | 낙인 찍기 |
| 9 | 위장이나 사칭 | 4 | 옥죄기 |
| 10 | 거짓이나 위증 | 5 | 엄지 비틀기 |
| 11 | 마법적 재난 (d8) | 6 | 채찍질 하기 |
| 1 | 빙의 | 19 | 악덕 (d4) |
| 2 | 환영 | 1 | 불륜 |
| 3 | 하계의 존재와 거래 | 2 | 마약이나 알코올 |
| 4 | 정신 조작 | 3 | 도박 |
| 5 | 석화 | 4 | 유혹 |
| 6 | 죽은 자 부활이나 사체 조종 | 20 | 전쟁 (d6) |
| 7 | 괴물 소환 | 1 | 기습 |
| 8 | 기후 조종 | 2 | 침략 |
| | | 3 | 학살 |
| | | 4 | 용병 |
| | | 5 | 반란 |
| | | 6 | 테러 |

| d8 | 약점 |
|----|------|
| 1 | 악당의 영혼이 담긴 숨겨진 물건. |
| 2 | 악당은 진실한 사랑의 죽음과 연관된 복수를 하고 나면 힘을 잃어버리기 시작합니다. |
| 3 | 특정한 유물이 있으면 악당의 힘이 약화됩니다. |
| 4 | 특별한 무기를 사용하면 악당에게 추가적인 피해를 가할 수 있습니다. |
| 5 | 악당의 진정한 이름을 말하면 악당은 파괴되어 버립니다. |
| 6 | 고대의 예언이나 수수께끼를 풀면 악당을 쓰러트릴 단서를 얻을 수 있습니다. |
| 7 | 고대의 적이 악당이 행했던 과거의 행동을 용서하면 악당의 힘이 약화되고 맙니다. |
| 8 | 아주 오래전 행해졌던 신비한 거래로 인해 힘을 얻은 악당은 그 계약이 끝나고 나면 힘을 잃게 됩니다. |

# 악역을 위한 클래스 선택

플레이어즈 핸드북(Player's Handbook)에 실린 규칙들을 이용하면 플레이어 캐릭터를 만드는 것과 같은 요령으로 클래스와 레벨을 지닌 NPC들을 얼마든지 만들 수 있습니다. 아래 실려 있는 클래스 선택지는 두 가지 특정한 종류의 악역을 만드는 데 사용할 수 있습니다. 사악한 대사제나 사악한 기사, 혹은 타락한 팔라딘 등이 이러한 악역의 예시가 될 것입니다.

죽음 권역은 클레릭들을 위한 추가적인 권역 선택지가 될 수 있으며, 맹세파기자는 타락한 팔라딘들이 갈 수 있는 대안적인 방향을 제시해 줄 것입니다. 플레이어들 역시 당신의 허락이 있다면 이러한 클래스 선택지를 사용할 수 있습니다.

## 클레릭: 죽음 권역 DEATH DOMAIN

죽음 권역은 죽음에 연관된 힘을 다룹니다. 언데드를 일으키는 부정적 에너지 역시 이러한 힘의 일종입니다. 체모쉬, 미르쿨, 위자스 등의 신은 사령술사와 데스나이트, 리치, 미이라 군주, 뱀파이어 등의 후원자이기도 합니다. 죽음 권역의 신들은 또한 살인에 연관된 영역을 다루기도 하며(아누비스, 바알, 피레미우스), 고통이나(이우즈나 로비아타), 질병 혹은 독(인카불로스, 탈로나, 모르기온), 혹은 저승 그 자체(하데스나 헬)를 다루기도 합니다.

### 죽음 권역 주문

| 클레릭 레벨 | 주문 |
|------------|------|
| 1레벨 | 거짓 삶False Life, 통증 광선Ray of Sickness |
| 3레벨 | 장님화/귀머거리화Blindness/Deafness, 무력화 광선Ray of Enfeeblement |
| 5 레벨 | 사체 조종Animate Dead, 흡혈의 접촉Vampiric Touch |
| 7 레벨 | 황폐화Blight, 죽음 방비Death Ward |
| 9 레벨 | 반생명 보호막Antilife Shell, 죽음구름Cloudkill |

### 추가 숙련

클레릭이 1레벨에 이 권역을 선택하면 추가로 모든 군용 무기에 대한 숙련을 얻게 됩니다.

### 수확자 REAPER

1레벨 때, 이 권역의 클레릭은 어떤 주문 목록에 있는 것이든 하나의 사령술 소마법을 골라 배울 수 있습니다. 클레릭이 하나의 크리쳐만을 목표로 하는 사령술 소마법을 사용하려 할 때, 본래 목표로부터 5ft 내에 있는 크리쳐 하나에게도 같은 소마법을 시전할 수 있습니다.

## 악당의 숨겨진 약점

악당의 약점을 찾고 이를 이용하는 것은 플레이어들에게 큰 이점을 가져다줄 수 있지만, 영리한 악당들은 자신의 약점을 숨기려 들 것입니다. 예를 들어, 리치라면 자신의 영혼을 마법적으로 저장한 용기인 성물함을 잘 숨겨놓을 것입니다. 그리고 캐릭터들이 리치를 완전히 파괴하려면, 반드시 이 성물함을 찾아 파괴해야만 합니다.

## 신성 변환: 죽음의 손길 TOUCH OF DEATH

이 권역의 클레릭은 2레벨 때부터 신성 변환을 이용해 접촉하는 것만으로 다른 존재의 생명력을 파괴할 수 있습니다.

클레릭이 근접 공격으로 어떤 크리쳐를 명중시켰을 때, 그는 신성 변환을 소비해 목표에 추가 사령 피해를 가할 수 있습니다. 이때 가해지는 추가 피해는 클레릭 레벨 × 2 + 5점입니다.

## 불가피한 파괴 INESCAPABLE DESTRUCTION

이 권역의 클레릭은 6레벨 때부터 부정적 에너지를 보다 강력하게 사용할 수 있게 됩니다. 이 클레릭이 자신의 클레릭 주문이나 신성 변환을 통해 사령 피해를 가할 때면, 그는 상대의 사령 피해에 대한 저항을 무시할 수 있습니다.

## 신성한 일격 DIVINE STRIKE

이 권역의 클레릭은 8레벨 때부터 자신의 무기를 사령의 힘으로 채워 공격하는 능력을 얻게 됩니다. 매턴 한 번, 클레릭이 무기 공격으로 어떤 크리쳐를 명중시켰다면, 목표에 추가로 1d8의 사령 피해를 가할 수 있습니다. 이 피해는 14레벨 때부터 2d8점으로 증가합니다.

## 향상된 수확자 IMPROVED REAPER

이 권역의 클레릭은 17레벨부터 오직 하나의 목표만을 대상으로 하는 1~5레벨의 사령술 주문을 시전할 때, 본래 목표로부터 5ft 내에 있는 크리쳐 하나를 추가 목표로 지정할 수 있습니다. 만약 해당 주문이 물질 구성요소를 필요로 한다면, 클레릭은 각각의 목표 당 따로 구성요소를 소비해야 합니다.

# 팔라딘: 맹세파기자 OATHBREAKER

맹세파기자는 어떤 어두운 야망이나 사악한 힘을 섬기기 위해 자신이 행한 신성한 맹세를 파기한 팔라딘들입니다. 한때 팔라딘의 심장 속에서 빛나던 것은 이미 꺼져버리고, 어둠만이 남게 되었습니다.

오직 3레벨 이상의 악한 팔라딘만이 맹세파기자가 될 수 있습니다. 팔라딘은 자신이 이전 행했던 신성한 맹세에 연관된 특성을 모두 잃는 대신 맹세파기자 특성을 얻게 됩니다.

## 맹세파기자 주문

맹세파기자 팔라딘은 맹세 주문을 모두 잃어버리게 되지만, 그 대신 팔라딘 레벨에 따라 아래 주문들을 쓸 수 있게 됩니다.

### 맹세파기자 주문

| 팔라딘 레벨 | 주문 |
| --- | --- |
| 3 레벨 | 지옥의 책망Hellish Rebuke, 상처 가해Inflict Wounds |
| 5 레벨 | 광기의 왕관Crown of Madness, 암흑Darkness |
| 9 레벨 | 사체 조종Animate Dead, 저주 부여Bestow Curse |
| 13 레벨 | 황폐화Blight, 혼란Confusion |
| 17 레벨 | 전염Contagion, 인간형 지배Dominate Person |

## 신성 변환

3레벨 이상의 맹세파기자 팔라딘은 두가지 신성 변환 선택을 할 수 있습니다.

언데드 통제(Control Undead). 행동을 사용하면, 팔라딘은 자신이 볼 수 있는 30ft 내의 언데드 크리쳐 하나를 목표로 지정할 수 있습니다. 이 목표는 지혜 내성 굴림을 굴려야 합니다. 내성 굴림에 실패하면 목표 언데드는 이후 24시간 동안 팔라딘의 명령에 복종해야 합니다. 도전 지수가 팔라딘의 레벨 이상인 언데드는 이 효과에 면역입니다.

공포스러운 존재(Dreadful Aspect). 행동을 사용하면 팔라딘은 자신의 가장 어두운 감정을 변환해 주변에 강력한 위협의 기운을 방사할 수 있습니다. 팔라딘으로부터 30ft 내에 있으면서 팔라딘을 볼 수 있는 크리쳐 중 팔라딘이 선택한 모든 크리쳐는 지혜 내성 굴림을 굴려야 합니다. 실패했다면 그 목표는 1분 동안 팔라딘에게 공포 상태가 됩니다. 만약 이 효과에 걸린 목표가 팔라딘으로부터 30ft 밖으로 벗어난 상태로 턴을 마치게 된다면, 다시 한번 지혜 내성을 굴릴 기회를 얻게 됩니다. 이 내성에 성공한 경우 공포 상태는 끝나게 됩니다.

## 증오의 오오라 AURA OF HATE

7레벨 이상의 맹세파기자 팔라딘은 자기 주변 10ft 내의 모든 악마와 언데드에게 영향을 주어, 그들의 근접 무기 공격 피해에 팔라딘 자신의 매력 수정치만큼 피해 보너스를 줄 수 있습니다. (최소 +1부터 적용됩니다.) 주변에 여러 팔라딘이 있더라도, 이 효과는 오직 한 명의 팔라딘에게서만 받을 수 있습니다.

18레벨 때부터 이 효과는 30ft 범위까지 확대됩니다.

## 초자연적인 저항 SUPERNATURAL RESISTANCE

15레벨 이상의 맹세파기자 팔라딘은 비마법적인 무기로 가해지는 모든 타격, 관통, 참격 피해에 저항을 얻게 됩니다.

## 공포의 군주 DREAD LORD

20레벨이 되면 팔라딘은 행동을 사용하여 자기 주변에 1분간 지속되는 암울함의 오오라를 방출할 수 있습니다. 이 오오라는 30ft 범위 내의 모든 밝은 빛을 약한 빛으로 약화시킵니다. 팔라딘에 의해 공포상태가 된 적이 이 오오라 범위 내에서 자기 턴을 시작하면, 턴 시작 때마다 4d10의 정신 피해를 받게 됩니다. 추가로 팔라딘과 그 자신이 선택한 크리쳐들이 이 오오라 안에 있을 때는 깊은 그림자 속으로 들어갈 수 있으며, 시각에 의존하고 있는 크리쳐가 깊은 그림자 속에 있는 대상을 공격할 때는 명중 굴림에 불리점 판정을 받게 됩니다.

이 오오라가 지속되는 동안, 팔라딘은 추가 행동으로 오오라 속의 그림자를 이용해 크리쳐 하나를 공격할 수 있습니다. 팔라딘은 목표에 대해 근접 주문 공격을 행합니다. 공격이 명중한 경우, 목표는 3d10 + 팔라딘의 매력 수정치 만큼 사령피해를 입게 됩니다.

한번 이 오오라를 발동시키고 나면, 긴 휴식을 취하기 전까지는 다시 이 능력을 사용할 수 없습니다.

> **맹세파기자의 참회**
>
> 당신이 플레이어에게 맹세파기자 선택을 가능하게 해 준다면, 당신은 또한 이후 팔라딘에게 참회의 과정을 거치고 다시 한번 진정한 팔라딘으로 돌아갈 기회도 줄 수 있습니다.
>
> 참회하고자 하는 팔라딘은 먼저 자신의 악한 성향을 꺾고, 자신의 성향이 바뀌었음을 말과 행동으로 증명해야 합니다. 그렇게 하기 위해서 팔라딘은 모든 자신의 맹세파기자 특성을 버려야 하며, 신을 선택하여 다시금 신성한 맹세를 행해야 합니다. (당신이 허락한다면, 이렇게 새로이 정하는 신이 꼭 예전에 버렸던 신과 일치하지 않아도 됩니다.) 하지만, 팔라딘이 어떤 위험한 사명이나 심판을 완수할 때까지 자신의 본래 클래스 요소들을 되찾을 수는 없을 것입니다. 이러한 사명이나 심판은 DM이 정해줄 것입니다.
>
> 이렇게 참회를 한 팔라딘이 다시 맹세를 깰 수도 있고, 다시 한번 맹세파기자가 될 수도 있습니다. 하지만 두 번째 참회 기회는 주어지지 않습니다.

# 제5장: 모험의 환경

**다**양한 D&D 모험물에서는 던전 배경을 이용합니다. D&D에 등장하는 던전은 거대한 홀과 무덤들입니다. 그 안에는 지하에 사는 괴물의 둥지들이 있고, 죽음의 함정들이 가득한 미로와 지하 수십 마일까지 뻗어 나가는 자연 동굴이 있습니다. 파괴된 성채들 역시 여기에 포함됩니다.

모든 모험이 던전에서 벌어지는 것은 아닙니다. 야생의 길을 따라 황폐한 사막을 가로지르거나, 공포의 섬에서 정글을 통과하는 힘든 여정을 역시 그 나름의 흥미로운 모험이 될 수 있습니다. 광대한 야생에서는 드래곤이 먹잇감을 찾아 하늘을 떠돌고 홉고블린 부족들이 그들의 음울한 요새를 세우며 이웃과 전쟁을 벌이고, 오우거들이 식사거리를 찾아 농장을 약탈하며, 괴물 같은 거미들이 나무들 사이를 거미줄로 빽빽히 채워놓고 있습니다.

던전에서, 모험자들은 벽과 문들에 둘러싸여 있습니다. 그러나 야외에서라면 모험자들은 자신들이 원하는 방향이라면 어느 쪽으로든 갈 수 있습니다. 바로 여기에 던전 모험과 야외 모험 사이의 차이가 있습니다. 던전 속에서는 모험자 일행이 택할 수 있는 선택지가 제한되기에 행동을 예측하기가 훨씬 쉽습니다. 그러나 야외에서는 더 많은 선택지가 주어집니다.

촌락, 마을, 도시 등등은 이 위험한 세상 속에서 문명의 요람 역할을 하지만, 이곳들 역시 모험의 무대가 될 수 있습니다. 도시의 벽 안에서라면 괴물과 마주하는 조우가 벌어질 가능성은 지극히 낮겠지만, 도시가 배경이라도 그 나름의 악당과 위기들이 주어질 수 있습니다. 어찌되었든 악은 수많은 형태를 지니고 있으며, 도시 역시 보이는 것처럼 그렇게 안전한 안식처가 되어주지는 않습니다.

이 장에서는 위의 3가지 환경에 더불어 몇 가지 특이한 환경에 관한 정보를 다루고, 당신이 모험의 장소를 만드는 과정에 대해서 이야기하며, 수많은 표를 통해 당신에게 영감을 불어넣고자 합니다.

## 던전

어떤 던전들은 예전에 누군가가 세워놓은 다음 버려진 요새일 수도 있습니다. 아니면 자연적으로 생긴 동굴이거나, 흉측한 괴물들이 만든 기괴한 형태의 둥지일 수도 있습니다. 던전은 사악한 교단이나 괴물 부족, 다른 역겨운 존재들을 끌어들이곤 합니다. 던전은 또한 고대의 보물들이 잠자고 있는 곳이기도 합니다. 수많은 동전과 보석, 마법 물건, 기타 가치 있는 것이 어둠 속에 숨겨져 있으며, 가끔은 함정이나 그 보물을 끌어모은 괴물들에 의해 지켜지고 있기도 합니다.

### 던전 짓기

당신이 던전을 만들고자 한다면, 맨 처음 그 던전의 특징이 어떤 것일까를 생각해 보도록 하십시오. 예를 들어, 홉고블린들이 요새로 사용하고 있는 던전은 유안티들이 도사린 고대의 사원과 판이하게 다른 특징들을 지니고 있을 것입니다. 이 부분에서는 던전을 만들어나가는 과정과 그 던전에 살을 붙여 생명을 불어넣는 과정을 다루고자 합니다.

### 던전의 위치

당신은 던전 위치 표를 굴려 당신의 던전이 위치한 곳을 정할 수도 있으며, 이 표에서 영감을 얻어 당신이 직접 지정할 수도 있습니다.

## 던전 위치

| d100 | 위치 |
|---|---|
| 01–04 | 도시 내의 건물 |
| 05–08 | 도시 지하의 납골당이나 하수구 |
| 09–12 | 농장 지하 |
| 13–16 | 묘지 지하 |
| 17–22 | 폐허가 된 성 지하 |
| 23–26 | 폐허가 된 도시 지하 |
| 27–30 | 사원 지하 |
| 31–34 | 계곡 사이 |
| 35–38 | 절벽 틈새 |
| 39–42 | 사막 |
| 43–46 | 숲 |
| 47–50 | 빙하 |
| 51–54 | 협곡 |
| 55–58 | 정글 |
| 59–62 | 산속 가도 |
| 63–66 | 늪지 |
| 67–70 | 고원 정상 |
| 71–74 | 바닷가 동굴 |
| 75–78 | 여러 고원들 사이 |
| 79–82 | 산꼭대기 |
| 83–86 | 해안 고원 |
| 87–90 | 섬 |
| 91–95 | 수중 |
| 96–00 | 특이한 장소 표에서 굴림 |

## 특이한 장소

| d20 | 위치 |
|---|---|
| 1 | 거대한 나뭇가지 사이 |
| 2 | 간헐천 한가운데 |
| 3 | 폭포 뒤 |
| 4 | 산사태에 파묻힘 |
| 5 | 모래 폭풍에 파묻힘 |
| 6 | 화산재에 파묻힘 |
| 7 | 성 혹은 다른 건물이 늪에 가라앉음 |
| 8 | 성 혹은 다른 건물이 지반 침식으로 가라앉음 |
| 9 | 바다 위에 떠 있음 |
| 10 | 운석 위에 |
| 11 | 데미플레인이나 주머니 차원에 |
| 12 | 마법적 재앙으로 황폐화된 곳에 |
| 13 | 구름 위에 |
| 14 | 페이와일드에 |
| 15 | 섀도펠에 |
| 16 | 지저 바다 속의 섬에 |
| 17 | 화산 속에 |
| 18 | 거대한 생명체의 등 위에 |
| 19 | 마법 역장 돔으로 가려진 속에 |
| 20 | *모덴카이넨의 장엄한 저택Mordenkainen's Magnificent Mansion* 속에 |

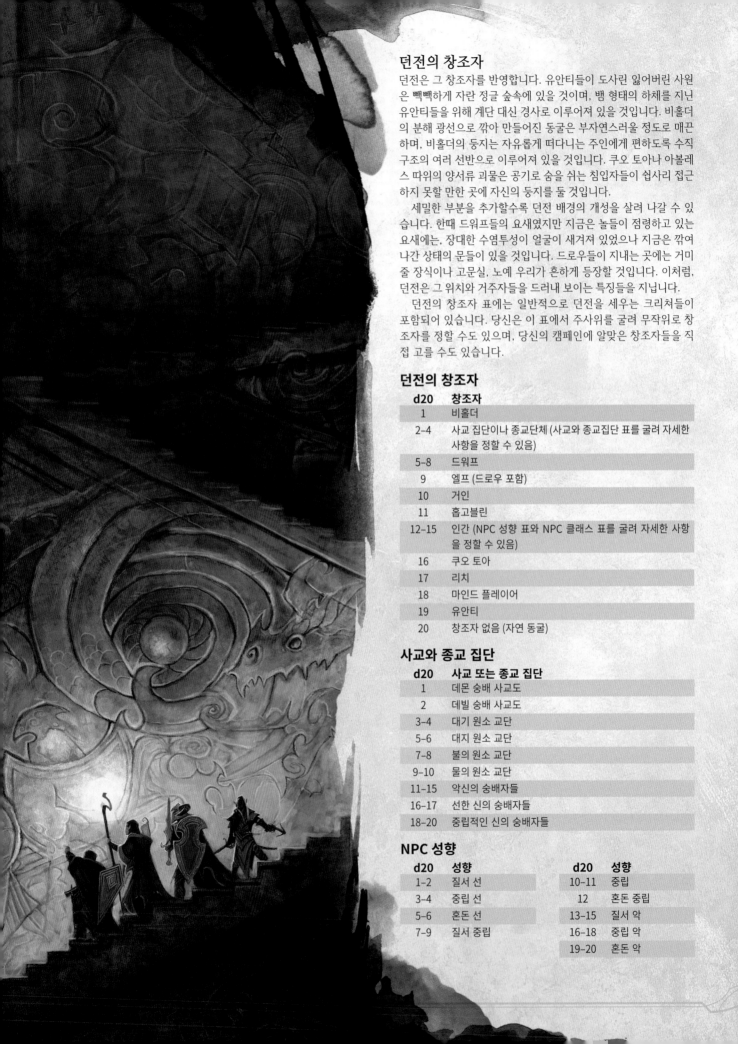

## 던전의 창조자

던전은 그 창조자를 반영합니다. 유안티들이 도사린 잃어버린 사원은 빽빽하게 자란 정글 숲속에 있을 것이며, 뱀 형태의 하체를 지닌 유안티들을 위해 계단 대신 경사로 이루어져 있을 것입니다. 비홀더의 분해 광선으로 깎아 만들어진 동굴은 부자연스러울 정도로 매끈하며, 비홀더의 둥지는 자유롭게 떠다니는 주인에게 편하도록 수직구조의 여러 선반으로 이루어져 있을 것입니다. 쿠오 토아나 아볼레스 따위의 양서류 괴물은 공기로 숨을 쉬는 침입자들이 쉽사리 접근하지 못할 만한 곳에 자신의 둥지를 둘 것입니다.

세밀한 부분을 추가할수록 던전 배경의 개성을 살려 나갈 수 있습니다. 한때 드워프들의 요새였지만 지금은 놀들이 점령하고 있는 요새에는, 장대한 수염투성이 얼굴이 새겨져 있었으나 지금은 깎여나간 상태의 문들이 있을 것입니다. 드로우들이 지내는 곳에는 거미줄 장식이나 고문실, 노예 우리가 흔하게 등장할 것입니다. 이처럼, 던전은 그 위치와 거주자들을 드러내 보이는 특징들을 지닙니다.

던전의 창조자 표에는 일반적으로 던전을 세우는 크리쳐들이 포함되어 있습니다. 당신은 이 표에서 주사위를 굴려 무작위로 창조자를 정할 수도 있으며, 당신의 캠페인에 알맞은 창조자들을 직접 고를 수도 있습니다.

### 던전의 창조자

| d20 | 창조자 |
|---|---|
| 1 | 비홀더 |
| 2-4 | 사교 집단이나 종교단체 (사교와 종교집단 표를 굴려 자세한 사항을 정할 수 있음) |
| 5-8 | 드워프 |
| 9 | 엘프 (드로우 포함) |
| 10 | 거인 |
| 11 | 홉고블린 |
| 12-15 | 인간 (NPC 성향 표와 NPC 클래스 표를 굴려 자세한 사항을 정할 수 있음) |
| 16 | 쿠오 토아 |
| 17 | 리치 |
| 18 | 마인드 플레이어 |
| 19 | 유안티 |
| 20 | 창조자 없음 (자연 동굴) |

### 사교와 종교 집단

| d20 | 사교 또는 종교 집단 |
|---|---|
| 1 | 데몬 숭배 사교도 |
| 2 | 데빌 숭배 사교도 |
| 3-4 | 대기 원소 교단 |
| 5-6 | 대지 원소 교단 |
| 7-8 | 불의 원소 교단 |
| 9-10 | 물의 원소 교단 |
| 11-15 | 악신의 숭배자들 |
| 16-17 | 선한 신의 숭배자들 |
| 18-20 | 중립적인 신의 숭배자들 |

### NPC 성향

| d20 | 성향 | d20 | 성향 |
|---|---|---|---|
| 1-2 | 질서 선 | 10-11 | 중립 |
| 3-4 | 중립 선 | 12 | 혼돈 중립 |
| 5-6 | 혼돈 선 | 13-15 | 질서 악 |
| 7-9 | 질서 중립 | 16-18 | 중립 악 |
| | | 19-20 | 혼돈 악 |

## NPC 클래스

| d20 | 클래스 | d20 | 클래스 |
|---|---|---|---|
| 1 | 바바리안 | 9 | 팔라딘 |
| 2 | 바드 | 10 | 레인저 |
| 3-4 | 클레릭 | 11-14 | 로그 |
| 5 | 드루이드 | 15 | 소서러 |
| 6-7 | 파이터 | 16 | 워락 |
| 8 | 몽크 | 17-20 | 위저드 |

## 던전의 목적

자연적으로 만들어진 동굴의 경우를 제외하면, 던전은 그 거주자들이 의도한 특정 목적을 위해 만들어졌으므로 그 형태나 기능에 맞는 모습으로 나타납니다. 당신은 아래 던전의 목적 표에서 던전의 목적을 무작위로 정할 수도 있으며, 자신만의 아이디어를 통해 던전의 목적이 무엇이었나를 결정할 수도 있습니다.

## 던전의 목적

| d20 | 목적 | d20 | 목적 |
|---|---|---|---|
| 1 | 죽음의 함정 | 11-14 | 요새 |
| 2-5 | 둥지 | 15-17 | 신전이나 사원 |
| 6 | 미로 | 18-19 | 무덤 |
| 7-9 | 광산 | 20 | 보물 창고 |
| 10 | 이계의 문 | | |

*광산.* 버려진 광산에 괴물들이 자리를 잡는 경우는 흔하며, 너무 깊이 파 내려간 광부들이 언더다크에 닿았을 수도 있습니다.

*둥지.* 둥지는 괴물들이 살아가는 곳입니다. 일반적인 둥지들은 폐허나 자연 동굴에 자리를 잡습니다.

*무덤.* 무덤은 보물 사냥꾼들을 끌어모으며, 마찬가지로 죽은자들의 뼈와 살을 탐하는 괴물들 역시 끌어모으곤 합니다.

*미로.* 미로는 그 안에 들어서는 사람을 속이거나 혼란스럽게 하기 위해 만들어집니다. 어떤 미로들은 복잡기괴한 장애물들을 통해 보물을 보호하거나, 그 안에 사는 괴물들이 미로 속에 들어온 자들을 사냥해 잡아먹으려는 목적으로 만들어지기도 합니다.

*보물 창고.* 강력한 마법 물건이나 엄청난 물질적 부를 지키기 위해 만들어진 보물 창고형 던전은 대개 괴물들과 함정들을 통해 엄중한 경비를 갖추고 있습니다.

*신전이나 사원.* 이러한 던전들은 신이나 다른 이계의 존재를 위해 바쳐진 곳입니다. 이 존재의 숭배자들이 던전을 지배하고 있으며, 이곳에서 그들의 의식을 치르고자 합니다.

*요새.* 요새로 만들어진 던전은 악당들이나 괴물들의 안전한 본거지로서 기능하곤 합니다. 이 요새는 주로 위저드나 뱀파이어, 드래곤 따위의 강력한 개인에 의해 통제되며, 단순한 둥지보다 더욱 복잡하고 방대한 구조를 지니고 있습니다.

*이계의 문.* 이계로 건너가는 포탈을 둘러싸고 세워진 던전은 포탈에서 새어 나오는 이계의 에너지에서 영향을 받곤 합니다.

*죽음의 함정.* 이 던전은 침입자들을 모두 제거하려는 목적을 위해 만들어졌습니다. 죽음의 함정은 미친 마법사의 보물을 지키고 있을 수도 있지만, 리치가 그저 모험자들을 꾀어 들여 자신의 성물함을 채울 영혼들을 얻으려는 것과 같은 사악한 목적을 위해 이용하려고 설계된 것일 수도 있습니다.

## 역사

대개는 원래 던전을 설계했던 자가 누구인지 오래전에 잊혀져 버리고 말았을 테지만, 그 이후 어떤 일이 어떻게 일어났는가를 생각해 보면 던전이 어떻게 지금과 같은 모습을 가지게 되었는가를 떠올릴 수 있습니다.

던전 역사 표를 통하면 이 장소가 어떤 일을 거쳐 모험자들이 탐험하러 와야 하는 던전이 되었는가를 알려주는 핵심적 사건들을 고를 수 있습니다. 특별히 오래된 던전의 경우 이러한 사건들이 여러 번 일어났을 수도 있으며, 그 사건들이 각각 이 장소를 변화시켜 지금과 같은 모습에 이르게 했을 것입니다.

## 던전 역사

| d20 | 핵심적 사건 |
|---|---|
| 1-3 | 창조자에게 버려짐 |
| 4 | 역병 때문에 버려짐 |
| 5-8 | 침략자들에게 정복당함 |
| 9-10 | 약탈자들에게 창조자가 죽음을 맞음 |
| 11 | 이 장소에서 발견된 무언가에 창조자가 죽음을 맞음 |
| 12 | 내부 분쟁으로 창조자가 죽음을 맞음 |
| 13 | 마법적 재난으로 창조자가 죽음을 맞음 |
| 14-15 | 자연재해로 창조자가 죽음을 맞음 |
| 16 | 신에 의해 저주받고 잊혀짐 |
| 17-18 | 본래의 창조자가 여전히 통제하고 있음 |
| 19 | 이계의 존재들에 의해 점거됨 |
| 20 | 위대한 기적의 장소 |

# 던전의 거주자들

던전의 창조자가 떠나고 난 뒤, 무언가가, 혹은 누군가가 들어왔을 것입니다. 지능이 있는 괴물들일 수도 있고, 이성이 없는 던전 내의 포식자나 먹이, 혹은 청소부 괴물들 역시 던전에 들어왔을 수 있습니다.

던전 내의 괴물들은 그저 아무렇게나 모아놓은 무작위적 크리처 모음집이 아닙니다. 균사류, 해충류, 썩은 고기를 먹는 청소부나 포식자들이 같이 모여 복잡한 생태계를 이루고 있으며, 지능을 가진 존재들은 이 생태계와는 별도로 자신들만의 거주공간을 만들고 자기들끼리 서로를 지배하거나, 협상하거나, 분쟁을 일으키며 지내고 있습니다.

물론 캐릭터들은 던전 내에 숨어들 수 있습니다. 이들은 특정한 집단의 동료가 되거나, 더 강력한 괴물들의 위협을 줄이기 위해 집단간의 분쟁을 일으킬 수도 있습니다. 예를 들어, 마인드 플레이어와 그들이 지배하는 고블리노이드 노예들이 거주하는 던전이 있다고 칩시다. 모험자들은 고블린이나 홉고블린, 버그베어들을 선동하여 일리시드 지배자들에게 반란을 일으키도록 할 수 있습니다.

## 던전 내의 파벌들

가끔은 하나의 집단을 이룬 지능적인 인간형 존재들에 의해 지배되는 던전도 있을 수 있습니다. 오크 부족이 단체로 지배하는 동굴이나, 한 무리의 트롤들이 폐허를 점거하는 경우가 그렇습니다. 하지만 때로는 다른 경우도 있을 수 있습니다. 특히 규모가 큰 던전일수록, 하나의 집단보다는 여러 집단이 하나의 던전 속에서 같이 지내며 공간과 자원들을 나누어 갖곤 합니다.

예를 들어, 버려진 드워프 성채의 광산 폐허에서 지내는 오크들은 그 성채의 상층부에서 지내는 홉고블린들과 분쟁을 일으키고 있을 수 있습니다. 또한 광산의 가장 깊은 곳에서는 몇몇 마인드 플레이어가 존재하며, 이들은 핵심적인 위치의 홉고블린들을 조종하여 오크들을 쓸어버리려고 하고 있을 수도 있습니다. 한편 잘 숨어 있는 드로우 수색대가 성채에 숨어들어 있으며, 기회만 있으면 마인드 플레이어들을 제거하고 남은 것들을 노예화하기 위해 감시하고 계략을 짜고 있을 수 있습니다.

던전을 만들 때 가장 간단한 방법은 모험자들이 문을 박차고 들어가 안에 있는 것들을 죄다 죽여버리는 조우로 채우는 것입니다. 하지만 던전 내의 세력 균형과 집단 사이의 알력을 넣어보면 더욱 다양하고 절묘한 상호교류의 기회를 얻을 수 있습니다. 던전의 거주자들은 가끔 깜짝 놀랄만한 동맹을 맺기도 하며, 모험자들은 괴물들이 이용할만한 비장의 노림수가 될 수도 있습니다.

던전 내에 거주하는 지능 있는 존재들은 대개 자기들만의 목표를 지니고 있으며, 이 목표는 그저 단순한 생존에서 시작해 일단 던전 전체를 지배하고 나중에는 제국을 세우겠다는 원대한 꿈일 수도 있습니다. 이러한 존재들은 모험자들에게 어떤 제안을 하거나 동맹을 요청할 수도 있으며, 이를 통해 모험자들이 자기들의 본거지를 박살내기보다 적들을 노리도록 유도할 수도 있습니다. 이러한 집단의 NPC 지도자를 보다 자세하게 만들려면 제4장의 방법을 이용하여 이들에게 개성과 목표, 이상을 부여하는 것도 고려해 보십시오. 그리고 이러한 요소들을 이용해 자기 영토 내에 찾아온 모험자들을 맞이하여 응대하도록 해 보십시오.

## 던전 생태계

여러 크리쳐가 거주하는 던전은 그 자체로 생태계를 이루고 있습니다. 이것들은 대개 야생에서와 마찬가지로 각기 먹고 마시고 숨쉬며 자야 하는 존재입니다. 포식자들은 먹이를 찾는 능력을 갖추어야 하며, 지능이 있는 존재라면 자기들의 보금자리가 적당한 공기와 물, 식량, 그리고 안전이 보장되는 곳인지를 항상 살펴볼 것입니다. 던전을 설계할 때 이러한 요소들을 마음에 두고, 플레이어들이 그럴싸하다고 여길 수 있도록 구상해 보십시오. 던전에 내부적인 논리 구조가 없다면, 모험자들은 이러한 던전 환경 내에서 합당한 의사결정을 내리기 어려울 수도 있습니다.

예를 들어서, 던전 내에서 깨끗한 물이 있는 웅덩이 지역을 발견한 캐릭터라면 아마 던전의 여러 거주자들이 물을 마시기 위해 이곳으로 찾아오리라는 논리적인 가정을 세울 수 있을 것입니다. 모험자들은 웅덩이 근처에서 매복을 준비할 수도 있습니다. 마찬가지로 잠겨진 문, 혹은 잠겨지지 않았더라도 손이 있어야 열 수 있는 문이 있는 던전이라면 그것만으로도 어떤 것들은 지나다니기 어려운 구조가 됩니다. 만약 던전 내의 모든 문이 닫힌 상태라면, 플레이어들은 캐리온 크롤러나 스터지들이 어떻게 던전 안에 들어와서 살아남았는지 궁금해할 것입니다.

## 조우의 난이도

당신은 캐릭터들의 레벨이 올라도 긴장감을 계속 유지하기 위해 던전속으로 깊이 들어갈수록 점점 더 어려워지게끔 조우의 난이도를 구성하고 싶어할 수도 있습니다. 하지만 이러한 접근법은 던전을 단순하고 피곤하게 만듭니다. 다양한 난이도의 조우들을 조화롭게 섞어 구성하는 편이 더 나은 접근방법이 될 수 있습니다. 쉽고 어려운 난이도의 대비, 그리고 간단하고 복잡한 조우 사이의 대비는 캐릭터들이 더 다양한 전술을 구사하게 하고 조우마다 비슷해 보이는 함정을 피하도록 해 줄 것입니다.

# 던전 지도 그리기

모든 던전은 그 형태를 보여주기 위한 지도가 필요합니다. 던전의 위치, 창조자, 목적, 역사, 그리고 그 거주자들은 던전의 지도가 어떻게 생겼는가를 떠올리기 위한 좋은 출발점이 되어줍니다. 만약 당신에게 더 많은 영감이 필요하다면, 인터넷 여기저기서 찾을 수 있는 여러 던전 지도에서 얼마든지 그 영감을 받을 수 있으며, 실제 세계의 건물 지도들 역시 좋은 본보기가 되어줄 것입니다. 한편, 당신은 얼마든지 출판된 모험에 등장하는 지도를 빌려 쓰거나, 부록 A에서 제공되는 표를 이용한 무작위 던전 구성법을 이용할 수도 있습니다.

던전은 그저 몇 개의 방으로 이루어진 사원의 폐허처럼 간단한 것에서 시작해, 크고 복잡한 방과 통로로 이루어져 모든 방향으로 수백 피트 크기에 달하는 거대한 것에 이르기까지 다양한 크기가 있습니다. 모험자들의 목적지는 대체로 던전의 입구에서 가능한 한 멀리 떨어진 깊은 곳에 있으며, 캐릭터들은 이 목적지에 도달하기 위해 복잡하고 미로 같은 던전을 더 깊게 들어가려 할 것입니다.

던전은 대개 모눈종이에 그리는 편이 가장 간단하며, 이 모눈종이를 사용할 때 한 칸의 크기는 대략 10 × 10ft 정도입니다. 만약 당신이 격자판에 미니어쳐를 이용해서 게임을 한다면, 각각의 칸은 5ft 크기가 될 수도 있습니다. 어쩌면 당신은 주로 10ft 크기의 모눈을 이용하다가, 전투 상황에만 5ft 크기의 지도를 따로 확대해 그릴 수도 있습니다. 당신이 던전의 지도를 그리려 할 때, 아랫부분들에 주의를 기울이시기 바랍니다.

- 방이나 지도를 비대칭적으로 만들면 던전을 예측하기 어렵게 할 수 있습니다.
- 3차원적으로 생각하세요. 계단, 경사로, 받침대, 사다리, 발코니, 구덩이 등과 같이 던전 내의 높낮이 등 서로 다르게 할 요소들을 첨가한다면 던전을 더욱 재미있게 만들고 이러한 지역에서의 전투 조우를 더욱 도전적으로 만들 수 있습니다.
- 던전에 닳고 사용된 흔적을 추가하세요. 던전 건축자의 기술력을 강조하려는 목적이 아니라면 복도 일부가 무너졌을 수도 있으며, 이렇게 무너진 부분 때문에 가까이 있어도 갈 수 없는 지역이 흔하게 생깁니다. 과거 있었던 지진 때문에 던전 내에 낭떠러지가 생겼을 수도 있고, 이렇게 방이나 복도가 나뉜 모습은 흥미로운 장애물이 될 수 있습니다.
- 인위적으로 만들어진 던전에도 자연적인 요소가 크게 관여할 수 있습니다. 드워프의 요새 한가운데로 지하수가 흐르는 개울이 있을 수도 있습니다. 이러한 요소는 방의 형태나 크기를 변화시키고 다리나 배수구 같은 흥미로운 요소를 추가하게 해 줍니다.
- 입구와 출구를 여러 개 만드십시오. 여러 개의 입구 중 어느 것을 선택할까 고민할 때만큼 플레이어들이 던전에 대해 현실적인 감각을 느낄 때는 많지 않습니다.
- 시간을 들여 탐색한 플레이어들에게 포상이 될 비밀문이나 비밀 방들을 더해 보세요.

당신이 기초부터 던전 지도를 그리는데 도움이 필요하다면, 부록 A를 참고해 보십시오.

# 던전의 요소들

던전의 분위기나 물질적 요소 등은 그 기원에 따라 다양합니다. 오래된 무덤은 돌로 된 벽과 느슨해진 나무문으로 이루어져 있고 썩은 냄새가 풍기며 모험자들이 가지고 온 것 외에는 어떠한 빛도 찾을 수 없을 것입니다. 한편 화산 속에 세워진 둥지는 과거 용암 분출로 만들어진 매끈한 돌벽에 마법적으로 강화된 황동으로 만들어진 문을 가지고, 유황의 냄새를 풍기며 복도와 방 곳곳에서 뿜어져 나오는 불길이 환하게 비추고 있을 수도 있습니다.

## 벽

어떤 던전들은 석공들이 만든 벽을 지니고 있으며, 다른 것들은 그냥 자연석으로 이루어진 벽이나 대강 깎아낸 바위, 아니면 물이나 용암의 흐름으로 만들어진 벽이 있을 수도 있습니다. 지상에 세워진 던전이라면 나무나 다른 가연성 물질로 벽을 세워 놓았을 수도 있습니다.

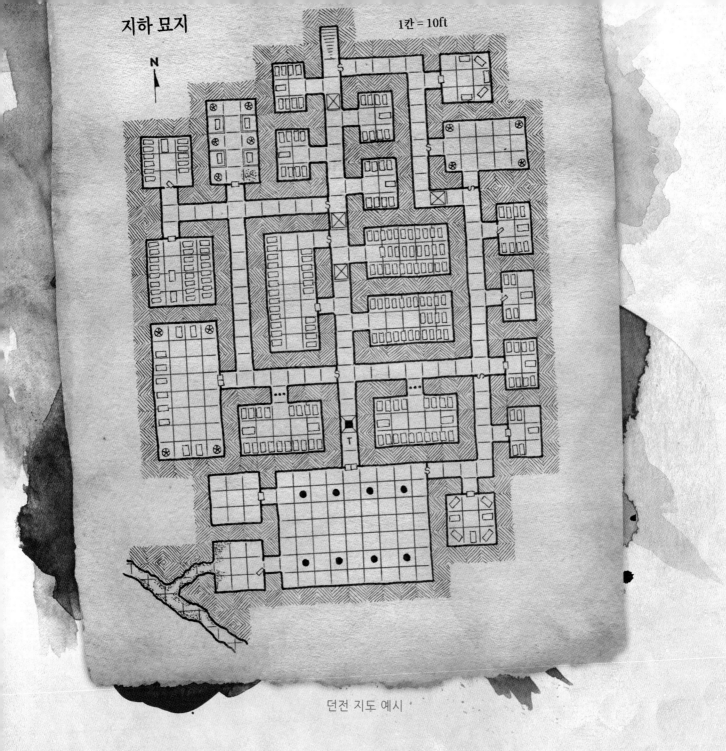

## 지하 묘지

1칸 = 10ft

N

던전 지도 예시

벽에는 때때로 벽화나 낙서, 프레스코화가 그려져 있을 수도 있고, 횃불걸이나 촛대 등과 같이 조명 설비가 있을 수도 있습니다. 심지어 가끔은 비밀문이 숨겨져 있는 벽도 존재합니다.

## 문

던전의 문은 단순히 널빤지와 못으로 만들어진 것일 수도 있습니다. 한편 어떤 것들은 가고일 조각이 새겨진 것일 수도 있으며, 고뇌에 찬 얼굴이 새겨져 있거나 이 문 뒤에 무엇이 있는가에 대한 단서가 숨겨진 문양이 그려져 있을 수도 있습니다.

*막힌 문.* 던전의 문은 오랫동안 사용하지 않아 막혀 있을 수도 있습니다. 이렇게 막혀 있는 문을 열기 위해서는 근력 판정에 성공해야 합니다. 제8장 "게임 진행하기"를 참조하면, DC를 설정할 때의 도움말을 찾아볼 수 있을 것입니다.

*잠긴 문.* 캐릭터들이 열쇠가 없고 문이 잠겨 있다면, 민첩 판정에 성공해서 자물쇠 따기를 해야 문을 열 수 있습니다. (문을 따기 위해서는 도둑 도구와 그 도구를 사용할 수 있는 숙련이 있어야 할 것입니다.) 잠긴 문 역시 근력 판정에 성공하면 억지로 힘으로 열 수 있으며, 충분한 피해를 준다면 문을 박살 내버릴 수도 있고, 간단하게 문열기*Knock* 주문이나 유사한 마법을 이용해 문을 열 수도 있습니다. 제8장을 참조하면 문이나 다른 잠긴 물체를 게임 중에 어떻게 열지에 대해 DC를 판정하는 방법을 찾아볼 수 있을 것입니다.

*빗장 걸린 문.* 빗장이 걸려 있는 문은 잠긴 문이랑 비슷하지만, 자물쇠 따기로는 문을 열 수 없다는 점이 다릅니다. 빗장이 걸려 있는 문을 여는 방법은 대개 빗장이 걸려 있는 쪽에서 이것을 들어 올리는 것 뿐입니다.

## 비밀문

비밀문은 벽에 녹아든 것처럼 잘 위장되어 만들어진 문입니다. 가끔은 벽의 미묘한 흔적이나 바닥의 긁힌 흔적을 통해 비밀문의 존재를 눈치챌 수도 있습니다.

*비밀문 탐지.* 캐릭터들의 상시 지혜(감지) 점수를 이용하면, 파티가 능동적으로 수색하지 않더라도 누군가가 비밀문을 찾았는가 어떤가를 판정할 수 있습니다. 캐릭터들은 또한 능동적으로 근처에 숨겨진 문이 있는가를 찾아볼 수도 있으며, 이때는 지혜(감지) 판정을 해서 성공해야 합니다. 판정의 적절한 DC를 정하려면, 제8장의 내용을 참조하시기 바랍니다.

*비밀문 열기.* 비밀문을 찾아냈다면, 지능(수사) 판정에 성공하면 문을 열기 위한 구조가 보이지 않더라도 이 문을 어떻게 열 수 있는지 알아낼 수 있습니다. 이러한 판정의 DC를 정하는 방법은 제8장을 참조하시기 바랍니다.

만약 모험자들이 어떻게 비밀문을 여는지 알아낼 수 없다면, 문을 파괴하는 것도 시도할 수 있습니다. 이 경우, 비밀문은 비슷한 재질로 만들어진 잠긴 문으로 취급하며, 마찬가지로 제8장을 참조해 문을 파괴하려는 시도의 적절한 DC 등을 찾아볼 수 있습니다.

## 가려진 문

가려진 문은 눈에 잘 띄지 않는 곳에 위치한 보통 문입니다. 비밀문이 주변 환경에 녹아들도록 주의 깊게 설계된 것이라면, 가려진 문은 그저 단순한 방식으로 숨겨졌을 뿐입니다. 벽걸이로 가려져 있거나, 회반죽을 통해 가려 놓은 경우, 혹은 바닥에 있는 문이라면 깔개나 양탄자 아래 있는 경우가 이에 해당합니다. 대개 가려진 문을 찾는 데에는 능력치 판정이 필요 없습니다. 문이 있는 장소를 바라보고 다가가기만 하면 문이 있다는 것을 파악할 수 있습니다. 하지만 당신은 플레이어들의 선언 없이도 캐릭터들의 상시 지혜(감지) 점수를 이용해 이들이 수상한 벽걸이나 깔개 등을 보고 문을 찾을 수 있는가를 판정해 볼 수 있습니다.

## 창살문

창살문은 나무나 쇠 등으로 이루어진 막대들을 엮어 만들어진 문입니다. 이 문은 도르래와 사슬로 끌어 올릴 때까지는 복도나 아치를 가로막고 있습니다. 창살문의 주된 기능은 특정한 지역을 가로막고 있으면서도 그 뒤에서 장거리 공격이나 주문 시전등을 할 수 있다는 점입니다.

창살문을 들어 올리거나 내리기 위해서는 행동을 사용해야 합니다. 만약 캐릭터가 도르래를 쓸 수 없는 상태라면, 창살문을 들어올리거나 창살들을 구부리기 위해서는 근력 판정에 성공해야 합니다. 이러한 판정의 DC는 창살의 재료나 굵기, 무게 등에 따라 결정됩니다. 적당한 DC를 정하려면, 제8장을 참조하시기 바랍니다.

## 어둠과 빛

지하에 있는 구조라거나 지상의 폐허 속이라면 대개는 어두운 상태가 기본적이겠지만, 누군가가 거주하고 있는 던전이라면 내부에 광원이 있을 수도 있습니다.

지하의 거주구라도, 심지어 암시야를 사용할 수 있는 종족들이라도 보온과 요리, 수비를 위해 불이 필요할 수 있습니다. 하지만 온기나 빛이 아예 필요 없는 존재들 역시 많이 있습니다. 언데드만이 움직이는 먼지투성이 무덤이나, 포식자 괴물과 점액류만이 배회하는 버려진 폐허, 눈이 퇴화한 괴물들이 가득한 자연 동굴에 갈 때라면, 모험자들은 반드시 자기들이 쓸 광원을 지니고 가야 할 것입니다.

횃불이나 랜턴의 빛이 있으면 캐릭터들은 가까운 거리를 살펴볼 수 있겠지만, 어둠 속의 다른 존재들 역시 멀리서도 빛의 존재를 알아챌 것입니다. 완전한 암흑 속에서 밝은 빛이 있을 경우 수 마일 이상 떨어진 곳에서도 볼 수 있습니다. 하지만 지하에서는 여러 가지 장애물이 시선을 가로막기 때문에 거리가 멀리 떨어져 있다면 제대로 빛의 위치를 파악하기 어려울 것입니다. 어쨌든, 빛을 내는 도구를 들고 다니면 이로 인해 괴물들이 끌려올 수 있습니다. 이와 마찬가지로 던전 내에서 빛을 발하는 요소들(발광 버섯이나 마법 포탈의 빛 등등) 역시 모험자들의 주의를 끌 것입니다.

## 공기의 질

지하의 터널이나 지상의 폐허는 대개 공기가 순환하지 않고 오랫동안 폐쇄되어 있는 경우가 많습니다. 하지만 모험자들이 숨쉬기 어려울 정도로 밀폐된 공간 역시 그리 많지 않습니다. 던전 내의 공기는 숨이 막히며 무겁게 가라앉아 있습니다. 또한 던전 내에 떠도는 케케묵은 먼지 냄새 역시 분위기를 한층 무겁게 할 것입니다.

## 소리

던전의 폐쇄된 환경으로 인해, 내부의 소리는 쉽게 울려 퍼지곤 합니다. 문이 열리며 삐걱대는 소리가 복도를 따라 수백 피트나 메아리칠 것입니다. 대장간에서 망치질하는 소리나 전투에서 무기가 충돌하는 소리 같이 큰 소리는 던전 전체에 울릴 수도 있습니다. 지하에 살고 있는 많은 크리처들이 먹이를 찾을 때 이런 소리를 추적하곤 하며, 그 소리가 모험자 일행의 침입을 알리는 경종 역할을 해서 내부의 거주자들을 깨울 것입니다.

# 던전의 위험요소

이곳에서 설명하는 위험요소들은 지하나 다른 어두운 곳의 여러 위험한 환경 중 일부일 뿐입니다. 던전 내의 위험요소들은 함정과도 유사하며, 함정들은 이 장의 마지막에 설명되어 있습니다.

*위험 탐지하기.* 숨겨져 있는 것이 아닌 한, 위험 요소를 찾는데 특별한 능력치 판정은 필요 없습니다. 점액이나 곰팡이 등 보이는 것만으로는 잘 파악할 수 없는 위험요소들의 경우, 지능(자연학) 판정에 성공한다면 그 특성을 알 수 있습니다. 이러한 위험 요소를 파악하는데 필요한 DC를 산정하는 방식은 제8장을 참조하십시오.

*위험의 심각성.* 캐릭터들에 비교해서 위험이 얼마나 치명적인가를 판정하려면, 이러한 위험요소를 함정으로 놓고 이 장의 뒷부분에 등장할 레벨에 따른 함정 심각성 표를 통해 적당한 양의 피해를 주도록 설계할 수 있습니다.

## 갈색 곰팡이 BROWN MOLD

갈색 곰팡이는 따뜻한 환경에서 자라며, 주변에서 열을 흡수합니다. 갈색 곰팡이는 대개 10 × 10ft를 덮고 있으며, 곰팡이 주변의 30ft 내의 온도는 언제나 몹시 추운 상태입니다.

어떤 크리처가 곰팡이로부터 5ft 내 거리에 처음 들어오거나 그 안에서 자기 턴을 시작하면, 해당 크리처는 DC 12의 건강 내성 굴림을 굴려야 합니다. 이 내성에 실패한 경우 22점(4d10)의 냉기 피해를 입게 되며, 내성에 성공한 경우 피해는 절반으로 줄어듭니다.

갈색 곰팡이는 화염 피해에 면역이며, 곰팡이로부터 5ft 내에 들어온 불길은 그 즉시 다른 방향으로 퍼지고 10ft 범위를 태울 것입니다. 냉기 피해를 주는 효과에 노출되면 갈색 곰팡이는 그 즉시 파괴되어 버립니다.

## 거미줄

거대 거미들은 먹잇감을 붙잡기 위해 복도 전체를 채우는 두껍고 끈적한 거미줄을 치곤 합니다. 이 거미줄로 채워진 지역은 어려운 지형이 됩니다. 또한, 거미줄이 쳐진 지역에 처음 들어서는 크리처나 그 안에서 자기 턴을 시작하는 크리처는 DC 12의 민첩 내성 굴림을 굴려야 하며, 실패했을 시 거미줄에 포박된 상태가 됩니다. 포박된 크리처는 자기 행동을 소비해 탈출하려 시도할 수 있습니다. 이 시도는 DC 12의 근력(운동) 판정이나 민첩(곡예) 판정을 통해 성공 여부를 판단할 수 있습니다.

10 × 10 × 10ft의 거대 거미줄은 AC 10에 15점의 hp를 지니며, 불에 취약성을 지니고 타격, 관통, 정신 피해에 면역을 지니고 있습니다.

## 노랑 곰팡이 YELLOW MOLD

노랑 곰팡이는 어두운 곳에서 자라며, 5 × 5ft 넓이를 덮고 있습니다. 누군가 노랑 곰팡이를 건드리면, 이 곰팡이들은 10 × 10 × 10ft를 가득 채우는 포자를 터트립니다. 이 포자가 채워진 지역에 있는 모든 크리처는 DC 15의 건강 내성 굴림을 해야 하며, 실패할 시 11점(2d10)의 독성 피해를 입고 1분간 중독된 상태가 됩니다. 이렇게 중독된 크리처는 자기 턴이 시작할 때마다 5점(1d10)씩의 독성 피해를 입게 됩니다. 독에 걸린 크리처는 자기 턴이 끝날 때마다 내성 굴림을 굴릴 수 있으며, 성공할 시 중독 상태는 끝나게 됩니다.

햇빛을 쬐거나 화염 피해를 주는 수단을 사용하면 노랑 곰팡이를 즉시 파괴할 수 있습니다.

## 녹색 점액 GREEN SLIME

이 산성 점액은 닿는 살점과 유기물, 그리고 금속을 모두 녹여버립니다. 끈적한 밝은 녹색의 점액은 벽이나 복도, 천장에 들러붙어 있곤 합니다.

녹색 점액은 대개 5 × 5ft를 덮고 있으며, 30ft 거리의 맹안시야를 지니고 있습니다. 천장이나 벽에 매달린 점액이 자기 아래에서 무언가 움직이는 것을 감지한다면 즉시 떨어져 내릴 것입니다. 그러나 떨어지는 것을 제외하면, 이 점액 자체에는 아무런 이동 능력이 없습니다. 점액의 존재를 알아챈 자는 DC 10의 민첩 내성 굴림에 성공할 경우 점액이 떨어지는 것을 피할 수 있습니다. 실패한다면, 떨어지는 점액을 그대로 맞았다는 것입니다.

점액에 닿은 크리처는 즉시 5점(1d10)의 산성 피해를 입게 됩니다. 점액을 떨쳐내거나 파괴하지 못한 상태로 자기 턴을 시작할 때마다, 이 피해는 반복됩니다. 녹색 점액은 나무나 금속에 대해서는 매라운드 11점(2d10)의 산성 피해를 가하며, 마법이 걸려 있지 않은 나무나 금속 무기로 점액을 떼어내고자 한다면 이 무기는 파괴되고 말 것입니다.

햇빛을 쬐거나 질병을 치료할 수 있는 효과, 그리고 냉기나 화염, 광휘 피해를 가할 수 있는 수단을 이용하면 녹색 점액을 즉시 파괴할 수 있습니다.

# 야생

당신의 캠페인 세상 속에 있는 던전과 정착지들 사이에는 언덕과 숲, 사막과 산맥, 바다와 강물이 흐르는 드넓은 자연의 세계가 펼쳐져 있습니다. 야생지역에 생기를 불어넣으면 당신과 당신의 플레이어들 모두에게 더 재미있는 게임을 만들어 줄 수 있습니다. 아래의 두 가지 접근 방식을 사용하면 야생 지역을 더욱 잘 설계할 수 있을 것입니다.

## 여행 몽타주식 접근법

가끔은 목적지 그 자체가 여정보다 중요할 때가 있습니다. 야생지역을 여행하는 목적이 모험자들로 하여금 진짜 모험이 시작되는 장소까지 도달하게 하는 것이라면, 조우가 일어나는지 판정할 필요도 없이 야생 지역을 이동하는 과정을 넘겨 버릴 수도 있습니다. 영화에서 길고 지루한 여행 장면을 수십 초만에 흘려보내는 것과 마찬가지로, 당신 역시 간단한 문장 몇 개만으로 플레이어들이 지나쳐 간 야생 지역을 묘사하고 여정을 끝낼 수 있습니다.

여정을 가능한 실감 나게 묘사하되, 기세를 잃지 않도록 합시다. "여러분은 별다른 일 없이 수십 마일을 걸어갔습니다."도 나쁘지는 않지만, "여러분이 북쪽으로 여행하는 동안 이슬비가 내려 평원을 적시고 있었습니다. 정오가 지나고, 여러분은 외로이 서 있는 나무 아래에서 점심을 먹었습니다. 그곳에서 로그는 싱긋 웃고 있는 얼굴처럼 생긴 작은 바위를 찾았지만, 그것 말고는 별달리 중요한 것과 마주치지 않았습니다." 처럼 묘사하는 쪽이 더 흥미롭고 기억에 남는 게임을 만들어 줄 것입니다. 중요한 점은 모든 것들을 시시콜콜 늘어놓는 대신, 당신이 원하는 분위기를 내기 위해 필요한 몇 가지 세부 사항만을 집중적으로 묘사하는 것입니다.

보기 드문 지형이 있을 때 주의를 기울이도록 합시다. 바위산에서 떨어져 내리는 폭포의 모습이나, 나무 꼭대기에서 주변의 숲을 바라보는 숨 막히는 풍경, 숲이 불타는 모습이나 베여 나가는 모습 등이 이러한 경우입니다. 또한 기억에 남을만한 냄새나 소리 역시 묘사하는 것이 좋습니다. 멀리 떨어진 곳에서 들리는 괴물의 외침 소리나 불타는 나무의 악취, 아니면 엘프들의 숲속에서 풍기는 달콤한 꽃향기가 그런 경우입니다.

생동감 넘치는 언어 외에 시각적인 도움을 이용하는 것도 캐릭터들의 여정을 묘사하는데 좋습니다. 인터넷에서 찾을 수 있는 이미지를 사용하면 실제로 존재하는 것이든 환상 속이든 숨 막힐 듯한 풍경을 쉽게 찾아볼 수 있습니다. (숨 막힐 듯한 풍경 자체가 좋은 검색어가 될 수도 있습니다.) 실제 세계의 풍경 역시 인상적일 수 있지만, 야생지역의 여정을 잘 묘사하면 플레이어들이 정말로 판타지 세계에 있다는 실감을 느낄 수도 있습니다. 가끔 정말로 마법적인 요소를 첨가해 묘사해 보도록 합시다. 숲속에는 새들 대신 작은 드래곤들이 날아다닐 수도 있으며, 숲의 나무들에는 거대한 거미줄이 처져 있다거나 으스스한 녹색 수액이 방울져 있을 수도 있습니다. 이러한 요소들을 조심스럽게 사용하도록 합시다. 너무 기괴한 풍경을 만들어 내면 당신의 플레이어들이 세상에 섞여 들어간다는 느낌을 방해할 수도 있습니다. 현실속 인상적인 풍경 속에 단 한 가지의 판타지적 요소만을 첨가하는 것으로도 충분합니다.

풍경 묘사를 이용해 당신의 모험 속에서 당신이 내고 싶은 분위기를 묘사해 봅시다. 어떤 숲에서는, 빽빽하게 자란 나무가 모든 빛을 가리고 지나가는 모험자들을 살피는 것처럼 보일 수 있습니다. 한편 다른 숲에서는 밝게 비치는 햇빛이 나뭇잎 사이로 새어들고 뿌리 등걸마다 아름답게 꽃을 피운 덩굴이 자라고 있을 수도 있습니다. 썩어가는 나무, 고약한 냄새를 내는 물, 끈적한 갈색

이끼로 뒤덮인 나무들은 타락의 상징이 되어 모험자들이 점점 악의 힘이 강해지는 장소로 다가가고 있다는 신호를 줄 수 있으며, 또한 모험자들이 맞서게 될 위험이 어떤 존재인가를 드러내는 단서로 쓰일 수도 있습니다.

몇몇 야생지역들은 그 자체만의 독특한 특징을 지니고 있기도 합니다. 예를 들어, 영혼의 숲이나 거미집 숲은 서로 다른 종류의 나무들이 자라고 있을 것이며, 서로 다른 식생이 있고, 서로 다른 기후를 지니며, 서로 다른 무작위 조우 표를 지니고 있을 것입니다.

마지막으로, 야생 지역 여행은 날씨를 강조함으로써 더욱 활기를 띄게 될 수 있습니다. "여러분은 3일동안 늪을 가로질러 갔습니다."는 그렇게 큰 고생처럼 보이지 않을 수도 있지만, "여러분은 무릎까지 잠겨드는 진흙탕을 3일간 지나쳐 왔습니다. 첫 2일 동안에는 밤까지 비가 내렸고, 마지막 날에는 사나운 햇빛이 내리쬐었습니다. 굶주린 벌레 무리가 여러분의 피를 빨아보려고 덤벼들고 있었습니다."는 일행의 생생한 고생을 묘사할 수 있습니다.

## 시간 순서 접근법

가끔은 목적지에 도달하는 것보다는 그 여정 자체에 충분한 시간과 주의를 기울여야 할 때가 있습니다. 만약 야생 지역 여행이 당신의 모험에서 가장 주된 요소로서 당신이 이를 그냥 지나쳐 보내고 싶지 않다면, 당신은 그저 일행이 겪는 길고 고된 여정을 묘사하는 것뿐만 아니라, 실제 일행의 여행 진형을 짜고 여정 도중 마주하게 될 조우를 설계할 필요가 있습니다.

먼저 플레이어들로 하여금 일행의 진형을 짜도록 해 봅시다. (플레이어즈 핸드북(Player's Handbook)을 참조하면 더 많은 정보를 얻을 수 있습니다.) 전열에 선 캐릭터들은 눈에 띄는 지형이나 요소를 먼저 발견할 수 있으며, 길을 찾아야 하는 책임도 이들이 지고 있을 것입니다. 후열에 선 캐릭터들은 파티가 흩어지지 않는가 살펴볼 책임이 있습니다. 중간 열에 위치한 캐릭터들로 하여금 아무 생각 없이 전열을 따라다니는 것 대신 뭔가 유용한 역할을 하도록 유도해 보십시오. 플레이어즈 핸드북에서는 지도를 그리거나 식량을 조달하는 일 등이 좋은 예시가 될 수 있다고 말하고 있습니다.

야생지역 여행은 대개 준비된 조우들을 차례로 진행해 나가거나(이 경우 당신이 직접 먼저 조우들을 준비해야 합니다), 무작위 조우를 계속 이어가는 것으로 벌어집니다. (무작위 조우 표를 굴려서 조우들을 결정하게 됩니다.) 계획된 조우는 그 조우가 벌어지는 장소를 먼저 설정해야 합니다. 이 장소는 폐허가 될 수도 있고, 계곡 위의 다리일 수도 있고, 기억에 남을만한 다른 장소일 수도 있습니다. 무작위 조우는 장소에 그다지 구애받지 않습니다. 당신이 미리 준비한 조우가 많지 않다면, 더 많은 조우를 무작위에 의존해야 여정을 흥미롭게 꾸밀 수 있을 것입니다. 제3장을 참조하면 무작위 조우를 판정할 때 당신만의 무작위 조우 표를 만드는 방법을 안내받을 수 있습니다.

야생 조우를 훨씬 흥미롭게 만드는 좋은 방법은 이 조우들이 항상 똑같은 방법으로 시작하거나 끝나지 않도록 만드는 것입니다. 달리 말하자면, 만약 야생환경이 여러분의 무대이고 당신의 모험이 일종의 연극이나 영화라면, 조우때마다 이를 각각 별개의 장면으로 만들고, 이 무대에 약간씩 변화를 주는 것이 플레이어들의 흥미를 계속 유지할 수 있다는 뜻입니다. 만약 이전 조우가 적과 정면에서 마주치는 것으로 시작했다면, 다음번 조우는 뒤에서 다가오거나 하늘에서 다가올 수도 있습니다. 만약 이번 조우가 은신한 괴물들이 등장하는 것이라면, 파티 내의 짐을 끄는 짐승들이 먼저 낌새를 알아챌 수도 있습니다. 주변에 괴물의 흔적이 있다면 조랑말이 신경질적으로 씩씩대는 모습을 보일 수도 있습니다. 만약 앞에서 다가오는 조우가 큰 소리를 내는 괴물들로 이루어져 있다면, 파티는 조용히 숨어있거나 매복을 계획할 수도 있습니다. 괴물 집

단이 한번은 무차별적으로 일행을 습격할 수도 있지만, 다른 괴물 집단은 식량을 받는 대가로 통행을 보장할 수도 있습니다.

여행하는 도중 계속 탐색을 계속하는 캐릭터들에게 무언가 발견할 만한 것을 제공해서 보상을 주도록 하십시오. 망가진 석상, 버려진 캠핑장소의 흔적, 그 외에도 당신의 세상 속에 흥미로운 요소를 첨가할만한 여러 가지를 제공할 수 있습니다. 이러한 발견은 앞으로 다가올 조우나 사건을 예고하거나, 이후 벌어질 모험의 실마리가 될 수도 있습니다.

야생 지역을 이동하는 것만으로도 몇 세션에 걸쳐 게임을 진행하게 될 수 있습니다. 따라서 장기간 아무런 조우도 없이 긴 여행을 하게 되는 것이라면, 조우 사이의 간격을 메우기 위해 여행 몽타주식 접근 방법을 따르는 것이 더 좋습니다.

# 야생 지역 지도 그리기

던전에 비하면 야생 배경은 거의 제한이 없는 것이나 다름없습니다. 모험자들은 흔적 없는 사막이나 넓게 펼쳐진 벌판 위에서 어느 쪽으로든 마음대로 갈 수 있습니다. 그렇다면 야생을 배경으로 한 캠페인을 만들 때는 모든 방향에 위치한 모든 장소와 모든 사건을 다 설정해야만 할까요? 사막의 오아시스에서 벌어지는 조우를 설계해 놓았는데, 캐릭터들이 오아시스를 지나쳐 버리면 어떻게 해야 할까요? 바위로 가득한 황무지를 지나치는 지루한 과정에서 게임을 더 흥미롭게 만들려면 어떻게 해야 할까요?

야외 배경 게임을 훨씬 재미있게 만드는 방법 중 하나는 이를 던전과 비슷하게 취급하는 것입니다. 가장 널리 개방된 배경이나 환경이라 할지라도, 지나다닐 수 있는 길은 비교적 한정되어 있습니다. 이러한 가도는 지형 때문에 대개 직선으로 나 있지 않으며, 가장 평평하거나 여행하기 쉬운 지형을 따라 이어져 있습니다. 계곡과 협곡들은 여행 방향을 바꿀 수 있습니다. 쭉 이어진 산맥들은 멀리 돌아가야만 하는 장벽을 형성합니다. 아무런 길이나 흔적 없는 사막이라 할지라도 가장 널리 쓰이는 여행로는 존재하는 법이며, 바람에 깎여 나간 바위와 알려진 지역들을 이어 만들어진 길이 여행자들과 무역상들이 만약의 사태를 피해 안전하게 다니게끔 해 줍니다.

만약 일행이 여정에서 벗어난다면, 당신은 미리 준비해 둔 조우들을 조정하여 이러한 조우들이 낭비되지 않도록 할 수 있습니다.

제1장에서 3가지 규모의 지도를 그리는 기본적인 방법을 설명하고 있으며, 이를 통해 당신의 캠페인 세계와 시작 지역을 그려 나갈 수 있습니다. 특히 당신이 지방 규모의 지도(헥스 1칸 = 1마일)를 쓰고자 한다면, 여행길-가도, 협곡, 계곡-을 잘 표시해 둬서 캐릭터들이 지도를 통해 이동할 때 더 많은 도움을 받을 수 있습니다.

## 지도 위에서의 이동

야생 지역의 여행은 당신이 생각하는 세밀함의 수준에 따라 서로 다른 방식으로 묘사할 수 있습니다. 지방 규모의 지도를 이용해 시간 순서대로 이동하는 방법을 사용하고 있다면, 당신은 모험자들이 지나치는 모든 작은 촌락들을 하나하나 묘사할 수 있습니다. 이 규모에서라면, 모험자들이 중요한 위치가 위치한 헥스에 들어설 때마다 그 위치에 대한 정보가 숨겨진 것이 아니라면 그 장소에 대해 묘사할 수 있습니다. 캐릭터들은 폐허가 된 성이 위치한 헥스에 들어섰을 때, 그 성의 정문에 그냥 걸어 들어가지 않을 수도 있습니다. 그 대신 숨겨진 옛길을 찾고 폐허를 뒤져, 그 지역에 있는 다른 것들을 살펴볼 수도 있습니다.

만약 당신이 왕국 규모의 지도를 사용하면서 며칠이 걸리는 여행을 하고 있다면, 지도에 나타나지 않는 너무 세세한 부분에 대해서는 신경 쓰지 않는 편이 좋습니다. 그저 여행 3일째 되는 날 일행이

강을 건넜으며, 점점 지대가 높아지고 있다고 말해주면 됩니다. 다시 3일이 지나고 나면 일행은 산악 가도로 들어서게 될 것입니다.

# 야생 지역의 요소

정착지나 요새, 폐허 등 탐험할 만한 가치를 지닌 장소가 전혀 없는 완전한 야생 지역은 그리 많지 않습니다. 주변 50마일 전역에 10여개 정도의 탐험 지역이 있다면 좋은 시작 지점으로 사용할 수 있습니다.

## 괴물들의 둥지

50마일 범위의 야생 지역에는 5~6개 정도의 괴물 둥지가 있을 수 있지만, 드래곤 같은 정점에 선 포식자는 아마도 오직 하나뿐일 것입니다.

만약 캐릭터들이 괴물들의 둥지를 수색하길 바란다면, 당신은 미리 둥지들이 있을법한 지도를 만들고 던전처럼 그러한 둥지들을 꾸며야 할 것입니다.

## 기념물

한때 문명이 세워졌던 곳이거나 지금도 문명이 자리한 곳이라면, 모험자들은 그 문명의 위대한 지도자나 신, 아니면 문화를 상징하는 기념물들을 발견할 수 있을 것입니다. 아래의 기념물 표를 통해 영감을 얻거나, 아니면 주사위를 굴려 모험자들이 무엇을 발견했는지 무작위로 정해볼 수 있습니다.

### 기념물

| d20 | 기념물 |
| --- | --- |
| 1 | 봉인된 봉분이나 피라미드 |
| 2 | 도굴된 봉분이나 피라미드 |
| 3 | 산의 절벽을 깎아 만든 거대한 얼굴 조각 |
| 4 | 산의 절벽을 깎아 만든 거대한 석상 |
| 5-6 | 경고나 역사적 전승, 전승이나 종교적 우상을 위해 만들어진 거대한 석탑 |
| 7-8 | 망가지거나 부러진 석탑 |
| 9-10 | 위인이나 신의 온전한 석상 |
| 11-13 | 위인이나 신의 망가진 석상 |
| 14 | 아직 온전한 거대한 장벽, 1마일 간격의 탑 |
| 15 | 폐허가 된 거대한 장벽 |
| 16 | 거대한 바위 아치 |
| 17 | 분수 |
| 18 | 온전한 선돌의 원 |
| 19 | 폐허가 되거나 부러진 선돌의 원 |
| 20 | 토템 기둥 |

## 폐허

무너진 탑, 고대의 신전, 파괴된 도시는 완벽한 모험 장소입니다. 또한 길가에 세워진 오래된 무너진 벽을 묘사하거나, 언덕 위의 옛 석조 풍차, 그리고 벌판에 서 있는 선돌의 원을 묘사하는 것은 당신의 야생 모험에 흥미로운 부분을 더해줄 수 있을 것입니다.

## 정착지

정착지는 음식과 물, 경작지와 건축자재가 풍부한 지역에 세워집니다. 문명화된 지방이라면 50마일 범위에 하나의 도시와 몇 개의 농촌 마을, 그리고 흩어져 있는 여러 촌락과 교역소가 존재하고 있을 것입니다. 문명화되어 있지 않은 지역이라면 야생의 신천지와 접하고 있는 지역에 교역소가 하나쯤 있을 수도 있지만, 더 큰 정착지는 전혀 없을 것입니다.

사람들이 살고 있는 정착지들 외에도 이 지역 내에는 폐허가 된 마을이나 버려진 촌락들이 있을 수도 있습니다. 괴물들이나 도

적떼가 마을을 습격해 사람들을 쫓아낸 다음에는 자신들의 둥지로 삼는 경우도 있습니다.

## 요새

요새는 위기가 찾아왔을 때 그 지역 사람들을 보호하기 위해 세워진 곳입니다. 그 지방에 얼마나 요새가 많은가는 그 지역이 얼마나 통제된 사회인가, 인구는 얼마나 많은가, 전략적으로 얼마나 중요한 곳이며 얼마나 취약한가, 그리고 그 지방이 얼마나 부유한가에 따라서 결정됩니다.

## 기이한 장소

기이한 지역은 당신의 야외 모험을 더 판타지적이고 초자연적으로 만들어 줄 흥미진진한 장소들입니다.

### 기이한 장소

| d20 | 장소 |
| --- | --- |
| 1-2 | 마법 사멸지대 (반마법장Antimagic Field과 유사함) |
| 3 | 마법 폭주지대 (이 지역에서 마법을 시전할 때는 플레이어즈 핸드북(Player's Handbook)의 야생 마법 여파를 굴림.) |
| 4 | 이야기하는 얼굴 형상으로 조각된 바위들 |
| 5 | 질문에 대답하는 신비로운 수정 동굴 |
| 6 | 사로잡힌 영혼이 있는 고대의 나무 |
| 7-8 | 가끔 사람 형상을 띄는 안개가 끼곤 하는 전장 |
| 9-10 | 다른 존재의 이계로 넘어가는 영구적 포탈 |
| 11 | 소원을 비는 우물 |
| 12 | 땅에서 솟아 나온 거대한 수정 조각 |
| 13 | 주변에 물이라곤 없는 곳에 난파된 배 |
| 14-15 | 유령 들린 언덕이나 무덤 들판 |
| 16 | 해골 선장이 나룻배를 운영하는 강 |
| 17 | 석화된 군인이나 다른 존재들이 서 있는 벌판 |
| 18 | 석화되어 있거나 깨어난 나무들이 있는 숲 |
| 19 | 드래곤의 무덤이 있는 계곡 |
| 20 | 위에 탑이 서 있는 부유섬 |

# 야생 지역에서의 생존

야생에서 모험하다 보면 괴물 같은 포식자나 야만적인 습격자들 외에도 다양한 위험이 존재함을 알게 됩니다.

## 기후

당신은 아래의 기후 표에서 당신의 캠페인에 알맞은 기후를 직접 고르거나, 매일 주사위를 굴려서 기후를 정할 수 있습니다. 또한 지형과 계절에 따라 적절하게 조정을 가할 수도 있습니다.

### 기후

| d20 | 기온 |
| --- | --- |
| 1-14 | 그 계절의 평균 기온 |
| 15-17 | 평균 기온보다 1d4×5℃ 추움 |
| 18-20 | 평균 기온보다 1d4×5℃ 더움 |

| d20 | 바람 |
| --- | --- |
| 1-12 | 없음 |
| 13-17 | 가벼운 바람 |
| 18-20 | 강한 바람 |

| d20 | 강우 |
| --- | --- |
| 1-12 | 없음 |
| 13-17 | 가벼운 비 혹은 눈 |
| 18-20 | 폭우나 폭설 |

## 극심한 추위

어떤 크리처가 영하 17℃ 이하의 추위에 노출되면, 그는 한 시간 마다 DC 10의 건강 내성을 굴려야 합니다. 이 내성에 실패할 경우 1단계씩의 탈진을 얻게 됩니다. 냉기 피해에 대한 저항이나 면역이 있는 크리처는 이 내성 굴림에 자동으로 성공하며, 두꺼운 덧옷이나 장갑 등 추운 날씨에 대비한 장비를 착용한 이들이나 자연스럽게 혹한에 적응한 이들 역시 내성을 굴릴 필요가 없습니다.

## 극심한 더위

어떤 크리처가 영상 38℃ 이상의 더위에 노출된 상태로 물을 마시지 못한다면, 그는 한 시간마다 건강 내성을 굴려야 하며, 실패할 시 1단계씩의 탈진을 얻게 됩니다. 첫 한 시간 동안에는 DC가 5지만, 한 시간이 지날 때마다 DC가 1씩 오르게 됩니다. 평장 혹은 중장 갑옷을 입고 있거나 무거운 옷차림을 하고 있다면, 이 내성에 불리점을 받습니다. 화염 피해에 저항이나 면역이 있는 크리처는 이 내성에 자동으로 성공하며, 더운 기후에 자연적으로 적응한 크리처들 역시 내성을 굴릴 필요가 없습니다.

## 강한 바람

바람이 심하게 불면 장거리 무기 공격과 듣기에 관계된 지혜(감지) 판정에 불리점을 받습니다. 또한, 강한 바람은 개활지의 불을 꺼버리며, 안개를 흩어버리고, 비마법적 수단으로 비행하는 것을 매우 어렵게 만듭니다. 강한 바람 속에서 날고 있는 크리처는 자기 턴이 끝날 때 착지하지 않으면 추락하게 될 것입니다.

사막에서 강한 바람이 불면 모래폭풍이 일어나며, 이 속에서는 시각에 관계된 지혜(감지) 판정에도 불리점이 가해지게 됩니다.

## 폭우나 폭설

폭우나 폭설이 내리는 지역 안에서는 모든 시야가 가볍게 가려진 상태가 되며, 시각에 관계된 지혜(감지) 판정을 할 때 불리점을 받습니다. 또한 폭우는 개활지의 불을 끄며 듣기에 관계된 지혜(감지) 판정에 대해서도 불리점을 줍니다.

# 고고도

1만ft 이상 높이에서 여행하는 이들은 대기 중에 산소가 모자라 숨을 쉬기가 어려운 증상을 겪을 수 있습니다. 높은 지역에서 여행하는 경우, 탈진 등의 이유로 여행 시간을 계산할 때 두 배의 시간을 여행한 것으로 칩니다.

숨을 쉬어야 하는 크리처들은 이 고도에서 30일 이상을 지낼 경우 점차 적응하게 됩니다. 한편, 호흡하는 크리처라면 2만ft 이상의 높이는 타고난 것이 아닌 이상 적응할 수 없습니다.

# 야생의 위험

이 부분에서는 모험자들이 야생 환경에서 마주칠 수 있는 여러가지 위험 요소 중 일부를 다루고 있습니다.

미끄러운 얼음이나 서슬덩굴 따위의 위험을 알아차리기 위해 별다른 능력치 판정이 필요하지 않습니다. 한편 더럽혀진 대지 따위의 위험은 보통 감각으로는 알아차릴 수 없습니다. 여기 실린 다른 위험들은 지능(자연학) 판정에 성공할 경우 어떤 것인지 알아챌 수 있습니다. 제8장을 참조하면 자연적인 위험을 알아채는 데 필요한 DC가 몇인지 판정할 수 있을 것입니다.

## 더럽혀진 대지

공동묘지나 납골당이 고대의 악에 의해 물들어버릴 때가 있습니다. 이 불경한 땅의 크기는 제각각이며, 악과 선 탐지Detect Evil and Good 주문을 시전하면 그 존재를 알 수 있습니다.

더럽혀진 대지 위에 서 있는 언데드는 모든 내성 굴림에 이점을 받게 됩니다.

성수 한 병을 뿌리면 10 × 10ft 넓이의 더럽혀진 땅을 정화할 수 있으며, 신성화Hallow 주문을 시전하면 효과 범위 내의 더럽혀진 땅을 모두 정화할 수 있습니다.

## 미끄러운 얼음

미끄러운 얼음은 어려운 지형으로 취급합니다. 자기 턴에 처음 미끄러운 얼음 지역에 들어온 크리처는 DC 10의 민첩(곡예) 판정을 해야 하며, 실패할 시 넘어지게 됩니다. 이 판정은 매턴 이동을 시도할 때 다시 굴리게 됩니다.

## 서슬덩굴

서슬덩굴은 날카로운 잎과 줄기를 가진 식물입니다. 이 덩굴은 담쟁이처럼 건물벽을 타고 자라기도 합니다. 10ft 높이에 10ft 너비로 자란 5ft 두께의 서슬덩굴 벽은 AC 11에 25점의 hp를 지니고 있으며, 타격, 관통, 정신 피해에 면역입니다.

어떤 크리처가 서슬덩굴에 매턴 처음 닿을 때, 서슬덩굴의 날카로운 잎새로 인해 DC 10의 민첩 내성 굴림에 실패할 경우 5점 (1d10)의 참격 피해를 입게 됩니다. 이 피해는 매턴 처음 닿을 때마다 반복적으로 가해집니다.

## 얇은 얼음

얇은 얼음은 10 × 10ft 당 3d10 × 10lbs의 무게를 버텨줍니다. 얇은 지역 위에 더 무거운 무게가 올라오게 되면 얼음은 즉시 깨지게 되며, 그 위에 있던 이들은 모두 떨어질 것입니다.

## 얼어붙는 물

얼어붙는 물에 들어간 크리처는 우선 자신의 건강 점수 1점당 1분 정도를 아무런 피해 없이 견딜 수 있습니다. 그 이후에는 1분 마다 DC 10의 건강 내성 굴림을 굴려야 하며, 실패했을 때는 매번 1단계의 탈진을 얻게 됩니다. 냉기 피해에 저항이나 면역이 있는 크리처는 자동으로 이 내성 굴림에 성공하며, 얼음과 같이 차가운 물에 자연적으로 적응한 크리처들 역시 내성 굴림을 굴릴 필요가 없습니다.

## 유사

유사 구덩이는 대개 10 × 10ft 너비에 10ft 깊이를 지니고 있습니다. 어떤 크리처가 이 지역에 들어서면, 그는 1d4+1ft 가라앉으며 포박당한 상태가 됩니다. 이후 그 크리처의 턴이 시작할 때마다 그는 1d4ft를 더 가라앉게 됩니다. 모래 속으로 완전히 가라앉지 않았다면 행동을 소비하고 근력 판정을 해서 탈출을 시도할 수 있습니다. 이 판정의 DC는 10 + 가라앉은 깊이(ft) 입니다. 완전히 모래 안으로 가라앉은 캐릭터는 숨을 쉴 수가 없습니다. (질식에 관한 규칙은 플레이어즈 핸드북(Player's Handbook)을 참조하시기 바랍니다.)

유사 밖에 있는 크리처는 자기 행동을 소비해 빠져든 크리처를 꺼내주려고 할 수 있으며, 역시 마찬가지로 근력 판정을 해야 합니다. 이 경우 근력 판정의 DC는 5 + 가라앉은 깊이(ft) 입니다.

## 식량조달

캐릭터들은 보통 속도나 느린 속도로 여행하는 동안 주변에서 음식과 식수를 구할 수 있습니다. 식량을 조달하는 캐릭터는 당신이 필요하다고 선언할 때마다 지혜(생존) 판정을 행하게 되며, 이 판정의 DC는 그 지역에서 얼마나 식량과 물이 풍부하냐에 따라 결정됩니다.

### 식량조달 DC

| 식량과 물의 유무 | DC |
| --- | --- |
| 식량과 물이 풍부한 지역 | 10 |
| 식량과 물이 제한된 지역 | 15 |
| 식량과 물이 거의 없는 지역 | 20 |

만약 여러 캐릭터가 같이 식량조달을 한다면, 각각의 캐릭터마다 따로 판정을 하게 됩니다. 판정에 실패한 캐릭터는 아무것도 찾지 못합니다. 판정에 성공한 캐릭터들은 얼마나 많은 식량을 찾았는가를 판정해야 합니다. 1d6을 굴려 지혜 수정치를 더한 값이 그 캐릭터가 찾아낸 식량(lb 단위)입니다. 또한 1d6을 굴려 지혜 수정치를 더해 얼마나 많은 식수(갤런 단위)를 찾아냈는가도 확인합니다.

### 식량과 식수

각각의 캐릭터마다 얼마나 많은 식량과 식수가 필요한가는 플레이어즈 핸드북(Player's Handbook)에 실려 있습니다. 말이나 다른

크리쳐들 역시 자기들의 크기에 기반하여 식량과 식수가 필요합니다. 기후가 매우 덥다면, 필요한 물의 양은 두 배가 될 것입니다.

### 필요한 식량과 식수

| 크리쳐 크기 | 하루 요구 식량 | 하루 요구 식수 |
| --- | --- | --- |
| 초소형 | 1/4lbs | 1/4갤런 |
| 소형 | 1lb | 1갤런 |
| 중형 | 1lb | 1갤런 |
| 대형 | 4lbs | 4갤런 |
| 거대형 | 16lbs | 16갤런 |
| 초대형 | 64lbs | 64갤런 |

## 길을 잃었을 때

정해진 길이나 그 비슷한 것을 따라가는 게 아니라면, 야생을 여행하는 모험자들은 언제나 길을 잃을 위험에 노출되어 있습니다. 파티의 길잡이는 올바른 방향을 찾기 위해 지혜(생존) 판정을 해야 하며, 이 판정의 DC는 현재의 지형에 따라 결정되고, 야생 길찾기 표에 따라 결정됩니다. 만약 파티가 느린 속도로 이동하고 있다면 길잡이는 판정에 +5 보너스를 받게 되며, 빠른 속도로 여행하고 있다면 -5 페널티를 받게 됩니다. 만약 파티가 해당 지역의 정확한 지도를 지니고 있거나 해와 별의 위치를 볼 수 있다면, 길잡이는 판정에 이점을 받게 됩니다.

만약 지혜(생존) 판정에 성공한다면, 일행은 길을 잃지 않고 올바른 방향으로 가고 있는 것입니다. 만약 판정에 실패했다면, 일

행은 발못된 방향으로 나아간 끝에 길을 잃은 것입니다. 일행의 길잡이는 본래 길로 돌아가기 위해 1d6시간을 이동한 이후 다시 판정을 할 수 있습니다.

### 야생 길찾기

| 지형 | DC |
|---|---|
| 숲, 정글, 늪, 산맥, 주변에 육지가 보이지 않고 구름이 끼어있는 바다 위 | 15 |
| 빙하, 사막, 언덕, 육지는 보이지 않지만 하늘은 맑게 개어 있는 바다 위 | 10 |
| 평지, 언덕, 농장 등등 | 5 |

# 정착지

촌락이나 마을, 도시 역시 훌륭한 모험의 배경이 되어 줍니다. 모험자들은 숨어든 범죄자를 찾기 위해, 살인의 수수께끼를 풀기 위해, 위어랫이나 도플갱어 무리를 해치우기 위해, 어쩌면 포위당한 정착지를 구조하기 위해 들어서는 경우도 있을 수 있습니다.

당신의 캠페인 세계 속에서 정착지를 만들 때는, 모험 전체에서 가장 깊게 관련된 부분만을 만들도록 합시다. 도시 안의 모든 거리와 모든 건물에 이름을 붙이고, 그 안에 사는 모든 사람을 일일이 창조하려 하지 맙시다. 그건 미친 짓입니다.

## 무작위 정착지

아래 표들을 이용하면 빠르게 정착지를 만들어 낼 수 있습니다. 이 표들은 이미 정착지의 크기와 정부의 형태를 결정했다는 전제 하에 소개하고 있다는 점을 알아두시기 바랍니다.

### 종족간의 관계

| d20 | 결과 |
|---|---|
| 1-10 | 조화롭게 지내고 있음 |
| 11-14 | 긴장이 있거나 라이벌 관계 |
| 15-16 | 주된 종족이 정복자임 |
| 17 | 주된 종족이 통치자임 |
| 18 | 주된 종족이 피난민임 |
| 19 | 주된 종족이 소수 종족을 탄압하고 있음 |
| 20 | 소수 종족이 주된 종족을 탄압하고 있음 |

### 통치자의 상태

| d20 | 통치자 |
|---|---|
| 1-5 | 공정하고 정의로우며 존경받고 있음 |
| 6-8 | 공포의 대상인 폭군 |
| 9 | 다른 이들에게 조종받는 약한 통치자 |
| 10 | 내전을 통해 통치권을 획득한 불법적 통치자 |
| 11 | 강력한 괴물이 지배하거나 통치하고 있음 |
| 12 | 정체가 알려지지 않은 신비한 결사가 통치중 |
| 13 | 공개적으로 통치권을 두고 싸우고 있음 |
| 14 | 결사가 공개적으로 권력을 탈취하고 있음 |
| 15 | 완고하고 어리석음 |
| 16 | 죽어가는 중이라 후계자들이 권력 투쟁중 |
| 17-18 | 철권통치를 하나 존경받는 중 |
| 19-20 | 종교적 지도자 |

### 정착지의 알려진 특징

| d20 | 특징 |
|---|---|
| 1 | 거리가 운하로 되어 있음 |
| 2 | 거대한 석상이나 기념물이 세워짐 |
| 3 | 장대한 신전이 있음 |
| 4 | 거대한 요새가 있음 |
| 5 | 광활한 녹색의 공원과 과수원이 있음 |
| 6 | 강이 정착지를 가로지르고 있음 |
| 7 | 주된 교역 중심지 |
| 8 | 강력한 가문이나 길드의 수뇌부가 자리함 |
| 9 | 대부분의 인구가 부유함 |
| 10 | 난민이 몰려들고 있음 |
| 11 | 냄새가 고약함 (무두질, 하수구 등) |
| 12 | 특정한 물건의 교역 중심지 |
| 13 | 수많은 전투가 벌어졌던 곳 |
| 14 | 신화적 혹은 마법적 사건이 벌어진 곳 |
| 15 | 중요한 도서관이나 장서고가 있는 곳 |
| 16 | 모든 신에 대한 신앙이 금지된 곳 |
| 17 | 평판이 고약함 |
| 18 | 잘 알려진 도서관이나 대학이 있는 곳 |
| 19 | 중요한 무덤이나 묘지가 있는 곳 |
| 20 | 고대의 폐허 위에 세워짐 |

### 무엇으로 알려졌는가

| d20 | 특징 | d20 | 특징 |
|---|---|---|---|
| 1 | 맛있는 음식 | 11 | 신실함 |
| 2 | 무례한 사람들 | 12 | 도박 |
| 3 | 탐욕스러운 상인 | 13 | 무신론 |
| 4 | 예술가와 작가 | 14 | 교육 |
| 5 | 위대한 영웅/구원자 | 15 | 와인 |
| 6 | 꽃들 | 16 | 패션에 능함 |
| 7 | 거지 무리 | 17 | 정치적 모략 |
| 8 | 거친 전사들 | 18 | 강력한 길드 |
| 9 | 암흑의 마법 | 19 | 술고래들 |
| 10 | 퇴폐 | 20 | 애국심 |

### 현재의 위기

| d20 | 위기 |
|---|---|
| 1 | 뱀파이어 감염이 퍼지고 있다는 의심 |
| 2 | 새로운 사교도들이 개종을 퍼트림 |
| 3 | 중요한 인물이 죽음 (살해당한 것으로 의심됨) |
| 4 | 라이벌 도적 길드들이 항쟁을 벌임 |
| 5-6 | 질병이나 기아 (폭동의 시초가 됨) |
| 7 | 관료들이 부패함 |
| 8-9 | 괴물들이 쳐들어옴 |
| 10 | 강력한 위저드가 마을에 옴 |
| 11 | 경제적인 침체 (무역이 중단됨) |
| 12 | 홍수 |
| 13 | 묘지에 언데드들이 들끓음 |
| 14 | 종말의 예언 |
| 15 | 전쟁의 기미 |
| 16 | 내부 폭동 (무정부 상태로 이어질 수 있음) |
| 17 | 적들에 의해 포위됨 |
| 18 | 강력한 가문이 스캔들에 휩싸임 |
| 19 | 내부에서 던전이 발견됨 (모험자들이 마을에 옴) |
| 20 | 종교적 종파가 권력 투쟁중임 |

## 무작위 건축물

마을이나 도시 내에서 가슴 뛰는 추적과 가슴 졸이는 추격전이 벌어지다보면 어떤 건물이든 가리지 않고 뛰어들어야 할 순간이 찾아올 수도 있습니다. 당신이 어떤 건물을 재빨리 만들어야 한다면, 아래 건물의 종류 표를 굴려서 그 건물을 정할 수 있습니다. 그리고 어떤 건물이 나오는가에 따라 뒤에 이어지는 표를 굴려서 자세한 부분들도 정할 수 있을 것입니다.

만약 주사위를 굴려 나온 결과가 말이 되지 않는다면 (예를 들어 난민들이 가득한 퇴락한 마을에 거대하고 화려한 저택이 등장한다던가) 언제든 다시 주사위를 굴려서 새로 나온 결과를 택할 수도 있으며 그냥 다른 결과를 선택할 수도 있습니다. 하지만 예상하지 못한 결과를 정당화하려고 하다보면 창의성이 솟아오를 수도 있고, 당신이 만든 도시 조우를 더욱 기억에 남게 해 줄 결과물이 될 수도 있습니다.

### 건물의 종류

| d20 | 종류 |
|---|---|
| 1-10 | 거주용 (거주자 표에서 주사위를 굴림) |
| 11-12 | 종교건물 (종교적 건물 표에서 주사위를 굴림) |
| 13-15 | 술집 (술집 표에서 한번, 술집 이름 표를 두 번 굴림) |
| 16-17 | 창고 (창고 표에서 주사위를 굴림) |
| 18-20 | 상점 (상점 표에서 주사위를 굴림) |

### 거주자

| d20 | 종류 |
|---|---|
| 1-2 | 버려진 판잣집 |
| 3-8 | 중산층의 가정 |
| 9-10 | 상류층의 가정 |
| 11-15 | 공공 공관 |
| 16-17 | 고아원 |
| 18 | 숨겨진 노예상인의 소굴 |
| 19 | 비밀 교단의 입구 |
| 20 | 화려하고 경비가 삼엄한 대저택 |

### 종교적 건물

| d20 | 종류 |
|---|---|
| 1-10 | 선하거나 중립적인 신에 바쳐진 신전 |
| 11-12 | 거짓 신에 대한 신전 (거짓 사제들이 운영함) |
| 13 | 고행자들의 집 |
| 14-15 | 버려진 사원 |
| 16-17 | 종교적 학문에 전념하는 도서관 |
| 18-20 | 비밀리에 악마나 악신을 숭배하는 숨겨진 신전 |

### 술집

| d20 | 종류 |
|---|---|
| 1-5 | 조용하고 단출한 술집 |
| 6-9 | 소란스러운 선술집 |
| 10 | 도적 길드의 은신처 |
| 11 | 비밀 조직의 집합소 |
| 12-13 | 상류층의 주점 |
| 14-15 | 도박장 |
| 16-17 | 특정한 종족이나 길드의 요리점 |
| 18 | 회원 전용 클럽 |
| 19-20 | 매음굴 |

### 술집 이름 생성기

| d20 | 앞부분 | 뒷부분 |
|---|---|---|
| 1 | 은색의 | 장어 |
| 2 | 황금의 | 돌고래 |
| 3 | 비틀대는 | 드워프 |
| 4 | 웃는 | 페가서스 |
| 5 | 깡총대는 | 조랑말 |
| 6 | 화려한 | 장미 |
| 7 | 달리는 | 수사슴 |
| 8 | 울부짖는 | 늑대 |
| 9 | 살육하는 | 양 |
| 10 | 방탕한 | 데몬 |
| 11 | 술취한 | 염소 |
| 12 | 뛰어오르는 | 영혼 |
| 13 | 으르렁대는 | 무리 |
| 14 | 찡그린 | 광대 |
| 15 | 외로운 | 산 |
| 16 | 방랑하는 | 독수리 |
| 17 | 신비한 | 사티로스 |
| 18 | 짖어대는 | 개 |
| 19 | 검은 | 거미 |
| 20 | 번쩍이는 | 별 |

### 창고

| d20 | 종류 |
|---|---|
| 1-4 | 비어 있거나 버려져 있음 |
| 5-6 | 비싼 물건이 있고 단단히 경비되고 있음 |
| 7-10 | 값싼 물건 |
| 11-14 | 부피가 큰 물건들 |
| 15 | 살아있는 동물들 |
| 16-17 | 무기와 갑옷 |
| 18-19 | 먼 곳에서 온 상품들 |
| 20 | 비밀리에 숨겨진 밀수꾼 소굴 |

| d20 | 종류 | d20 | 종류 |
|---|---|---|---|
| 1 | 전당포 | 11 | 대장간 |
| 2 | 약초와 향 | 12 | 목수 |
| 3 | 과일과 야채 | 13 | 직조공 |
| 4 | 말린 고기 | 14 | 보석상 |
| 5 | 도기와 그릇 | 15 | 제빵사 |
| 6 | 장의사 | 16 | 지도제작 |
| 7 | 책 | 17 | 재단사 |
| 8 | 사채 | 18 | 로프제작자 |
| 9 | 무기와 갑옷 | 19 | 석공 |
| 10 | 잡화상 | 20 | 서기 |

# 정착지 지도 그리기

정착지를 그릴 때, 처음부터 모든 건물의 위치를 모두 정해서 그려야 한다는 생각은 하지 않아도 좋습니다. 그 대신 정착지의 주된 특징을 정할 필요가 있습니다.

촌락이라면 무역로로 쓰이는 길이 중심을 지나고 있을 것이며, 이 길이 주변 농장들을 촌락의 중앙으로 연결하고 있을 것입니다. 촌락의 중심지를 정해 두십시오. 만약 모험자들이 촌락 속에서 특정한 장소로 가고자 한다면 그 부분들을 당신의 지도에 더해 나가면 됩니다.

마을이나 도시 정도 되는 규모라면, 큰 도로와 물길이 주변 지형을 감싸고 있을 것입니다. 정착지 주변을 둘러싼 벽을 그린 다음, 당신이 생각하기에 중요하다 생각하는 위치들을 미리 지정해 두면 됩니다. 영주가 거주하는 성채나 중요한 신전 등등이 이러한 위치의 예시가 될 것입니다. 도시라면, 외벽에 더해 내부 벽들로 각 구역을 나눈 다음, 각각의 구역마다 그에 맞는 개성을 생각해 봅시다. 구역은 그 개성에 걸맞은 이름을 지니게 되며, 주변에서 주로 다뤄지는 것들에 의해서도 이름을 얻게 됩니다. (무두질 광장, 신전 거리). 지리학적 특징 역시 구역의 이름이 될 수 있으며,(언덕 위, 강가) 지배적인 장소에 의해서도 이름이 지어지곤 합니다.(귀족 구역 등)

# 도시 조우

도시 안에서라면 안전할 것 같지만, 도시나 마을 속에서도 가장 어두운 던전에서처럼 위험한 상황이 다가올 수 있습니다. 악은 눈에 뻔히 보이는 곳에 숨어 있을 수도 있고, 어두운 골목 뒤에 숨어 있을 수도 있습니다. 하수구나 어두운 뒷골목, 슬럼가, 연기로 가득한 술집, 낡은 공공 주택, 높이 치솟은 시장판 등은 언제 어디든 전장으로 변할 수 있습니다. 또한 모험자들은 그 지역 공권력의 주의를 끌지 않으려면 스스로 조심하고 주의하는 법을 배워야 할 것입니다.

말하자면, 사고를 치지 않는 캐릭터들만이 정착지가 제공하는 모든 이점을 전부 얻을 수 있다는 것입니다.

# 법과 질서

정착지가 독자적인 경찰력을 지니고 있을지 어떨지는 그 크기와 특성에 따라 달라집니다. 질서적이고 위계가 잘 잡힌 도시는 도시 내에서 시민들이 질서를 지키도록 하는 민병대가 성벽을 지키고 있을 것이며, 개척지의 마을은 범죄자를 잡거나 습격자들을 물리치기 위해 모험자들에 의존하거나 시민들의 힘을 빌려야 할 수도 있습니다.

## 재판

대부분의 정착지에서 재판은 그 지방의 관리나 영주에 의해 이루어집니다. 어떤 재판에서는 논쟁이 벌어지며, 서로 대립하는 집단이나 변호사들이 증언과 증거를 모아 판관이 판결을 내리게 됩니다. 이 과정에서는 심문을 하거나 주문을 사용해 도움을 받는 경우도 있을 수 있습니다. 또 다른 재판은 종교적 시련을 내려서 재판하거나 결투 재판을 벌이도록 할 수도 있습니다. 만약 피고인에 대한 증거가 명백하다면, 지방 관리나 영주가 재판을 무시하고 바로 선고를 내리는 경우도 있습니다.

## 선고

정착지는 판결을 기다리는 용의자를 가둬놓기 위한 감방을 마련해 놓는 경우가 많지만, 선고받은 범죄자를 가두는 감옥을 따로 가진 정착지는 거의 없습니다. 유죄가 확정된 사람은 대개 그 죄의 경중에 따라 벌금을 내거나, 몇 달에서 몇 년간 강제 노역형에 처해지거나, 추방되거나, 처형되곤 합니다.

# 무작위적 도시 조우

무작위적 도시 조우 표는 도시나 마을에 기반한 모험에 유용하게 사용할 수 있습니다. 캐릭터들이 도시 내에서 활동하고 있다면 최소한 낮에 한 번, 밤에 한 번 정도 무작위 조우 판정을 해 보는 것이 좋습니다. 만약 그 결과가 그 시간대에 벌어지지 않을 것 같으면, 주사위를 다시 굴리면 됩니다.

## 무작위적 도시 조우

| d12 + d8 | 조우 |
|---|---|
| 2 | 풀려나온 짐승 |
| 3 | 발표 |
| 4 | 난투 |
| 5 | 깡패 |
| 6 | 동료 |
| 7 | 경쟁 |
| 8 | 시체 |
| 9 | 차출 |
| 10 | 취객 |
| 11 | 화재 |
| 12 | 잡동사니 발견 |
| 13 | 경비병의 괴롭힘 |
| 14 | 소매치기 |
| 15 | 행렬 |
| 16 | 시위 |
| 17 | 달아나는 짐차 |
| 18 | 어두운 거래 |
| 19 | 구경거리 |
| 20 | 부랑아 |

**경비병의 괴롭힘.** 1d4명의 경비병이 모험자들을 둘러싸고 시비를 겁니다. 만약 경비병들이 위협을 받는다면 즉시 도움을 청하고 주변의 다른 경비병이나 시민들의 주의를 끌 것입니다.

**경쟁.** 모험자들은 즉흥적으로 벌어지는 경쟁에 끼어들게 됩니다. 이 경쟁은 지식 대결 따위부터 주량 대결에 이르기까지 무엇이든 될 수 있습니다. 결투의 증인 역시 여기에 포함됩니다.

**구경거리.** 모험자들은 공공장소에서 벌어지는 구경거리를 마주하게 됩니다. 재능있는 바드의 왕족 흉내내기나 거리에서 벌어지는 서커스, 꼭두각시놀음, 마술 구경거리, 왕족의 행차, 공개 처형 같은 것들이 주된 구경거리입니다.

*깡패.* 캐릭터들은 1d4+2명의 깡패들이 마을 밖 사람(이들 모두는 몬스터 매뉴얼(Monster Manual)의 일반인 수치를 이용하면 됩니다.)을 괴롭히는 광경을 보게 됩니다. 깡패들은 조금이라도 피해를 받으면 즉시 도망갈 것입니다.

*난투.* 모험자들 근처에서 난투가 벌어집니다. 술집에서 벌어지는 싸움판일 수도 있고, 서로 대립하는 두 집단이나 가문, 도시 내의 조직끼리 전투가 벌어지는 것일 수도 있으며, 도시 경비병들과 범죄조직 간의 싸움일 수도 있습니다. 캐릭터는 이 싸움의 증인이 될 수도 있고, 눈먼 화살에 맞을 수도 있으며, 어느 한 편으로 오인당해 상대편에게 공격받을 수도 있습니다.

*달아나는 짐차.* 짐마차를 끌고 있는 말들이 도시의 거리를 내달립니다. 모험자들은 말을 피해야 합니다. 만약 그들이 마차를 멈추게 한다면, 뒤에서 달려오며 마차를 쫓고 있던 주인이 고마워할 것입니다.

*동료.* 일행에게 친근한 관심을 보이는 마을이나 도시 사람들이 다가옵니다. 이야기를 살짝 비틀자면, 이 동료들은 모험자들에 대한 정보를 얻으려는 첩자들일 수도 있습니다.

*발표.* 기수, 도시의 포고꾼, 미친 사람이나 다른 누군가가 거리 구석에서 모두가 듣도록 외치고 있습니다. 이 발표는 다가오는 행사(공개 처형)를 알리기 위한 것일 수도 있으며, 중요한 정보(새 왕실 칙령)를 대중에게 알리기 위한 것일 수도 있고, 그저 불길한 징조를 알리거나 경고를 하려는 것일 수도 있습니다.

*부랑아.* 거리의 부랑아가 모험자들에 따라붙어서 겁을 주기 전까지는 잘 떨어지려 들지 않습니다.

*소매치기.* 도적(몬스터 매뉴얼에서 첩자 수치를 사용합니다.) 하나가 캐릭터를 소매치기하려고 시도합니다. 자신의 상시 지혜(감지) 점수가 도적의 민첩(손속임) 판정 결과보다 높은 캐릭터는 도적이 소매치기하려는 시도를 간파할 수 있습니다.

*시위.* 모험자들은 새로운 법이나 칙령에 반대해 시위를 하고 있는 시민 집단을 마주하게 됩니다. 몇몇 경비병들이 시위의 질서를 지키기 위해 자리하고 있습니다.

*시체.* 모험자들은 인간형의 시체 한 구를 발견합니다.

*어두운 거래.* 모험자들은 누군가 망토를 둘러쓴 채 비밀스럽게 거래를 벌이는 장면을 보게 됩니다.

*잡동사니 발견.* 모험자들은 무작위적으로 정해진 잡동사니 하나를 발견합니다. 이 잡동사니가 무엇인가는 플레이어즈 핸드북(Player's Handbook)에 나와 있는 잡동사니 표로 정할 수 있습니다.

*차출.* 모험자들은 도시나 마을 경비병들에게 차출되어, 현재 벌어지고 있는 문제를 해결하기 위한 협조 요청을 받게 됩니다. 이야기를 살짝 비틀자면, 이렇게 협조를 요청한 경비대의 일원이 사실은 위장한 범죄자이며, 모험자 일행을 끌어들여 기습을 계획하는 것일 수도 있습니다. (범죄자나 그 동료들에 대해서는 몬스터 매뉴얼에 등장하는 깡패의 수치를 사용하면 됩니다.)

*취객.* 비틀거리는 취객이 자기가 알고 있는 누군가와 일행을 착각하여 아는 체하며 다가옵니다.

*풀려나온 짐승.* 캐릭터는 예상치 못하게 짐승들이 거리에 풀려나온 것을 발견합니다. 이 장면은 달아나고 있는 한 무리의 비비에서 시작해 서커스에서 도망친 곰이나 호랑이, 코끼리 등과 같이 다양한 것에 다 적용될 수 있습니다.

*행렬.* 모험자들은 무언가를 축하하려 하거나 장례식을 위해 줄지어 가고 있는 행렬을 마주하게 됩니다.

*화재.* 화재가 발생했고, 모험자들은 불길이 퍼지기 전에 그 화재를 발견하게 됩니다.

# 특이한 환경

야생을 여행한다는 말이 꼭 땅 위를 걸어 다니는 것만을 뜻하지 않습니다. 모험자들은 돛단배에 몸을 싣고 넓게 펼쳐진 바다를 항해할 수도 있고, 원소의 힘으로 움직이는 갈레온이나 히포그리프, *비행 융단(Flying Carpet)*을 타고 하늘을 가로지를 수도 있으며, 거대 해마를 타고 바닷속 깊은 곳에 자리한 산호 궁전에 들를 수도 있습니다.

## 수중

플레이어즈 핸드북 제9장을 살펴보면 수중 전투에 대한 더욱 자세한 규칙을 찾아보실 수 있습니다.

### 무작위 수중 조우

당신은 땅 위에서 벌어지는 것처럼 바닷속 조우에 대해서도 무작위 조우 판정을 할 수 있습니다. (제3장을 참조하세요.) 무작위 수중 조우 표를 사용하면 몇 가지 흥미로운 선택지를 찾아보실 수 있을 것입니다. 당신은 이 표를 이용해 주사위를 굴려 그 결과를 택하거나, 당신이 생각하기에 적합한 조우를 골라 사용할 수 있습니다.

### 무작위 수중 조우

| d12 + d8 | 조우 |
|---|---|
| 2 | 따개비로 뒤덮인 가라앉은 배(25%의 확률로 여전히 보물이 있을 수 있습니다. 제7장의 보물 표에서 무작위적으로 보물을 굴리시기 바랍니다.) |
| 3 | **산호 상어**(얕은 물)나 **사냥꾼 상어**(심해)가 주변을 배회하고 있는 가라앉은 배. (50%의 확률로 보물이 있을 수 있습니다. 제7장의 보물 표에서 무작위적으로 보물을 굴리시기 바랍니다.) |
| 4 | 거대 굴의 서식지 (굴들은 1%의 확률로 5,000gp 상당의 진주가 있을 수 있습니다.) |
| 5 | 수중의 증기 배출구. (25%의 확률로 이 배출구가 불의 원소계로 이어져 있을 수 있습니다.) |
| 6 | 가라앉은 폐허 (아무도 살지 않음.) |
| 7 | 가라앉은 폐허 (누군가 살거나 유령이 존재함.) |
| 8 | 가라앉은 석상이나 선돌 |
| 9 | 친근하고 호기심 많은 **거대 해마** |
| 10 | 친근한 **인어** 경비대 |
| 11 | 적대적인 **메로우**(해안)나 **사후아긴**(심해) 경비대 |
| 12 | 거대한 해초 서식지 (다시 주사위를 굴려 해초들 사이에 무엇이 있을지 판정합니다.) |
| 13 | 해저 동굴 (비어 있음.) |
| 14 | 해저 동굴 (**시 해그**의 소굴.) |
| 15 | 해저 동굴 (**인어** 소굴.) |
| 16 | 해저 동굴 (**거대 문어** 소굴.) |
| 17 | 해저 동굴 (**드래곤 터틀** 소굴.) |
| 18 | 보물을 찾고 있는 **브론즈 드래곤 원숙체** |
| 19 | 해저 바닥을 걸어 다니는 **폭풍 거인** |
| 20 | 가라앉은 보물 상자(25% 확률로 여전히 가치 있는 것이 있을 수 있음. 제7장의 보물 표에서 무작위로 보물을 굴리시기 바랍니다.) |

## 헤엄치기

마법의 도움을 받지 않는다면, 캐릭터들은 하루에 8시간 이상 헤엄칠 수 없습니다. 8시간이 지난 다음에는 한 시간 헤엄칠 때마다 캐릭터는 DC 10의 건강 내성 굴림을 굴려야 하며, 실패할 시 1단계의 탈진을 얻게 됩니다.

이동 중에 수영 속도가 따로 있는 크리쳐-수영의 반지(Ring of Swimming)나 비슷한 마법을 사용중인 캐릭터도 포함-의 경우, 아무런 부작용 없이 종일 헤엄칠 수 있으며 플레이어즈 핸드북 (Player's Handbook)의 강행군 규칙을 적용받게 됩니다.

심해로 수영해 들어가는 것은 고도가 높은 곳에 여행하는 것과 유사합니다. 수압이 강해지고 기온이 낮아지기 때문입니다. 수영 속도가 따로 있는 크리쳐가 아니라면, 100ft보다 깊은 곳에서 헤엄치는 시간은 탈진이나 기타 이유로 여행 시간을 측정하고자 할 때 2시간으로 치게 됩니다. 따라서 심해에서는 하루 4시간 이상 수영할 수 없습니다.

## 수중에서의 시야

수중에서 시야가 어떻게 되는가는 얼마나 물이 맑은가, 그리고 보이는 광원이 있는가에 따라 달라집니다. 캐릭터들이 따로 광원을 지니고 있지 않다면, 아래의 수중 조우 거리 표를 이용해 얼마나 가까운 거리에 접근해야 조우를 발견할 수 있는지 판정할 수 있습니다.

### 수중 조우 거리

| 수중 조건 | 조우 거리 |
| --- | --- |
| 맑은 물, 밝은 빛 | 60ft |
| 맑은 물 약한 빛 | 30ft |
| 탁한 물이거나 빛이 없음 | 10ft |

# 바다

캐릭터들은 하루 8시간 정도 노를 저을 수 있으며, 그 이상 노를 젓게 되면 탈진 상태가 될 위험에 처하게 됩니다. (플레이어즈 핸드북(Player's Handbook)의 제8장에 나온 강행군 규칙을 이용하십시오.) 항해 인원이 완비된 선박의 경우, 선원들이 교대로 노를 저어가며 하루종일 항해할 수 있습니다.

## 항해

바다를 항해하려는 선박들은 가능한 해안에 가까이 항해하려 하는데, 이는 무언가 눈에 띄는 지형이 보이는 것이 길을 잡기 쉽기 때문입니다. 육지가 보이는 범위 내에서 배가 지나고 있다면, 선박이 바다에서 길을 잃을 위험은 없습니다. 만약 배가 더 이상 육

지가 보이지 않는 곳까지 갔다면, 배의 항해사가 배의 방향과 항해 거리를 이용해 추측으로 위치를 짐작하거나, 해와 별들의 위치를 보고 방향을 잡게 됩니다.

이 장에서 앞에 소개된 야생 길찾기 표를 이용하면 배가 길을 잃었는가를 훨씬 쉽게 판정할 수 있습니다.

## 바다에서의 무작위 조우

당신은 땅 위에서와 마찬가지로 바다 위에서도 무작위 조우 판정을 할 수 있습니다. (제3장에서 더 많은 정보를 얻을 수 있습니다.) 바다에서의 무작위 조우 표에는 흥미로운 여러 가지 선택지와 아이디어가 실려 있습니다.

## 바다에서의 무작위 조우

| d12 + d8 | 조우 |
|---|---|
| 2 | 유령선 |
| 3 | 친근하고 호기심 어린 **브론즈 드래곤 원숭체** |
| 4 | 소용돌이 (25%의 확률로 이 소용돌이가 물의 원소계로 가는 포탈일 수 있습니다.) |
| 5 | **인어** 상인 무리 |
| 6 | 지나가는 전함 (우호적, 적대적 가능.) |
| 7-8 | 해적선 (적대적) |
| 9-10 | 지나가는 상선 (갤리나 범선) |
| 11-12 | 주변을 살펴보는 **범고래** |
| 13-14 | 부유하는 파편 |
| 15 | 적대적인 **광전사**들이 항해하는 롱쉽 |
| 16 | 적대적인 **그리폰**이나 **하피** |
| 17 | 빙산 (멀리서 발견하면 쉽게 피할 수 있음.) |
| 18 | **사후아긴** 강습대 |
| 19 | 물 위의 NPC (부유하는 파편에 매달려 있음.) |
| 20 | 해양 괴물 (**드래곤 터틀**이나 **크라켄** 등.) |

### 난파

배의 난파는 캐릭터들을 괴물이 가득한 섬에 데려다 놓거나 (비공정을 타고 있는 경우라면) 기이하고 특이한 땅의 한가운데에 떨어트리고 싶을 때 조심스럽게 사용할 수 있는 뛰어난 이야기 진행 도구입니다. 조난이나 난파가 어떤 때 발생하는가에 대한 규칙은 없으니 당신이 일으키고자 하거나 필요할 때 일어나도록 할 수 있습니다.

가장 튼튼한 배라도 폭풍이 몰아치고 바위나 암초에 걸리거나 해적이나 해저에서 올라오는 괴물에게 공격받다 보면 난파할 수 있습니다. 폭풍이나 굶주린 드래곤이 날아들어 비공정을 떨어트리는 일도 쉽게 일어날 수 있습니다. 난파는 캠페인의 방향을 바꿀 수 있는 수단이 될 수 있습니다. 하지만 캐릭터들을 죽이거나 캠페인을 끝내는 수단으로 사용해서는 안 됩니다.

만약 당신이 캠페인 속에서 캐릭터들이 여행하고 있을 때 배를 난파시키고자 한다면, 배에 타고 있는 캐릭터들은 자신이 지닌 장비와 소지품들을 무사히 지닌 상태로 생존할 수 있다는 가정하에 벌어져야 합니다. 물론 NPC들의 운명이나 난파된 배에 실려 있을 다른 짐들의 운명은 선적으로 당신에게 달려 있습니다.

## 공중 및 수상 선박류

| 선박 종류 | 가격 | 속도 | 선원 | 승객 | 화물(톤) | AC | HP | 피해 한계 |
|---|---|---|---|---|---|---|---|---|
| 비공정 | 20,000gp | 시간당 8마일 | 10명 | 20명 | 1 | 13 | 300 | — |
| 갤리 | 30,000gp | 시간당 4마일 | 80명 | — | 150 | 15 | 500 | 20 |
| 용골선 | 3,000gp | 시간당 1마일 | 1명 | 6명 | 1/2 | 15 | 100 | 10 |
| 롱쉽 | 10,000gp | 시간당 3마일 | 40명 | 150명 | 10 | 15 | 300 | 15 |
| 노젓는 배 | 50gp | 시간당 1.5마일 | 1명 | 3명 | — | 11 | 50 | — |
| 범선 | 10,000gp | 시간당 2마일 | 20명 | 20명 | 100 | 15 | 300 | 15 |
| 전함 | 25,000gp | 시간당 2.5마일 | 60명 | 60명 | 200 | 15 | 500 | 20 |

## 바다에서의 기후

이 장의 앞에 소개된 기후 표를 이용해서 바다에서의 기후를 정할 수 있습니다. 만약 기후 상황이 강풍이 몰아치고 폭우가 내리고 있다면, 이 둘이 합쳐서 해일이 솟구치는 폭풍우가 될 수 있습니다. 폭풍우에 휩싸인 배는 주변 위치를 파악할 수 없으며 (등대나 다른 강한 광원이 있다면 예외입니다.) 폭풍 속에서는 길찾기를 위해 능력 판정을 할 때 불리점을 받게 됩니다.

바람 한 점 없는 무풍상태에서는 배가 움직일 수 없으며, 노를 저어야 합니다. 강풍에 맞받아가며 항해하는 배는 속도가 절반으로 줄어들게 됩니다.

## 시야

비교적 고요한 바다에서는 넓은 시야를 얻을 수 있습니다. 하늘이 맑다면 배의 전망대에 올라 거의 10마일 거리 밖에서도 다른 배나 해안을 발견할 수 있습니다. 하늘이 흐리다면 시야는 반으로 줄어듭니다. 비가 내리거나 안개가 끼어 있다면 지상과 마찬가지로 시야가 제한받게 됩니다.

## 배를 소유하기

캠페인의 특정한 시점이 되면, 모험자들은 배를 소유하게 될 수도 있습니다. 이들은 배를 한 척 구입하거나 나포할 수도 있으며, 임무를 수행한 결과 받을 수도 있습니다. 어떤 배를 판매할 수 있을지 결정하는 것은 당신 몫이며, 또한 당신은 배가 거추장스럽다고 판단하면 언제든지 이를 도로 가져갈 힘 역시 지니고 있습니다. (따로 실린 난파 부분을 참조하십시오.)

*선원.* 선박이 제대로 기능하려면 숙련된 선원들이 필요합니다. 플레이어즈 핸드북(Player's Handbook)의 내용과 마찬가지로, 숙련된 고용인들은 하루당 2gp를 급여로 주어야 합니다. 선박을 운영하기 위해 필요한 최소한의 선원이 몇 명인지는 선박의 종류에 따라 다르며, 공중 및 수상 선박류 표에서 찾아볼 수 있습니다.

당신은 제4장에 소개된 충성도 선택 규칙을 통해 선원들 개개인의 충성도를 따로 관리할 수도 있고, 선원 전체를 하나로 보아 충성도를 사용할 수도 있습니다. 만약 항해 도중 선원의 절반 이상이 충성심을 잃는다면, 선원들은 적대적으로 변하며 소요가 일어납니다. 만약 이 상태에서 배가 정박한다면 충성심을 잃은 선원들은 배를 떠나며, 다시는 돌아오지 않습니다.

*승객.* 표에는 배가 최대한 태울 수 있는 소형 또는 보통 크기의 승객 수가 표기되어 있습니다. 최대로 승객을 태우게 되면 좁은 선실에서 해먹을 치며 서로 부대끼고 있어야 합니다. 개인 선실이 있는 고급 선박의 경우 최대 승객 수가 1/5로 감소합니다.

해먹에서 잠을 자는 승객의 경우, 일반적으로 하루당 5sp를 지불합니다. 하지만 정확한 가격은 선박의 상황이나 사정에 따라 다를 수 있습니다. 작은 개인실을 사용하는 승객의 경우 하루당 2gp를 내곤 합니다.

*화물.* 표에는 해당 선박이 얼마나 많은 짐을 실을 수 있는지가 표시되어 있습니다.

*피해 한계.* 선박은 피해 한계 점수 이상의 피해를 받지 않으면 모든 피해에 대해 면역을 지닙니다. 반면, 피해 한계 이상의 피해가 들어오면 이는 모두 정상적으로 적용됩니다. 피해 한계를 넘지 못한 피해는 모두 가벼운 피해나 효과가 없는 것으로 취급하며, 선박의 hp를 깎지 못합니다.

*선박 수리.* 피해를 입은 선박은 정박해 있는 도중 수리할 수 있습니다. 1점의 hp를 수리하려면 하루의 시간과 20gp 상당의 자재, 그리고 노동력이 필요합니다.

# 하늘

하늘을 날아다니는 캐릭터는 비교적 직선거리에서 어느 곳으로든 여행할 수 있으며, 지형을 무시하고 날지 못하는 괴물이나 장거리 공격을 지니지 못한 적들을 무시할 수 있습니다.

주문이나 마법 물건을 이용한 비행은 걸어 다니는 것과 마찬가지로 여행할 수 있으며, 이러한 주문이나 도구는 플레이어즈 핸드북(Player's Handbook)에 자세히 나와 있습니다. 비행 탈것으로 이용 가능한 크리쳐는 3시간 비행한 이후 반드시 1시간을 쉬어야 하며, 하루에 9시간 이상을 비행할 수 없습니다. 그러므로, 그리폰(비행 이동 속도가 80ft)에 타고 여행하는 캐릭터는 시간당 8마일을 비행할 수 있으며, 하루 종일 여행하면 9시간 동안 비행해 72마일을 여행할 수 있고, 그동안에는 1시간씩 2번을 쉬어 주어야 합니다. 탈진을 느끼지 않는 탈것(비행 융단이라거나 비행 인공물 등)의 경우 이러한 제한에 영향을 받지 않습니다.

하늘에서 벌어지는 모험에서도 역시 무작위 조우를 판정할 수 있습니다. 이 조우에서는 비행하지 못하는 괴물들을 모두 무시할 수 있지만, 지면에 가까이에서 비행할 경우 충분한 사거리를 지닌 장거리 공격이 가능한 적이 등장할 수도 있습니다. 캐릭터는 평범하게 지면에 있는 크리쳐들을 발견할 수 있으며, 가까이 다가갈지 멀어질지도 정할 수 있습니다.

# 함정

함정은 어디에든 있을 수 있습니다. 고대의 무덤 속에서 한 걸음만 잘못 디뎌도 연달아 떨어지는 거대한 낫의 칼날을 발동시킬 수 있으며, 이 중 하나에만 맞아도 살이 뼈째로 잘려 나갈 것입니다. 마냥 평범하게만 보이는 동굴 내의 덩굴을 잘못 잡아당기면, 바로 살아 움직이며 자신을 잡고 있는 자의 목을 조를 수도 있습니다. 나무 사이 숨겨진 그물이 지나가는 자 위로 떨어지는 올가미가 되기도 합니다. D&D 게임에서 부주의한 모험자들은 영문도 모른

채 죽음을 맞이하거나, 산채로 불덩이가 되거나, 독이 발라진 다트에 맞는 신세가 되곤 합니다.

함정은 그 구조와 성질에 따라 기계적인 것과 마법적인 것으로 나누어집니다. **기계적 함정**은 구덩이나 화살 함정, 떨어지는 벽돌, 물이 차오르는 방, 회전 칼날 등과 같이 작동하기 위해 기계 장치를 필요로 하는 모든 함정류를 지칭합니다. **마법 함정**은 마법 도구가 사용된 함정이거나 주문 함정입니다. 마법 도구 함정은 발동되었을 시 특별한 주문 효과가 걸리는 것입니다. 주문 함정은 보호의 문양*Glyph of Warding*이나 문양*Symbol* 등과 같이 함정으로의 기능을 하는 주문을 사용해서 만들 수 있습니다.

## 게임 속에서의 함정

모험자들이 함정을 마주할 때, 당신은 이 함정이 어떻게 발동되며 어떤 효과를 지니고 있는지, 또한 캐릭터들이 함정을 발견하여 해체하거나 피할 수 있는 가능성이 얼마나 되는지 생각해 두어야 합니다.

### 함정 발동

대부분의 함정은 어떤 크리쳐가 어디에 서거나 무언가를 만졌을 때 발동하게 되며, 대개는 함정의 제작자가 보호하고자 하는 무언가 근처에서 발동됩니다. 일반적인 발동 조건은 압력판 위에 선다거나 복도의 특정한 지역으로 가는 것, 함정 줄을 건드리거나 손잡이를 돌리는 것, 자물쇠에 잘못된 열쇠를 쓰는 것 등으로 이루어집니다. 마법 함정의 경우 크리쳐가 특정한 지역에 들어가거나 어떤 물건을 만지는 등을 발동 조건으로 삼을 수 있습니다. 보호

의 문양Glyph of Warding 주문 등 몇몇 마법적 함정의 경우, 더 복잡한 발동 조건을 걸 수 있으며, 암호를 말하면 함정이 발동하지 않게 하는 것 역시 가능합니다.

## 함정을 발견하고 해체하기

일반적으로 함정의 몇몇 요소는 주의깊게 살펴보기만 한다면 발견할 수 있습니다. 바닥에 어색하게 깔린 포석을 눈여겨보면 숨겨진 압력판을 발견할 수도 있으며, 빛이 이상하게 반사된다 싶어 찾아보면 함정줄을 발견할 수 있고, 벽 사이로 난 구멍을 발견한다면 불길이나 화살이 튀어나오는 것을 피할 수 있습니다.

함정의 세부 묘사에서 이 함정을 발견하거나 해체하기 위해 필요한 판정의 DC가 소개됩니다. 능동적으로 함정을 찾고자 하는 캐릭터는 지혜(감지) 판정으로 함정의 DC를 넘을 경우 이를 발견할 수 있습니다. 또한 당신은 각 캐릭터의 상시 지혜(감지) 점수와 함정의 DC를 비교하여 그냥 지나치는 도중에도 함정을 발견할 수 있는지를 확인할 수 있습니다. 만약 모험자들이 발동시키기 전에 함정을 발견했다면 이를 해체하려 시도할 수 있으며, 지나치는 동안만 멈춰 놓거나 아예 영원히 작동하지 못하게 할 수 있습니다. 당신은 해체하려는 캐릭터에게 지능(수사) 판정을 요구해 함정의 구조를 확인하게 할 수 있으며, 해체를 위해서는 도둑 도구와 민첩 판정이 필요하다고 선언할 수 있습니다.

지능(비전학) 판정이 가능한 캐릭터라면 누구나 마법 함정을 발견하거나 해체하려 할 수 있으며, 그 외에는 각 주문이나 함정의 세부 사항을 읽으면 필요한 판정의 종류를 알 수 있습니다. 어떤 판정을 하든 DC는 기본적으로 동일합니다. 또한 마법 무효화 Dispel Magic 주문은 대부분의 마법 함정을 무력화할 가능성이 있습니다. 마법 함정의 세부 묘사를 보면 마법 무효화 주문을 시전해서 함정을 무효화하기 위해 필요한 DC가 소개되어 있습니다.

대부분의 경우, 함정의 세부 사항을 읽어보면 캐릭터들이 어떤 행동을 할때 함정의 위치를 특정하거나 해체할 수 있는지 나와 있곤 합니다. 따라서 플레이어들이 영리하게 행동하고 좋은 계획을 짰다면, 굳이 주사위를 굴릴 필요 없이 함정을 해체하는 것도 가능합니다. 상식에 기대어, 함정의 세부사항을 읽어보며 어떤 일이 발생했는지를 판단해 봅시다. 함정의 설계에는 캐릭터들의 모든 행동이 어떤 영향을 줄지 일일이 다 나와있지는 않습니다.

어떤 캐릭터가 영리하게 함정의 존재를 짐작하고 그에 알맞은 행동을 했다면, 발견이나 해체를 위해 능력 판정을 할 필요는 없습니다. 예를 들어, 어떤 캐릭터가 압력판을 가리고 있는 바닥의 깔개를 들어 올렸다면, 캐릭터는 발동조건을 찾은 것이고 여기에는 어떤 판정도 필요 없습니다.

함정을 해체하는 작업은 약간 더 복잡할 수 있습니다. 함정이 설치된 보물상자를 생각해 봅시다. 만약 옆에 붙어 있는 손잡이 두 개를 돌려 맞추지 않고 상자를 열었다면, 안에 설치된 기계장치로 인해 독이 묻은 바늘들이 상자 앞으로 튀어나올 것입니다. 상자를 잠깐 조사해 본 캐릭터들이 여전히 그 상자에 함정이 있는지 확신하지 못한다고 해 봅시다. 일행은 그냥 상자를 여는 대신, 전방에 방패를 들이대고 멀리서 쇠막대를 이용해 상자 뚜껑을 들어 올리겠다는 선언을 할 수도 있습니다. 이런 경우라면 상자의 함정은 여전히 발동되겠지만, 쏟아지는 독바늘들은 방패에 가로막혀 아무런 해도 입히지 못할 것입니다.

함정은 무력화하거나 그냥 해를 입지 않고 지나칠 수 있는 방식으로 설계되기도 합니다. 지능이 있는 괴물들은 자기들이 지나다니는 길에 함정을 설치하곤, 자기들은 해를 입지 않는 길을 이용하곤 합니다. 이런 함정들은 숨겨진 손잡이가 있어서 발동조건을 잠깐 무력화할수 있거나, 우회로를 숨기고 있는 비밀문이 근처에 있곤 합니다.

## 함정의 효과

함정의 효과는 그저 불편함을 주는 것에서 매우 치명적인 것에 이르기까지 다양하며, 화살이나 송곳, 칼날, 독, 독성 가스, 불꽃, 깊은 구덩이 등의 요소가 사용됩니다. 가장 치명적인 함정은 여러 요소를 이용해 함정을 발동시킨 대상을 죽이거나, 큰 부상을 입히거나, 감금하거나, 쫓아내곤 합니다. 함정의 세부 사항을 읽어보면 발동되었을 때 정확히 어떤 일이 벌어지는가 쓰여 있습니다.

함정의 명중 보너스와 효과에 대한 저항 DC, 그리고 그 함정의 피해는 얼마나 심각한 함정인가에 따라 달라집니다. 함정의 내성 DC 및 명중 보너스 표, 그리고 레벨에 따른 함정 심각성 표를 사용하면 함정의 심각성을 3단계로 정할 수 있습니다.

퇴치를 위한 함정은 해당 레벨의 캐릭터들에게 심각한 피해를 주지는 않겠지만, 위험한 함정은 심각한 피해를 입히고 죽일 가능성도 있습니다. 그리고 치명적인 함정은 해당 레벨의 캐릭터들을 높은 확률로 죽일 수 있는 것들이 많습니다.

## 함정의 내성 DC 및 명중 보너스

| 함정 위험도 | 내성 DC | 명중 보너스 |
|---|---|---|
| 퇴치용 | 10-11 | +3 에서 +5 |
| 위험함 | 12-15 | +6 에서 +8 |
| 치명적 | 16-20 | +9 에서 +12 |

## 레벨에 따른 함정 심각성

| 캐릭터 레벨 | 퇴치용 | 위험함 | 치명적 |
|---|---|---|---|
| 1-4레벨 | 1d10 | 2d10 | 4d10 |
| 5-10레벨 | 2d10 | 4d10 | 10d10 |
| 11-16레벨 | 4d10 | 10d10 | 18d10 |
| 17-20레벨 | 10d10 | 18d10 | 24d10 |

## 복잡한 함정

복잡한 함정은 일반 함정과 비슷하지만, 일단 발동되면 몇 라운드에 걸쳐 일련의 정해진 행동이 뒤따른다는 점이 다릅니다. 복잡한 함정은 함정이라기보다 일종의 전투 조우처럼 다루어지곤 합니다.

복잡한 함정이 발동되면, 우선권을 굴리게 됩니다. 함정의 세부 사항을 읽어보면 함정이 지닌 우선권 보너스가 나와 있습니다. 함정의 턴이 되면, 함정은 다시 발동하고, 자신의 행동을 합니다. 침입자들에게 공격하여 명중굴림을 굴릴 수도 있으며, 시간이 지나면 변화하는 효과를 불러일으킬 수도 있고, 다른 방식으로 역동적인 도전을 제공할 수도 있습니다. 어쩌면 복잡한 함정 역시 일반적인 방법으로 발견하여 무력화하거나 지나칠 수도 있습니다.

예를 들어, 천천히 방 전체에 물이 차오르도록 만들어진 함정은 복잡한 함정이라 볼 수 있습니다. 함정의 턴이 될 때마다 물의 높이가 올라갈 것입니다. 몇 라운드가 지나고 나면 방은 완전히 물로 가득 찰 것입니다.

# 예시 함정

여기 나와 있는 마법적 혹은 기계적 함정들은 다양한 치명도를 지니고 있으며, 철자 순서에 따라 배열된 것뿐입니다.

## 구덩이
*기계적 함정*

4가지의 기본적인 구덩이 함정을 설명합니다.

***단순한 구덩이.*** 단순한 구덩이 함정은 바닥을 파낸 큰 구멍입니다. 이 구멍은 각 모서리가 고정되어 있는 큰 천으로 덮여 있으며, 흙이나 부스러기 등으로 위장되어 있습니다.

구덩이를 발견하기 위한 DC는 10이며, 누군가 천 위에 올라서면 무너지면서 구덩이 아래로 빠지게 됩니다. 이 경우 입게 되는 피해는 구덩이의 깊이에 따라 다릅니다. (일반적으로는 10ft이지만, 어떤 경우는 더 깊을 수도 있습니다.)

***숨겨진 구덩이.*** 이 구덩이는 주변 바닥과 똑같이 보이는 물질로 위장해 만들어져 있습니다.

DC 15의 지혜(감지) 판정에 성공하면 복도에서 어떤 부분에만 발자국이 없다는 점을 알아챌 수 있으며, 이것으로 함정의 존재를 알 수 있습니다. DC 15의 지능(수사) 판정에 성공하면, 해당 부분의 바닥이 구덩이를 덮고 있다는 것을 알 수 있습니다.

누구든 이 바닥 위에 올라서면 함정문이 열리는 것처럼 바닥이 열리며, 구덩이 아래로 떨어지게 됩니다. 구덩이의 깊이는 대개 10~20ft 정도이지만 더 깊을 수도 있습니다.

일단 구덩이 함정의 위치를 파악하고 나면, 쇠 송곳이나 비슷한 물건을 이용해 구덩이의 덮개를 고정해서 뚜껑이 열리지 않도록 할 수 있으며, 안전하게 지나다니도록 만들 수 있습니다. 또한 뚜껑에 비전 자물쇠Arcane Lock 주문이나 유사한 마법을 걸어서 열리지 않도록 만들 수도 있습니다.

***잠기는 구덩이.*** 이 구덩이 함정은 기본적으로 숨겨진 구덩이와 같지만, 한 가지가 다릅니다. 이 함정문은 용수철로 열린다는 것입니다. 일단 누군가 구덩이에 빠지면, 함정은 다시 닫히며 그 안에 빠진 이는 갇히게 됩니다.

DC 20의 근력 판정에 성공하면 억지로 뚜껑을 열 수 있습니다. 뚜껑을 공격해 파괴하는 것도 가능합니다. (뚜껑의 자세한 게임적 수치에 대해서는 제8장을 참조하세요.) 구덩이 안에 있는 캐릭터 역시 안에서 용수철로 작동하는 기계장치를 해체하려 할 수 있으며, 여기에 성공하려면 도둑 도구를 가지고 DC 15의 민첩 판정에 성공해야 합니다. 물론 이 판정을 하려면 캐릭터가 기계장치를 발견하고 접근할 수 있어야 합니다. 어떤 경우에는 내부에 구덩이를 열 수 있는 기계장치가 마련되어 있기도 합니다.

***가시 구덩이.*** 이 구덩이 함정은 단순한 구덩이나 숨겨진 구덩이, 잠기는 구덩이에 모두 적용될 수 있으며, 단지 그 바닥에 날카로운 나무나 쇠가시가 잔뜩 박혀 있다는 점이 다릅니다. 구덩이 아래로 떨어지는 대상은 낙하 피해에 더해 11점(2d10)의 관통 피해를 추가로 입게 됩니다. 더 지독한 형태는 이 가시에 독이 발려 있을 수도 있습니다. 이 경우, 관통 피해를 입은 자는 누구든 DC 13의 건강 내성 굴림을 굴려야 하며, 실패했을 시 22점(4d10)의 독성 피해를 입게 됩니다. 성공했을 시 피해는 절반으로 줄어듭니다.

## 굴러오는 바위
*기계적 함정*

20파운드 이상 무게를 지닌 무언가가 압력판 위에 올라가면, 천장의 숨겨진 함정문이 열리며 10ft 지름의 바위 돌이 굴러오기 시작합니다.

DC 15의 지혜(감지) 판정에 성공하면 천장의 함정문과 바닥의 압력판이 있는 위치를 찾아낼 수 있습니다. 또한 DC 15의 지능(수사) 판정을 성공하면 바닥의 돌 모양이나 회칠의 흔적으로 압력판의 존재를 눈치챌 수 있습니다. 역시 마찬가지의 판정으로 천장의 생김새를 통해 함정문의 존재 역시 알아차릴 수 있습니다. 바닥에 쇠 송곳이나 다른 물건을 끼워 넣으면 압력판이 발동되지 않도록 고정하는 것 역시 가능합니다.

돌덩이가 발동되면 모든 크리쳐들은 우선권을 굴려야 합니다. 돌덩이는 +8의 보너스를 받고 우선권을 굴립니다. 돌덩이의 차례가 되면, 돌은 60ft를 직선으로 움직입니다. 이 바위는 다른 크리쳐들이 위치한 공간으로 움직이며, 이때 크리쳐들이 있는 공간은 어려운 지형으로 취급합니다. 바위가 크리쳐가 있는 위치에 들어갈 때마다, 혹은 크리쳐가 바위의 위치에 들어갈 때마다 바위랑 같은 공간에 있게 된 대상은 DC 15의 민첩 내성 굴림을 굴려야 하며, 실패했을 시 55점(10d10)의 타격 피해를 받고 넘어지게 됩니다.

바위 덩어리는 벽이나 다른 가로막는 것에 충돌할 때까지 직선으로 굴러가며, 모서리를 돌지 못합니다. 하지만 던전을 영리하게 설계한다면 자연스러운 커브를 통해 전진하는 돌의 방향을 바꾸도록 할 수도 있습니다.

바위 덩어리에서 5ft 안에 있는 크리쳐는 행동을 사용하고 DC 20의 근력 판정을 하여 바위를 붙잡아 속도를 늦추려 할 수 있습니다. 판정에 성공하면 바위의 속도는 15ft씩 감소합니다. 만약 이렇게 바위의 속도를 계속 줄여 0으로 만들면 바위는 정지하며, 더는 위협이 되지 못합니다.

## 독 바늘
*기계적 함정*

보물 상자나 방, 기타 사물의 자물쇠에 숨겨져 있어서 누군가 그것을 열면 독 바늘이 튀어나오는 구조의 함정입니다. 정해진 열쇠를 사용하지 않고 상자를 열거나 하면 독 바늘에 찔리게 되며, 독이 주입됩니다.

함정이 발동되면 바늘은 자물쇠에서 3인치 길이로 튀어나옵니다. 범위 내의 대상은 1점의 관통 피해를 입으며, 추가로 11점(2d10)의 독성 피해를 입습니다. 그리고 이 피해를 입은 자는 DC 15의 건강 내성 굴림을 굴려야 하며, 실패할 시 1시간 동안 중독 상태가 됩니다.

DC 20의 지능(수사) 판정에 성공하면 자물쇠 모양이 변경된 것을 보고 바늘이 있다는 사실을 파악할 수 있습니다. 또한 도둑 도구를 사용하여 DC 15의 민첩 판정에 성공하면 함정을 해제할 수 있으며, 자물쇠에서 바늘을 분리해낼 수 있습니다. 이 판정에 실패한 경우 함정이 발동됩니다.

## 떨어지는 그물
*기계적 함정*

이 함정은 인계선을 건드리면 천장에 있는 그물이 펼쳐 떨어지는 구조입니다.

인계선은 지상에서 3인치 높이에 걸쳐져 있으며, 두 기둥이나 나무 사이에 있습니다. 그물은 거미줄이나 뭉치로 숨겨져 있습니다. 인계선이나 그물을 발견하기 위한 DC는 10입니다. 도둑 도구를 지니고 DC 15의 민첩 판정에 성공하면 안전하게 인계선을 자를 수 있습니다. 도둑 도구가 없는 캐릭터는 칼날이 달린 무기나 도구를 사용해 같은 판정을 할 수 있지만, 이 경우 판정에 불리점을 받게 됩니다. 판정에 실패할 경우 함정이 발동됩니다.

함정이 발동되면 그물이 떨어지며 10 × 10ft의 지역을 덮게 됩니다. 이 지역에 있는 자들은 모두 그물에 붙잡히며 포박된 상태가 되고, DC 10의 근력 내성 판정에 실패할 시 넘어지게 됩니다. 그물에 포박된 대상이 행동을 사용해 DC 10의 근력 판정에 성공하면 그물에서 벗어날 수 있으며, 마찬가지의 방법으로 다른 대상 역시 꺼내줄 수 있습니다. 그물은 AC 10이며 20점의 hp를 지니고 있습니다.

그물에 5점의 참격 피해를 가하면 (AC 10) 5 × 5ft의 그물을 잘라낼 수 있으며 그 부분에 붙잡힌 대상을 풀어줄 수 있습니다.

## 맹독 다트
*기계적 함정*

누군가 숨겨진 압력판 위에 올라오면 용수철로 장전되거나 압력관을 통해 주변 벽에서 숨겨진 다트가 발사되는 형식의 함정입니다. 이 다트에는 독이 발려 있습니다. 한 지역 안에 압력판이 여러 개 있을 수도 있으며, 각각의 판마다 연결된 다트가 따로 있을 수도 있습니다.

다트가 숨겨진 벽 속 구멍은 먼지나 거미줄로 숨겨져 있을 수도 있으며, 벽화나 낙서, 프레스코 등으로 자연스럽게 위장되어 있을 수도 있습니다. 이 구멍을 발견하기 위한 DC는 15이며, DC 15의 지능(수사) 판정에 성공하면 바닥의 돌이나 회칠의 흔적을 통해 압력판의 위치를 감지할 수 있습니다. 일단 발견하고 나면, 쇠로 만든 송곳이나 다른 물건을 끼워 넣어 압력판이 발동되지 않게 만들 수도 있습니다. 다트가 나오는 구멍을 천으로 막거나 밀랍으로 때워버려도 다트가 발사되는 것을 피할 수 있습니다.

함정은 압력판 위에 20파운드 이상의 무게가 올라오면 발동되며 4개의 다트가 날아옵니다. 각각의 다트는 압력판으로부터 10ft 내의 무작위 목표 각각을 향해 날아오며, 각각 +8의 명중 보너스를 받습니다. (이 명중 굴림은 시각에 구애받지 않습니다.) 만약 목표 지역 내에 아무도 없다면, 다트는 아무도 맞추지 못합니다. 명중된 대상은 2점(1d4)의 관통 피해를 받으며, DC 15의 건강 내성 판정을 해야 합니다. 이 판정에 실패하면 11점(2d10)의 독성 피해를 입게 되며, 성공했을 시 피해는 절반으로 줄어듭니다.

## 무너지는 천장
*기계적 함정*

이 함정은 인계선을 건드리면 지지대가 쓰러지며 천장의 불안정한 부분이 무너지는 구조입니다.

인계선은 지상에서 3인치 위에 걸쳐져 있으며, 두 개의 지지대에 연결되어 있습니다. 인계선을 찾기 위한 DC는 10이며, 도둑 도구를 지니고 DC 15의 민첩 판정에 성공하면 인계선을 절단

해 무해하게 함정을 해체할 수 있습니다. 도둑 도구가 없는 캐릭터라면 칼날이 달린 무기나 도구를 사용할 수 있지만, 이 경우에는 판정에 불리점을 받게 됩니다. 판정에 실패하면 함정이 발동합니다.

지지대를 발견한 사람이라면 누구나 위험한 장소에 있다는 사실을 알 수 있습니다. 행동을 사용하면 지지대를 건드려 볼 수 있으며, 이 경우 함정이 발동됩니다.

인계선 바로 위에 있는 천장은 제대로 수리되지 않은 것처럼 보이며, 그걸 보는 사람이라면 누구나 붕괴의 위험을 알 수 있습니다.

함정이 발동되면, 불안정했던 천장이 무너집니다. 그 지역에 있는 대상은 모두 DC 15의 민첩 내성 판정을 해야 하며, 판정에 실패할 시 22점(4d10)의 타격 피해를 입게 됩니다. 성공하면 피해는 절반으로 줄어듭니다. 일단 함정이 발동되고 나면 그 지역은 무너진 천장으로 인해 엉망이 되고, 어려운 지형이 될 것입니다.

## 불을 뿜는 석상
*마법 함정*

이 함정은 누군가가 숨겨진 압력판을 밟았을 때 발동되며, 근처 석상에서 마법의 불길이 뿜어져 나옵니다. 이 석상은 무엇이든 될 수 있습니다. 용의 모습일 수도 있고, 주문을 시전하는 위저드의 석상일 수도 있습니다.

압력판을 발견하기 위한 DC는 15이며, 희미하게 남아 있는 그을음이나 벽과 바닥의 흔적으로 알 수 있습니다. *마법 탐지Detect Magic* 주문이나 유사한 효과를 사용하면 마법의 존재를 알 수 있으며, 석상 주변에서 방출계 마법의 오오라를 발견할 수 있습니다.

함정은 압력판 위에 20파운드 이상의 무언가가 올라가면 발동하며, 석상에서 30ft 길이의 원뿔 모양 불꽃이 방출됩니다. 이 불꽃의 범위에 있는 대상은 모두 DC 13의 민첩 내성 굴림을 굴려야 하며, 실패할 시 22점(4d10)의 화염 피해를 입게 됩니다. 내성에 성공할 경우 피해는 절반으로 줄어듭니다.

압력판 아래 쇠로 만든 쐐기를 끼우거나 해서 압력판이 내려가지 못하도록 만들 수도 있습니다. 또한 *마법 무효화Dispel Magic* (DC 13) 주문을 석상에 시전해도 함정을 파괴할 수 있습니다.

## 절멸의 구
*마법 함정*

마법적으로 만들어진, 뚫어볼 수 없는 어둠의 구체가 벽에 새겨진 입안에서 튀어나옵니다. 이 입은 직경 2ft이며 어렴풋하게 둥그런 형태를 하고 있습니다. 안에서는 어떤 소리도 들리지 않으며, 어떤 빛도 그 안을 비추지 못합니다. 또한 그 안에 들어간 물체는 무엇이든 즉시 파괴되어 버립니다.

DC 20의 지능(비전학) 판정에 성공하면 입 안에 들어 있는 것이 *절멸의 구(Sphere of Annihilation)*이며, 움직이거나 조종할 수 없다는 사실을 알 수 있습니다. 이 구체는 기본적으로 제7장 "보물"에 소개된 일반 *절멸의 구*와 동일합니다.

이 함정의 다른 형태 중에는 이 바위 얼굴에 마법이 걸려 있어서, 특정한 크리쳐들로 하여금 그 입 안으로 들어가고픈 참을 수 없는 충동을 느끼게 만드는 것도 있습니다. 이 함정의 효과는 *반 공감/공감Antipathy/Sympathy* 주문 중에서 *공감Sympathy* 부분과 유사하게 작동합니다. *마법 무효화(DC 18)* 주문에 성공하면 이 마법을 해제할 수 있습니다.

# 제6장: 모험과 모험 사이

**캠**페인은 단순히 연속되는 모험을 모아놓은 것 이상입니다. 캠페인은 모험과 모험 사이의 과정을 포함하고 있습니다. 그 사이에는 다양한 여가활동과 함께 플레이어들이 거친 야생의 세계를 탐험하거나 던전을 헤매고 어떤 장엄한 사명을 위해 멀티버스를 떠돌아다니지 않을 때 쫓을 수 있는 부가적인 목표들 역시 포함되어 있습니다.

자연스럽게 캠페인을 진행하다 보면 모험과 모험 사이에 캐릭터들이 보물을 소비하고 자신들만의 목표를 찾을 수 있는 빈 시간들이 주어집니다. 이 막간 활동에서 캐릭터들은 자기의 뿌리를 찾아 세계의 더 깊은 곳에 들어설 수도 있고, 주변 인물들과 사회적인 교류를 나누거나 개인적인 목표에 시간을 투자할 수도 있으며, 이 과정에서 또 다른 모험이 이어지기도 합니다.

플레이어즈 핸드북(Player's Handbook)의 제5장 "장비" 부분을 보면 캐릭터들이 기본적인 의식주 생활을 위해 소비해야 하는 비용이 자세히 소개되어 있습니다. 이는 캐릭터들이 택하는 삶의 방식에 따라 극빈에서 사치까지 다양하게 주어집니다. 또한 제8장 "모험" 부분에는 모험과 모험 사이에 행할 수 있는 여러 활동의 예시가 나와 있습니다. 이 장에서는 빈틈을 채우기 위해 부동산이나 자산을 소유하는데 들어가는 비용이나 NPC의 고용 비용, 그리고 캐릭터들이 할 수 있는 다양한 막간 활동에 대한 정보를 제공합니다. 또한 이 장의 시작 부분에는 모험과 모험 사이를 연결하는 다양한 방법들을 제시하며, 당신의 캠페인 속에서 여러 사건의 순서를 엮어나가는 방법 역시 설명하고 있습니다.

## 모험을 연결하기

매화 서로 다른 이야기가 진행되는 TV 드라마처럼 만들어진 캠페인의 경우, 모험과 모험 사이의 이야기가 꼭 연결되어야 할 필요는 없습니다. 각각의 모험에는 그 모험만의 악당이 등장하며, 캐릭터들이 모험을 끝내고 나면, 모험 속에서 주어진 이야기의 흐름 역시 대부분 끝을 맺곤 합니다. 이들이 맞이하게 될 다음 모험은 이전 것과 전혀 상관없는 새로운 도전이 될 것입니다. 캐릭터들이 경험치를 얻게 되면 그들은 점점 강력해질 것이고, 따라서 그들이 극복해야 하는 위협 역시 점점 거대한 것이 되어갑니다. 이런 종류의 캠페인은 어렵지 않게 운영할 수 있으며, 다만 일행의 레벨에 걸맞은 모험들을 발견하고 만드는 노력만 들이면 됩니다.

한편, 계속 연결되는 형태의 이야기를 지닌 캠페인의 경우, 플레이어들은 자기 캐릭터가 취한 행동의 결과들이 아주 오래, 다양한 방법으로 쌓여 나가는 것을 볼 수 있습니다. 이들은 단순히 경험치만 얻는 것이 아닙니다. 약간의 변형만 가하면 독립적이고 단편적인 모험들로 이어진 캠페인에 공통된 요소를 더하여 계속 연속되는 이야기를 가진 것으로 탈바꿈시킬 수 있습니다.

### 연속되는 이야기 사용하기

이 부분에서는 고전적인 D&D 캠페인들의 여러 예시를 통해 계속 연속되는 이야기가 어떤 것인지를 설명하고자 합니다.

첫 번째 예시의 경우, 모험자들의 첫 번째 목표는 세계를 위협하는 강력한 적을 물리치기 위한 힘을 얻는 것입니다. 두 번째 예시의 경우, 이들의 목표는 자신들이 아끼는 무언가를 보호하기 위해 그 무언가를 위협하는 모든 것을 파괴하는 것입니다. 이 두 예시는 사실 실질적으로는 같은 이야기(선과 악의 결전에 대한 다양한 변주라는 의미에서)를 서로 다른 방식으로 풀어낸 것입니다.

### 예시 1: 여러 조각의 사명

당신은 서로 이어지는 사명들을 연달아 제시함으로써 연속되는 장기적 목표를 만들어서 모험들을 서로 연결할 수 있습니다. 예를 들어, 어떤 강력한 악당이 있고, 이 악당을 물리치기 위해서는 아홉 명의 공포 대공이 있는 아홉 개의 던전을 탐험해야 한다고 해봅시다. 각각의 던전에는 모험자들을 2~3레벨 성장시킬 수 있는 강력한 괴물과 위험이 산적해 있을 것입니다. 모험자들은 자신들의 모든 것을 바쳐 아홉 공포 대공과 싸우고, 그 결과 그 대공들을 만들어 낸 사악한 창조자와 맞서 싸우는 장엄한 사명을 완수할 수 있을 것입니다. 독특하고 흥미로운 형태를 지닌 던전들이 계속되는 한, 당신의 플레이어들은 캠페인의 주제에 몰입할 수 있을 것입니다.

이와 유사한 형태의 장기적 사명을 가진 캠페인으로서, 모험자들이 멀티버스 여기저기에 흩어진 어떠한 유물의 조각들을 모아야만 하는 경우를 들 수 있습니다. 이 경우, 이렇게 하나로 합쳐진 유물을 이용해야만 우주적인 위협을 물리칠 수 있습니다.

### 예시 2: 미지의 요원

당신은 또한 모험자들이 자신들보다 거대한 어떤 것-예를 들자면 왕국이나 비밀 조직-의 요원으로 활동한다는 생각으로 캠페인을 설계할 수도 있습니다. 이들의 소속이 어디든 간에, 모험자들은 충성심에 따라 움직이며, 자신들이 받드는 무언가를 지키는 것이 목적이 됩니다.

캐릭터들의 장기적인 목표는 미지의 지역을 탐험하고 지도를 만드는 것일 수도 있으며, 동맹을 맺어 다가오는 위협에 맞서는 것일 수도 있습니다. 또한 이들의 목표는 무너진 고대 제국의 잊혀진 수도를 찾는 것인데, 그 수도가 왕국의 적들이 점거한 적대적 세력권 안에 있어서 그곳을 탐험해야 할 수도 있습니다. 캐릭터들은 성스러운 땅을 찾아 길을 나선 순례자이거나 점차 몰락해 가는 세계에서 문명의 마지막 보루를 지키겠다고 맹세한 비밀 조직의 일원일 수도 있습니다. 어쩌면 모험자들은 첩자와 암살자들로, 자신들의 조국을 위협하는 악의 지도자를 목표로 하고 그의 보물을 빼앗으려 하는 것일 수도 있습니다.

## 모험의 씨앗 심기

당신은 하나의 모험이 끝나기 전에 다음 모험에 대한 씨앗을 뿌리는 방식을 통해, 여러 장으로 이루어진 하나의 이야기처럼 당신의 캠페인을 설계할 수 있습니다. 이 기법은 캐릭터들이 자연스럽게 자신들의 다음 목표로 나아갈 수 있게 해 줍니다.

만약 당신이 이 씨앗을 충분히 잘 설계했다면, 캐릭터들은 모험을 끝내기 전에 무언가 다른 할 일이 생겼다는 사실을 알게 될 것입니다. 어쩌면 캐릭터들이 던전을 탐험하며 마법의 샘에서 물을 마셨을 때 다음 모험으로 이어질 수 있는 신비한 환시를 겪었을 수도 있습니다. 어쩌면 일행이 모험하고 있을 때 암호로 이루어진 지도나 성물을 발견했는데, 이 지도를 해석해 보니 특정한 위치를 가리키고 있었다는 예도 있습니다. 또한, NPC 누군가가 캐릭터들에게 다가오는 위협에 대개 경고하거나 도움을 청했을 수도 있습니다.

이 기법을 쓸 때의 중요한 점은 캐릭터들이 현재의 모험에서 너무 관심을 잃지 않게 하는 것입니다. 미래의 모험을 위한 효과적인 실마리를 만드는 작업은 섬세하게 이루어져야 합니다. 미끼는 끌릴만한 것이어야 하지만, 플레이어들이 현재의 모험을 중단하고 거기 덤벼들 정도로 강력해서는 안 됩니다.

플레이어들의 집중을 유지할 수 있는 가장 뛰어난 아이디어는 현재의 모험이 완전히 막바지에 이를 때까지 아껴두거나 모험의 막간 활동에 던져주는 것이 좋습니다.

여기에 다음 모험의 씨앗을 드러나게 하는 몇 가지 예시가 있습니다.

- 악당의 시체에서 그 악당이 누구를 위해 일하고 있었는지 알 수 있는 증거를 찾습니다.
- 납치된 NPC가 캐릭터들이 흥미를 느낄 누군가 혹은 무언가의 위치를 알려줍니다.
- 그 지역 주점으로 가던 캐릭터들이 현상수배나 실종자 전단을 발견하게 됩니다. (이를 완수하면 상당한 보상을 받을 수 있다고 쓰여 있을 것입니다.)
- 그 지역 민병대나 도시 경비대의 일원이 범죄가 일어났다는 사실을 발견했고, 현재 증인이나 용의자를 찾고 있습니다.
- 캐릭터들은 어떤 계획을 고발하려 하거나 그들이 알지 못했던 위협에 대해 경고하는 익명의 편지를 받습니다.

## 복선 깔기

복선 깔기는 신중하게 해야 하는 기법으로, 다가올 모험의 씨앗을 조심스럽게 심는 것을 포함합니다. 모든 복선이 다 회수되는 것은 아니며, 특히나 단서가 너무 모호하거나 이후 캠페인이 당신이 예상한 것과 다른 방향으로 가게 되면 그냥 잊혀지는 경우도 종종 있을 수 있습니다. 복선 깔기의 목적은 다가올 사건에 대한 힌트를 주거나 플레이어들에게 캠페인에 새로운 위협이 다가오고 있음을 너무 뻔하지 않게 알려주는 것입니다. 여기 복선 깔기의 몇 가지 예시가 있습니다.

- 적이 들고 다니거나 장비하던 물건에 이전에는 알지 못하던 어떤 조직의 문양이 새겨져 있거나 그려져 있습니다.
- 거리 구석에 앉아 있는 미친 여인이 고대 예언의 일부를 외치며 캐릭터들에게 손가락질합니다.
- 왕국의 왕과 여왕이 자신들의 아들과 이웃 왕국의 딸이 결혼하게 되었음을 선언하지만, 여러 파벌이 이 결합에 반대하고 있습니다. 이후 여러 문제가 생겨날 것입니다.
- 버그베어 정찰병이 문명 지역에 나타나 정착지들을 염탐하고 있는데, 이는 곧 홉고블린 전쟁군주의 침략이 임박했음을 알려주는 신호입니다.
- 시장 마당에서 벌어지는 꼭두각시 인형극에서, 두 귀족 가문이 전쟁을 벌인 끝에 벌어질 비극적인 결말이 펼쳐집니다.
- 도시에서 NPC 모험자들이 특이한 방법으로 연속하여 살해당하고 있으며, 결과적으로 이 살인범이 플레이어 캐릭터들을 노릴 것이라는 사실을 알게 됩니다.

## 캠페인 기록하기

세부사항을 계속 살려 나가면 당신의 캠페인에 생기를 불어넣을 수 있으며, 플레이어들로 하여금 자신의 캐릭터들이 정말 세상에 살아있다고 느끼게 할 수 있습니다. 만약 모험자들이 어떤 술집의 단골이 되었다면, 종업원이나 그 술집의 생김새가 방문할 때마다 달라져서는 안 됩니다. 물론, 캐릭터들의 행동이나 그 결과 때문에 변화가 생겼을 수는 있습니다. 모험자들이 어떤 괴물을 죽였다면, 그 괴물은 누군가 부활시키지 않는 한 죽은 채 그대로 있을 것입니다. 캐릭터들이 어떤 방에서 보물을 가져갔다면, 누군가 다시 캐릭터들에게서 보물을 훔쳐다 도로 가져다 놓지 않은 한 다음번 그 방에 들어갔을 때 보물을 또 발견하지는 못할 것입니다. 만약 캐릭터들이 문을 열었다면, 누군가가 닫기 전에는 열린 채로 있을 것입니다.

완벽한 기억력을 가진 사람은 없으니 만큼, 기록을 계속하는 것이 좋습니다. 모험 지도에 계속 메모를 더해 가며 문을 열었던 것, 함정을 해제했던 것 등을 기록해 둡시다. 하나의 모험 이후에도 계속 영향을 미치게 될 사건 같은 경우, 당신이 캠페인을 위해 준비해 둔 노트에 잘 기록해 두어야 합니다. 실제 책으로 하든 컴퓨터 파일로 만들든, 그러한 기록이 있다면 당신이 캠페인을 진행하는 데 큰 도움이 될 것입니다.

당신의 기록에는 아래와 같은 요소들이 포함될 수 있습니다.

*캠페인 기록표.* 캠페인의 주된 이야기 흐름을 기록해 두고, 당신이 나중 모험에서 하고 싶은 것들을 기록해 두는 것입니다. 캠페인이 진행되어 가고 새로운 생각이 떠오를 때마다 더해 나가면 됩니다.

*캐릭터 기록.* 캐릭터들의 배경과 목적을 기록해 두고, 모험을 설계할 때 이러한 요소들을 이용해 캐릭터들의 개성이 발달해 나갈 기회를 줄 수 있습니다.

캐릭터들의 클래스와 레벨을 계속 기록하고, 이들이 행한 모험이나 막간 활동 역시 써나가면 좋습니다.

만약 캐릭터들이 선박이나 요새를 가지게 된다면 그 이름이나 세부사항 역시 기록해 두고, 이들이 고용하게 되는 고용인들 역시 써놓을 필요가 있습니다.

*플레이어 유인물.* 당신이 플레이어들을 위해 만들어 둔 유인물들을 복사해 둔다면, 나중에 이 유인물의 내용들을 편리하게 확인할 수 있을 것입니다.

*모험 기록.* 이 기록은 당신의 캠페인을 이루고 있는 여러 이야기의 요약본이라고 생각해도 됩니다. 각각의 게임 모임이나 모험 때마다 이야기가 어떻게 진행되어 나갔는지를 계속 기록하도록 합시다. 당신은 플레이어들에게 이 기록을 줄 수도 있으며, 잘 편집하여 당신이 숨겨두고 싶은 비밀은 제외하고 알려줄 수도 있습니다. (또한 플레이어들 역시 따로 자신들의 모험 기록을 지니고 있을 수 있으며, 이 경우 당신의 기록에서 불완전한 부분을 보완할 수도 있습니다.)

*NPC 기록.* 플레이어들이 여러 번 만나게 될 NPC들의 경우, 교류할 때 쓸 연기상의 특징이나 게임 수치 등을 기록해 둘 필요가 있습니다. 예를 들어, 당신은 마을의 중요 인사들을 연기할 때 어떤 목소리로 연기해야 하는가, 이들의 이름은 무엇인가, 어디에 살고 어떤 일을 하는가, 이들 가족이나 동료의 이름은 무엇인가, 이들이 지닌 비밀은 어떤 것들인가 등을 기록해 둘 수 있습니다.

*캠페인 달력.* 시간이 흘러가면서 어떤 일이 벌어지게 되는가를 캐릭터들에게 알려줄 수 있다면, 당신의 세계는 더욱 현실적으로 느껴지게 될 것입니다. 계절이 바뀌거나 중요한 명절이 있는 때 등을 기록하고 모험이 진행되는 과정에서 이러한 요소들을 끼워 넣을 수 있으며, 더 큰 이야기에 영향을 미치게 될 중요한 사건들이 언제 일어나는가 등 역시 기록해 둘 수 있습니다.

*도구함.* 당신이 어떤 괴물이나 마법 물건, 함정 등을 변형하거나 만들어 냈다면, 이에 대한 기록도 모아두는 것이 좋습니다. 또한 당신이 만든 지도나 무작위로 만들어 낸 던전, 혹은 조우들 역시 모아두면 좋습니다. 이러한 정보들은 당신이 같은 작업을 계속 반복할 필요가 없게 만들어주며, 또한 나중에 사용할 만한 재료를 미리 준비하는 효과도 가지게 됩니다.

## 비용 계산하기

모험자들이 원하는 생활 수준을 유지하기 위한 비용 외에도, 추가적인 일들 때문에 모험으로 벌어들인 소득을 써야 할 수 있습니다. 플레이어 캐릭터들은 부동산을 소유하거나 자기만의 사업을 벌일 수도 있으며, 이러한 사업을 운영하기 위해 다른 이들을 고용하고 그 급여를 지불해야 할 수도 있습니다.

## 유지 비용

| 부동산 | 일일 총비용 | 숙련 고용인 | 비숙련 고용인 |
|---|---|---|---|
| 교역소 | 10gp | 4 | 2 |
| 교외 여관 | 10gp | 5 | 10 |
| 궁전이나 대형 성 | 400gp | 200 | 100 |
| 귀족 장원 | 10gp | 3 | 15 |
| 농장 | 5sp | 1 | 2 |
| 대형 신전 | 25gp | 10 | 10 |
| 마을/도시 길드홀 | 5gp | 5 | 3 |
| 마을/도시 여관 | 5gp | 1 | 5 |
| 사냥용 오두막 | 5sp | 1 | — |
| 상점 | 2gp | 1 | — |
| 성채나 작은 성 | 100gp | 50 | 50 |
| 수도원 | 20gp | 5 | 25 |
| 요새화된 탑 | 25gp | 10 | — |
| 작은 신전 | 1gp | 2 | — |
| 초계지 또는 요새 | 50gp | 20 | 40 |

10레벨이 넘는 모험자라면 성채나 술집, 다른 부동산을 가지고 있어도 어색하지 않습니다. 이들은 모험에서 힘들게 벌어들인 재산을 쓰거나, 힘으로 *빼앗거나*, *삼라만상의 카드*에서 운 좋게 카드를 뽑거나 해서 이런 부동산을 얻게 됩니다.

유지 비용 표는 이러한 부동산을 유지하는 일일 비용을 보여줍니다. (거기 사는 보통 거주민들에 대한 비용은 포함되지 않았는데, 이는 플레이어즈 핸드북*(Player's Handbook)*에서 소개하는 생활 수준 비용에 포함되어 있기 때문입니다.) 유지 비용은 30일마다 지불해야 합니다. 모험자들이 자기 시간 대부분을 모험으로 보낸다면, 집사를 고용하여 일행이 없을 때 고용인들에게 급료를 지불하게 할 수 있습니다.

***일일 총비용.*** 여기에는 해당 부동산을 유지하고 자연스레 운영하기 위한 모든 비용이 포함되며, 고용인의 급여 역시 들어갑니다. 만약 이 부동산이 돈을 버는 데 사용된다면 자체적으로 운영 비용을 제할 수 있습니다. (요금을 물린다거나, 세금 혹은 기부금을 받는다거나, 물건을 판매하는 등등으로 돈을 벌 수 있습니다.)

***숙련 혹은 비숙련 고용인.*** 플레이어즈 핸드북에 숙련된 고용인과 비숙련 고용인의 차이가 보다 자세히 나와 있습니다.

## 사업

모험자가 소유하고 있는 사업체는 그 자체의 운영비용을 감당하고도 남을 만큼 돈을 벌 수 있습니다. 하지만 소유주는 모험 사이마다 주기적으로 사업이 잘 돌아가고 있는지 확인해야 합니다. 사업을 운영하는데 필요한 보다 자세한 정보는 이 장의 뒷부분에 나오는 "막간 활동" 부분을 참조해 주십시오.

## 주둔

성이나 요새는 수비를 위해 병사들을 고용할 수 있습니다. (몬스터 매뉴얼*(Monster Manual)*에 나오는 베테랑이나 경비병들의 게임 수치를 이용합니다.) 마찬가지로 길가의 여관이나 초계지, 성채, 궁전, 신전 역시 덜 숙련되었지만, 수비 병력을 고용할 수 있습니다. (몬스터 매뉴얼의 경비병 게임 수치를 이용합니다.) 무장을 갖춘 이 전사들은 숙련 고용인으로 취급되어 해당 부동산에 주둔하게 될 것입니다.

# 막간 활동

캠페인을 진행하다 보면 모험자들은 모험과 모험 사이에 다른 활동을 할 여유가 생기기도 합니다. 며칠에서 몇주, 때로는 몇 달에 이르는 모험 사이의 시간은 캠페인의 총 기간을 늘려주고, 캐릭터들이 너무 짧은 시간에 성장하지 못하게 해서 레벨 성장에 걸맞는 경험의 길이를 가지게 합니다.

캐릭터들이 모험 사이의 시간에 자체적으로 부수적인 흥미거리를 가지게 된다면, 플레이어들은 캠페인 세계에 더욱 깊이 관여할 수 있습니다. 캐릭터들이 마을에서 술집을 운영하거나 그 지역에서 한가로이 시간을 보낸다면, 그 캐릭터의 플레이어는 촌락과 그곳의 거주민들에 다가오는 위협을 더 심각하게 느낄 것입니다.

캠페인이 진행되어 감에 따라, 플레이어의 캐릭터들은 더 강력해질 뿐만 아니라 세상에 더 깊이 연관되고 더 큰 영향력을 지니게 됩니다. 이들은 모험과 모험 사이의 시간에 자신들의 거점이 될 요새를 설계하고 건설하는 등 중요한 계획에 임해야 할 수도 있습니다. 파티의 레벨이 성장할수록, 당신은 더 많은 막간 시간을 주어 캐릭터들이 이러한 자신들의 이익을 쫓도록 만들어 주는 편이 좋습니다. 저레벨 모험 사이에는 며칠에서 몇 주의 시간만 있을 수도 있지만, 고레벨 모험 사이에는 몇 개월에서 몇 년의 간격이 자리할 수도 있습니다.

# 더 많은 막간 활동

플레이어즈 핸드북(Player's Handbook)의 제8장 "모험"에서는 모험과 모험 사이에 어떤 막간 활동을 할 수 있는가 몇 가지 예시가 소개되어 있습니다. 당신의 캠페인이 어떤 형태인가, 그리고 모험자들이 어떠한 배경과 흥미를 지니고 있는가에 따라 달라지지만, 당신은 아래의 추가 예시를 이용해 모험자들이 막간 활동을 보내게 할 수 있습니다.

## 거점 건설하기

막간을 보내는 캐릭터는 거점을 건설할 수 있습니다. 실제 작업을 시작하기 전에, 이 캐릭터는 우선 토지를 지니고 있어야 합니다. 만약 이들의 영지가 왕국이나 비슷한 국가에 속해 있다면, 캐릭터들은 우선 왕의 허가권(국왕의 이름을 해당 지역을 관할하는 것을 허락한다는 법률 문서)을 얻어야 하며, 토지 소유권(캐릭터가 국왕에 충성하는 한 해당 영지를 소유하는 것을 허락한다는 법률 문서)이나 토지 증서(해당 토지의 소유권을 증명하는 법률 문서)를 지니고 있어야 합니다. 이러한 대지는 상속이나 다른 방법으로도 얻을 수 있습니다.

왕의 허가권과 토지 소유권은 주로 왕국에 대한 충성스러운 봉사로 얻을 수 있지만, 구매할 수도 있습니다. 토지 증서는 사거나 양도받을 수 있습니다. 작은 장원의 경우 100gp에서 1000gp 정도로 싸게 살 수도 있습니다. 거대한 장원은 5,000gp 이상의 비용이 들 수도 있으며, 아예 사지 못할 수도 있습니다.

일단 장원이 확보되고 나면, 캐릭터는 우선 건축 자재와 노동자들을 모아야 합니다. 거점 건설하기 표를 보면 거점의 건설 비용(자재와 노동자를 포함)을 알 수 있으며 얼마나 시간이 드는지도 나와 있습니다. 이 기간 동안 캐릭터는 건축을 감독할 수 있을 것입니다. 작업은 캐릭터들이 모험을 위해 떠나 있는 동안에도 계속 진행될 것이지만, 캐릭터들이 떠나 있는 동안에는 시간이 4배로 더 걸리게 됩니다.

### 거점 건설하기

| 거점 | 건설비용 | 건설시간 |
|---|---|---|
| 교역소 | 5,000gp | 60일 |
| 궁전이나 대형 성 | 500,000gp | 1,200일 |
| 마을/도시 길드홀 | 5,000gp | 60일 |
| 성채나 작은 성 | 50,000gp | 400일 |
| 수도원 | 50,000gp | 400일 |
| 신전 | 50,000gp | 400일 |
| 요새화된 탑 | 15,000gp | 100일 |
| 저택이 있는 장원 | 25,000gp | 150일 |
| 초계지 혹은 요새 | 15,000gp | 100일 |

## 노닥거리기

캐릭터들은 파티에 참여하거나 술 마시기, 도박 등등의 유흥 활동을 즐기면서 모험 당시의 긴장을 잊고 여가 시간을 보낼 수 있습니다.

노닥거리기를 선택한 캐릭터는 부유함 생활수준에 맞추어 돈을 소비하게 됩니다. (플레이어즈 핸드북의 제5장 "장비" 부분을 참조하십시오.) 노닥거리며 보내는 시기가 끝날 때, 플레이어들은 d100을 굴리고 플레이어의 레벨을 더한 뒤 아래의 노닥거리기 표와 비교해 그동안 어떤 일이 벌어졌는지 무작위로 정할 수도 있고, 당신이 적당한 결과를 그냥 알려줄 수도 있습니다.

## 노닥거리기

| d100+레벨 | 결과 |
|---|---|
| 01–10 | 당신은 막간 활동 시기가 끝날 때 소요와 공무집행 방해 등의 혐의로 1d4일간 감옥에 감금됩니다. 10gp의 벌금을 지불하면 풀려날 수도 있으며, 그냥 체포에 저항하는 것도 가능합니다. |
| 11–20 | 당신은 어떻게 왔는지도 기억나지 않은 채로 이상한 장소에서 깨어납니다. 소지품을 뒤져보니 누군가 3d6 × 5gp를 빼앗아 간 것 같습니다. |
| 21–30 | 당신은 적을 만들고 말았습니다. 이 적은 개인이거나 조직, 사업체일 수도 있으며, 이제 당신에게 적대적으로 행동할 것입니다. DM이 이러한 적이 누구인가 결정합니다. 당신은 어떻게 맞대응할 것인가 결정할 수 있습니다. |
| 31–40 | 당신은 폭풍같은 연애에 빠지고 말았습니다. 추가로 d20을 굴립니다. 1-5가 나왔다면 그 연애는 나쁘게 끝맺음한 것입니다. 6-10이 나왔다면 그 연애는 그럭저럭 우호적으로 끝난 것입니다. 11-20이 나왔다면 아직도 연애가 계속되고 있는 것입니다. 당신은 DM의 허가 아래 연인이 누구인가를 정할 수 있습니다. 만약 연애가 나쁘게 끝났다면, 당신에게는 새로운 단점이 생길 수 있습니다. 만약 연애가 우호적으로 끝났거나 지속되고 있다면, 당신의 연인은 새로운 유대의 대상이 될 것입니다. |
| 41–80 | 당신은 도박에서 적당히 돈을 땄고, 그것으로 노닥거리며 보냈을 때 소비한 생활수준 비용을 모두 충당할 수 있었습니다. |
| 81-90 | 당신은 도박에서 상당히 돈을 벌었습니다. 당신은 노닥거리며 보낸 시간 동안의 생활수준 비용을 모두 충당했으며, 추가로 1d20 × 4gp를 얻었습니다. |
| 91 이상 | 당신은 도박에서 엄청난 돈을 벌었습니다. 당신은 노닥거리며 보낸 시간 동안의 생활 수준 비용을 모두 충당했으며, 추가로 4d6 × 10gp를 벌었습니다. 당신이 노닥거리며 보낸 일들은 이제 그 지역의 전설로 남게 될 것입니다. |

## 마법 물건 만들기

마법 물건은 DM의 관할이므로, 당신은 어떻게 하여 그 물건들이 파티의 소유물이 되었는지 결정할 수 있습니다. 한편 선택 사항으로, 당신은 플레이어 캐릭터들이 시간을 내어 마법 물건을 만들어내는 것을 허락할 수 있습니다.

마법 물건을 만드는 작업은 오래 걸리며, 돈도 많이 들어가는 일입니다. 시작하려면 우선 캐릭터는 물건을 만드는데 필요한 공식을 알고 있어야 합니다. 캐릭터는 반드시 주문 슬롯을 가진 주문시전자여야 하며, 만들고자 하는 물건에 사용되는 주문을 알고 있어야 합니다. 또한 캐릭터는 마법 물건의 희귀도에 따라 결정되는 최소 레벨 이상이어야 하며, 이러한 사항들은 마법 물건 제작표에 보다 자세히 나와 있습니다. 예를 들어, 3레벨 캐릭터가 마

법 화살의 마법봉(Wand of the Magic Missile) (비범 등급 물건)을 만들고자 한다면, 그 캐릭터는 주문 슬롯이 있어야 하며 마법 화살Magic Missile을 시전할 수 있어야 합니다. 이 캐릭터는 또한 +1 무기 (역시 비범 등급 물건)를 만들 수도 있으며, 여기에는 딱히 알아야 하는 주문이 없습니다.

또한 당신은 물건에 따라 제작에는 특별한 재료가 필요하거나 특정한 곳에서만 만들 수 있다고 제한을 둘 수 있습니다. 예를 들어, 캐릭터가 어떤 물약을 만들고자 한다면 연금술 재료가 필요할 수 있으며, 불꽃 혓바닥 무기를 만들고자 할 때는 용암으로 담금질을 해야 한다는 식으로도 선언할 수 있습니다.

## 마법 물건 제작

| 물건의 희귀도 | 제작 비용 | 최소 레벨 |
| --- | --- | --- |
| 범용 등급 | 100gp | 3레벨 |
| 비범 등급 | 500gp | 3레벨 |
| 고급 등급 | 5,000gp | 6레벨 |
| 희귀 등급 | 50,000gp | 11레벨 |
| 전설 등급 | 500,000gp | 17레벨 |

마법 물건은 제작 표에 나온 대로 제작 비용이 필요합니다. (물약이나 두루마리 등의 소비형 물건의 경우 제작 비용은 절반만 들어갑니다.) 마법 물건의 제작에는 소요되는 비용 25gp당 하루의 시간이 들어갑니다. (캐릭터는 하루 8시간 정도 작업을 합니다) 따라서 비범 등급 물건을 만드는 데에는 500gp와 함께 20일의 시간이 걸립니다. 당신이 필요하다고 생각한다면 캠페인을 위해 비용이나 시간을 조정하는 것도 가능합니다.

만약 물건을 만들기 위해 주문이 필요하다면, 제작자는 제작 기간 동안 매일 해당 물건에 필요한 주문의 슬롯 하나를 소비해야 합니다. 주문에 물질 구성요소가 들어간다면 이 구성요소 역시 가지고 있어야 합니다. 만약 주문에 사용되는 구성요소가 소모되는 것이라면, 이 구성요소는 제작 기간 동안 소모됩니다. 만약 이 물건이 주문 두루마리처럼 해당 주문을 단 한 번만 사용할 수 있게 해 주는 것이라면, 이 구성요소는 제작이 완료될 때 한 번만 소비하면 됩니다. 그게 아니라면, 물건 제작에 참여하는 날마다 구성요소를 소비해야만 할 것입니다.

각자 물건 제작에 필요한 레벨 등의 조건을 갖추고 있다면, 여러 명의 캐릭터가 힘을 합해 물건을 만들 수도 있습니다. 각각의 캐릭터는 따로 주문과 그 구성요소들을 준비해야 하며, 그래야만 전체 제작 시간에 영향을 줄 수 있습니다. 각각의 캐릭터는 하루에 25gp 분량씩 작업을 진척시킬 수 있습니다.

일반적으로 이러한 작업을 거치면 이 책의 제7장 "보물" 부분에 실려 있는 마법 물건들을 창조할 수 있습니다. 또한 당신이 허락한다면 플레이어들은 자기들 나름대로 마법 물건을 설계할 수 있으며, 이는 제9장 "던전 마스터의 작업실"을 통해 적정한 설계인가 확인하고 허락해 줄 수 있습니다.

마법 물건을 만드는 동안, 캐릭터는 하루 1gp씩을 소비하지 않고 평범함 생활수준을 유지하거나 편안함 생활수준을 유지하면서 절반의 비용만 소비할 수 있습니다. (각각의 비용에 대해서는 플레이어즈 핸드북(Player's Handbook) 제5장의 "장비" 부분을 참조하십시오.)

## 명성 얻기

캐릭터는 막간 시간을 활용해 조직 내에서 자신의 명성을 드높이려 할 수 있습니다. (제1장의 "명성" 부분을 참조하십시오.) 모험 사이사이에 캐릭터는 조직이나 단체를 위한 소소한 임무를 수행하며, 같은 조직의 구성원들과 친분을 쌓아 나갈 수 있습니다. 이러한 활동에 소비한 날짜가 그가 지닌 현재 명성 × 10보다 길다면, 그의 명성은 1 올라가게 됩니다.

## 신성한 의식 수행

신앙심이 투철한 캐릭터라면 모험 사이에 시간을 내서 신전을 통해 신성한 의식을 수행하여 자신이 섬기는 신을 받들 수 있습니다. 의식을 수행하는 도중에 캐릭터는 명상과 기도에 빠지게 됩니다.

캐릭터가 신전에 속하는 사제라면 이러한 의식을 직접 집전할 수 있으며, 이러한 의식에는 결혼식, 장례, 안수식 등이 포함됩니다. 평신도라면 제물을 바치거나 사제를 보조하여 의식을 수행할 수 있습니다.

최소 10일 이상을 신성한 의식에 사용한 캐릭터는 이후 2d6일 동안, 매일 아침 시작할 때마다 고양감을 얻을 수 있습니다. (플레이어즈 핸드북 제4장을 참조하십시오.)

## 사업 운영하기

모험자는 할 일이 없을 때 던전을 탐험하거나 세상을 구원하는 데 시간을 보내지 않고 사업을 운영할 수도 있습니다. 캐릭터는 대장간을 운영할 수도 있고, 일행이 다 함께 농장을 가지거나 모험의 보상으로 주점을 얻게 될 수도 있습니다. 만약 일행이 사업체를 보유하게 된다면, 이들은 모험 사이사이에 이 사업체를 잘 운영하고 보살펴야 한다고 생각하게 될 것입니다.

사업을 운영하는데 막간을 보내는 캐릭터는 d100을 굴리고 운영에 보낸 날짜 수(최대 30일에 +30까지 가능합니다.)를 더하여 그 결과를 아래 표에서 찾아 어떤 일이 벌어졌나를 확인할 수 있습니다.

만약 아래 표의 결과 비용이 들게 되었는데 그 비용을 지불하지 못하는 상황이라면, 사업은 실패하기 시작한 것입니다. 이 방식으로 빚을 지게 될 때마다, 이후 사업 운영하기 표의 굴림 결과에서 -10씩을 가하여 계산하십시오.

## 사업 운영하기

| d100+<br>날짜 | 결과 |
| --- | --- |
| 01-20 | 당신은 매일 사업의 운영비용을 1.5배로 지불해야 합니다. |
| 21-30 | 당신은 매일 사업의 운영비용을 지불해야 합니다. |
| 31-40 | 당신은 매일 사업 운영비용의 절반을 지불해야 하며, 나머지는 사업 이익으로 충당할 수 있습니다. |
| 41-60 | 사업체는 그 이익만으로 매일의 운영비를 충당할 수 있습니다. |
| 61-80 | 사업체는 그 이익으로 운영비를 충당하며, 추가로 1d6 × 5gp의 수익을 냈습니다. |
| 81-90 | 사업체는 그 이익으로 운영비를 충당하며, 추가로 2d8 × 5gp의 수익을 냈습니다. |
| 91 이상 | 사업체는 그 이익으로 운영비를 충당하며, 추가로 3d10 × 5gp의 수익을 냈습니다. |

## 마법 물건 팔기

마법 물건을 살 수 있을 정도로 부유한 사람들은 많지 않으며, 그나마 찾아볼 수 있을 정도로 안목을 가진 이는 더 희귀합니다. 모험자들은 자신들의 직업 특성상 예외적으로 이러한 능력들을 지니고 있다고 보아야 할 것입니다.

범용이나 비범, 고급, 혹은 희귀 등급의 마법 물건을 가지게 된 캐릭터가 이를 팔고자 한다면, 구매자를 찾는데 상당한 시간을 들이게 됩니다. 이 막간 활동은 여러 도시나 지역을 돌아다니며 부유하고 마법 물건에 관심 있는 이를 찾아다니는 것입니다. 전설 등급의 마법 물건이나 값을 매길 수 없는 유물은 막간에 팔 수 없습니다. 그러한 물건을 사 줄 수 있는 누군가를 찾는 일은 모험을 통해 이루어지거나 사명으로 주어져야 합니다.

팔고자 하는 물건 하나당, 캐릭터는 DC 20의 지능(수사) 판정을 해서 구매자를 찾아야만 합니다. 다른 캐릭터 역시 자신의 막간을 이용해 이러한 수색을 도와주려 할 수 있으며, 누군가가 도와주고 있다면 판정에 이점을 얻게 됩니다. 판정에 실패할 경우, 물건의 구매자는 발견하지 못한 것이며 10일이 지나고 다시 수색을 행할 수 있습니다. 만약 판정에 성공했다면 물건을 사려는 구매자가 있는 것입니다. 이때 필요한 시간은 물건의 희귀도에 따라 다르며, 판매 가능한 마법 물건 표에서 자세한 사항을 확인할 수 있습니다.

캐릭터는 여러 마법 물건을 사 줄 구매자들을 동시에 찾을 수 있지만, 물건 하나당 따로따로 지능(수사) 판정을 해야 합니다. 수색 자체는 동시에 이루어지며, 성공이나 실패에 따른 날짜가 서로 합산되지 않습니다. 예를 들어, 어떤 캐릭터가 범용 등급 마법 물건의 구매자를 찾는 데에는 2일, 비범 등급 물건의 구매자를 찾는 데에는 5일이 들어간다고 합시다. 하지만 이 캐릭터가 고급 등급의 마법 물건을 팔고자 하는 구매자를 찾는 판정에 실패했다면, 전체 탐색에 걸리는 시간은 10일로 정해질 것입니다.

캐릭터가 팔고자 하는 마법 물건 하나하나마다, 플레이어는 d100을 굴려 마법 물건 판매 표에서 그 결과를 확인할 수 있습니다. 이 표에는 마법 물건의 희귀도가 수정치로 들어가며, 이는 판매 가능한 마법 물건 표에서 확인할 수 있습니다. 캐릭터는 또한 매력(설득) 판정을 하여 그 결과를 d100 판정에 더할 수 있습니다. 그렇게 나온 최종 수치가 구매자의 반응이 될 것입니다.

당신은 구매자의 정체와 신분을 정할 수 있습니다. 고급이나 희귀 등급의 물건을 사려는 구매자는 대리인을 보낼 뿐, 자신의

정체를 숨기려 들 수도 있습니다. 만약 구매자가 수상쩍은 인물이라면, 당신은 이후 이 거래에 법적인 문제가 개입하여 일행을 곤란하게 만드는 방식으로 이야기를 이어갈 수도 있을 것입니다.

## 판매 가능한 마법 물건

| 희귀도 | 기본 가격 | 구매자 수색 기간 | d100 판정 수정치※ |
|---|---|---|---|
| 범용 | 100gp | 1d4일 | +10 |
| 비범 | 500gp | 1d6일 | +0 |
| 고급 | 5,000gp | 1d8일 | -10 |
| 희귀 | 50,000gp | 1d10일 | -20 |

※이 수정치는 마법 물건 판매 표에 적용됩니다.

## 마법 물건 판매

| d100+ 수정치 | 결과 |
|---|---|
| 20 이하 | 구매자는 기본 가격의 1/10을 제시함 |
| 21-40 | 구매자는 기본 가격의 1/4을 제시함. 수상쩍은 구매자는 기본 가격의 1/2를 제시함 |
| 41-80 | 구매자는 기본 가격의 1/2를 제시함 수상쩍은 구매자는 기본 가격대로 제시함 |
| 81-90 | 구매자는 기본 가격대로 제시함 |
| 91 이상 | 수상쩍은 구매자가 아무런 질문도 받지 않고 기본 가격의 1.5배를 제시함 |

## 소문 퍼트리기

대중에 소문을 퍼뜨리는 것은 악당을 몰아내거나 친구를 만드는 데 효과적인 방법입니다. 소문을 퍼트리는 것은 잘만 수행한다면 목적을 이루는데 유용할 수 있습니다. 잘 뿌려둔 소문은 대상의 사회적 지위를 향상시키거나 누군가를 구설수에 빠트릴 수 있습니다. 소문은 단순하고 치밀해야 하며, 반박하기 어려워야 합니다. 효율적인 소문은 또한 믿을 만해야 하고 그 대상에 대해 사람들이 가진 믿음이나 생각에 기반하고 있어야 합니다.

어떤 개인이나 조직에 대한 소문을 퍼트리는 일은 공동체의 규모에 따라 걸리는 기간이 다르며, 아래의 소문 퍼트리기 표에서 자세한 사항을 확인할 수 있습니다. 마을이나 도시 규모에서라면 이 시간 동안은 쉬지 않고 계속 활동을 해야 합니다. 만약 캐릭터가 10일간 소문을 퍼트리는 데 사용했다 해도, 모험을 위해 길을 나서게 된다면 며칠 떠나 있다가 돌아오는 사이 소문은 사라져 버리고 어떤 이익이나 효과도 얻을 수 없게 될 것입니다.

### 소문 퍼트리기

| 정착지 크기 | 소요 시간 |
| --- | --- |
| 촌락 | 2d6일 |
| 마을 | 4d6일 |
| 도시 | 6d6일 |

캐릭터는 소문을 흘리기 위해 소요하는 날 하루당 술값과 기타 비용으로 1gp씩을 더 소비해야 합니다. 소문을 퍼트리는 활동이 끝나는 날, 캐릭터는 DC 15의 매력(기만이나 설득) 판정을 행합니다. 판정에 성공했다면 공동체의 대다수 구성원들은 캐릭터가 바라는 대로 특정한 대상에 대한 태도를 한 단계 더 우호적이거나 적대적으로 바꿀 것입니다. 만약 판정에 실패했다면 소문은 아무런 반향을 불러일으키지 못한 것이며, 이후 벌어지는 시도 역시 실패하게 될 것입니다.

특정한 인물이나 조직에 대해 공동체가 지닌 태도를 바꾸는 것이 그 공동체에 속한 모두의 태도를 바꿔주지는 못합니다. 각각의 개인들은 그 자신만의 의견을 지니고 있을 것이며, 특히 소문의 대상이 된 인물이나 조직과 개인적 관계가 있을 경우 더더욱 소문에 흔들리지 않을 것입니다.

### 레벨을 올리기 위해 훈련하기

당신은 변형 규칙으로서, 캐릭터가 레벨을 올리기 위해서는 막간 활동을 통해 훈련하거나 학습을 거쳐야 한다고 할 수 있습니다. 만약 당신이 이 선택 규칙을 사용하기로 했다면, 레벨이 오를 수 있는 충분한 경험치를 얻은 캐릭터는 우선 정해진 기간 동안 훈련을 해야지만 실제로 레벨을 올릴 수 있고, 새 레벨이 주는 클래스 기능들을 사용할 수 있습니다.

레벨을 올리기 위해 들어가는 훈련 시간이나 비용은 아래의 레벨 상승 훈련 표에 나와 있습니다. 비용은 매일 들어가는 것이 아니고 전체 기간 동안 들어가는 비용을 합산한 것입니다.

### 레벨 상승 훈련

| 올리고자 하는 레벨 | 훈련 기간 | 훈련 비용 |
| --- | --- | --- |
| 2-4레벨 | 10일 | 20gp |
| 5-10레벨 | 20일 | 40gp |
| 11-16레벨 | 30일 | 60gp |
| 17-20레벨 | 40일 | 80gp |

## 막간 활동 만들기

당신의 플레이어들은 이 장이나 플레이어즈 핸드북(Player's Handbook)에 수록된 것 이외의 활동에 자신의 막간을 쓰고자 할 수도 있습니다. 만약 당신이 새로운 막간 활동을 만들고자 한다면, 아래 사항을 기억하시기 바랍니다.

- 막간 활동이 캐릭터가 모험 중에 얻은 소망이나 목표를 꺾어버려서는 안 됩니다.
- 금전적 비용이 들어가는 막간 활동은 플레이어 캐릭터들이 모험에서 힘들게 얻은 보물을 소비할 기회를 제공할 수 있습니다.
- 새로운 모험의 실마리를 얻거나 이전에는 몰랐던 캠페인에 대한 사실을 발견하는 막간 활동은 미래의 사건이나 분쟁에 대한 복선을 까는 데 이용될 수 있습니다.
- 한 캐릭터가 반복적으로 행할 수 있는 활동의 경우 이 장에 소개된 것처럼 다양한 성공 정도를 마련해 두고, 무작위적으로 결과를 얻을 수 있는 표를 만들어 사용하면 좋습니다.
- 만약 어떤 클래스에 속해 있거나 숙련, 배경 등을 지닌 캐릭터가 그 자신의 특징들을 매우 잘 표현하는 행동을 했을 경우, 막간 활동 마지막의 판정에 보너스를 부여하는 것을 고려하시기 바랍니다.

# 제7장: 보물

모험자들은 많은 것들을 추구합니다. 영광을 추구하는 자도 있고, 지식을 찾거나 정의를 쫓는 자도 있습니다. 또한 더 물질적인 것, 즉 재물을 추구하는 모험자 역시 많습니다. 길게 엮인 황금 사슬, 산더미처럼 쌓여 있는 백금화, 보석이 박힌 왕관들, 금박이 입혀진 왕홀, 잘 세공된 비단옷, 그리고 강력한 마법 물건이 보물을 찾아 헤매는 모험자들을 기다리고 있습니다.

이 장에서는 마법 물건에 대한 여러 세부 사항들과 함께 모험에서 보물을 배치하는 법, 그리고 마법 물건이나 보물들 대신 내려줄 수 있는 보상에 대해 소개하고 있습니다.

## 보물의 형태

보물들은 여러 형태를 가지고 있습니다.

*주화.* 가장 기본적인 보물의 형태는 돈, 화폐입니다. 이 화폐는 동화(cp), 은화(sp), 호박금화(ep), 금화(gp), 백금화(pp) 등으로 이루어져 있습니다. 어떤 종류든지 동전 50개는 1파운드의 무게를 지니고 있으며, 100개는 2lbs입니다.

*보석.* 보석은 작고 가벼우며, 동전보다 훨씬 안전하게 보관할 수 있는 재화입니다. 이 장의 "보석" 부분을 보면 보물로 등장할 수 있는 다양한 보석과 귀금속에 대해 알 수 있습니다.

*예술품.* 순금으로 주조된 우상, 보석이 박혀 있는 목걸이, 고대의 왕들이 그려진 초상화, 화려하게 장식된 접시 등등은 예술품으로 통칭할 수 있습니다. 이 장의 "예술품" 부분을 보면 세공품이나 가치 있는 예술품들을 보물로 등장시키는 방법을 설명하고 있습니다.

*마법 물건.* 마법 물건은 갑옷이나 무기, 물약, 두루마리, 반지, 마법봉, 지팡이나 기타 물건 등을 포함합니다. 마법 물건은 희귀도를 가지고 있으며 범용, 비범, 고급, 희귀, 전설 등급으로 나누어집니다.

지능이 있는 괴물들은 때때로 자신이 가진 마법 물건을 사용하곤 하며, 다른 자들은 자신들이 가진 것을 누군가 훔쳐가거나 빼앗기지 않도록 깊은 곳에 잘 숨겨둡니다. 예를 들어 홉고블린 부족의 보물더미에는 +1 롱소드와 연금술 항아리가 있을 수 있으며, 부족의 족장은 자신이 검을 사용하고, 항아리는 어딘가 안전한 곳에 숨겨두려 할 수 있습니다.

## 무작위 보물

아래에는 괴물들이 지니고 있을 수 있는 보물을 무작위로 설정하는 데 쓰는 표들이 수록되어 있으며, 이 보물들은 괴물들의 둥지에 있거나 직접 지니고 다니기도 합니다. 보물이 정확히 어디 있는가는 당신이 결정할 문제입니다. 핵심은 괴물들을 물리쳤을 때 플레이어들은 게임을 즐기며 보상받는다고 느껴야 한다는 것과, 캐릭터들 역시 닥쳐오는 위험한 도전을 극복하기 위해 보상을 얻어야 한다는 것입니다.

## 보물 표

보물은 괴물의 도전 지수에 따라 무작위로 배열됩니다. 여기에는 도전 지수 0-4, 5-10, 11-16, 17 이상의 괴물들을 위한 표들이 마련되어 있습니다. 이 표들을 사용하면 각각의 괴물이 지니고 다니거나 둥지에 숨겨두었을 화폐 등 보물의 양을 확인할 수 있습니다.

### 개별 보물 표 사용하기

개별 보물 표를 사용하면 당신은 각 괴물이 휴대하고 있을 보물이 얼마나 되는지를 무작위로 정할 수 있습니다. 만약 괴물이 물질적

보물에 별다른 흥미를 느끼지 못한다면, 당신은 이 표를 이용해 이 괴물의 피해자가 얼마나 많은 보물을 남겼을까를 판정해도 됩니다.

개별 보물 표는 괴물의 도전 지수에 따라 정해집니다. d100을 굴린 다음, 그 결과를 표에 비교하여 그 괴물이 얼마나 많은 화폐를 가지고 다니는지 결정합니다. 또한 이 표에는 주사위를 굴렸을 때의 평균값 역시 나와 있으니, 각각의 보물마다 주사위를 굴리는 대신 이 평균값을 이용해 시간을 아낄 수도 있습니다. 비슷한 크리처들로 이루어진 집단이 가지고 있을 개별 보물의 총합 역시 이 표의 결과를 구성원의 수만큼 곱하여 얻을 수 있습니다.

만약 당신 생각에 괴물이 대량의 동전들을 지니고 다니는 것이 말이 되지 않을 것 같으면, 이 화폐들을 같은 값어치의 보석이나 예술품으로 바꾸어도 괜찮습니다.

### 보물 더미 표 사용하기

보물 더미 표는 괴물들의 대집단(오크 부족이나 홉고블린 군대 등)이 지니고 있을 보물창고의 내용물을 무작위적으로 결정할 수 있게 해 줍니다. 드래곤처럼 강력한 존재라면 혼자서도 보물 더미를 지니고 있을 수 있으며, 모험자 일행에게 사명을 내린 누군가가 그 보상으로 보물 더미를 내릴 수도 있습니다. 당신은 또한 보물 더미의 내용물을 조개어 모험자들이 한 번에 찾아내기보다는 여러 번에 걸쳐서 여러 부분을 발견하도록 만들 수도 있습니다.

한 괴물이 소유하고 있는 보물 더미의 내용물을 확인해 보려면, 일단 괴물의 도전지수에 맞추어 표를 따라 주사위를 굴립니다. 만약 거대 집단이 지니고 있을 보물더미의 내용물을 확인하고자 한다면, 그 집단을 이끄는 자의 도전 지수를 기준으로 주사위를 굴리면 됩니다. 만약 아무도 소유하고 있지 않은 보물 더미를 발견하게 하는 것이라면, 그 던전이나 둥지를 관장하는 괴물의 도전 등급을 사용하십시오. 만약 후원자가 보답으로서 보물더미를 하사하는 것이라면, 일행의 평균 레벨을 도전 지수로 사용하십시오.

모든 보물더미는 무작위로 다양한 양의 화폐가 놓여 있으며, 각 표의 최상단에 이러한 화폐들이 쓰여 있습니다. d100을 굴린 다음 표에 따라서 그 보물 더미에 얼마나 많은 보석과 예술품들이 있는가를 확인해 봅니다. 마법 물건 역시 마찬가지로 표를 굴려서 그 결과를 정할 수 있습니다.

개별 보물 표와 마찬가지로, 보물 더미 표 역시 평균값이 괄호 안에 나와 있습니다. 당신은 시간을 절약하기 위해 일일이 주사위를 굴리는 대신 평균값을 이용해도 괜찮습니다.

만약 보물 더미가 너무 작다면, 당신은 표에 따라 여러 번 주사위를 다시 굴릴 수 있습니다. 보물을 쌓아두는 습성이 있는 괴물이라면 이러한 방법을 적극적으로 사용하십시오. 전설적인 존재들은 일반적인 괴물들보다 더욱 부유하곤 합니다. 이런 존재들의 보물을 판정할 때는 표에 따라 주사위를 2번씩 굴리고 그 결과를 합산하기 바랍니다.

당신이 원한다면 더 많이, 혹은 더 적게 보물을 넘겨주는 것도 가능합니다. 일반적인 캠페인 진행을 따라간다면, 일행은 도전지수 0-4 표에서 7번 정도 주사위를 굴릴 것이고, 도전지수 5-10에서는 18번 정도 굴리게 되고, 11-16 표에서는 12번, 도전지수 17 이상 표에서는 8번 정도 굴리게 될 것입니다.

### 보석류

만약 보물 더미에 보석이 포함되어 있다면, 당신은 아래 표를 사용해 어떤 보석이 들어 있는지를 결정할 수 있습니다. 각각의 표는 보석의 가치에 따라 나누어져 있습니다. 한 번만 굴려서 비슷한 가치를 지닌 보석이 모두 같은 종류라고 할 수도 있으며, 여러 번 굴려서 여러 종류의 보석이 섞여 있다고 정할 수도 있습니다.

## 10GP 보석

| d12 | 보석 설명 |
|---|---|
| 1 | 공작석 (Malachite, 불투명한 백녹색과 심녹색 무늬) |
| 2 | 남동석 (Azurite, 불투명한 심청색 광석) |
| 3 | 눈마노 (Eye agate, 회색, 흰색, 갈색 등의 동심원 모양) |
| 4 | 라피스 라줄리(Lapis lazuli, 불투명한 청석에 노란 무늬) |
| 5 | 이끼마노 (Moss agate, 투명한 분홍색, 황회색 이끼무늬) |
| 6 | 적철석 (Hematite, 불투명한 흑회색) |
| 7 | 줄마노 (Banded agate, 투명한 황색, 청색, 백색 줄) |
| 8 | 청석영 (Blue quartz, 투명한 청백색) |
| 9 | 터키석 (Turquoise, 불투명한 밝은 청록색) |
| 10 | 호안석 (Tiger eye, 투명한 갈색에 황금색 점) |
| 11 | 홍망간 (Rhodochrosite, 불투명한 밝은 분홍색) |
| 12 | 흑요석 (Obsidian, 불투명한 검은색) |

## 50GP 보석

| d12 | 보석 설명 |
|---|---|
| 1 | 녹옥수 (Chrysoprase, 투명한 녹색) |
| 2 | 벽옥 (Jasper, 불투명한 청색, 흑색, 갈색) |
| 3 | 별장미 석영 (Strar rose quartz, 투명한 장밋빛 결정 중앙에 하얀 별 모양이 박힌 것) |
| 4 | 사르도닉스 (Sardonyx, 불투명한 적색과 백색 줄무늬) |
| 5 | 석영 (Quartz, 투명한 백색, 흐릿한 회색 또는 황색) |
| 6 | 오닉스 (Onyx, 불투명한 흑백 무늬) |
| 7 | 옥수 (Chalcedony, 불투명한 백색) |
| 8 | 월장석 (Moonstone, 투명한 백색에 청회색 광채) |
| 9 | 지르콘 (Zircon, 투명하고 창백한 청록색) |
| 10 | 혈석 (Bloodstone, 불투명한 암회색에 붉은 무늬) |
| 11 | 홍옥 (Carnelian, 불투명한 오렌지색에서 적가색) |
| 12 | 황수정 (Citrine, 투명하고 창백한 황갈색) |

## 100GP 보석

| d10 | 보석 설명 |
|---|---|
| 1 | 금록석 (Chrysoberyl, 투명한 녹황색 또는 백녹색) |
| 2 | 산호 (Coral, 불투명한 심홍색) |
| 3 | 석류석 (Garnet, 투명한 적색, 녹갈색, 자주색 등) |
| 4 | 옥 (Jade, 반투명한 녹색, 심록색, 백색 등) |
| 5 | 자수정 (Amethyst, 투명하고 짙은 보라색) |
| 6 | 전기석 (Tourmaline, 투명한 백록색, 청색, 갈색 등) |
| 7 | 진주 (Pearl, 불투명하게 빛나는 백색, 황색, 분홍색) |
| 8 | 첨정석 (Spinel, 투명한 적색, 적황색, 심록색 등) |
| 9 | 호박 (Amber, 투명한 황색) |
| 10 | 흑옥 (Jet, 불투명한 심흑색) |

## 500GP 보석

| d6 | 보석 설명 |
|---|---|
| 1 | 감람석 (Peridot, 투명하고 진한 올리브색) |
| 2 | 묘안석 (Alexandrite, 투명한 심록색) |
| 3 | 아쿠아마린 (Aquamarine, 투명하고 창백한 청록색) |
| 4 | 청첨석 (Blue spinel, 투명한 심청색) |
| 5 | 토파즈 (Topaz, 투명한 황금빛 노란색) |
| 6 | 흑진주 (Black pearl, 불투명하고 완전한 검은색) |

## 1,000GP 보석

| d8 | 보석 설명 |
|---|---|
| 1 | 검은 오팔 (Black opal, 투명한 암록색에 검은색 무늬와 황금색 운모) |
| 2 | 노란 사파이어 (Yellow sapphire, 투명하고 타는 듯한 노란색 혹은 항록색) |
| 3 | 별루비 (Star ruby, 투명한 루비색 중앙에 하얀 별 모양이 있는 것) |
| 4 | 별사파이어 (Star sapphire, 투명한 푸른색 사파이어 중앙에 하얀 별 모양이 있는 것) |
| 5 | 불꽃 오팔 (Fire opal, 투명하고 타는 듯한 붉은 색) |
| 6 | 에메랄드 (Emerald, 투명하고 밝은 녹색) |
| 7 | 오팔 (Opal, 투명한 청백색에 녹색 금색 운모가 있음) |
| 8 | 청 사파이어 (Blue sapphire, 투명한 청백색에서 청색) |

## 5,000GP 보석

| d4 | 보석 설명 |
|---|---|
| 1 | 다이아몬드 (Diamond, 투명한 백색, 청색, 분홍색 등등) |
| 2 | 루비 (Ruby, 투명하고 맑은 붉은색에서 심홍색) |
| 3 | 쟈신스 (Jacinth, 타는듯한 투명한 오렌지색) |
| 4 | 흑 사파이어 (Black sapphire, 투명하고 윤기나는 검은색에 빛나는 광채) |

## 예술품

만약 보물 더미에 예술품이 포함되어 있다면, 아래 표를 통해 무작위적으로 어떤 예술품이 들어있는가 판정할 수 있습니다. 표는 예술품의 가치에 따라 나누어져 있습니다. 보물 더미에 들어 있는 예술품마다 따로 표를 굴려도 됩니다. 같은 예술품이 꼭 같은 종류로만 나와 있으리란 법은 없습니다.

## 25GP 예술품

| d10 | 예술품 설명 |
|---|---|
| 1 | 은 물병 |
| 2 | 조각된 작은 뼈 세공품 |
| 3 | 작은 금 팔찌 |
| 4 | 금실을 쓴 옷가지 |
| 5 | 은실로 수놓은 검은 벨벳 가면 |
| 6 | 은으로 상감한 구리 잔 |
| 7 | 한 쌍의 조각된 뼈 주사위 |
| 8 | 칠해진 나무 손잡이 달린 작은 거울 |
| 9 | 잘 만들어진 비단 손수건 |
| 10 | 안에 얼굴 그림이 들어 있는 황금 로켓(Locket) |

## 250GP 예술품

| d10 | 예술품 설명 |
|---|---|
| 1 | 혈석이 박힌 황금 반지 한 쌍 |
| 2 | 조각된 작은 상아 세공품 |
| 3 | 큰 금팔찌 |
| 4 | 보석 펜던트가 달린 은 목걸이 |
| 5 | 청동 왕관 |
| 6 | 금실을 써서 만든 비단 로브 |
| 7 | 잘 만들어진 벽걸개 |
| 8 | 옥이 박혀 있는 황동 잔 |
| 9 | 터키석 동물 조각이 들어 있는 상자 |
| 10 | 호박금으로 상감한 황금 새장 |

## 750GP 예술품

| d10 | 예술품 설명 |
|---|---|
| 1 | 월장석이 박힌 은 잔 세트 |
| 2 | 손잡이에 흑옥이 박힌 은새김 강철 롱소드 |
| 3 | 상아로 상감하고 지르콘이 박힌 희귀한 나무 하프 |
| 4 | 작은 황금 우상 |
| 5 | 황금 용 모양에 눈에는 석류석이 박힌 빗 |
| 6 | 황금 잎사귀와 자수정이 박힌 병마개 |
| 7 | 손잡이에 흑진주가 박힌 의식용 호박금 단검 |
| 8 | 은과 금으로 만들어진 브로치 |
| 9 | 황금으로 상감한 작은 흑요석 조각상 |
| 10 | 채색된 황금 전쟁 가면 |

## 2,500GP 예술품

| d10 | 예술품 설명 |
|---|---|
| 1 | 불꽃 오팔로 장식된 세밀한 황금 사슬 |
| 2 | 오래된 걸작 그림 |
| 3 | 수많은 월장석으로 장식된 비단과 벨벳 옷가지 |
| 4 | 사파이어가 박힌 백금 팔찌 |
| 5 | 손끝에 다양한 보석이 장식된 비단 장갑 |
| 6 | 보석이 박힌 앵클렛 |
| 7 | 황금으로 된 뮤직 박스 |
| 8 | 4개의 아쿠아마린이 박힌 황금 서클렛 |
| 9 | 사파이어와 월장석으로 눈 모양을 흉내낸 안대 |
| 10 | 작은 진주들이 엮인 목걸이 |

## 7,500GP 예술품

| d8 | 예술품 설명 |
|---|---|
| 1 | 보석 박힌 황금 왕관 |
| 2 | 보석 박힌 백금 반지 |
| 3 | 루비로 장식된 작은 황금 조각상 |
| 4 | 에메랄드가 박혀 있는 황금 잔 세트 |
| 5 | 백금 조각상들이 들어 있는 황금 보석 상자 |
| 6 | 채색된 황금으로 만들어진 어린이 크기의 석관 |
| 7 | 황금 기물과 옥으로 된 게임판이 있는 체스 |
| 8 | 황금으로 새김을 넣고 보석이 박힌 상아 뿔잔 |

# 마법 물건

마법 물건은 쓰러트린 괴물들의 보물 더미에서 발견하거나 오랫동안 잊혀져 있던 창고에 잠들어 있을 수도 있습니다. 이러한 물건들은 플레이어들이 다른 방식으로는 얻을 수 없는 새로운 가능성을 제공하며, 여러 가지 상상하지 못한 방법으로 소유자들의 능력을 향상시켜 주곤 합니다.

## 희귀도

각각의 마법 물건에는 범용(Common), 비범(Uncommon), 고급(Rare), 희귀(Very Rare), 전설(Legendary) 등급이라는 희귀도가 주어져 있습니다. 치유의 물약 정도의 범용 마법 물건은 꽤 많이 있습니다. 하지만 칼리쉬의 기구 같은 전설적인 물건들은 세상에 오직 하나밖에 없는 고유한 것입니다. 게임 속에서는 가장 강력한 마법 물건들을 창조하는데 필요한 지식이 오래전 잊혀져 버렸거나, 전쟁, 대격변, 재난 등으로 사라졌다고 가정하고 있습니다. 비범 등급의 물건이라도 절대 쉽게 만들지 못합니다. 그러므로 대부분의 마법 물건들은 잘 보관된 골동품으로서의 가치 역시 지닙니다.

희귀도는 다른 마법 물건들과 비교해서 그 물건이 지닌 힘을 대략 나타내곤 합니다. 각각의 희귀도는 캐릭터의 레벨에도 대응하며, 마법 물건 희귀도 표에서 이러한 비교를 확인할 수 있습니다. 예를 들자면 5레벨 이하의 캐릭터라면 고급 마법 물건을 발견할 가능성이 거의 없을 것입니다. 하지만, 희귀도라는 기준이 당신이 진행하는 캠페인의 이야기에 방해가 되어서는 안 됩니다. 만약 당신이 1레벨 캐릭터의 손에 투명화의 반지를 쥐여주고 싶다면 그렇게 하십시오. 그 사건에서 엄청난 이야기가 나올 수 있다는 것은 분명합니다.

만약 당신이 캠페인 내에서 마법 물건의 거래를 허용하고 있다면, 희귀도는 물건의 가격 측정에도 기준이 되어 줍니다. 당신은 DM으로서 희귀도에 따라 각각의 마법 물건이 지닌 가치를 대략적으로 산정할 수 있습니다. 마법 물건 희귀도 표에 그 가치에 대한 기대값이 나와 있습니다. 물약이나 두루마리 같은 소비성 물건의 경우, 같은 희귀도를 지닌 영구적인 물건의 절반 정도 값어치를 지니고 있다는 사실 역시 생각해 두면 좋습니다.

### 마법 물건 희귀도

| 희귀도 | 캐릭터 레벨 | 가치 |
|---|---|---|
| 범용(Common) | 1레벨 이상 | 50-100gp |
| 비범(Uncommon) | 1레벨 이상 | 101-500gp |
| 고급(Rare) | 5레벨 이상 | 501-5,000gp |
| 희귀(Very Rare) | 11레벨 이상 | 5,001-50,000gp |
| 전설(Legendary) | 17레벨 이상 | 50,001gp 이상 |

## 사고팔기

당신이 캠페인에서 따로 정해 두지 않았다면, 대부분의 마법 물건은 너무나 희귀한 것이기에 구매한다는 것이 불가능합니다. 물론 치유의 물약(Potion of Healing) 같은 범용 등급 물건의 경우 연금술사나 약초사, 주문시전자에게서 구매할 수도 있습니다. 하지만 이렇게 마법 물건을 사는 것은 그냥 상점에 들어가 선반에서 물건을 골라 계산하는 것처럼 간단하지 않습니다. 물건을 파는 자는 돈으로 그 값을 치르기보다는 뭔가 서비스를 대가로 원할 가능성이 큽니다.

당신의 판단에 따라 마법 대학이나 거대한 신전이 있는 대도시라면 마법 물건을 사고파는 것이 가능하다고 할 수도 있습니다. 만약 당신이 만든 세계에 수많은 모험자가 있으며 이들이 고대의 마법 물건들을 찾아내고 있다면, 이러한 물건들의 거래 역시 흔하게 행해지고 있을 것입니다. 물론 그렇다고 해도 이는 현실 세계에서 귀중한 미술품을 거래하는 것과 유사한 방식으로 이루어질 것입니다. 즉, 초대장이 있어야만 들어갈 수 있는 경매장에서 이루어지고, 도둑들의 눈길을 끄는 값비싼 상품이라는 말입니다.

대부분의 D&D 세계에서 마법 물건을 판매하기가 쉽지 않습니다. 적당한 구매자를 찾기가 어렵기 때문입니다. 많은 사람이 마법 검을 갖고 싶어 하지만, 정작 구매할 자금력을 가진 사람은 흔하지 않습니다. 그걸 구매할 만한 재력이 있는 사람들은 차라리 더 실용적인 일에 돈을 쓰곤 합니다. 제6장 "모험과 모험 사이"를 참고하시면 마법 물건을 판매하는 규칙을 확인할 수 있습니다.

당신의 캠페인 세계에서 마법 물건이 비교적 흔하다면 모험자들은 마법 물건을 사고팔 수 있을지도 모릅니다. 황동의 도시나 세계 간의 대도시인 시길 같이 거대하고 마법적인 장소에 있는 시장이나 경매장에서는 마법 물건을 팔고 있을 수도 있습니다. 마법 물건의 판매가 규제받고 있을 수도 있으며, 거대한 암시장처럼 돌아갈 수도 있습니다. 에버론의 세계에서는 아티피서들이 군대나 모험자들을 위해 물건을 만들기도 합니다. 또한 당신의 플레이어들 역시 당신이 허락해 준다면 스스로 마법 물건을 창조할 수도 있는데, 이 경우 사용되는 규칙은 제6장을 참조하시기 바랍니다.

# 마법 물건 감정하기

몇몇 마법 물건은 비마법적인 것들과 비교했을 때 명확히 그 특징이 드러나기도 하지만, 어떤 것들은 마법이 걸려있는지 아닌지 생김새만 봐서는 알 수 없기도 합니다. 마법 물건의 생김새가 어떠하든, 그 물건을 다루어 보면 캐릭터들은 그것에 무언가 범상치 않은 힘이 깃들어 있다는 사실을 알 수 있습니다. 하지만 마법 물건의 정확한 기능은 자동으로 발견되는 것이 아닙니다.

*식별Identify* 주문은 물건의 기능을 알아내는 가장 간편하고 빠른 방법입니다. 또한, 짧은 휴식 동안 마법 물건에 주의를 집중한 캐릭터는 직접 만져보며 마법 물건을 감정하려 할 수 있습니다. 이 경우 휴식이 끝날 때 캐릭터는 물건의 기능을 배우게 되며, 그 사용법도 알게 됩니다. 물약은 이러한 감정 방법에서 예외이며, 그냥 조금 맛보기만 하면 그 물약이 어떤 기능을 가졌는지 알기에 충분합니다.

가끔은 마법 물건 그 자체가 기능에 대한 단서를 가지고 있기도 합니다. 마법 반지의 발동어는 반지 안쪽에 작은 글씨로 새겨져 있을 수 있으며, 혹은 깃털 낙하의 반지(Ring of Feather Falling) 같은 경우, 반지에 자그마한 깃털 문양이 새겨져 있을 수도 있습니다.

물건을 장비하거나 시험해 보는 것으로도 그 기능을 알아낼 수 있습니다. 예를 들어 *도약의 반지(Ring of Jumping)*를 착용한 캐릭터라면 당신은 "발걸음이 어쩐지 가벼워지고 튀어 오르는 것 같습니다."라고 말해 줄 수 있을 것입니다. 어쩌면 캐릭터 본인이 직접 뛰어올라 보고 어떤 일이 벌어지는가 확인할 수도 있을 텐데, 그때 당신은 갑자기 엄청나게 높게 뛰어올랐다고 말해줌으로써 기능을 알려줄 수 있을 것입니다.

## 변형 규칙: 더 어려운 감정

만약 당신이 마법 물건에 더 신비로운 느낌을 주길 원한다면, 짧은 휴식하는 동안 집중해서 마법 물건을 감정하는 방식이 불가능하다고 설정할 수도 있습니다. 이 경우는 오직 *식별Identify* 주문이나 실험을 통해서만, 어쩌면 두 가지 모두를 다 해 보아야지만 마법 물건의 기능을 알아낼 수도 있습니다.

## 조율 ATTUNEMENT

몇몇 마법 물건은 그 사용자와 특별한 형식의 유대를 맺기도 합니다. 이 유대를 조율이라 부르며, 어떤 물건들은 선결 조건이 갖추어져야지만 조율이 가능하기도 합니다. 만약 조율의 선결 조건이 특정한 클래스를 갖추어야 하는 것이라면, 오직 그 클래스의 일원만이 물건과 조율을 이룰 수 있습니다. (만약 선결조건이 주문 시전 클래스라면, 주문 슬롯을 지니고 있고 그 클래스의 주문을 사용할 수 있는 괴물 역시 그 선결 조건을 만족시킬 수 있습니다.) 만약 선결 조건이 주문 시전자라면, 클래스 자체의 기능으로 주문을 사용할 수 있는 자만이 그 물건을 사용할 수 있으며, 마법 물건을 통해 주문을 시전하는 것은 조건을 만족시킬 수 없습니다.

특별히 따로 설명이 붙어 있지 않은 한, 조율이 필요한 물건을 그 조율을 거치지 않고 사용하는 경우에도 사용자는 비마법적인 효과를 일반적으로 얻을 수 있습니다. 예를 들어 조율이 필요한 마법 방패를 조율 없이 사용한다 해도, 사용자는 보통 방패가 주는 이익을 그대로 받을 수 있습니다. 그러나 그 마법적인 기능은 발휘할 수 없을 것입니다.

물건에 조율하기 위해서는 짧은 휴식 동안 직접 그 물건을 만지며 집중하고 있어야 합니다. (이 휴식은 물건의 기능을 알아내기 위해 집중하는 것과 동시에 이루어질 수 없습니다.) 이 집중 시간은 마법 무기라면 무기를 사용해 훈련을 한다던가, 기타 물건

## 개별 보물: 도전 지수 0–4

| d100 | CP | SP | EP | GP | PP |
|---|---|---|---|---|---|
| 01–30 | 5d6 (17) | — | — | — | — |
| 31–60 | | 4d6 (14) | — | — | — |
| 61–70 | | | 3d6 (10) | — | — |
| 71–95 | | | — | 3d6 (10) | — |
| 96–00 | | | | | 1d6 (3) |

## 개별 보물: 도전 지수 5–10

| d100 | CP | SP | EP | GP | PP |
|---|---|---|---|---|---|
| 01–30 | 4d6 × 100 (1,400) | — | 1d6 × 10 (35) | — | — |
| 31–60 | | 6d6 × 10 (210) | — | 2d6 × 10 (70) | — |
| 61–70 | | | 3d6 × 10 (105) | 2d6 × 10 (70) | — |
| 71–95 | | | — | 4d6 × 10 (140) | — |
| 96–00 | | | | 2d6 × 10 (70) | 3d6 (10) |

## 개별 보물: 도전 지수 11–16

| d100 | CP | SP | EP | GP | PP |
|---|---|---|---|---|---|
| 01–20 | — | 4d6 × 100 (1,400) | — | 1d6 × 100 (350) | — |
| 21–35 | — | — | 1d6 × 100 (350) | 1d6 × 100 (350) | — |
| 36–75 | — | — | | 2d6 × 100 (700) | 1d6 × 10 (35) |
| 76–00 | — | — | | 2d6 × 100 (700) | 2d6 × 10 (70) |

## 개별 보물: 도전 지수 17+

| d100 | CP | SP | EP | GP | PP |
|---|---|---|---|---|---|
| 01–15 | — | — | 2d6 × 1,000 (7,000) | 8d6 × 100 (2,800) | — |
| 16–55 | — | — | — | 1d6 × 1,000 (3,500) | 1d6 × 100 (350) |
| 56–00 | — | — | — | 1d6 × 1,000 (3,500) | 2d6 × 100 (700) |

## 보물 더미: 도전 지수 0-4

| | CP | SP | EP | GP | PP |
|---|---|---|---|---|---|
| 화폐류 | 6d6 × 100 (2,100) | 3d6 × 100 (1,050) | — | 2d6 × 10 (70) | — |

| d100 | 보석 또는 예술품 | 마법 물건 |
|---|---|---|
| 01-06 | — | — |
| 07-16 | 2d6 (7) 개의 10gp 보석 | — |
| 17-26 | 2d4 (5) 개의 25gp 예술품 | — |
| 27-36 | 2d6 (7) 개의 50gp 보석 | — |
| 37-44 | 2d6 (7) 개의 10gp 보석 | 마법 물건 표 A에서 1d6번 굴립니다. |
| 45-52 | 2d4 (5) 개의 25gp 예술품 | 마법 물건 표 A에서 1d6번 굴립니다. |
| 53-60 | 2d6 (7) 개의 50gp 보석 | 마법 물건 표 A에서 1d6번 굴립니다. |
| 61-65 | 2d6 (7) 개의 10gp 보석 | 마법 물건 표 B에서 1d4번 굴립니다. |
| 66-70 | 2d4 (5) 개의 25gp 예술품 | 마법 물건 표 B에서 1d4번 굴립니다. |
| 71-75 | 2d6 (7) 개의 50gp 보석 | 마법 물건 표 B에서 1d4번 굴립니다. |
| 76-78 | 2d6 (7) 개의 10gp 보석 | 마법 물건 표 C에서 1d4번 굴립니다. |
| 79-80 | 2d4 (5) 개의 25gp 예술품 | 마법 물건 표 C에서 1d4번 굴립니다. |
| 81-85 | 2d6 (7) 개의 50gp 보석 | 마법 물건 표 C에서 1d4번 굴립니다. |
| 86-92 | 2d4 (5) 개의 25gp 예술품 | 마법 물건 표 F에서 1d4번 굴립니다. |
| 93-97 | 2d6 (7) 개의 50gp 보석 | 마법 물건 표 F에서 1d4번 굴립니다. |
| 98-99 | 2d4 (5) 개의 25gp 예술품 | 마법 물건 표 G에서 1번 굴립니다. |
| 00 | 2d6 (7) 개의 50gp 보석 | 마법 물건 표 G에서 1번 굴립니다. |

## 보물 더미: 도전 지수 5-10

| | CP | SP | EP | GP | PP |
|---|---|---|---|---|---|
| 화폐류 | 2d6 × 100 (700) | 2d6 × 1,000 (7,000) | — | 6d6 × 100 (2,100) | 3d6 × 10 (105) |

| d100 | 보석 또는 예술품 | 마법 물건 |
|---|---|---|
| 01-04 | — | — |
| 05-10 | 2d4 (5) 개의 25gp 예술품 | — |
| 11-16 | 3d6 (10) 개의 50gp 보석 | — |
| 17-22 | 3d6 (10) 개의 100gp 보석 | — |
| 23-28 | 2d4 (5) 개의 250gp 예술품 | — |
| 29-32 | 2d4 (5) 개의 25gp 예술품 | 마법 물건 표 A에서 1d6번 굴립니다. |
| 33-36 | 3d6 (10) 개의 50gp 보석 | 마법 물건 표 A에서 1d6번 굴립니다. |
| 37-40 | 3d6 (10) 개의 100gp 보석 | 마법 물건 표 A에서 1d6번 굴립니다. |
| 41-44 | 2d4 (5) 개의 250gp 예술품 | 마법 물건 표 A에서 1d6번 굴립니다. |
| 45-49 | 2d4 (5) 개의 25gp 예술품 | 마법 물건 표 B에서 1d4번 굴립니다. |
| 50-54 | 3d6 (10) 개의 50gp 보석 | 마법 물건 표 B에서 1d4번 굴립니다. |
| 55-59 | 3d6 (10) 개의 100gp 보석 | 마법 물건 표 B에서 1d4번 굴립니다. |
| 60-63 | 2d4 (5) 개의 250gp 예술품 | 마법 물건 표 B에서 1d4번 굴립니다. |
| 64-66 | 2d4 (5) 개의 25gp 예술품 | 마법 물건 표 C에서 1d4번 굴립니다. |
| 67-69 | 3d6 (10) 개의 50gp 보석 | 마법 물건 표 C에서 1d4번 굴립니다. |
| 70-72 | 3d6 (10) 개의 100gp 보석 | 마법 물건 표 C에서 1d4번 굴립니다. |
| 73-74 | 2d4 (5) 개의 250gp 예술품 | 마법 물건 표 C에서 1d4번 굴립니다. |
| 75-76 | 2d4 (5) 개의 25gp 예술품 | 마법 물건 표 D에서 1번 굴립니다. |
| 77-78 | 3d6 (10) 개의 50gp 보석 | 마법 물건 표 D에서 1번 굴립니다. |
| 79 | 3d6 (10) 개의 100gp 보석 | 마법 물건 표 D에서 1번 굴립니다. |
| 80 | 2d4 (5) 개의 250gp 예술품 | 마법 물건 표 D에서 1번 굴립니다. |
| 81-84 | 2d4 (5) 개의 25gp 예술품 | 마법 물건 표 F에서 1d4번 굴립니다. |
| 85-88 | 3d6 (10) 개의 50gp 보석 | 마법 물건 표 F에서 1d4번 굴립니다. |
| 89-91 | 3d6 (10) 개의 100gp 보석 | 마법 물건 표 F에서 1d4번 굴립니다. |
| 92-94 | 2d4 (5) 개의 250gp 예술품 | 마법 물건 표 F에서 1d4번 굴립니다. |
| 95-96 | 3d6 (10) 개의 100gp 보석 | 마법 물건 표 G에서 1d4번 굴립니다. |
| 97-98 | 2d4 (5) 개의 250gp 예술품 | 마법 물건 표 G에서 1d4번 굴립니다. |
| 99 | 3d6 (10) 개의 100gp 보석 | 마법 물건 표 H에서 1번 굴립니다. |
| 00 | 2d4 (5) 개의 250gp 예술품 | 마법 물건 표 H에서 1번 굴립니다. |

의 경우 물건을 들고 명상하는 등 물건과 관계된 행동을 함으로써 이루어집니다. 만약 이 짧은 휴식이 방해를 받는다면 조율 시도는 실패로 돌아갑니다. 방해받지 않고 휴식 시간 동안 집중을 했다면 휴식이 끝나는 시점에 이 소유자는 해당 마법 물건의 사용법에 대한 직감적인 이해를 얻게 되며, 발동에 필요한 명령어가 있다면 그런 것 역시 알 수 있습니다.

마법 물건은 오직 한 명 혹은 하나의 크리쳐에만 조율될 수 있습니다. 또한 한 명 혹은 하나의 크리쳐는 동시에 3개까지의 마법 물건에만 조율을 유지할 수 있습니다. 4번째 물건과 조율하려는 시도는 언제나 자동으로 실패하며, 먼저 기존에 조율을 유지하던 물건과 그 조율을 끊어야만 합니다. 추가로, 각각의 물건은 품목별로 오직 하나에 대해서만 조율을 유지할 수 있습니다. 예를 들어, 보호의 반지(Ring of Protection)가 2개 있다 해도 그 2개에 대해 동시에 조율할 수 없으며, 그중 하나와만 조율을 유지할 수 있습니다.

어떤 대상이 조율의 선결 조건을 더는 만족할 수 없게 된다면 조율은 자동으로 끝나게 됩니다. 또한 조율된 물건과 100ft 이상 떨어진 상태에서 24시간이 지나게 되거나, 조율한 대상이 사망한

다 해도 조율은 끝나게 됩니다. 또한 조율하고 있는 소지자가 짧은 휴식 동안 자발적으로 조율을 끝내기 위해 집중하여도 조율을 끝낼 수 있습니다. 단 저주받은 물건은 예외입니다.

## 저주받은 물건

어떤 마법 물건들은 그 사용자에게 해를 끼치는 저주를 품고 있으며, 사용한 뒤 한참 뒤가 지나서야 해가 끼치기도 합니다. 마법 물건의 상세 설명을 읽어보면 그 물건이 저주받았는가 아닌가에 대한 부분 역시 나와 있습니다. 식별Identify 주문을 포함해 일반적으로 마법 물건을 감정하는 방법들로는 저주받았다는 사실을 확인할 수 없지만, 전승지식이 있다면 대략적인 실마리는 얻을 수 있을지도 모릅니다. 물건에 걸려 있는 저주는 그 피해가 드러나고 나서야 사용자가 깨닫게 되는 경우가 많습니다.

저주받은 물건과 조율하게 되면 그 조율은 자의적으로 해제할 수 없으며, 먼저 저주를 풀어야만 합니다. 저주 해제Remove Curse 등의 주문을 사용하면 저주를 풀 수 있습니다.

## 보물 더미: 도전 지수 11–16

| 화폐류 | CP | SP | EP | GP | PP |
|---|---|---|---|---|---|
| | — | — | — | 4d6 × 1,000 (14,000) | 5d6 × 100 (1,750) |

| d100 | 보석 또는 예술품 | 마법 물건 |
|---|---|---|
| 01–03 | — | — |
| 04–06 | 2d4 (5) 개의 250gp 예술품 | — |
| 07–09 | 2d4 (5) 개의 750gp 예술품 | — |
| 10–12 | 3d6 (10) 개의 500gp 보석 | — |
| 13–15 | 3d6 (10) 개의 1000gp 보석 | — |
| 16–19 | 2d4 (5) 개의 250gp 예술품 | 마법 물건 표 A에서 1d4번, B에서 1d6번 굴립니다. |
| 20–23 | 2d4 (5) 개의 750gp 예술품 | 마법 물건 표 A에서 1d4번, B에서 1d6번 굴립니다. |
| 24–26 | 3d6 (10) 개의 500gp 보석 | 마법 물건 표 A에서 1d4번, B에서 1d6번 굴립니다. |
| 27–29 | 3d6 (10) 개의 1000gp 보석 | 마법 물건 표 A에서 1d4번, B에서 1d6번 굴립니다. |
| 30–35 | 2d4 (5) 개의 250gp 예술품 | 마법 물건 표 C에서 1d6번 굴립니다. |
| 36–40 | 2d4 (5) 개의 750gp 예술품 | 마법 물건 표 C에서 1d6번 굴립니다. |
| 41–45 | 3d6 (10) 개의 500gp 보석 | 마법 물건 표 C에서 1d6번 굴립니다. |
| 46–50 | 3d6 (10) 개의 1000gp 보석 | 마법 물건 표 C에서 1d6번 굴립니다. |
| 51–54 | 2d4 (5) 개의 250gp 예술품 | 마법 물건 표 D에서 1d4번 굴립니다. |
| 55–58 | 2d4 (5) 개의 750gp 예술품 | 마법 물건 표 D에서 1d4번 굴립니다. |
| 59–62 | 3d6 (10) 개의 500gp 보석 | 마법 물건 표 D에서 1d4번 굴립니다. |
| 63–66 | 3d6 (10) 개의 1000gp 보석 | 마법 물건 표 D에서 1d4번 굴립니다. |
| 67–68 | 2d4 (5) 개의 250gp 예술품 | 마법 물건 표 E에서 1번 굴립니다. |
| 69–70 | 2d4 (5) 개의 750gp 예술품 | 마법 물건 표 E에서 1번 굴립니다. |
| 71–72 | 3d6 (10) 개의 500gp 보석 | 마법 물건 표 E에서 1번 굴립니다. |
| 73–74 | 3d6 (10) 개의 1000gp 보석 | 마법 물건 표 E에서 1번 굴립니다. |
| 75–76 | 2d4 (5) 개의 250gp 예술품 | 마법 물건 표 F에서 1번, G에서 1d4번 굴립니다. |
| 77–78 | 2d4 (5) 개의 750gp 예술품 | 마법 물건 표 F에서 1번, G에서 1d4번 굴립니다. |
| 79–80 | 3d6 (10) 개의 500gp 보석 | 마법 물건 표 F에서 1번, G에서 1d4번 굴립니다. |
| 81–82 | 3d6 (10) 개의 1000gp 보석 | 마법 물건 표 F에서 1번, G에서 1d4번 굴립니다. |
| 83–85 | 2d4 (5) 개의 250gp 예술품 | 마법 물건 표 H에서 1d4번 굴립니다. |
| 86–88 | 2d4 (5) 개의 750gp 예술품 | 마법 물건 표 H에서 1d4번 굴립니다. |
| 89–90 | 3d6 (10) 개의 500gp 보석 | 마법 물건 표 H에서 1d4번 굴립니다. |
| 91–92 | 3d6 (10) 개의 1000gp 보석 | 마법 물건 표 H에서 1d4번 굴립니다. |
| 93–94 | 2d4 (5) 개의 250gp 예술품 | 마법 물건 표 I에서 1번 굴립니다. |
| 95–96 | 2d4 (5) 개의 750gp 예술품 | 마법 물건 표 I에서 1번 굴립니다. |
| 97–98 | 3d6 (10) 개의 500gp 보석 | 마법 물건 표 I에서 1번 굴립니다. |
| 99–00 | 3d6 (10) 개의 1000gp 보석 | 마법 물건 표 I에서 1번 굴립니다. |

# 마법 물건 분류

각각의 마법 물건은 갑옷, 물약, 반지, 막대, 두루마리, 지팡이, 마법봉, 무기, 기타 물건 등의 분류로 나누어집니다.

## 갑옷

갑옷의 설명에 특별히 다른 이야기가 없는 한, 마법 갑옷이 그 기능을 발휘하려면 우선 착용해야 합니다.

어떤 마법 갑옷들은 체인 메일이나 플레이트 아머 등, 특정한 형태의 갑옷으로만 발견됩니다. 만약 마법 갑옷에 특정한 갑옷 조건이 나와 있지 않다면, 당신은 무작위적으로 어떤 갑옷에 마법이 걸려 있는지를 정할 수 있습니다.

## 물약

여러 가지 종류의 마법 액체가 물약으로 분류됩니다. 마법에 걸린 약초를 달여 만드는 것도 있고, 마법의 호수나 신성한 샘에서 떠 온 물로 만든 것이나 어떤 괴물에서 짠 기름 등이 물약이 되기도 합니다. 대부분의 물약은 1온스의 액체로 이루어져 있습니다.

물약은 소비형 마법 물건입니다. 다른 캐릭터에게 물약을 마시게 하거나 뿌리려면 행동을 소비해야 합니다. 기름을 바르는 작업은 더 오래 걸릴 수도 있으며, 이는 상세 설명에 나와 있습니다. 일단 사용하고 나면 물약은 즉시 효과를 발휘하며, 모두 소진됩니다.

## 반지

마법 반지는 이를 찾아낸 행운아에게 여러 가지 놀라운 능력을 부여합니다. 상세 설명에 예외가 언급되어 있지 않은 한, 반지의 기능을 발휘하려면 우선 손가락이나 기타 부위에 반지를 끼워야 합니다.

## 막대

왕홀이나 다른 무거운 원통형 물건으로 만들어진 마법 막대는 대개 금속이나 나무, 뼈로 만들어집니다. 이러한 막대는 2~3ft 길이에 1인치 두께이며, 2~5lbs 무게를 지닙니다.

## 두루마리

가장 흔하게 발견하는 종류의 두루마리는 주문 두루마리로, 그 안에는 특정한 마법 주문이 들어가 있습니다. 그러나 보호의 두루마리 등 몇몇 두루마리는 주문이 아닌 다른 효과를 지니기도 합니다. 그 안에 들어 있는 것이 무엇이든, 두루마리는 종이로 만들어진 피지로서, 때로는 나무마법봉에 매달려 있기도 하고 보호를 위해 상아나 옥, 가죽, 금속, 나무 등의 덮개가 씌워져 있기도 합니다.

두루마리는 소비형 마법 물건으로, 두루마리에서 마법을 끌어내려면 행동을 소비해 그 두루마리를 읽어야 합니다. 일단 안의 마법이 발동되고 나면 두루마리는 쓸 수 없게 됩니다. 안에 쓰인 글자가 모두 사라지거나, 두루마리 자체가 재가 되어 흩어지기도 합니다.

두루마리의 상세 설명에 예외가 써 있지 않은 한, 글을 읽을 수 있는 크리쳐라면 누구나 두루마리를 읽고 발동할 수 있습니다.

## 지팡이

마법 지팡이는 5~6ft 길이입니다. 지팡이는 그 형태가 매우 다양합니다. 어떤 것들은 매끈하고 기다란 막대기이며, 어떤 것들은

## 보물 더미: 도전 지수 17+

| | CP | SP | EP | GP | PP |
|---|---|---|---|---|---|
| 화폐류 | — | — | — | 12d6 × 1,000 (42,000) | 8d6 × 1,000 (28,000) |

| d100 | 보석 또는 예술품 | 마법 물건 |
|---|---|---|
| 01–02 | — | — |
| 03–05 | 3d6 (10) 개의 1,000gp 보석 | 마법 물건 표 C에서 1d8번 굴립니다. |
| 06–08 | 1d10 (5) 개의 2,500gp 예술품 | 마법 물건 표 C에서 1d8번 굴립니다. |
| 09–11 | 1d4 (2) 개의 7,500gp 예술품 | 마법 물건 표 C에서 1d8번 굴립니다. |
| 12–14 | 1d8 (4) 개의 5,000gp 보석 | 마법 물건 표 C에서 1d8번 굴립니다. |
| 15–22 | 3d6 (10) 개의 1,000gp 보석 | 마법 물건 표 D에서 1d6번 굴립니다. |
| 23–30 | 1d10 (5) 개의 2,500gp 예술품 | 마법 물건 표 D에서 1d6번 굴립니다. |
| 31–38 | 1d4 (2) 개의 7,500gp 예술품 | 마법 물건 표 D에서 1d6번 굴립니다. |
| 39–46 | 1d8 (4) 개의 5,000gp 보석 | 마법 물건 표 D에서 1d6번 굴립니다. |
| 47–52 | 3d6 (10) 개의 1,000gp 보석 | 마법 물건 표 E에서 1d6번 굴립니다. |
| 53–58 | 1d10 (5) 개의 2,500gp 예술품 | 마법 물건 표 E에서 1d6번 굴립니다. |
| 59–63 | 1d4 (2) 개의 7,500gp 예술품 | 마법 물건 표 E에서 1d6번 굴립니다. |
| 64–68 | 1d8 (4) 개의 5,000gp 보석 | 마법 물건 표 E에서 1d6번 굴립니다. |
| 69 | 3d6 (10) 개의 1,000gp 보석 | 마법 물건 표 G에서 1d4번 굴립니다. |
| 70 | 1d10 (5) 개의 2,500gp 예술품 | 마법 물건 표 G에서 1d4번 굴립니다. |
| 71 | 1d4 (2) 개의 7,500gp 예술품 | 마법 물건 표 G에서 1d4번 굴립니다. |
| 72 | 1d8 (4) 개의 5,000gp 보석 | 마법 물건 표 G에서 1d4번 굴립니다. |
| 73–74 | 3d6 (10) 개의 1,000gp 보석 | 마법 물건 표 H에서 1d4번 굴립니다. |
| 75–76 | 1d10 (5) 개의 2,500gp 예술품 | 마법 물건 표 H에서 1d4번 굴립니다. |
| 77–78 | 1d4 (2) 개의 7,500gp 예술품 | 마법 물건 표 H에서 1d4번 굴립니다. |
| 79–80 | 1d8 (4) 개의 5,000gp 보석 | 마법 물건 표 H에서 1d4번 굴립니다. |
| 81–85 | 3d6 (10) 개의 1,000gp 보석 | 마법 물건 표 I에서 1d4번 굴립니다. |
| 86–90 | 1d10 (5) 개의 2,500gp 예술품 | 마법 물건 표 I에서 1d4번 굴립니다. |
| 91–95 | 1d4 (2) 개의 7,500gp 예술품 | 마법 물건 표 I에서 1d4번 굴립니다. |
| 96–00 | 1d8 (4) 개의 5,000gp 보석 | 마법 물건 표 I에서 1d4번 굴립니다. |

휘어지고 뒤틀려 있습니다. 나무로 만들어진 것도 있으며, 어떤 것들은 금속이나 수정으로 만들어지기도 합니다. 재료에 따라 다르지만, 지팡이는 대개 2~7lbs 정도의 무게를 지닙니다.

지팡이의 상세 설명에 예외가 나와 있지 않은 한, 모든 마법 지팡이는 쿼터스태프로 사용할 수 있습니다.

## 마법봉

마법봉은 15인치 정도 길이에 금속이나 뼈, 나무로 만들어집니다. 마법봉의 끝은 금속이나 수정, 돌 등이나 기타 다른 재료로 씌워져 있습니다.

## 무기류

사악한 목적으로 만들어졌든, 기사도의 가장 고결한 이상을 추구하는 것이든 간에, 마법 무기는 많은 모험자들이 바라고 선망하는 대상입니다.

어떤 마법 무기들은 롱소드나 롱보우 등 특정한 형태의 무기로만 발견되며, 이는 각 무기의 상세 설명에 나와 있습니다. 만약 특정한 종류의 무기가 지정되지 않았다면, 당신은 무작위적으로 어떤 형태의 무기에 마법이 걸려 있는지 정할 수 있습니다.

만약 마법 무기가 탄환류 속성을 지닌 것이라면, 이 탄환은 비마법적 무기에서 발사해도 비마법적 피해와 공격에 면역을 지닌 적에 대해서 그 저항을 관통할 수 있는 것으로 취급합니다.

## 기타 물건

기타 물건은 장화나 허리띠, 망토, 장갑 등의 착용 가능한 물건이나, 부적이나 브로치, 서클렛 같은 장신구, 가방이나 카펫, 수정구, 조각상, 뿔피리나 마법 악기 등과 같은 것들을 포함해 여타 분류에 들어가지 않은 다양한 물건들을 포함하고 있습니다.

# 장비하거나 착용 가능한 물건

마법 물건의 기능을 사용한다는 것은 이를 장비하거나 착용해야 함을 뜻하기도 합니다. 장비해야 하는 마법 물건은 원래 의도했던 대로 착용해야만 그 효력을 발휘할 수 있습니다. 장화는 신어야 하며, 방패는 팔에 착용해야 하고, 망토는 어깨에 둘러야 합니다. 무기는 손에 들어야만 효력을 발휘할 수 있습니다.

대부분의 경우, 장비해야 하는 마법 물건은 그 크기나 체격과 무관하게 누구나 장비할 수 있습니다. 많은 마법적 장비는 쉽게 조정할 수 있도록 만들어졌거나, 착용하게 되면 마법적으로 그 크기가 조정되곤 합니다. 물론 드물지만 예외도 있습니다. 이야기에 쓸 만한 좋은 이유가 있다면, 오직 특정한 크기나 형태에 맞는 장비도 나올 수 있으며, 당신의 결정으로 이러한 장비들은 크기를 조정할 수 없다고 못 박을 수 있습니다. 예를 들어, 드로우가 만든 갑옷은 엘프들만이 입을 수 있다고 할 수 있으며, 드워프들이 만든 무기는 드워프 크기이거나 드워프와 비슷한 체격을 한 사람들만이 사용할 수 있다고 정할 수 있습니다.

비인간형 사용자가 이러한 물건들을 착용하려 할 경우, 이 물건들이 어떻게 사용될지는 어디까지나 당신이 결정할 수 있습니다. 반지의 경우 촉수에 끼워서 쓸 수 있다고 할 수도 있겠지만,

다리 대신 뱀 같은 하체를 지닌 유안티들은 장화를 신을 수 없을 것입니다.

## 같은 종류의 물건 여러 개

같은 종류의 물건을 여러 개 사용할 수 있을지 어떨지에 대해서는 상식을 따르는 것이 좋습니다. 일반적으로 한 캐릭터가 착용할 수 있는 것은 한 종류의 장화, 한 쌍의 장갑이나 건틀릿, 한 쌍의 팔찌, 한 벌의 갑옷, 머리 착용 장비 하나, 망토 하나 정도입니다. 물론 예외를 만들 수는 있습니다. 예를 들자면 헬멧 안에 서클렛을 착용하거나, 망토를 두 겹 두르는 정도가 그런 예외가 될 것입니다.

## 한 쌍으로 된 물건

한 쌍으로 나오는 물건들이 있습니다. 장화나 팔찌, 건틀릿, 장갑 등이 이러한 물건들이며, 이런 것들은 한 쌍을 같이 착용해야만 효과를 발휘할 수 있습니다. 예를 들어, 질주와 활보의 장화(Boots of Striding and Springing) 한 짝과 엘프족의 장화(Boots of Elvenkind) 한 짝을 같이 신는다 하면, 어떠한 이익도 받지 못할 것입니다.

# 물건 발동하기

어떤 마법 물건들은 사용자가 그 물건을 들고 명령어를 읊는 등의 특별한 행동을 해야만 효과를 발휘합니다. 물건 분류에 대한 설명이나 개별적인 물건의 세부사항을 읽어보면 이를 발동하기 위해 어떤 행동이 필요한가에 대한 묘사가 나올 것입니다. 이러한 물건들의 발동에 대해서는 아래 규칙을 따릅니다.

만약 물건을 발동하기 위해 행동이 필요하다면, 이 행동은 "물건 사용하기" 행동에 포함되는 것이 아니며, 따라서 로그의 빠른 손놀림 기능 따위로는 마법 물건의 발동을 할 수 없습니다.

## 명령어

명령어는 물건을 사용하기 위해 말하는 특정한 단어나 어구입니다. 명령어를 필요로 하는 물건은 침묵Silence 주문 등으로 인해 소리가 들리지 않게 된 지역에서는 사용할 수 없습니다.

## 소모품

어떤 물건들은 발동하고 나면 소모되어 버립니다. 물약이나 비약은 마시고 나면 사라지며, 기름 역시 바르고 나면 소진됩니다. 두루마리에 쓰여 있는 것 역시 읽고 나면 사라져 버립니다. 소모품은 일단 사용되고 나면 마법이 사라집니다.

## 주문

어떤 마법 물건들은 사용자가 물건을 통해 주문을 시전할 수 있게 해 주기도 합니다. 이 주문들은 가능한 가장 낮은 레벨로 시전되

며, 물건의 상세 설명에 별도로 명시되어 있지 않은 한 사용자의 본래 주문 슬롯을 소비하지 않고, 어떠한 구성요소도 필요로 하지 않습니다. 주문은 일반적인 경우와 동일한 시전시간과 사정거리, 지속시간을 지니며, 물건의 사용자는 상세 설명에 집중을 필요로 한다고 쓰여 있을 경우 집중해야만 합니다. 물약 등과 같은 여러 물건들은 주문의 시전 과정을 생략하고 그 효과만 받을 수 있으며, 이런 경우에도 일반적인 지속시간을 그대로 따릅니다. 몇몇 특정한 물건들은 이러한 규칙에서 예외이며, 시전시간이나 지속시간 등과 같은 주문의 세부사항이 달라지기도 합니다.

몇몇 지팡이와 같은 특정 마법 물건들은 이를 이용해 주문을 시전하기 위해서 본래 자기자신의 주문시전 능력치를 사용해야 합니다. 만약 당신이 하나 이상의 주문시전 능력치를 지니고 있다면, 어느것을 사용해 주문을 시전할지 결정해야 합니다. 만약 당신에게 주문을 시전할 수 있는 능력이 없다면-아마 마법 도구 사용 요소를 사용하는 로그 같은 경우라면- 당신의 주문시전 능력 수정치는 0으로 계산하며, 기술의 숙련 보너스만 더해집니다.

## 충전

어떤 마법 물건들은 그 기능을 발휘하기 위해서 충전을 사용해야만 합니다. 물건 내에 힘이 얼마나 충전되어 있는가는 식별Identify 주문을 시전해 보면 알 수 있으며, 조율이 필요한 물건이라면 조율할 때 알 수도 있습니다. 또한 물건과 조율을 유지하고 있다면 조율된 사용자는 언제나 물건에 몇 번의 힘이 충전되어 있는지 즉시 알 수 있습니다.

# 마법 물건의 내구성

대부분의 마법 물건은 뛰어난 장인의 기술로 만들어집니다. 주의 깊은 제작과 마법적인 강화로 인해, 마법 물건들은 비슷한 종류의 보통 물건들과 동등하거나 그 이상으로 튼튼합니다. 물약이나 두루마리 같은 예외를 제외하면 대부분의 마법 물건은 모든 피해에 저항을 가지고 있습니다. 유물들은 또한 기본적으로 파괴 불가능하며, 독특하고 특별한 방법을 동원해야만 파괴할 수 있습니다.

# 특별한 요소

당신은 배경 이야기를 고려해서 마법 물건에 독특한 요소를 부여할 수도 있습니다. 누가 물건을 만들었을까요? 그 제작 과정에서 특이한 일이 있었을까요? 유사한 물건들 사이에서 그것만이 지니는 사소한 마법적 특이사항이 있을까요? 이러한 질문에 대답해 보면 +1 롱소드 같은 평범한 마법 물건을 보다 흥미로운 것으로 바꾸어 나갈 수 있습니다.

아래 주어지는 표는 당신이 이러한 질문에서 찾을 수 있는 대답의 예시들을 모아놓은 것입니다. 필요하다고 생각하면 이러한 표에서 주사위를 굴려 요소들을 추가하십시오. 이러한 표 중 몇 가지는 특정한 물건에 아주 어울릴 수도 있습니다. 예를 들어, 엘프족의 망토는 드워프들이 아니라 엘프들이 만들었을 공산이 큽니다. 만약 어울리지 않는 요소가 나왔다면, 주사위를 다시 굴리면 됩니다. 더 어울리는 항목을 찾아 선택하던가, 어떻게 이런 특징을 지니게 되었는가에 대해 당신에게 생각이 떠오를 때까지 주사위를 굴리십시오.

---

### 마법 물건 제작 공식

마법 물건의 제작 공식은 특정한 마법 물건을 어떻게 만들 수 있는가를 알려주는 것입니다. 제6장 "모험과 모험 사이"에서 설명하는 것처럼, 이러한 공식은 플레이어 캐릭터들이 직접 마법 물건을 제작할 수 있다는 점에서 훌륭한 보상이 될 수 있습니다.

당신은 마법 물건 대신 공식을 보상으로 제공할 수 있습니다. 일반적으로 이런 공식은 책이나 두루마리에 기록되어 있으며, 제작하는 물건 그 자체보다 한 단계 더 희귀한 것으로 칩니다. 예를 들어, 범용 등급 마법 물건을 제작하는 공식은 비범 등급입니다. 전설 등급 마법 물건을 만드는 공식은 존재하지 않습니다.

만약 당신의 캠페인 내에서 마법 물건을 제작하는 게 일반적이고 평범한 일이라면, 제작 공식 역시 물건과 같은 등급으로 등장할 수 있습니다. 이런 경우 범용이나 비범 등급 마법 물건의 제작 공식은 아예 판매할 수도 있습니다. 이때 공식의 가격은 원래 마법 물건 가격의 2배로 책정됩니다.

---

### 변형 규칙: 재충전되지 않는 마법봉

일반적인 마법봉은 충전을 사용하여 발동됩니다. 만약 당신이 마법봉을 좀 더 제한적인 자원으로 만들고 싶다면, 재충전이 불가능하게 만들면 됩니다. 이런 경우 마법봉의 기본 충전량을 최대 25회까지로 증가시키는 대신, 한 번 사용하면 다시는 충전되지 않도록 만들 수 있습니다.

## 누가 왜 이 물건들을 만들었을까?

| d20 | 창조자 또는 의도된 사용자 |
|---|---|
| 1 | **기괴체.** 이 물건은 옛날 기괴체들에 의해 창조되었으며, 대개 인간형 노예에게 사용하기 위해 만들었을 가능성이 높습니다. 시야 가장자리에 들어올 때면 물건이 움직이는 것 같이 보이기도 합니다. |
| 2-4 | **인간.** 이 물건은 몰락한 인간 왕국의 절정기에 만들어진 것이거나, 전설적인 인간 영웅에 연관된 것입니다. 예전에 잊혀진 언어나, 그 중요성이 잊혀진 문양이 세월의 흔적을 보여줍니다. |
| 5 | **천상체.** 무기라면 본래의 절반 무게로 만들어져 있으며, 깃털 달린 날개나 태양, 다른 선의 문양이 그려져 있습니다. 악마들은 이 물건의 존재 자체를 불쾌해합니다. |
| 6 | **드래곤.** 이 물건은 용에게서 나온 비늘과 발톱으로 이루어져 있습니다. 어쩌면 드래곤의 보물에서 나온 귀중한 금속이나 보석이 들어 있을 수도 있습니다. 이 물건은 근처 120ft 내에 드래곤이 있을 시 빛을 냅니다. |
| 7 | **드로우.** 이 물건은 보통의 절반 무게만 나갑니다. 물건은 검은색이며, 롤스를 위해 거미와 거미줄 문양이 새겨져 있습니다. 이 물건은 햇빛에 1분 이상 노출되면 파괴되거나 기능을 제대로 발휘하지 못할 수 있습니다. |
| 8-9 | **드워프.** 이 물건은 튼튼하며 겉에 드워프 룬이 새겨져 있습니다. 어쩌면 이 물건은 자신의 선조들이 잠든 홀로 돌아가고픈 씨족과 연관되어 있을 수 있습니다. |
| 10 | **대기의 원소.** 이 물건은 보통 물건의 절반 무게이며, 텅 빈 것처럼 느껴집니다. 섬유 조직으로 만들어진 것이라면 투명할 수도 있습니다. |
| 11 | **대지의 원소.** 이 물건은 돌로 만들어진 것 같습니다. 천이나 가죽이 포함된 것이라면, 여기에는 잘 연마된 돌이 징처럼 박혀 있을 것입니다. |
| 12 | **불의 원소.** 이 물건은 만지면 따뜻하고, 금속 부분은 모두 검은 철로 되어 있습니다. 화염의 문양이 표면에 새겨져 있고, 붉은색과 오렌지색으로 밝게 빛나고 있습니다. |
| 13 | **물의 원소.** 화려한 물고기 비늘이 가죽이나 천 대신 사용되었습니다. 그리고 금속 부분은 금속 대신 조개껍질이나 산호로 만들어졌으며, 어지간한 금속만큼이나 단단합니다. |
| 14-15 | **엘프.** 이 물건들은 보통 무게의 절반입니다. 그리고 나뭇잎이나 덩굴, 별과 같은 자연의 문양으로 새겨져 있습니다. |
| 16 | **요정.** 이 물건은 가장 화려한 물질로 만들어졌고, 달빛을 받으면 5ft 반경을 약한 빛으로 은은하게 빛납니다. 이 물건에 사용된 금속은 철이나 강철 대신 은이나 미스랄로 이루어졌습니다. |
| 17 | **악마.** 이 물건은 검은 철이나 뿔에 룬이 새겨져 만들어졌고, 천이나 가죽 부분은 악마 가죽으로 되어 있습니다. 따뜻하며, 웃는 얼굴이나 사악한 룬이 새겨졌습니다. 천상체는 이 물건의 존재 자체를 불쾌해합니다. |
| 18 | **거인.** 이 물건은 보통 것보다 훨씬 크며, 거인들이 자신들의 작은 동료들을 위해 만들었다고 알려졌습니다. |
| 19 | **노움.** 이 물건은 보통 것처럼 보이지만, 좀 낡아 보이기도 합니다. 또한 안보이는 장치와 기계 부품이 있으며, 물건의 기능에 쓰이는 것 같지도 않습니다. |
| 20 | **언데드.** 이 물건은 뼈와 해골 등 죽음의 형상을 띄고 있으며, 시체의 여러 부분으로 만든 것 같습니다. 만지면 차가운 느낌이 납니다. |

## 역사에서 어떤 특징들이 있었을까?

| d8 | 역사 |
|---|---|
| 1 | **비전.** 이 물건은 주문사용자들로 이루어진 고대의 비밀결사가 만들었으며, 그 결사의 문양이 그려져 있습니다. |
| 2 | **퇴치.** 이 물건은 특정한 문화 혹은 종족이나 크리쳐에 적대할 목적으로 만들어졌으며, 적대하는 것들이 여전히 존재하고 있다면 주변에 그런 것들이 있을 때 빛나곤 합니다. |
| 3 | **영웅.** 위대한 영웅이 한때 이 물건을 소지했습니다. 이 물건의 역사를 알고 있는 이라면 새 소유자 역시 위대한 업적을 세우리라 기대할 것입니다. |
| 4 | **기념.** 이 물건은 특정한 사건을 기념하기 위해 만들어졌습니다. 보석과 귀금속 등으로 그 사실이 표면에 새겨져 있습니다. |
| 5 | **예언.** 이 물건은 예언을 담고 있습니다. 소유자는 미래에 벌어질 사건에서 핵심적인 역할을 수행할 것입니다. 자신이 그러한 역할을 하고자 하는 자라면 물건을 빼앗고자 할 것이며, 예언의 성취를 막고자 하는 자라면 물건의 소유자를 살해하려 할지도 모릅니다. |
| 6 | **종교.** 이 물건은 특정한 신을 위한 종교적 예식에 사용되었습니다. 물건에는 신의 성표가 새겨져 있습니다. 신도들은 소유자에게 이 물건을 성당에 기부해달라고 하거나, 직접 훔치려 들 수 있습니다. 그 신과 연관된 클레릭이나 팔라딘이 쓸 때는 신도들의 축하를 받을 수도 있습니다. |
| 7 | **불길함.** 이 물건은 학살이나 암살 등 거대한 악의 행위와 연관되어 있습니다. 물건에는 이를 사용했던 악당의 이름이 쓰여 있을 수도 있습니다. 이 물건의 역사를 알고 있는 사람이라면 소유자를 의심에 찬 눈으로 볼 것입니다. |
| 8 | **권력의 상징.** 이 물건은 한때 왕의 상징이거나 고위직의 징표로 쓰였습니다. 이전에 소지했던 자나 후예들이 이 물건을 원하고 있으며, 어쩌면 새로운 소지자를 이 물건의 정당한 계승자로 오인할 수도 있습니다. |

## 사소한 특징은 어떤 것들이 있을까?

| d20 | 사소한 특징 |
|---|---|
| 1 | **봉화.** 소유자는 추가 행동을 사용해 10ft 반경까지는 환한 빛, 추가로 10ft까지는 약한 빛이 나도록 물건을 조명으로 사용할 수 있습니다. 또한 같은 행동으로 조명을 끌 수도 있습니다. |
| 2 | **나침반.** 소유자는 행동을 사용해 어느 쪽이 북쪽인지 즉각 알 수 있습니다. |
| 3 | **양심.** 이 물건의 소유자가 사악한 행동을 하거나 사악한 생각을 하면, 이 물건이 양심의 가책을 불러일으킵니다. |
| 4 | **심도계.** 지하에 있을 때면, 이 물건의 소지자는 언제나 현재 위치가 얼마나 깊은 곳인지 알 수 있습니다. 또한 가장 가까운 계단이나 경사 등으로 올라가는 길이 어느 방향에 있는지 파악할 수 있습니다. |
| 5 | **청결.** 이 물건은 절대 더러워지지 않습니다. |
| 6 | **수호.** 이 물건은 소지자에게 경고를 속삭이며, 소지자가 완전히 행동불능 상태에 빠지지 않으면 우선권 판정에 +2 보너스를 제공합니다. |
| 7 | **조화.** 이 물건에 조율하는 일은 단 1분이면 됩니다. |
| 8 | **숨겨진 메시지.** 이 메시지는 물건 어딘가에 숨겨져 있습니다. 이 메시지는 한 해의 특정 시기에만 볼 수 있거나, 달의 모습이 특정 형태일 때만 보이거나, 특정 위치에서만 보일 수도 있습니다. |
| 9 | **열쇠.** 이 물건은 어떤 용기나 방, 창고 등을 열기 위한 열쇠로 사용됩니다. |
| 10 | **언어.** 이 물건의 소지자는 DM이 결정한 특정한 언어를 말하고 이해할 수 있는 능력을 얻게 됩니다. |

| d20 | 사소한 특징 |
|---|---|
| 11 | **경비.** 이 물건의 창조자는 특정한 종류의 크리쳐를 이 물건의 적으로 정했습니다. 그 크리쳐가 120ft 내에 있다면, 물건은 은은하게 빛이 날 것입니다. |
| 12 | **노래.** 이 물건이 적을 공격하는 데 사용되거나 적을 맞춘다면, 소유자는 고대의 노래 한 소절을 들을 수 있습니다. |
| 13 | **특이한 물질.** 이 물건은 그 목적과는 어울리지 않는 기괴한 물질로 만들어졌는데, 내구도에는 지장이 없습니다. |
| 14 | **온도계.** 이 물건의 소지자는 -30도의 추위나 50도 이상의 더위에 아무런 피해를 입지 않습니다. |
| 15 | **파괴 불가.** 이 물건은 부서지지 않습니다. 이 물건을 파괴하려면 특별한 방법을 사용해야만 합니다. |
| 16 | **전쟁 지도자.** 물건의 소지자는 행동을 사용해 자신의 다음 턴이 끝날 때까지 목소리를 300ft까지 들리게 할 수 있습니다. |
| 17 | **수중용.** 이 물건은 물이나 다른 액체에 뜨며, 소지자는 수영하려 할 때 근력(운동) 판정에 이점을 받게 됩니다. |
| 18 | **사악함.** 이 물건은 소지자가 이기적이거나 사악한 행동을 하려 할 때 소지자를 부추깁니다. |
| 19 | **환영.** 이 물건은 환영 마법의 힘으로 채워져 있으며, 소지자가 물건의 형태를 사소하게 바꿀 수 있게 합니다. 이러한 변화는 물건을 착용하거나 장비했을 때 그 마법적인 기능에는 아무런 변화도 주지 않습니다. 예를 들어, 소지자는 붉은 로브를 푸른색으로 바꾸거나, 황금 반지를 상아로 만든 것처럼 보이게 할 수 있습니다. 아무도 착용하고 있지 않을 때는 원래 모습 그대로 보입니다. |
| 20 | 주사위를 2번 굴리며, 이후 20은 무시합니다. |

## 별난 점은 어떤 것들이 있을까?

| d12 | 별난 점 |
|---|---|
| 1 | **환희.** 이 물건을 소지하고 있을 때, 소지자는 기분이 좋아지고 미래에 대해 긍정적으로 느끼게 됩니다. 물건의 표면에는 나비나 다른 무해한 것들이 새겨져 있습니다. |
| 2 | **자신감.** 이 물건은 소지자에게 자기 확신을 줍니다. |
| 3 | **탐욕.** 이 물건의 소지자는 물질적 부에 탐닉하게 됩니다. |
| 4 | **연약함.** 이 물건은 사용하거나 소지하고 있을 때 서서히 부서지거나 망가지는 것처럼 보입니다. 이 특징은 물건의 기능 자체에는 아무런 영향을 주지 않지만, 많이 사용할수록 점점 더 망가진 것처럼 보입니다. |
| 5 | **굶주림.** 이 물건의 마법적 기능은 오직 24시간 이내에 인간형 종족의 피를 묻힌 적이 있어야만 발동됩니다. 한 방울의 피만 있어도 충분히 발동됩니다. |
| 6 | **시끄러움.** 이 물건은 사용할 때 뭔가 부딪히거나 외치는 소리 등 큰 소음을 냅니다. |
| 7 | **변신형.** 이 물건은 주기적으로, 혹은 무작위적으로 그 모양을 살짝 바꿔 갑니다. 소지자는 이러한 변화를 통제할 수 없으며, 이 변화는 기능에 아무런 영향을 주지 않습니다. |

| d12 | 별난 점 |
|---|---|
| 8 | **웅얼거림.** 이 물건은 계속 웅얼거리고 있습니다. 이 물건의 소리에 귀를 기울이고 있으면 무언가 유용한 것을 배울 수도 있습니다. |
| 9 | **고통스러움.** 이 물건의 소지자는 사용할 때 해는 없지만, 순간적으로 따끔한 고통을 느낍니다. |
| 10 | **편집적.** 이 물건은 처음 사용하거나 장비할 때 조율을 요구하며, 다른 물건들과는 조율하지 말 것을 요구합니다. (이미 조율되어 있는 물건들은 조율이 끝날 때까지 유지할 수 있습니다.) |
| 11 | **거부감.** 소유자는 이 물건에 닿았을 때 역겨운 감각을 느낍니다. 그리고 이 물건을 사용할 때마다 심한 불편함을 느끼게 됩니다. |
| 12 | **나태함.** 이 물건의 소지자는 나태하고 무기력함을 느낍니다. 이 물건에 조율하려면 소지자는 긴 휴식을 보내며 최소 10시간을 보내야 합니다. |

# 무작위 마법 물건

당신이 보물 더미 표를 사용하여 무작위적으로 보물의 내용을 정할 때면, 하나 이상의 마법 물건이 그 보물에 존재할 수 있습니다. 이러한 무작위 마법 물건을 지정할 때는 해당 표에 지정된 마법 물건 표를 굴려 어떤 물건이 있는가 확인할 수 있습니다.

## 마법 물건 표 A

| d100 | 마법 물건 |
|---|---|
| 01–50 | 물약, 치유의 물약 |
| 51–60 | 두루마리, 주문 두루마리 (소마법) |
| 61–70 | 물약, 등반의 물약 |
| 71–90 | 두루마리, 주문 두루마리 (1레벨 주문) |
| 91–94 | 두루마리, 주문 두루마리 (2레벨 주문) |
| 95–98 | 물약, 중급 치유의 물약 |
| 99 | 가방, 소지의 가방 |
| 00 | 부유구체 |

## 마법 물건 표 B

| d100 | 마법 물건 |
|---|---|
| 01–15 | 물약, 중급 치유의 물약 |
| 16–22 | 물약, 화염 브레스의 물약 |
| 23–29 | 물약, 저항의 물약 |
| 30–34 | 탄약, +1 |
| 35–39 | 물약, 동물 친밀화의 물약 |
| 40–44 | 물약, 언덕 거인 힘의 물약 |
| 45–49 | 물약, 성장의 물약 |
| 50–54 | 물약, 수중 호흡의 물약 |
| 55–59 | 두루마리, 주문 두루마리 (2레벨) |
| 60–64 | 두루마리, 주문 두루마리 (3레벨) |
| 65–67 | 가방, 소지의 가방 |
| 68–70 | 케오팀의 연고 |
| 71–73 | 기름, 미끄러움의 기름 |
| 74–75 | 가루, 사라짐의 가루 |
| 76–77 | 가루, 건조의 가루 |
| 78–79 | 가루, 재채기와 질식의 가루 |
| 80–81 | 원소 보석 |
| 82–83 | 사랑의 묘약 |
| 84 | 연금술 항아리 |
| 85 | 수중 호흡의 모자 |
| 86 | 망토, 가오리의 망토 |
| 87 | 부유구체 |
| 88 | 밤의 고글 |
| 89 | 투구, 언어 변환의 투구 |
| 90 | 막대, 고정의 막대 |
| 91 | 드러냄의 랜턴 |
| 92 | 갑옷, 수부의 갑옷 |
| 93 | 갑옷, 미스랄 갑옷 |
| 94 | 물약, 독의 물약 |
| 95 | 반지, 수영의 반지 |
| 96 | 로브, 유용한 물건의 로브 |
| 97 | 등반의 로프 |
| 98 | 기사의 안장 |
| 99 | 마법봉, 마법 탐지의 마법봉 |
| 00 | 마법봉, 비밀의 마법봉 |

## 마법 물건 표 C

| d100 | 마법 물건 |
|---|---|
| 01–15 | 물약, 상급 치유의 물약 |
| 16–22 | 두루마리, 주문 두루마리 (4레벨) |
| 23–27 | 탄약, +2 |
| 28–32 | 물약, 투시의 물약 |
| 33–37 | 물약, 축소의 물약 |
| 38–42 | 물약, 가스 형상의 물약 |
| 43–47 | 물약, 서리 거인 힘의 물약 |
| 48–52 | 물약, 바위 거인 힘의 물약 |
| 53–57 | 물약, 영웅심의 물약 |
| 58–62 | 물약, 무적의 물약 |
| 63–67 | 물약, 마음 읽기의 물약 |
| 68–72 | 두루마리, 주문 두루마리 (5레벨) |
| 73–75 | 건강의 비약 |
| 76–78 | 기름, 에테르화의 기름 |
| 79–81 | 물약, 화염 거인 힘의 물약 |
| 82–84 | 콸의 깃털 토큰 |
| 85–87 | 두루마리, 보호의 두루마리 |
| 88–89 | 가방, 콩의 가방 |
| 90–91 | 역장의 구슬 |
| 92 | 개방의 종 |
| 93 | 끝없는 물의 정수통 |
| 94 | 눈, 현미경의 눈 |
| 95 | 접는 보트 |
| 96 | 히워드의 편리한 배낭 |
| 97 | 속도의 편자 |
| 98 | 목걸이, 화염구의 목걸이 |
| 99 | 호부, 건강의 호부 |
| 00 | 전달의 돌 |

## 마법 물건 표 D

| d100 | 마법 물건 |
|---|---|
| 01–20 | 물약, 최상급 치유의 물약 |
| 21–30 | 물약, 투명화 물약 |
| 31–40 | 물약, 속도의 물약 |
| 41–50 | 두루마리, 주문 두루마리 (6레벨) |
| 51–57 | 두루마리, 주문 두루마리 (7레벨) |
| 58–62 | 탄약, +3 |
| 63–67 | 기름, 예리화의 기름 |
| 68–72 | 물약, 비행의 물약 |
| 73–77 | 물약, 구름 거인 힘의 물약 |
| 78–82 | 물약, 장수의 물약 |
| 83–87 | 물약, 생명의 물약 |
| 88–92 | 두루마리, 주문 두루마리 (8레벨) |
| 93–95 | 서풍의 편자 |
| 96–98 | 놀져의 놀라운 물감 |
| 99 | 가방, 탐식의 가방 |
| 00 | 휴대용 구멍 |

## 마법 물건 표 E

| d100 | 마법 물건 |
|---|---|
| 01–30 | 두루마리, 주문 두루마리 (8레벨) |
| 31–55 | 물약, 폭풍 거인 힘의 물약 |
| 56–70 | 물약, 최상급 치유의 물약 |
| 71–85 | 두루마리, 주문 두루마리 (9레벨) |
| 86–93 | 만능 용해제 |
| 94–98 | 살해의 화살 |
| 99–00 | 지고의 접착제 |

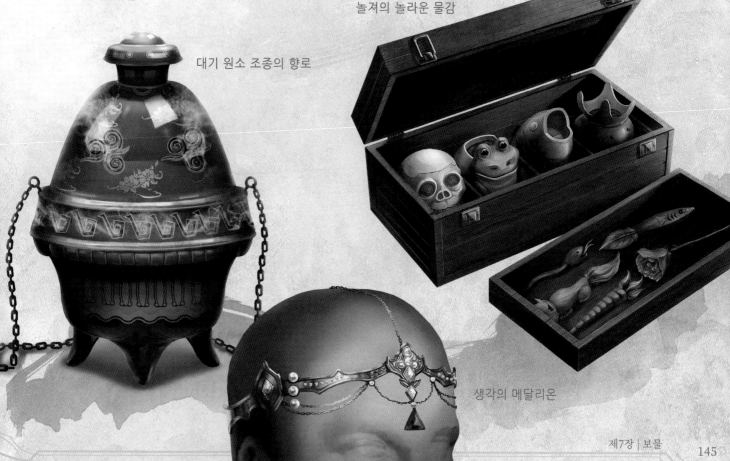

놀져의 놀라운 물감

대기 원소 조종의 향로

생각의 메달리온

## 마법 물건 표 F

| d100 | 마법 물건 |
|---|---|
| 01–15 | 무기, +1 |
| 16–18 | 방패, +1 |
| 19–21 | 방패, 경계의 방패 |
| 22–23 | 부적, 탐지 방어의 부적 |
| 24–25 | 장화, 엘프족의 장화 |
| 26–27 | 장화, 질주와 활보의 장화 |
| 28–29 | 팔찌, 궁술의 팔찌 |
| 30–31 | 방패의 브로치 |
| 32–33 | 비행 빗자루 |
| 34–35 | 망토, 엘프족의 망토 |
| 36–37 | 망토, 보호의 망토 |
| 38–39 | 오우거 힘의 건틀릿 |
| 40–41 | 변장의 모자 |
| 42–43 | 번개의 투창 |
| 44–45 | 힘의 진주 |
| 46–47 | 막대, 조약 수호자의 막대 +1 |
| 48–49 | 거미 등반의 슬리퍼 |
| 50–51 | 지팡이, 독사의 지팡이 |
| 52–53 | 지팡이, 구렁이의 지팡이 |
| 54–55 | 검, 복수의 검 |
| 56–57 | 어류 조종의 삼지창 |
| 58–59 | 마법봉, 마법 화살의 마법봉 |
| 60–61 | 마법봉, 전쟁 마법사의 마법봉 +1 |
| 62–63 | 마법봉, 거미줄의 마법봉 |
| 64–65 | 무기, 경고의 무기 |
| 66 | 갑옷, 아다만틴 갑옷 (체인 메일) |
| 67 | 갑옷, 아다만틴 갑옷 (체인 셔츠) |
| 68 | 갑옷, 아다만틴 갑옷 (스케일 메일) |
| 69 | 가방, 재주꾼 가방 (회색) |
| 70 | 가방, 재주꾼 가방 (녹슨 색) |

| d100 | 마법 물건 |
|---|---|
| 71 | 가방, 재주꾼 가방 (갈색) |
| 72 | 장화, 겨울땅의 장화 |
| 73 | 폭발의 서클렛 |
| 74 | 환영의 카드 |
| 75 | 끝없는 연기의 병 |
| 76 | 눈, 매혹의 눈 |
| 77 | 눈, 독수리의 눈 |
| 78 | 놀라운 힘의 조각상 (은 까마귀) |
| 79 | 광채의 보석 |
| 80 | 장갑, 투사체 잡기의 장갑 |
| 81 | 장갑, 수영과 등반의 장갑 |
| 82 | 장갑, 도둑질의 장갑 |
| 83 | 지능의 머리띠 |
| 84 | 투구, 정신 감응의 투구 |
| 85 | 바드의 악기 (도스 류트) |
| 86 | 바드의 악기 (포클루칸 반도레) |
| 87 | 바드의 악기 (맥 휘미드 시턴) |
| 88 | 생각의 메달리온 |
| 89 | 목걸이, 적응의 목걸이 |
| 90 | 호부, 상처 봉합의 호부 |
| 91 | 공포의 파이프 |
| 92 | 하수도의 파이프 |
| 93 | 반지, 도약의 반지 |
| 94 | 반지, 정신 방어의 반지 |
| 95 | 반지, 온기의 반지 |
| 96 | 반지, 수면 보행의 반지 |
| 97 | 엘로나의 화살통 |
| 98 | 행운의 돌 |
| 99 | 바람 부채 |
| 00 | 장화, 날개 달린 장화 |

포클루칸 반도레

엘프 체인 갑옷

궁술의 팔찌

속도의 장화

살해의 화살

제7장 | 보물

## 마법 물건 표 G

| d100 | 마법 물건 |
|------|-----------|
| 01–11 | 무기, +2 |
| 12–14 | 놀라운 힘의 조각상 (d8 굴림) |
| | 1 청동 그리폰 |
| | 2 흑단 파리 |
| | 3 황금 사자 |
| | 4 상아 염소 |
| | 5 대리석 코끼리 |
| | 6-7 오닉스 개 |
| | 8 사문석 올빼미 |
| 15 | 갑옷, 아다만틴 갑옷 (브레스트플레이트) |
| 16 | 갑옷, 아다만틴 갑옷 (스플린트) |
| 17 | 부적, 건강의 부적 |
| 18 | 갑옷, 취약함의 갑옷 |
| 19 | 방패, 화살 잡기의 방패 |
| 20 | 허리띠, 드워프족의 허리띠 |
| 21 | 허리띠, 언덕 거인 힘의 허리띠 |
| 22 | 광전사의 도끼 |
| 23 | 장화, 부양의 장화 |
| 24 | 장화, 속도의 장화 |
| 25 | 물의 원소 조종의 대야 |
| 26 | 팔찌, 방어의 팔찌 |
| 27 | 불의 원소 조종의 화로 |
| 28 | 망토, 야바위꾼의 망토 |
| 29 | 대기 원소 조종의 향로 |
| 30 | 갑옷, +1 (체인 메일) |
| 31 | 갑옷, 저항의 갑옷 (체인 메일) |
| 32 | 갑옷, +1 (체인 셔츠) |
| 33 | 갑옷, 저항의 갑옷 (체인 셔츠) |
| 34 | 망토, 굴절의 망토 |
| 35 | 망토, 박쥐의 망토 |
| 36 | 힘의 입방체 |
| 37 | 대언의 즉석 요새 |
| 38 | 맹독 단검 |
| 39 | 차원 족쇄 |
| 40 | 검, 용 살해자 |
| 41 | 갑옷, 엘프 체인 갑옷 |
| 42 | 검, 불꽃 혓바닥 |
| 43 | 시야의 보석 |
| 44 | 무기, 거인 살해자 |
| 45 | 갑옷, 환영의 스터디드 레더 |
| 46 | 투구, 순간이동의 투구 |
| 47 | 폭발의 뿔피리 |
| 48 | 발할라의 뿔피리 (은 혹은 황동) |
| 49 | 바드의 악기 (카나이스 만돌린) |
| 50 | 바드의 악기 (클라이 리르) |
| 51 | 아이운 돌 (감지) |
| 52 | 아이운 돌 (보호) |
| 53 | 아이운 돌 (보존) |

| d100 | 마법 물건 |
|------|-----------|
| 54 | 아이운 돌 (유지) |
| 55 | 빌라로의 쇠 밴드 |
| 56 | 갑옷, +1 (레더 아머) |
| 57 | 갑옷, 저항의 갑옷 (레더 아머) |
| 58 | 메이스, 붕괴의 메이스 |
| 59 | 메이스, 강타의 메이스 |
| 60 | 메이스, 공포의 메이스 |
| 61 | 망토, 주문 저항의 망토 |
| 62 | 목걸이, 기도 묵주의 목걸이 |
| 63 | 호부, 독 방어의 호부 |
| 64 | 반지, 동물 영향의 반지 |
| 65 | 반지, 회피기동의 반지 |
| 66 | 반지, 깃털 낙하의 반지 |
| 67 | 반지, 자유 행동의 반지 |
| 68 | 반지, 보호의 반지 |
| 69 | 반지, 저항의 반지 |
| 70 | 반지, 주문 저장의 반지 |
| 71 | 반지, 숫양의 반지 |
| 72 | 반지, X선 시야의 반지 |
| 73 | 로브, 눈의 로브 |
| 74 | 막대, 통치자의 막대 |
| 75 | 막대, 조약 수호자의 막대 +2 |
| 76 | 얽히는 로프 |
| 77 | 갑옷, +1 (스케일 메일) |
| 78 | 갑옷, 저항의 갑옷 (스케일 메일) |
| 79 | 방패, +2 |
| 80 | 방패, 투사체 유도의 방패 |
| 81 | 지팡이, 매혹의 지팡이 |
| 82 | 지팡이, 치유의 지팡이 |
| 83 | 지팡이, 곤충 무리의 지팡이 |
| 84 | 지팡이, 숲의 지팡이 |
| 85 | 지팡이, 쇠락의 지팡이 |
| 86 | 대지 원소 조종의 돌 |
| 87 | 검, 태양의 검 |
| 88 | 검, 생명 강탈의 검 |
| 89 | 검, 상처의 검 |
| 90 | 막대, 촉수의 막대 |
| 91 | 무기, 잔혹한 무기 |
| 92 | 마법봉, 결박의 마법봉 |
| 93 | 마법봉, 적 탐지의 마법봉 |
| 94 | 마법봉, 공포의 마법봉 |
| 95 | 마법봉, 화염구의 마법봉 |
| 96 | 마법봉, 번개의 마법봉 |
| 97 | 마법봉, 마비의 마법봉 |
| 98 | 마법봉, 전쟁 마법사의 마법봉 +2 |
| 99 | 마법봉, 경이의 마법봉 |
| 00 | 망토, 비행의 날개 |

비행 빗자루

## 마법 물건 표 H

| d100 | 마법 물건 |
|------|-----------|
| 01–10 | 무기, +3 |
| 11–12 | 부적, 이계의 부적 |
| 13–14 | 비행 융단 |
| 15–16 | 수정구 (희귀 등급) |
| 17–18 | 반지, 재생의 반지 |
| 19–20 | 반지, 유성의 반지 |
| 21–22 | 반지, 염동력의 반지 |
| 23–24 | 로브, 휘황찬란의 로브 |
| 25–26 | 로브, 별들의 로브 |
| 27–28 | 막대, 흡수의 막대 |
| 29–30 | 막대, 경계의 막대 |
| 31–32 | 막대, 보안의 막대 |
| 33–34 | 막대, 조약 수호자의 막대 +3 |
| 35–36 | 속도의 시미터 |
| 37–38 | 방패, +3 |
| 39–40 | 지팡이, 화염의 지팡이 |
| 41–42 | 지팡이, 서리의 지팡이 |
| 43–44 | 지팡이, 권능의 지팡이 |
| 45–46 | 지팡이, 강타의 지팡이 |
| 47–48 | 지팡이, 천둥과 번개의 지팡이 |
| 49–50 | 검, 예리함의 검 |
| 51–52 | 마법봉, 변이의 마법봉 |
| 53–54 | 마법봉, 전쟁 마법사의 마법봉 +3 |
| 55 | 갑옷, 아다만틴 갑옷 (하프 플레이트) |
| 56 | 갑옷, 아다만틴 갑옷 (플레이트) |
| 57 | 방패, 자동 방패 |
| 58 | 허리띠, 화염 거인 힘의 허리띠 |
| 59 | 허리띠, 서리 (혹은 바위) 거인 힘의 허리띠 |
| 60 | 갑옷, +1 (브레스트플레이트) |
| 61 | 갑옷, 저항의 갑옷 (브레스트플레이트) |
| 62 | 강신의 양초 |
| 63 | 갑옷, +2 (체인 메일) |
| 64 | 갑옷, +2 (체인 셔츠) |
| 65 | 망토, 거미의 망토 |

| d100 | 마법 물건 |
|------|-----------|
| 66 | 검, 춤추는 검 |
| 67 | 갑옷, 데몬의 갑옷 |
| 68 | 갑옷, 용 비늘 스케일 메일 |
| 69 | 갑옷, 드워프 플레이트 |
| 70 | 드워프 투척망치 |
| 71 | 이프리트의 병 |
| 72 | 놀라운 힘의 조각상 (흑요석 말) |
| 73 | 검, 서리 낙인 |
| 74 | 투구, 찬란함의 투구 |
| 75 | 발할라의 뿔피리 (청동) |
| 76 | 바드의 악기 (안스트루스 하프) |
| 77 | 아이운 돌 (흡수) |
| 78 | 아이운 돌 (민첩) |
| 79 | 아이운 돌 (인내) |
| 80 | 아이운 돌 (성찰) |
| 81 | 아이운 돌 (지능) |
| 82 | 아이운 돌 (지도력) |
| 83 | 아이운 돌 (근력) |
| 84 | 갑옷, +2 (레더 아머) |
| 85 | 설명서, 신체 강건의 설명서 |
| 86 | 설명서, 유용한 운동의 설명서 |
| 87 | 설명서, 골렘의 설명서 |
| 88 | 설명서, 재빠른 행동의 설명서 |
| 89 | 생명 포획의 거울 |
| 90 | 검, 아홉 생명 강탈자 |
| 91 | 맹세궁 |
| 92 | 갑옷, +2 (스케일 메일) |
| 93 | 방패, 주문수호 방패 |
| 94 | 갑옷, +1 (스플린트) |
| 95 | 갑옷, 저항의 갑옷 (스플린트) |
| 96 | 갑옷, +1 (스터디드 레더) |
| 97 | 갑옷, 저항의 갑옷 (스터디드 레더) |
| 98 | 맑은 생각의 서 |
| 99 | 지도력과 영향의 서 |
| 00 | 이해의 서 |

골렘 제작의 설명서

용 비늘 스케일 메일

## 마법 물건 표 I

| d100 | 마법 물건 |
|------|-----------|
| 01–05 | 검, 수호자 |
| 06–10 | 천둥벼락의 망치 |
| 11–15 | 검, 행운의 검 |
| 16–20 | 검, 응답의 검 |
| 21–23 | 검, 신성 복수자 |
| 24–26 | 반지, 진 소환의 반지 |
| 27–29 | 반지, 투명화의 반지 |
| 30–32 | 반지, 주문 반사의 반지 |
| 33–35 | 막대, 군주적 힘의 막대 |
| 36–38 | 지팡이, 대마법사의 지팡이 |
| 39–41 | 검, 보팔 검 |
| 42–43 | 허리띠, 구름 거인 힘의 허리띠 |
| 44–45 | 갑옷, +2 (브레스트플레이트) |
| 46–47 | 갑옷, +3 (체인 메일) |
| 48–49 | 갑옷, +3 (체인 셔츠) |
| 50–51 | 망토, 투명화 망토 |
| 52–53 | 수정구 (전설 등급) |
| 54–55 | 갑옷, +1 (하프 플레이트) |
| 56–57 | 쇠 플라스크 |
| 58–59 | 갑옷, +3 (레더 아머) |
| 60–61 | 갑옷, +1 (플레이트) |
| 62–63 | 로브, 대마법사의 로브 |
| 64–65 | 막대, 부활의 막대 |
| 66–67 | 갑옷, +3 (스케일 메일) |
| 68–69 | 보호의 풍뎅이 |
| 70–71 | 갑옷, +2 (스플린트) |
| 72–73 | 갑옷, +2 (스터디드 레더) |
| 74–75 | 여러 세상의 우물 |
| 76 | 마법 갑옷 (d12 굴림) |
| | 1–2 갑옷, +2 (하프 플레이트) |
| | 3–4 갑옷, +2 (플레이트) |
| | 5–6 갑옷, +3 (스터디드 레더) |
| | 7–8 갑옷, +3 (브레스트플레이트) |
| | 9–10 갑옷, +3 (스플린트) |
| | 11 갑옷, +3 (하프 플레이트) |
| | 12 갑옷, +3 (플레이트) |

| d100 | 마법 물건 |
|------|-----------|
| 77 | 콸리쉬의 기구 |
| 78 | 갑옷, 무적의 갑옷 |
| 79 | 허리띠, 폭풍 거인 힘의 허리띠 |
| 80 | 입방체 관문 |
| 81 | 삼라만상의 카드 |
| 82 | 갑옷, 이프리트 체인 |
| 83 | 갑옷, 저항의 갑옷 (하프 플레이트) |
| 84 | 발할라의 뿔피리 (철) |
| 85 | 바드의 악기 (올람 하프) |
| 86 | 아이운 돌 (강력한 흡수) |
| 87 | 아이운 돌 (통달) |
| 88 | 아이운 돌 (재생) |
| 89 | 갑옷, 에테르화의 플레이트 아머 |
| 90 | 갑옷, 저항의 갑옷 (플레이트) |
| 91 | 반지, 대기 원소 명령의 반지 |
| 92 | 반지, 대지 원소 명령의 반지 |
| 93 | 반지, 불의 원소 명령의 반지 |
| 94 | 반지, 세 소원의 반지 |
| 95 | 반지, 물의 원소 명령의 반지 |
| 96 | 절멸의 구 |
| 97 | 순수한 선의 부적 |
| 98 | 구체의 부적 |
| 99 | 절대적 악의 부적 |
| 00 | 붙잡힌 혀의 서 |

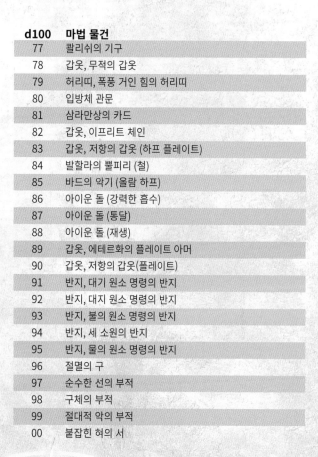

저항의 갑옷(플레이트)

강신의 양초

폭풍 거인 힘의 허리띠

사라짐의 가루

재채기와 질식의 가루

# 마법 물건 설명 (가나다순)

아래에서는 가나다순에 따라 마법 물건들을 설명하고 있습니다. 물건의 세부 사항들이 이름 순서대로 나와 있으며, 그 분류와 희귀도, 마법적인 기능이 설명되어 있습니다.

## 가루, 건조의 가루 DUST OF DRYNESS
*기타 물건, 비범 등급*

이 작은 주머니 속에는 1d6+4 움큼의 가루가 있습니다. 행동을 사용하면 한 움큼의 먼지를 물 위에 뿌릴 수 있습니다. 이 가루는 15 × 15 × 15ft 입방체의 물을 조약돌 크기의 작은 덩어리로 응축시키며, 이 덩어리는 가루를 뿌린 곳 근처에 떠오르거나 남아 있습니다. 덩어리의 무게는 거의 느껴지지 않습니다.

누군가가 행동을 사용해 이 덩어리를 단단한 표면에 충돌시켜 깨트리면, 즉시 그 안에 있던 물이 다 쏟아져 나옵니다. 이렇게 깨트리고 나면 덩어리의 마법이 사라집니다.

물로 이루어진 원소가 이 가루에 노출되면 DC 13의 건강 내성 굴림을 굴려야 하며, 실패할 시 10d6의 사령 피해를 입게 됩니다. 내성에 성공하면 피해는 절반으로 줄어듭니다.

## 가루, 사라짐의 가루 DUST OF DISAPPEARANCE
*기타 물건, 비범 등급*

작은 주머니 안에 들어있는 이 가루는 마치 고운 모래 같습니다. 이 가루는 한번 뿌릴 양만큼만 들어 있습니다. 행동을 사용하면 이 가루를 허공에 뿌릴 수 있으며, 당신과 10ft 범위에 있는 다른 모든 크리쳐나 물건은 2d4분 동안 투명한 상태가 됩니다. 이 지속시간은 모든 대상에 동일하게 적용되며, 일단 뿌리고 나면 가루의 마법은 사라집니다. 가루로 인해 투명해진 크리쳐가 공격을 가하거나 주문을 시전하면, 그 크리쳐의 투명 상태는 해제됩니다.

## 가루, 재채기와 질식의 가루
DUST OF SNEEZING AND CHOCKING
*기타 물건, 비범 등급*

작은 용기 안에 들어 있는 이 가루는 고운 모래 같습니다. 이것은 *사라짐의 가루*와 유사하게 생겼으며, *식별Idnetify* 주문을 사용해도 *사라짐의 가루*로 인식됩니다. 용기 안에는 한 번 뿌릴 분량의 가루만 들어 있습니다.

당신이 행동을 사용해 이 가루를 들어 허공에 뿌리면, 당신과 30ft 내의 숨을 쉬어야 하는 모든 크리쳐는 DC 15의 건강 내성 굴림을 굴려야 하며, 실패할 시 숨을 쉴 수 없게 되며 걷잡을 수 없이 재채기를 하게 됩니다. 이렇게 가루에 영향을 받은 대상은 행동불능 상태이며 질식하게 됩니다. 가루에 영향을 받은 대상들은 매 라운드 자기 턴이 끝날 때 다시 내성굴림을 굴릴 수 있으며, 성공할 시 효과에서 벗어날 수 있습니다. 영향을 받는 대상에게 *하급 회복Lesser Restoration* 주문을 사용해도 이 주문의 효과를 끝낼 수 있습니다.

## 가방, 소지의 가방 BAG OF HOLDING
*기타 물건, 비범 등급*

이 가방의 내부는 밖에서 보는 것보다 훨씬 넓으며, 대략 직경 2ft에 깊이는 4ft 정도 됩니다. 이 가방은 최대 500lbs까지 담을 수 있으며, 부피가 64입방피트를 넘어서는 안 됩니다. 최대로 채워도 가방의 무게는 15lbs 정도입니다. 가방 안에서 원하는 물건을 찾기 위해서는 행동을 소비해야 합니다.

만약 가방에 물건을 과하게 담거나, 찢어지거나, 구멍이 뚫리게 된다면 가방의 마법은 망가져 버리며, 가방 안에 담겨 있던 물건은 아스트랄계로 흩어져 버립니다. 만약 가방을 뒤집는다면 안에 담긴 물건이 별다른 해를 입지 않고 다 쏟아질 것이지만, 가방을 원래대로 돌리지 않는 한 도로 쓸 수는 없습니다. 숨을 쉬는 존재를 가방 안에 집어넣을 경우, 안의 공기는 10분 분량이 있지만, 여럿을 집어넣을 경우 그만큼 가능한 소비 시간이 짧아집니다. (10마리를 집어넣을 경우 1분만 버틸 수 있습니다.) 그 시간이 지나고 나면 질식하기 시작할 것입니다.

소지의 가방을 히워드의 편리한 배낭이나 휴대용 구멍 같은 이차원 공간에 집어넣으면, 두 물건 모두 파괴되며 동시에 아스트랄계로 가는 문이 열리게 됩니다. 이 문은 두 물건이 겹쳐 있던 장소에 생겨나며, 이 문으로부터 10ft 안에 있던 모든 존재는 아스트랄계로 빨려 들어가버리고 문은 사라집니다. 이 문은 일방통행이며, 고의로 다시 열 수는 없습니다.

## 가방, 재주꾼 가방 BAG OF TRICKS
*기타 물건, 비범 등급*

이 평범해 보이는 가방은 회색이나 녹슨 색, 갈색 천으로 만들어져 있으며, 비어있는 것처럼 보입니다. 하지만 그 가방 안에는 보풀 달린 작은 물체가 들어 있습니다. 가방의 무게는 0.5lbs정도입니다.

당신은 행동을 사용해 이 보풀 달린 물체를 가방에서 꺼내 20ft 거리까지 던질 수 있습니다. 이 물체가 땅에 닿으면, 곧 임의의 동물로 변합니다. 어떤 동물로 변하게 될지는 가방의 색깔과 물체를 던지며 굴리는 d8의 결과에 따라 결정됩니다. 몬스터 매뉴얼(Monster Manual)을 보면 동물의 게임적 자료가 나와 있습니다. 이렇게 나온 동물은 다음날 새벽이 되거나 hp가 0이 되면 사라집니다.

이 동물은 당신과 동료들에게 우호적이며, 당신의 턴에 행동합니다. 당신은 추가 행동을 이용해 동물이 어떻게 움직일지 어떤 행동을 할지 결정하거나, 적을 공격하라는 등의 대략적인 명령을 내릴 수 있습니다. 그러한 명령이 없다면 이 동물은 자연적인 본능에 따라서 행동할 것입니다.

일단 가방에서 보풀 달린 물체를 3번 꺼내고 나면, 다음날 새벽이 오기 전까지는 가방에서 다른 물체를 꺼낼 수 없습니다.

### 회색 재주꾼 가방

| d8 | 동물 | d8 | 동물 |
|----|------|----|------|
| 1 | 족제비 | 5 | 표범 |
| 2 | 거대 쥐 | 6 | 거대 오소리 |
| 3 | 오소리 | 7 | 다이어울프 |
| 4 | 멧돼지 | 8 | 거대 엘크 |

재주꾼 가방

콩의 가방

소지의 가방

## 녹슨 색 재주꾼 가방

| d8 | 동물 | d8 | 동물 |
|---|---|---|---|
| 1 | 쥐 | 5 | 거대 염소 |
| 2 | 올빼미 | 6 | 거대 멧돼지 |
| 3 | 마스티프 | 7 | 사자 |
| 4 | 염소 | 8 | 갈색곰 |

## 갈색 재주꾼 가방

| d8 | 동물 | d8 | 동물 |
|---|---|---|---|
| 1 | 자칼 | 5 | 검은 곰 |
| 2 | 유인원 | 6 | 거대 족제비 |
| 3 | 비비 | 7 | 거대 하이에나 |
| 4 | 도끼부리 | 8 | 호랑이 |

## 가방, 콩의 가방 BAG OF BEANS
*기타 물건, 고급 등급*

이 두꺼운 천 가방 안에는 3d4개의 마른 콩이 들어 있습니다. 가방의 무게는 0.5lbs이며, 안에 들어 있는 콩 하나마다 0.25lbs만큼 더 무거워집니다.

만약 당신이 가방의 내용물을 단번에 땅에 쏟아놓으면, 내용물은 즉시 10ft 범위의 폭발을 일으킵니다. 이 범위 안에 들어 있는 대상은 당신을 포함해 모두 DC 15의 민첩 내성 굴림을 굴려야 하며, 실패할 시 5d4의 화염 피해를 입게 됩니다. 성공시 피해를 절반으로 줄일 수 있습니다. 이 화염은 누군가 장비하거나 들고 있지 않은 주변의 가연성 물질에 즉각 불을 붙입니다.

만약 안에 들어 있는 콩을 흙이나 모래에 심고 물을 준다면, 이 콩은 땅에 심은 후 1분 뒤에 효력을 발휘하기 시작하며, 정확히 어떤 효력일지는 DM이 지정하거나 아래 표에서 무작위적으로 결정할 수 있습니다.

| d100 | 효과 |
|---|---|
| 01 | 5d4개의 버섯이 자라납니다. 누군가 이 버섯을 먹었다면 주사위를 굴립니다. 홀수가 나온 경우, 먹은 자는 DC 15의 건강 내성을 굴려 실패할 시 5d6점의 독 피해를 받고 1시간동안 중독 상태가 됩니다. 짝수가 나온 경우, 먹은 자는 1시간 동안 5d6점의 임시 hp를 얻을 수 있습니다. |
| 02–10 | 간헐천이 생겨나며 (DM의 결정에 따라) 물이나 맥주, 딸기 주스, 차, 와인, 식초, 기름 등이 1d12라운드 간 30ft 높이로 솟아오릅니다. |
| 11–20 | **트린트**가 자라납니다. (몬스터 매뉴얼(Monster Manual)에서 수치를 확인하십시오.) 50퍼센트의 확률로 이 트린트는 혼돈 악 성향을 지니고 있으며 공격을 가해 옵니다. |
| 21–30 | 당신이 지정하는 대로 생긴 움직이지 않는 석상이 생겨나 말하기 시작합니다. 이 석상은 당신에게 말로 위협을 가해 옵니다. 만약 당신이 그 자리를 떠나고 다른 누군가가 다가온다면, 이 석상은 당신을 가장 악랄한 악당으로 묘사하며 당신을 공격하라고 부추길 것입니다. 당신이 석상과 같은 세계에 있는 한 석상은 당신이 어디 있는지를 알 수 있습니다. 이 석상은 24시간 후 다시 말을 못 하는 상태로 돌아갑니다. |
| 31–40 | 푸른색 화염이 타오르는 모닥불이 생겨나 24시간 동안 불을 밝힙니다. (도중에 꺼트리면 꺼집니다.) |
| 41–50 | 1d6+6 마리의 **비명 버섯**이 자라납니다. (몬스터 매뉴얼에서 수치를 확인하십시오.) |
| 51–60 | 1d4+8 마리의 밝은 분홍색 두꺼비가 솟아납니다. 누군가 이 두꺼비를 만지면, 이는 즉시 대형 이하의 크기를 가진 DM이 지정한 괴물로 변합니다. 이 괴물은 1분간 남아 있으며, 그 이후 분홍색 연기가 되어 사라집니다. |
| 61–70 | 굶주린 **뷸레트**가 솟아올라 공격해 옵니다. (몬스터 매뉴얼에서 수치를 확인하십시오.) |
| 71–80 | 과일나무가 자라나며, 1d10+20개의 과일이 열려 있습니다. 그중 1d8개는 무작위로 정해진 마법 물약과 마찬가지의 기능을 하며, 그중 하나는 DM이 지정한 독을 품고 있습니다. 이 나무는 1시간 안에 사라지지만 그동안 딴 과일은 모두 남아 있으며, 30일간 마법의 효력을 유지합니다. |
| 81–90 | 1d4+3개의 알이 들어 있는 둥지가 솟아오릅니다. 이 알을 먹은 대상은 DC 20의 건강 내성을 굴려야 합니다. 내성에 성공했다면, 알을 먹은 대상의 가장 낮은 능력치가 1 증가합니다. (여러 개가 똑같이 낮다면 무작위로 올라갈 능력치가 결정됩니다.) 내성에 실패했다면, 먹은 자의 몸속에서 마법적인 폭발이 일어나며 10d6의 역장 피해를 받게 됩니다. |
| 91–99 | 바닥의 넓이가 60×60ft인 피라미드가 갑자기 솟아오릅니다. 그 안에는 **미이라 군주**가 잠자고 있는 석관이 있습니다. (몬스터 매뉴얼에서 수치를 확인하십시오.) 이 피라미드는 미이라 군주의 둥지로 취급하며, 석관에는 DM이 선택한 보물이 담겨있을 수 있습니다. |
| 00 | 거대한 콩나무 줄기가 솟아오르며, 최대 높이는 DM이 결정합니다. 콩나무의 꼭대기는 DM의 결정에 따라 정해지며, 엄청난 경치가 있거나, 구름 거인의 집이 있거나, 아예 이세계로 이어질 수도 있습니다. |

드워프 플레이트

무적의 갑옷

데몬의 갑옷

### 가방, 탐식의 가방 Bag of Devouring
기타 물건, 희귀 등급

이 가방은 겉으로 보기엔 소지의 가방이랑 똑같이 보이지만, 사실상 거대한 이차원 존재의 입이나 마찬가지입니다. 이 가방을 뒤집어 놓으면 입을 막아버릴 수 있습니다.

이 이차원 존재는 가방 안에 무언가를 담아 놓은 경우 즉시 이를 알아차릴 수 있습니다. 가방 안에 동물이나 식물류가 들어간 경우, 가방은 즉시 이를 먹어버리며 영원히 찾을 수 없게 됩니다. 살아있는 누군가가 가방 안에 자기 몸의 일부를 집어넣었을 경우, 50%의 확률로 이차원 존재가 이를 끌어당길 수 있습니다. 가방 속으로 끌려가지 않으려면 DC 15의 근력 판정에 성공해야 합니다. 또한 가방 밖의 다른 크리쳐들은 빨려 들어간 이를 도와줄수 있으며, 꺼내주려면 DC 20의 근력 판정이 필요합니다. 삼켜진 대상이 가방 안에서 자기 턴을 맞이하게 되면 그 몸은 잡아먹히고 파괴됩니다.

무생물에 움직이지 않는 물체를 가방 안에 집어넣게 되면, 최대 1 × 1 × 1ft까지의 물체를 집어넣을 수 있습니다. 하지만 무엇이든 가방 안에 둔 채 하루가 지나면 내부의 이차원 존재가 물체를 먹어 치우고, 다른 세계에 뱉어버릴 것입니다. 언제 어디에 뱉어내는지는 DM이 결정하게 됩니다.

만약 이 가방이 뚫리거나 찢어지면 가방은 즉시 파괴되며, 가방 안에 든 것들은 아스트랄계의 무작위 장소로 흩어집니다.

### 갑옷, +1, +2, +3 Armor +1, +2, +3
갑옷 (경장, 평장, 중장), 고급(+1), 희귀(+2), 전설(+3) 등급

이 갑옷을 입고 있으면 AC에 보너스를 받게 됩니다. 이 보너스는 갑옷의 희귀도에 따라 결정됩니다.

### 갑옷, 드워프 플레이트 Dwarven Plate
갑옷 (플레이트), 희귀 등급

이 갑옷을 입고 있을 때는 AC에 +2 보너스를 받을 수 있습니다. 추가로, 만약 당신의 의지에 반하여 당신의 위치를 움직이게 하려는 효과를 받았을 경우, 당신은 반응행동을 사용해 강제로 이동되는 거리를 10ft 감소시킬 수 있습니다.

### 갑옷, 데몬의 갑옷 Demon Armor
갑옷(플레이트), 희귀 등급 (조율 필요)

이 갑옷을 입고 있으면 AC에 +1 보너스를 받으며, 심연어를 이해하고 말할 수 있게 됩니다. 추가로 이 갑옷의 건틀릿에는 날카로운 손톱이 있으며, 비무장 공격이 마법 무기를 이용한 1d8점 피해의 참격 공격으로 취급받게 됩니다. 당신은 이 비무장 공격의 명중과 피해에 + 1 보너스를 받습니다.

*저주받음.* 일단 이 저주받은 갑옷을 입고 나면 *저주 해제 Remove Curse* 주문이나 유사한 주문을 받지 않는 한 벗을 수 없게 됩니다. 이 갑옷의 착용자는 데몬에 대해 공격할 때 명중에 불리점을 받게 되며, 데몬이 사용하는 주문이나 특별 능력에 대해 내성 굴림을 굴릴 때도 불리점을 받게 됩니다.

### 갑옷, 무적의 갑옷 Armor of Invulnerability
갑옷(플레이트), 전설 등급 (조율 필요)

당신은 이 갑옷을 입고 있을 때, 모든 비마법적 피해에 저항을 얻게 됩니다. 추가로, 당신은 행동을 사용하여 최대 10분 또는 갑옷을 벗을 때까지 모든 비마법적 피해에 면역을 얻을 수 있습니다. 일단 이 특별 행동을 사용하면, 다음날 새벽 때까지는 다시 능력을 사용할 수 없습니다.

탐식의 가방

이프리트 체인

## 갑옷, 에테르화의 플레이트 아머
### PLATE ARMOR OF ETHEREALNESS
*갑옷(플레이트), 전설 등급 (조율 필요)*

당신이 이 갑옷을 입고 있으면, 행동을 사용하고 명령어를 말하여 *에테르화Etherealness* 주문의 효과를 얻을 수 있습니다. 이 효과는 10분이 지나거나 당신이 갑옷을 벗을 때까지, 혹은 다시 명령어를 말할 때까지 지속됩니다. 이 갑옷의 기능은 한번 사용하면 다음 날 새벽 때까지 다시 사용할 수 없습니다.

## 갑옷, 엘프 체인 갑옷 ELVEN CHAIN
*갑옷 (체인 셔츠), 고급 등급*

당신은 이 갑옷을 입고 있을 때 AC에 +1 보너스를 받습니다. 당신은 평장 갑옷에 대한 숙련이 없어도 마치 숙련이 있는 것처럼 이 갑옷을 입을 수 있습니다.

## 갑옷, 용 비늘 스케일 메일 DRAGON SCALE MAIL
*갑옷 (스케일 메일), 희귀 등급 (조율 필요)*

용 비늘 스케일 메일은 어떤 한 종류 용의 비늘로 만든 것입니다. 가끔은 용들 스스로가 자신의 떨어져 나간 비늘을 모아 갑옷을 만들어 인간형 존재에게 선물할 때도 있으며, 사냥꾼들이 용을 잡고 나서 조심스럽게 가죽을 벗겨 만들기도 합니다. 어떤 경우든 간에, 이 용 비늘 갑옷은 비싼 값어치를 지니고 있습니다.

이 갑옷을 입고 있으면, 당신은 AC에 +1 보너스를 받을 수 있으며, 용들의 공포스러운 존재감이나 브레스에 대한 내성 굴림에 이점을 얻을 수 있습니다. 또한 당신은 특정한 피해에 대해 내성을 얻을 수 있으며, 이 피해의 종류는 어떤 용의 비늘로 만든 것인가에 따라 달라집니다. (아래 표를 참고하십시오.)

이에 더해, 당신이 행동을 사용하면서 감각을 집중하면, 당신으로부터 30마일 내에서 해당 갑옷의 비늘과 같은 종류의 드래곤이 있는지, 그리고 만약 존재한다면 가장 가까운 드래곤이 어느 방향에 있는지를 파악할 수 있습니다. 이렇게 감각을 활성화했다면, 다음 날 새벽까지는 다시 이 기능을 사용할 수 없습니다.

| 용비늘 | 저항 | 용비늘 | 저항 |
|---|---|---|---|
| 골드 | 화염 피해 | 블랙 | 산성 피해 |
| 그린 | 독성 피해 | 블루 | 번개 피해 |
| 레드 | 화염 피해 | 실버 | 냉기 피해 |
| 브라스 | 화염 피해 | 코퍼 | 산성 피해 |
| 브론즈 | 번개 피해 | 화이트 | 냉기 피해 |

## 갑옷, 이프리트 체인 EFREETI CHAIN
*갑옷(체인 메일) 전설 등급(조율 필요)*

이 갑옷을 입고 있으면 AC에 +3 보너스를 받을 수 있으며, 모든 화염 피해에 면역이 되고, 원시어를 이해하고 말할 수 있게 됩니다. 또한 당신은 녹아내리는 바위 위에서도 보통 바닥 위에 있는 것처럼 서고 걸어 다닐 수 있게 됩니다.

## 갑옷, 미스랄 갑옷 MITHRAL ARMOR
*갑옷 (통가죽을 제외한 평장 혹은 중장 갑옷), 비범 등급*

미스랄은 가볍고 유연한 금속입니다. 미스랄 체인 셔츠나 브레스트플레이트는 보통 천 옷 아래에 겹쳐 입을 수 있습니다. 만약 해당 갑옷이 일반적으로 민첩(은신) 판정에 불리점을 주거나 근력 요구치를 필요로 한다면, 미스랄로 만든 갑옷은 이러한 단점을 모두 무시할 수 있습니다.

## 갑옷, 수부의 갑옷 MARINER'S ARMOR
*갑옷 (경장, 평장, 중장 갑옷), 비범 등급*

이 갑옷을 입고 있으면 당신은 보행 속도와 같은 수영 속도를 얻습니다. 추가로 당신의 hp가 0인 상태로 물속에서 자기 턴을 시작하게 되었다면, 이 갑옷은 수면을 향해 60ft 떠오르게 해 줍니다. 갑옷은 물고기와 조개 모양의 상징이 새겨져 있습니다.

## 갑옷, 아다만틴 갑옷 ADAMANTINE ARMOR
*갑옷 (통가죽을 제외한 평장 혹은 중장 갑옷), 비범 등급*

이 갑옷은 존재하는 물질 중 가장 단단한 물질인 아다만틴으로 강화되어 있습니다. 이 갑옷을 착용하고 있을 때, 당신이 맞는 모든 치명타는 일반 공격이 됩니다.

## 갑옷, 저항의 갑옷 ARMOR OF RESISTANCE
갑옷 (경장, 평장, 중장), 고급 (조율 필요)

당신은 이 갑옷을 입고 있을 때 특정 종류의 피해에 저항을 얻게 됩니다. 어떤 종류인가는 DM이 정하거나 아래 표에 따라 무작위로 결정될 수 있습니다.

| d10 | 피해 종류 | d10 | 피해 종류 |
|-----|----------|-----|----------|
| 1 | 산성 | 6 | 사령 |
| 2 | 냉기 | 7 | 독성 |
| 3 | 화염 | 8 | 정신 |
| 4 | 역장 | 9 | 광휘 |
| 5 | 번개 | 10 | 천둥 |

## 갑옷, 취약함의 갑옷 ARMOR OF VULNERABILITY
갑옷(플레이트), 고급 등급 (조율 필요)

이 갑옷을 입고 있는 동안, 당신은 타격, 관통, 참격 중 한 가지 피해에 대해 저항을 얻게 됩니다. 어떤 종류의 피해에 저항을 얻을지는 DM이 지정하거나 무작위로 정하게 됩니다.

*저주받음.* 이 갑옷은 저주받았으며, 이 사실은 갑옷에 식별 *Identify* 주문을 사용하거나 조율하고 나서야 알게 됩니다. 이 갑옷과 조율하게 되면 당신은 *저주 해제Remove Curse* 나 다른 주문을 통해서만 저주에서 벗어날 수 있습니다. 저주에 걸려 있는 동안, 당신이 갑옷으로 저항을 얻은 종류를 제외한 다른 두 종류 피해에 대해서는 취약함을 얻게 됩니다.

## 갑옷, 환영의 스터디드 레더
### GLAMOURED STUDDED LEATHER
갑옷 (스터디드 레더), 고급 등급

이 갑옷을 입고 있으면, 당신은 AC에 +1 보너스를 받을 수 있습니다. 당신은 또한 추가 행동으로 이 갑옷의 명령어를 말할 수 있습니다. 그러면 이 갑옷은 평범한 옷가지의 모습이나, 다른 종류의 갑옷으로 보이도록 외형이 변화합니다. 당신은 어떤 형태의 의복이나 갑옷이 될지 결정할 수 있으며, 그 색이나 형상 역시 결정할 수 있습니다. 그러나 실제로는 이 갑옷의 무게와 부피는 변하지 않습니다. 이 환영 모습은 다시 이 기능을 사용하거나 갑옷을 벗을 때까지 그대로 지속됩니다.

## 강신의 양초 CANDLE OF INVOCATION
기타 물건, 희귀 등급 (조율 필요)

이 가느다란 양초는 특정한 신에게 바쳐진 것이며, 그 신과 같은 성향을 지니고 있습니다. 이 양초의 성향은 악과 선 탐지*Detect Evil and Good* 주문으로 파악할 수 있습니다. DM은 이 양초가 어떤 신에게 바쳐진 것인가와 그 성향을 지정하거나, 무작위로 정할 수 있습니다.

| d20 | 성향 | d20 | 성향 |
|-----|------|-----|------|
| 1-2 | 혼돈 악 | 10-11 | 중립 |
| 3-4 | 혼돈 중립 | 12-13 | 중립 선 |
| 5-7 | 혼돈 선 | 14-15 | 질서 악 |
| 8-9 | 중립 악 | 16-17 | 질서 중립 |
| | | 18-20 | 질서 선 |

이 양초의 마법은 양초를 켜면 발동되며, 양초를 켜기 위해서는 행동을 사용해야 합니다. 양초는 4시간을 태우면 파괴됩니다. 당신은 양초가 타는 도중 꺼서 아껴둘 수 있습니다. 양초가 소비된 시간을 1분 단위로 기록해 두십시오.

냉기 저항의 갑옷

거미 등반의 슬리퍼

양초가 타고 있는 동안, 이 양초는 30ft 반경에 약한 빛을 제공합니다. 양초와 같은 성향을 지닌 크리쳐가 이 빛 안에 있을 때, 이들은 명중굴림과 내성 굴림, 능력 판정에 이점을 받을 수 있습니다. 추가로, 이 양초와 같은 성향을 지닌 클레릭이나 드루이드는 자신이 준비하고 있던 1레벨 주문을 주문 슬롯의 소비 없이 사용할 수 있습니다. 단, 이때 이 주문은 항상 1레벨 슬롯을 사용하여 시전된 것으로 칩니다.

이 양초의 다른 사용 방법으로, 양초에 처음 불을 켤 때 당신은 양초를 이용해 관문*Gate* 주문을 시전할 수 있습니다. 이렇게 양초를 사용하면 양초는 그 즉시 파괴됩니다.

## 개방의 종 CHIME OF OPENING
기타 물건, 고급 등급

이 텅 빈 금속관은 1ft 정도 길이에 1파운드(=0.5kg) 정도 무게를 지니고 있습니다. 행동을 사용해 이 관을 울리면, 120ft 내에서 당신이 관으로 가리키고 있던 문이나 창문, 자물쇠 등의 물체가 열리게 됩니다. 이 종은 맑은 소리를 내며, 소리가 직접 닿지 못하는 곳이라 하더라도 자물쇠나 잠금이 열립니다. 만약 어떠한 자물쇠나 잠금도 없다면 물체 그 자체가 열리게 됩니다.

이 종은 10번 울릴 수 있으며, 10번째로 울리고 나면 종 자체가 망가져서 쓸모없이 변하고 맙니다.

## 거미 등반의 슬리퍼 SLIPPERS OF SPIDER CLIMBING
기타 물건, 비범 등급 (조율 필요)

이 가벼운 신발들을 신고 있으면 당신은 양손이 자유로운 채 수직 표면이나 천장을 걸어서 오르내릴 수 있습니다. 당신은 보통 걷는 속도와 마찬가지로 등반할 수 있습니다. 하지만 이 슬리퍼는 얼음이나 기름칠이 된 것처럼 미끄러운 표면을 타고 올라가지는 못합니다.

개방의 종

보팔 검

불꽃 혓바닥

## 건강의 비약 ELIXIR OF HEALTH
물약, 고급 등급

이 물약을 마시면, 당신의 모든 질병이 치유되며 장님 상태, 귀머거리 상태, 마비, 중독 상태가 모두 해소됩니다. 이 붉은 색의 맑은 액체는 안에 가벼운 거품이 올라오고 있습니다.

## 검, 보팔 검 VORPAL SWORD
무기 (참격 피해를 주는 검 종류), 전설 등급 (조율 필요)

당신이 이 마법 무기를 사용할 때 명중과 피해에 +3 보너스를 받게 됩니다. 추가로, 이 무기는 참격 피해에 대한 저항을 무시합니다.

당신이 최소 하나 이상의 머리를 가진 대상을 이 무기로 공격하여 명중 굴림에서 20이 나오면, 당신은 이 대상의 머리를 베어낸 것이 됩니다. 머리가 없으면 죽는 존재의 경우, 즉시 죽음을 맞이할 것입니다. 참격 피해에 면역이 있거나, 머리가 없어도 살 수 있거나, 전설 행동을 지녔거나, DM이 보기에 이 무기로 목을 자르기에는 너무 큰 대상이라면 즉사당하지 않을 수도 있습니다. 이 경우, 목이 잘리는 대신에 추가로 6d8의 참격 피해를 입게 될 것입니다.

## 검, 복수의 검 SWORD OF VENGEANCE
무기 (검 종류), 비범 등급 (조율 필요)

당신은 이 마법 무기를 사용할 때 명중과 피해에 +1 보너스를 받을 수 있습니다.

**저주받음.** 이 무기는 저주받았으며, 복수심에 찬 영혼이 깃들어 있습니다. 당신이 이 무기에 조율을 시도하면 저주를 받게 됩니다. 당신이 저주를 받는 동안에는 이 칼에서 떨어지고 싶지 않아 할 것이며, 언제나 곁에 두려 하게 됩니다. 이 무기에 조율하고

있는 동안, 당신은 다른 무기를 사용하여 행하는 모든 명중 굴림에 불리점을 받게 됩니다.

추가로, 이 검을 당신 곁에 두고 있는 동안, 당신이 전투에서 피해를 받을 때마다 DC 15의 지혜 내성 굴림을 굴려야 합니다. 내성에 실패할 경우, 당신은 자신에게 피해를 준 대상을 무조건 공격하려 들 것이며 이는 그 대상의 hp가 0이 되거나 근접 공격을 가할 수 없을 만큼 멀리 떨어질 때까지 지속됩니다.

당신은 일반적인 방법으로 저주를 해소할 수 있습니다. 아니면 추방Banishment 주문을 시전해 검에 깃든 복수의 영혼을 추방할 수 있습니다. 이 경우 이 검은 그냥 아무런 기능도 없는 +1 검이 됩니다.

## 검, 불꽃 혓바닥 FLAME TONGUE
무기 (검 종류), 고급 등급 (조율 필요)

당신은 추가 행동을 사용하고 이 마법 검의 명령어를 외쳐, 칼날에서 불길이 솟아나게 할 수 있습니다. 이 불길은 40ft 반경에 밝은 빛을, 추가로 40ft까지는 약한 빛을 냅니다. 검이 불타고 있을 때, 이 검은 명중한 모든 대상에게 추가로 2d6의 화염 피해를 가합니다. 이 화염은 당신이 다시 추가 행동을 사용하고 명령어를 말해 불꽃을 끄거나, 칼을 다시 칼집에 꽂아 넣을 때까지 지속됩니다.

## 검, 상처의 검. SWORD OF WOUNDING
무기 (검 종류), 고급 등급 (조율 필요)

이 검으로 인해 입은 hp 손실은 짧은 휴식이나 긴 휴식을 취하기 전까지는 회복할 수 없으며, 그전까지는 재생이나 마법 등 다른 방법으로도 회복되지 않습니다.

한 턴당 한 번씩, 당신이 이 무기를 사용해 근접 공격을 명중시킬 때, 당신은 목표에게 상처를 입힐 수 있습니다. 상처 입은 대상은 자기 턴이 시작할 때마다 1d4점의 사령 피해를 입게 되며, 상처 하나마다 따로 피해가 적용됩니다. 이 대상은 턴이 시작할 때 DC 15의 건강 내성 굴림을 굴릴 수 있고, 성공할 시 모든 상처 효과를 끝낼 수 있습니다. 혹은 상처 입은 대상이나 그 대상으로부터 5ft 내에 있는 다른 누군가가 DC 15의 지혜(의학) 판정에 성공할 경우, 마찬가지로 상처 효과를 끝낼 수 있습니다.

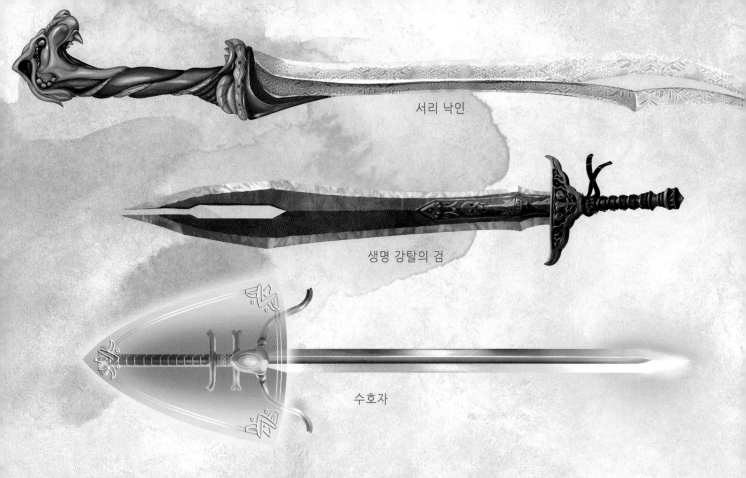

서리 낙인

생명 강탈의 검

수호자

### 검, 서리 낙인 Frost Brand
*무기 (검 종류), 희귀 등급 (조율 필요)*

이 마법 검을 사용하여 공격할 때, 명중한 대상은 추가로 1d6점의 냉기 피해를 입게 됩니다. 또한, 당신은 이 검을 들고 있을 때 화염 피해에 대해 저항을 얻게 됩니다.

   기온이 영하 이하일 때, 이 검은 10ft 반경까지 밝은 빛을, 추가로 10ft까지는 약한 빛을 냅니다.

   이 무기를 뽑을 때, 당신은 30ft 반경의 모든 비마법적인 불을 꺼트릴 수 있습니다. 이 기능은 한 시간에 1번만 사용할 수 있습니다.

### 검, 생명 강탈의 검 Sword of Life Stealing
*무기 (검 종류), 고급 등급 (조율 필요)*

당신이 이 마법 무기로 적을 공격하여 명중 굴림에서 20이 나오면, 목표가 언데드나 구조물이 아닐 경우 추가로 10점의 사령 피해를 입게 됩니다. 그리고 당신은 10점의 임시 hp를 얻을 수 있습니다.

### 검, 수호자 Defender
*무기 (검 종류), 전설 등급 (조율 필요)*

당신은 이 마법 무기를 사용하여 공격을 가할 때 명중과 피해에 +3 보너스를 받을 수 있습니다.

   당신이 자기 턴에 처음으로 이 검을 사용해 공격할 때, 당신은 검의 보너스 일부 혹은 전부를 명중과 피해 대신 당신의 AC에 더할 수 있습니다. 예를 들어, 당신은 명중과 피해에는 +1 보너스를 받는 대신 AC에 +2 보너스를 받겠다고 선언할 수 있습니다. 조정된 보너스는 당신의 다음 턴이 시작될 때까지 지속됩니다. 그러나 당신이 AC 보너스를 받으려면 계속 칼을 들고 있는 상태여야만 합니다.

### 검, 신성 복수자 Holy Avenger
*무기 (검 종류), 전설 등급 (팔라딘에 의해 조율 필요)*

이 마법 검을 이용해 공격할 때는 명중과 피해에 +3 보너스를 받을 수 있습니다. 이 검으로 악마나 언데드를 공격해 명중시키면, 목표는 추가로 2d10점의 광휘 피해를 입게 됩니다.

   당신이 이 검을 뽑아서 들고 있으면, 당신을 중심으로 10ft 범위의 오오라가 생겨납니다. 당신과 이 오오라 내에 있는 우호적인 크리쳐들은 모두 주문이나 유사한 마법 효과에 대해 내성을 굴릴 때 이점을 받을 수 있습니다. 만약 당신이 17레벨 이상의 팔라딘 클래스를 지니고 있다면, 이 오오라의 범위는 30ft로 확대됩니다.

### 검, 아홉 생명 강탈자 Nine Lives Stealer
*무기 (검 종류), 희귀 등급 (조율 필요)*

당신은 이 마법 무기를 사용하여 공격할 때 명중과 피해에 +2 보너스를 받을 수 있습니다.

   이 검은 1d8+1회 충전되어 있습니다. 만약 당신이 이 검을 사용해 hp 100 미만의 목표에게 치명타를 가했다면, 해당 목표는 DC 15의 건강 내성을 굴려 실패할 시 검이 몸에서 생명력을 베어낸 것으로 취급해 즉시 사망합니다. (구조물이나 언데드는 이 효과에 면역입니다.) 이 검은 이렇게 목표를 살해할 때마다 충전을 1회 소비합니다. 검에 충전이 모두 소비되었다면 검은 이 기능을 더는 사용할 수 없게 됩니다.

### 검, 예리함의 검 Sword of Sharpness
*무기 (참격 피해를 주는 검 종류), 희귀 등급 (조율 필요)*

당신이 이 마법 검으로 어떤 물체를 공격하여 명중시키면, 당신은 무기의 피해 주사위에서 최대값이 나온 것으로 취급할 수 있습니다.

아홉 생명 강탈자

신성 복수자

예리함의 검

용 살해자

당신이 어떤 대상을 이 무기로 공격해 명중 굴림에서 20이 나왔다면, 해당 목표는 추가로 14점의 참격 피해를 입게 되며 다시 d20을 굴릴 수 있습니다. 여기서도 다시 20이 나왔다면, 당신은 목표의 사지 중 하나를 베어낸 것이며, 이러한 참격의 효과는 DM 이 결정하게 됩니다. 만약 목표에게 베어낼 사지가 없다면, 당신은 대신 몸의 일부를 베어낸 것입니다.

추가로, 당신은 검에 명령어를 말하여 10ft 반경까지는 밝은 빛을, 추가로 10ft까지는 약한 빛을 내도록 밝힐 수 있습니다. 다시 명령어를 말하거나 검을 칼집에 넣으면 빛은 꺼집니다.

## 검, 용 살해자 Dragon Slayer
*무기 (검 종류), 고급 등급*

당신은 이 마법 무기를 사용하여 공격할 때 명중과 피해에 +1 보너스를 받습니다.

당신이 이 무기로 드래곤을 공격하면, 드래곤은 추가로 무기가 가하는 종류의 피해를 3d6점 더 입게 됩니다. 이 무기의 사용 목적을 따졌을 때, "용"이란 모든 종류의 드래곤을 지칭하는 것이며, 드래곤 터틀이나 와이번 역시 이에 포함됩니다.

## 검, 응답의 검 Sword of Answering
*무기 (롱소드), 전설 등급 (검과 같은 성향을 지닌 자가 조율해야 함)*

그레이호크 세계에서, 이 검들은 세상에 오직 아홉 자루만 존재한다고 알려져 있습니다. 각각은 전설적인 검 프라가라흐

(Fragarach)를 따라 만들어졌으며, 다양한 방식으로 "유언"을 번역한 이름들을 지니고 있습니다. 아홉 자루의 칼 각각은 그 자신의 이름과 성향을 지니고 있으며, 서로 다른 보석이 칼자루에 박혀 있습니다.

| 이름 | 성향 | 보석 |
|------|------|------|
| 결론자 | 질서 중립 | 자수정 |
| 궤변자 | 중립 악 | 홍옥 |
| 대응자 | 중립 | 감람석 |
| 모함자 | 질서 악 | 석류석 |
| 반문자 | 질서 선 | 아쿠아마린 |
| 변론자 | 중립 선 | 토파즈 |
| 악담자 | 혼돈 악 | 흑옥 |
| 유언자 | 혼돈 중립 | 전기석 |
| 응답자 | 혼돈 선 | 에메랄드 |

이 무기를 사용할 때는 명중과 피해에 +3 보너스를 받습니다. 추가로 당신이 이 무기를 들고 있으면, 당신은 반응행동을 이용해 당신에게 피해를 가한 대상에게 근접 공격으로 반격을 가할 수 있습니다. 당신은 이 반격의 명중 굴림에 이점을 받으며, 이 특별한 공격은 상대가 지닌 면역이나 저항을 모두 무시합니다.

## 검, 춤추는 검 Dancing Sword
*무기 (검 종류), 희귀 등급 (조율 필요)*

당신은 추가 행동을 이용해 이 마법 검을 허공에 던지고 명령어를 말할 수 있습니다. 그렇게 하면 검이 허공에 떠오르며, 30ft 속도

태양의 검

행운의 검

춤추는 검

이 나와 있는 동안 이 마법 롱소드는 교묘함 속성을 지닙니다. 만약 당신이 숏소드나 롱소드에 대한 숙련을 지니고 있다면, 당신은 이 숙련대로 태양의 검을 다룰 수 있습니다.

이 무기를 사용하면 명중과 피해 굴림에 +2 보너스를 받을 수 있으며, 참격 대신 광휘 피해를 가합니다. 만약 이 검으로 언데드를 공격한다면, 목표는 추가로 1d8점의 광휘 피해를 더 입을 것입니다.

이 검의 밝은 칼날은 15ft 반경에 밝은 빛을, 추가로 15ft까지는 약한 빛을 냅니다. 이 빛은 태양빛으로 취급합니다. 칼날이 지속되는 동안, 당신은 행동을 사용하여 빛을 각각 5ft씩 더 늘리거나 줄일 수 있으며, 이 빛은 최대 30ft 범위까지 넓어지거나 10ft 범위까지 줄어들 수 있습니다.

### 검, 행운의 검 LUCK BLADE
*무기 (검 종류), 전설 등급 (조율 필요)*

이 마법 무기를 사용하면 명중과 피해에 +1 보너스를 받을 수 있습니다. 이 검을 소지하고 있는 동안에는 모든 내성 굴림에도 +1 보너스를 받을 수 있습니다.

**행운.** 이 검을 소지하고 있다면, 당신은 검의 행운을 불러내 명중 굴림이나 능력 판정, 내성 굴림을 한 번 다시 굴릴 수 있습니다. 이때는 반드시 새로 나온 결과를 사용해야만 합니다. 이 기능은 한 번 사용하고 나면 다음 날 새벽까지 사용할 수 없습니다.

**소원.** 이 검은 1d4-1회의 힘이 충전되어 있습니다. 이 검을 들고 있으면, 당신은 행동을 사용해 충전 1회를 소비하고 소원*Wish* 주문을 시전할 수 있습니다. 이 기능은 한번 사용하고 나면 다음날 새벽까지 사용할 수 없으며, 도로 충전되는 것도 아닙니다. 이런 식으로 모든 충전을 사용하고 나면 이 검은 소원 기능을 잃게 됩니다.

### 공포의 파이프 PIPES OF HAUNTING
*기타 물건, 비범 등급*

이 파이프를 사용하려면 관악기에 대한 숙련이 있어야 합니다. 악기는 3회의 힘이 충전되어 있습니다. 당신은 행동을 사용하여 충전 1회를 소모하고 악기를 연주할 수 있으며, 이때 으스스하고 주문의 힘이 있는 음색이 연주됩니다. 주변 30ft 이내에서 당신의 연주를 들은 모든 대상은 DC 15의 지혜 내성 굴림을 해야 하며, 실패할 시 1분간 당신에게 공포를 느끼는 상태가 됩니다. 당신이 바란다면 효과 범위 내에 있는 적대적이지 않은 대상들은 자동으로 내성에 성공하게 할 수도 있습니다. 내성에 실패한 자들은 자기 턴이 끝날 때마다 다시 내성을 굴릴 수 있으며, 성공했을시 효과에서 벗어날 수 있습니다. 이 효과에 대한 내성에 성공한 자는 24시간 동안 파이프의 공포에 면역이 됩니다. 이 파이프는 매일 새벽마다 1d3회의 힘을 충전합니다.

### 광전사의 도끼 BERSERKER AXE
*무기 (도끼류), 고급 등급 (조율 필요)*

이 무기를 사용하면 명중과 피해에 +1 보너스를 받을 수 있습니다. 추가로, 당신이 이 무기에 조율되어 있는 동안 당신의 최대 hp는 레벨당 1점씩 증가합니다.

**저주받음.** 이 도끼는 저주받았으며, 조율하게 되면 당신이 저주에 걸리게 됩니다. 당신에게 저주가 걸려있는 동안 당신은 이 도끼에서 떨어지려 하지 않으며, 가능한 언제나 도끼를 곁에 두고 싶어 할 것입니다. 또한 당신은 주변 60ft 내에 당신이 보거나 들을 수 있는 적이 있을 때, 이 무기를 제외한 다른 무기를 사용하려 한다면 명중 굴림에 불리점을 받습니다.

이 도끼를 소지한 상태에서 적대적인 존재에게 피해를 받게 되면, 당신은 DC 15의 지혜 내성 굴림을 굴려야 하며 실패할 시 광폭화합니다. 광폭화한 동안에는 매 라운드 당신의 행동을 이용

로 날면서 당신이 선택한 5ft 이내의 대상을 공격합니다. 이 검은 당신의 명중 굴림을 사용하며, 피해 굴림에도 당신의 능력 수정치를 사용합니다.

이 검이 떠 있는 동안, 당신은 추가 행동을 사용해 30ft 속도로 검을 이동시켜 당신으로부터 30ft 이내의 다른 지점으로 보낼 수 있습니다. 또한 같은 추가 행동의 일부분으로, 검이 떠 있는 지점으로부터 5ft 이내의 다른 대상을 공격하게 명령할 수 있습니다.

검이 허공에 뜬 상태로 4번 공격하고 나면, 다시 30ft 속도로 날아와 당신의 손에 돌아올 것입니다. 만약 당신의 손이 비어 있지 않다면 검은 바닥에 떨어질 것입니다. 만약 이 검과 당신 사이에 장애물이 있어 직접 닿는 것이 불가능하다면, 검은 당신에게 가장 가까운 지점까지 날아와 땅에 떨어질 것입니다. 또한 당신과 검이 30ft 이상 떨어지게 되어도 검은 땅에 떨어질 것입니다.

### 검, 태양의 검 SUN BLADE
*무기 (롱소드), 고급 등급 (조율 필요)*

이 물건은 마치 롱소드의 손잡이처럼 생겼습니다. 당신은 이 손잡이를 쥐어든 상태로 추가 행동을 사용해 순수한 빛으로 만든 칼날을 만들어내거나, 이미 만들어진 칼날을 없앨 수 있습니다. 칼날

공포의 파이프

광채의 보석

광전사의 도끼

구체의 부적

해 가장 가까이 있는 대상을 이 도끼로 공격해야 합니다. 만약 당신이 공격 행동으로 여러 차례 공격을 가할 수 있다면, 현재 목표가 쓰러진 다음에는 무조건 가장 가까운 크리쳐에게 다가가 공격해야 합니다. 만약 당신 주변에 공격 가능한 목표가 여럿 있다면, 무작위로 하나를 택해서 공격합니다. 당신 주변 60ft 내에서 보고 들을 수 있는 크리쳐가 아무도 없는 상태에서 자기 턴을 시작할 때 광폭화에서 벗어날 수 있습니다.

## 광채의 보석 GEM OF BRIGHTNESS
기타 물건, 비범 등급

이 프리즘은 50회의 힘이 충전되어 있습니다. 이 보석을 들고 있는 동안, 당신은 세 가지 명령어를 통해 아래 효과 중 하나를 불러일으킬 수 있습니다.

- 첫 번째 명령어는 보석에서 30ft 반경까지는 밝은 빛을, 추가로 30ft까지는 약한 빛을 내게 합니다. 이 효과는 충전을 소모하지 않습니다. 이 효과는 당신이 명령어를 말하거나 다른 효과를 발동할 때까지 계속 지속됩니다.
- 두 번째 명령어는 충전 1회를 소모하며, 당신으로부터 60ft 내의 당신이 볼 수 있는 지정한 대상에게 찬란한 빛줄기를 쏘아 보냅니다. 이 대상은 DC 15의 건강 내성 굴림에 실패할 시 1분간 장님 상태가 됩니다. 대상은 매번 자신의 턴이 끝날 때 다시 내성 굴림을 굴릴 수 있으며, 성공했을 시 효과를 끝낼 수 있습니다.
- 세 번째 명령어는 충전 5회를 소모하며 30ft 길이의 원뿔 범위에 강력한 빛을 방출합니다. 이 원뿔 범위 내의 모든 대상은 2번째 능력에서와 마찬가지로 내성을 굴려야 하며, 실패했을 시 2번째 능력에서와 마찬가지로 장님 상태가 됩니다.

안의 모든 충전을 소모하면 보석은 비마법적인 것이 되며, 이때 보석의 가치는 50gp 정도입니다.

## 구체의 부적 TALISMAN OF THE SPHERE
기타 물건, 전설 등급 (조율 필요)

당신이 절멸의 구를 조종하기 위해 지능(비전학) 판정을 행할 때, 이 부적을 손에 들고 있다면 판정에 적용되는 당신의 숙련 보너스는 2배가 됩니다. 또한, 당신이 절멸의 구를 통제하는 상태에서 자신의 턴을 시작한다면, 당신은 행동을 사용해 이 구체를 (10 × 당신의 지능 수정치) + 10ft 거리만큼 부유 이동시킬 수 있습니다.

## 기름, 미끄러움의 기름 OIL OF SLIPPERINESS
물약, 비범 등급

이 끈적한 검은 연고는 용기 안에 담긴 상태로 발견되지만, 퍼 올리면 빨리 흘러내립니다. 이 기름은 중형이나 그보다 작은 크리쳐에 바를 수 있으며, 그보다 큰 크기라면 한 단계씩 커질 때마다 한 병씩을 더 필요로 합니다. 기름을 바르는데는 10분의 시간이 소요됩니다. 기름을 바른 대상은 이후 8시간 동안 *이동의 자유 Freedom of Movement* 주문의 효과를 적용받습니다.

다른 사용 방법으로, 행동을 사용해 이 기름을 바닥에 뿌릴 수 있으며, 뿌리면 10 × 10ft를 덮게 됩니다. 이 기름이 뿌려진 바닥은 8시간 동안 *기름칠 Grease* 주문의 효과를 받은 것과 같은 상태가 됩니다.

## 기름, 에테르화의 기름 OIL OF ETHEREALNESS
물약, 고급 등급

이 희끄무레한 구슬 모양의 기름 덩어리는 용기에서 꺼내면 빠르게 증발하기 시작합니다. 이 기름은 중형이나 그보다 작은 크리쳐에 바를 수 있으며, 그보다 큰 크기라면 한 단계씩 커질 때마다 한 병씩을 더 필요로 합니다. 기름을 바르는 데는 10분의 시간이 소요됩니다. 기름이 발라진 대상은 이후 1시간 동안 *에테르화 Ethereal ness* 주문의 효과를 적용받습니다.

끝없는 연기의 병

끝없는 물의 정수통

당신의 다음 턴이 시작할 때까지 쏟아집니다. 당신은 명령어로 아래 선택지 중 하나를 고를 수 있습니다.

- "개울"을 명령하면 물 1갤런이 나옵니다.
- "샘"을 명령하면 물 5갤런이 나옵니다.
- "간헐천"을 명령하면 물 30갤런이 용솟음쳐 나오며 30ft 높이 1ft 너비로 솟구칩니다. 당신은 추가 행동으로 30ft 내에서 당신이 볼 수 있는 대상에게 이 정수통을 조준할 수 있습니다. 솟구치는 물을 맞은 대상은 DC 13의 근력 내성에 실패하면 1d4점의 타격 피해를 입으며 넘어집니다. 크리처 대신 누군가가 들고 있거나 장비하고 있지 않은 200lbs 이하 무게의 물건을 조준할 수도 있으며, 그 경우 조준된 물체는 넘어지거나 15ft 거리를 밀려나게 됩니다.

## 끝없는 연기의 병 EVERSMOKING BOTTLE
*기타 물건, 비범 등급*

이 황동 병은 납으로 된 마개를 지니고 있으며, 연기가 새어 나오고 있습니다. 이 병은 1lb 무게입니다. 당신은 행동을 사용해 병의 마개를 뺄 수 있으며, 이때 병에서 60ft 반경으로 짙은 연기의 구름이 솟아오릅니다. 이 구름 속 지역은 심하게 가려진 상태가 됩니다. 병이 열린 상태로 있다면 매 라운드 구름은 10ft씩 넓어지며, 최대 120ft 범위까지 확장될 수 있습니다.

이 구름은 병이 열려 있는 한 계속 지속됩니다. 병 뚜껑을 닫으려면 행동을 사용하며 명령어를 말해야 합니다. 일단 병을 닫으면 구름은 10분 이내에 흩어져 버립니다. 적당한 바람(시속 11~20마일)이 불어온다면 1분 안에 연기는 사라지며, 만약 강한 바람(시속 21마일)이 불고 있다면 1라운드 이후 연기는 모두 사라집니다.

## 놀라운 힘의 조각상 FIGURINE OF WONDROUS POWER
*기타 물건, 종류에 따라 희귀도 다양*

놀라운 힘의 조각상은 주머니에 넣을 수 있을 만큼 작은 짐승의 조각상들입니다. 만약 당신이 명령어를 말하며 행동을 사용하면 당신은 60ft 이내의 지면에 이 조각상을 던질 수 있으며, 조각상은 살아있는 존재로 변합니다. 만약 조각상이 닿은 곳이 다른 크리처나 물체에 의해 점유된 공간이거나 변신하기엔 너무 좁다면, 조각상은 변신하지 않을 것입니다.

변신한 존재는 당신과 동료들에게 우호적입니다. 이들은 당신의 언어를 이해하며 당신이 말한 명령에 복종합니다. 만약 당신이 어떤 명령도 내리지 않았다면, 이 존재들은 자기방어를 하지만 다른 행동은 취하지 않을 것입니다. 각 크리처들의 게임적 수치에 대해서는 몬스터 매뉴얼(Monster Manual)을 참고하되, 거대 파리는 예외입니다.

소환된 크리처는 조각상마다 명시된 시간만큼 유지됩니다. 지속시간이 끝나면, 크리처는 본래의 조각상 형태로 돌아갑니다. 만약 조각상의 hp가 0으로 떨어졌거나, 당신이 행동을 사용하며 접촉해 다시 원래대로 돌리고자 한다면 그 전에도 원래의 형태로 돌아갈 수 있습니다. 일단 조각상 형태로 돌아가고 나면, 각 조각상마다 기록되어 있는 일정한 기간이 지나고 나서야 다시 동물 모습으로 변신시킬 수 있습니다.

*대리석 코끼리(고급).* 이 대리석 조각상은 4인치(=10cm) 정도 크기입니다. 이 조각상은 24시간 동안 코끼리로 변할 수 있습니다. 일단 한번 사용하고 나면 7일간은 다시 사용할 수 없습니다.

*사문석 올빼미(고급).* 이 사문석 올빼미 조각상은 사용시 8시간 동안 거대 올빼미로 변합니다. 일단 사용하고 나면 이후 2일간은 다시 사용할 수 없습니다. 올빼미는 당신과 같은 세계에 있는 한 얼마나 떨어져 있든 정신감응으로 교류를 나눌 수 있습니다.

## 기름, 예리화의 기름 OIL OF SHARPNESS
*물약, 희귀 등급*

이 투명한 점액질 기름은 아주 미세하고 가느다란 은 조각들로 인해 빛이 납니다. 이 기름은 참격이나 관통 피해를 주는 무기 하나에 바르거나, 동일한 종류의 피해를 주는 탄환류 5개에 바를 수 있는 분량입니다. 이 기름을 바르는 데는 1분의 시간이 소요됩니다. 이후 1시간 동안, 기름이 발라져 있는 무기는 마법적인 것이되어 모든 명중과 피해 굴림에 +3 보너스를 받을 수 있습니다.

## 기사의 안장 SADDLE OF THE CAVALIER
*기타 물건, 비범 등급*

탈 것에 이 안장을 얹어 놓으면, 당신은 의식이 깨어있는 동안 절대 강제로 낙마당하지 않으며, 당신의 탈 것에 대한 명중 굴림은 불리점을 얻게 됩니다.

## 끝없는 물의 정수통 DECANTER OF ENDLESS WATER
*기타 물건, 비범 등급*

이 뚜껑달린 플라스크는 흔들면 물이 담긴 것처럼 찰랑대는 소리를 냅니다. 정수통의 무게는 2lbs 정도입니다.

당신은 행동을 사용해 마개를 열고 3가지 명령어 중 하나를 말할 수 있으며, 이때 담수나 해수가 플라스크 밖으로 쏟아져 나옵니다. (어떤 물을 쏟을지는 당신이 선택할 수 있습니다.) 이 물은

황금 사자

흑요석 말

오닉스 개

흑단 파리

상아 염소

사문석 올빼미

대리석 코끼리

**상아 염소(고급).** 이 상아 염소 조각상은 언제나 3개가 같이 발견됩니다. 각각의 염소는 독특하게 생겼으며 서로 다른 기능을 지니고 있습니다. 각 염소가 지닌 특징은 아래와 같습니다.

- 여행의 염소는 일반적인 승용마와 같은 게임 자료를 지닌 대형 염소로 변합니다. 24회가 충전되어 있으며, 1시간 탈것을 이용할 때마다 1회씩의 충전을 소비합니다. 충전이 있는 동안에는 언제든 자유로이 사용할 수 있습니다. 모든 충전을 다 사용하고 나면 다시 조각상으로 변하며, 이렇게 변하고 7일이 지나고 나면 다시 모든 충전을 회복합니다.
- 고생의 염소는 3시간 동안 거대 염소로 변합니다. 일단 한번 사용하고 나면 이후 30일 동안은 다시 사용할 수 없습니다.
- 공포의 염소는 사용하고 나면 3시간 동안 거대 염소로 변합니다. 이 염소는 공격할 수 없지만, 당신은 염소의 뿔을 빼내서 무기로 사용할 수 있습니다. 뿔 중 하나는 +1 랜스이며, 다른 하나는 +2 롱소드입니다. 뿔을 빼내기 위해서는 행동을 소비해야 하며, 염소가 다시 조각상 모습으로 돌아가면 뿔들도 다시 사라집니다. 추가로 이 염소를 타고 있을 때는 30ft 범위에 공포의 오오라를 방출합니다. 이 범위 내에서 자신의 턴을 시작하는 적대적 크리처는 DC 15의 지혜 내성 굴림을 굴려야 하며, 실패할 시 1분간, 혹은 염소가 조각상으로 돌아갈 때까지 이 염소에 대해 공포를 느끼는 상태가 됩니다. 공포에 질린 대상은 자신의 턴이 끝날 때마다 다시 내성을 굴릴 수 있으며, 성공할 시 효과에서 해방됩니다. 일단 공포에 대한 내성에 성공하면 24시간 동안은 염소의 공포에 면역이 됩니다. 이 조각상을 한번 사용하고 나면 15일간은 다시 사용할 수 없습니다.

**오닉스 개(고급).** 이 오닉스 개 조각상은 사용시 6시간 동안 마스티프 모습으로 변합니다. 이 마스티프는 지능 능력치가 8이며 공용어를 말할 수 있습니다. 또한 이 개는 60ft 범위의 암시야를 지니고 있고 해당 범위 내의 투명한 크리처나 물건을 감지해 낼 수 있습니다. 일단 이 조각상을 한 번 사용하면 이후 7일간은 다시 사용할 수 없습니다.

## 거대 파리 GIANT FLY

대형 야수, 무성향

---

**방어도** 11
**히트 포인트** 19 (3d10+3)
**이동속도** 30ft 비행시 60ft

---

| 근력 | 민첩 | 건강 | 지능 | 지혜 | 매력 |
|------|------|------|------|------|------|
| 14 (+2) | 13 (+1) | 13 (+1) | 2 (-4) | 10 (+0) | 3 (-4) |

---

**감각능력** 암시야 60ft, 상시 감지 10
**언어** —

**은 까마귀(비범).** 이 은 까마귀 조각상은 사용시 12시간 동안 까마귀로 변합니다. 일단 사용하고 나면 2일간은 다시 사용할 수 없습니다. 당신은 이 조각상이 까마귀 모습을 하고 있을 때 언제나 자유로이 동물 전달자Animal Messenger 주문을 이 까마귀에 시전할 수 있습니다.

**청동 그리폰 (고급).** 이 청동 조각상은 돌진하는 그리폰 모습입니다. 이 조각상을 사용하면 이후 6시간 동안 그리폰으로 변신하며, 한번 사용하고 나면 5일간은 다시 사용할 수 없습니다.

**황금 사자(고급).** 이 황금 사자 조각상은 언제나 한 쌍으로 발견됩니다. 당신은 조각상을 하나만 사용하거나 둘 다 동시에 사용할 수 있습니다. 각각의 조각상은 이후 1시간 동안 사자로 변합니다. 한번 사자를 사용하고 나면 이후 7일간은 다시 사용할 수 없습니다.

**흑단 파리(고급).** 이 흑단 조각상은 말파리처럼 생겼습니다. 명령어를 사용하면 12시간 동안 거대 파리로 변하며, 탈것으로 사용할 수 있습니다. 일단 사용하고 나면 2일간은 다시 사용할 수 없습니다.

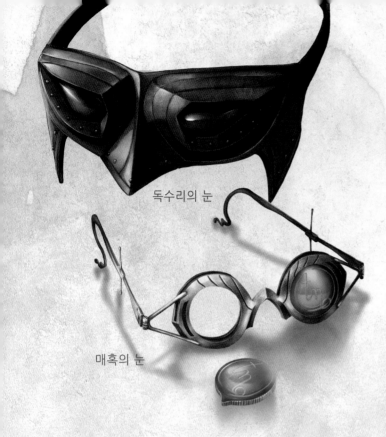

독수리의 눈

매혹의 눈

만약 당신이 물감을 이용해 불길이나 번개 등의 에너지를 그려 넣는다면, 이 에너지 역시 실체화는 되지만 그림이 완성되자마자 바로 꺼질 것이며, 무엇에든 어떠한 피해도 입힐 수 없습니다.

### 눈, 독수리의 눈 EYES OF THE EAGLE
*기타 물건, 비범 등급 (조율 필요)*

이 수정 렌즈들은 눈에 착용합니다. 이것들을 착용하고 있으면, 당신은 시각에 관련된 지혜(감지) 판정에 이점을 받게 됩니다. 분명하게 보이기만 한다면, 당신은 아주 멀리 떨어져 있는 대상이나 물건도 2ft 거리에 있는 것처럼 자세하게 살펴볼 수 있습니다.

### 눈, 매혹의 눈 EYES OF CHARMING
*기타 물건, 비범 등급 (조율 필요)*

이 수정 렌즈는 눈에 착용합니다. 이 물건은 3회 분량의 힘이 충전되어 있습니다. 이를 착용하고 있을 때, 당신은 충전 1회를 소비하고 행동을 사용해서 30ft 내의 인간형 대상을 목표로 *인간형 매혹Charm Person* 주문을 시전할 수 있습니다. (내성 DC 13). 이때 대상과 당신은 서로를 볼 수 있어야 합니다. 이 렌즈는 매일 새벽 소모된 충전을 모두 회복합니다.

### 눈, 현미경의 눈 EYES OF MINUTE SEEING
*기타 물건, 비범 등급*

이 수정 렌즈는 눈에 착용합니다. 이것들을 착용하고 있으면, 당신은 1ft 거리 내에 있는 사물에 대해 훨씬 세밀하게 볼 수 있습니다. 당신은 이 거리 내의 지역을 수색하거나 물건을 조사하려 할 때, 시각에 의존하는 지능(수사) 판정에 이점을 받을 수 있습니다.

### 대기 원소 조종의 향로
CENSER OF CONTROLLING AIR ELEMENTALS
*기타 물건, 고급 등급*

이 향로에서 향을 피우고 있으면, 당신은 행동을 사용하고 향로의 명령어를 말하여 *원소 소환Conjure Elemental* 주문을 시전한 것처럼 대기 원소를 소환할 수 있습니다. 향로를 한번 사용했다면, 다음날 새벽이 될 때까지 다시 사용할 수 없습니다.

이 향로는 6인치 너비에 1ft 높이를 지닌 용기이며 큰 잔처럼 조각되어 있습니다. 향로의 무게는 1lb입니다.

### 대언의 즉석 요새 DAERN'S INSTANT FORTRESS
*기타 물건, 고급 등급*

당신은 행동을 사용해 이 1인치 크기의 금속 입방체를 지면에 놓고 명령어를 말할 수 있습니다. 그러면 이 입방체는 급속도로 커지며 요새가 되고, 다시 명령어를 말할 때까지는 그 크기대로 있습니다. 요새를 다시 작아지게 하려면 안에 아무도 없어야 합니다.

이 요새는 사각형 탑이며, 한 면은 20ft 길이에 높이는 30ft입니다. 모든 면에는 화살 총안이 나 있으며 위에는 흉벽이 마련되어 있습니다. 내부 구조는 2층으로 되어 있으며, 사다리로 연결되어 있습니다. 사다리는 옥상까지 올라가며, 뚜껑문으로 닫혀 있습니다. 명령어를 말하고 나면 당신이 향한 방향으로 출입문이 위치하는 상태로 거대화하며, 이 출입문은 오직 당신의 명령으로만 열립니다. 이 문을 열기 위한 명령어는 추가 행동으로 말할 수 있습니다. 이 문은 *문열기Knock* 주문이나 유사한 마법에 면역이며, 개방의 종 역시 이 문을 열 수 없습니다.

요새가 나타나는 지역에 있는 모든 크리쳐는 DC 15의 민첩 내성을 굴려야 하며, 실패할 시 10d10의 타격 피해를 입고 요새 위

***흑요석 말(희귀).*** 이 윤기 나는 흑요석 말은 이후 24시간 동안 나이트메어로 변할 수 있습니다. 이 나이트메어는 오로지 자기방어를 위해서만 싸우려 하며, 한번 사용하고 나면 이후 5일간은 다시 사용할 수 없습니다.

당신이 선 성향을 지니고 있다면 10%의 확률로 이 조각상이 당신의 명령을 무시하려 할 수 있으며, 다시 조각상으로 돌아가라는 명령 역시 무시할 수 있습니다. 만약 당신의 명령을 무시하는 상태에서 나이트메어에 올라탔다면, 당신과 나이트메어는 그 즉시 하데스 계의 무작위 장소로 이동해버리며, 거기서 원래의 조각상 모습으로 돌아갈 것입니다.

### 놀져의 놀라운 물감 NOLZUR'S MARVELOUS PIGMENTS
*기타 물건, 희귀 등급*

이 물감은 정교한 나무 상자 속에서 붓과 함께 1d4 통 발견됩니다. (통의 무게는 각각 1lb입니다.) 이 물감들을 이용하면 2차원 표면에 그림을 그려서 3차원 물체를 만들어 낼 수 있습니다. 붓으로 물감을 그리면 당신이 집중하여 떠올리는 물체의 모습대로 그려나갈 수 있습니다.

물감 통 하나는 각각 1000평방피트의 표면을 칠할 수 있으며, 당신이 창조하고자 하는 무생물체나 지형을 창조할 수 있습니다. 문이나 구덩이, 꽃, 나무, 방, 무기 등등이 창조 가능한 것들입니다. 이렇게 창조하는 물체들은 최대 10,000입방피트 부피까지이며, 100평방피트 범위를 칠할 때마다 10분씩이 들어갑니다.

당신이 무생물체나 지형에 대한 그림을 끝낼 때마다, 해당 그림은 비마법적인 실제 존재로 변합니다. 따라서 벽에다 문을 그리면 그 문은 실제로 기능하는 문이 되어 열거나 닫을 수 있으며, 구덩이를 그리면 그 구덩이에 빠지게 됩니다. 구덩이의 깊이는 당신이 만들 수 있는 최대 부피에서 빠지게 될 것입니다.

이 그림으로 25gp 이상의 가치를 지니는 것을 창조할 수는 없습니다. 만약 당신이 그림으로 이보다 비싼 것(다이아몬드나 황금)을 그린다면 이 물체 역시 그럴싸하게 보이도록 만들어질 수는 있지만, 조금만 살펴보면 뼈나 풀 같이 무가치한 것으로 만들어졌다는 사실을 쉽게 알아챌 수 있습니다.

치 밖으로 밀려 나가게 됩니다. 내성에 성공할 시 피해는 절반이 되지만 어쨌든 밀려 나가는 건 같습니다. 누군가 들거나 장비하고 있지 않은 모든 물체 역시 마찬가지로 밀려 나갑니다.

요새는 아다만틴으로 만들어졌지만, 강한 마법으로 인해 이를 떼어낼 수 없습니다. 천장과 문, 벽 등등은 각각 100점의 히트포인트를 지니고 있으며, 공성병기를 제외한 모든 비마법적 무기 피해에 면역이고, 다른 모든 피해에 저항을 지니고 있습니다. 오직 소원Wish 주문으로만 성채를 수리할 수 있습니다. (이렇게 사용하는 것은 소원Wish으로 8레벨 이하의 주문을 복제한 것과 마찬가지로 취급합니다.) 소원Wish 주문 한번 당 천장이나 문, 벽의 hp를 50 회복할 수 있습니다.

## 대지 원소 조종의 돌
### STONE OF CONTROLLING EARTH ELEMENTALS
*기타 물건, 고급 등급*

만약 이 돌을 바닥에 내려놓는다면, 당신은 행동을 사용하고 명령어를 말하여 원소 소환Conjure Elemental 주문을 시전한 것처럼 대지 원소를 불러낼 수 있습니다. 이 돌은 한번 사용하고 나면 다음 날 새벽까지 다시 사용할 수 없습니다. 돌의 무게는 5lbs입니다.

## 두루마리, 보호의 두루마리 SCROLL OF PROTECTION
*두루마리, 고급 등급*

보호의 두루마리는 각각 특정한 종류의 크리쳐에게 맞서서 작동합니다. 어떤 종류인가는 DM이 지정하거나, 아래 표에서 무작위로 정해질 수 있습니다.

| d100 | 크리쳐 종류 | d100 | 크리쳐 종류 |
|---|---|---|---|
| 01–10 | 기괴체 | 41–50 | 요정 |
| 11–20 | 야수 | 51–75 | 악마 |
| 21–30 | 천상체 | 76–80 | 식물 |
| 31–40 | 원소 | 81–00 | 언데드 |

행동을 사용하여 이 두루마리를 읽으면, 당신으로부터 5ft 반경으로 10ft 높이의 투명한 방벽이 생겨납니다. 이후 5분간 이 방벽은 정해진 종류의 크리쳐가 들어오는 것을 차단하며, 방벽 내의 존재에게 영향을 가하는 것을 막습니다.

이 원통형 방벽은 당신이 움직일 때 따라 움직이며 항상 당신을 중심에 둡니다. 하지만, 만약 당신이 정해진 종류의 크리쳐에게 다가가 그 대상이 방벽 범위 안에 들어온다면 마법의 효과는 끝납니다.

이 방벽의 효과를 극복하려는 크리쳐는 DC 15의 매력 판정을 시도하고 행동을 사용해야 합니다. 이 판정에 성공할 경우 해당 크리쳐는 방벽의 영향을 받지 않습니다.

## 두루마리, 주문 두루마리 SPELL SCROLL
*두루마리, 다양함*

주문 두루마리는 주문 하나의 내용이 신비로운 방법으로 추출되어 쓰인 것입니다. 만약 이 주문이 당신의 클래스 주문에 속해 있다면, 당신은 어떤 물질적 구성요소 없이도 이 두루마리를 읽고 그 안의 주문을 시전할 수 있습니다. 만약 당신의 클래스 주문에 속해있지 않다면, 이 두루마리는 읽을 수 없습니다. 두루마리를 읽는 데 걸리는 시간은 본래 주문의 시전 시간과 같습니다. 일단 주문을 시전하고 나면, 두루마리에 적혀있는 문장들은 사라져 버리며, 두루마리 역시 먼지가 되어 버립니다. 만약 주문 시전이 방해받았다면, 두루마리는 여전히 남아 있습니다.

만약 주문이 당신의 클래스 주문 목록에 속해 있지만 시전하기에는 너무 레벨이 높은 것이라면, 당신은 주문시전에 연관된 능력치로 판정을 해행 성공해야만 주문을 시전할 수 있습니다. 이때 판정의 DC는 10 + 주문 레벨입니다. 만약 판정에 실패할 경우, 주문은 두루마리에서 사라지지만 아무런 효과도 없습니다.

두루마리에 쓰인 주문의 레벨이 내성 굴림 DC와 명중 보너스를 결정하며, 두루마리의 희귀도 역시 결정합니다. 여기 대해서는 아래 주문 두루마리 표를 참조하십시오.

### 주문 두루마리

| 주문 레벨 | 희귀도 | 내성 DC | 명중 보너스 |
|---|---|---|---|
| 소마법 | 범용 | 13 | +5 |
| 1 레벨 | 범용 | 13 | +5 |
| 2 레벨 | 비범 | 13 | +5 |
| 3 레벨 | 비범 | 15 | +7 |
| 4 레벨 | 고급 | 15 | +7 |
| 5 레벨 | 고급 | 17 | +9 |
| 6 레벨 | 희귀 | 17 | +9 |
| 7 레벨 | 희귀 | 18 | +10 |
| 8 레벨 | 희귀 | 18 | +10 |
| 9 레벨 | 전설 | 19 | +11 |

대지 원소 조종의 돌

대언의 즉석 요새

위저드는 주문 두루마리의 주문을 주문책에 옮겨 적을 수 있습니다. 주문 두루마리의 주문을 옮겨 적으려 할 때 필사자는 지능 (비전학) 판정을 해야 하며, 이때 DC는 10 + 주문레벨입니다. 만약 판정에 성공하면 주문을 성공적으로 옮겨 적은 것입니다. 판정에 성공하든 실패하든, 옮겨 적기를 시도하면 주문 두루마리는 파괴됩니다.

드워프 투척망치

### 드러냄의 랜턴 LANTERN OF REVEALING
기타 물건, 비범 등급

이 갓 달린 랜턴에 불을 붙이면, 기름 1파인트를 사용해 6시간 동안 불을 밝힐 수 있습니다. 이때는 30ft 반경까지 밝은 빛을, 추가로 30ft까지는 약한 빛을 냅니다. 랜턴이 밝은 빛을 비추는 범위 내에 들어온 투명한 크리쳐나 물체들은 즉시 투명화가 풀리고 모습을 드러내게 됩니다. 당신은 행동을 사용해 랜턴의 갓을 내릴 수 있으며, 이때는 오직 5ft 범위에만 약한 빛을 내게 됩니다.

드러냄의 랜턴

### 드워프 투척망치 DWARVEN THROWER
무기 (워해머), 희귀 등급(드워프에 의해 조율 필요)

이 마법 무기를 사용하면 명중과 피해에 +3 보너스를 받을 수 있습니다. 이 무기는 일반 20ft, 최대 60ft까지 던질 수 있는 투척 기능을 지닙니다. 당신이 이 무기를 사용해 원거리로 공격을 명중시키면, 목표는 추가로 1d8점 피해를 입게 됩니다. 만약 목표가 거인이라면 이 피해는 2d8점으로 증가합니다. 무기는 공격을 가한 즉시 당신의 손으로 날아 돌아옵니다.

눈의 로브

### 등반의 로프 ROPE OF CLIMBING
기타 물건, 비범 등급

이 60ft 길이의 비단 로프는 3lbs 무게이며 최대 3,000lbs 무게까지를 견딜 수 있습니다. 당신이 로프의 한쪽 끝을 잡고 행동을 사용하여 명령어를 말하면, 로프는 스스로 움직이기 시작합니다. 당신은 추가 행동으로 로프의 다른 쪽 끝을 당신이 원하는 방향으로 보낼 수 있습니다. 로프는 당신의 턴마다 10ft씩 움직이며 당신이 지정한 방향으로 나아가며, 로프의 최대 길이까지 가거나 당신이 멈추라 할 때 멈춥니다. 또한 당신은 명령을 내려 로프가 스스로 어떤 물체에 단단히 묶이게 하거나 풀 수 있으며, 매듭을 짓거나 스스로 똬리를 틀게 할 수 있습니다.

만약 당신이 매듭짓도록 명령을 내리면, 로프는 1ft 간격으로 매듭을 지으며, 전체 길이가 50ft로 짧아지지만, 로프를 타고 등반하려 할 때는 판정에 이점을 받게 됩니다.

로프는 AC 20이며 20점의 hp를 지니고 있습니다. 로프는 최소 1점의 hp라도 남아 있으면 5분마다 1점씩의 hp를 재생합니다. 만약 로프의 hp가 0으로 떨어지면 로프는 파괴되어 버립니다.

### 로브, 눈의 로브 ROBE OF EYES
기타 물건, 고급 등급 (조율 필요)

이 로브는 눈 형태의 문양들이 그려져 있으며, 이 로브를 입게 되면 아래와 같은 효과를 얻을 수 있습니다.

- 로브는 당신을 모든 방향으로 볼 수 있게 해 주며, 시각에 기반한 지혜(감지) 판정에 이점을 받게 합니다.
- 당신은 120ft 길이의 암시야를 얻게 됩니다.
- 당신은 투명한 크리쳐나 물체를 볼 수 있으며, 에테르계 역시 볼 수 있습니다. 이 시야 범위는 120ft입니다.

대마법사의 로브

별들의 로브

로브의 눈들은 감게 하거나 돌릴 수 없습니다. 비록 당신이 자신의 눈을 감거나 돌리더라도, 이 로브를 입고 있으면 다른 눈들로 인해 절대 눈을 돌릴 수 없게 됩니다. 이 로브에 빛Light 주문을 걸거나 로브로부터 5ft 내에 태양광Daylight 주문을 시전하게 되면 당신은 1분간 장님 상태가 됩니다. 당신의 턴이 끝날 때마다 당신은 건강 내성 굴림(빛의 경우 DC 11, 태양광의 경우 DC 15)을 굴릴 수 있으며, 성공할 경우 시각이 돌아옵니다.

### 로브, 대마법사의 로브 ROBE OF THE ARCHMAGI
*기타 물건, 전설 등급(소서러나 워락, 위저드의 조율 필요)*

이 우아한 옷은 백색, 회색, 또는 검은색의 고급 원단으로 만들어졌으며, 은색 룬이 곳곳에 아로새겨져 있습니다. 로브의 색은 이 물건을 제작한 자의 성향에 따라 결정됩니다. 선한 경우 백색, 중립은 회색, 악한 경우는 검은색으로 만들어집니다. 당신은 자신의 성향과 맞지 않는 대마법사의 로브와 조율할 수 없습니다.

로브를 입고 있으면 당신은 아래 효과를 받을 수 있습니다.

- 갑옷을 입지 않았다면, 당신의 기본 AC는 15 + 민첩 수정치가 됩니다.
- 당신은 주문과 다른 마법 효과에 대한 내성 굴림에 이점을 받게 됩니다.
- 당신의 주문 내성 DC와 주문 명중 보너스는 2씩 증가합니다.

### 로브, 별들의 로브 ROBE OF STARS
*기타 물건, 희귀 등급 (조율 필요)*

이 검은색 혹은 감청색 로브는 겉에 백색이나 은색으로 빛나는 수많은 별이 수놓아져 있습니다. 이 로브를 입고 있을 때면 모든 내성 굴림에 +1 보너스를 받습니다.

로브의 정면 상단에 그려진 6개의 별은 특별히 크게 수놓아져 있습니다. 이 로브를 입고 있을 때, 당신은 행동을 사용하여 이 별들 중 하나를 꺼내 5레벨 슬롯으로 마법 화살Magic Missile 주문을 시전한 것처럼 발사할 수 있습니다. 매일 황혼녘마다 사용한 별들 중 1d6개가 도로 돌아옵니다.

당신이 이 로브를 입고 있을 때, 당신은 행동을 사용하여 당신이 착용하거나 들고 있는 모든 물건과 함께 아스트랄계로 들어갈 수 있습니다. 당신은 다시 행동을 사용해 원래 있던 세계로 돌아올 때까지 아스트랄계에서 머무를 수 있습니다. 돌아올 때는 당신이 원래 있던 위치로 돌아오며, 만약 있던 곳이 점유되어 있다면 근처의 빈 공간으로 돌아옵니다.

### 로브, 유용한 물건의 로브 ROBE OF USEFUL ITEMS
*기타 물건, 비범 등급*

유용한 물건의 로브

이 로브는 다양한 형태와 색깔의 천이 덧대어져 만들어졌습니다. 이 로브를 입고 있을 때 당신은 행동을 사용해 붙어있는 천 중 하나를 뜯어내 사용할 수 있으며, 이때 천은 그려진 형태대로의 물건으로 변합니다.

로브는 아래 형태의 조각들이 각각 2장씩 있습니다. 모든 천조각을 다 떼어내면 이 로브는 그냥 평범한 옷이 됩니다.

- 대거
- 황소눈 랜턴 (기름이 차 있음)
- 강철 거울
- 10ft 길이 장대
- 마 로프 (50ft 길이, 말려져 있음)
- 배낭

이 평범한 천들에 더해, 로브에는 4d4개의 특별한 조각이 붙어 있습니다. 각각의 조각들이 무엇인지는 DM이 정하거나 아래 표에서 무작위로 고를 수 있습니다.

거미줄의 마법봉

결박의 마법봉

경이의 마법봉

공포의 마법봉

마법 탐지의 마법봉

마법 화살의 마법봉

| d100 | 천조각 |
|------|--------|
| 01–08 | 100gp가 들어 있는 가방 |
| 09–15 | 500gp 상당의 은 상자 (1ft 길이, 6인치 너비와 깊이) |
| 16–22 | 쇠 문 (10ft 너비에 10ft 높이까지, 당신의 선택에 따라 빗장이 있을 수 있음). 당신이 선택한 장소에 생겨나 열리며, 이 문에는 경첩이 달려서 여닫을 수 있음. |
| 23–30 | 100gp 상당의 보석 10개 |
| 31–44 | 나무 사다리 (24ft 높이) |
| 45–51 | 안장 배낭이 있는 승용마 (몬스터 매뉴얼에서 게임 수치를 확인할 수 있음.) |
| 52–59 | 10 × 10ft 너비에 깊이 10ft인 구덩이. 당신으로부터 10ft 내의 지면 어디에든 만들 수 있음. |
| 60–68 | 치유의 물약 4개 |
| 69–75 | 나룻배 (12ft 길이) |
| 76–83 | 1-3레벨의 주문이 들어 있는 주문 두루마리 |
| 84–90 | **마스티프** 2마리 (몬스터 매뉴얼(Monster Manual)에서 게임 수치를 확인할 수 있음.) |
| 91–96 | 창문 (2 × 4ft 크기. 최대 2ft 너비) 당신이 원하는 수직 표면 어디에든 생겨날 수 있음. |
| 97–00 | 휴대용 공성추 |

## 로브, 휘황찬란의 로브
### ROBE OF SCINTILLATING COLORS
*기타 물건, 희귀 등급 (조율 필요)*

이 로브는 3회 충전되어 있으며, 매일 새벽 1d3회의 힘이 재충전됩니다. 당신이 이 로브를 착용하고 있으면, 당신은 행동을 소모하고 충전 1회를 소비해서 당신의 다음 턴이 끝날 때까지 로브 전체에서 휘황찬란하고 마구 변하는 빛의 패턴을 불러낼 수 있습니다. 이렇게 빛나는 동안 로브는 30ft 범위까지를 밝은 빛으로, 추가로 30ft 범위까지를 약한 빛으로 비춥니다. 이때 당신을 볼 수 있는 모든 크리쳐는 당신을 공격할 때 명중 굴림에 불리점을 받게 됩니다. 추가로, 밝은 빛 범위 내에서 당신이 볼 수 있는 모든 크리쳐는 로브의 힘이 발동될 때 DC 15의 지혜 내성 굴림을 굴려야 하며, 실패할 시 로브의 효과가 끝날 때까지 충격 상태가 됩니다.

## 마법봉, 거미줄의 마법봉 WAND OF WEB
*마법봉, 비범 등급 (주문시전자의 조율 필요)*

이 마법봉은 7회 충전되어 있습니다. 마법봉을 들고 있으면, 당신은 행동을 사용하고 충전을 1회 소비해서 거미줄*Web* 주문을 시전할 수 있습니다. (내성 DC 15)

이 마법봉은 매일 새벽 1d6+1회의 힘을 재충전합니다. 만약 당신이 마법봉의 충전을 모두 소비했다면, d20을 굴립니다. 이때 1이 나오면 마법봉은 파괴되고 먼지로 변해 사라집니다.

## 마법봉, 결박의 마법봉 WAND OF BINDING
*마법봉, 고급 등급 (주문시전자의 조율 필요)*

이 마법봉은 7회 충전되어 있습니다. 마법봉은 매일 새벽 1d6+1회의 힘을 재충전합니다. 당신이 마법봉의 마지막 충전을 모두 소비했다면, d20을 굴립니다. 이때 1이 나오면 마법봉은 파괴되고 먼지로 변해 사라집니다.

**주문.** 당신은 마법봉을 들고 행동을 사용하며 충전을 소비해 아래 주문 중 하나를 시전할 수 있습니다. (주문 각각의 내성 DC는 17). 괴물 포박*Hold Monster*(충전 5회 소비), 인간형 포박*Hold Person*(충전 2회 소비)

**탈출 보조.** 마법봉을 들고 있으면, 당신은 반응행동을 사용하고 충전 1회 분량을 사용해 마비나 포박 상태를 벗어나려는 내성 굴림에 이점을 받을 수 있으며, 마찬가지로 충전 1회를 소비하면 붙잡힌 상태에서 탈출하려는 시도에 이점을 얻을 수 있습니다.

## 마법봉, 경이의 마법봉 WAND OF WONDER
*마법봉, 고급 등급 (주문시전자의 조율 필요)*

이 마법봉은 7회 충전되어 있습니다. 당신은 이 마법봉을 들고서 행동을 소비하고 충전을 1회 소모하여 120ft 내에 있는 목표 하나를 정할 수 있습니다. 이 목표는 크리쳐이거나 물체일 수도 있고, 공간의 한 점일 수도 있습니다. 이후 d100을 굴려 아래 표에 따라서 어떤 일이 발생했는가 결정하게 됩니다.

만약 물건의 효과가 마법봉에서 주문이 발동되는 것이라면, 이 주문의 내성 DC는 15로 칩니다. 만약 주문이 사정거리가 있는 것이라면, 이 사정거리는 120ft가 됩니다.

만약 효과가 범위를 지니고 있다면, 목표가 범위의 중앙에 위치해야 합니다. 만약 효과가 여러 대상을 목표로 지정할 수 있다면, DM이 무작위적으로 효과를 받는 대상을 정할 것입니다.

이 마법봉은 매일 새벽 1d6+1회의 충전을 회복합니다. 만약 당신이 마법봉의 마지막 충전을 소비했다면 d20을 굴립니다. 이때 1이 나온다면 마법봉은 먼지로 변해 사라집니다.

| d100 | 효과 |
|---|---|
| 01-05 | *저속화Slow* 주문을 시전합니다. |
| 06-10 | *요정 불꽃Faerie Fire* 주문을 시전합니다. |
| 11-15 | 당신은 다음 턴이 시작할 때까지 충격 상태가 되며, 무언가 놀라운 일이 일어났다고 믿게 됩니다. |
| 16-20 | *돌풍Gust of Wind* 주문을 시전합니다. |
| 21-25 | 당신은 지정한 목표에게 *생각 탐지Detect Thought* 주문을 시전합니다. 만약 목표가 크리쳐가 아니라면, 당신은 대신 1d6점의 정신 피해를 받습니다. |
| 26-30 | *악취 구름Stinking Cloud* 주문을 시전합니다. |
| 31-33 | 목표를 중심으로 60ft 반경에 폭우가 쏟아집니다. 이 지역은 가볍게 가려진 상태가 됩니다. 이 폭우는 당신의 다음 턴이 시작할 때 그칩니다. |
| 34-36 | 목표 근처의 빈 공간에 동물 하나가 나타납니다. 이 동물은 당신의 통제 하에 있지 않으며 보통 동물처럼 행동합니다. d100을 굴려 어떤 동물이 나타났는가 결정하게 됩니다. 01-25이면 **코뿔소**가 나타나며, 26-50이면 **코끼리**가 나타납니다. 51-100이면 **쥐**가 나타납니다. 동물들의 게임 수치에 대해서는 몬스터 매뉴얼(Monster Manual)을 참조하십시오. |
| 37-46 | *번개Lightning Bolt* 주문을 시전합니다. |
| 47-49 | 600마리의 큰 나비들로 이루어진 구름이 목표를 중심으로 30ft 반경에 나타납니다. 해당 지역은 심하게 가려진 상태가 됩니다. 나비들은 10분간 남아 있습니다. |
| 50-53 | 당신은 *거대화/축소화Enlarge/Reduce* 주문을 시전한 것처럼 목표의 크기를 크게 합니다. 만약 목표가 해당 주문에 영향을 받을 수 없거나 크리쳐를 대상으로 하지 않았다면, 당신이 대신 주문의 영향을 받게 됩니다. |
| 54-58 | *암흑Darkness* 주문을 시전합니다. |
| 59-62 | 목표를 중심으로 60ft 반경에 잔디가 자라납니다. 만약 이미 잔디가 있다면, 이 잔디들은 보통 크기의 10배 가까이 자라나며 1분간 자라난 상태로 있습니다. |
| 63-65 | DM이 선택한 물체 하나가 에테르계로 사라져 버립니다. 이 물체는 장비하거나 들고 있는 것이 아니어야 하며, 목표에서 120ft 범위에 있어야 하고, 어느 한 면이 10ft를 넘어선 안 됩니다. |

| d100 | 효과 |
|---|---|
| 66-69 | 당신은 자신에게 *거대화/축소화Enlarge/Reduce* 주문을 시전한 것처럼 스스로 크기가 줄어들게 됩니다. |
| 70-79 | *화염구Fireball* 주문을 시전합니다. |
| 80-84 | 당신 자신에게 *투명화Invisibility* 주문을 시전합니다. |
| 85-87 | 목표에서 나뭇잎이 자라납니다. 당신이 공간의 한 점을 목표로 선택했다면, 그 점에서 가장 가까운 크리쳐에게서 나뭇잎이 솟아납니다. 누군가 뜯어내지 않는다면 이 나뭇잎은 24시간 안에 낙엽이 되어 떨어집니다. |
| 88-90 | 1d4 × 10개의 보석이 솟아납니다. 각각의 보석은 1gp 가치를 지니고 있으며, 마법봉의 끝에서 30ft 길이에 5ft 너비로 솟아 나옵니다. 각각의 보석들은 1점씩의 타격 피해를 입히며, 총 피해량은 해당 범위 내에 있는 크리쳐 숫자만큼 나누어집니다. |
| 91-95 | 형형색색의 빛이 당신에게서 30ft 반경으로 솟아오릅니다. 당신과 범위 내의 크리쳐들은 각각 DC 15의 건강 내성을 굴려야 하며, 실패 시 1분간 장님 상태가 됩니다. 매번 자기 턴이 끝날 때 다시 내성을 굴려 성공하면 장님 상태에서 벗어날 수 있습니다. |
| 96-97 | 목표의 피부는 1d10일동안 파란색으로 변합니다. 만약 당신이 공간의 한 점을 선택했다면 그 점에서 가장 가까운 크리쳐가 이 효과의 영향을 받습니다. |
| 98-00 | 당신이 크리쳐를 목표로 선택했다면, 목표는 DC 15의 건강 내성을 굴립니다. 목표가 크리쳐가 아니었다면 당신이 대신 목표가 되어 내성을 굴려야 합니다. 만약 내성에 5 이상 차이로 실패했다면, 목표는 즉시 석화됩니다. 4 이하 차이로 실패했다면 목표는 포박상태가 되며 돌로 변하기 시작합니다. 이 방식으로 포박된 상태라면 목표는 다음번 자기 턴이 끝날 때 다시 내성을 굴리게 되며, 실패하면 완전히 석화되고 성공하면 효과에서 벗어날 수 있습니다. 이 석화는 상급 회복Greater Restoration 주문이나 유사한 방식으로 해제할 때까지 지속됩니다. |

## 마법봉, 공포의 마법봉 WAND OF FEAR
*마법봉, 고급 등급 (조율 필요)*

이 마법봉은 7회 충전되어 있으며 아래 기능들을 사용할 수 있습니다. 이 마법봉은 매일 새벽 1d6+1회를 재충전합니다. 만약 당신이 마법봉의 마지막 충전을 사용했다면 d20을 굴립니다. 이때 1이 나오면 마법봉은 먼지가 되어 사라집니다.

**명령.** 당신은 이 마법봉을 들고 행동을 사용하며 충전을 1회 소비하여 다른 크리쳐에게 도망가거나 엎드리라는 명령을 내릴 수 있습니다. 이는 *명령Command* 주문과 같이 취급하며 내성 DC는 15입니다.

**공포의 원뿔.** 당신은 이 마법봉을 들고 행동을 사용하며 충전을 2회 소비하여 마법봉의 끝에서 60ft 길이의 호박색 빛 원뿔을 방사할 수 있습니다. 이 범위 내에 있는 모든 크리쳐는 DC 15의 지혜 내성 굴림을 굴려야 하며, 실패할 시 1분간 당신에게 공포 상태가 됩니다. 이렇게 공포 상태가 된 크리쳐는 자기 턴에 최대한 당신에게서 멀리 도망가려 하며, 주변 30ft 내에 자발적으로 접근할 수 없으며 반응행동도 사용할 수 없습니다. 자기 차례가 되면 질주 행동으로 당신에게서 멀어지려 할 것입니다. 만약 도망갈 곳이 없다면, 크리쳐는 대신 회피 행동을 사용합니다. 이 효과를 받은 크리쳐들은 매번 자신의 턴이 끝날 때마다 다시 내성굴림을 굴릴 수 있으며, 성공하게 되면 효과를 끝낼 수 있습니다.

마비의 마법봉

번개의 마법봉

변이의 마법봉

비밀의 마법봉

적 탐지의 마법봉

화염구의 마법봉

## 마법봉, 마법 탐지의 마법봉
### WAND OF MAGIC DETECTION
*마법봉, 비범 등급*

이 마법봉은 3회 충전되어 있습니다. 당신은 마법봉을 들고 행동을 사용하며 충전을 1회 소비하여 *마법 탐지Detect Magic* 주문을 시전할 수 있습니다. 이 마법봉은 매일 새벽 1d3회의 힘을 재충전합니다.

## 마법봉, 마법 화살의 마법봉
### WAND OF MAGIC MISSILES
*마법봉, 비범 등급*

이 마법봉은 7회 충전되어 있습니다. 당신은 마법봉을 들고 행동을 사용하며 충전을 1회 혹은 그 이상 소비해 *마법 화살Magic Missile* 주문을 시전할 수 있습니다. 충전을 1회 소비하면 1레벨 주문으로 시전됩니다. 추가적으로 충전을 더 소비할 때마다 그만큼 주문 슬롯 레벨이 증가합니다.

이 마법봉은 매일 새벽 1d6+1회의 힘을 재충전합니다. 만약 당신이 마법봉의 마지막 충전을 사용했다면 d20을 굴립니다. 이때 1이 나오면 마법봉은 파괴되며 재가 되어 흩어집니다.

## 마법봉, 마비의 마법봉 WAND OF PARALYSIS
*마법봉, 고급 등급 (주문시전자에 의해 조율 필요)*

이 마법봉은 7회 충전되어 있습니다. 당신은 마법봉을 들고 행동을 사용하여 충전을 1회 소비해 60ft 내에서 당신이 볼 수 있는 크리쳐 하나에게 푸른색 광선을 발사할 수 있습니다. 목표는 DC 15의 건강 내성을 굴려야 하며, 실패할 시 1분간 마비됩니다. 목표의 턴이 끝날 때마다 다시 내성을 굴릴 수 있으며, 성공할 시 효과는 종료됩니다.

이 마법봉은 매일 새벽 1d6+1회의 힘을 재충전합니다. 만약 당신이 마법봉의 마지막 충전을 사용했다면 d20을 굴립니다. 이때 1이 나오면 마법봉은 먼지가 되어 사라집니다.

## 마법봉, 번개의 마법봉 WAND OF LIGHTNING BOLTS
*마법봉, 고급 등급 (주문시전자에 의해 조율 필요)*

이 마법봉은 7회 충전되어 있습니다. 당신은 마법봉을 들고 행동을 사용하며 충전을 1회 혹은 그 이상 소비하여 *번개Lightning Bolt* 주문을 시전할 수 있습니다. (내성 DC 15). 충전을 1회만 소비하면 3레벨 주문으로 시전할 수 있습니다. 추가로 충전을 1회씩 소비할 때마다 주문 슬롯 레벨을 하나씩 높일 수 있습니다.

이 마법봉은 매일 새벽 1d6+1회의 힘을 재충전합니다. 만약 당신이 마법봉의 마지막 충전을 사용했다면 d20을 굴립니다. 이때 1이 나오면 마법봉은 먼지가 되어 사라집니다.

## 마법봉, 변이의 마법봉 WAND OF POLYMORPH
*마법봉, 희귀 등급 (주문시전자에 의해 조율 필요)*

이 마법봉은 7회 충전되어 있습니다. 당신은 마법봉을 들고 행동을 사용하며 충전을 1회 소비하여 *변신Polymorph* 주문을 시전할 수 있습니다.(내성 DC 15)

이 마법봉은 매일 새벽 1d6+1회의 힘을 재충전합니다. 만약 당신이 마법봉의 마지막 충전을 사용했다면 d20을 굴립니다. 이때 1이 나오면 마법봉은 먼지가 되어 사라집니다.

## 마법봉, 비밀의 마법봉 WAND OF SECRETS
*마법봉, 비범 등급*

이 마법봉은 3회 충전되어 있습니다. 당신은 마법봉을 들고 행동을 사용하며 충전을 1회 소비하여 당신에게서 30ft 내에 있는 비밀문이나 함정의 존재를 확인할 수 있습니다. 만약 그러한 것이 있으면, 마법봉은 진동하며 당신에게서 가장 가까운 비밀문이나 함정을 가리킵니다. 마법봉은 매일 새벽 1d3회의 힘을 재충전합니다.

## 마법봉, 적 탐지의 마법봉
### WAND OF ENEMY DETECTION
*마법봉, 고급 등급 (조율 필요)*

이 마법봉은 7회 충전되어 있습니다. 당신은 마법봉을 들고 행동을 사용하며 충전을 1회 소비하여 명령어를 말할 수 있습니다. 명령어를 말하고 난 후 1분간, 당신은 60ft 이내에서 당신에게 적의를 가진 가장 가까운 크리쳐가 어느 방향에 있는지 알 수 있습니다. 마법봉은 에테르계에 있거나, 투명하거나, 위장하고 있거나, 은신 중인 적대적 대상의 존재 역시 감지해 낼 수 있습니다. 이 효과는 당신이 마법봉을 손에서 놓으면 종료됩니다.

이 마법봉은 매일 새벽 1d6+1회의 힘을 재충전합니다. 만약 당신이 마법봉의 마지막 충전을 사용했다면 d20을 굴립니다. 이때 1이 나오면 마법봉은 파괴되며 재가 되어 흩어집니다.

## 마법봉, 전쟁 마법사의 마법봉 +1, +2, +3
### WAND OF THE WAR MAGE, +1, +2, +3
*마법봉, 비범 등급(+1), 고급 등급(+2), 희귀 등급(+3) (주문시전자에 의해 조율 필요)*

이 마법봉을 들고 있으면, 당신은 마법봉의 희귀도에 따라서 주문 명중 굴림에 보너스를 받게 됩니다. 추가로, 이 마법봉을 사용해 주문 공격을 시도할 때는 상대의 절반 엄폐를 무시할 수 있습니다.

## 마법봉, 화염구의 마법봉 WAND OF FIREBALLS
*마법봉, 고급 등급 (주문시전자에 의해 조율 필요)*

이 마법봉은 7회 충전되어 있습니다. 당신은 마법봉을 들고 행동을 소비하며 충전을 1회 혹은 그 이상 소비하여 화염구*Fireball* 주문을 시전할 수 있습니다. (내성 DC 15). 충전을 1회만 소비하면 3레벨 주문으로 시전하게 되며, 추가로 충전을 1회씩 소비할 때마다 주문 슬롯 레벨이 1씩 높아집니다.

이 마법봉은 매일 새벽 1d6+1회의 힘을 재충전합니다. 만약 당신이 마법봉의 마지막 충전을 사용했다면 d20을 굴립니다. 이때 1이 나오면 마법봉은 파괴되며 재가 되어 흩어집니다.

## 막대, 경계의 막대 ROD OF ALERTNESS
*막대, 희귀 등급 (조율 필요)*

이 막대는 테두리가 솟은 머리가 붙어 있으며, 아래 기능들을 사용할 수 있습니다.

*경계.* 이 막대를 쥐고 있으면, 당신은 지혜(감지) 판정과 우선권 굴림에서 이점을 받을 수 있습니다.

*주문.* 이 막대를 쥐고 있으면, 당신은 행동을 사용해 아래의 주문 중 하나를 시전할 수 있습니다. 악과 선 탐지*Detect Evil and Good*, 마법 탐지*Detect Magic*, 독과 질병 탐지*Detect Poison and Disease*, 투명체 감지*See Invisibility*.

*보호의 오오라.* 당신은 행동을 사용해 이 막대의 끝부분을 땅에 박을 수 있으며, 이때 막대의 머리 부분은 60ft 반경에 밝은 빛을, 추가로 60ft까지는 약한 빛을 냅니다. 이 막대의 밝은 빛 속에 있을 때, 당신과 당신에게 우호적인 모든 크리쳐는 AC와 내성 굴림에 +1 보너스를 받을 수 있으며 밝은 빛 속에 적대적인 투명한 크리쳐가 있을 경우 그 위치를 감지할 수 있게 됩니다.

이 마법봉의 머리 부분은 10분이 지나면 빛나지 않게 되며 효과도 끝나게 됩니다. 또한 누군가 이 막대를 바닥에서 뽑아도 효과는 끝나게 됩니다. 이 기능은 한번 사용하고 나면 다음 날 새벽까지 다시 사용할 수 없습니다.

고정의 막대

군주적 힘의 막대

## 막대, 고정의 막대 IMMOVABLE ROD
*막대, 비범 등급*

이 평범한 철 막대는 한쪽 끝에 작은 버튼이 달려 있습니다. 당신은 행동을 사용해 이 버튼을 누를 수 있으며, 버튼을 누르면 막대는 공간의 그 지점에 마법적으로 고정되어 버립니다.

당신이나 다른 크리쳐가 다시 이 버튼을 누르기 전까지는 이 막대는 절대 움직이지 않으며, 중력에 의해 떨어지지도 않습니다. 이 막대는 부유한 상태에서 8,000lbs의 힘을 버틸 수 있습니다. 그 이상의 무게가 가해질 경우 막대의 힘은 중단되며 떨어질 것입니다. 이 막대를 강제로 움직이려면 행동을 사용하여 DC 30의 근력 판정을 해야 하며, 성공할 시 막대의 위치를 10ft 이동시킬 수 있습니다.

## 막대, 군주적 힘의 막대 ROD OF LORDLY MIGHT
*막대, 전설 등급 (조율 필요)*

이 막대는 모서리 달린 머리가 있으며, 마법 무기 메이스로 사용할 수 있습니다. 마법 무기로 사용할 경우 명중과 피해에 +3 보너스를 받을 수 있습니다. 이 막대의 기능은 서로 다른 6개의 버튼으로 사용할 수 있으며, 6개의 버튼은 막대에 일렬로 붙어 있습니다. 막대에는 다른 기능도 3가지 있으며, 아래에 설명되어 있습니다.

*6개의 버튼.* 당신은 추가 행동을 사용해 버튼 6개 중 하나를 누를 수 있습니다. 버튼의 효과는 다른 버튼을 누르거나 같은 버튼을 다시 누를 때까지 지속되며, 같은 버튼을 다시 누르면 막대는 원래의 형태로 돌아옵니다.

*버튼 1번*을 누르면 이 막대는 불꽃 헛바닥 검이 되며, 막대의 모서리 달린 머리 부분에서 불꽃 칼날이 솟아오릅니다.

*버튼 2번*을 누르면 막대의 모서리 달린 머리 부분에서 2개의 초승달 모양 칼날이 튀어나오며, 명중과 피해에 +3 보너스를 주는 마법 배틀액스로 사용할 수 있게 됩니다.

*버튼 3번*을 누르면 막대의 모서리 달린 머리 부분이 아래로 접혀 들어가며, 끝부분에서 창날이 튀어나오고 막대의 길이가 6ft로 늘어납니다. 따라서 이 막대는 명중과 피해에 +3 보너스를 제공하는 마법 스피어로 변합니다.

**통치자의 막대**

**부활의 막대**

**흡수의 막대**

**촉수의 막대**

*버튼 4번*을 누르면 이 막대는 50ft 길이의 등반 장대로 변합니다. 화강암 같은 거친 표면에 사용할 수 있도록 장대의 바닥 부분은 대못이 솟아나며 반대쪽 머리 부분에는 3개의 갈고리가 솟아납니다. 옆으로는 1ft 간격으로 3인치씩의 횡 막대가 튀어나오며, 사다리 형태로 변할 수 있습니다. 이 장대는 최대 4,000lbs의 무게까지를 견딜 수 있습니다.

이 막대에 더 큰 무게가 가해지면 막대는 더 버티지 못하고 원래 형태로 변하게 될 것입니다.

*버튼 5번*을 누르면 막대는 손으로 들 수 있는 공성추로 변하며 이 공성추는 문이나 바리케이드, 다른 장애물 등을 파괴하기 위한 근력 판정에 +10 보너스를 제공합니다.

*버튼 6번*을 누르면 원래의 형태 그대로인 상태에서 나침반으로서 북쪽을 가리키는 기능을 할 수 있습니다. (만약 해당하는 지역에 북극이 없다면 아무 일도 일어나지 않습니다.) 이 막대는 또한 당신이 지표면에서 얼마나 깊이 내려왔는지, 혹은 얼마나 높이 올라왔는지 대략적으로 알려줍니다.

*생명 흡수.* 당신이 이 막대를 이용해 근접 공격으로 어떤 대상을 명중시켰다면, 당신은 목표에게 DC 17의 건강 내성 굴림을 굴리게 할 수 있습니다. 이 내성에 실패하면 목표는 추가로 4d6점의 사령 피해를 입게 되며, 당신은 이 사령 피해의 절반만큼 hp를 회복할 수 있습니다. 이 기능은 한번 사용하고 나면 다음 날 새벽까지 다시 사용할 수 없습니다.

*마비.* 당신이 이 막대를 사용해 근접 공격으로 어떤 대상을 명중시켰다면, 당신은 목표에게 DC 17의 근력 내성 굴림을 굴리게 할 수 있습니다. 이 내성에 실패하면 목표는 1분간 마비 상태가 됩니다. 목표는 자기 턴이 끝날 때마다 다시 내성을 굴릴 수 있으며, 성공시 마비 효과는 끝나게 됩니다. 이 기능은 한번 사용하고 나면 다음 날 새벽까지 다시 사용할 수 없습니다.

*경악.* 이 막대를 들고 있을 때, 당신은 행동을 사용하여 당신이 볼 수 있는 30ft 내에서 당신이 원하는 모든 대상이 DC 17의 지혜 내성 굴림을 굴리게 할 수 있습니다. 이 내성에 실패한 대상들은 1분간 당신에 대해 공포 상태가 됩니다. 공포 상태의 목표는 매번 자신들의 턴이 끝날 때마다 다시 내성을 굴릴 수 있으며, 성공시 효과를 끝낼 수 있습니다. 이 기능은 한번 사용하고 나면 다음 날 새벽까지 다시 사용할 수 없습니다.

## 막대, 보안의 막대 ROD OF SECURITY
*막대, 희귀 등급*

이 막대를 들고 있을 때, 당신은 행동을 사용하여 막대의 기능을 발동할 수 있습니다. 기능이 발동되면 막대는 당신과 당신이 볼 수 있는 최대 199체까지의 효과를 받으려 하는 크리쳐들을 외세계의 낙원같은 공간으로 즉시 전송시킬 수 있습니다. 당신은 이 낙원의 형태를 원하는 대로 정할 수 있습니다. 조용한 정원일 수도 있으며, 포근하고 아름다운 들판이거나 신나는 술집, 웅장한 궁전, 열대 섬이나 환상적인 축제 등등 당신이 상상하는 모습 그대로를 구현할 수 있습니다.

어떠한 형태로 구현되든, 이 낙원은 당신이 같이 전송시킨 모든 방문자가 먹고 마실 수 있는 분량의 물과 음식을 제공할 수 있습니다. 물과 음식을 제외한 다른 세계의 물건들은 오직 이 공간 내에서만 존재합니다. 예를 들어, 낙원의 정원에서 꽃을 꺾어 나간다 해도 본래 공간으로 나가면 꽃은 즉시 사라져 버립니다.

이 낙원에서 시간을 보내는 크리쳐들은, 1시간 휴식을 취할 때마다 자신의 히트 다이스를 하나 사용한 것처럼 hp를 회복합니다. 또한, 시간은 자연적으로 흘러가지만 낙원 안의 크리쳐들은 나이를 먹지 않습니다. 방문자들은 200일을 방문자의 숫자로 나눈 날짜만큼 낙원에 머물 수 있습니다. (나머지는 내림)

지낼 수 있는 시간이 끝나거나 당신이 행동을 사용해 낙원을 종료시키면, 모든 방문자는 본래 사라졌던 장소에 도로 나타납니

다. 본래 사라졌던 장소가 점유되어 있다면 가장 가까운 비어있는 공간에 나타납니다. 이 막대의 기능을 한 번 사용했다면 10일이 지나기 전까지는 다시 사용할 수 없습니다.

## 막대, 부활의 막대 ROD OF RESURRECTION
*막대, 전설 등급 (클레릭이나 드루이드, 팔라딘에 의해 조율 필요)*

이 막대는 5회 충전되어 있습니다. 이 막대를 들고서 행동을 사용하면 아래와 같은 주문 중 하나를 시전할 수 있습니다. 치유*Heal* (충전 1회 소비), 부활*Resurrection* (충전 5회 소비).

이 막대는 매일 새벽 1회씩의 힘을 재충전합니다. 만약 이 막대의 충전이 0으로 떨어지면 d20을 굴립니다. 여기서 1이 나오면 막대는 빛의 폭발과 함께 사라져 버립니다.

## 막대, 조약 수호자의 막대 ROD OF THE PACT KEEPER
*막대, 비범 등급(+1), 고급 등급(+2), 희귀 등급(+3) (워락에 의해 조율 필요)*

이 막대를 들고 있으면, 당신은 주문 공격의 명중 굴림과 당신이 사용하는 워락 주문의 내성 DC에 보너스를 받게 됩니다. 이 보너스는 막대의 희귀도에 따라서 달라집니다.

추가로, 당신은 이 막대를 쥐고 행동을 사용하여 소모한 워락 주문 슬롯 하나를 다시 얻을 수 있습니다. 당신이 일단 이 기능을 사용했다면 긴 휴식을 취하기 전까지는 다시 사용할 수 없습니다.

## 막대, 촉수의 막대 TENTACLE ROD
*막대, 고급 등급 (조율 필요)*

드로우들이 만든 이 막대는 끝에 3개의 고무 같은 촉수가 달린 마법 무기로 사용할 수 있습니다. 당신은 이 막대를 들고 있을 때 행동을 사용하여 각각의 촉수가 15ft 내에서 당신이 볼 수 있는 목표 하나씩을 공격하게 할 수 있습니다. 각각의 촉수는 +9의 보너스를 받고 근접 공격을 가합니다. 명중한 경우, 각 촉수는 1d6점의 타격 피해를 가합니다. 만약 3개 촉수로 하나의 대상을 공격해 모두 명중하였다면, 그 대상은 DC 15의 건강 내성 굴림을 굴려야 합니다. 이 내성에 실패하면 1분간 대상의 속도는 절반이 되며, 민첩 내성 굴림에 불리점을 받게 되고, 반응행동을 사용할 수 없게 됩니다.

또한 내성에 실패한 대상은 자기 턴이 되었을 때 행동과 추가 행동 중 하나만을 행할 수 있게 됩니다. 내성에 실패한 대상은 자기 턴이 끝날 때마다 매번 내성을 다시 굴릴 수 있으며, 성공할 시 효과를 끝낼 수 있습니다.

## 막대, 통치자의 막대, ROD OF RULERSHIP
*막대, 고급 등급 (조율 필요)*

당신은 행동을 사용해 이 막대를 들고 복종의 명령을 내려 당신으로부터 120ft 내의 당신이 볼 수 있는 크리처 중 당신이 선택하는 모든 크리처에게 복종을 요구할 수 있습니다. 이렇게 목표가 된 대상들은 각각 DC 15의 지혜 내성을 굴려야 하며, 실패할 시 이후 8시간 동안 당신에게 매혹당한 상태가 됩니다. 이렇게 매혹된 시간 동안에는 당신을 신뢰받는 지도자로 여기게 됩니다. 만약 당신이나 당신의 동료들에게 피해를 받거나, 자신의 본성에 어긋나는 명령을 받은 경우 목표는 매혹에서 벗어날 것입니다. 이 마법 봉의 기능을 한번 사용했다면, 다음날 새벽까지 다시 이 기능을 사용할 수 없습니다.

## 막대, 흡수의 막대 ROD OF ABSORPTION
*막대, 희귀 등급 (조율 필요)*

당신은 이 막대를 들고 반응행동을 사용해 당신만을 목표로 지정한 주문을 흡수하려 시도할 수 있습니다. (범위 주문에 당신이 포함된 경우는 해당하지 않습니다.) 흡수된 주문의 효과는 취소되지

만능 용해제    맑은 생각의 서

만, 주문의 힘 – 주문 그 자체는 아니지만 – 은 막대에 저장됩니다. 이 힘은 시전된 주문과 같은 레벨로 저장됩니다. 이 막대는 최대 도합 50레벨까지의 주문을 흡수하여 저장할 수 있습니다. 일단 이 막대가 50레벨 어치의 주문을 흡수했다면 더는 주문을 흡수할 수 없습니다. 만약 이 막대가 흡수할 수 없는 주문의 목표가 되었다면 이 막대는 아무런 효력도 발휘하지 못합니다.

당신이 이 막대에 조율하려 할 때, 당신은 이 막대에 얼마나 많은 레벨의 힘이 저장되어 있는지, 얼마나 더 저장할 수 있는지 알아낼 수 있습니다.

만약 당신이 주문시전자이고 이 막대를 들고 있다면, 당신은 내부에 저장된 힘을 이용해 당신이 준비하였거나 알고 있는 주문을 시전할 수 있습니다. 당신은 자신이 시전할 수 있는 주문 슬롯까지만을 생성할 수 있으며, 최대 5레벨 슬롯까지를 만들어 낼 수 있습니다. 이 저장된 힘은 당신의 주문 슬롯 대신 사용될 수 있지만, 기타 필요 요소는 그대로 소비해야 합니다. 예를 들어, 당신은 막대에 저장된 힘 3레벨을 소비해 3레벨 주문 슬롯을 사용할 수 있습니다.

새로 발견된 막대에는 1d10 레벨의 힘이 저장되어 있습니다. 더는 힘을 흡수하지 못하고 저장된 힘 역시 모두 소모해 버린 막대는 마법의 힘을 잃고 비마법적인 것이 됩니다.

## 만능 용해제 UNIVERSAL SOLVENT
*기타 물건, 전설 등급*

이 튜브는 강한 알코올 향이 나는 우윳빛 액체가 들어 있습니다. 당신은 행동을 사용하여 이 튜브의 내용물을 근접 거리 내의 표면에 뿌릴 수 있습니다. 이 액체는 즉시 1 × 1ft의 접착제를 닿자마자 녹여버리며, 지고의 접착제 역시 이것으로 녹일 수 있습니다.

## 맑은 생각의 서 TOME OF CLEAR THOUGHT
*기타 물건, 희귀 등급*

이 책은 기억력과 논리력에 대한 훈련이 쓰여 있으며, 그 글귀에는 마법의 힘이 서려 있습니다. 당신이 6일 이내에 48시간 정도를 들여서 이 책의 내용을 공부하고 그 안내를 따라 훈련하면 당신의 지능 능력치는 2점 증가하며, 최대 상승 한계치 역시 2점 증가합니다. 이 책은 이후 마법의 힘을 잃어버리지만, 한 세기가 지나고 나면 다시 마법의 힘이 생겨납니다.

## 망토, 가오리의 망토 Cloak of the Manta Ray
기타 물건, 비범 등급

이 망토를 두르고 후드를 쓰면, 당신은 물속에서도 호흡할 수 있게 됩니다. 또한 당신은 60ft의 속도로 수영할 수 있습니다. 후드를 쓰거나 내리기 위해서는 행동을 사용해야 합니다.

## 망토, 거미의 망토 Cloak of Arachnida
기타 물건, 희귀 등급 (조율 필요)

이 세밀한 옷가지는 검은 비단 사이사이로 가느다란 은색 실을 짜 넣어 만들어졌습니다. 이 망토를 두르고 있으면 당신은 아래와 같은 이득을 얻을 수 있습니다.

- 당신은 독성 피해에 내성을 얻습니다.
- 당신은 걷는 속도와 동일하게 등반할 수 있습니다.
- 당신은 양손을 쓰지 않고 수직벽이나 천장을 걸어 다닐 수 있습니다.
- 당신은 어떤 종류의 거미줄에도 걸리지 않으며 거미줄이 있는 곳을 어려운 지형으로 취급하여 이동할 수 있습니다.
- 당신은 행동을 사용하여 *거미줄Web* 주문을 시전할 수 있습니다. (내성 DC 13). 이 주문으로 만들어진 거미줄은 평소의 2배 범위를 덮을 수 있습니다. 일단 이 기능을 사용하면, 다음날 새벽이 될 때까지 다시 이 기능을 사용할 수 없습니다.

## 망토, 굴절의 망토 Cloak of Displacement
기타 물건, 고급 등급 (조율 필요)

당신이 이 망토를 착용하고 있으면, 당신의 실제 위치 근처에 당신과 똑같이 보이는 당신의 환영을 만들어냅니다. 당신을 공격하려는 크리쳐들은 명중 굴림에 불리점을 얻게 됩니다. 만약 당신이 피해를 입었다면, 이 기능은 당신의 다음 턴이 시작할 때까지 잠시 중단됩니다. 이 기능은 당신이 행동불능에 빠지거나, 포박되거나, 어떤 방식으로든 이동할 수 없는 상황이 되면 중단됩니다.

## 망토, 박쥐의 망토 Cloak of the Bat
기타 물건, 고급 등급 (조율 필요)

당신이 이 망토를 착용하고 있으면, 당신은 민첩(은신) 판정에 이점을 얻게 됩니다. 약한 빛이나 어두운 지역에 있을 때, 당신은 이 망토의 끝자락을 양 손으로 잡고 40ft의 속도로 비행할 수 있습니다. 만약 당신이 비행하고 있을 때 한 손이라도 망토 자락을 놓치게 되거나 약한 빛 혹은 어두운 지역에서 벗어나게 된다면, 당신은 비행 속도를 유지할 수 없으며 추락할 것입니다.

약한 빛 혹은 어두운 지역에서 이 망토를 착용하고 있으면, 당신은 행동을 사용해서 스스로에게 *변신Polymorph* 주문을 시전하여 박쥐로 변신할 수 있습니다. 당신이 박쥐 형상을 하고 있을 때도 당신은 여전히 지능, 지혜, 매력 능력치를 유지할 수 있습니다. 이 기능을 한 번 사용하면 다음 날 새벽이 될 때까지 다시 이 기능을 사용할 수 없습니다.

## 망토, 보호의 망토 Cloak of Protection
기타 물건, 비범 등급 (조율 필요)

당신은 이 망토를 착용하고 있을 때 AC와 내성 굴림에 +1 보너스를 얻을 수 있습니다.

## 망토, 비행의 날개, Wings of Flying
기타 물건, 고급 등급 (조율 필요)

이 망토를 입고 있으면, 당신은 행동을 사용하며 망토의 명령어를 말할 수 있습니다. 그러면 이 망토는 당신의 등에서 한 쌍의 박

가오리의 망토

보호의 망토

비행의 날개

굴절의 망토

야바위꾼의 망토

엘프족의 망토

주문 저항의 망토

맹세궁

쥐 날개나 새 날개가 되어 이후 1시간이 지나거나 다시 행동을 사용해 명령어를 말할 때까지 지속됩니다. 이 날개들은 60ft 속도로 비행할 수 있게 해 줍니다. 일단 날개가 사라지고 나면, 1d12시간이 지나기 전까지는 다시 날개의 힘을 사용할 수 없습니다.

## 망토, 야바위꾼의 망토 CAPE OF THE MOUNTEBANK
*기타 물건, 고급 등급*

이 망토에서는 살짝 유황 냄새가 납니다. 이 망토를 두르고 있을 때, 당신은 행동을 사용해 *차원문Dimension Door* 주문을 시전할 수 있습니다. 이 기능은 한번 사용하고 나면 다음 날 새벽까지 다시 사용할 수 없습니다.

　당신이 사라질 때, 당신이 있던 곳에는 연기 구름이 남으며, 다시 나타날 때도 비슷한 연기 구름이 생겨납니다. 이 구름은 당신이 사라지고 나타난 곳의 시야를 가볍게 가리며, 당신의 다음 턴이 끝날 때 흩어져 버립니다. 가벼운 바람이나 강풍이 불어오면 연기를 즉시 날려버릴 수 있습니다.

## 망토, 엘프족의 망토 CLOAK OF ELVENKIND
*기타 물건, 비범 등급 (조율 필요)*

당신이 이 망토를 두르고 후드를 덮어쓴다면, 당신을 발견하려 하는 지혜(감지)판정에는 불리점을 얻게 되며, 당신은 은신할 때 민첩(은신) 판정에 이점을 얻게 됩니다. 또한 망토의 색깔은 즉시 주변의 색으로 위장됩니다. 후드를 덮어쓰거나 내리기 위해서는 행동을 사용해야 합니다.

## 망토, 주문 저항의 망토
MANTLE OF SPELL RESISTANCE
*기타 물건, 고급 등급 (조율 필요)*

이 망토를 쓰고 있으면 주문에 대해 내성 굴림을 굴릴 때 이점을 얻을 수 있습니다.

## 망토, 투명화 망토 CLOAK OF INVISIBILITY
*기타 물건, 전설 등급 (조율 필요)*

당신이 이 망토를 쓰고 있으면서 후드를 뒤집어쓰면 투명화할 수 있습니다. 당신이 투명 상태일 때는 당신이 착용하거나 들고 있는 물건들 역시 같이 투명해집니다. 후드를 내리면 투명화가 해제됩니다. 후드를 쓰거나 벗기 위해서는 행동을 사용해야 합니다.

　총 유지시간 2시간에서, 투명화가 유지된 시간을 1분 단위로 뺍니다. 이렇게 모두 2시간을 사용하고 나면 이 망토는 더는 효력을 발휘하지 못합니다. 만약 12시간 이상 계속 망토를 사용하지 않고 있었다면, 망토는 다시 1시간의 유지시간을 회복할 수 있습니다.

## 맹독 단검 DAGGER OF VENOM
*무기(대거), 고급 등급*

이 마법 무기를 사용할 때는 명중과 피해 판정에 +1 보너스를 받을 수 있습니다.

　당신은 행동을 사용하여 이 무기에 검고 진한 독을 바를 수 있습니다. 이 독은 이 무기가 크리처에게 명중하거나 1분이 지날 때

공포의 메이스

맹독 단검

붕괴의 메이스

강타의 메이스

까지 지속됩니다. 명중된 대상은 DC 15의 건강 내성을 굴려야 하며, 실패할 시 2d10의 독성 피해를 입고 1분간 중독 상태가 됩니다. 이 기능을 한 번 사용하면 다음날 새벽까지 다시 사용할 수 없습니다.

### 맹세궁 OATHBOW
무기(롱보우), 희귀 등급 (조율 필요)

당신이 이 활에 화살을 걸 때, 활은 엘프어로 "나의 적에게 빠른 패배를."이라고 속삭입니다. 이 무기로 장거리 공격을 가할 때, 당신은 "나를 거역한 너에게 빠른 죽음을."이라고 명령어를 말할 수 있습니다. 이 공격의 목표는 곧 당신의 숙적이 됩니다. 이 숙적 상태는 적이 죽거나 7일 후 새벽까지 지속됩니다. 당신은 한 번에 한 명의 숙적만을 지정할 수 있습니다. 당신의 숙적이 죽으면, 당신은 다음날 새벽에 새로운 숙적을 지정할 수 있습니다.

당신이 이 무기를 사용해 숙적에게 장거리 공격을 가하면, 당신은 명중 굴림에 이점을 얻게 됩니다. 추가로, 당신의 숙적은 완전 엄폐가 아닌 한 엄폐로 인한 어떤 이득도 누릴 수 없으며, 당신은 원거리로 인한 페널티도 받지 않습니다. 숙적에 대한 공격이 명중하면, 당신의 숙적은 추가로 3d6점의 관통 피해를 더 입게 됩니다.

당신의 숙적이 살아있는 동안, 당신은 다른 무기를 사용할 때 명중굴림에 항상 불리점을 받게 됩니다.

### 메이스, 공포의 메이스 MACE OF TERROR
무기(메이스), 고급 등급 (조율 필요)

이 마법 무기는 3회 충전되어 있습니다. 당신은 이 무기를 들고 행동을 사용하며 충전을 1회 소비하여 공포의 파도를 일으킬 수 있습니다. 당신으로부터 30ft 내에서 당신이 선택한 모든 크리쳐는 DC 15의 지혜 내성 굴림을 굴려야 하며, 실패할 시 1분간 당신에 대해 공포 상태가 됩니다. 이렇게 공포 상태가 된 크리쳐는 자기 턴이 되었을 때 전력을 다해 당신에게서 멀어지려 하며, 자의로 30ft 내에 접근하려 하지 않을 것입니다. 또한 이렇게 공포 상태에 빠진 크리쳐는 반응행동을 취할 수 없습니다. 자기 행동으로는 오직 질주만 사용하여 멀어지려 하거나, 도주에 방해되는 것을 피하려 할 것입니다. 만약 더는 피할 곳이 없다면, 이 크리쳐들은 회피 행동을 취할 것입니다. 이 크리쳐들은 매번 자기 턴이 끝날 때마다 다시 내성을 굴릴 수 있으며, 성공시 공포 상태를 끝낼 수 있습니다.

이 메이스는 매일 새벽 1d3회의 힘을 재충전합니다.

### 메이스, 강타의 메이스 MACE OF SMITING
무기(메이스), 고급 등급

이 마법 무기를 사용하면 명중과 피해에 +1 보너스를 받을 수 있습니다. 이 보너스는 구조물을 공격할 때는 +3으로 증가합니다.

당신이 이 무기로 명중 굴림을 굴릴 때 20이 나오면, 목표는 추가로 7점의 타격 피해를 입게 됩니다. 만약 목표가 구조물이라면 이 피해는 14점으로 증가합니다. 만약 구조물이 이렇게 피해를 받아 hp가 25점 이하가 되었다면, 구조물은 즉시 파괴됩니다.

### 메이스, 붕괴의 메이스 MACE OF DISRUPTION
무기(메이스), 고급 등급 (조율 필요)

당신이 이 마법 무기를 이용해 악마나 언데드류를 명중시켰다면, 해당 목표는 추가로 2d6점의 광휘 피해를 입게 됩니다. 만약 목표가 이 피해로 인해 hp가 25점 이하로 내려갔다면 즉시 DC 15의 지혜 내성을 굴려야 하며, 실패할 시 즉각 파괴됩니다. 또한 목표

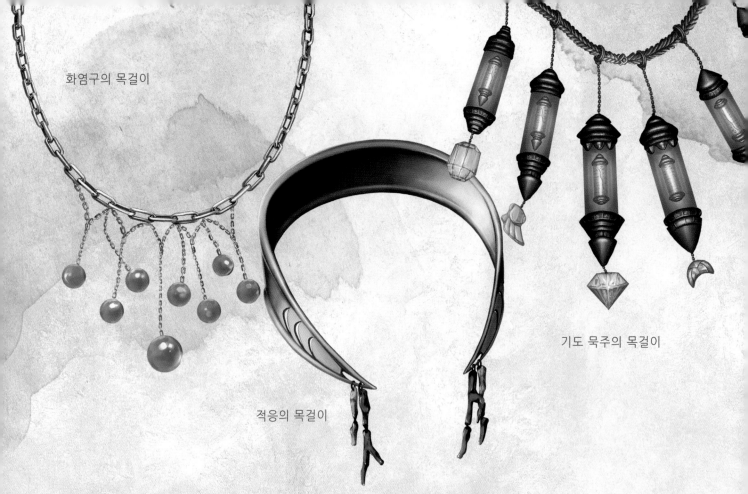

적응의 목걸이

기도 묵주의 목걸이

는 이 내성에 성공했다 해도, 당신의 다음 턴이 끝날 때까지 당신에 대해서 공포 상태가 됩니다.

당신이 이 무기를 들고 있으면, 무기는 20ft까지 밝은 빛을, 추가로 20ft까지는 약한 빛을 발합니다.

## 목걸이, 기도 묵주의 목걸이
### NECKLACE OF PRAYER BEADS
*기타 물건, 고급 등급 (클레릭, 드루이드, 팔라딘에 의해 조율 필요)*

이 목걸이는 다양한 보석으로 이루어진 묵주 목걸이입니다. 여기에는 아쿠아마린이나 흑진주, 토파즈로 이루어진 마법 구슬 1d4+2개가 포함되어 있으며, 그 외에도 호박이나 혈석, 산호, 옥, 진주나 석영 등의 비마법적 구슬들 역시 같이 있습니다. 만약 모든 마법 구슬을 목걸이에서 제거했다면, 목걸이의 마법은 사라집니다.

마법 구슬은 총 6종입니다. DM은 목걸이의 구슬이 각각 어떤 마법을 지니는지 직접 정하거나 무작위로 굴려 정할 수 있습니다. 목걸이에는 같은 구슬이 여러개 있을 수 있습니다. 주문을 사용하려면 반드시 목걸이를 착용하고 있어야 합니다. 각 구슬은 추가 행동을 사용해 시전할 수 있는 주문을 담고 있습니다. (내성이 필요하다면 당신의 주문 내성 DC를 대신 사용할 수 있습니다.) 마법 구슬의 주문은 한 번 사용하면, 다음날 새벽에 다시 충전됩니다.

| d20 | 구슬 종류 | 내부의 주문 |
|---|---|---|
| 1-6 | 축복의 구슬 | 축복*Bless* |
| 7-12 | 치유의 구슬 | 상처 치료*Cure Wounds*(2레벨) 또는 하급 회복*Lesser Restoration* |
| 13-16 | 호의의 구슬 | 상급 회복*Greater Restoration* |
| 17-18 | 강타의 구슬 | 낙인의 강타*Branding Smite* |
| 19 | 소환의 구슬 | 이계체 동맹*Planar Ally* |
| 20 | 바람걷기 구슬 | 바람 걷기*Wind Walk* |

## 목걸이, 적응의 목걸이 NECKLACE OF ADAPTATION
*기타 물건, 비범 등급 (조율 필요)*

이 목걸이를 착용하고 있으면, 당신은 어떤 환경하에서도 자연스럽게 숨을 쉴 수 있으며, 유해한 가스나 증기(죽음구름*Cloudkill*이나 악취 구름*Stinking Cloud* 주문, 흡입 독, 몇몇 드래곤의 브레스 포함)에 대한 내성 굴림에 이점을 받게 됩니다.

## 목걸이, 화염구의 목걸이 NECKLACE OF FIREBALLS
*기타 물건, 고급 등급*

이 목걸이는 1d6+3개의 구슬이 달려 있습니다. 당신은 행동을 사용해 구슬 중 하나를 떼어내서 60ft 거리까지 던질 수 있습니다. 구슬이 목표 지점에 닿으면 즉시 폭발하여 3레벨의 화염구*Fireball* 주문 (내성 DC 15)이 됩니다.

당신은 행동 한 번에 한번에 구슬 여러 개를 던지거나, 아예 목걸이 전체를 던질 수 있습니다. 그렇게 한 경우, 추가로 던져진 구슬 하나당 화염구의 주문 슬롯 레벨이 1씩 증가합니다.

## 무기, +1, +2, +3 WEAPON, +1, +2, +3
*무기(아무거나), 비범 등급(+1), 고급 등급(+2), 희귀 등급(+3)*

당신은 이 마법 무기를 사용할 때, 명중과 피해 판정에 보너스를 받게 됩니다. 이 보너스는 무기의 희귀도에 따라 결정됩니다.

## 무기, 거인 살해자 GIANT SLAYER
*무기 (검이나 도끼류), 고급 등급*

당신은 이 마법 무기를 사용할 때 명중과 피해에 +1 보너스를 받을 수 있습니다.

이 무기로 거인을 공격하면, 거인은 무기의 일반적 피해에 더해 무기와 같은 종류의 피해를 2d6 더 받게 되며, DC 15의 근력

경고의 창

거인 살해자

잔혹한 무기

내성 굴림에 실패할 경우 넘어집니다. 이 무기에서 말하는 "거인"이란 거인 종류에 속하는 크리쳐 모두를 포함하며, 에틴이나 트롤 역시 이에 해당됩니다.

## 무기, 경고의 무기 WEAPON OF WARNING
*무기(아무거나), 비범 등급 (조율 필요)*

이 마법 무기는 위험이 다가올 때 당신에게 경고합니다. 당신이 이 무기를 소지하고 있을 때, 당신은 우선권에 이점을 받습니다. 추가로, 당신과 30ft 내에 있는 모든 동료는 비마법적인 잠을 제외한 다른 이유로 인해 행동불능 상태가 아닌 한, 절대 기습당하지 않습니다. 보통 비마법적으로 잠들어 있을 때라면 범위 내에 위험 요소가 들어올 때, 이 무기가 마법적으로 당신과 동료들을 깨워 전투 시작을 대비하게 할 것입니다.

## 무기, 잔혹한 무기 VICIOUS WEAPON
*무기(아무거나), 고급 등급*

당신이 이 마법 무기를 사용해 공격했을 때 명중 굴림에서 20이 나오면, 목표는 무기가 가하는 종류의 피해를 추가로 7점 더 입게 됩니다.

## 물약, 가스 형상의 물약 POTION OF GASEOUS FORM
*물약, 고급 등급*

당신이 이 물약을 마시면, 당신은 이후 1시간 동안 *가스 형상 Gaseous Form* 주문의 효과를 얻을 수 있습니다. (집중할 필요 없습니다.) 또한 당신은 추가 행동을 사용해 효과를 즉시 끝낼 수도 있습니다. 이 물약은 마치 안개를 담아놓아 물처럼 마실 수 있게 만든 것 같습니다.

## 물약, 거인 힘의 물약 POTION OF GIANT STRENGTH
*물약, 희귀도 다양*

당신이 이 물약을 마시면, 당신의 근력 점수는 이후 1시간 동안 변화합니다. 어떤 종류의 거인 힘을 얻을 수 있는가에 따라 변하게 되는 근력 점수가 달라집니다. (아래 표를 참조하십시오.) 이 물약은 당신의 근력이 이미 해당 점수보다 높다면 효과가 없습니다.

이 물약은 해당 거인의 손톱 일부를 넣어 놓은 투명한 액체처럼 보입니다. 서리 거인 힘의 물약과 바위 거인 힘의 물약은 완전히 같은 효과를 냅니다.

| 거인의 종류 | 근력 | 희귀도 |
|---|---|---|
| 언덕 거인 | 21 | 비범 등급 |
| 서리/바위 거인 | 23 | 고급 등급 |
| 화염 거인 | 25 | 고급 등급 |
| 구름 거인 | 27 | 희귀 등급 |
| 폭풍 거인 | 29 | 전설 등급 |

## 물약, 독의 물약 POTION OF POISON
*물약, 비범 등급*

이 혼합물은 겉으로 보기나 맛만 보았을 때는 치유의 물약 혹은 그와 유사한 이로운 물약과 비슷하게 보입니다. 하지만 이 물약은 사실 환영 마법으로 그 정체를 숨겨놓은 독이며, *식별 Identify* 마법을 사용하면 진짜 본성을 알 수 있습니다.

당신이 이 독을 마시면, 즉시 3d6의 독성 피해를 입게 됩니다. 그리고 당신은 DC 13의 건강 내성을 굴려야 하며, 실패할 시 중독됩니다. 이후 매번 당신의 턴이 시작될 때마다 당신이 중독된 상태라면 또 3d6점의 독성 피해를 입게 됩니다. 당신의 턴이 끝날 때마다 다시 내성을 굴릴 수 있으며, 성공시 입게 되는 독성 피해를 1d6씩 줄일 수 있습니다. 이렇게 3번 내성이 성공하여 피해가 0이 되면 독의 효과는 완전히 끝나게 됩니다.

## 물약, 동물 친밀화의 물약 POTION OF ANIMAL FRIENDSHIP
물약, 비범 등급

당신이 이 물약을 마시면, 당신은 이후 1시간 동안 언제나 자유롭게 동물 친밀화Animal Friendship 주문 (내성 DC 13)을 시전할 수 있습니다. 이 끈적한 액체를 휘저어보면 물고기 비늘이나 종달새의 허, 고양이 발톱, 다람쥐 털 등 여러 가지가 보입니다.

## 물약, 등반의 물약 POTION OF CLIMBING
물약, 범용 등급

당신이 이 물약을 마시면, 당신은 이후 1시간 동안 걷는 속도와 같은 속도로 등반할 수 있습니다. 이 시간 동안, 당신은 등반을 위해 근력(운동) 판정을 할 때 이점을 받을 수 있습니다. 이 물약은 지층처럼 갈색, 은색, 회색 층으로 나누어진 것으로 보입니다. 이 물약병을 흔들어 보아도 이 색깔은 서로 섞이지 않습니다.

## 물약, 마음 읽기의 물약 POTION OF MIND READING
물약, 고급 등급

당신이 이 물약을 마시면, 당신은 생각 탐지Detect Thought 주문(내성 DC 13)의 효과를 얻을 수 있습니다. 이 물약의 진한 보라색 액체는 그 위로 분홍색 구름이 떠가는 듯 보입니다.

## 물약, 무적의 물약 POTION OF INVULNERABILITY
물약, 고급 등급

이 물약을 마시고 나서 1분 동안, 당신은 모든 피해에 저항을 얻게 됩니다. 이 물약의 끈적한 액체는 마치 액화된 철처럼 보이기도 합니다.

## 물약, 비행의 물약 POTION OF FLYING
물약, 희귀 등급

당신이 이 물약을 마시면, 당신은 이후 1시간 동안 걷는 속도와 같은 속도로 비행할 수 있으며, 허공에서 부양할 수 있게 됩니다. 만약 당신이 공중에 있을 때 이 물약의 효과가 떨어진다면, 당신은 다른 방식으로 공중에 떠 있을 수 없는 한 추락하게 될 것입니다. 이 물약의 투명한 액체는 병 안에서 떠 있는 것 같으며, 안에는 하얀 구름 같은 불순물이 떠다니는 듯합니다.

## 물약, 생명의 물약 POTION OF VITALITY
물약, 희귀 등급

당신이 이 물약을 마시면, 당신이 받는 모든 탈진과 모든 질병, 모든 독이 사라집니다. 그리고 이후 24시간 동안 당신은 자신의 히트 다이스당 추가로 1점씩 최대 hp가 증가합니다. 이 물약의 진홍색 액체는 마치 심장 박동하는 것처럼 주기적으로 박동하며 살짝 빛납니다.

## 물약, 성장의 물약 POTION OF GROWTH
물약, 비범 등급

당신이 이 물약을 마시면, 당신은 거대화/축소화Enlarge/Reduce 주문의 "거대화"효과를 1d4 시간 동안 받게 됩니다. (집중할 필요는 없습니다.) 이 물약의 붉은 액체는 원래 자그마한 방울에서 점점 커져 나가다가 다시 축소하는 걸 반복하고 있습니다. 이 물약을 흔들어도 내부의 과정을 방해하지 못합니다.

## 물약, 속도의 물약 POTION OF SPEED
물약, 희귀 등급

당신이 이 물약을 마시면, 당신은 이후 1분간 가속Haste 주문의 효과를 받을 수 있습니다. (집중할 필요는 없습니다.) 이 물약의 노란색 액체는 검은색 줄무늬가 생겨나는 것 같으며 내부에서 소용돌이치는 것 같습니다.

## 물약, 수중 호흡의 물약
POTION OF WATER BREATHING
물약, 비범 등급

당신은 이 물약을 마시고 이후 1시간 동안 수중에서 호흡할 수 있게 됩니다. 이 물약의 흐릿한 녹색 액체에서는 바다 냄새가 나며, 안에는 해파리 같은 거품이 피어오릅니다.

## 물약, 영웅심의 물약 POTION OF HEROISM
물약, 고급 등급

이 물약을 마시면 이후 1시간 동안, 10점의 임시 hp를 얻게 됩니다. 또한 같은 기간 동안 당신은 축복Bless 주문의 효과를 받을 수 있습니다. (집중할 필요는 없습니다.) 이 파란색 물약은 끓어오르는 것처럼 거품이 일어나며 증기가 나옵니다.

## 물약, 장수의 물약 POTION OF LONGEVITY
물약, 희귀 등급

당신이 이 물약을 마시면, 당신의 신체적 나이는 1d6+6년 어려집니다. 이렇게 어려지는 나이는 13세 이하로 내려가지 않습니다. 당신이 장수의 물약을 마실 때마다, 10%의 확률로 오히려 1d6+6년 더 나이를 먹을 확률이 있습니다. 이 확률은 장수의 물약을 먹을 때마다 추가로 10%씩 증가합니다. 이 호박색 액체 안에는 전갈의 꼬리, 독사의 이빨, 죽은 거미 등과 함께 작은 심장이 들어 있는데, 이 심장은 여전히 박동하고 있습니다. 이 성분들은 물약의 뚜껑이 열리면 사라져 버립니다.

## 물약, 저항의 물약 POTION OF RESISTANCE
물약, 비범 등급

당신이 이 물약을 마시면, 당신은 1시간 동안 특정한 종류의 피해에 대해 저항을 얻게 됩니다. DM은 어떤 종류인가를 결정할 수 있으며, 그게 아니면 아래 표에서 무작위로 정할 수 있습니다.

| d10 | 피해 종류 | d10 | 피해 종류 |
|---|---|---|---|
| 1 | 산성 | 6 | 사령 |
| 2 | 냉기 | 7 | 독성 |
| 3 | 화염 | 8 | 정신 |
| 4 | 역장 | 9 | 광휘 |
| 5 | 번개 | 10 | 천둥 |

## 물약, 축소의 물약 POTION OF DIMINUTION
물약, 고급 등급

당신이 이 물약을 마시면, 당신은 거대화/축소화Enlarge/Reduce 주문의 "축소화"효과를 1d4 시간 동안 받게 됩니다. (집중할 필요는 없습니다.) 이 물약의 붉은 액체는 원래 커다란 방울에서 점점 작아져 가다가 다시 커지는 걸 반복하고 있습니다. 이 물약을 흔들어도 내부의 과정을 방해하지 못합니다.

## 물약, 치유의 물약 POTION OF HEALING
*물약, 희귀도 다양*

당신은 이 물약을 마시면 hp를 회복할 수 있습니다. 당신이 회복하는 hp의 양은 물약의 희귀도에 따라 달라지며, 아래 치유의 물약 표에 자세하게 나와 있습니다. 물약이 얼마나 강력한 것이든, 물약 자체의 색깔은 붉은색이며 흔들면 은은하게 빛나곤 합니다.

### 치유의 물약

| 어떤 물약인가 | 희귀도 | 회복되는 HP |
|---|---|---|
| 치유의 물약 | 범용 등급 | 2d4 + 2 |
| 중급 치유의 물약 | 비범 등급 | 4d4 + 4 |
| 상급 치유의 물약 | 고급 등급 | 8d4 + 8 |
| 최상급 치유의 물약 | 희귀 등급 | 10d4 + 20 |

## 물약, 투명화 물약 POTION OF INVISIBILITY
*물약, 희귀 등급*

이 물약의 용기는 보기엔 비어 있는 것 같지만, 들어보면 안에 액체가 들어 있는 것 같습니다. 당신이 이 물약을 마시면 이후 1시간 동안 투명 상태가 됩니다. 당신이 장비하고 있거나 들고 있는 물건 모두 같이 투명화됩니다. 이 효과는 당신이 공격을 가하거나 주문을 시전하면 풀리게 됩니다.

## 물약, 투시의 물약 POTION OF CLAIRVOYANCE
*물약, 고급 등급*

당신이 이 물약을 마시면, *투시Clairvoyance* 주문의 효과를 얻을 수 있습니다. 이 노란색 액체 속에는 눈알이 떠다니는 것 같지만, 물약 뚜껑을 열면 눈알은 사라져 버립니다.

## 물약, 화염 브레스의 물약 POTION OF FIRE BREATH
*물약, 비범 등급*

이 물약을 마시고 나면, 당신은 추가 행동으로 30ft 내의 목표 하나에게 화염 브레스를 뿜을 수 있습니다. 목표는 DC 13의 민첩 내성을 굴려야 하며, 실패할 시 4d6점의 화염 피해를 입게 됩니다. 내성에 성공할 경우 피해는 절반으로 줄어듭니다. 이 효과는 당신이 브레스를 세 번 뿜거나, 1시간이 지나면 종료됩니다.

이 물약은 오렌지색 액체가 떠다니고 있으며, 용기 위쪽은 연기가 차올라 있는 것 같지만 뚜껑을 열면 연기는 사라집니다.

## 물의 원소 조종의 대야
### BOWL OF COMMANDING WATER ELEMENTALS
*기타 물건, 고급 등급*

이 대야에 물을 채워 넣고 나면, 당신은 행동을 사용하고 정해진 명령어를 외워 마치 *원소 소환Conjure Elemental* 주문을 시전한 것처럼 물의 원소를 소환할 수 있습니다. 이 대야를 한번 사용했다면, 다음날 새벽까지는 다시 사용할 수 없습니다.

이 대야는 직경 1ft이며 깊이는 0.5ft 정도입니다. 무게는 3lbs 정도이며 3갤런의 물이 들어갑니다.

## 바드의 악기 INSTRUMENT OF THE BARDS
*기타 물건, 희귀도 다양 (바드에 의해 조율 필요)*

바드의 악기는 그 악기 종류에서 최고급에 속하는 것들이며, 모든 면에서 평범한 악기에 비해 우월합니다. 이 악기는 모두 7종이 존재하며, 각각은 전설적인 바드 대학의 이름을 따서 만들어졌습니다. 아래 표에서는 모든 악기가 공통적으로 다루는 주문들과 함께, 각각의 악기들이 지닌 희귀도와 그에 따른 주문들을 설명하

물의 원소 조종의 대야

고 있습니다. 이 악기에 조율하지 않고 연주하려는 크리쳐의 경우 DC 15의 지혜 내성을 굴려야 하며, 실패할 시 2d4의 정신 피해를 입습니다.

당신은 행동을 사용해 악기를 연주하면서 악기의 주문 중 하나를 시전할 수 있습니다. 일단 악기로 주문을 시전하면, 다음날 새벽까지는 같은 주문을 시전할 수 없습니다. 이 주문들은 당신의 주문 시전 능력치와 내성 DC를 따릅니다.

당신이 악기를 사용해 시전하는 주문이 실패 시 상대를 매혹 상태에 빠트리는 것이라면, 목표는 내성 굴림에 불이익을 받게 됩니다. 이 효과는 당신이 악기 자체의 주문을 사용할 때와 악기를 그저 주문 사용의 매개체로 사용할 때 모두 적용됩니다.

| 악기 | 희귀도 | 주문 |
|---|---|---|
| 모두 | — | *비행Fly, 투명화Invisibility, 부양Levitate, 악과 선으로부터의 보호Protection from Evil and Good.* 각 악기마다 추가 주문이 존재함. |
| 안스트루스 하프 (Anstruth Harp) | 희귀 등급 | *기후 조종Control Weather, 상처 치료Cure Wounds*(5레벨)*, 가시의 벽Wall of Thorns* |
| 카나이스 만돌린 (Canaith Mandolin) | 고급 등급 | *상처 치료Cure Wounds*(3레벨)*, 마법 무효화Dispel Magic, 에너지로부터의 보호Protection from Energy*(번개 속성에 대해서만) |
| 클라이 리르 (Cli Lyre) | 고급 등급 | *바위 형상Stone Shape, 불꽃의 벽Wall of Fire, 바람의 벽Wind Wall* |
| 도스 류트 (Doss Lute) | 비범 등급 | *동물 친밀화Animal Friendship, 에너지로부터의 보호Protection from Energy*(화염 속성에 대해서만)*, 독으로부터의 보호Protection from Poison* |
| 포클루칸 반도레 (Fochlucan Bandore) | 비범 등급 | *얽혀듬Entangle, 요정 불꽃Faerie Fire, 마력곤봉Shillelagh, 동물과의 대화Speak with Animals* |
| 맥-휘미드 시턴 (Mac-Fuirmidh Cittern) | 비범 등급 | *나무껍질 피부Barkskin, 상처 치료Cure Wounds, 안개 구름Fog Cloud* |
| 올람 하프 (Ollamh Harp) | 전설 등급 | *혼란Confusion, 기후 조종Control Weather, 화염 폭풍Fire Storm* |

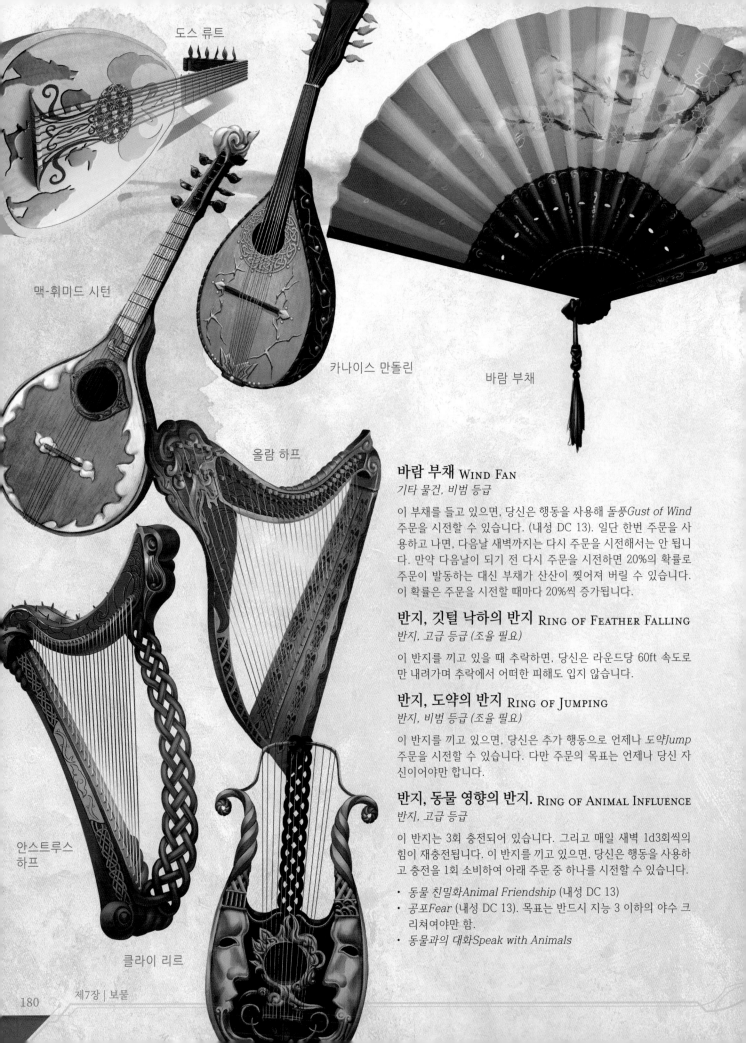

도스 류트

맥-휘미드 시턴

카나이스 만돌린

올람 하프

바람 부채

안스트루스 하프

클라이 리로

### 바람 부채 WIND FAN
기타 물건, 비범 등급

이 부채를 들고 있으면, 당신은 행동을 사용해 돌풍*Gust of Wind* 주문을 시전할 수 있습니다. (내성 DC 13). 일단 한번 주문을 사용하고 나면, 다음날 새벽까지는 다시 주문을 시전해서는 안 됩니다. 만약 다음날이 되기 전 다시 주문을 시전하면 20%의 확률로 주문이 발동하는 대신 부채가 산산이 찢어져 버릴 수 있습니다. 이 확률은 주문을 시전할 때마다 20%씩 증가됩니다.

### 반지, 깃털 낙하의 반지 RING OF FEATHER FALLING
반지, 고급 등급 (조율 필요)

이 반지를 끼고 있을 때 추락하면, 당신은 라운드당 60ft 속도로만 내려가며 추락에서 어떠한 피해도 입지 않습니다.

### 반지, 도약의 반지 RING OF JUMPING
반지, 비범 등급 (조율 필요)

이 반지를 끼고 있으면, 당신은 추가 행동으로 언제나 도약*Jump* 주문을 시전할 수 있습니다. 다만 주문의 목표는 언제나 당신 자신이어야만 합니다.

### 반지, 동물 영향의 반지. RING OF ANIMAL INFLUENCE
반지, 고급 등급

이 반지는 3회 충전되어 있습니다. 그리고 매일 새벽 1d3회씩의 힘이 재충전됩니다. 이 반지를 끼고 있으면, 당신은 행동을 사용하고 충전을 1회 소비하여 아래 주문 중 하나를 시전할 수 있습니다.

- 동물 친밀화*Animal Friendship* (내성 DC 13)
- 공포*Fear* (내성 DC 13). 목표는 반드시 지능 3 이하의 야수 크리쳐여야만 함.
- 동물과의 대화*Speak with Animals*

깃털 낙하의 반지

보호의 반지

세 소원의 반지

동물 영향의 반지

수면 보행의 반지

## 반지, 보호의 반지 RING OF PROTECTION
*반지, 고급 등급 (조율 필요)*

이 반지를 끼고 있으면 AC와 내성 굴림에 +1 보너스를 받을 수 있습니다.

## 반지, 세 소원의 반지 RING OF THREE WISHES
*반지, 전설 등급*

이 반지를 끼면, 당신은 행동을 사용하고 반지에 충전된 힘 3회 중 1회 분량을 소비하여 소원*Wish* 주문을 시전할 수 있습니다. 이 반지는 3회의 충전을 모두 소비하면 비마법적인 반지가 되어 버립니다.

## 반지, 수면 보행의 반지 RING OF WATER WALKING
*반지, 비범 등급*

이 반지를 끼고 있으면, 당신은 어떠한 액체 표면 위에서도 마치 고체 위에 서 있는 것처럼 움직이고 걸어 다닐 수 있습니다.

## 반지, 수영의 반지 RING OF SWIMMING
*반지, 비범 등급*

당신은 이 반지를 끼고 있는 동안 40ft의 수영 이동 속도를 얻게 됩니다.

## 반지, 숫양의 반지 RING OF THE RAM
*반지, 고급 등급 (조율 필요)*

이 반지는 3회 충전되어 있으며, 매일 새벽 1d3회 재충전됩니다. 이 반지를 끼고 있으면, 당신은 행동을 사용하고 충전을 1~3회 소비하여 당신이 볼 수 있는 60ft 내의 크리쳐 하나를 목표로 지정하고 공격을 가할 수 있습니다. 이 반지는 영체로 형성된 숫양의 머리 모양을 만들어 날려 보내며, 공격의 명중 굴림에는 +7 보너스를 받을 수 있습니다. 이 공격이 명중하면 당신이 소비한 충전 1회 당 2d10의 역장 피해를 가하며, 상대를 5ft씩 밀어낼 수 있습니다.

아니라면, 당신은 반지의 충전을 1~3회 소비하여 당신이 볼 수 있는 60ft 이내의 물체 중 하나를 파괴하려 할 수 있습니다. 이때 이 물체는 누군가가 장비하고 있거나 들고 있는 것이 아니어야 합니다. 파괴를 시도할 시, 반지는 당신이 소비한 충전 1회당 근력 판정에 +5 보너스를 부여합니다.

## 반지, 염동력의 반지 RING OF TELEKINESIS
*반지, 희귀 등급 (조율 필요)*

당신은 이 반지를 끼고 있을 때 언제나 자유로이 염동력*Telekinesis* 주문을 사용할 수 있습니다. 그러나 이 주문은 누군가가 장비하고 있거나 들고 있는 물체를 대상으로 사용할 수 없습니다.

## 반지, 온기의 반지 RING OF WARMTH
*반지, 비범 등급 (조율 필요)*

당신이 이 반지를 끼고 있으면, 냉기 피해에 대해 저항을 얻을 수 있습니다. 추가로, 당신과 당신 자신이 들고 있거나 장비하고 있는 모든 물체는 섭씨 -45도 이하의 극한에도 피해를 받지 않습니다.

## 반지, 원소 명령의 반지
### RING OF ELEMENTAL COMMAND
*반지, 전설 등급 (조율 필요)*

이 반지는 4개 중 하나의 원소계와 연결되어 있습니다. DM은 이 반지가 어느 원소계와 연결되어 있는지 결정하거나 무작위로 정할 수 있습니다.

이 반지를 끼고 있으면, 당신은 반지에 연결된 원소계의 원소들에 대해 공격할 때 이점을 얻을 수 있으며, 그것들이 당신을 공격할 때는 불리점을 얻게 됩니다. 추가로, 당신은 각각의 원소계와 연결된 기능들을 사용할 수 있게 됩니다.

반지는 5회 충전되어 있으며, 매일 새벽 1d4+1회의 힘이 재충전됩니다. 반지로 사용하는 모든 주문의 DC는 17입니다.

염동력의 반지

자유 행동의 반지

숫양의 반지

유성의 반지

화염 저항의 반지

**대기 원소 조종의 반지.** 당신은 충전을 2회 소비하여 대기 원소에게 괴물 지배Dominate Monster 주문을 시전할 수 있습니다. 추가로 당신이 추락할 때는 라운드당 60ft 속도로만 떨어지며, 낙하에 의해 피해를 받지 않습니다. 당신은 창공어를 말하고 이해할 수 있게 됩니다.

만약 당신이 이 반지와 조율되어 있는 동안 대기 원소를 죽이거나 죽이는 것을 돕게 된다면, 당신은 아래와 같은 추가적 기능들을 사용할 수 있게 됩니다.

- 당신은 번개 피해에 저항을 얻게 됩니다.
- 당신은 걷는 속도와 마찬가지 속도로 비행할 수 있게 되며, 공중에 부양할 수 있습니다.
- 당신은 반지를 통해 아래 주문들을 사용할 수 있으며, 주문에 따라 충전 소비량이 다릅니다. 연쇄 번개Chain Lightning(충전 3회), 돌풍Gust of Wind(충전 2회), 바람의 벽Wind Wall(충전 1회)

**대지 원소 조종의 반지.** 당신은 충전을 2회 소비하여 대지 원소에게 괴물 지배Dominate Monster 주문을 시전할 수 있습니다. 추가로, 당신은 자갈이나 바위, 진흙으로 인해 어려운 지형이 된 곳을 마치 보통 지형처럼 이동할 수 있습니다. 당신은 또한 대지어를 말하고 이해할 수 있게 됩니다.

만약 당신이 이 반지와 조율되어 있는 동안 대지 원소를 죽이거나 죽이는 것을 돕게 된다면, 당신은 아래와 같은 추가적 기능들을 사용할 수 있게 됩니다.

- 당신은 산성 피해에 저항을 얻게 됩니다.
- 당신은 흙이나 바위를 통과하여 이동할 수 있게 되며, 이때 이러한 고체는 어려운 지형으로 취급합니다. 만약 당신이 흙이나 바위 안에서 자신의 턴을 마치게 되면, 당신은 즉시 가장 가까이 있는 점유되지 않은 공간으로 튀어 나가게 됩니다.
- 당신은 반지를 통해 아래 주문들을 사용할 수 있으며, 각 주문에 따라서 충전 소비량이 다릅니다. 바위 형상Stone Shape(충전 2회), 바위피부Stoneskin(충전 3회), 바위의 벽Wall of Stone(충전 3회)

**불의 원소 조종의 반지.** 당신은 충전을 2회 소비하여 불의 원소에게 괴물 지배Dominate Monster 주문을 시전할 수 있습니다. 추가로 당신은 화염 피해에 저항을 얻게 됩니다. 또한 당신은 화염어를 말하고 이해할 수 있게 됩니다.

만약 당신이 이 반지에 조율되어 있는 동안 불의 원소를 죽이거나 죽이는 것을 돕게 된다면, 당신은 아래와 같은 추가적 기능들을 사용할 수 있게 됩니다.

- 당신은 화염 피해에 면역을 얻게 됩니다.
- 당신은 반지를 통해 아래 주문들을 시전할 수 있으며, 각 주문에 따라서 충전 소비량이 다릅니다. 타오르는 손길Burning Hands(충전 1회), 화염구Fireball(충전 2회), 불꽃의 벽Wall of Fire(충전 3회)

**물의 원소 조종의 반지.** 당신은 충전을 2회 소비하여 물의 원소에게 괴물 지배Dominate Monster 주문을 시전할 수 있습니다. 추가로 당신은 액체 표면 위를 마치 고체 위에서처럼 걸어 다니고 서 있을 수 있게 됩니다. 또한 당신은 수중어를 말하고 이해할 수 있게 됩니다.

만약 당신이 이 반지에 조율되어 있는 동안 물의 원소를 죽이거나 죽이는 것을 돕게 된다면, 당신은 아래와 같은 추가적 기능들을 사용할 수 있게 됩니다.

- 당신은 물속에서 숨 쉴 수 있으며, 걷는 속도와 같은 속도로 수영할 수 있게 됩니다.
- 당신은 반지를 통해 아래 주문들을 사용할 수 있으며, 각 주문에 따라 충전 소비량이 다릅니다. 물 창조 또는 파괴Create or Destroy Water(충전 1회), 물 조종Control Water(충전 3회), 얼음 폭풍Ice Storm(충전 2회), 얼음의 벽Wall of Ice(충전 3회)

## 반지, 유성의 반지 RING OF SHOOTING STARS
*반지, 희귀 등급 (밤에 야외에서 조율 필요)*

약한 빛이나 어둠 속에서 이 반지를 끼고 있으면, 당신은 자유로이 춤추는 빛Dancing Lights 주문이나 빛Light 주문을 시전할 수 있습니다. 각각의 주문을 시전하려면 행동을 사용해야 합니다.

정신 방어의 반지

대기 원소 조종의 반지

주문 저장의 반지

재생의 반지

반지는 또한 6회의 충전이 있으며, 이 충전을 사용해 아래 기능들을 쓸 수 있습니다. 이 반지는 매일 새벽 1d6회의 힘을 재충전합니다.

**요정 불꽃.** 당신은 행동을 사용하고 충전 1회를 소비하여 반지로부터 요정 불꽃*Faerie Fire* 주문을 시전할 수 있습니다.

**구체 번개.** 당신은 행동을 사용하고 충전 2회를 소비하여 3ft 직경의 번개 구체 1~4개를 만들어낼 수 있습니다. 당신이 만든 구체의 수가 많을수록, 각각의 구체가 지닌 힘은 약해집니다.

각각의 구체는 당신이 볼 수 있는 120ft 내의 점유되지 않은 공간을 선택하여 만들어낼 수 있습니다. 각 구체는 당신이 집중하는 동안 유지되며, 최대 1분까지 유지할 수 있습니다. 각각의 구체는 주변 30ft 반경을 약한 빛으로 비춥니다.

추가 행동을 사용해 당신은 각 구체를 30ft씩 이동시킬 수 있으나, 당신으로부터 120ft 이상 떨어지게 할 수는 없습니다. 당신을 제외한 다른 크리쳐가 구체의 5ft 반경으로 접근하면, 구체는 그 대상에게 번개를 내뿜고는 사라져 버립니다. 번개를 맞은 대상은 DC 15의 민첩 내성 굴림을 굴려야 하며, 실패할 시 번개 피해를 받게 됩니다. 번개 피해의 양은 당신이 창조해 낸 구체의 개수에 따라 달라지며, 이는 아래 표에서 설명하고 있습니다.

| 구체 개수 | 번개 피해 |
| --- | --- |
| 4 | 2d4 |
| 3 | 2d6 |
| 2 | 5d4 |
| 1 | 4d12 |

**유성 직격.** 당신은 행동을 사용하고 충전을 1~3회 소비할 수 있습니다. 당신은 60ft 내에 당신이 볼 수 있는 지점을 지정하여 소비한 충전 1회마다 하나씩의 빛나는 티끌을 날릴 수 있습니다. 당신이 지정한 지점을 중심으로 15ft 범위에 있는 모든 크리쳐는 번개 불꽃에 휩쓸리며 DC 15의 민첩 내성 굴림을 굴려야 합니다. 내성 굴림에 실패할 시 5d4의 화염 피해를 입게 되며, 성공한 경우 피해는 절반으로 줄어듭니다.

### 반지, 자유 행동의 반지 RING OF FREE ACTION
*반지, 고급 등급 (조율 필요)*

당신이 이 반지를 끼고 있을 때는, 어려운 지형 이동에 추가로 이동력이 들어가지 않습니다. 또한, 마법으로는 당신의 이동속도를 감소시키거나 당신을 마비 또는 포박 상태로 만들 수 없습니다.

### 반지, 재생의 반지 RING OF REGENERATION
*반지, 희귀 등급 (조율 필요)*

이 반지를 끼고 있으면, 당신은 10분당 1d6점씩 hp를 회복할 수 있습니다. 이 효과는 당신에게 최소한 1점 이상의 hp가 남아 있어야만 발동됩니다. 만약 당신이 신체의 일부를 잃었다면, 이 반지는 이후 1d6+1일 이내에 해당 신체 부위가 다시 자라나 제대로 기능하게 해 줍니다. 이 효과 역시 그동안 계속 당신에게 최소 1점 이상의 hp가 남아 있어야만 합니다.

### 반지, 저항의 반지 RING OF RESISTANCE
*반지, 고급 등급 (조율 필요)*

당신은 이 반지를 끼고 있을 때 특정한 종류의 피해에 저항을 얻게 됩니다. 어떤 종류의 피해인지는 DM이 정하거나, 아래 표에서 무작위로 결정될 수 있습니다.

| d10 | 피해종류 | 보석 |
| --- | --- | --- |
| 1 | 산성 | 진주 |
| 2 | 냉기 | 전기석 |
| 3 | 화염 | 석류석 |
| 4 | 역장 | 사파이어 |
| 5 | 번개 | 황수정 |
| 6 | 사령 | 흑옥 |
| 7 | 독성 | 자수정 |
| 8 | 정신 | 옥 |
| 9 | 광휘 | 토파즈 |
| 10 | 천둥 | 첨정석 |

주문 반사의 반지

투명화의 반지

X선 시야의 반지

진 소환의 반지

## 반지, 정신 방어의 반지 Ring of Mind Shielding
*반지, 비범 등급 (조율 필요)*

이 반지를 끼고 있으면, 다른 크리쳐들은 마법을 이용해 당신의 생각을 읽을 수 없으며, 마찬가지로 당신이 거짓말을 하는 것을 마법으로 판별하려 하거나, 당신의 성향을 알아내려 하거나, 당신의 크리쳐 종류를 알아내려고 시도할 수 없습니다. 당신과 정신감응으로 대화하는 크리쳐는 오직 당신이 허가해야만 당신에게 대화를 걸 수 있습니다.

당신은 행동을 사용해 이 반지를 투명 상태로 만들거나, 다시 행동을 사용해 투명 상태를 해제 할 수 있습니다. 이 투명화 효과는 당신이 반지를 빼거나 죽을 때까지 지속할 수 있습니다.

만약 당신이 이 반지를 낀 상태로 죽게 된다면, 당신의 영혼이 반지로 빨려 들어갑니다. 이 효과는 반지에 이미 빨려 들어간 영혼이 없을 때만 적용됩니다. 당신은 반지에 머물거나 사후 세계로 갈 수 있습니다. 당신의 영혼이 반지 속에 있는 동안, 당신은 반지를 낀 다른 상대방과 정신적으로 대화할 수 있습니다. 착용자는 이 대화만큼은 방어할 수 없습니다.

## 반지, 주문 반사의 반지 Ring of Spell Turning
*반지, 전설 등급 (조율 필요)*

이 반지를 끼고 있으면, 당신은 오직 당신만으로 목표로 겨냥한 모든 주문의 내성 굴림에 대해 이점을 얻을 수 있습니다. (범위 마법의 범위에 당신이 포함된 경우는 해당하지 않습니다.) 추가로, 만약 당신이 7레벨 이하 주문에 대해 내성을 굴렸고 여기서 20이 나왔다면, 해당 주문은 당신에게 아무런 영향을 못 줄 뿐 아니라 주문을 시전한 시전자에게로 반사됩니다. 이때 반사된 주문은 시전자 자신의 주문 슬롯 레벨을 사용하며 주문 내성 DC 및 명중 보너스 역시 본래 시전자의 레벨과 주문 시전 능력치를 그대로 사용합니다.

## 반지, 주문 저장의 반지 Ring of Spell Storing
*반지, 고급 등급 (조율 필요)*

이 반지는 안에 주문을 저장해 놓을 수 있고, 조율되어 있는 착용자가 그 저장된 주문을 사용할 수 있게 해 줍니다. 이 반지는 최대 5레벨까지의 주문을 저장해 둘 수 있습니다. 이 반지를 처음 발견했을 때, 반지 안에는 1d6-1 레벨어치의 주문이 이미 들어 있을 수 있으며, 어떤 주문이 들어있는지는 DM의 결정에 따릅니다.

1레벨에서 5레벨까지의 주문을 시전할 수 있는 크리쳐는 주문 시전시 반지를 만지면서 시전하여 주문을 저장해 둘 수 있습니다. 저장한 주문은 효력을 발휘하지 못하지만, 그 대신 반지에 저장됩니다. 만약 반지 내의 저장 용량이 부족하다면, 주문은 아무 효력을 발휘하지 못하고 소모되어 버립니다. 주문 슬롯 레벨이 반지 내의 저장 용량을 얼마나 차지하는지 결정합니다. 반지는 1레벨 주문을 5개 담거나, 5레벨 주문을 1개 담는 등 저장된 주문 슬롯의 합계가 5 이하여야 합니다.

이 반지를 끼고 있으면, 당신은 내부에 저장된 주문을 사용할 수 있습니다. 저장된 주문은 본래 시전자의 슬롯 레벨, 주문 내성 DC, 주문 명중 보너스를 사용하며 본래 시전자의 주문 시전 능력치를 따라갑니다. 하지만 그 외에는 마치 당신이 주문을 시전하는 것처럼 목표를 지정하거나 다른 사항들을 정할 수 있습니다. 반지에서 시전된 주문은 다시 저장되지 않으며 그대로 사라집니다.

## 반지, 진 소환의 반지 Ring of Djinni Summoning
*반지, 전설 등급 (조율 필요)*

당신은 이 반지를 끼고 있을 때, 행동을 사용해 명령어를 말하고 대기의 원소계에서 특정한 진(Djinni)을 소환할 수 있습니다. 이 진은 당신으로부터 120ft 내의 점유되지 않은 공간에 나타납니다. 이 진은 당신이 집중하고 있는 동안 유지되며, 최대 1시간 동안 유지할 수 있습니다. (주문에 집중하는 것과 마찬가지로 취급합니다.) 또한 진의 hp가 0이 되어도 진은 고향 세계로 돌아갑니다.

진은 소환되어 있는 동안 당신과 동료들에게 우호적입니다. 진은 당신이 내리는 명령에 복종하며, 당신이 사용하는 언어에 무관하게 당신의 말을 알아듣습니다. 만약 당신이 명령을 내리지 않는다면, 진은 공격자들로부터 스스로를 방어하긴 하지만 다른 행동은 일절 취하지 않습니다.

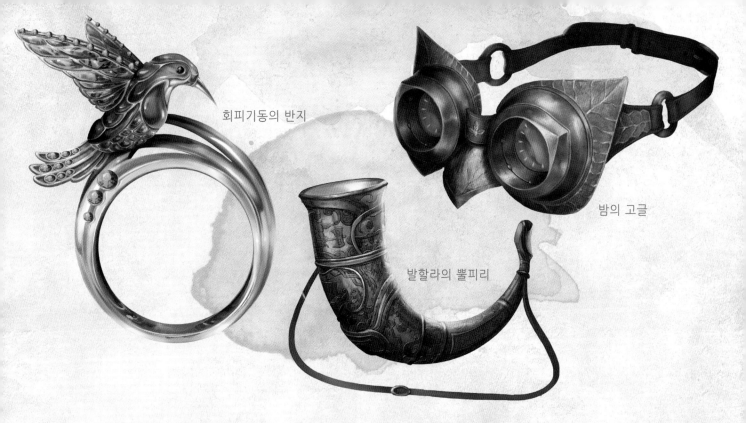

회피기동의 반지

밤의 고글

발할라의 뿔피리

진이 사라지고 나면 이후 24시간 동안은 다시 소환할 수 없습니다. 그리고 소환한 진이 사망하면 반지 역시 마법이 사라져서 비마법적인 물건이 됩니다.

## 반지, 투명화의 반지 RING OF INVISIBILITY
*반지, 전설 등급 (조율 필요)*

당신이 이 반지를 끼고 있으면, 당신은 행동을 사용해서 스스로를 투명화할 수 있습니다. 당신이 장비하고 있거나 들고 있는 물건 역시 당신과 마찬가지로 투명화합니다. 공격하거나 주문을 시전하면 투명화가 해제되며, 반지를 빼도 투명화가 해제됩니다. 또한 당신 스스로 추가 행동을 소비하여 모습을 드러낼 수 있습니다.

## 반지, 회피기동의 반지 RING OF EVASION
*반지, 고급 등급 (조율 필요)*

이 반지는 3회 충전되어 있으며, 매일 새벽 1d3회의 힘이 재충전됩니다. 만약 당신이 이 반지를 끼고 있는 동안 민첩 내성 굴림에 실패했다면, 당신은 반응행동을 사용하여 반지의 충전을 1회 소비하고 해당 내성 굴림을 성공한 것으로 칠 수 있습니다.

## 반지, X선 시야의 반지 RING OF X-RAY VISION
*반지, 고급 등급 (조율 필요)*

당신이 이 반지를 끼고 있을 때, 당신은 행동을 사용하여 명령어를 말하고 특수한 시각을 얻을 수 있습니다. 이 시각은 최대 1분간 유지되며, 그동안 당신은 고체를 꿰뚫어 볼 수 있게 됩니다. 이 시야는 30ft 반경까지 적용됩니다. 당신은 반경 내의 원하는 물체들을 자유롭게 투과해 볼 수 있습니다. 이 시야는 바위의 경우 1ft 두께까지, 보통 금속의 경우 1인치 두께까지, 흙이나 나무의 경우 3ft 두께까지를 뚫어볼 수 있습니다. 납과 같이 더 밀도가 높은 물질의 경우 얇은 판 만으로 이 시야 역시 차단할 수 있습니다.

일단 이 기능을 사용하고 난 이후 긴 휴식을 취하기 전에 다시 시야를 사용하려 하면 DC 15의 건강 내성 굴림을 굴려야 합니다. 이 내성에 실패할 시 당신은 1단계의 탈진을 얻게 됩니다.

## 발할라의 뿔피리 HORN OF VALHALLA
*기타 물건, 고급 등급(은 혹은 황동), 희귀 등급(청동), 전설 등급(철)*

당신은 행동을 사용해 이 뿔피리를 불 수 있습니다. 그러면 이스가르드에 있는 전사 영혼들이 당신으로부터 60ft 내에 소환됩니다. 이 영혼들은 몬스터 매뉴얼(Monster Manual)의 광전사와 같은 게임 수치를 지니고 있습니다. 이들은 1시간이 지나거나 hp가 0 이하로 떨어지면 이스가르드로 돌아갈 것입니다. 일단 이 뿔피리를 사용했다면, 이후 7일간은 다시 사용할 수 없습니다.

발할라의 뿔피리는 4종류가 존재한다고 알려져 있으며, 각각은 서로 다른 금속으로 만들어져 있습니다. 뿔피리의 종류는 얼마나 많은 전사가 나타나는가를 결정하며, 이를 사용하기 위해 필요한 요구조건도 달라집니다. DM은 뿔피리의 종류를 직접 결정하거나 무작위로 정할 수 있습니다.

| d100 | 뿔피리 종류 | 소환되는 광전사 | 요구 조건 |
|---|---|---|---|
| 01-40 | 은 | 2d4 + 2 | 없음 |
| 41-75 | 황동 | 3d4 + 3 | 모든 단순 무기에 대한 숙련 |
| 76-90 | 청동 | 4d4 + 4 | 모든 평장 갑옷에 대한 숙련 |
| 91-00 | 철 | 5d4 + 5 | 모든 군용 무기에 대한 숙련 |

만약 뿔피리의 요구 조건을 갖추지 못한 자가 뿔피리를 분다면, 소환된 광전사들은 뿔피리를 분 자를 공격하기 시작합니다. 만약 당신이 요구조건을 갖추고 뿔피리를 불었다면, 소환된 광전사들은 당신과 동료들에게 우호적이며 당신의 명령을 따를 것입니다.

## 밤의 고글 GOGGLES OF NIGHT
*기타 물건, 비범 등급*

이 검은 렌즈로 이루어진 고글을 쓰고 있으면, 당신은 60ft 범위의 암시야를 얻을 수 있습니다. 만약 당신이 이미 암시야를 지니고 있다면, 이 고글을 쓸 때 그 암시야의 거리가 60ft 증가합니다.

투사체 유도의 방패

주문수호 방패

자동 방패

## 방패, +1, +2, +3 SHIELD +1, +2, +3
*갑옷 (방패류), 비범 등급(+1), 고급 등급(+2), 희귀 등급(+3)*

이 방패를 들고 있으면 AC에 보너스를 받을 수 있습니다. 이 보너스는 방패의 희귀도에 따라 결정되며, 원래 종류의 방패가 제공하는 AC에 추가로 마법적인 보너스가 더 적용되는 것입니다.

## 방패, 경계의 방패 SENTINEL SHIELD
*갑옷 (방패류), 비범 등급*

이 방패를 들고 있으면, 당신은 우선권 굴림과 지혜(감지) 판정에 이점을 얻을 수 있습니다. 이 방패는 눈을 상징하는 문양이 새겨져 있습니다.

## 방패, 자동 방패 ANIMATED SHIELD
*갑옷(방패류), 희귀 등급 (조율 필요)*

이 방패를 들고 있으면, 추가 행동을 사용하고 명령어를 말하여 방패가 알아서 움직이게 할 수 있습니다. 방패는 허공에 떠올라 당신 주변을 부유하며 당신이 들고 있는 것처럼 다가오는 공격을 막게 됩니다. 방패는 1분간 알아서 움직이며, 그 이전에도 추가 행동을 사용해 효과를 끝낼 수 있습니다. 또한 당신이 행동불능에 빠지거나 죽게 되어도 방패의 효과는 끝나며, 방패는 바닥에 떨어지거나 당신의 한 손이 비어있다면 비어있는 손으로 돌아옵니다.

## 방패, 주문수호 방패 SPELLGUARD SHIELD
*갑옷(방패류), 희귀 등급 (조율 필요)*

이 방패를 들고 있으면, 당신은 주문이나 다른 마법적 효과에 대한 내성 굴림에 이점을 받을 수 있습니다. 또한 당신을 겨냥한 주문 공격의 명중 굴림에는 불리점이 가해집니다.

## 방패, 투사체 유도의 방패
### SHIELD OF MISSILE ATTRACTION
*갑옷(방패류), 고급 등급 (조율 필요)*

이 방패를 들고 있으면, 당신은 장거리 무기 공격의 피해에 대해 저항을 얻게 됩니다.

*저주받음.* 이 방패는 저주받았습니다. 이 방패에 조율하게 되면 저주 해제*Remove Curse*나 유사한 마법으로 해제될 때까지 저주에 걸리게 됩니다. 이 방패를 제거해도 저주는 해제되지 않습니다. 당신 주변 10ft 내의 크리쳐가 장거리 무기 공격의 목표가 되었을 때, 당신은 그 공격의 본래 목표 대신 장거리 공격의 대상이 됩니다.

## 방패, 화살 잡기의 방패 ARROW-CATCHING SHIELD
*갑옷(방패류), 고급 등급 (조율 필요)*

당신은 이 방패를 들고 있을 때 장거리 공격에 대한 AC에 +2 보너스를 받게 됩니다. 이 보너스는 방패가 원래 제공하는 AC에 더하여 추가로 제공되는 것입니다. 당신으로부터 5ft 이내의 크리쳐가 장거리 공격의 목표가 되었을 때, 당신은 반응행동을 사용해 원래 목표 대신 장거리 공격을 받을 수 있습니다.

## 방패의 브로치 BROOCH OF SHIELDING
*기타 물건, 비범 등급 (조율 필요)*

이 브로치를 차고 있으면, 당신은 역장 피해에 저항을 얻게 되며, 마법 화살*Magic Missile* 주문의 피해에 면역이 됩니다.

## 번개의 투창 JAVELIN OF LIGHTNING
*무기(자벨린), 비범 등급*

이 자벨린은 마법 무기입니다. 당신이 이 무기를 던지며 명령어를 외친다면, 이는 5ft 길이의 번개 모습으로 변해 목표를 향해 120ft 거리까지 날아갑니다. 이 자벨린이 날아가는 직선거리 내의 모든 크리쳐는 DC 13의 민첩 내성을 굴려야 하며, 실패할 시 4d6점의 번개 피해를 입게 됩니다. 내성에 성공한 경우 피해는 절반으로 줄어듭니다. 번개는 목표에 도달하면 다시 자벨린으로 변합니다. 목표에 장거리 무기 공격을 가합니다. 목표가 자벨린 공격에 명중한 경우 무기의 본래 피해에 더해 4d6점의 번개 피해를 입게 됩니다.

이렇게 자벨린의 기능을 한 번 발동하고 나면, 다음날 새벽까지 다시 발동할 수 없습니다. 물론 그동안에도 계속 보통 마법 무기로서 이 자벨린을 사용할 수 있습니다.

부유구체

보호의 풍뎅이

번개의 투창

방패의 브로치

## 변장의 모자 Hat of Disguise
기타 물건, 비범 등급 (조율 필요)

이 모자를 쓰고 있을 때, 당신은 행동을 사용해 언제나 자유로이 *자기 위장Disguise Self* 주문을 시전할 수 있습니다. 이 주문은 모자를 벗으면 종료됩니다.

## 보호의 풍뎅이 Scarab of Protection
기타 물건, 전설 등급 (조율 필요)

이 풍뎅이 모양의 메달을 1라운드간 손에 쥐고 있으면, 그 표면에 기이한 문양이 떠오르며 마법적인 본성이 드러나게 됩니다. 당신이 이 풍뎅이를 지니고 있는 동안, 당신은 2가지 이득을 얻을 수 있습니다.

- 당신은 주문에 대한 모든 내성에 이점을 얻을 수 있습니다.
- 풍뎅이는 12회 충전되어 있습니다. 만약 당신이 사령계 주문이나 언데드에게서 가해지는 해로운 효과를 받아 내성 굴림에 실패했을 경우, 당신은 반응행동을 사용하고 충전 1회를 소비하여 실패한 내성을 성공한 것으로 취급할 수 있습니다. 이 풍뎅이는 마지막 충전까지 다 소비하고 나면 먼지로 흩어집니다.

## 부유구체 Driftglobe
기타 물건, 비범 등급

이 작은 구체는 1lb 무게의 두꺼운 유리로 되어 있습니다. 만약 당신이 구체의 60ft 내에 있다면, 당신은 명령어를 말해 구체에서 *빛Light*이나 *태양광Daylight* 주문의 빛이 솟아나게 할 수 있습니다. 일단 *태양광Daylight* 주문을 한번 발동시켰다면 다음 날 새벽이 되기 전까지는 다시 발동시킬 수 없습니다.

당신은 행동을 사용하고 또 다른 명령어를 말하여 빛나는 구체를 허공에 떠오르게 할 수 있습니다. 이때 구체는 바닥에서 5ft 높이까지 떠오를 수 있습니다. 이 구체는 당신이나 다른 크리쳐가 거머쥘 때까지 계속 부유해 있을 것입니다. 만약 당신이 부유 구체로부터 60ft 이상 멀어진다면, 이 구체는 당신을 따라와서 60ft 거리 내에 있으려 할 것입니다. 만약 구체가 이동할 수 없는 상태라면, 구체는 천천히 바닥에 내려앉아 발동이 중단되고, 빛 역시 꺼지게 될 것입니다.

## 부적, 건강의 부적 Amulet of Health
기타 물건, 고급 등급 (조율 필요)

이 부적을 차고 있으면 당신의 건강 수치는 19가 됩니다. 만약 당신의 건강이 19 이상이라면 이 부적은 아무런 효과를 발휘하지 못합니다.

## 부적, 이계의 부적 Amulet of the Planes
기타 물건, 희귀 등급 (조율 필요)

이 부적을 착용하고 있으면, 당신은 행동을 사용하고 당신이 친숙한 이계에 속하는 장소 한 곳의 이름을 말할 수 있습니다. 그 이후 당신은 DC 15의 지능 판정을 해야 합니다. 이 판정에 성공한 경우, 당신은 *이계 전송Plane Shift* 주문을 시전할 수 있습니다. 실패한 경우, 당신과 당신으로부터 15ft 내의 모든 크리쳐와 물체는 무작위 지점으로 날아가 버립니다.

d100을 굴립니다. 01-60이 나온 경우, 당신은 자신이 가고자 하는 이계의 무작위 지점으로 날아갑니다. 61-00이 나온 경우, 당신은 아예 무작위 이계로 날아갈 것입니다.

## 부적, 탐지 방어의 부적
Amulet of Proof against Detection and Location
기타 물건, 비범 등급 (조율 필요)

이 부적을 착용하고 있으면, 당신은 예지계 마법의 효과에서 숨겨진 상태가 됩니다. 당신은 예지계 마법의 목표가 되지 않으며, 마법적인 염탐 수단으로 찾아낼 수도 없게 됩니다.

## 불의 원소 조종의 화로
Brazier of Commanding Fire Elementals
기타 물건, 고급 등급

이 황동 화로에 불이 타오르고 있다면, 당신은 행동을 사용하고 명령어를 말하여 *원소 소환Conjure Elemental* 주문을 시전한 것처럼 불의 원소를 불러낼 수 있습니다. 이 화로의 기능을 한 번 사용했다면, 다음날 새벽이 올 때까지 다시 기능을 사용할 수 없습니다.

이 화로의 무게는 5lbs입니다.

건강의 부적

이계의 부적

탐지 방어의 부적

불의 원소 조종의 화로

## 붙잡힌 혀의 서 Tome of the Stilled Tongue
*기타 물건, 전설 등급(위저드에 의해 조율 필요)*

이 두꺼운 가죽 장정의 책은 앞표지에 박제된 혀가 박혀 있습니다. 이 책은 모두 5권 존재한다고 알려져 있으며, 그중 어느 것이 원본인지는 알려져 있지 않습니다. 첫번째 *붙잡힌 혀의 서*에 아로새겨진 혀 장식물은 본래 비밀의 수호자인 리치 신 베크나를 배신한 이전 하인의 것이었다고 알려져 있습니다. 또한 베크나에 맞선 다른 주문 시전자들의 혀 역시 뜯겨 나가 책의 표지에 장식되었습니다. 각각의 책들은 시작 몇 장 정도가 이해할 수 없는 필체로 가득하며, 이후는 모두 빈 페이지들로 채워져 있습니다.

당신이 이 책과 조율한다면, 이 책을 주문책이자 비전 주문 매개체로 사용할 수 있습니다. 또한 당신은 이 책을 들고 있을 때, 추가 행동을 사용해 주문 슬롯의 소비 없이 음성이나 동작 구성요소를 무시하고 책에 쓰인 주문 중 하나를 시전할 수 있습니다. 이 기능은 한 번 사용하고 나면 다음 날 새벽이 올 때까지 다시 사용할 수 없습니다.

이 책과 조율되어 있는 동안, 당신은 책 표지의 혀를 제거할 수 있습니다. 만약 당신이 책 표지의 혀를 제거한다면 책에 쓰인 모든 주문은 즉시 영원히 사라져 버립니다.

베크나는 이 책들의 사용자들을 주의 깊게 살펴봅니다. 그는 또한 이 책에 기괴한 암호 메시지를 쓰기도 합니다. 이 메시지들은 자정에 드러나며, 사용자가 읽고 나면 사라져 버립니다.

## 비행 빗자루 Broom of Flying
*기타 물건, 비범 등급*

이 나무 빗자루는 3lbs 무게이며, 당신이 똑바로 세워 명령어를 말하기 전까지는 보통 빗자루로 사용할 수 있습니다. 당신이 명령어를 말하면 빗자루는 허공에 떠서 날아다니는 용도로 쓸 수 있습니다. 빗자루의 비행 속도는 50ft입니다. 빗자루는 400lbs 까지 운반할 수 있지만, 200lbs 이상을 싣게 되면 속도는 30ft로 감소합니다. 이 빗자루는 당신이 착지하면 허공에 뜬 상태로 멈출 것입니다.

당신은 명령어를 말해서 당신으로부터 1마일 이내에 있는 특정 지점까지 빗자루만을 보낼 수 있습니다. 이때 당신은 빗자루에게 목적 지점의 이름을 말해야 하며, 이 지점은 당신이 친숙한 곳이어야 합니다. 빗자루로부터 여전히 1마일 안에 있다면, 당신은 언제나 다시 명령어를 말해서 빗자루가 당신에게 돌아오게 할 수 있습니다.

## 비행 융단 Carpet of Flying
*기타 물건, 희귀 등급*

당신은 행동을 사용하고 융단의 명령어를 말하여 허공에 부유하고 비행하는 용도로 사용할 수 있습니다. 이 융단은 당신이 30ft 내에 있는 동안 당신이 말한 방향으로 날아갑니다.

*비행 융단*은 총 4종류의 크기가 있다고 알려져 있습니다. DM은 어떤 크기의 융단이 발견되었는지 정할 수 있으며, 그게 아니라면 무작위로 정할 수도 있습니다.

| d100 | 크기 | 수용량 | 비행 속도 |
|---|---|---|---|
| 01–20 | 3 × 5ft | 200lbs | 80ft |
| 21–55 | 4 × 6ft | 400lbs | 60ft |
| 56–80 | 5 × 7ft | 600lbs | 40ft |
| 81–00 | 6 × 9ft | 800lbs | 30ft |

비행 융단들은 표에 나온 수용량의 2배 무게까지를 수송할 수 있지만, 표준 수용량을 넘기게 되면 속도가 절반으로 줄어듭니다.

## 빌라로의 쇠 밴드 Iron Bands of Bilarro
*기타 물건, 고급 등급*

이 녹슨 쇠 구체는 직경 3인치이고, 무게 1lbs 입니다. 당신은 행동을 사용하고 명령어를 말하며 이 구체를 60ft 이내에서 당신이 볼 수 있는 거대형 이하 크기의 크리쳐에게 던질 수 있습니다. 이 구체는 공중을 날아가며 금속 밴드로 모습을 바꿉니다.

당신은 민첩 수정치에 당신의 숙련 보너스를 더해 장거리 공격의 명중 굴림을 굴립니다. 목표에 명중했다면, 이 쇠 밴드는 당신이 추가 행동을 사용해 명령어를 말해 해방시키기 전까지 상대를 포박하게 됩니다. 이렇게 목표를 포박하는 데 실패하거나 당신이 포박에서 풀어준다면, 쇠 밴드는 다시 구체 형태로 돌아옵니다.

포박된 크리쳐를 포함해 그 크리쳐에 인접한 이들이라면 누구나 DC 20의 근력 판정에 성공할 경우 밴드를 벗겨낼 수 있습니다. 이렇게 강제로 벗겨낸 경우 쇠 밴드는 파괴됩니다. 만약 판정에 실패할 경우, 이후 24시간이 지나기 전까지 해당 크리쳐가 이밴드를 파괴하려는 모든 시도는 자동으로 실패합니다.

일단 밴드를 한번 사용했다면, 다음날 새벽이 되기 전까지는 다시 이 밴드를 사용할 수 없습니다.

## 사랑의 묘약 Philter of Love
*물약, 비범 등급*

이 물약을 마시고 10분 이내에 처음 어떤 크리처를 보게 되면, 당신은 1시간 동안 해당 크리처에 매혹된 상태가 됩니다. 만약 그 크리처가 당신과 같은 종이며 당신이 일반적으로 끌리는 성별이라면, 당신은 매혹 상태인 동안 그 상태가 진짜 사랑이라고 믿게 됩니다. 이 물약은 장미향이 나는 부글거리는 액체로, 안에 하트 모양의 큰 거품이 떠 있습니다.

## 살해의 화살 Arrow of Slaying
*무기 (화살), 희귀 등급*

살해의 화살은 특정한 종류의 크리처를 죽이기 위해 만들어진 마법 무기입니다. 어떤 것들은 더 특별히 명확하게 죽이려는 대상을 지정하기도 합니다. 예를 들어, 그냥 드래곤 살해의 화살도 있으며, 블루 드래곤 살해의 화살이 따로 또 있을 수도 있습니다. 만약 살해의 화살이 지정하고 있는 종류의 대상이 이 화살로 피해를 입었다면 즉각 DC 17의 건강 내성을 굴려야 하며, 실패시 6d10의 관통 피해를 추가로 입게 됩니다. 내성에 성공할 경우 이 피해는 절반이 됩니다.

살해의 화살이 지정한 대상에게 한번 피해를 주었다면, 이 화살은 마법을 잃고 비마법적인 것이 됩니다.

화살이 아닌 다른 형태의 마법 탄환류에 이 종류의 힘이 깃들어 있을 수도 있습니다. 예를 들면, 석궁 볼트로서 살해의 볼트가 있을 수도 있습니다. 그러나 화살이 가장 흔하게 발견됩니다.

## 삼라만상의 카드 Deck of Many Things
*기타 물건, 전설 등급*

이 한 벌의 카드패는 대개 상자나 주머니에 담겨 발견되며, 각각의 카드들은 상아나 피지로 만들어져 있습니다. 대부분의 경우 (75%) 이 카드들은 오직 13장만 발견되며, 25%의 확률로 22장이 발견될 수도 있습니다.

당신이 카드를 뽑기 전, 당신은 몇 장의 카드를 뽑을 것인지 선언해야 하며, 무작위로 카드를 뽑게 됩니다. (당신은 실제 트럼프 카드를 사용해 이 과정을 흉내낼 수 있습니다.) 당신이 정한 수 이상으로 뽑은 카드는 어떤 효력도 발휘하지 못합니다. 그게 아니라면, 당신이 카드를 뽑는 순간 그 안에 담긴 마법이 효력을 발휘합니다. 여러 장의 카드를 뽑겠다고 선언한 경우, 당신은 카드를 뽑고 난 후 1시간 이내에 다음 카드를 뽑아야 합니다. 만약 당신이 미리 선언한 수의 카드를 뽑지 못하게 된다면, 남은 숫자의 카드가 동시에 카드패에서 빠져나오며 모든 효과를 동시에 발휘할 것입니다.

일단 카드를 뽑았다면, 뽑은 카드는 사라집니다. 당신이 뽑은 카드가 바보나 광대가 아닌 한, 사라진 카드는 마법적으로 다시 카드패 안에 나타나며, 따라서 당신은 같은 카드를 여러 번 뽑을 가능성이 있습니다.

**공허.** 이 검은 카드는 재앙이라 쓰여 있습니다. 당신의 영혼은 몸에서 뽑혀 나와 DM이 선택한 어딘가의 어떤 물체 안으로 빨려 들어갑니다. 하나 이상의 강력한 존재가 그 위치를 지키고 있을 것입니다. 당신의 영혼이 이처럼 감금된 동안 몸은 행동불능 상태가 됩니다. 소원Wish 주문으로도 영혼을 돌려받을 수 없지만, 영혼이 들어있는 물체의 위치는 찾을 수 있습니다. 당신은 더는 카드를 뽑을 수 없습니다.

**광대.** 당신은 10,000점의 경험치를 얻고, 미리 선언한 숫자에 더해 두 장의 카드를 더 뽑을 수 있습니다.

빌라로의 쇠 밴드

| 사용되는 카드 | 환영 |
|---|---|
| 다이아몬드 에이스 | 조언자* |
| 다이아몬드 킹 | 태양 |
| 다이아몬드 퀸 | 달 |
| 다이아몬드 잭 | 별 |
| 다이아몬드 2 | 유성* |
| 하트 에이스 | 운명의 여신들* |
| 하트 킹 | 왕좌 |
| 하트 퀸 | 열쇠 |
| 하트 잭 | 기사 |
| 하트 2 | 보석* |
| 클로버 에이스 | 발톱* |
| 클로버 킹 | 공허 |
| 클로버 퀸 | 화염 |
| 클로버 잭 | 해골 |
| 클로버 2 | 천치* |
| 스페이드 에이스 | 던전* |
| 스페이드 킹 | 폐허 |
| 스페이드 퀸 | 에우리알레 |
| 스페이드 잭 | 불한당 |
| 스페이드 2 | 균형* |
| 조커 (TM 있는) | 바보* |
| 조커 (TM 없는) | 광대 |

*22장 카드가 있는 경우만 존재

**균형.** 당신의 정신은 끔찍한 변화를 겪으며, 성향 자체가 변해 버리게 됩니다. 질서 성향은 혼돈이, 선은 악이 되며, 반대도 마찬가지입니다. 만약 당신이 진정한 중립 성향이거나 성향이 없었다면, 이 카드는 아무 효과도 없습니다.

**기사.** 당신으로부터 30ft 거리 내에 4레벨 파이터 1명이 나타나며, 당신에게 봉사합니다. 이 파이터는 당신과 같은 종족이며, 죽을 때까지 당신을 따를 것입니다. 이 기사는 운명이 당신에게 연결해 준 것이라 믿고 있습니다. 당신이 이 캐릭터를 직접 조종합니다.

**달.** 당신은 1d3회 소원*Wish* 주문을 시전할 능력을 얻게 됩니다.

**던전.** 당신은 사라지며, 이후 모든 활동이 정지된 상태로 이차원의 구체 내에 감금됩니다. 당신이 착용하거나 장비하고 있던 모든 물체는 당신이 사라진 공간에 그대로 남게 됩니다. 당신은 누군가가 발견하여 해당 구체에서 꺼내주기 전까지 그대로 감금된 상태로 남게 됩니다. 어떠한 예지계 주문으로도 당신의 존재를 발견해 낼 수 없지만, 오직 소원*Wish* 주문만 당신의 위치를 파악할 수 있습니다. 당신은 더는 카드를 뽑을 수 없습니다.

**바보.** 당신은 10,000점의 경험치를 잃고, 이 카드를 버린 다음, 당신이 미리 정한 숫자에 더해 한 장의 카드를 더 뽑아야 합니다. 만약 이렇게 경험치를 잃어서 당신의 레벨이 떨어지게 된다면, 레벨이 떨어지진 않으며 그 대신 해당 레벨의 시작 지점까지 경험치가 떨어집니다.

**발톱.** 당신이 지니고 있는 모든 마법 물건이 분해되어 사라집니다. 유물의 경우 파괴되진 않지만, 사라져 버립니다.

**별.** 당신의 능력치 점수 중 하나가 2점 상승합니다. 이렇게 상승된 점수로 능력치가 20점을 넘길 수는 있지만, 24점을 넘기진 못합니다.

**보석.** 각각 2,000gp 값어치를 지닌 보석 25개 혹은 각각 1,000gp 가치를 지닌 보석 50개가 떨어집니다.

**불한당.** DM이 선택한 NPC 하나가 당신에게 적대적으로 변합니다. 누가 당신의 새로운 적이 되었는가는 NPC 본인이나 다른 누군가가 밝혀줄 때까지 알아낼 수 없습니다. 소원*Wish* 주문이나 신의 간섭으로만 이러한 적대감을 해소할 수 있습니다.

**에우리알레.** 카드에 그려진 메두사 모양의 존재가 당신에게 저주를 겁니다. 당신은 이렇게 저주에 걸려 있는 동안 모든 내성 굴림에 -2 페널티를 받게 됩니다. 오직 신이나 운명의 여신들 카드에 실린 마법의 힘만이 이 저주를 해제할 수 있습니다.

**열쇠.** 고급 등급이나 그보다 희귀한 마법 무기가 나타납니다. 이 무기는 당신이 숙련을 익힌 무기일 것입니다. 정확히 어떤 무기가 나타날 것인가는 DM의 결정에 따릅니다.

**왕좌.** 당신은 설득 기술에 숙련을 얻게 되며, 설득 기술에는 숙련 보너스를 2배로 받게 됩니다. 추가로, 당신은 세상 어딘가에 있는 작은 성채의 합법적 소유권을 얻게 됩니다. 하지만 해당 성채는 현재 괴물들이 점거하고 있으며, 이 괴물들을 물리쳐야만 당신의 소유권을 주장할 수 있을 것입니다.

**운명의 여신들.** 현실 그 자체의 조직이 새로이 짜이며, 어떤 한 가지 사건을 피하거나 아예 일어나지도 않은 것으로 만들어줍니다. 당신은 이 카드에 실린 마법의 힘을 즉시 사용할 수도 있으며, 쓰지 않고 있다가 당신이 죽기 전이라면 언제나 불러낼 수 있습니다.

**유성.** 만약 당신이 다음번 만나는 적대적인 괴물이나 괴물 무리를 홀로 물리친다면, 당신은 다음 레벨로 올라가기에 충분한 경

---

## 죽음의 화신 AVATAR OF DEATH
중형 언데드, 중립 악

---

**방어도** 20
**히트 포인트** 소환자 최대 hp의 절반
**이동속도** 60ft 비행시 60ft (부유 가능)

---

| 근력 | 민첩 | 건강 | 지능 | 지혜 | 매력 |
|---|---|---|---|---|---|
| 16 (+3) | 16 (+3) | 16 (+3) | 16 (+3) | 16 (+3) | 16 (+3) |

---

**피해 면역** 사령, 독성
**상태 면역** 매혹, 공포, 마비, 석화, 중독, 무의식
**감각능력** 암시야 60ft, 진시야 60ft, 상시 감지 13
**언어** 소환자가 알고 있는 언어 전부
**도전지수** - (0 xp)

---

**비실체 이동.** 화신은 다른 크리쳐나 물체가 있는 공간을 어려운 지형처럼 관통하여 이동할 수 있습니다. 자기 턴을 물체 안에서 종료하게 되면 화신은 5점(1d10)의 역장 피해를 입게 됩니다.

**퇴치 면역.** 화신은 턴 언데드와 같은 기능에 면역을 지닙니다.

## 행동

**베어내는 낫.** 화신은 유령 낫을 휘둘러 5ft 내에 있는 크리쳐 하나를 공격합니다. 이 낫은 7점(1d8+3)의 참격 피해와 추가로 4점(1d8)의 사령 피해를 가합니다.

---

험치를 얻게 됩니다. 도전에 실패한다면 이 카드는 아무 효과도 없습니다.

**조언자.** 당신은 카드를 뽑고 나서 1년 이내에, 명상을 하며 어떤 질문을 던질 수 있습니다. 이때 명상 속에서 이 질문에 대해서 가장 진실한 답을 들을 수 있습니다. 정보를 얻으려는 목적 외에도 수수께끼를 풀거나 어떤 선택에 대해 고민이 있을 때 이에 대한 도움을 요청할 수도 있습니다. 즉, 당신은 질문할 때 그 질문에 대한 지식과 함께, 이를 어떻게 적용하면 좋을지에 대한 지혜도 함께 얻을 수 있습니다.

**천치.** 당신의 지능은 영구적으로 1d4+1 점 떨어집니다. (지능은 1 이하로 떨어지지 않습니다.) 당신은 미리 선언한 숫자에 더해 한 장의 카드를 뽑을 수 있습니다.

**태양.** 당신은 50,000점의 경험치를 얻고, 기타 종류에 해당하는 마법 물건 한 개를 얻습니다. (무엇인지는 DM이 무작위로 결정합니다.) 해당 물건은 즉시 손에 나타납니다.

**폐허.** 당신이 소유한 것 중에서 마법 물건을 제외한 모든 형태의 재산이 사라집니다. 휴대하고 있는 모든 재산과 금전이 사라지며, 사업체와 건물, 토지 역시 어떤 식으로는 당신의 소유가 아니게 됩니다. 당신이 소유하고 있는 재산 문서 역시 모두 사라져 버립니다.

**해골.** 당신은 죽음의 화신을 소환합니다. 유령같은 인간 해골 모습의 화신은 찢어진 검은 로브에 유령 낫을 든 채 당신 주변 10ft 이내에 나타나 당신을 공격합니다. 화신은 오로지 당신 혼자 싸워야 한다고 주변 모두에게 경고합니다. 화신은 당신이 죽거나 자신의 hp가 0이 될 때까지 싸우고 사라집니다. 누군가 당신을 도와주려 할 때마다 새로운 죽음의 화신이 소환되어 그자와 싸웁니다. 죽음의 화신에게 살해당한 존재는 부활이 불가능합니다.

**화염.** 강력한 데빌이 당신의 적이 됩니다. 이 데빌은 당신을 파괴하고 삶을 끔찍하게 만들고자 할 것이며, 당신을 살해하기 전 최대한 괴롭히려 들 것입니다. 이 적대관계는 당신이 죽거나 이 데빌이 죽기 전까지 지속될 것입니다.

---

### 적대의 문제

삼라만상의 카드 중 2장은 캐릭터가 다른 어떤 존재의 적의를 받게 만듭니다. 화염 카드의 경우, 적대는 드러내놓고 이루어집니다. 데빌은 카드를 뽑은 캐릭터에게 해를 끼치기 위해 다양한 방식으로 악의적인 시도를 가해 올 것입니다. 이 악마의 위치를 찾아내는 일은 간단하지 않을 것이며, 모험자들은 악마의 동료들과 추종자들을 여러 번 무찔러야만 데빌과 대면할 수 있을 것입니다.

반면 불한당 카드를 뽑았을 때라면, NPC 중 하나가 가지게 되는 적대감은 비밀리에 이루어집니다. 친구나 동료 중 하나가 적대적으로 변했을 수도 있습니다. 당신은 DM으로서, 가장 극적이고 적절한 순간에 누가 적대감을 가지고 있는지 공개할 수 있으며, 그 이전까지는 누가 배신자가 되었을 것인지 모험자들로 하여금 계속 추측하게 유도할 수 있습니다.

태양

던전

광대

균형

에우리알레

폐허

해골

기사

열쇠

생명 포획의 거울

살점 골렘의 설명서

재빠른 행동의 설명서

### 서풍의 편자 HORSESHOE OF A ZEPHYR
*기타 물건, 희귀 등급*

이 쇠 말발굽은 4개가 한 세트로 발견됩니다. 이 4개 발굽을 모두 말이나 유사한 크리쳐에게 장착시키면, 장착시킨 존재는 지면에서 4인치 정도 부유하여 이동하게 됩니다. 즉, 이 크리쳐는 용암이나 수면 등 고체가 아니거나 불안정한 지면 위에서도 자유로이 이동하거나 서 있을 수 있게 됩니다. 또한 이 발굽을 장착한 크리쳐는 어떤 흔적도 남기지 않으며 어려운 지형을 무시합니다. 추가로, 발굽을 장착한 크리쳐는 강행군으로 하루 12시간을 일반 속도로 이동하더라도 탈진의 영향을 받지 않습니다.

### 생각의 메달리온 MEDALLION OF THOUGHTS
*기타 물건, 비범 등급 (조율 필요)*

이 메달리온에는 3회의 힘이 충전되어 있습니다. 이것을 착용하고 있을 때, 당신은 행동을 사용하고 충전을 1회 소비하여 *생각 탐지Detect Thoughts* 주문을 시전할 수 있습니다. (내성 DC 13). 이 메달리온은 매일 새벽 1d3회의 힘을 재충전합니다.

### 생명 포획의 거울 MIRROR OF LIFE TRAPPING
*기타 물건, 희귀 등급*

이 4ft 높이의 거울을 흘깃 바라보면, 표면에 희미하게 여러가지 상이 비치는 것을 알 수 있습니다. 이 거울은 50lbs 무게입니다. 또한, 이 거울은 AC 11에 10점의 hp를 지니고 있으며, 타격 피해에 취약함을 지니고 있습니다. 거울은 쉽게 깨지며, hp가 0이 되면 완전히 파괴됩니다.

만약 거울이 수직 표면에 걸린 상태이고 당신이 거울로부터 5ft 내에 있다면, 당신은 행동을 사용하며 거울의 명령어를 말해 발동시킬 수 있습니다. 거울은 당신이 다시 행동을 사용하여 명령어를 말할 때까지 계속 발동된 채로 있습니다.

당신을 제외하고 30ft 내에서 발동 중인 거울의 표면을 바라본 크리쳐는 DC 15의 매력 내성 굴림을 굴려야 하며, 실패할 시 사로잡히게 됩니다. 이때 그는 자신이 장비하거나 들고 있는 모든 물건과 함께 거울 속 12개의 이차원 감방 중 한 곳에 감금됩니다. 이 거울의 본성에 대해 미리 알고 있다면 내성 굴림에 이점을 받을 수 있으며, 구조물의 경우 내성에 자동으로 성공합니다.

이차원 감방은 무한한 크기를 지니고 있지만 내부에서는 짙은 안개가 있으며 시야 거리가 10ft로 줄어듭니다. 거울 감방 속에서는 나이를 먹지 않으며, 먹거나 마시고 숨 쉬거나 잠잘 필요가 없습니다. 거울 속에 감금된 존재는 세계 간의 이동을 가능하게 해주는 마법을 사용하여 탈출할 수 있습니다. 그럴 수 없다면, 해방될 때까지는 감금당해 있을 것입니다.

만약 거울이 누군가를 포획하려 하는데 이미 12개의 감방이 모두 차 있다면, 거울은 감금된 크리쳐 중 하나를 무작위로 풀어주고 대신 새로운 대상을 감금할 것입니다. 풀려난 크리쳐는 거울이 보이는 거리 내의 빈 공간에 풀려나겠지만, 거울을 바라보지 않는 상태로 나타납니다. 만약 거울이 깨지면, 거울 속에 감금된 모든 크리쳐가 근처 빈 공간에 무작위로 풀려나게 됩니다.

당신은 거울로부터 5ft 내에 있을 때, 행동을 사용하고 명령어를 말하여 거울에 감금된 크리쳐 중 하나의 이름이나 감방의 번호를 부를 수 있습니다. 이름이나 해당 감방이 호명된 크리쳐는 거울 표면에 모습이 나타나며, 당신은 표면에 나타난 감금된 대상과 의사소통을 할 수 있습니다.

이와 유사하게, 당신은 행동을 사용하고 두 번째 명령어를 말하여 감금된 크리쳐 중 하나를 풀어줄 수 있습니다. 이렇게 풀려난 크리쳐는 자신의 모든 소지품과 함께 거울에 가장 가까운 빈 공간에 나타나며, 이때 거울을 바라보지 않는 상태로 풀려납니다.

### 설명서, 골렘의 설명서 Manual of Golems
*기타 물건, 희귀 등급*

이 책에는 특정한 종류의 골렘을 만들기 위한 정보와 의식 등이 실려 있습니다. 발견된 책이 어떤 골렘에 대한 것인가는 DM이 결정하거나 아래 표에서 무작위로 정할 수 있습니다. 이 책을 해석하고 이용하려면 당신은 최소한 5레벨 주문 슬롯 2개 이상을 지닌 주문시전자여야만 합니다. 사용할 능력이 없는 누군가가 골렘의 설명서를 읽으려 할 경우 6d6점의 정신 피해를 입게 됩니다.

| d20 | 골렘 종류 | 제작 시간 | 제작 비용 |
|---|---|---|---|
| 1-5 | 점토 | 30일 | 65,000gp |
| 6-17 | 살점 | 60일 | 50,000gp |
| 18 | 강철 | 120일 | 100,000gp |
| 19-20 | 바위 | 90일 | 80,000gp |

골렘을 제작하려면 당신은 표에 나와 있는 제작 시간을 들여야 하며, 그 기간 동안은 매일 8시간 이하만 휴식해 가며 계속 설명서를 소지한 채 작업을 해야 합니다. 또한 당신은 제작에 필요한 재료를 위해 표에 나와 있는 비용을 소비해야 합니다.

일단 당신이 골렘의 제작을 끝내고 나면, 이 책은 요사스러운 불길에 휩싸여 사라집니다. 골렘은 설명서의 재를 뿌려주고 나면 움직이기 시작할 것입니다. 골렘은 당신의 명령을 따르며, 당신이 말한 명령을 그대로 이해하고 복종할 것입니다. 각각의 골렘이 지닌 게임 자료는 몬스터 매뉴얼에서 확인할 수 있습니다.

### 설명서, 신체 강건의 설명서
### Manual of Bodily Health
*기타 물건, 희귀 등급*

이 책은 건강과 식이요법에 대한 안내가 있으며, 그 글귀에는 마법의 힘이 서려 있습니다. 당신이 6일 이내의 기간에 48시간 정도를 들여 이 책의 내용을 공부하고 그 안내를 따라 훈련하면, 당신의 건강 점수는 2점 증가하며, 최대 상승 한계치 역시 2점 증가합니다. 이 설명서는 사용하고 나면 마법의 힘을 잃지만, 한 세기가 지나고 나면 도로 마법의 힘을 회복합니다.

### 설명서, 유용한 운동의 설명서
### Manual of Gainful Exercise
*기타 물건, 희귀 등급*

이 책은 다양한 운동법에 대한 설명이 있으며, 그 글귀에는 마법의 힘이 서려 있습니다. 당신이 6일 이내의 기간에 48시간 정도를 들여 이 책의 내용을 공부하고 그 안내를 따라 훈련하면, 당신의 근력 점수는 2점 증가하며 최대 상승 한계치 역시 2점 증가합니다. 이 설명서는 사용하고 나면 마법의 힘을 잃지만, 한 세기가 지나고 나면 도로 마법의 힘을 회복합니다.

### 설명서, 재빠른 행동의 설명서
### Manual of Quickness Action
*기타 물건, 희귀 등급*

이 책은 균형과 반응 연습에 대한 조언이 쓰여 있으며, 그 글귀에는 마법의 힘이 서려 있습니다. 당신이 6일 이내의 기간에 48시간 정도를 들여 이 책의 내용을 공부하고 그 안내를 따라 훈련하면, 당신의 민첩 점수는 2점 증가하며, 최대 상승 한계치 역시 2점 증가합니다. 이 설명서는 사용하고 나면 마법의 힘을 잃지만, 한 세기가 지나고 나면 도로 마법의 힘을 회복합니다.

진흙 골렘의 설명서

생각의 메달리온

바위 골렘의 설명서

신체 강건의 설명서

## 속도의 시미터 Scimitar of Speed
무기 (시미터), 희귀 등급 (조율 필요)

당신은 이 무기를 사용하여 공격할 때 명중과 피해에 +2 보너스를 받을 수 있습니다. 추가로, 당신은 매 턴 추가 행동을 사용하여 한 번 더 이 무기로 공격을 가할 수 있습니다.

## 속도의 편자 Horseshoes of Speed
기타 물건, 고급 등급

이 쇠 말편자는 4개가 한 쌍으로 발견됩니다. 이 4개의 말편자를 말이나 유사한 크리쳐에게 신겨 놓으면, 해당 크리쳐의 보행 이동 속도는 30ft 증가합니다.

## 쇠 플라스크 Iron Flask
기타 물건, 전설 등급

이 쇠 병에는 황동 뚜껑이 붙어 있습니다. 당신은 행동을 사용하며 플라스크의 명령어를 말하고, 당신으로부터 60ft내에서 당신이 볼 수 있는 크리쳐 하나를 목표로 지정할 수 있습니다. 목표가 당신이 현재 위치한 세계와는 다른 이계에서 온 크리쳐라면 DC 17의 지혜 내성을 굴려야 하며, 실패할 시 플라스크 안에 갇히게 됩니다. 만약 목표가 플라스크에 이전에도 갇힌 적이 있다면, 내성 굴림에 이점을 받을 수 있습니다. 일단 갇히게 되면, 이 크리쳐는 도로 풀려날 때까지 플라스크에서 벗어날 수 없습니다. 플라스크는 오직 한 번에 하나의 크리쳐만을 감금할 수 있습니다. 플라스크 안에 있는 동안에는 먹거나 마시고 숨 쉴 필요 없고 나이도 먹지 않습니다.

당신은 행동을 사용하여 플라스크의 마개를 열고 안에 감금된 크리쳐를 내보낼 수 있습니다. 이 크리쳐는 풀려난 이후 1시간 동안은 당신과 동료들에게 우호적이며, 당신의 명령을 따를 것입니다. 만약 당신이 어떠한 명령도 내리지 않거나 뻔하게 죽음이 예상되는 명령을 내린다면, 풀려난 크리쳐는 자기방어를 위해서만 움직일 뿐 아무런 행동도 취하지 않을 것입니다. 1시간의 지속시간이 끝나고 나면 크리쳐는 자신의 성향과 본성에 따라서 자연스럽게 움직이기 시작할 것입니다.

식별Identify 주문을 사용하면 플라스크 안에 어떤 크리쳐가 감금되어 있는지 파악할 수 있지만, 오직 그 크리쳐의 종류에 대해서만 알 수 있을 뿐 정확히는 알 수 없습니다. 새로 발견된 병 안에 어떤 것이 감금되어 있을지는 DM이 지정하거나 아래 표에 따라 무작위로 정할 수 있습니다.

| d100 | 내용물 | d100 | 내용물 |
|---|---|---|---|
| 01-50 | 비어있음 | 77-78 | 원소 (아무거나) |
| 51 | 아카날로스 | 79 | 기스양키 기사 |
| 52 | 캠비언 | 80 | 기스제라이 저스 |
| 53-54 | 다오 | 81-82 | 투명 추적자 |
| 55-57 | 데몬 (1종) | 83-84 | 마리드 |
| 58-60 | 데몬 (2종) | 85-86 | 메졸로스 |
| 61-62 | 데몬 (3종) | 87-88 | 나이트 해그 |
| 63-64 | 데몬 (4종) | 89-90 | 나이칼로스 |
| 65 | 데몬 (5종) | 91 | 플라네타르 |
| 66 | 데몬 (6종) | 92-93 | 샐러맨더 |
| 67 | 데바 | 94-95 | 슬라드 (아무거나) |
| 68-69 | 데빌 (상급) | 96 | 솔라 |
| 70-72 | 데빌 (하급) | 97-98 | 서큐버스/인큐버스 |
| 73-74 | 진 | 99 | 울트롤로스 |
| 75-76 | 이프리트 | 00 | 쏘른 |

## 수정구 Crystal Ball
기타 물건, 희귀 또는 전설 등급 (조율 필요)

일반적인 수정구는 희귀 등급 물건으로, 직경 6인치의 구슬입니다. 당신은 이 구슬을 만지고 있을 동안, 염탐Scrying 주문을 시전할 수 있습니다. (내성 DC 17)

아래의 수정구들은 전설 등급의 변종으로, 추가적인 기능을 따로 지니고 있습니다.

*정신 읽기의 수정구.* 당신은 수정구를 사용해 염탐하고 있는 동안, 행동을 사용하여 생각 탐지Detect Thought 주문을 추가로 시전할 수 있습니다. (내성 DC 17) 이때 주문의 목표는 주문의 염탐 지점에서 30ft 내에 있어야만 합니다. 당신은 생각 탐지 주문을 유지하기 위해 정신집중을 할 필요가 없지만, 본래의 염탐 주문이 종료될 때 같이 자동적으로 종료됩니다.

*정신감응의 수정구.* 수정구를 사용해 염탐하고 있는 동안, 당신은 주문의 염탐 지점에서 30ft 내에 있는 크리쳐와 정신감응으로 대화할 수 있습니다. 또한 당신은 이렇게 대화를 나누는 도중 행동을 사용하여 암시Suggestion 주문을 시전할 수 있습니다. (내성 DC 17) 당신은 암시 주문을 유지하기 위해 정신집중을 할 필요가 없지만, 본래의 염탐 주문이 종료되면 같이 자동으로 종료됩니다. 또한 한번 이 수정구의 암시 기능을 사용했다면, 다음날 새벽이 되기 전까지는 다시 같은 기능을 사용할 수 없습니다.

*진시야의 수정구.* 당신이 수정구를 사용해 염탐하고 있는 동안, 당신은 주문의 염탐 지점을 중심으로 120ft까지를 진시야로 살펴볼 수 있습니다.

## 수중 호흡의 모자 Cap of Water Breathing
기타 물건, 비범 등급

수중에서 이 모자를 쓴 상태로 행동을 사용하며 명령어를 말하면, 당신 머리 주변에는 큰 거품이 생겨납니다. 이 거품이 있는 상태에서라면, 당신은 수중에서도 자연스럽게 숨을 쉴 수 있습니다. 이 거품은 당신이 다시 명령어를 말하거나, 모자를 벗거나, 수중에서 벗어날 때까지 유지됩니다.

## 순수한 선의 부적 Talisman of Pure good
기타 물건, 전설 등급 (선한 성향의 사용자가 조율 필요)

이 부적은 선의 강력한 상징입니다. 선 혹은 악 성향이 아닌 크리쳐가 이 부적을 만지면 6d6점의 광휘 피해를 입게 됩니다. 만약 악한 크리쳐가 이 부적을 만지면 8d6점의 광휘 피해를 입게 됩니다. 이러한 피해는 부적을 지니거나 접촉하고 있는 동안 자기 턴을 마칠 때마다 계속하여 반복적으로 가해집니다.

만약 당신이 선한 성향의 클레릭 혹은 팔라딘이며 이 부적을 성표로 사용하기 위해 장착하거나 들고 있다면, 주문 명중 굴림에 +2 보너스를 받습니다.

부적은 7회 충전되어 있습니다. 당신이 이 부적을 들고 있거나 장비중이라면, 당신은 행동을 사용하고 충전을 1회 소비해, 주변 120ft 내에서 당신이 볼 수 있고 지상에 서있는 크리쳐 하나를 목표로 지정할 수 있습니다. 만약 목표가 악한 성향이라면 타오르는 균열이 발아래에서 열립니다. 목표는 DC 20의 민첩 내성 굴림을 굴려야 하며, 실패할 시 균열에 떨어져 아무런 유해도 남기지 못하고 그대로 파괴됩니다. 그 이후 균열은 자연스럽게 닫히며 아무런 흔적도 남기지 않습니다. 만약 당신이 마지막 충전을 소비하였다면, 부적은 황금색 빛의 티끌이 되어 사라져 버릴 것입니다.

쇠 플라스크

아이운 돌

시야의 보석

## 시야의 보석 GEM OF SEEING
*기타 물건, 고급 등급 (조율 필요)*

이 보석은 3회 충전되어 있습니다. 당신은 행동을 사용하여 보석의 명령어를 말하고 충전을 1회 소비할 수 있습니다. 이후 10분간, 당신은 보석을 통해 볼 때 120ft 범위의 진시야를 지니게 됩니다.

보석은 매일 새벽 1d3회의 힘을 재충전합니다.

## 아이운 돌 IOUN STONE
*기타 물건, 희귀도 다양 (조율 필요)*

아이운 돌은 여러 세계에서 지식과 예언의 신으로 여겨지고 있는 아이운의 이름에서 딴 것입니다. *아이운 돌*은 여러 종류가 존재하고 있으며, 각각의 돌은 서로 다른 형태와 색깔을 지니고 있습니다.

당신은 행동을 사용하여 이 돌 중 하나를 허공에 띄울 수 있으며, 이렇게 던져진 돌은 당신의 머리를 중심으로 1d3ft 떨어진 궤도를 돌며 당신에게 이득을 제공합니다. 이때 다른 크리쳐가 행동을 사용하여 이 돌을 붙잡으려 할 수 있습니다. AC 24를 목표로 명중 굴림을 성공시키거나 DC 24의 민첩(곡예) 판정에 성공한 경우 돌을 붙잡은 것이 되며, 이럴 경우 떼어놓을 수 있습니다. 당신은 행동을 사용해 돌을 다시 떼어내 보관할 수 있으며, 이때 돌이 제공하는 효과는 끝나게 됩니다.

각각의 돌은 AC 24에 10점의 hp를 지니고 있으며, 모든 피해에 저항을 지니고 있습니다. 물체를 장비하고 있는가를 판정할 때 이 돌은 장신이 머리에 장비하고 있는 장비품으로 여겨집니다.

*감지 (고급 등급).* 이 편평한 푸른색 돌이 머리 주변을 맴돌고 있는 동안, 당신은 기습받지 않습니다.

*강력한 흡수 (전설 등급).* 이 라벤더와 녹색이 섞인 대리석 타원체는 당신의 머리 주변을 맴돌며, 당신이 8레벨 이하의 주문에 목표가 되었을 때 반응 행동을 사용해 그 주문을 취소할 수 있습니다. 단 이는 당신이 볼 수 있는 대상이 시전한 것이어야 하며, 당신만을 목표로 한 것이어야 합니다.

일단 이 돌이 50레벨 어치의 주문을 취소하고 나면, 돌은 불타버리고 회색으로 변하며, 마법 역시 사라집니다. 만약 어떤 주문을 취소하려 할 때 돌에 레벨이 충분히 남아있지 않다면, 이 돌은 해당 주문을 취소할 수 없습니다.

*근력 (희귀 등급).* 당신의 근력 능력치는 2점 증가하며, 최대 20까지 증가할 수 있습니다. 이 창백한 푸른색 타원체는 효력을 발휘하는 동안 머리 주변을 맴돌 것입니다.

*민첩 (희귀 등급).* 당신의 민첩 능력치 점수는 2점 증가하며, 최대 20까지 증가할 수 있습니다. 이 진한 붉은색 원형 구체는 효력을 발휘하는 동안 머리 주변을 맴돌 것입니다.

*보존 (고급 등급).* 이 진동하는 보라색 프리즘은 안에 주문을 시전할수 있으며, 당신이 사용할 때까지 주문을 담아둡니다. 이 돌은 최대 3레벨 어치의 주문을 담아둘 수 있습니다. 이 주문을 찾아낼 때, 주문 안에는 이미 1d4-1레벨 어치의 주문이 저장되어 있을 것이며, 저장된 것이 어떤 주문인지는 DM이 결정하게 됩니다.

누구나 돌에 접촉해 1~3레벨 주문을 시전하면 주문을 저장할 수 있습니다. 시전시에 주문은 효력을 발휘하지 않으며, 대신 저장됩니다. 주문 시전시 사용한 슬롯 레벨이 얼마나 많은 용량을 쓰는지 결정합니다. 용량이 초과될 경우 주문은 효력없이 사라집니다.

돌이 당신 머리 주변을 맴돌고 있을 때. 당신은 저장된 주문을 사용할 수 있습니다. 주문은 저장 당시 사용한 주문 슬롯 레벨을 사용하며, 본래 시전자의 주문 내성 DC와 주문 명중 보너스를 받고, 본래 시전자의 주문 시전 능력치를 따릅니다. 그러나 목표 지정 등 그 외 모든 사항에 대해서는 당신이 사용한 것으로 취급합니다. 일단 사용한 주문은 저장 용량을 차지하지 않으며 소멸됩니다.

*보호 (고급 등급).* 이 흐릿한 붉은색 프리즘이 당신 머리 주변을 맴도는 동안, 당신은 AC에 +1 보너스를 받을 수 있습니다.

*성찰 (희귀 등급).* 당신의 지혜 능력치 점수는 2점 증가하며, 최대 20까지 증가할 수 있습니다. 이 백열하는 푸른색 구체는 효력을 발휘하는 동안 머리 주변을 맴돌 것입니다.

*유지 (고급 등급).* 이 투명한 물레모양 돌이 머리 주변을 맴돌고 있는 동안, 당신은 더는 먹거나 마실 필요가 없어집니다.

*인내 (희귀 등급).* 당신의 건강 능력치 점수는 2점 증가하며, 최대 20까지 증가할 수 있습니다. 이 편평한 분홍 돌은 효력을 발휘하는 동안 머리 주변을 맴돌 것입니다.

*재생 (전설 등급).* 당신은 이 진줏빛 하얀 돌이 머리 주변을 맴도는 동안, 1시간당 15점씩 hp를 회복할 수 있습니다. 이 능력은 당신에게 최소 1점 이상의 hp가 남아 있을 때만 발휘됩니다.

어류 조종의 삼지창

얽히는 로프

엘로나의 화살통

**지능 (희귀 등급).** 당신의 지능 능력치 점수는 2점 증가하며, 최대 20까지 증가할 수 있습니다. 진홍색과 푸른색이 섞인 대리석 구체는 효력을 발휘하는 동안 머리 주변을 맴돌 것입니다.

**지도력 (희귀 등급).** 당신의 매력 능력치 점수는 2점 증가하며, 최대 20까지 증가할 수 있습니다. 분홍색과 녹색이 섞인 대리석 구체는 효력을 발휘하는 동안 머리 주변을 맴돌 것입니다.

**통달 (전설 등급).** 이 창백한 녹색 프리즘이 당신 머리 주변을 맴도는 동안, 당신의 모든 숙련 보너스는 1 증가합니다.

**흡수 (희귀 등급).** 이 창백한 라벤더색 타원형 돌은 당신 머리 주변을 맴돌면서 당신이 4레벨 이하 주문을 받았을 때 반응행동으로 그 주문을 취소할 수 있게 해 줍니다. 이때 해당 주문은 당신이 볼 수 있는 대상이 시전한 것이어야 하며, 당신만을 목표로 한 것이어야 합니다.

일단 이 돌이 20레벨 어치의 주문을 취소하고 나면, 돌은 불타회색으로 변해버리고 마법 역시 사라집니다. 만약 어떤 주문을 취소하려 할 때 돌에 레벨이 충분히 남아있지 않다면, 이 돌은 해당 주문을 취소할 수 없습니다.

## 어류 조종의 삼지창 TRIDENT OF FISH COMMAND
*무기(트라이던트), 비범 등급 (조율 필요)*

이 트라이던트는 마법 무기입니다. 이 무기는 3회의 힘이 충전되어 있습니다. 이 무기를 소지하고 있을 때, 당신은 행동을 사용하고 충전을 1회 소비하여 선천적 수영 속도를 지닌 야수를 목표로 *야수 지배Dominate Beast* 주문(내성 DC 15)을 시전할 수 있습니다. 이 무기는 매일 새벽 1d3회의 힘을 재충전합니다.

## 얽히는 로프 ROPE OF ENTANGLEMENT
*기타 물건, 고급 등급*

이 로프는 30ft 길이에 3lbs 무게를 지니고 있습니다. 당신은 이 로프의 한쪽 끝을 쥐고 행동을 사용하여 명령어를 말하며, 20ft 내에서 당신이 볼 수 있는 크리쳐 하나를 목표로 로프의 반대쪽 끝을 날릴 수 있습니다. 이 목표는 DC 15의 민첩 내성을 굴려야 하며, 실패할 시 포박됩니다.

당신은 추가 행동을 사용하고 명령어를 말하여 붙잡힌 대상을 풀어줄 수 있습니다. 붙잡힌 목표는 행동을 사용하고 DC 15의 근력이나 민첩 판정을 하여 탈출을 시도할 수 있습니다.

이 로프는 AC 20이며 20hp를 지니고 있습니다. 최소 1점의 hp가 남아 있으면 이 로프는 5분마다 1점씩의 hp를 회복합니다. 로프의 hp가 0 이하로 떨어지면 로프는 파괴됩니다.

## 엘로나의 화살통 QUIVER OF EHLONNA
*기타 물건, 비범 등급*

이 화살통의 세 부분은 각각 이차원 공간에 연결되어 있으며, 화살통은 얼마나 많은 물건이 들어가 있더라도 2lbs 무게밖에 나가지 않습니다. 가장 작은 부분에는 60개의 화살이나 볼트, 혹은 그보다 작은 물체가 들어갑니다. 중간 크기 부분에는 18개의 자벨린이나 그와 유사한 물체가 들어갑니다. 또한 가장 큰 부분에는 더 기다란 물체가 6개 들어가는데, 활이나 쿼터스태프, 창 등등이 여기에 포함됩니다.

당신은 일반적으로 화살통이나 칼집에서 무기를 뽑는 것처럼 안에 들어 있는 물건들을 사용할 수 있습니다.

## 여러 세상의 우물 WELL OF MANY WORLDS
*기타 물건, 전설 등급*

이 고운 검은색 천은 비단처럼 부드러우며, 손수건처럼 접혀 있습니다. 이 천을 펼쳐보면 지름 6ft의 원형 모습이 됩니다.

당신은 행동을 사용하여 단단한 표면에 여러 세상의 우물을 펼쳐 놓을 수 있습니다. 이렇게 펼쳐 놓으면 이 천은 두 세상 간을 이어주는 쌍방향 포탈이 됩니다. 포탈이 열릴 때마다, 이것이 어디로 향하는지는 DM이 결정하게 됩니다. 당신은 행동을 사용해

연금술 항아리

원소 보석들

오우거 힘의 건틀릿

다시 이 천의 모서리를 접어 포탈을 닫을 수 있습니다. 여러 세상의 우물을 한번 사용했다면, 이후 1d8시간 동안은 다시 사용할 수 없습니다.

## 역장의 구슬 BEAD OF FORCE
*기타 물건, 고급 등급*

이 작은 검은색 구체는 지름이 0.75인치 정도이며 1온스 정도의 무게를 지니고 있습니다. 일반적으로 이 구슬은 1d4 +4개가 같이 발견됩니다.

　당신은 행동을 사용해 이 구슬을 60ft 거리까지 던질 수 있습니다. 이 구슬이 던져진 자리에 떨어지면 폭발하고 파괴됩니다. 폭발지점에서 10ft 반경에 있는 모든 대상은 DC 15의 민첩 내성 굴림을 굴려야 하며, 실패할 시 5d4의 역장 피해를 입게 됩니다. 이후 투명한 역장의 구체가 해당 지역을 1분간 감싸게 됩니다. 해당 범위 내에 있으면서 내성에 실패한 크리쳐들은 이 투명 구체 안에 사로잡히게 됩니다. 내성에 성공하였거나, 혹은 신체의 일부분만 해당 지역에 있었던 경우, 구체의 밖으로 밀려 나가게 됩니다. 이 구체 안으로는 공기만 드나들고 나갈 수 있으며 어떠한 공격이나 다른 효과도 구체를 뚫을 수 없습니다.

　구체 안에 사로잡힌 크리쳐는 행동을 사용해 구체의 벽을 밀 수 있으며, 이때 자신이 걷는 속도의 절반까지 구체를 이동시킬 수 있습니다. 누군가 이 구체를 들어 올릴 수도 있으며, 이때 구체의 무게에는 마법이 작용해 그 안에 감금된 크리쳐가 얼마나 무겁든 간에 오직 1lb 무게만 나가게 됩니다.

## 연금술 항아리 ALCHEMY JUG
*기타 물건, 비범 등급*

이 도자기 항아리는 1갤런의 물을 담을 수 있으며, 물이 차 있든 아니든 12lbs의 무게를 지닙니다. 항아리 안에 아무것도 들어있지 않은 상태에도, 항아리를 흔들어보면 물이 찰랑거리는 소리가 납니다.

　당신은 행동을 사용해 아래 표에서 한 가지 액체의 이름을 말하며 이 항아리가 그 액체를 만들게 할 수 있습니다. 그런 다음, 당신은 다시 행동을 사용해 항아리의 뚜껑을 열고 당신이 선택한 액체를 부을 수 있으며, 항아리에서는 1분당 2갤런씩의 액체가 나옵니다. 최대로 얼마나 많은 액체를 만들어낼 수 있는가는 당신이 어떤 액체를 골랐는가에 따라 달라집니다.

　이 항아리가 한번 액체를 생성했다면, 다음날 새벽까지 다른 액체를 만들어낼 수 없습니다. 또한 한 종류의 액체를 최대치까지 만들었다면, 다음날 새벽이 되어야 다시 그 액체를 만들 수 있습니다.

| 액체 | 최대 분량 | 액체 | 최대 분량 |
|---|---|---|---|
| 산 | 8온스 | 기름 | 1쿼트 |
| 기본 독 | 0.5온스 | 식초 | 2갤런 |
| 맥주 | 4갤런 | 담수 | 8갤런 |
| 벌꿀 | 1갤런 | 바닷물 | 12갤런 |
| 마요네즈 | 2갤런 | 와인 | 1갤런 |

(1갤런 = 3.7리터, 1온스 = 28밀리리터, 1 쿼트 = 0.9리터)

## 오우거 힘의 건틀릿 GAUNTLETS OF OGRE POWER
*기타 물건, 비범 등급 (조율 필요)*

이 건틀릿을 끼고 있으면 당신의 근력 능력치는 19가 됩니다. 당신의 근력이 이미 19 이상이라면 이 물건은 효력이 없습니다.

## 원소 보석 ELEMENTAL GEM
*기타 물건, 비범 등급*

이 보석에는 원소의 힘이 약간 담겨 있습니다. 당신이 행동을 사용하여 이 보석을 깨트리면, 원소 소환*Conjure Elemental* 주문을 시전한 것처럼 원소를 소환할 수 있으며, 그 이후 보석의 마법은 사라집니다. 보석의 종류에 따라 어떤 원소를 소환할 수 있는지가 달라집니다.

| 보석 | 소환되는 원소 |
|---|---|
| 청색 사파이어 | 대기 원소 |
| 황색 다이아몬드 | 대지 원소 |
| 적색 강옥 | 불의 원소 |
| 에메랄드 | 물의 원소 |

입방체 관문

이해의 서

겨울땅의 장화

## 이프리트의 병 Efreeti Bottle

*기타 물건, 희귀 등급*

이 채색된 황동 병은 1lbs 무게를 지니고 있습니다. 당신은 행동을 사용해 이 병의 마개를 열 수 있으며, 이때 병에서는 짙은 연기가 피어오릅니다. 당신의 턴이 끝날 때, 이 연기에서는 무해한 불꽃이 튀겨 오르며, 이프리트 하나가 당신으로부터 30ft 내의 빈 공간에 나타납니다. 이프리트의 게임 수치를 확인하려면 몬스터 매뉴얼을 참고하십시오.

처음 이 병을 열었을 때 정확히 어떤 일이 벌어질지는 DM이 주사위를 굴려 판정하게 됩니다.

| d100 | 효과 |
|---|---|
| 01-10 | 이프리트는 당신을 공격합니다. 전투 시작 후 5라운드가 지나면 이프리트는 사라지며, 병의 마법 역시 완전히 사라집니다. |
| 11-90 | 이프리트는 당신에게 1시간 동안 봉사하며 당신의 명령에 따릅니다. 그 이후 이프리트는 병에 돌아가며, 새 마개가 병을 막습니다. 이 마개는 이후 24시간 동안 열리지 않습니다. 다음 두 번 동안은 똑같이 병을 열고 1시간 동안 이프리트의 봉사를 받을 수 있습니다. 마개를 4번째로 열게 되면 이프리트는 도망쳐서 사라져 버리며, 병의 마법 역시 사라집니다. |
| 91-00 | 이프리트는 당신을 위해 소원*Wish* 주문을 3번 시전해 줄 수 있습니다. 병의 이프리트는 1시간이 지나거나 마지막 주문을 시전해 준 다음 사라져 버리며, 병의 마법 역시 사라집니다. |

## 이해의 서 Tome of Understanding

*기타 물건, 희귀 등급*

이 책은 직감과 내적 통찰에 대한 내용이 쓰여 있으며, 그 글귀에는 마법의 힘이 서려 있습니다. 당신이 6일 이내의 기간에 48시간 정도를 들여 이 책의 내용을 공부하고 그 안내를 따라 훈련하면, 당신의 지혜 점수는 2점 증가하며, 최대 상승 한계치 역시 2점 증가합니다. 이 설명서는 사용하고 나면 마법의 힘을 잃지만, 한 세기가 지나고 나면 도로 마법의 힘을 회복합니다.

## 입방체 관문 Cubic Gate

*기타 물건, 전설 등급*

이 입방체는 한 변에 3인치 정도이며, 눈에 띌 정도로 강력한 마법의 힘을 내뿜고 있습니다. 이 입방체의 여섯 면은 각각 다른 이계와 연결되어 있으며, 그중 하나는 물질계와 연결되어 있습니다. 다른 면들이 어떤 이계와 연결되어 있는지는 DM에 의해 결정됩니다.

당신은 행동을 사용해 입방체의 한 면을 누르고 *관문Gate* 주문을 시전할 수 있습니다. 그러면 입방체의 해당 면과 연결된 이계로 통하는 포탈이 열립니다. 혹은, 행동을 사용해 한 면을 연달아 두 번 눌러 *이계 전송Plane Shift* 주문(내성 DC 17)을 시전하고, 당신이 목표한 대상을 연결된 이계로 전송시킬 수도 있습니다.

이 입방체는 3회의 힘이 충전되어 있으며, 입방체를 사용할 때마다 1회의 힘을 소모합니다. 입방체는 매일 새벽마다 1d3회의 힘을 재충전합니다.

## 장갑, 도둑질의 장갑 Gloves of Thievery

*기타 물건, 비범 등급*

이 장갑은 착용하면 투명 상태가 되어 보이지 않습니다. 장갑을 착용하고 있을 때 당신은 민첩(손속임) 판정에 +5 보너스를 받으며, 자물쇠를 여는 민첩 판정에도 +5 보너스를 받을 수 있습니다.

## 장갑, 수영과 등반의 장갑
### Gloves of Swimming and Climbing

*기타 물건, 비범 등급 (조율 필요)*

이 장갑을 끼고 있으면 등반과 수영에 추가적으로 이동력을 소모할 필요가 없으며, 당신이 등반이나 수영을 위해 근력(운동) 판정을 할 때는 +5 보너스를 받을 수 있습니다.

## 장갑, 투사체 잡기의 장갑
### Gloves of Missile Snaring

*기타 물건, 비범 등급 (조율 필요)*

이 장갑들을 손에 끼면, 마치 그대로 손에 달라붙는 것처럼 느껴집니다. 당신이 이 장갑을 낀 상태에서 장거리 공격을 받아 명중하게 되면, 당신은 반응행동을 사용하여 그 공격의 피해를 1d10 + 당신의 민첩 수정치 만큼 감소시킬 수 있습니다. 단, 이는 당신

이프리트의 병

투사체 잡기의 장갑

날개달린 장화

의 한 손이 비어 있어야만 합니다. 만약 당신이 이렇게 피해를 감소시켜 장거리 공격의 피해가 0 이하가 되었다면, 당신은 그 투사체를 손으로 잡은 것이 됩니다. 다만 이 경우, 그 투사체의 크기가 손으로 잡기에 충분히 작은 것이어야 합니다.

## 장화, 겨울땅의 장화 BOOTS OF THE WINTERLANDS

*기타 물건, 비범 등급 (조율 필요)*

이 털 달린 장화는 아늑하고 따뜻하게 느껴집니다. 이 장화를 신고 있으면 당신은 아래와 같은 이득을 얻을 수 있습니다.

- 당신은 냉기 피해에 저항을 얻게 됩니다.
- 당신은 얼음이나 눈으로 인해 만들어진 어려운 지형을 무시할 수 있습니다.
- 당신은 추가적인 대비책 없이도 섭씨 -47도까지의 혹한 환경을 견딜 수 있습니다. 만약 당신이 두꺼운 옷을 입고 있다면, 당신은 섭씨 -73도까지 견딜 수 있습니다.

## 장화, 날개 달린 장화 WINGED BOOTS

*기타 물건, 비범 등급 (조율 필요)*

당신이 이 장화를 신고 있다면, 당신은 걷는 속도와 같은 속도로 비행할 수 있습니다. 당신은 이 장화를 최대 4시간까지 사용할 수 있으며, 한 번에 4시간을 사용할 수도 있고 여러 번 짧게 비행할 수도 있습니다. 장화의 사용시간은 1분 단위로 기록해야 합니다. 만약 당신이 장화를 신고 비행하는 도중 사용시간이 끝난다면, 당신은 매 라운드 30ft의 속도로 안전하게 지상에 내려올 것입니다.

이 장화를 사용하지 않는 도중이라면, 12시간마다 2시간씩 비행 능력을 회복할 것입니다.

## 장화, 부양의 장화 BOOTS OF LEVITATION

*기타 물건, 고급 등급 (조율 필요)*

당신이 이 장화를 신고 있으면, 행동을 사용해서 언제나 자신에게 부양*Levitate* 주문을 시전할 수 있습니다.

## 장화, 속도의 장화 BOOTS OF SPEED

*기타 물건, 고급 등급 (조율 필요)*

당신이 이 장화를 신고 있으면, 당신은 추가 행동을 사용하고 장화의 뒷굽을 같이 맞댈 수 있습니다. 그렇게 하면, 당신의 이동속도는 2배가 되며 당신에게 기회 공격을 가하는 모든 크리쳐는 기회 공격의 명중 굴림에 불리점을 얻게 됩니다. 당신이 다시 장화의 뒷굽을 같이 맞대면 이 효과는 끝나게 됩니다.

장화의 이 기능은 총 10분간 사용할 수 있으며, 일단 시간을 다 소진하였다면 긴 휴식을 취할 때까지 다시 이 기능을 사용할 수 없게 됩니다.

## 장화, 엘프족의 장화 BOOTS OF ELVENKIND

*기타 물건, 비범 등급*

이 장화를 신고 있으면, 당신은 어떤 표면을 걷고 있든 발소리를 내지 않게 됩니다. 또한 당신은 조용히 움직이기 위해서 민첩(은신) 판정을 할 때 이점을 얻게 됩니다.

## 장화, 질주와 활보의 장화
### BOOTS OF STRIDING AND SPRINGING

*기타 물건, 비범 등급 (조율 필요)*

이 장화를 신으면 당신의 걷는 이동 속도는 30ft가 됩니다. 만약 당신의 이동 속도가 이미 더 빠르다면, 이 효과는 발휘되지 않습니다. 또한 당신은 무거운 무게를 지고 있거나 중장 갑옷 차림인 상태에도 이동 속도가 줄어들지 않습니다. 추가로, 당신은 보통 거리의 3배를 도약할 수 있습니다. 그러나 이렇게 늘어난 거리로 남은 이동 속도보다 멀리 도약할 수는 없습니다.

## 전달의 돌 SENDING STONES

*기타 물건, 비범 등급*

전달의 돌은 항상 한 쌍으로 발견되며, 쉽게 알아볼 수 있는 문양이 그려진 부드럽고 매끈한 모양의 돌입니다. 당신이 이 돌 중 하나를 손에 쥐고 있으면, 행동을 사용하여 전음*Sending* 주문을 시

엘프족의 장화

지도력과 영향력의 서

질주와 활보의 장화

전달의 돌

전할 수 있습니다. 이 주문의 목표는 짝이 되는 돌을 들고 있어야 합니다. 짝이 되는 돌을 아무도 지니고 있지 않다면, 당신은 그 사실을 쉽게 알 수 있으며 주문 역시 시전할 수 없습니다.

일단 돌을 통해 *전음Sending* 주문이 시전되었다면, 다음날 새벽까지는 다시 주문을 시전할 수 없습니다. 만약 한 쌍의 돌 중 하나가 파괴되었다면 나머지 하나 역시 마법의 힘을 잃어버립니다.

## 절대적 악의 부적 TALISMAN OF ULTIMATE EVIL
*기타 물건, 전설 등급 (악 성향의 소유자가 조율 필요)*

이 물건은 끝없는 악을 상징하고 있습니다. 선 또는 악 성향이 아닌 크리쳐가 이 부적을 만지면 6d6점의 사령 피해를 입게 됩니다. 만약 선한 크리쳐가 이 부적을 만지면 8d6점의 사령 피해를 입게 됩니다. 이러한 피해는 부적을 지니거나 접촉하고 있는 동안 자기 턴을 마칠 때마다 계속하여 반복적으로 가해집니다.

만약 당신이 악한 성향의 클레릭이나 팔라딘이라면, 당신은 이 부적을 성표로 사용할 수 있으며, 이때 당신은 주문 명중 굴림에 +2 보너스를 받게 됩니다.

부적은 6회 충전되어 있습니다. 당신이 이 부적을 들고 있거나 장비중이라면, 당신은 행동을 사용하고 충전을 1회 소비해, 주변 120ft 내에서 당신이 볼 수 있고 지상에 서있는 크리쳐 하나를 목표로 지정할 수 있습니다. 만약 목표가 선한 성향이라면 타오르는 균열이 발아래에서 열립니다. 목표는 DC 20의 민첩 내성 굴림을 굴려야 하며, 실패할 시 균열에 떨어져 아무런 유해도 남기지 못하고 그대로 파괴됩니다. 그 이후 균열은 자연스럽게 닫히며 아무런 흔적도 남기지 않습니다. 만약 당신이 마지막 충전을 소비하였다면, 부적은 악취를 풍기는 점액이 되어 완전히 사라집니다.

## 절멸의 구 SPHERE OF ANNIHILATION
*기타 물건, 전설 등급*

이 직경 2ft의 검은 구체는 멀티버스 자체에 난 구멍이며, 허공에 부유한 상태로 주변을 둘러싼 마법장에 의해 안정화되어 있습니다.

이 구체는 접촉한 모든 물체를 분해해버리며 모든 것을 제거합니다. 오직 유물들만이 예외가 될 수 있습니다. 유물이 절멸의 구에 피해를 받는 구조가 아니라면, 유물은 그냥 이 구를 통과해 버릴 것입니다. 유물을 제외한 모든 물체는 구체에 접촉하는 순간 4d10점의 역장 피해를 입게 되며, 완전히 삼켜지면 완전하게 파괴됩니다.

이 구체는 누군가 통제하기 전까지는 그냥 그 자리에 있습니다. 만약 당신이 통제받고 있지 않은 구체로부터 60ft 이내에 있다면, DC 25의 지능(비전학) 판정을 하여 구체를 통제하려 시도할 수 있습니다. 통제에 성공하게 되면 구체는 당신이 원하는 방향으로 부유하여 움직이며, 이동 거리는 5 × 당신의 지능 수정치와 같습니다. (수정치가 0이라도 최소 5ft씩은 이동시킬 수 있습니다.) 통제 시도에 실패하면 구체는 당신 방향으로 10ft 다가옵니다. 구체가 있는 공간에 들어선 크리쳐는 DC 13의 민첩 내성 굴림에 실패한 경우 4d10점의 역장 피해를 입게 됩니다. 또한 구체를 건드린 경우에도 같은 피해를 입게 됩니다.

만약 당신이 다른 누군가의 통제 하에 있는 구체를 통제하려 시도한 경우, 당신과 통제하고 있는 자는 지능(비전학) 기술로 대결 판정을 행해야 합니다. 이 경우 대결 판정의 승리자가 구체의 소유권을 지니게 됩니다.

만약 이 구체가 세계 간 이동이 가능한 포탈에 접촉하게 되거나, 휴대용 구멍 또는 소지의 가방 같은 이차원 공간에 접촉하게 되면 특이한 일이 일어납니다. DM은 정확히 어떤 일이 벌어지는가 결정할 수도 있으며, 아래의 표에서 무작위로 정할 수도 있습니다.

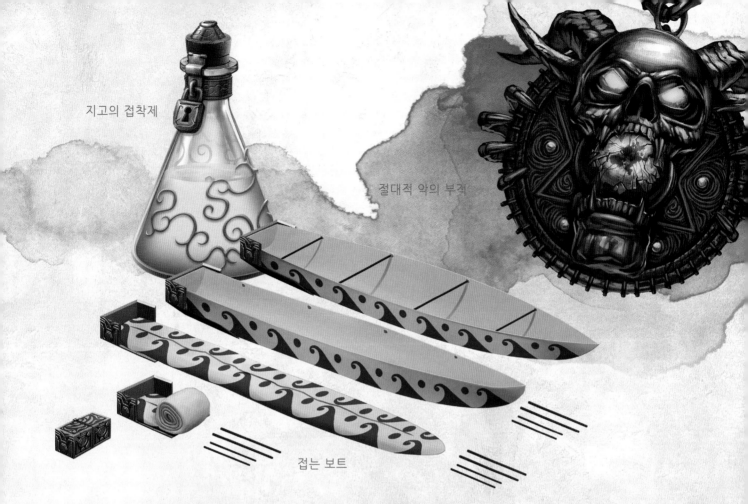

지고의 접착제

절대적 악의 부적

접는 보트

## d100 결과

| d100 | 결과 |
|------|------|
| 01–50 | 구체는 파괴됩니다. |
| 51–85 | 구체는 포탈을 통해 이동하거나 이차원 공간으로 들어가 버립니다. |
| 86–00 | 구체를 중심으로 180ft까지 이차원의 균열이 생겨나며, 그 안의 모든 크리쳐와 물건은 구체를 포함해 무작위 세계로 날아가 버립니다. |

## 접는 보트 FOLDING BOAT
*기타 물건, 고급 등급*

이 나무상자는 12인치 길이에 폭 6인치, 높이 6인치 크기입니다. 무게는 4lbs 정도이며, 물에 뜹니다. 이 상자는 열 수 있고, 안에 물건을 넣을 수 있습니다. 이 상자는 3가지 명령어에 반응합니다. 명령어를 말하려면 행동을 사용해야 합니다.

첫 번째 명령어는 상자를 10ft 길이에 폭 4ft, 높이 2ft의 보트로 변신시킵니다. 보트는 한 쌍의 노와 닻 하나, 돛 하나가 있으며, 돛에는 랜턴이 달려 있습니다. 보트는 중형 크리쳐 4명이 탈 수 있습니다.

두 번째 명령어는 상자를 24ft 길이에 폭 8ft, 높이 6ft의 배로 변신시킵니다. 배에는 갑판이 있고 노젓는 자리가 있으며 5쌍의 노와 방향타 하나가 있습니다. 또한 닻 하나와 선실, 사각 돛이 달린 돛대도 있습니다. 이 배는 중형 크리쳐 15명이 탈 수 있습니다.

상자가 배로 변하면 무게는 해당 크기의 보통 배와 동일해지며, 상자 안에 있던 모든 물건은 보트 안에 그대로 남아 있습니다.

세 번째 명령어는 보트나 배를 다시 상자 모습으로 되돌립니다. 상자 안에 들어갈 수 없는 크기의 물체는 모두 상자 밖으로 나오며, 안에 보관될 수 있는 크기 물체는 상자 안에 들어갑니다.

## 지고의 접착제 SOVEREIGN GLUE
*기타 물건, 전설 등급*

이 지독한 냄새가 나는 우윳빛 물질은 두 물체 사이를 영구히 접착시켜 버리는 효력을 발휘합니다. 이 물질은 항아리나 플라스크에 담겨 발견되며, 용기 안쪽에는 미끄러움의 기름이 칠해져 있습니다. 용기 안에는 1d6+1 온스의 접착제가 들어 있습니다.

이 접착제 1온스를 사용하면 1 × 1ft의 표면을 칠할 수 있습니다. 접착제가 완전히 달라붙으려면 1분의 시간이 필요합니다. 일단 완전히 달라붙고 나면 두 물체는 결코 떨어지지 않으며 *만능용해제*나 *에테르화의 기름*, 혹은 *소원Wish* 주문으로만 떼어낼 수 있습니다.

## 지능의 머리띠 HEADBAND OF INTELLECT
*기타 물건, 비범 등급 (조율 필요)*

이 머리띠를 착용하고 있으면 당신의 지능 능력치는 19가 됩니다. 만약 당신의 지능이 이미 19 이상이라면 이 머리띠는 아무 효과가 없습니다.

## 지도력과 영향력의 서
TOME OF LEADERSHIP AND INFLUENCE
*기타 물건, 희귀 등급*

이 책은 타인에게 영향을 미치고 매혹하는 법이 쓰여 있으며, 그 글귀에는 마법의 힘이 서려 있습니다. 당신이 6일 이내의 기간에 48시간 정도를 들여 이 책의 내용을 공부하고 그 안내를 따라 훈련하면, 당신의 매력 점수는 2점 증가하며, 최대 상승 한계치 역시 2점 증가합니다. 이 설명서는 사용하고 나면 마법의 힘을 잃지만, 한 세기가 지나고 나면 도로 마법의 힘을 회복합니다.

곤충 무리의 지팡이

독사의 지팡이

권능의 지팡이

구렁이의 지팡이

### 지팡이, 강타의 지팡이 STAFF OF STRIKING
*지팡이, 희귀 등급 (조율 필요)*

이 지팡이는 명중과 피해에 +3 보너스를 주는 쿼터스태프 마법 무기로도 이용할 수 있습니다.

이 지팡이는 10회 충전되어 있습니다. 지팡이를 사용해 근접 공격을 가해 목표를 명중시켰을 때, 당신은 지팡이의 충전을 3회까지 소비할 수 있습니다. 이렇게 소비한 충전 1회당 목표는 추가로 1d6점의 역장 피해를 입게 됩니다. 지팡이는 매일 새벽 1d6+4회의 힘을 재충전합니다. 만약 당신이 마지막 충전을 소비했다면 d20을 굴립니다. 이때 1이 나오면 지팡이는 그냥 비마법적인 지팡이가 됩니다.

### 지팡이, 곤충 무리의 지팡이
### STAFF OF SWARMING INSECTS
*지팡이, 고급 등급 (바드, 클레릭, 드루이드, 소서러, 워락, 위저드에 의해 조율 필요)*

이 지팡이는 10회 충전되어 있으며 매일 새벽 1d6+4회 재충전됩니다. 당신이 마지막 충전을 소비했다면 d20을 굴립니다. 이때 1이 나오면 곤충 무리가 나타나 지팡이를 먹어 치우며, 완전히 사라집니다.

**주문.** 이 지팡이를 들고 있을 때, 당신은 행동을 사용하여 지팡이의 충전을 소비하면서 아래와 같은 주문들을 당신의 주문 내성 DC로 시전할 수 있습니다. 곤충 *거대화Giant Insect* (충전 4회), 곤충 *무리Insect Plague*(충전 5회)

**벌레 구름.** 이 지팡이를 들고 있을 때, 당신은 행동을 사용하고 충전 1회를 소비해 날아다니는 무해한 곤충 무리를 당신 주변 30ft 내에 퍼트릴 수 있습니다. 이 곤충들은 10분간 남아 있으며, 해당 지역은 당신을 제외한 모든 크리쳐에게 심하게 가려진 상태가 됩니다. 이 곤충 무리는 당신을 중심으로 계속 같이 움직입니다. 시속 10마일 이상의 바람은 곤충 무리를 흐트러트리며 효과를 끝낼 수 있습니다.

### 지팡이, 구렁이의 지팡이 STAFF OF THE PYTHON
*지팡이, 비범 등급 (클레릭, 드루이드, 워락에 의해 조율 필요)*

당신은 행동을 사용하며 지팡이를 땅에 던지고 명령어를 말할 수 있습니다. 그러면 지팡이는 거대 구렁이류 뱀으로 변합니다. (게임 능력치는 몬스터 매뉴얼(*Monster Manual*)을 참조하십시오.) 이 구렁이는 당신의 명령을 따르며, 자신의 우선권 순서에 움직입니다. 당신은 추가 행동을 사용하며 다시 명령어를 말하여 뱀을 원래의 지팡이 모양으로 되돌릴 수 있으며, 지팡이는 뱀이 있던 공간에 나타납니다.

당신이 행동불능 상태가 아니고 뱀이 당신으로부터 60ft 이내에 있다면 당신은 자신의 턴에 정신적으로 뱀에게 명령을 내릴 수 있습니다. 당신은 뱀이 자기 턴에 어떤 행동을 할지, 어디로 움직일지 등을 지정할 수 있으며, 그냥 적을 공격하라거나 특정 위치를 지키라는 등의 대략적인 명령을 내릴 수도 있습니다.

만약 뱀의 hp가 0 이하로 내려갔다면 뱀은 사망하며, 본래의 지팡이 형태로 돌아옵니다. 그 이후 지팡이는 깨져버리며 파괴됩니다. 만약 구렁이가 hp를 다 잃기 전에 본래의 지팡이 형태로 돌아왔다면 본래의 hp를 모두 회복합니다.

### 지팡이, 권능의 지팡이 STAFF OF POWER
*지팡이, 희귀 등급 (소서러, 워락, 위저드에 의해 조율 필요)*

이 지팡이는 명중과 피해에 +2 보너스를 주는 쿼터스태프 마법 무기로도 사용할 수 있습니다. 당신이 이 지팡이를 들고 있으면 AC와 내성 굴림, 모든 주문 명중 굴림에 +2 보너스를 받습니다.

이 지팡이는 20회 충전되어 있으며, 이를 사용해 아래와 같은 기능들을 사용할 수 있습니다. 지팡이는 매일 새벽 2d8+4회의 힘을 재충전합니다. 만약 당신이 마지막 충전을 소비했다면 d20을 굴립니다. 이때 1이 나오면 지팡이는 +2 마법 쿼터스태프가 되지만, 다른 기능들은 모두 잃어버립니다. 또한 이때 20이 나오면 즉시 1d8+2회의 힘이 재충전됩니다.

**힘의 타격.** 당신이 이 지팡이로 근접 공격을 가해 명중시켰을 때, 당신은 충전을 1회 소비하여 목표에 추가로 1d6점의 역장 피해를 가할 수 있습니다.

**주문.** 이 지팡이를 들고 있을 때, 당신은 행동을 사용하며 지팡이의 충전을 1회 혹은 그 이상 소비해 당신의 주문 내성 DC와 주문 명중 보너스를 적용하여 아래와 같은 주문들을 시전할 수 있습니다. 냉기 분사Cone of Cold(충전 5회), 화염구Fireball(5레벨 슬롯, 충전 5회), 무적의 구체Globe of Invulnerability(충전 6회), 괴물 포박Hold Monster(충전 5회), 부양Levitate(충전 2회), 번개Lightning Bolt(5레벨 슬롯, 충전 5회), 마법 화살Magic Missile(충전 1회), 무력화 광선Ray of Enfeeblement(충전 1회), 역장의 벽Wall of Force(충전 5회)

**응징의 일격.** 당신은 행동을 사용하여 이 지팡이를 부러트리며 응징의 일격을 시전할 수 있습니다. 이때 지팡이는 즉시 파괴되며, 안에 남아 있던 마법의 힘은 지팡이를 중심으로 30ft 반경까지 폭발합니다. 당신은 50%의 확률로 즉시 다른 세계로 이동하여 폭발에서 벗어날 수 있습니다. 만약 이렇게 벗어나지 못했다면, 당신은 즉시 지팡이에 남아 있는 충전 1회당 16점의 역장 피해를 입게 됩니다. 지팡이의 폭발 범위에 있는 모든 크리쳐는 DC 17의 민첩 내성을 굴려야 하며, 실패할 시 아래 표에 따라 피해를 입게 됩니다. 이는 지팡이에서 얼마나 멀리 떨어졌는가에 따라 결정됩니다. 내성에 성공했다면 이렇게 입는 피해는 절반으로 줄어듭니다.

| 지팡이와의 거리 | 피해 |
| --- | --- |
| 10ft 이내 | 남은 충전량 × 8 |
| 11-20ft | 남은 충전량 × 6 |
| 21-30ft | 남은 충전량 × 4 |

## 지팡이, 대마법사의 지팡이 STAFF OF THE MAGI
*지팡이, 전설 등급 (소서러, 워락, 위저드에 의해 조율 필요)*

이 지팡이는 명중과 피해에 +2 보너스를 주는 마법 무기로도 이용할 수 있습니다. 이 지팡이를 들고 있을 때, 당신은 주문 명중 굴림에 +2 보너스를 받습니다.

이 지팡이는 50회 충전되어 있으며, 이 충전을 이용해 아래 기능들을 사용할 수 있습니다. 이 지팡이는 매일 새벽 4d6+2회의 힘을 재충전합니다. 만약 당신이 지팡이의 마지막 충전을 소비했다면 d20을 굴립니다. 이때 20이 나올 경우 지팡이는 즉시 1d12+1회의 힘을 재충전할 것입니다.

**주문 흡수.** 이 지팡이를 들고 있을 때, 당신은 모든 주문에 대한 내성 굴림에 이점을 얻습니다. 추가로, 당신은 다른 크리쳐가 오직 당신만을 목표로 하는 주문을 시전하였을 때 반응행동을 사용할 수 있습니다. 그 경우, 이 지팡이는 주문의 마법을 흡수하며 효과를 없애고 사용된 주문의 레벨만큼 충전을 회복합니다. 하지만 이때 충전이 50회를 넘어갈 경우 응징의 일격을 발동한 것처럼 폭발합니다. (아래 참조)

**주문.** 지팡이를 들고 있을 때, 당신은 행동을 사용하여 지팡이의 충전을 소비하며 당신 자신의 주문 내성 DC와 주문 시전 능력치를 적용해 아래와 같은 주문들을 시전할 수 있습니다: 원소 소환Conjure Elemental(충전 7회), 마법 무효화Dispel Magic(충전 3회), 화염구Fireball(7레벨 슬롯, 충전 7회), 화염 구체Flaming

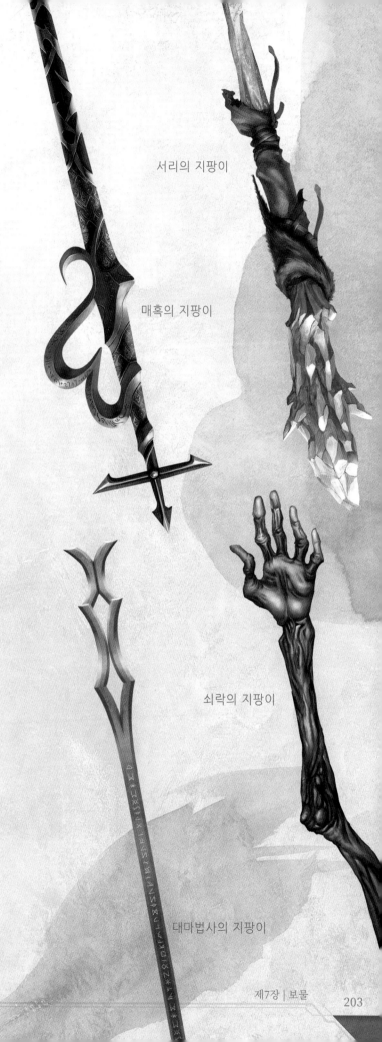

서리의 지팡이

매혹의 지팡이

쇠락의 지팡이

대마법사의 지팡이

천둥과 번개의 지팡이

치유의 지팡이

숲의 지팡이

화염의 지팡이

Sphere(충전 2회), 얼음 폭풍Ice Storm(충전 4회), 투명화 Invisibility(충전 2회), 문열기Knock(충전 2회), 번개Lightning Bolt(7레벨 슬롯, 충전 7회), 벽통과Passwall(충전 5회), 이계 전송 Plane Shift(충전 7회), 염동력Telekinesis(충전 5회), 불꽃의 벽 Wall of Fire(충전 4회), 거미줄Web(충전 2회)

또한 당신은 행동을 사용하여 아래 주문들을 시전할 수도 있습니다. 아래 주문들을 시전하는 행동은 충전을 소비하지 않습니다: 비전 자물쇠Arcane Lock, 마법 탐지Detect Magic, 거대화/축소화Enlarge/Reduce, 빛Light, 마법사의 손Mage Hand, 악과 선으로부터의 보호Protection from Evil and Good.

**응징의 일격.** 당신은 행동을 사용하여 이 지팡이를 부러트리며 응징의 일격을 시전할 수 있습니다. 이때 지팡이는 즉시 파괴되며, 안에 남아 있던 마법의 힘은 지팡이를 중심으로 30ft 반경까지 폭발합니다. 당신은 50%의 확률로 즉시 다른 세계로 이동하여 폭발에서 벗어날 수 있습니다. 만약 이렇게 벗어나지 못했다면, 당신은 즉시 지팡이에 남아 있는 충전 1회당 16점의 역장 피해를 입게 됩니다. 지팡이의 폭발 범위에 있는 모든 크리쳐는 DC 17의 민첩 내성을 굴려야 하며, 실패할 시 아래 표에 따라 피해를 입게 됩니다. 이는 지팡이에서 얼마나 멀리 떨어졌는가에 따라 결정됩니다. 내성에 성공했다면 이렇게 입는 피해는 절반으로 줄어듭니다.

| 지팡이와의 거리 | 피해 |
|---|---|
| 10ft 이내 | 남은 충전량 × 8 |
| 11-20ft | 남은 충전량 × 6 |
| 21-30ft | 남은 충전량 × 4 |

## 지팡이, 독사의 지팡이 STAFF OF THE ADDER
*지팡이, 비범 등급(클레릭, 드루이드, 워락에 의해 조율 필요)*

당신은 추가 행동을 사용하고 이 지팡이의 명령어를 말하여 지팡이의 머리 부분이 1분간 독사로서 움직이게 할 수 있습니다. 다시 추가 행동을 사용해 명령어를 말하면 당신은 뱀을 다시 본래의 지팡이 모습으로 바꿀 수 있습니다.

당신은 이 지팡이의 뱀 머리로 근접 공격을 시도할 수 있으며, 이 공격의 간격은 5ft입니다. 당신의 숙련 보너스가 명중에 적용됩니다. 이 공격이 명중했을 시, 목표는 1d6점의 관통 피해를 입고 DC 15의 건강 내성을 굴려야 합니다. 이 내성에 실패하면 목표는 3d6점의 독성 피해를 입게 됩니다.

지팡이 머리는 뱀 모습일 때 공격받을 수 있습니다. 뱀 머리는 AC 15에 20hp를 지녔습니다. 머리의 hp가 0 이하로 떨어지면 지팡이는 파괴됩니다. 파괴되지 않은 한, 뱀은 다시 지팡이 모습으로 변할 때 기존의 hp를 최대로 회복합니다.

## 지팡이, 매혹의 지팡이 STAFF OF CHARMING
*지팡이, 고급 등급(바드, 클레릭, 드루이드, 소서러, 워락, 위저드에 의해 조율 필요)*

이 지팡이에는 10회의 힘이 충전되어 있습니다. 이 지팡이를 들고 있으면, 당신은 행동을 사용하고 지팡이의 충전을 1회 소비하여 인간형 매혹Charm Person이나 명령Command, 언어 변환 Comprehend Language 주문들을 당신의 주문 내성 DC로 시전할 수 있습니다. 이 지팡이는 또한 쿼터스태프 마법 무기로 사용할 수 있습니다.

만약 당신이 이 지팡이를 든 상태에서 당신만을 목표로 한 환혹계 주문에 대한 내성에 실패했다면, 당신은 실패한 내성을 성공한 것으로 바꿀 수 있습니다. 이렇게 결과를 바꾼 경우, 다음날 새벽까지는 다시 이 기능을 사용할 수 없습니다. 만약 당신이 이 지팡이를 든 상태에서 당신만을 목표로 한 환혹계 주문에 대한 내성에 성공했다면, 당신은 반응행동을 사용하며 지팡이의 충전 1회를 소비해 해당 주문을 당신이 시전한 것처럼 본래 시전자에게 반사할 수 있습니다. 당신은 실패한 내성을 성공으로 바꾸는 기능을 사용한 경우에도 반사를 행할 수 있습니다.

이 지팡이는 매일 새벽 1d8+2회의 충전을 회복합니다. 만약 당신이 마지막 충전을 소비했다면 d20을 굴립니다. 이때 1이 나오게 되면 지팡이는 그냥 비마법적인 쿼터스태프가 됩니다.

## 지팡이, 서리의 지팡이 STAFF OF FROST

*지팡이, 희귀 등급 (드루이드, 소서러, 워락, 위저드에 의해 조율 필요)*

당신은 이 지팡이를 들고 있을 때 냉기 피해에 저항을 얻습니다.

이 지팡이는 10회 충전되어 있습니다. 이 지팡이를 들고 있을 때 당신은 행동을 사용하며 지팡이의 충전을 1회 이상 소비하여 아래와 같은 주문들을 당신의 주문 내성 DC로 시전할 수 있습니다. 냉기 분사*Cone of Cold*(충전 5회), 안개 구름*Fog Cloud*(충전 1회), 얼음 폭풍*Ice Storm*(충전 4회), 얼음의 벽*Wall of Ice*(충전 4회)

이 지팡이는 매일 새벽 1d6+4회의 힘을 재충전합니다. 만약 당신이 마지막 충전을 소비했다면 d20을 굴립니다. 이때 1이 나오게 되면 지팡이는 물로 변하여 사라져 버립니다.

## 지팡이, 쇠락의 지팡이 STAFF OF WITHERING

*지팡이, 고급 등급 (클레릭, 드루이드, 워락에 의해 조율 필요)*

이 지팡이는 3회 충전되어 있으며 매일 새벽 1d3회 재충전됩니다.

이 지팡이는 마법 무기로 취급됩니다. 당신이 이 지팡이로 공격을 가해 명중시키면, 당신은 지팡이의 충전을 1회 소비하여 명중한 목표에게 추가로 2d10점의 사령 피해를 가할 수 있습니다. 또한, 목표는 DC 15의 건강 내성을 굴려야 하며 실패할 시 1시간 동안 근력과 건강에 기반한 모든 능력 판정이나 내성 굴림에 불리점을 얻게 됩니다.

## 지팡이, 숲의 지팡이 STAFF OF THE WOODLANDS

*지팡이, 고급 등급 (드루이드의 조율 필요)*

이 지팡이는 명중과 피해에 +2 보너스를 주는 마법 무기로 사용할 수 있습니다. 이 지팡이를 들고 있을 때, 당신은 주문 명중 굴림에 +2 보너스를 받습니다.

이 지팡이는 10회 충전되어 있습니다. 지팡이는 매일 새벽 1d6+4회의 힘을 재충전합니다. 만약 당신이 마지막 충전을 소비했다면 d20을 굴립니다. 이때 1이 나오면 지팡이는 모든 기능을 잃고 비마법적인 쿼터스태프가 됩니다.

*주문.* 당신은 행동을 사용하고 지팡이의 충전을 1회 혹은 그 이상 소비하여 아래 주문들을 당신의 주문 내성 DC로 시전할 수 있습니다. 동물 친밀화*Animal Friendship*(충전 1회), 깨어남*Awaken*(충전 5회), 나무껍질 피부*Barkskin*(충전 2회), 동물 또는 식물 위치파악*Locate Animal or Plant*(충전 2회), 동물과의 대화*Speak with Animals*(충전 1회), 식물과의 대화*Speak with Plants*(충전 3회), 가시의 벽*Wall of Thorns*(충전 6회)

또한 당신은 행동을 사용해 충전을 소모하지 않고도 지팡이를 통해 흔적없는 이동*Pass without trace* 주문을 시전할 수 있습니다.

*나무 형상.* 당신은 행동을 사용하여 지팡이의 한쪽 끝을 흙에 꽂고 충전 1회를 소비해 지팡이를 나무 모양으로 자라나도록 할 수 있습니다. 이 건강한 나무는 60ft 높이에 5ft 지름을 하고 있으며, 꼭대기에서는 20ft 너비로 가지가 자라나 있습니다. 이 나무는 평범해 보이지만 *마법 탐지Detect Magic*를 사용해보면 미약

한 변환계 주문의 오라를 지니고 있습니다. 이 나무를 만지면서 다시 행동을 사용하고 명령어를 말하면 나무를 다시 지팡이 모습으로 바꿀 수 있습니다. 지팡이의 모습으로 돌아올 때 나무 위의 크리쳐들은 바닥에 떨어질 것입니다.

## 지팡이, 천둥과 번개의 지팡이 STAFF OF THUNDER AND LIGHTNING

*지팡이, 희귀 등급 (조율 필요)*

이 지팡이는 명중과 피해에 +2 보너스를 주는 마법 무기로도 사용할 수 있습니다. 또한 이 지팡이는 아래와 같은 특수 기능들을 지니고 있습니다. 아래 기능들 중 한 가지를 사용했다면, 그 기능은 다음 날 새벽까지 사용할 수 없습니다.

*번개.* 당신이 이 지팡이로 근접 공격을 가해 명중시켰다면, 당신은 대상이 추가로 2d6점의 번개 피해를 입게 할 수 있습니다.

*천둥.* 당신이 이 지팡이로 근접 공격을 가해 명중시켰다면, 당신은 주변 300ft 거리까지 들리는 큰 천둥소리가 울리게 할 수 있습니다. 이때 명중당한 목표는 DC 17의 건강 내성을 굴려야 하며, 실패할 시 당신의 다음 턴이 끝날 때까지 충격 상태가 됩니다.

*번개 일격.* 당신은 행동을 사용하여 지팡이의 끝에서 5ft 너비에 120ft 길이까지 뻗어 나가는 벼락 줄기를 내쏠 수 있습니다. 이 직선 안에 들어 있는 모든 크리쳐는 DC 17의 민첩 내성을 굴려야 하며, 실패할 시 9d6의 번개 피해를 입게 됩니다. 내성에 성공한 경우 피해는 절반으로 줄어듭니다.

*우레치기.* 당신은 행동을 사용해 지팡이에서 귀가 먹먹해지는 우레 소리가 울려 퍼지게 할 수 있습니다. 이 소리는 600ft 반경까지 들립니다. 당신 본인을 제외하고 당신에게서 60ft 내에 있는 모든 크리쳐는 DC 17의 건강 내성을 굴려야 하며, 실패할 시 2d6의 천둥 피해를 입고 1분간 귀머거리 상태가 됩니다. 성공할 경우 피해가 절반으로 줄어들고 귀머거리 상태도 되지 않습니다.

*천둥과 번개.* 당신은 행동을 사용하여 번개 일격과 우레치기를 동시에 사용할 수 있습니다. 이 기능은 별도로 하루 1회의 사용 횟수를 지니고 있으며, 이를 사용한다 해도 위의 두 기능 역시 각각 하루 1회씩 사용할 수 있습니다.

## 지팡이, 치유의 지팡이 STAFF OF HEALING

*지팡이, 고급 등급 (바드, 클레릭, 드루이드에 의해 조율 필요)*

이 지팡이는 10회 충전되어 있습니다. 이 지팡이를 들고 있을 때, 당신은 행동을 사용하고 지팡이의 충전을 1회 이상 소비하여 당신의 주문 내성 DC와 주문 시전 능력치를 사용해 아래 주문들을 시전할 수 있습니다. 상처 치료*Cure Wounds*(주문 레벨당 충전 1회, 최대 4회까지), 하급 회복*Lesser Restoration*(충전 2회), 다중 상처 치료*Mass Cure Wounds*(충전 5회)

이 지팡이는 매일 1d6+4회의 힘을 재충전합니다. 만약 당신이 마지막 충전을 소비했다면 d20을 굴립니다. 이때 1이 나오면 지팡이는 번쩍이는 섬광이 되어 사라져 버립니다.

## 지팡이, 화염의 지팡이 STAFF OF FIRE

*지팡이, 희귀 등급 (드루이드, 소서러, 워락, 위저드에 의해 조율 필요)*

당신은 이 지팡이를 들고 있을 때 화염 피해에 저항을 얻습니다.

이 지팡이는 10회 충전되어 있습니다. 당신은 지팡이를 든 상태에서 행동을 소비하여 당신의 주문 내성 DC를 사용해 아래 주문들을 시전할 수 있습니다. 타오르는 손길*Burning Hands*(충전 1회), 화염구*Fireball*(충전 3회), 불꽃의 벽*Wall of Fire*(충전 4회)

이 지팡이는 매일 새벽 1d6+4회의 힘을 재충전합니다. 만약 당신이 마지막 충전을 소비했다면 d20을 굴립니다. 이때 1이 나오게 되면 지팡이는 새까맣게 타서 재가 되어 사라집니다.

콸리쉬의 기구

케오텀의 연고

## 차원 족쇄 DIMENSIONAL SHACKLES
*기타 물건, 고급 등급*

당신은 행동을 사용해 행동불능인 크리쳐에게 이 족쇄를 채울 수 있습니다. 이 족쇄는 대형부터 소형 크기까지 채울 수 있으며, 채워지면 마법적으로 그 크기가 조정됩니다. 보통 족쇄의 기능에 더해, 이 족쇄는 해당 크리쳐가 이차원적 방법으로 이동할 수 없게 만들며, 따라서 순간이동이나 이계로의 이동 역시 불가능하게 합니다. 하지만 족쇄를 차고 있는 상태에서도 포탈을 통한 이동은 가능할 수 있습니다.

당신과 당신이 지정한 크리쳐는 행동을 사용하여 다시 이 족쇄를 벗겨낼 수 있습니다. 족쇄가 채워진 크리쳐는 30일에 한 번씩 DC 30의 근력(운동) 판정을 할 수 있습니다. 이 판정에 성공할 경우 힘으로 족쇄를 파괴하여 벗겨낸 것이 됩니다.

## 천둥벼락의 망치 HAMMER OF THUNDERBOLTS
*무기 (마울), 전설 등급*

당신은 이 마법 무기로 공격할 때, 명중과 피해에 +1 보너스를 받을 수 있습니다.

***거인의 천적(조율 필요).*** 이 무기와 조율하려면, 당신은 *거인 힘의 허리띠*를 차고 *오우거 힘의 건틀릿*을 끼고 있어야만 합니다. 이러한 물건 중 어느 하나라도 조율을 중단하게 되면 이 무기와의 조율도 같이 중단됩니다. 조율된 상태에서 이 무기를 들고 있으면, 당신의 근력은 4 증가하며 이로 인해 20을 넘을 수도 있습니다. 그러나 이 경우에도 31 이상으로 증가하지는 않습니다. 당신이 이 무기를 사용해 거인을 공격할 때 명중 굴림에서 20이 나오면, 해당 거인은 DC 17의 건강 내성을 굴려 실패할 시 즉사합니다.

이 망치는 또한 5회의 힘이 충전되어 있습니다. 이 망치와 조율되어 있을 때, 당신은 충전 1회를 소비하여 망치를 사용해 장거리 무기 공격을 가할 수 있습니다. 이때 망치는 투척 기능을 가진 것으로 취급되며, 20ft까지는 일반으로, 60ft까지는 원거리로 던질 수 있습니다. 만약 장거리 공격이 명중하면, 망치는 반경 300ft까지 울리는 천둥소리를 냅니다. 목표와 30ft 내에 있는 모든 크리쳐는 DC 17의 건강 내성을 굴려야 하며, 실패할 시 당신의 다음 턴이 끝날 때까지 충격 상태가 됩니다. 이 망치는 매일 새벽 1d4+1회의 힘을 재충전합니다.

## 케오텀의 연고 KEOGHTOM'S OINTMENT
*기타 물건, 비범 등급*

이 유리병은 3인치 지름이며, 1d4+1회 분량의 알로에 향이 나는 끈적한 혼합물을 담고 있습니다. 이 병과 그 혼합물의 무게는 도합하여 0.5lbs 정도입니다.

당신은 행동을 사용하여 1회 분량의 연고를 삼키거나 피부에 바를 수 있습니다. 이렇게 연고를 사용하면 2d8+2점의 hp를 회복하고, 중독 상태에서 회복하며, 어떤 질병이든 치유됩니다.

## 콸리쉬의 기구 APPARATUS OF KWALISH
*기타 물건, 전설 등급*

이 물건은 처음 봤을 때 500lbs 정도 무게가 나가는 대형 크기의 철제 원통처럼 생겼습니다. 이 원통에는 비밀 손잡이가 있으며, DC 20의 지능(수사) 판정에 성공하면 이 손잡이를 발견할 수 있습니다. 손잡이를 당기면 원통의 한쪽 끝에 들어갈 수 있는 문이 열리며, 원통 안에는 중형이나 소형 크리쳐가 2명까지 들어갈 수 있습니다. 원통 안에는 올리거나 내릴 수 있는 10개의 레버가 있으며, 각각의 레버는 중립 위치에 놓여 있습니다. 특정한 레버를 사용하면, 콸리쉬의 기구는 거대 가재의 모습으로 변형합니다.

콸리쉬의 기구는 대형 물체로서 아래와 같은 게임 수치를 지닙니다.

**방어도:** 20
**hp:** 200
**속도:** 30ft, 수영 30ft (꼬리와 발이 나오지 않았다면 이동 불능)
**피해 면역:** 독성, 정신

이 기구는 탈 것으로 탈 수 있으며, 한 명의 조종사를 필요로 합니다. 기구의 문을 닫고 나면, 내부는 완전 기밀 상태이며 방수도 됩니다. 기구 내부는 1명이 10시간, 2명이 5시간씩 숨 쉴 수 있는 공기가 들어있습니다.

기구는 물 위에 뜨지만, 최대 900ft까지 잠수할 수도 있습니다. 900ft보다 깊이 잠수해 들어갔다면 이 기구는 수압에 의해 1분마다 2d6점씩의 타격 피해를 입게 됩니다.

조종실에 있는 크리쳐는 행동을 1번 사용할 때마다 기구의 레버를 2개씩 올리거나 내릴 수 있습니다. 레버를 한번 사용하고 나면 다시 본래의 중립 위치로 돌아옵니다. 각각의 레버가 어떤 기능을 하는지는 아래 콸리쉬의 기구 레버 표에 나와 있으며, 레버 순서는 왼쪽부터 오른쪽으로 정렬되어 있습니다.

천둥벼락의 망치

차원 족쇄

## 콸리쉬의 기구 레버

| 레버 | 올리기 | 내리기 |
|---|---|---|
| 1 | 꼬리와 다리가 솟아나고, 기구는 걷거나 수영할 수 있게 된다. | 꼬리와 다리가 도로 들어가고, 기구는 이동할 수 없는 상태가 된다. |
| 2 | 전방 창문이 열린다. | 전방 창문이 닫힌다. |
| 3 | 측면 창문이 열린다.(한쪽에 2개씩 창문이 있음) | 측면 창문이 닫힌다. |
| 4 | 기구 전방에 2개의 발톱이 솟아난다. | 발톱이 도로 들어간다. |
| 5 | 솟아난 발톱이 각각 아래와 같은 근접 공격을 가한다. 명중 굴림+8, 거리 5ft, 목표 하나. *명중시:* 7 (2d6) 점의 타격 피해 | 솟아난 발톱이 각각 아래와 같은 근접 공격을 가한다. 명중 굴림 +8, 거리 5ft, 목표 하나. *명중시:* 목표는 붙잡힌 상태가 됨 (탈출 DC 15) |
| 6 | 기구는 전방으로 걷거나 헤엄쳐 간다. | 기구는 후방으로 걷거나 헤엄쳐 간다. |
| 7 | 90도 왼쪽 회전한다. | 90도 오른쪽 회전한다. |
| 8 | 전방의 눈처럼 생긴 장치에서 30ft까지는 밝은 빛, 추가로 30ft까지는 약한 빛을 비춘다. | 빛을 끈다. |
| 9 | 액체 위에 떠 있을 때, 20ft 아래로 잠수한다. | 20ft 위로 떠오른다. |
| 10 | 후방의 문을 잠금해제하고 연다. | 후방의 문을 닫고 잠근다. |

## 콸의 깃털 토큰 QUAAL'S FEATHER TOKEN
*기타 물건, 고급 등급*

이 작은 물건은 마치 깃털처럼 생겼습니다. 서로 다른 여러 종류의 토큰이 존재하며, 각각의 토큰은 1회용입니다. DM은 어떤 종류의 깃털 토큰이 발견되었는지 결정하거나 무작위로 정할 수 있습니다.

| d100 | 깃털 토큰 | d100 | 깃털 토큰 |
|---|---|---|---|
| 01-20 | 닻 | 51-65 | 백조 보트 |
| 21-35 | 새 | 66-90 | 나무 |
| 36-50 | 부채 | 91-00 | 채찍 |

*나무.* 이 토큰은 야외에서만 사용할 수 있습니다. 당신은 행동을 사용하여 점유되어 있지 않은 지면에 토큰을 접촉시킬 수 있습니다. 이 경우 토큰은 사라지며, 그 자리에는 비마법적인 떡갈나무가 생겨납니다. 이 나무는 60ft 높이에 5ft 두께를 지니고 있으며, 꼭대기의 가지들 폭은 직경 20ft 정도입니다.

*닻.* 당신은 행동을 사용하여 보트나 배에 이 토큰을 접촉시킬 수 있습니다. 그렇게 하면 이후 24시간 동안, 이 보트나 배는 어떤 방법으로도 움직일 수 없게 됩니다. 다시금 토큰을 접촉시키면 이 효과를 끝낼 수 있습니다. 효과가 끝나게 되면 토큰은 사라집니다.

*백조 보트.* 당신은 행동을 사용하여 최소 직경 60ft 이상을 차지하고 있는 물의 수면에 토큰을 접촉시킬 수 있습니다. 그러면 이 토큰은 사라지며, 길이 50ft에 폭 20ft짜리 보트가 나타납니다. 이 보트는 백조 같은 모습을 하고 있습니다. 보트는 자체적으로 추진력을 지니고 있으며, 시간당 6마일의 속도로 수면위를 이동할 수 있습니다. 당신은 행동을 사용하여 보트에 명령을 내려서 움직이게 하거나, 90도 각도로 방향을 바꿀 수 있습니다. 이 보트는 중형 혹은 그보다 작은 크기의 크리쳐를 32명까지 태울 수 있습니다. 대형 크리쳐는 중형 4명으로 취급하며, 거대 크리쳐는 9명으로 취급합니다. 이 보트는 24시간동안 존재하며, 그 이후에는 사라집니다. 당신은 행동을 사용하여 보트를 사라지게 할 수 있습니다.

*부채.* 당신이 보트나 배를 타고 있을 때, 당신은 행동을 사용하여 토큰을 허공으로 10ft 던질 수 있습니다. 이 토큰은 사라지며, 그 대신 거대한 부채가 나타납니다. 이 부채는 허공에 떠 있으며, 배의 돛이 받을 수 있는 강한 바람을 일으킵니다. 이 바람은 이후 8시간 동안 배의 속도로를 시간당 5마일 가속시킵니다. 당신은 행동을 사용하여 부채를 사라지게 할 수 있습니다.

*새.* 당신은 행동을 사용하여 이 토큰을 5ft 높이로 던질 수 있습니다. 이때 토큰은 사라지며, 여러 색의 깃털을 지닌 커다란 새가 나타납니다. 이 새는 로크의 게임 능력치를 지니고 있습니다. *몬스터 매뉴얼(Monster Manual)* 을 참조하십시오. 단, 이 새는 오직 당신의 간단한 명령에만 복종하며, 공격할 수 없다는 차이가 있습니다. 이 새는 500lbs까지의 무게를 싣고 최대 시속 16마일로 비행할 수 있습니다. 이렇게 3시간 비행하며 1시간씩 쉬면 하루 최대 144마일까지 비행할 수 있습니다. 1000lbs까지의 무게를 운반할 경우, 비행 거리는 절반이 됩니다. 이 새는 하루 최대 거리까지 비행하거나 hp가 0 이하로 떨어지면 사라집니다. 또한 당신은 행동을 사용해 새를 사라지게 할 수 있습니다.

*채찍.* 당신은 행동을 사용하여 이 토큰을 당신으로부터 10ft 내의 지점에 던질 수 있습니다. 던지면 이 토큰은 사라지며, 허공에 떠 있는 채찍이 나타납니다. 당신은 추가 행동을 사용해 채찍으로부터 10ft이내의 크리쳐 하나에게 +9의 보너스를 받고 근접 주문 공격을 가할 수 있습니다. 명중시 목표는 1d6+5 역장 피해를 입습니다.

당신은 자기 턴에 추가 행동을 사용하여 이 채찍을 20ft까지 이동시킬 수 있으며, 다시 10ft 거리 내의 목표를 지정해 공격을 시도할 수 있습니다. 이 채찍은 1시간 이후 사라지며, 지속시간이 되기 전에도 당신이 행동불능이 되거나 죽으면 사라집니다. 또한 당신은 행동을 사용하여 채찍을 없앨 수 있습니다.

콸의 깃털 토큰

백조 보트 토큰

부채 토큰

닻 토큰

새 토큰

나무 토큰

채찍 토큰

## 탄약 +1, +2, +3 Ammunition +1, +2, +3
*무기(탄약류), 비범 등급(+1), 고급 등급(+2), 희귀 등급(+3)*

당신은 이 마법 탄약류를 사용해서 공격할 때 명중과 피해 굴림에 보너스를 받을 수 있습니다. 이 보너스는 탄환류의 희귀도에 따라 달라집니다. 일단, 이 탄환류가 목표에 명중하여 피해를 주었다면, 탄환은 마법의 힘을 잃게 됩니다.

## 투구, 순간이동의 투구 Helm of Teleportation
*기타 물건, 고급 등급 (조율 필요)*

이 투구는 3회 충전되어 있습니다. 투구를 착용하고 있을 때, 당신은 행동을 사용하고 충전을 1회 소비하여 순간이동*Teleport* 주문을 시전할 수 있습니다. 이 투구는 매일 새벽 1d3회의 힘을 재충전합니다.

## 투구, 언어 변환의 투구
### Helm of Comprehending Languages
*기타 물건, 비범 등급*

이 투구를 쓰고 있을 때, 당신은 행동을 사용하여 언제든 자유로이 언어 변환*Comprehend Language* 주문을 시전할 수 있습니다.

## 투구, 정신 감응의 투구 Helm of Telepathy
*기타 물건, 비범 등급 (조율 필요)*

이 투구를 쓰고 있을 때, 당신은 행동을 사용하여 생각 탐지*Detect Thought* 주문을 시전할 수 있습니다. (내성 DC 13). 당신이 이 주문에 정신을 집중하고 있는 동안, 당신은 추가 행동을 사용해 당신이 집중하고 있는 크리쳐에게 정신적 메시지를 보낼 수 있습니다. 메시지를 받은 대상 역시 추가 행동을 사용해 당신에게 대답할 수 있습니다. 이 대화는 당신의 집중이 이어지고 있는 동안 계속될 수 있습니다.

당신이 생각 탐지*Detect Thought* 주문으로 집중하고 있을 때, 당신은 행동을 사용하여 집중하는 대상에게 암시*Suggestion* 주문을 시전할 수 있습니다. (내성 DC 13). 일단 암시*Suggestion* 주문 기능을 사용하였다면, 다음날 새벽까지 다시 같은 기능을 사용할 수 없습니다.

## 투구, 찬란함의 투구 Helm of Brilliance
*기타 물건, 희귀 등급 (조율 필요)*

이 번쩍이는 투구는 1d10개의 다이아몬드, 2d10개의 루비, 3d10개의 불꽃 오팔, 4d10개의 보통 오팔이 박혀 있습니다. 이 보석들을 투구에서 빼낼 경우 먼지가 되어 사라져 버립니다. 또한 모든 보석을 제거하거나 보석들이 모두 파괴된 경우, 투구는 마법의 힘을 잃게 됩니다.

당신은 이 투구를 착용하고 있을 때 아래와 같은 이득을 얻을 수 있습니다.

- 당신은 행동을 사용하여 아래와 같은 주문을 시전할 수 있습니다. (내성 DC 18) 각각의 주문을 사용할 때는 그에 해당하는 보석이 시전 요소로서 소비됩니다. 태양광*Daylight* (오팔), 화염구*Fireball* (불꽃 오팔), 무지개 분사*Prismatic Spray* (다이아몬드), 불꽃의 벽*Wall of Fire* (루비). 주문에 사용된 보석은 파괴되며 투구에서 사라집니다.
- 투구에 하나 이상의 다이아몬드가 남아 있다면, 주변 30ft 반경 내에 언데드가 있을 경우 이 투구는 자체적으로 30ft까지 약한 빛을 냅니다. 이 빛의 범위 속에서 자기 턴을 시작하는 언데드는 매번 1d6의 광휘 피해를 입게 됩니다.
- 투구에 하나 이상의 루비가 남아 있다면, 당신은 화염 피해에 저항을 얻습니다.

- 투구에 하나 이상의 불꽃 오팔이 남아 있다면, 당신은 행동을 사용하고 명령어를 말하여 당신이 들고 있는 무기에서 불꽃이 타오르게 할 수 있습니다. 이 불꽃은 10ft 반경으로 밝은 빛을, 추가로 10ft까지는 약한 빛을 냅니다. 이 불꽃은 당신과 무기 자체에 아무런 해를 끼치지 않습니다. 당신이 이렇게 타오르는 무기로 적을 명중시키면, 해당 적은 추가로 1d6점의 화염 피해를 입게 됩니다. 이 불꽃은 당신이 추가 행동을 사용하여 다시 명령어를 말하거나 무기를 집어넣을 때까지 계속 유지됩니다.

당신이 투구를 쓰고 있을 동안 주문에 대한 내성에 실패하여 화염 피해를 입게 된다면 d20을 굴립니다. 이때 1이 나오면 투구의 남은 보석들에서 강렬한 빛이 쏟아져 나옵니다. 당신을 제외하고 60ft 내에 있는 모든 크리쳐는 DC 17의 민첩 내성을 굴려야 하며, 실패할 시 광선에 맞은 것이 됩니다. 이 광선은 투구에 남아있는 보석 개수와 같은 광휘 피해를 가합니다. 이후 투구와 남아있는 모든 보석은 파괴됩니다.

순간이동의 투구

정신 감응의 투구

언어 변환의 투구

찬란함의 투구

## 팔찌, 궁술의 팔찌 Bracers of Archery
*기타 물건, 비범 등급 (조율 필요)*

이 팔찌들을 차고 있으면 당신은 롱보우와 숏보우에 대한 숙련을 얻으며, 그러한 무기로 공격할 때 피해에 +2의 보너스를 얻을 수 있습니다.

## 팔찌, 방어의 팔찌 Bracers of Defense
*기타 물건, 고급 등급 (조율 필요)*

만약 당신이 갑옷이나 방패를 착용하지 않은 상태에서 이 팔찌들을 차고 있으면, 당신은 AC에 +2 보너스를 받을 수 있습니다.

## 폭발의 뿔피리 Horn of Blasting
*기타 물건, 고급 등급*

당신은 행동을 사용하고 명령어를 말한 다음, 이 뿔 피리를 불 수 있습니다. 그럴 경우 30ft 길이의 원뿔 범위 내에 엄청난 천둥소리의 폭발음을 내며, 이 소리는 600ft 거리까지 들립니다.

원뿔 범위 내에 있는 모든 크리쳐는 DC 15의 건강 내성을 굴려야 하며, 실패할 시 5d6점의 천둥 피해를 입고 1분간 귀머거리 상태가 됩니다. 내성에 성공할 경우 피해는 절반으로 줄어들며 귀머거리 상태가 되지 않습니다. 유리나 이와 유사한 결정으로 되어 있는 물건이나 크리쳐의 경우, 내성에 불리점을 받게 되며 받는 천둥 피해 역시 10d6으로 증가합니다.

이 뿔피리를 사용할 때마다 20%의 확률로 뿔피리 자체가 폭발할 수 있습니다. 폭발하게 되면 뿔피리는 파괴되며, 그 소유자는 10d6의 화염 피해를 받게 됩니다.

## 폭발의 서클렛 Circlet of Blasting
*기타 물건, 비범 등급*

이 서클렛을 차고 있을 때, 당신은 행동을 사용하여 *타오르는 광선Scorching Ray* 주문을 시전할 수 있습니다. 이 주문은 +5의 명중 보너스를 받고 주문 공격을 가합니다. 이 서클렛의 기능을 사용했다면, 다음날 새벽이 될 때까지 다시 이 기능을 사용할 수 없습니다.

## 하수도의 파이프 Pipes of the Sewers
*기타 물건, 비범 등급 (조율 필요)*

당신은 관악기에 대한 숙련이 있어야 이 파이프를 사용할 수 있습니다. 당신이 이 파이프에 조율되어 있다면, 보통 쥐들과 거대 쥐들은 당신에게 무관심한 태도를 보일 것이며, 당신이 먼저 공격하거나 위협하지 않는 한 당신을 공격하지 않을 것입니다.

폭발의 서클렛

폭풍 거인 힘의 허리띠

폭발의 뿔피리

드워프족의 허리띠

하수도의 파이프

이 파이프에는 3회의 힘이 충전되어 있습니다. 만약 당신이 행동을 사용해 파이프를 연주하면, 당신은 추가 행동으로 1에서 3회 분량의 힘을 사용하여 충전 1회당 쥐 무리 하나를 불러낼 수 있습니다. (쥐 무리의 게임 능력치는 몬스터 매뉴얼(Monster Manual)을 참고하십시오.) 이렇게 쥐 무리를 불러내려면 1마일 이내에 그만한 수의 쥐들이 있어야 하며, 쥐들의 숫자가 충분하지 못한 경우 충전은 소비되지만 쥐 무리를 불러내지는 못하게 됩니다. 쥐 무리는 가장 가까운 길을 따라 음악이 연주된 위치로 다가오지만, 당신은 쥐 무리를 통제할 수 없습니다. 이 파이프는 매일 새벽 1d3회의 힘을 재충전합니다.

다른 누군가가 통제하고 있지 않은 쥐 무리가 당신의 30ft 내에 있으면서 파이프 소리를 듣고 있다면, 당신은 매력 판정을 해서 쥐 무리의 지혜 판정과 대결할 수 있습니다. 만약 당신이 판정 대결에서 패한다면, 쥐 무리는 자연스럽게 행동할 것이며 이후 24시간 동안에는 파이프의 음악에 끌려오지 않습니다. 당신이 판정 대결에서 이겼다면, 쥐 무리는 파이프의 음악에 따라오며 당신이 매 라운드 행동으로 파이프의 음악을 연주하는 동안 당신과 당신의 동료들에게 우호적인 태도를 취할 것입니다. 우호적인 쥐 무리는 당신의 명령에 따릅니다. 만약 당신이 우호적인 무리에게 아무런 명령도 내리지 않으면 쥐 무리는 자기 스스로를 방어하겠지만 다른 어떤 행동도 취하지 않습니다. 만약 우호적인 쥐 무리가 자기 턴을 시작할 때 음악이 들리지 않는다면, 당신은 쥐 무리에 대한 통제권을 잃게 되며, 쥐 무리는 다시 자연스럽게 행동하기 시작하고 이후 24시간 동안은 파이프를 따라오지 않을 것입니다.

### 행운의 돌(행운석)
### STONE OF GOOD LUCK (LUCKSTONE)
*기타 물건, 비범 등급 (조율 필요)*

당신이 이 연마된 마노석을 지니고 있으면, 모든 능력 판정과 내성 굴림에 +1 보너스를 받을 수 있습니다.

### 허리띠, 거인 힘의 허리띠 BELT OF GIANT STRENGTH
*기타 물건, 희귀도 다양 (조율 필요)*

이 허리띠를 차고 있으면, 당신의 근력 능력치는 허리띠가 지정한 대로 변하게 됩니다. 당신이 이미 허리띠가 제공하는 것보다 높은 근력수치를 지니고 있다면 이 물건은 아무 효력이 없습니다.

이 허리띠는 여섯 종류가 있다고 알려져 있으며, 각각의 허리띠는 6종류의 거인과 연관되어 있습니다. 또한 각 허리띠의 희귀도는 어떤 거인의 힘을 제공하느냐에 따라 달라집니다.

바위 거인 힘의 허리띠와 서리 거인 힘의 허리띠는 생김새가 다르게 생겼지만, 같은 효과를 제공합니다.

| 종류 | 근력 | 희귀도 |
| --- | --- | --- |
| 언덕 거인 | 21 | 고급 등급 |
| 바위/서리 거인 | 23 | 희귀 등급 |
| 화염 거인 | 25 | 희귀 등급 |
| 구름 거인 | 27 | 전설 등급 |
| 폭풍 거인 | 29 | 전설 등급 |

### 허리띠, 드워프족의 허리띠 BELT OF DWARVENKIND
*기타 물건, 고급 등급(조율 필요)*

당신이 이 허리띠를 차고 있으면 아래와 같은 이득을 얻을 수 있습니다.

• 당신의 건강은 2점 증가합니다. 이렇게 증가되는 건강은 20을 넘을 수 없습니다.
• 당신은 드워프들과 의사소통할 때 매력(설득) 판정에 이점을 받을 수 있습니다.

추가로, 당신이 이 허리띠와 조율을 거쳤다면, 당신은 매일 아침 새벽 50%의 확률로 수염이 자라날 수 있습니다. 또한 이미 수염

방어의 팔찌

행운의 돌

이 자라나 있다면 더욱 진하게 수염이 자라납니다. 단, 이는 자연적으로 수염이 자라날 수 있는 경우에만 한정됩니다.

만약 당신이 드워프가 아니라면 당신은 이 허리띠를 차고 있을 때 추가적으로 아래와 같은 이득을 더 얻을 수 있습니다.

- 당신은 독에 대한 내성에 이점을 받으며, 독성 피해에 대해 저항을 얻게 됩니다.
- 당신은 60ft의 암시야를 얻게 됩니다.
- 당신은 드워프어를 말하고 읽고 이해할 수 있습니다.

## 호부, 건강의 호부 PERIAPT OF HEALTH
*기타 물건, 비범 등급*

이 펜던트를 착용하고 있는 동안, 당신은 모든 질병에 대해 면역이 됩니다. 만약 당신이 질병에 감염되어 있다면, 이 펜던트를 착용하고 있는 동안에는 그 질병의 효과가 억제됩니다.

## 호부, 독 방어의 호부
### PERIAPT OF PROOF AGAINST POISON
*기타 물건, 고급 등급*

이 섬세한 은제 사슬에 아름답게 세공된 검은 보석 펜던트가 달려있습니다. 당신이 이 장신구를 착용하고 있으면, 모든 독의 효력을 받지 않습니다. 당신은 중독 상태에 면역이 되며 모든 독성 피해에 면역을 얻게 됩니다.

## 호부, 상처 봉합의 호부 PERIAPT OF WOUND CLOSURE
*기타 물건, 비범 등급 (조율 필요)*

당신이 이 펜던트를 착용하고 있으면, 빈사 상태에 빠졌을 때 당신의 다음 턴이 시작되면 바로 안정화됩니다. 추가로, 당신이 hp를 회복하기 위해 히트 다이스를 굴릴 때마다. 회복되는 hp의 값이 2배가 됩니다.

## 환영의 카드 DECK OF ILLUSIONS
*기타 물건, 비범 등급*

이 상자 속에는 카드 한 벌이 들어 있습니다. 이 카드패는 모두 34장의 카드로 되어 있지만, 대개 처음 찾을 때 1d20-1장의 카드가 부족한 상태로 발견됩니다.

이 카드패에 담겨진 마법의 힘은 당신이 무작위로 카드 한 장을 뽑았을 때 발동합니다. (당신은 카드패를 대신해 실제 트럼프 카드들을 이용해서 이 과정을 흉내 낼 수 있습니다.) 카드패에서 카드를 뽑는 것은 행동을 사용해야 하는 일이며, 이후 당신으로부터 30ft 거리에 뽑은 카드를 던질 수 있습니다.

뽑아서 던진 카드에 있는 환영이 생겨나며, 이 환영은 해제될 때까지 계속 유지됩니다. 환영은 마치 실체처럼 보이며, 실체와 같은 크기를 지니고, 진짜처럼 행동하지만, 실제로는 어떠한 피해도 입힐 수 없습니다. 120ft 이내의 보이는 거리에 환영 존재가 있으면, 당신은 행동을 사용하여 환영을 마법적으로 이동시킬 수 있습니다. 이때 환영은 던진 카드와 30ft 이상 떨어질 수 없습니다. 무엇이든 환영에 물리적으로 접촉할 경우 통과하게 되므로, 환영이라는 사실은 바로 들통나게 됩니다. 또한 직접 접촉하지 않는다고 해도 누군가 행동을 사용하여 DC 15의 지능(수사) 판정에 성공할 경우, 환영임은 드러나게 됩니다. 환영의 정체가 들키게 되면 곧 그 환영은 투명해집니다.

환영은 카드가 제거되거나 환영 자체가 무효화될 때까지 지속됩니다. 환영이 끝나고 나면 그 카드의 그림이 사라지며, 카드는 다시 사용할 수 없습니다.

| 사용되는 카드 | 환영 |
| --- | --- |
| 하트 에이스 | 레드 드래곤 |
| 하트 킹 | 기사와 4명의 경비병 |
| 하트 퀸 | 서큐버스 또는 인큐버스 |
| 하트 잭 | 드루이드 |
| 하트 10 | 구름 거인 |
| 하트 9 | 에틴 |
| 하트 8 | 버그베어 |
| 하트 2 | 고블린 |
| 다이아몬드 에이스 | 비홀더 |
| 다이아몬드 킹 | 대마법사와 그 도제 |
| 다이아몬드 퀸 | 나이트 해그 |
| 다이아몬드 잭 | 암살자 |
| 다이아몬드 10 | 화염 거인 |
| 다이아몬드 9 | 오우거 메이지 |
| 다이아몬드 8 | 놀 |
| 다이아몬드 2 | 코볼드 |
| 스페이드 에이스 | 리치 |
| 스페이드 킹 | 사제와 두 명의 부제 |
| 스페이드 퀸 | 메두사 |
| 스페이드 잭 | 베테랑 |
| 스페이드 10 | 서리 거인 |
| 스페이드 9 | 트롤 |
| 스페이드 8 | 홉고블린 |
| 스페이드 2 | 고블린 |
| 클로버 에이스 | 강철 골렘 |
| 클로버 킹 | 도적 두목과 3명의 도적 |
| 클로버 퀸 | 에리니에스 |
| 클로버 잭 | 광전사 |
| 클로버 10 | 언덕 거인 |
| 클로버 9 | 오우거 |
| 클로버 8 | 오크 |
| 클로버 2 | 코볼드 |
| 조커 (2장) | 당신(카드의 소유자) |

히워드의 편리한 배낭

상처 봉합의 호부

건강의 호부

## 휴대용 구멍 PORTABLE HOLE
*기타 물건, 고급 등급*

이 고운 검은색 천은 비단처럼 부드럽습니다. 이 천은 이차원 공간을 손수건 크기로 접어놓은 것이며, 다 펴게 되면 지름 6ft짜리 원형이 됩니다.

당신은 행동을 사용하여 단단한 표면에 휴대용 구멍을 펼쳐 놓을 수 있습니다. 이 경우 휴대용 구멍은 10ft 깊이의 이차원 공간을 생성합니다. 이 원통형 공간은 다른 세계에 존재하며, 따라서 통로를 여는 용도로 사용할 수 없습니다. 휴대용 구멍에 들어간 크리쳐는 등반하여 밖으로 나올 수 있습니다.

당신은 행동을 사용하여 휴대용 구멍의 모서리를 잡고 다시 접어 천으로 만들 수 있습니다. 천을 접으면 구멍을 닫을 수 있으며, 그 안에 들어간 크리쳐나 물체는 모두 이차원 공간에 남아 있게 됩니다. 얼마나 많은 것이 그 안에 들어가 있든, 접힌 휴대용 구멍의 무게는 없는 것이나 다름없습니다.

휴대용 구멍이 접혀 있다면, 안에 있는 크리쳐는 DC 10의 근력 판정을 할 수 있습니다. 이 판정에 성공할 경우 내부의 크리쳐는 구멍을 빠져나와 5ft 내의 빈 공간에 나타납니다. 호흡이 필요한 크리쳐가 구멍 안에 들어간 경우 최대 10분까지 숨을 쉴 수 있으며, 이후에는 질식하기 시작할 것입니다.

휴대용 구멍을 히워드의 편리한 배낭이나 소지의 가방 등과 같은 이차원 공간에 같이 넣을 경우, 두 물건 모두 파괴되며 아스트랄계로 통하는 관문이 열리게 됩니다. 이 관문은 두 물건이 접촉한 지점에 생겨나며, 관문으로부터 10ft 내의 모든 크리쳐를 강제로 빨아들여 아스트랄계의 무작위 지점에 보내버립니다. 이후 관문은 닫힙니다. 이 관문은 일방통행이며 다시 열 수 없습니다.

## 히워드의 편리한 배낭 HEWARD'S HANDY HAVERSACK
*기타 물건, 고급 등급*

이 배낭은 중앙 주머니와 2개의 옆주머니가 있으며, 각각은 이차원 공간과 연결되어 있습니다. 옆주머니들은 각 20lbs까지의 물건을 집어넣을 수 있으며, 이때 집어넣는 물건은 부피가 2입방피트 이하여야 합니다. 중앙의 대형 주머니는 80lbs까지의 물건을

집어넣을 수 있으며, 이때 부피는 8입방피트 이하여야 합니다. 배낭 안에 얼마나 많은 물건이 들어가 있든, 배낭의 무게는 언제나 5lbs 정도입니다.

배낭 안에 물체를 집어넣는 것은 일반적인 규칙을 따릅니다. 그러나 배낭에서 물체를 꺼내기 위해서는 행동이 필요합니다. 당신이 배낭 안에서 특정한 물체를 찾고자 한다면, 언제나 찾고자 하는 물체가 배낭에서 제일 위에 올라와 있습니다.

이 배낭에는 몇 가지 제한이 있습니다. 만약 배낭에 너무 많은 물건을 넣게 되거나, 날카로운 물건이 배낭을 뚫거나 찢게 될 경우, 배낭은 못 쓰게 되어 버립니다. 만약 배낭이 파괴되면, 그 안에 들어 있을 물건들은 영원히 잃어버리게 됩니다. 단 유물의 경우, 언제나 다른 어딘가에 나타날 것입니다. 만약 배낭을 뒤집을 경우 안의 내용물은 아무런 피해를 받지 않은 채 쏟아질 것이지만, 다시 원래대로 하지 않는 한 배낭은 사용할 수 없습니다. 만약 호흡하는 생명체를 배낭 속에 집어넣은 경우, 이 생명체는 10분까지 숨을 쉴 수 있으며 그 이후에는 질식하게 됩니다.

히워드의 편리한 배낭을 휴대용 구멍이나 소지의 가방 등과 같은 이차원 공간에 같이 넣을 경우, 두 물건 모두 파괴되며 아스트랄계로 통하는 관문이 열리게 됩니다. 이 관문은 두 물건이 접촉한 지점에 생겨나며, 관문으로부터 10ft 내의 모든 크리쳐를 강제로 빨아들여 아스트랄계의 무작위 지점에 보내버립니다. 이후 관문은 닫힙니다. 이 관문은 일방통행이며 다시 열 수 없습니다..

## 힘의 입방체 CUBE OF FORCE
*기타 물건, 고급 등급 (조율 필요)*

이 정육면 입방체는 한 변이 1인치 정도 크기입니다. 입방체의 각 면을 누르면 특이한 문양이 나타납니다. 이 입방체는 36회의 힘이 충전되어 있으며, 매일 새벽 1d20회의 힘이 재충전됩니다.

당신은 행동을 사용해 입방체의 면 하나를 누를 수 있습니다. 어떤 면을 눌렀는가에 따라 다른 효과가 발동되며, 소비되는 충전의 양 또한 달라집니다. 이 내용은 아래 힘의 입방체 표에 나와 있습니다. 해당 면의 힘을 발휘하기에 충전량이 부족하다면, 아무 일도 일어나지 않습니다. 충분한 충전량이 있다면 그만큼 힘이 소

비되며, 당신을 중심으로 한 변이 15ft인 정육면체의 투명 방벽이 생겨납니다. 이 투명 방벽은 당신이 움직이면 같이 움직이며 항상 당신을 중앙에 두고 있습니다. 이 방벽은 최대 1분간 지속되며, 그 이전에도 당신이 입방체의 여섯 번째 면을 누르거나 충전을 모두 소비하면 꺼집니다. 당신은 입방체의 다른 면을 눌러서 방벽의 효과를 변경시킬 수 있으며, 이때마다 지정된 양의 충전을 소모하고 지속시간이 갱신됩니다.

만약 당신 스스로가 이동하여 방벽이 방어하고 있는 종류의 물체에 다가가고자 한다면, 방벽으로 인해 가로막혀 그 이상 가까이 갈 수 없게 됩니다.

## 힘의 입방체 표

| 표의 면 | 충전 소비량 | 효과 |
|---|---|---|
| 1 | 1 | 가스, 바람, 안개 등은 방벽에 들어올 수 없음. |
| 2 | 2 | 살아있지 않은 모든 물체가 방벽에 들어올 수 없음. 벽, 복도, 천장 등은 당신의 결정에 따라 예외로 둘 수 있음. |
| 3 | 3 | 살아있는 물체는 방벽에 들어올 수 없음. |
| 4 | 4 | 주문 효과는 방벽을 뚫을 수 없음. |
| 5 | 5 | 아무것도 방벽에 들어올 수 없음. 벽, 복도, 천장 등은 당신의 결정에 따라 예외로 둘 수 있음. |
| 6 | 0 | 방벽이 비활성화됨. |

특정한 주문이나 마법 물건의 효과가 방벽에 맞으면, 방벽의 충전량이 추가로 소모됩니다. 어떤 물건이 얼마나 많은 충전을 소비하는가는 아래 표에 나와 있습니다.

| 주문이나 물건 | 소비되는 충전 |
|---|---|
| 분해Disintegrate | 1d12 |
| 폭발의 뿔피리 | 1d10 |
| 벽통과Passwall | 1d6 |
| 무지개 분사Prismatic Spray | 1d20 |
| 불꽃의 벽Wall of Fire | 1d4 |

## 힘의 진주 PEARL OF POWER

*기타 물건, 비범 등급 (주문시전자에 의해 조율 필요)*

이 진주를 소지하고 있을 때, 당신은 행동을 사용하고 명령어를 말하여 소비한 주문 슬롯 하나를 회복할 수 있습니다. 만약 소비한 슬롯이 4레벨 이상이라면, 그 대신 3레벨 주문 슬롯이 하나 회복됩니다. 이 진주의 기능을 사용했다면, 다음날 새벽이 될 때까지는 다시 같은 기능을 사용할 수 없습니다.

힘의 입방체

# 의식을 지닌 마법 물건

어떤 마법 물건들은 그 자신의 의식과 개성을 지니고 있습니다. 이러한 물건들은 이전 소유자의 영혼이 빙의한 것일 수도 있으며, 창조되었을 때 마법의 힘이 담긴 것일 수도 있습니다. 어느 쪽이든 물건은 그 자신이 캐릭터인 것처럼 말하며, 개인적인 버릇, 이상, 유대, 단점들을 모두 지니고 있습니다. 의식이 있는 물건들은 소유자의 충실한 동료가 되거나 발밑의 가시 같은 존재가 될 것입니다.

의식 있는 물건 대부분은 무기입니다. 다른 종류의 물건들 역시 의식을 지닐 수 있지만, 물약이나 두루마리 같은 소모성 물품들은 의식을 지니지 않습니다.

의식 있는 마법 물건들은 DM의 통제 하에서 NPC처럼 작용합니다. 그 물건의 발동 기능들은 모두 소유자가 아니라 물건의 통제 하에 발동하는 것입니다. 물건의 소유자가 물건과 좋은 관계를 유지하고 있다면, 소유자 역시 평범하게 기능들을 사용할 수 있습니다. 그러나 관계가 꼬이기 시작한다면 물건은 기능들을 억제할 것이며 소유자에 적대하여 기능을 사용할지도 모릅니다.

## 의식 있는 물건 창조하기

당신이 의식을 지닌 마법 물건을 만들기로 했다면, 당신은 먼저 NPC를 만드는 것처럼 물건의 인격을 만들어야 하며, 이는 아래와 같은 예외를 제외하면 NPC를 만드는 규칙을 그대로 따릅니다.

### 능력치

의식을 지닌 마법 물건은 지능, 지혜, 매력 능력치를 지닙니다. 당신은 물건의 능력치를 직접 정하거나 무작위로 정할 수 있습니다. 능력치를 무작위로 정하고자 한다면 4d6을 굴려서 가장 낮은 주사위를 제외하는 방식으로 정하시기 바랍니다.

### 의사소통

의식을 지닌 물건은 의사소통 능력을 지니고 있으며, 이는 감정을 공유한다거나 정신감응을 통해 대화하는 등의 방식으로 이루어집니다. 때로는 물건이 직접 큰 소리로 말할 수도 있습니다. 당신은 직접 의사소통의 수단을 정하거나 무작위로 결정할 수 있습니다.

| d100 | 의사소통 |
|---|---|
| 01–60 | 이 물건은 소유자가 장비하거나 소지할 때 특정한 감정을 방출하여 의사소통을 합니다. |
| 61–90 | 이 물건은 하나 이상의 언어를 말하거나 읽거나 이해할 수 있습니다. |
| 91–00 | 이 물건은 하나 이상의 언어를 말하거나 읽거나 이해할 수 있습니다. 또한 추가로 이 물건은 자신을 소지하거나 소유한 자와 정신감응으로 대화할 수 있습니다. |

### 감각

의식이 있다는 것은 감지능력이 있다는 것입니다. 의식이 있는 물건은 제한된 거리 내에서 주변 환경을 감지할 수 있습니다. 당신은 이 물건이 어떤 감각을 지니고 있는지 직접 정하거나 무작위로 결정할 수 있습니다.

| d4 | 감각 능력 |
|---|---|
| 1 | 30ft 내에서 평범하게 보고 들을 수 있음 |
| 2 | 60ft 내에서 평범하게 보고 들을 수 있음 |
| 3 | 120ft 내에서 평범하게 보고 들을 수 있음. |
| 4 | 120ft 내에서 평범하게 보고 들을 수 있으며 120ft 거리의 암시야를 지님. |

## 성향

의식이 있는 물건은 자신의 성향을 지니고 있습니다. 이 물건의 창조자나 물건의 본성이 성향을 결정합니다. 당신은 또한 직접 성향을 고르거나 아래 표에서 무작위로 결정할 수 있습니다.

| d100 | 성향 | d100 | 성향 |
|------|------|------|------|
| 01-15 | 질서 선 | 74-85 | 혼돈 중립 |
| 16-35 | 중립 선 | 86-89 | 질서 악 |
| 36-50 | 혼돈 선 | 90-96 | 중립 악 |
| 51-63 | 질서 중립 | 97-00 | 혼돈 악 |
| 64-73 | 중립 | | |

## 개성

당신은 제4장에서 설명된 NPC 제작법에 따라서 의식을 지닌 물건이 어떤 버릇이나 개성을 지녔는가, 이상은 무엇이며 어떤 유대와 단점을 가지고 있는가를 결정할 수 있습니다. 당신은 또한 이 장의 앞부분에서 설명한대로 어떤 "특별한 기능"이 있는가도 정할 수 있습니다.

만약 당신이 이러한 개성들을 무작위로 정하고자 한다면, 움직이지 못하는 물체가 지니지 못할 법한 결과를 무시하십시오. 마음에 들지 않는 결과가 나온다면 얼마든지 다시 주사위를 굴릴 수 있습니다.

## 특별한 목적

당신은 의식을 지닌 물건에게 그 자신만이 추구하는 목적을 줄 수 있습니다. 소유자가 마법 물건의 목적에 부합하는 행동을 하는 한, 이 물건은 협조적으로 행동할 것입니다. 목적에 어긋나기 시작하면 소유자와 물건 사이의 갈등이 시작될 수 있으며, 그 결과 마법 물건은 기능을 사용하길 거부할 수도 있습니다. 당신은 특별한 목적을 직접 정하거나 아래 표에서 무작위로 정할 수 있습니다.

| d10 | 목적 |
|-----|------|
| 1 | *성향:* 이 물건은 자신과 반대되는 성향을 지닌 모든 것의 파멸과 패배를 바랍니다. (중립적인 성향은 지닐 수 없는 목적입니다.) |
| 2 | *퇴치:* 이 물건은 악마, 변신자, 트롤, 위저드, 드래곤 등 특정한 종류의 크리쳐들을 모두 패배시키거나 파괴하길 원합니다. |
| 3 | *보호:* 이 물건은 엘프들이나 드루이드 등 특정한 종족이나 특정 종류의 크리쳐를 보호하려 합니다. |
| 4 | *성전:* 이 물건은 특정한 신의 하수인들을 모두 약화시키거나 패배시키길 바라며, 가능한 한 파괴하려 합니다. |
| 5 | *수호:* 이 물건은 특정한 신의 하수인들을 수호하고 그 신의 목적에 맞게 행동하길 바랍니다. |
| 6 | *파괴:* 이 물건은 소유자가 끝없이 싸움에 뛰어들어 파괴와 살육을 저지르길 바랍니다. |
| 7 | *영광:* 이 물건은 세상에서 가장 위대한 마법 물건으로 알려지길 바라며, 소유자가 더욱 유명해지거나 악명을 떨치길 바랍니다. |
| 8 | *전승:* 이 물건은 어떤 수수께끼나 신비를 풀기 위해, 아니면 비밀을 알아내기 위해 지식을 원합니다. |
| 9 | *운명:* 이 물건은 소유자가 다가오는 미래의 사건에서 어떤 핵심적인 역할을 수행하길 바랍니다. |
| 10 | *회귀:* 이 물건은 자신의 창조자를 찾길 바라며, 찾아내서 왜 자신을 창조하였는지 묻고자 합니다. |

## 갈등

의식을 지닌 마법 물건은 그 자체의 의지를 지니고 있으며 개성과 성향을 지니고 있습니다. 만약 물건의 소유자가 물건의 성향이나 목적에 반대되는 행동을 했다면 갈등이 일어날 수 있습니다. 갈등이 생겨나면, 물건은 소유자의 매력 판정과 대결하여 매력 판정을 행할 것입니다. 만약 물건이 대결 판정에서 승리한다면, 물건은 아래와 같은 요구들을 해 올 것입니다.

- 가능한 한 언제나 자신을 장비하거나 사용하라고 요구할 수도 있습니다.
- 물건이 보기에 마뜩잖은 것들을 버리라고 요구할 수 있습니다.
- 다른 모든 목적을 제쳐놓고 물건 자신이 지닌 목적을 우선하라고 요구할 수도 있습니다.
- 물건 자신을 다른 누군가에게 넘기라고 요구할 수도 있습니다.

만약 소유자가 물건의 바람을 거절한다면, 물건은 아래와 같은 일들을 저지를 수 있습니다.

- 물건과의 조율을 거부하거나 불가능하게 합니다.
- 자신의 기능 중 일부 혹은 전부를 억제합니다.
- 소유자를 통제하려 시도할 수 있습니다.

물건이 자신의 소유자를 통제하려 시도하게 되면, 소유자는 매력 내성 굴림을 굴려야 합니다. 이때 내성 굴림의 DC는 12 + 물건의 매력 수정치와 같습니다. 이 내성에 실패하게 되면 소유자는 이후 1d12시간 동안 물건에 매혹당한 상태가 됩니다. 매혹당한 상태에서 소유자는 물건의 모든 요구를 그대로 따르려 들 것입니다. 매혹당한 상태에서 소유자가 피해를 받을 때마다 다시 내성굴림을 시도할 수 있으며, 성공하게 되면 매혹 상태가 종료됩니다. 소유자에 대한 매혹이 성공했든 실패했든, 한번 매혹 시도를 한 물건은 다음날 새벽까지 같은 시도를 할 수 없습니다.

## 의식을 지닌 물건 예시

여기 아래 쓰인 의식을 지닌 무기들은 그 나름의 역사를 지니고 있는 것들입니다.

### 검은 서슬 Blackrazor

*무기 (그레이트소드), 전설 등급 (질서적이지 않은 소유자의 조율 필요)*

하얀 깃털 산의 던전 속에 숨겨져 있던 검은 서슬은 마치 별이 빛나는 밤하늘을 벼려 놓은 것처럼 빛나는 칼날을 지니고 있습니다. 이 무기의 검은 칼집은 흑요석을 깎아내어 만든 것입니다.

당신은 이 마법 무기를 이용해 공격할 때 명중과 피해에 +3 보너스를 받을 수 있습니다. 이 무기는 아래와 같은 추가적인 기능들을 지니고 있습니다.

**영혼 포식.** 당신이 이 무기를 사용해 목표의 hp를 0 이하로 깎게 되면, 검은 목표를 죽이고 그 영혼을 포식합니다. 단 구조물이나 언데드는 이 효과에 면역입니다. *검은 서슬*에 영혼이 잡아 먹히면 오직 소원*Wish* 주문을 사용해야만 부활할 수 있습니다.

영혼을 포식할 때, *검은 서슬*은 당신에게 살해당한 목표의 최대 hp와 같은 임시 hp를 제공합니다. 이 임시 hp는 24시간이 지나면 사라집니다. 당신이 *검은 서슬*을 손에 들고 있는 동안 임시 hp가 1점이라도 남아 있다면, 당신은 모든 명중 굴림과 내성 굴림, 능력 판정에 이점을 얻을 수 있습니다.

만약 당신이 이 무기로 언데드를 공격했다면, 당신은 1d10점의 사령 피해를 입고 언데드 목표는 1d10점의 hp를 회복합니다. 만약 이 사령 피해로 인해 당신의 hp가 0 이하로 내려갔다면, *검은 서슬*은 당신의 영혼을 포식할 것입니다.

**영혼 사냥꾼.** 이 무기를 들고 있는 동안, 당신은 60ft 이내의 초소형 이상 크기를 지닌 모든 크리쳐의 존재를 알아챌 수 있습니다. 단, 이 구조물이나 언데드는 이 효과에서 예외입니다. 또한 당신은 매혹되거나 공포 상태가 되지 않습니다.

*검은 서슬*은 하루 한 번 당신에게 *가속Haste* 주문을 시전할 수 있습니다. 언제 주문을 시전할지는 자신이 결정하며, 당신은 주문에 정신을 집중할 필요가 없습니다.

*의식.* *검은 서슬*은 혼돈 중립 성향을 지니고 있으며 지능 17, 지혜 10, 매력 19의 능력치를 지니고 있습니다. *검은 서슬*은 120ft 범위 내의 소리를 들을 수 있고 암시야를 지니고 있습니다.

이 무기는 공용어를 말하고 읽고 이해할 수 있으며, 소유자와 정신감응으로 의사소통 할 수 있습니다. 이 무기는 깊고 울리는 목소리를 지니고 있습니다. 당신이 무기와 조율되어 있는 동안, *검은 서슬*은 당신이 사용하는 모든 언어를 이해할 것입니다.

*개성.* *검은 서슬*은 지배적이고 웅장한 투로 이야기하며, 숭배받는 것에 익숙한 듯 합니다.

이 검의 목적은 영혼을 먹어 치우는 것입니다. 이 검은 먹어 치울 수만 있다면 어떤 영혼이든 상관하지 않으며, 소유자 본인의 것도 먹을 수 있다면 먹어 치울 것입니다. 이 검은 모든 물질과 에너지가 부정적 에너지의 허무에서 나왔으며, 언젠가 다시 그렇게 돌아가리라 믿고 있습니다. *검은 서슬*은 그 과정을 빨리 이룩하고자 합니다.

허무주의에 빠져있긴 하지만, *검은 서슬*은 하얀 깃털 산에 잠들어 있던 다른 두 개의 마법 무기인 *파도*와 *압도*에 기이한 친밀함을 느끼고 있습니다. *압도*가 지닌 생각에 대해서는 절대 동의하지 않고 *파도*는 지루한 녀석이라고 생각하지만, *검은 서슬*은 언젠가 다시 셋이 함께 모여 전투를 벌이게 되면 좋으리라고 생각합니다.

영혼에 대한 *검은 서슬*의 굶주림은 주기적으로 채워 주어야만 합니다. 만약 검이 3일 이상 영혼을 먹지 못한다면, 다음날 일몰 시점에 소유자와의 갈등이 시작될 것입니다.

## 달의 검 MOONBLADE

*무기 (롱소드), 전설 등급 (중립 선 성향의 엘프 혹은 하프 엘프에 의해 조율 필요)*

엘프들이 창조한 모든 마법 물건 중 가장 높이 치며 가장 열정적으로 지켜지는 것 중 하나가 바로 달의 검입니다. 고대에는 엘프 귀족 가문마다 이러한 검이 하나씩 있었다고 전해집니다. 기나긴 세월이 지나는 동안 몇 자루는 세상에서 사라졌으며, 가문의 대가 끊기는 사이 마법의 힘을 잃은 것도 있습니다. 몇 자루는 그 소유자가 위대한 사명을 추구하던 중 영영 사라져 버렸습니다. 그러므로 여전히 남아 있는 검은 얼마 남지 않았습니다.

달의 검은 부모가 아이에게로 전해주며 이어집니다. 이 검은 그 소유자를 선택하며, 소유자와 평생을 함께합니다. 만약 소유자가 죽으면, 다른 후계자가 검의 소유권을 얻게 됩니다. 만약 가치 있는 후계자가 더는 존재하지 않는다면, 검은 자신을 사용할 만한 영혼을 지닌 자가 다시 손에 들기 전까지 깊은 잠에 빠집니다. 이렇게 잠에 빠진 검은 그냥 평범한 롱소드처럼 보일 뿐입니다.

달의 검은 오직 한 명의 주인만을 섬깁니다. 조율 과정은 엘프 섭정의 왕좌가 있는 알현실에서 이루어지는 특별한 의식을 통해 치르거나, 엘프 신들에게 바쳐진 신전에서 이루어져야 합니다.

달의 검은 탐욕스럽거나 산만한 사람 혹은 타락하였거나 엘프의 보호나 번영에는 무관심한 자를 절대 섬기지 않습니다. 만약 검이 당신을 거부하였다면, 당신은 이후 24시간 동안 모든 능력 판정, 명중 굴림, 내성 굴림에 불리점을 얻게 됩니다. 만약 검이 당신을 받아들였다면, 당신은 검에 조율하게 되며 칼날에는 새로운 룬 문자가 드러납니다. 당신은 목숨을 잃거나 무기가 파괴될 때까지 조율 상태를 유지할 수 있습니다.

달의 검은 지금껏 섬긴 주인의 수 만큼 칼날에 룬이 새겨져 있습니다. (대체로 1d6+1개의 룬이 있습니다.) 첫 번째 룬은 항상 이 무기를 사용하여 공격할 때 명중과 피해에 +1 보너스를 주는 룬입니다. 이후 새겨지는 룬은 달의 검에 각각 다른 추가적 기능을 부여합니다. DM은 각각의 룬이 어떤 기능을 부여하는가 직접 정하거나, 아래 달의 검 기능 표에서 무작위로 정할 수 있습니다.

## 달의 검 기능

| d100 | 기능 |
|---|---|
| 01–40 | 명중과 피해 보너스가 +1씩 증가하며, 최대 +3까지 증가합니다. *달의 검*이 이미 +3 보너스를 지니고 있다면 이 결과를 무시하고 다시 주사위를 굴립니다. |
| 41–80 | *달의 검*은 무작위로 정해진 사소한 특징을 지닙니다. (이 장의 앞부분에 나온 "사소한 특징" 부분을 참조하십시오) |
| 81–82 | *달의 검*은 교묘함 속성을 지닙니다. |
| 83–84 | *달의 검*은 투척 가능 속성을 지닙니다. (사거리 20/60ft) |
| 85–86 | *달의 검*은 수호자 마법검으로 기능합니다. |
| 87–90 | *달의 검*은 19-20에 치명타를 가할 수 있습니다. |
| 91–92 | 당신이 *달의 검*을 사용해 공격을 가해 명중시키면, 해당 공격은 추가로 1d6점의 참격 피해를 가합니다. |
| 93–94 | 당신이 특정한 종류(드래곤, 악마, 언데드)의 적을 *달의 검*으로 명중시키면, 그 목표는 산성/냉기/화염/번개/천둥 중 하나의 속성으로 1d6점의 추가 피해를 입습니다. |
| 95–96 | 당신은 추가 행동을 사용해 *달의 검*에서 강렬한 섬광이 나오게 할 수 있습니다. 30ft 내에서 당신을 볼 수 있는 모든 대상은 DC 15의 건강 내성을 굴려야 하며, 실패할 시 1분간 장님 상태가 됩니다. 장님 상태에서는 매번 자신의 턴이 끝날 때마다 다시 내성을 굴릴 수 있으며, 성공 시에는 장님 상태에서 벗어날 수 있습니다. 이 기능은 한번 사용하면 짧은 휴식을 취하기 전까지는 다시 사용할 수 없습니다. |
| 97–98 | *달의 검*은 *주문 저장의 반지(Ring of Spell Storing)*로 기능합니다. |
| 99 | 당신은 행동을 사용해 *엘프그림자(Elfshadow)*를 불러낼 수 있습니다. 이 엘프그림자는 동시에 하나만 불러낼 수 있으며, 당신으로부터 120ft 내의 빈 공간에 나타납니다. 엘프그림자는 몬스터 매뉴얼(Monster Manual)의 **섀도우**와 같은 게임 능력치를 지니지만, 성향이 중립적이며 언데드 퇴치에 면역을 지니고 있고, 새로운 섀도우를 만들어내지 않는다는 점이 다릅니다. 당신은 엘프그림자를 조종할 수 있으며, 어떻게 움직이고 행동할 지 징할 수 있습니다. 엘프그림자는 hp가 0으로 떨어지거나 행동을 사용해 돌려보낼 때까지 그대로 유지됩니다. |
| 00 | *달의 검*은 *보팔 검(Vorpal Sword)*으로 기능합니다. |

*의식.* 달의 검은 중립 선 성향을 지닌 마법 무기로, 지능 12, 지혜 10, 매력 12를 지니고 있습니다. 이 검은 120ft 내의 암시야를 지니고 있으며 듣는 것 역시 가능합니다.

이 검은 감정을 방출하여 의사소통을 하며, 소유자의 손에 쥐어져 있을 때 무언가 전하고자 하는게 있다면 찌릿한 느낌을 보냅니다. 또한 이 검은 소유자가 망아 상태에 있거나 자고 있을 때 환영이나 꿈을 통해서도 의사소통을 합니다.

*개성.* 달의 검들은 모두 엘프의 발전과 엘프들의 이상을 추구합니다. 용기, 충성, 아름다움, 음악, 생명 같은 것들이 이러한 목표의 일부가 될 것입니다.

이 검은 자신이 섬기고자 하는 가문과 연결되어 있습니다. 검이 자신의 이상을 공유하는 소유자의 손에 들어갔을 때, 검의 충성심은 절대적인 것이 됩니다.

만약 달의 검에게도 단점이 있다면, 그것은 바로 자만심일 것입니다. 일단 검이 자신의 소유자를 정하고 나면, 검은 오직 그 사람만이 자신을 소유하기에 적합하다고 생각하게 됩니다. 이 생각은 소유자가 가끔 엘프의 이상에서 어긋난 일을 벌여도 변함이 없습니다.

## 파도 Wave
*무기(트라이던트), 전설 등급 (바다의 신을 섬기는 소유자에 의해 조율 필요)*

하얀 깃털 산의 던전 속에 숨겨져 있던 이 트라이던트는 파도와 조개, 여러 바다 생물의 그림이 아로새겨져 있습니다. 당신이 바다의 신을 섬겨야 이 무기와 조율할 수 있긴 하지만, *파도*는 새로운 개종자 역시 기쁜 마음으로 받아들여 줄 것입니다.

당신은 이 마법 무기로 공격할 때 명중과 피해에 +3 보너스를 받을 수 있습니다. 당신이 이 무기로 치명타를 가하면, 목표는 자신의 최대 hp 절반만큼 사령 피해를 입게 됩니다.

이 무기는 또한 *어류 조종의 삼지창*으로서도 기능하며, 동시에 *경고의 무기*로서의 기능도 지니고 있습니다. 이 무기는 들고 있을 때 *수중 호흡의 모자*로서 기능하기도 하며, 특별히 어떤 면을 누르지 않고도 *힘의 입방체*로서 다양한 효과를 발휘할 수 있습니다.

*의식.* 파도는 중립 성향을 지니고 있으며, 지능 14, 지혜 10, 매력 18을 지니고 있습니다. 이 무기는 120ft까지 들을 수 있으며 암시야를 지니고 있습니다.

이 무기는 소유자와 정신감응으로 대화할 수 있으며, 수중어를 말하고 읽고 이해할 수 있습니다. 또한 이 무기는 *동물과의 대화 Speak with Animals* 주문을 사용한 것처럼 수중 동물들과 대화할 수 있으며, 이후 정신감응을 통해 소유자에게 대화 내용을 알려줄 것입니다.

*개성.* 파도는 불안해지면 바다의 찬가나 바다의 신들을 위한 찬송을 계속 흥얼거리는 버릇이 있습니다.

*파도*는 필멸자들을 개종하여 바다의 신들에 대한 신도로 만들고자 하는 끝없는 열정을 지니고 있으며, 불신자들에게 죽음을 내리려고 합니다. 만약 소유자가 이 무기의 목적에 부합하지 않는 행동을 한다면 갈등이 일어나게 될 것입니다.

*파도*는 자신이 만들어진 천둥대장간이라는 외딴 섬에 향수를 느끼고 있습니다. 그 섬에는 바다의 신 하나가 폭풍 거인 가족들을 감금해 두고 있으며, 이 가족은 바다의 신에 대한 복종의 마음-혹은 반항의 마음-을 담아 *파도*를 만들었다고 알려져 있습니다.

*파도*는 그 자신의 본성과 목적에 대해 남몰래 의심을 품기도 합니다. 바다의 신에게 그처럼 헌신하면서도, *파도*는 자신이 어떤 특정한 해신의 몰락을 의도하고 만들어진 게 아닌가 하는 두려움을 지니고 있습니다. 이 운명은 *파도* 그 자신의 힘으로 바꾸지 못하는 것일 수도 있습니다.

## 압도 Whelm
*무기(워해머), 전설 등급 (드워프에 의해 조율 필요)*

압도는 드워프들에 의해 만들어진 강력한 워해머로, 하얀 깃털 산의 던전 속 어딘가에 잠들어 있습니다.

당신은 이 마법무기로 공격할 때 명중과 피해에 +3 보너스를 받을 수 있습니다. 당신이 처음 압도를 이용해 명중 굴림을 굴린 다음 날 새벽부터, 당신은 야외로 나가는 것에 대한 막연한 두려움을 느끼게 됩니다. 이 두려움은 압도와 조율되어 있는 동안 계속 느끼게 되며, 이는 낮 동안 야외에 있을 때, 당신은 자신의 모든 능력 판정과 내성 굴림, 명중 굴림에 불리점을 받기 때문입니다.

*투척 무기.* 압도는 투척 속성을 지니고 있으며, 20ft까지는 보통 거리로, 60ft까지는 원거리로 투척할 수 있습니다. 당신이 이 무기를 사용해 장거리 공격을 가해 명중시키면, 목표는 추가로 1d8점의 타격 피해를 입습니다. 만약 목표가 거인이라면 이 피해는 2d8로 증가합니다. 당신이 이 무기를 던질 때마다, 무기는 자동으로 당신의 손으로 날아돌아옵니다. 만약 당신의 손이 비어있지 않다면, 무기는 당신 발치에 떨어질 것입니다.

*충격파.* 당신은 행동을 사용하여 압도를 땅에 내려찍으며 충격파를 발생시킬 수 있습니다. 60ft 이내에서 당신이 선택하는 모든 크리쳐는 DC 15의 건강 내성을 굴려야 하며, 실패할 시 1분간 충격 상태에 빠집니다. 충격 상태인 크리쳐는 자신의 턴이 끝날 때마다 다시 내성을 굴릴 수 있으며, 성공시 충격 상태에서 벗어납니다. 한번 이 기능을 사용하였다면 다음 날 새벽까지 다시 사용할 수 없습니다.

*초자연적 감지.* 당신이 이 무기를 들고 있을 때, 당신은 주변 30ft 내의 비밀문이나 가려진 문의 존재를 바로 알아차릴 수 있습니다. 또한, 당신은 행동을 사용하여 *악과 선 탐지Detect Evil and Good*나 *물체 위치파악Locate Object* 주문을 시전할 수 있습니다. 어느 쪽이든 주문을 사용했다면, 다음날 새벽이 올 때까지는 다시 주문을 사용할 수 없습니다.

*의식.* 압도는 의식을 지닌 질서 중립 성향의 무기로, 지능 15, 지혜 12, 매력 15를 지니고 있습니다. 이 무기는 120ft 범위의 소리를 들을 수 있으며 암시야를 지니고 있습니다.

이 무기는 소유자와 정신감응으로 의사소통할 수 있으며, 드워프어와 거인어, 고블린어를 말하거나 읽고 이해할 수 있습니다. 전투에 들어서면 드워프어로 전투 함성을 내지릅니다.

*개성.* 압도의 목적은 거인들과 고블린족을 죽여 없애는 것입니다. 또한 이 무기는 드워프들의 적과 맞서고 이들을 보호하고자 합니다. 소유자가 고블린이나 거인들을 파괴하는데 실패하거나 드워프들을 보호하려 들지 않으면 갈등이 일어날 것입니다.

압도는 자신을 만들어낸 드워프 씨족에 깊은 연관을 지니고 있으며, 이 씨족의 이름은 단킬 혹은 강한 망치 씨족이라고 알려져 있습니다. 이 망치는 씨족으로 돌아가고 싶어 하며, 씨족의 드워프들을 보호하기 위해서는 무엇이라도 할 것입니다.

이 망치는 또한 비밀스러운 수치심을 품고 있기도 합니다. 오래전, 크텐미르라는 이름의 드워프가 압도를 들고 용맹스레 사용했었습니다. 그러나 크텐미르는 뱀파이어가 되고 말았습니다. 크텐미르의 의지는 강력했기에 압도를 사용해 자신의 악한 목적에 복종시켰고, 심지어 자기 씨족의 일원들을 살해하기도 하였습니다. 압도는 그때의 일을 몹시 부끄러워합니다.

# 유물 ARTIFACTS

유물은 무시무시한 힘을 지닌 독특한 마법 물건들을 지칭하는 말이며, 이러한 것들은 모두 그 나름의 기원과 역사를 지니고 있습니다. 유물은 신의 힘에 의해 만들어졌거나, 엄청난 힘을 지닌 필멸자의 창조물입니다. 유물은 왕국이나 세계, 어쩌면 멀티버스 전체가 위기에 빠졌을 때 창조된 것일 수도 있으며, 역사의 운명을 바꾼 순간의 무게를 지고 있기도 합니다.

어떤 유물들은 그것들을 가장 필요로 할 때 나타난다고 알려져 있습니다. 또 어떤 것들은 정반대이기도 합니다. 유물이 발견되었다는 사실이 알려지면 그 여파는 세상을 뒤흔들 것입니다. 어떤 경우든 간에, 캠페인에 유물을 사용하기 전에는 반드시 먼저 생각해 보아야 할 것입니다. 유물은 반대편에서 차지하고자 하는 것일 수도 있으며, 모험자들이 가장 거대한 도전을 극복하는데 필요한 물건일 수도 있습니다.

유물은 보통 모험 도중에 그냥 발견되거나 하지 않습니다. 사실, 유물들은 오직 당신이 원할 때만 나타나며, 마법 물건이라기보다 이야기 진행의 일환으로서 등장합니다. 유물의 위치를 파악하고 발견해 나가는 과정은 대개 모험 전체의 목적이 되곤 합니다. 캐릭터들은 여러 가지 소문을 듣고 중대한 시험을 거치며 위험하고 잊혀진 장소에서 유물을 찾아 나서야 합니다. 어쩌면 이야기의 주된 악역이 이미 유물을 지니고 있을 수도 있습니다. 이때는 유물의 힘이 악한 목적에 사용되는 걸 막기 위한 유일한 방법이 이 유물을 획득하여 파괴하는 것일 수도 있습니다.

## 유물의 기능

각각의 유물은 평범한 마법 물건처럼 그 자신만의 마법적인 기능이 있으며, 그 기능들은 대개 엄청나게 강력합니다. 유물은 또한 이롭거나 해로운 효과를 발휘하는 부가적인 기능들도 지니고 있습니다. 당신은 이 부분에 등장하는 표들에서 유물의 이롭고 해로운 기능들을 선택하거나 무작위로 정할 수 있습니다. 또한 당신은 표에 등장하지 않더라도 새로운 기능을 추가해 사용할 수 있습니다. 이러한 추가적 기능들은 유물이 세상에 모습을 드러낼 때마다 바뀌곤 합니다.

유물은 4개의 하급 이로운 기능과 2개의 상급 이로운 기능을 지닐 수 있습니다. 또한 마찬가지로 4개의 하급 해로운 기능과 2개의 상급 해로운 기능을 지닐 수 있습니다.

### 하급 이로운 기능

| d100 | 기능 |
|---|---|
| 01–20 | 유물에 조율해 있는 동안, 당신은 DM이 선택한 한 가지 기술에 대해 숙련을 얻습니다. |
| 21–30 | 유물에 조율해 있는 동안, 당신은 모든 질병에 면역이 됩니다. |
| 31–40 | 유물에 조율해 있는 동안 당신은 매혹 상태와 공포 상태가 되지 않습니다. |
| 41–50 | 유물에 조율해 있는 동안, 당신은 DM이 정한 한 종류의 피해에 대해 저항을 얻게 됩니다. |
| 51–60 | 유물에 조율해 있는 동안, 당신은 행동을 사용해 DM이 지정한 한 가지 소마법을 사용할 수 있습니다. |
| 61–70 | 유물에 조율해 있는 동안, 당신은 행동을 사용하여 1레벨 주문 한 가지를 시전할 수 있습니다. (주문은 DM이 선택합니다.) 주문을 시전하고 나면 1d6을 굴립니다. 1-5가 나오면 다음날 새벽까지 다시 주문을 사용할 수 없습니다. |
| 71–80 | 61-70과 같지만, 주문은 2레벨 주문이 됩니다. |
| 81–90 | 61-70과 같지만, 주문은 3레벨 주문이 됩니다. |
| 91–00 | 유물에 조율해 있는 동안, 당신은 AC에 +1 보너스를 받을 수 있습니다. |

### 상급 이로운 기능

| d100 | 기능 |
|---|---|
| 01–20 | 유물에 조율해 있는 동안, 당신의 능력치 중 하나가 2점 증가합니다. 증가되는 능력치는 DM이 결정하며, 최대 24까지 증가할 수 있습니다. |
| 21–30 | 유물에 조율해 있는 동안, 당신은 매 턴 시작할 때마다 1d6점의 hp를 회복합니다. 이 효과는 당신에게 최소 1hp이상이 남아 있어야 합니다. |
| 31–40 | 당신이 유물에 조율해 있는 동안 무기로 공격을 하게 되면, 명중한 목표는 무기가 가하는 종류의 피해를 추가로 1d6점 더 입게 됩니다. |
| 41–50 | 유물에 조율해 있는 동안, 당신의 걷는 이동 속도는 10ft 증가합니다. |
| 51–60 | 유물에 조율해 있는 동안, 당신은 행동을 사용해 4레벨 주문 한 가지를 시전할 수 있습니다. (주문은 DM이 결정합니다.) 주문을 시전하고 나면 1d6을 굴립니다. 1-5가 나오면 다음 날 새벽까지 다시 주문을 사용할 수 없습니다. |
| 61–70 | 51-60과 같지만, 주문은 5레벨 주문이 됩니다. |
| 71–80 | 51-60과 같지만, 주문은 6레벨 주문이 됩니다. |
| 81–90 | 51-60과 같지만, 주문은 7레벨 주문이 됩니다. |
| 91–00 | 유물에 조율해 있는 동안, 당신은 장님 상태, 귀머거리 상태, 석화 혹은 충격 상태가 되지 않습니다. |

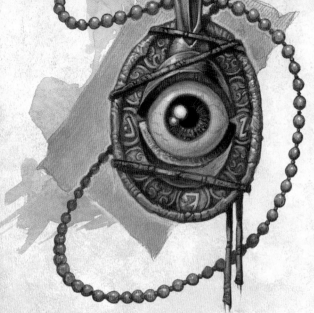

## 상급 해로운 기능

| d100 | 기능 |
| --- | --- |
| 01–05 | 유물에 조율해 있는 동안, 당신의 몸은 4일간 천천히 썩어가며, 4일이 지나면 썩는 과정이 종료됩니다. 이렇게 썩어가는 기간 동안, 1일째에는 당신의 모든 털이 다 빠지며, 2일째에는 손가락 끝과 발가락 끝이 떨어져 나가고, 3일째에는 입술과 코가 사라지며, 4일째에는 귀가 떨어져 나갑니다. *재생 Regenerate* 주문을 시전하면 이 잃어버린 신체 부위를 다시 회복할 수 있습니다. |
| 06–10 | 유물에 조율해 있는 동안, 당신은 매일 새벽 d6 주사위를 2번 굴려 자신의 성향이 변경됩니다. 첫번째 d6에서 1-2는 질서, 3-4는 중립, 5-6은 혼돈이 되며, 두번째 d6에서 1-2는 선, 3-4는 중립, 5-6은 악이 됩니다. |
| 11–15 | 당신이 처음 유물과 조율하려 할 때, 유물은 DM이 지정한 일종의 사명을 부여합니다. 당신은 마치 *사명 부여Geas* 주문에 걸린 것처럼 이 사명을 완수해야 합니다. 일단 사명을 완수하고 나면, 당신은 더는 이 기능에 영향을 받지 않습니다. |
| 16–20 | 유물은 당신을 적대적으로 대하는, 신체가 없는 생명력 덩어리를 만들어 냅니다. 매번 당신이 행동을 사용해 유물의 기능 중 하나를 사용하려 할 때마다, 50%의 확률로 생명력이 유물을 떠나 당신의 몸에 들어오려 할 수 있습니다. 만약 당신이 DC 20의 매력 내성에 실패한다면 당신의 몸에 유물의 힘이 빙의한 것입니다. 이 경우, 당신은 DM이 통제하는 NPC가 되며, *악과 선 퇴치Dispel Evil and Good*주문 등으로 퇴치해야만 도로 몸의 통제권을 찾을 수 있습니다. |
| 21–25 | 도전지수가 0인 크리쳐들은 유물 주변 10ft 이내로 다가오면 자동으로 hp가 0으로 떨어집니다. 또한 식물 등과 같이 크리쳐가 아닌 것들도 마찬가지입니다. |
| 26–30 | 유물속에는 **데스 슬라드** (*몬스터 매뉴얼Monster Manual*을 참조하십시오)가 감금되어 있습니다. 매번 당신이 행동을 사용하여 유물의 기능 중 하나를 사용하려 할 때마다, 10%의 확률로 이 슬라드가 탈출할 수 있습니다. 탈출한 슬라드는 15ft 내에 나타나며 당신을 공격합니다. |
| 31–35 | 유물에 조율해 있는 동안, 인간형을 제외한 특정한 유형의 크리쳐들이 당신에게 적대적 태도를 갖게 됩니다. 어떤 크리쳐들인가는 DM의 결정에 따릅니다. |
| 36–40 | 유물은 10ft 이내의 모든 마법 물약의 힘을 없애버리고 비마법적인 것으로 바꾸어 버립니다. |
| 41–45 | 유물은 10ft 이내의 모든 마법 두루마리의 힘을 없애버리고 비마법적인 것으로 바꾸어 버립니다. |
| 46–50 | 행동을 사용하여 유물의 기능 중 한 가지를 발동시키려면, 당신은 그 전에 먼저 추가 행동으로 피를 내어야 합니다. 이는 당신의 피가 될 수도 있고, 당신이 닿는 거리 내의 자발적인 대상이나 행동불능인 대상에게 참격이나 관통 무기를 사용해 피를 얻어낼 수도 있습니다. 피를 희생한 대상은 1d4점의 피해를 입습니다. |
| 51–60 | 유물에 조율해 있는 동안, 당신은 한 가지의 장기적 광기를 얻습니다. (제 8장의 "게임 진행하기"를 참조하십시오.) |
| 61–65 | 유물에 조율하는 순간, 당신은 4d10점의 정신 피해를 입게 됩니다. |
| 66–70 | 유물에 조율하는 순간, 당신은 8d10점의 정신 피해를 입게 됩니다. |
| 71–75 | 유물에 조율하려면, 당신은 먼저 자신과 같은 성향의 크리쳐 하나를 죽여야만 합니다. |

## 하급 해로운 기능

| d100 | 기능 |
| --- | --- |
| 01–05 | 유물에 조율해 있는 동안, 당신은 주문에 대한 내성 굴림에 불리점을 받게 됩니다. |
| 06–10 | 당신이 유물에 조율하고 있는 상태에서 처음 보석이나 장신구류를 만지게 될 때, 그 보석이나 장신구의 값어치는 절반으로 떨어집니다. |
| 11–15 | 유물에 조율해 있는 동안, 당신은 유물로부터 10ft 이상 떨어지면 장님 상태가 됩니다. |
| 16–20 | 유물에 조율해 있는 동안, 당신은 독에 대한 내성 굴림에 불리점을 받게 됩니다. |
| 21–30 | 유물에 조율해 있는 동안, 당신은 10ft 내에 계속해서 시큼하고 역겨운 냄새를 풍기게 됩니다. |
| 31–35 | 유물에 조율해 있는 동안, 당신 주변 10ft 내에 존재하는 모든 성수는 파괴되어 버립니다. |
| 36–40 | 유물에 조율해 있는 동안, 당신은 물리적으로 아픈 상태가 되며 근력이나 건강을 사용하는 모든 내성 굴림이나 능력 판정에 불리점을 받게 됩니다. |
| 41–45 | 유물에 조율해 있는 동안, 당신의 체중은 1d4 × 10lbs 증가합니다. |
| 46–50 | 유물에 조율해 있는 동안, 당신의 외모는 DM이 결정한 대로 변화합니다. |
| 51–55 | 유물에 조율해 있는 동안, 당신은 유물로부터 10ft 이상 떨어지면 귀머거리 상태가 됩니다. |
| 56–60 | 유물에 조율해 있는 동안, 당신의 체중은 1d4 × 5lbs 줄어듭니다. |
| 61–65 | 유물에 조율해 있는 동안, 당신의 후각은 마비됩니다. |
| 66–70 | 유물에 조율해 있는 동안, 당신 주변 30ft 내의 모든 비마법적인 불은 자동으로 꺼지게 됩니다. |
| 71–80 | 유물에 조율해 있는 동안, 당신 주변 300ft 내에서는 어느 누구도 짧은 휴식이나 긴 휴식을 취할 수 없게 됩니다. |
| 81–85 | 유물에 조율해 있는 동안, 당신은 크리쳐가 아닌 살아있는 나무를 만질 때마다 1d6점의 사령 피해를 받습니다. |
| 86–90 | 유물에 조율해 있는 동안, 당신으로부터 30ft 내에 다가온 모든 동물들은 적대적 태도를 취하게 됩니다. |
| 91–95 | 유물에 조율해 있는 동안, 당신은 매일 보통 먹는 양의 6배를 먹고 마셔야만 합니다. |
| 96–00 | 유물에 조율해 있는 동안, 당신의 배경 단점은 DM이 결정하는 방식대로 더욱 강력하게 증폭됩니다. |

| d100 | 기능 |
|---|---|
| 76–80 | 처음 유물에 조율할 때, 당신은 무작위로 능력치 중 하나가 2점 감소하게 됩니다. *상급 회복Greater Restoration* 주문을 사용하면 이렇게 감소한 능력치를 원래대로 되돌릴 수 있습니다. |
| 81–85 | 당신이 유물에 조율하려 할 때마다, 당신은 3d10살 씩 나이를 먹게 됩니다. 당신은 DC 10의 건강 내성을 굴려야 하며, 실패할 시 충격으로 죽습니다. 만약 당신이 이렇게 죽게 되면, 당신은 즉시 **와이트**로 변하게 되며, (몬스터 매뉴얼을 참조하십시오.) DM의 통제 하에 유물을 지키려 들 것입니다. |
| 86–90 | 유물에 조율해 있는 동안, 당신은 말하는 능력을 잃어버리게 됩니다. |
| 91–95 | 유물에 조율해 있는 동안, 당신은 모든 종류의 피해에 취약해집니다. |
| 96–00 | 당신이 유물에 조율할 때, 10%의 확률로 신의 관심을 끌게 되어 화신을 보내 당신과 유물을 두고 겨루게 될 수 있습니다. 이 화신은 자신의 창조자와 같은 성향을 지녔으며, **엠피리언**(몬스터 매뉴얼(Monster Manual)을 참조하십시오)의 게임 능력치를 지니고 있습니다. 일단 유물을 차지하는데 성공하면, 이 화신은 사라집니다. |

## 유물 파괴하기

유물은 특별한 방법을 사용해야만 파괴할 수 있습니다. 정해진 방법을 사용하지 않는다면 유물은 어떠한 피해도 입지 않을 것입니다.

각각의 유물은 그 창조 시점에서 정해 놓은 약점이 있습니다. 이러한 약점을 알기 위해서는 오랜 기간 연구를 거듭하거나 어떤 사명을 완수하여야 합니다. DM은 특정한 유물의 파괴 방법을 직접 결정할 수 있습니다. 아래 몇 가지 파괴 방법의 제안이 있습니다.

- 유물은 그것이 만들어진 화산에 던져 녹여야 합니다.
- 유물은 스틱스 강에 빠트려야만 합니다.
- 유물은 타라스크나 다른 고대의 존재에게 먹여야 합니다.
- 유물은 신이나 천사의 피에 빠트려야 합니다.
- 유물은 오직 이 유물을 파괴하기 위한 목적으로 만들어진 특별한 무기로 내리쳐 깨트려야만 합니다.
- 유물은 메카너스의 거대한 톱니바퀴에 끼어 부러트려야 합니다.
- 유물은 본래의 창조자에게 돌아가야 하며, 창조자의 손길만이 유물을 파괴할 수 있습니다.

## 예시 유물

아래 나와 있는 유물들은 여러 D&D 세계에서 등장했던 것들입니다. 이것들을 안내 삼아 당신만의 유물을 만들어도 되고, 기존에 존재하는 것들을 조정하여 사용해도 됩니다.

### 고결한 업적의 서 BOOK OF EXALTED DEEDS

*기타 물건, 유물 (선한 성향의 소유자에 의해 조율 필요)*

전설적인 고결한 업적의 서 속에는 멀티버스 전체에서 무엇이 선한 것인가에 대한 결정적인 해답이 써져 있다고 알려져 있습니다. 이 책 속에는 특정한 신앙의 관점 대신, 여러 필자가 자신만의 관점에서 기록한 진정한 미덕의 모습이 쓰여 있으며, 악을 물리치는 방법에 대한 안내 역시 포함하고 있습니다.

고결한 업적의 서는 한 곳에 오래 머무르는 법이 없습니다. 다 읽고 나면, 책은 자신의 도덕적 안내를 통해 어두워진 세계에 빛을 가져올 수 있는 멀티버스 속의 다른 장소에서 모습을 드러냅니다. 이 책을 복제해 보려는 노력이 없었던 것은 아니지만, 이 책의 마법적 본성이나 선하고 확고한 심성을 지닌 이들에게 책이 가져

고결한 업적의 서

다 주는 이익을 제대로 옮길 수 없었기 때문에 항상 실패로 돌아가곤 했습니다.

이 무거운 책의 표지에는 천사의 날개 같은 모습이 새겨져 있으며, 책의 내용을 안전하게 보호합니다. 오직 선한 성향의 존재만이 이 책과 조율하고 표지를 열어 볼 수 있습니다. 일단 이 책을 펼치고 나면, 조율된 존재는 80시간을 들여 이 책을 읽고 그 내용을 공부해야만 책이 가져다주는 이익을 얻을 수 있습니다. 펼쳐진 책의 내용을 읽는 다른 이들도 글자는 읽을 수 있겠지만, 내부의 깊은 의미는 이해할 수 없고 이로 인한 이익도 얻을 수 없을 것입니다. 악한 존재가 이 책을 읽으려 하면 24d6의 광휘 피해를 입게 됩니다. 이 피해는 모든 저항과 면역을 무시하며, 어떠한 방법으로도 감소시키거나 회피할 수 없습니다. 이 피해로 인해 hp가 0 이하가 된 존재는 찬란한 광채와 함께 파괴되어 버리며, 그 소지품들은 그가 있던 자리에 덩그러니 떨어질 것입니다.

고결한 업적의 서가 제공하는 이익은 오직 선을 위해 싸우고 있을 때만 지속됩니다. 만약 당신이 10일 동안 어떤 친절함이나 자애로움도 발휘하지 않고 있다거나, 고의로 악한 행동을 하게 된다면, 이 책이 제공하는 모든 이익을 잃게 됩니다.

***무작위 기능.*** 고결한 업적의 서는 아래와 같은 무작위 기능들을 지니고 있습니다.

- 하급 이로운 기능 2가지
- 상급 이로운 기능 2가지

***지혜의 증가.*** 시간을 들여 이 책을 읽고 내용을 공부하고 나면 당신의 지혜는 2점 증가하며, 이렇게 증가하는 능력치는 24점을 넘을 수 없습니다. 이 효과는 오직 한 번만 얻을 수 있습니다.

***계몽된 마법.*** 당신이 이 책의 내용을 읽고 공부하고 나면, 당신이 사용하는 클레릭이나 팔라딘 주문 슬롯은 1레벨 높은 것으로 취급합니다.

드래곤 종의 보주

**후광.** 당신이 이 책의 내용을 읽고 공부하고 나면, 당신은 보호 기능을 발휘하는 후광을 발하게 됩니다. 이 후광은 10ft 반경까지 밝은 빛을, 추가로 10ft까지는 약한 빛을 발합니다. 당신은 추가 행동을 사용하여 후광을 발하거나 끌 수 있습니다. 후광을 발하고 있을 때, 당신은 선한 상대방과의 매력(설득) 판정에 이점을 받게 되며, 악한 상대방과의 매력(위협) 판정에도 이점을 얻게 됩니다. 추가로, 후광의 밝은 빛 범위 내에 있는 악마나 언데드들은 당신을 공격할 때 명중 굴림에 불리점을 받게 됩니다.

**책을 파괴하기.** 멀티버스에 선함이 존재하는 한 고결한 업적의 서를 파괴할 수 없다는 소문도 있습니다. 하지만, 이 책을 스틱스 강에 빠트리게 되면 1d100년 동안 점점 책의 글귀와 그림들을 지워나가 언젠가는 완전히 마력을 잃게 할 수 있습니다.

## 드래곤 종의 보주 ORB OF DRAGONKIND
*기타 물건, 유물 (조율 필요)*

오래전, 크린이라는 세계에서, 엘프와 인간들은 사악한 드래곤들과 끔찍한 전쟁을 벌였습니다. 세상의 파멸이 임박하였을 때, 고위 마법의 탑에 있던 마법사들은 함께 모여 그들의 가장 강력한 마법을 담아 *드래곤 종의 보주* 다섯 개를 만들어내었습니다. (또는 드래곤 보주라고도 알려져 있습니다.) 이 보주들은 악한 드래곤을 물리치기 위해 사용되었습니다. 다섯 개의 탑은 각각 하나씩의 보주를 지니고 있었고, 이 힘을 이용해 전쟁을 점차 승리로 이끌어 갔습니다. 마법사들은 보주를 이용해 드래곤을 꾀어냈고, 강력한 마법의 힘으로 드래곤들을 파괴했습니다.

긴 세월이 흐르고 고위 마법의 탑들 모두 스러져 가면서, 보주들 역시 파괴되거나 전설 속으로 사라졌고 지금은 오직 3개만 남아 있는 것으로 알려져 있습니다. 보주 속에 잠자던 마법의 힘 역시 긴 세월동안 변화하고 비틀렸으며, 그리하여 드래곤들을 불러들인다는 본래의 기능은 여전히 유지하고 있지만, 한편으로는 드래곤들을 통제하는 힘 역시 지니게 되었습니다.

각각의 보주는 악한 드래곤의 정수가 담겨 있으며, 이 존재들은 누군가 마법으로 그 힘을 끌어내려고 시도할 때마다 그를 원망하고 증오합니다. 그리하여 개성의 힘이 약한 자들은 보주를 통제하지 못하고 오히려 보주에 종속되고 맙니다.

각각의 보주는 직경 10인치 크기의 수정 구체입니다. 보주를 사용할 때면 20인치 크기까지 자라나며, 내부에는 안개가 소용돌이치고 있습니다.

보주와 조율하려 할 때, 당신은 행동을 사용하여 보주의 심연을 들여다보고 명령어를 말할 수 있습니다. 당신은 DC 15의 매력 판정을 해야 하며, 판정에 성공해야만 보주를 통제할 수 있습니다. 판정에 실패하면 당신은 보주와 조율해 있는 동안 계속 보주에 매혹당한 상태가 됩니다.

보주에 매혹된 동안, 당신은 절대 보주를 몸에서 떼어놓으려 하지 않을 것이며 조율을 끝내려 하지 않을 것입니다. 또한 보주는 언제나 당신에게 *암시Suggestion* 주문을 시전할 수 있으며 (내성 DC 18) 보주 자신이 바라는 대로 악한 결말을 맞이하게끔 당신에게 이런저런 일을 충동질합니다. 보주 내면에 있는 드래곤의 정수는 원하는 것이 여러 가지일 수 있습니다. 특정한 민족의 전멸을 원하는 경우도 있고 보주를 자유로이 해방하길 바랄 수도 있으며, 세상에 고통을 널리 퍼트리라거나 타키시스(크린에서 티아마트를 부르는 이름)에 대한 신앙을 드높이라 요구할 수도 있습니다. 이런 것들 말고도 DM은 보주가 무엇을 원하는지 결정할 수 있습니다.

**무작위 기능.** 드래곤 종의 보주는 아래와 같은 무작위 기능을 지니고 있습니다.

- 하급 이로운 기능 2가지
- 하급 해로운 기능 1가지
- 상급 해로운 기능 1가지

**주문.** 보주는 7회 충전되어 있으며, 매일 새벽 1d4+3회의 힘을 재충전합니다. 만약 당신이 보주를 통제하고 있다면, 당신은 행동을 사용하고 충전을 1회 혹은 그 이상 소비하여 아래 주문들을 시전할 수 있습니다. (내성 DC 18). *상처 치료Cure Wounds*(5레벨 주문으로 시전, 충전 3회), *태양광Daylight* (충전 1회), *죽음 방비 Death Ward*(충전 2회), *염탐Scrying* (충전 3회). 또한 당신은 행동을 사용하여 *마법 탐지Detect Magic* 주문을 사용할 수 있으며, 이는 충전을 소비하지 않습니다.

**드래곤 부르기.** 당신이 보주를 통제하고 있다면, 당신은 행동을 사용해 이 유물이 40마일 범위까지 퍼져 나가는 정신적 호출을 하게 할 수 있습니다. 해당 범위 내에 있는 악한 드래곤들은 보주가 있는 곳으로 와야 할 것 같다는 강박관념을 느끼게 되며, 가능한 빠른 경로를 통해 보주의 위치로 오려 합니다. 티아마트 같은 드래곤 신들은 이 부름에 영향을 받지 않습니다. 보주로 끌려온 드래곤들은 자신의 의지를 꺾였기에 당신에게 적대적인 반응을 보일 것입니다. 일단 당신이 이 기능을 사용했다면, 1시간이 지나기 전까지는 다시 이 기능을 사용할 수 없습니다.

**보주 파괴하기.** 보주는 깨지기 쉬워 보이지만 대부분의 피해를 받지 않습니다. 심지어 드래곤들의 공격이나 브레스에도 해를 입지 않습니다. 하지만 *분해Disintegrate* 주문이나 +3 마법 무기로 강력한 일격을 가하면 보주를 깨트릴 수도 있습니다.

## 드워프 군주의 도끼 AXE OF THE DWARVISH LORDS
*무기(배틀액스), 유물 (조율 필요)*

자신의 백성들이 크나큰 위기에 직면하였을 때, 한 젊은 드워프 군주는 백성들을 서로 연합하게 할 무언가가 필요하다고 믿게 되었습니다. 그리하여 그는 연합의 상징이 될 무기를 만들고자 하게 되었습니다.

깊고 깊은 산 속으로 모험하여 지금껏 그 어떤 드워프도 가보지 못한 곳까지 내려간 젊은 군주는 거대한 화산의 불타는 심장부에 도달하였습니다. 여기에서 그는 드워프들의 창조주 모라딘의 도움을 받아 처음으로 4가지의 위대한 도구를 만들었습니다.

이것은 각각 야만의 곡괭이(the Brutal Pick), 대지심장 용광로(the Earthheart Forge), 노래의 모루(the Anvil of Songs), 형성의 망치(the Shaping Hammer)라고 불렀습니다. 그리고 이 도구들을 사용해, 그는 마침내 드워프 군주의 도끼를 만들어 낼 수 있었습니다.

군주는 이 유물을 들고 여러 드워프 씨족 사이에 평화를 이룩하였습니다. 그의 도끼는 서로 간의 알력을 끝내고 여러 차이를 봉합하였습니다. 씨족들은 동맹이 되었고, 힘을 합해 그들의 적을 물리치고 번영의 시대를 맞이하게 되었습니다. 이 젊은 드워프는 이후 최초의 왕으로 오래오래 기억됩니다. 그가 노년을 맞이하였을 때, 그는 이 무기를 왕위의 징표로서 그 후계자에게 건네 주었습니다. 이 도끼는 이후 정당한 왕위의 상징으로 여러 세대에 걸쳐 이어졌습니다.

긴 시간이 흐르고, 배신과 사악함이 판치는 어두운 시대가 도래하였을 때 피튀기는 내전 속에서 이 도끼는 모습을 감추었습니다. 도끼가 지닌 힘과 그 권위의 상징에 대한 탐욕의 결과였습니다. 오랜 세월이 다시 흐른 지금에도 드워프들은 여전히 이 도끼를 찾아 헤매이며, 많은 모험가가 무성한 소문을 뒤쫓아 오래된 보물고들을 돌아다니며 도끼가 있는 곳을 찾아다니며 일생을 바칩니다.

**마법 무기.** 드워프 군주의 도끼는 명중과 피해에 +3 보너스를 주는 마법 무기로 사용할 수 있습니다. 이 도끼는 또한 *드워프족의 허리띠*와 *드워프 투척망치*, *예리함의 검*으로서의 기능 역시 지니고 있습니다.

**무작위 기능.** 드워프 군주의 도끼는 아래와 같은 무작위 기능들을 지니고 있습니다.

- 하급 이로운 기능 2가지
- 상급 이로운 기능 1가지
- 하급 해로운 기능 2가지

**모라딘의 축복.** 만약 당신이 드워프로서 이 도끼에 조율하고 있다면, 당신은 아래와 같은 이득을 얻을 수 있습니다.

- 당신은 독성 피해에 면역을 얻습니다.
- 당신의 암시야 거리는 60ft 증가합니다.
- 당신은 대장기술, 주조, 석공 기술에 관련된 모든 도구에 숙련을 얻습니다.

**대지 원소 소환.** 당신이 이 도끼를 들고 있을 때, 당신은 행동을 사용하여 *원소 소환Conjure Elemental* 주문을 시전할 수 있으며, 이는 오직 대지 원소만을 소환합니다. 이 기능은 한 번 사용하면 다음날 새벽까지 다시 사용할 수 없습니다.

**깊은 곳으로 여행하기.** 당신은 드워프들의 석공기술로 만들어진 건축물에 도끼를 대고 행동을 사용하여 *순간이동Teleport* 주문을 시전할 수 있습니다. 당신의 목적지가 지하에 있다면, 이 주문에는 실패나 예상치 못한 곳으로 갈 위험이 전혀 없습니다. 이 기능은 한 번 사용하면 3일간 다시 사용할 수 없습니다.

**저주.** 드워프가 아닌 다른 누군가가 이 도끼에 조율하려고 하면 저주가 내리게 됩니다. 심지어 조율이 끝났다 해도 저주는 지속됩니다. 저주에 걸린 자는 매일 점점 더 드워프의 생김새에 비슷해져 갑니다. 그러나 이를 통해 본래의 종족 특성을 잃거나 드워프의 종족 특성을 얻지는 않습니다. 도끼로 인한 생김새의 변화는 마법적인 것으로 취급하지 않으며 (따라서 해제하거나 무효화할 수 없습니다.) *상급 회복Greater Restoration*이나 *저주 해제Remove Curse* 주문으로 저주를 해제해야만 원래대로 돌아올 수 있습니다.

**도끼를 파괴하기.** 이 도끼를 파괴하는 유일한 방법은 이것이 만들어진 대지심장 용광로에 도로 던져 녹이는 것입니다. 이 도끼는 용광로 안에서 최소 50여 년이 지나야 비로소 완전히 녹아 불꽃 속으로 사라질 것입니다.

베크나의 눈과 손

드워프 군주의 도끼

## 베크나의 눈과 손 EYE AND HAND OF VECNA
기타 물건, 유물 (조율 필요)

베크나의 이름은 언제나 낮은 소리로만 들려오곤 합니다. 베크나는 살아 있을 적 가장 강력한 마법사 중 한 사람이었습니다. 그 어두운 마법의 힘과 정복을 통해, 베크나는 끔찍한 제국을 세웠습니다. 하지만 자신이 가진 모든 권능을 동원하고서도, 베크나조차 필멸의 운명을 벗어나지 못하였습니다. 그는 죽음을 두려워하기 시작하였고, 죽음에서 벗어나기 위해 무엇이든 하기 시작했습니다.

이때 불사의 데몬 대공 오르커스가 베크나 앞에 나타나 리치가 되는 의식에 대해 알려주었습니다. 죽음을 넘어선 베크나는 모든 리치 중에서도 가장 강대한 존재가 되었습니다. 결국 그의 모든 육신이 비틀리고 썩어버린 이후에도 베크나는 계속 자신의 사악한 영토를 확장해 나아갔습니다. 그의 힘은 너무나 강했고 그의 성미 역시 잔혹했기에, 그 백성들은 함부로 그의 이름을 말하지 못하였습니다. 속삭이는 자, 거미 왕좌의 주인, 불사의 왕, 썩은 탑의 군주 등이 그를 부르는 칭호가 되었습니다.

어떤 이들은 베크나의 부관 카스가 스스로 거미 왕좌를 차지하려 했다고 말하기도 합니다. 또 다른 이들은 카스가 지닌 검이 주인을 유혹해 반란을 일으켰다고 하기도 합니다. 그 이유가 무엇이든 카스는 불사의 왕에게 반란을 일으켰고, 끔찍한 전투 끝에 베크나의 탑은 잿더미가 되고 말았습니다. 베크나에게서 남은 것은 오직 그의 손과 눈 하나씩이었으며, 이 오싹한 유물들은 여전히 세상 속에서 속삭이는 자의 의지를 실현할 방법을 찾고 있습니다.

베크나의 눈과 베크나의 손은 같이 발견될 때도 있고 따로 발견될 때도 있습니다. 눈은 눈구멍에서 바로 뽑아낸 것 같은 피투성이 모습으로 발견되고, 손은 미이라화되어 쭈글쭈글한 모습으로 나타난다고 합니다.

눈과 조율하려면, 당신은 먼저 자신의 눈 한쪽을 뽑아낸 다음 빈 눈구멍에 눈을 넣어야 합니다. 이 눈은 당신의 머리 안에서 자기 자리를 잡고 당신이 죽을 때까지 그 자리에 있을 것입니다. 일단 자리를 잡고 나면 눈은 고양이처럼 찢어진 동공을 지닌 황금색 눈동자를 가지게 됩니다. 이후에 눈을 뽑아내면 당신은 죽게 됩니다.

손과 조율하려면, 당신은 먼저 자신의 왼손을 잘라낸 다음 그 자리에 유물을 가져다 대야 합니다. 손은 즉시 팔에 달라붙어 완전히 기능하는 모습으로 자라날 것입니다. 만약 이 손을 이후에 잘라낸다면, 당신은 죽게 됩니다.

**무작위 기능.** 베크나의 눈과 베크나의 손은 각각 아래와 같은 무작위 기능을 지니고 있습니다.

- 하급 이로운 기능 1가지
- 상급 이로운 기능 1가지
- 하급 해로운 기능 1가지

**눈의 기능.** 당신의 성향은 중립 악으로 변화하며, 아래와 같은 이익을 얻게 됩니다.

- 당신은 진시야를 얻습니다.
- 당신은 행동을 사용하여 *X선 시야*의 반지 효과를 얻을 수 있습니다. 당신은 추가 행동을 사용하여 이 효과를 종료할 수 있습니다.
- 눈은 8회 충전되어 있습니다. 당신은 행동을 사용하고 충전을 1회 혹은 그 이상 소비하여 아래와 같은 주문들을 시전할 수 있습니다. (내성 DC 18) 투시*Clairvoyance* (충전 2회), 광기의 왕관*Crown of Madness* (충전 1회), 분해*Disintegrate* (충전 4회), 괴물 지배*Dominate Monster*(충전 5회), 깨무는 눈길*Eyebite* (충전 4회). 눈은 매일 새벽 1d4+4회의 힘을 재충전합니다. 매번 당신이 눈을 통해 주문을 시전할 때마다, 5%의 확률로 베크나가 당신의 영혼을 몸에서 떼어내 먹어 치우고는 몸

을 꼭두각시로 조종하려 할 수 있습니다. 만약 그런 일이 일어난다면, 당신은 DM이 조종하는 NPC가 될 것입니다.

**손의 기능.** 당신의 성향은 중립 악으로 변하며, 아래와 같은 이익을 얻게 됩니다.

- 당신의 근력 능력치는 20이 됩니다. 당신의 근력이 이미 20 이상이라면 효력이 없습니다.
- 당신이 베크나의 손으로 가하는 모든 근접 주문 공격이나 베크나의 손으로 들고 가하는 모든 근접 무기 공격은 명중시 추가로 2d8점의 냉기 피해를 가합니다.
- 손은 8회 충전되어 있습니다. 당신은 행동을 사용하고 충전을 1회 혹은 그 이상 소비하여 아래와 같은 주문들을 시전할 수 있습니다. (내성 DC 18) 죽음의 손가락*Finger of Death* (충전 5회), 수면*Sleep* (충전 1회), 저속화*Slow* (충전 2회), 순간이동*Teleport* (충전 3회) 손은 매일 새벽 1d4+4회의 힘을 재충전합니다. 매번 당신이 손을 통해 주문을 시전할 때마다, 손은 당신에게 암시*Suggestion* 주문을 시전합니다. (내성 DC 18). 이 주문은 당신에게 악한 행동을 저지를 것을 요구합니다. 이 손은 특정한 행동을 하라고 요구하거나, 당신이 생각하기에 알아서 악한 행동들을 저지르라고 내버려 둘 수 있습니다.

**눈과 손의 기능.** 만약 당신이 눈과 손 모두와 조율되어 있다면, 아래와 같은 추가적인 이익을 얻을 수 있습니다.

- 당신은 모든 질병과 독에 면역을 얻습니다.
- X선 시야를 사용하더라도 결코 탈진을 얻지 않습니다.
- 위험을 미리 알아차릴 수 있게 되며, 행동불능 상태가 아닌 한 결코 기습당하지 않습니다.
- 당신에게 1hp라도 남아 있는 한, 당신은 매턴 시작할 때 1d10점의 hp를 회복합니다.
- 만약 골격을 가진 대상이 있다면, *베크나의 손*은 그 골격을 젤리로 바꿔버릴 수 있습니다. 당신은 행동을 사용하여 *베크나의 손*으로 근접 공격을 가할 수 있으며, 이때 명중 보너스는 무기나 주문 명중 보너스 중 당신이 원하는 것을 사용할 수 있습니다. 이 공격이 명중한다면 목표는 DC 18의 건강 내성을 굴려야 하며, 실패할 시 hp가 0이 됩니다.
- 당신은 행동을 사용해 소원*Wish* 주문을 시전하는 능력을 얻습니다. 이 기능은 사용후 30일이 지나기 전에는 다시 사용할 수 없습니다.

**눈과 손 파괴하기.** 만약 한 명이 베크나의 눈과 베크나의 손 모두와 조율해 있는 동안 그 조율된 자가 카스의 검에 의해 살해된다면, 눈과 손 모두는 불타며 재가 되어 영원히 사라질 것입니다. 이를 제외한 방법으로는 그게 어떤 방법이든 눈과 손은 파괴되는 것처럼 보이기만 할 뿐, 베크나의 수많은 보물 창고 중 하나로 이동되어 다시금 발견될 날을 기다리게 될 것입니다.

## 사악한 어둠의 서 BOOK OF VILE DARKNESS
기타 물건, 유물 (조율 필요)

이 악랄한 서적 속에 쓰인 형언할 수 없이 사악한 내용들은 악의 추종자들에게 일용할 양식이 되어줍니다. 어떠한 필멸자도 이 책이 담고 있는 비밀을 모두 파악하지 못했다고 하며, 책이 담고 있는 지식은 너무나 공포스러워 페이지를 넘기는 것만으로도 광기에 빠지고 만다고 알려져 있습니다.

많은 이들은 리치 신인 베크나가 사악한 어둠의 서를 집필했다고 믿고 있습니다. 그는 책의 페이지 하나하나에 비틀린 생각과 끔찍한 상상을 채워 넣었고, 그가 알고 있는 가장 어두운 마법의 힘을 주입하여 책을 완성하였다고 합니다. 베크나는 이 책이 다루는 모든 사악한 주제를 담아 필멸자가 저지를 수 있는 모든 악행의 총집판으로서 완결하였다고 합니다.

악의 힘을 섬기는 다른 추종자들 역시 이 책을 열고 그 사악한 지식의 총람에 자신이 아는 것들을 더해갔습니다. 이들이 더해나간 내용은 본래 내용과 확연히 구분됩니다. 때로는 몇몇 이가 책에 자신들이 쓰고자 하는 내용을 끼워 넣기도 하였으며, 본래의 문구에 주석을 달거나 자기가 아는 내용을 추가하기도 하였습니다. 때로는 본래 있어야 할 페이지가 찢겨나간 곳도 있으며, 피와 잉크 등으로 내용을 알아볼 수 없게 덧칠된 곳도 있습니다.

자연 그 자체가 이 책의 존재를 견디지 못합니다. 평범한 식물은 책이 주변에 있으면 시들어 버리며, 동물들은 책에 접근하려 하지 않습니다. 그리고 이 책은 결과적으로 닿는 모든 것을 파멸로 이끈다고 합니다. 심지어 바위조차 그 위에 책을 오래 올려놓으면 점차 부서져 버린다고 합니다.

이 책에 조율하려는 자는 80시간 정도를 들여 이 책의 내용을 배우고 익혀야만 책이 제공하는 이익을 얻을 수 있습니다. 소유자는 책의 내용을 자유로이 수정하려고 시도할 수도 있으며, 이를 통해 악을 강성하게 하고 그 안에 담긴 전승을 확장하기도 합니다.

악하지 않은 존재가 *사악한 어둠의 서*에 조율하려 하면 그 즉시 DC 17의 매력 내성을 굴려야 하며, 실패할 시 그의 성향은 즉시 중립 악으로 바뀌고 맙니다.

*사악한 어둠의 서*는 당신이 세상에 악을 퍼트리려 할 때만 힘을 발휘합니다. 만약 당신이 10일 안에 악한 행동을 아무것도 하지 않거나 고의로 선한 행동을 하면 책은 완전히 사라져 버릴 것입니다. 만약 당신이 책에 조율되어 있는 동안 죽음을 맞이한다면, 거대한 악의 존재가 당신의 영혼을 차지할 것입니다. 당신은 영혼이 감금된 동안 어떠한 수단으로도 부활할 수 없습니다.

*무작위 기능.* 사악한 어둠의 서는 아래와 같은 무작위 기능들을 지니고 있습니다.

- 하급 이로운 기능 3가지
- 상급 이로운 기능 1가지
- 하급 해로운 기능 3가지
- 상급 해로운 기능 2가지

*능력치 조정.* 당신이 충분한 시간을 들여 이 책을 배우고 나면, 당신이 선택한 능력치 한 가지가 2점 증가합니다. 능력치는 최대 24까지 증가할 수 있습니다. 또한, 당신이 선택한 능력치 중 한 가지는 2점 떨어집니다. 이렇게 능력치를 떨어트릴 때 3점 이하로 만들 수는 없습니다. 한 번 조정이 끝나고 나면 이 책은 다시 능력치를 조정해주지 않습니다.

*어둠의 표식.* 당신이 충분한 시간을 들여 이 책을 배우고 나면, 당신은 사악한 어둠에 헌신하고 있다는 증거로서 신체적인 기형이 생겨납니다. 얼굴에 사악한 룬이 새겨질 수도 있으며, 눈자위 전체가 검은색으로 변할 수도 있고, 이마에서 뿔이 돋아날 수도 있습니다. 어쩌면 얼굴 전체가 넓어지고 흉측해지거나, 혀가 갈라

사악한 어둠의 서

지는 경우도 있습니다. 정확히 어떤 표식이 남게 될지는 DM이 지정하게 됩니다. 어둠의 표식이 있는 한 당신은 악한 상대방과의 매력(설득) 판정에 이점을 받게 되며, 선한 상대방과의 매력(위협) 판정에 역시 이점을 받을 수 있습니다.

*악의 명령.* 당신이 이 책과 조율되어 있고 책을 소지하는 동안, 당신은 행동을 사용하여 악한 목표에게 *괴물 지배Dominate Monster* 주문을 시전할 수 있습니다.(내성 DC 18) 이 기능은 한 번 사용하고 나면 다음 날 새벽까지 사용할 수 없습니다.

*어둠의 전승.* 당신은 데몬이나 데빌 등에 대한 지식 등 어떠한 악의 측면에 관련하여 정보를 찾기 위해 지능 판정이 필요할 때, *사악한 어둠의 서*를 찾아볼 수 있습니다. 이렇게 정보를 찾을 때는 해당 판정에서 당신의 숙련 보너스를 2배로 적용합니다.

*어둠의 말.* 당신이 *사악한 어둠의 서*와 조율되어 있고 이 책을 지니고 있을 때, 당신은 행동을 사용하여 어둠의 말이라 알려진 사악한 언어를 읊을 수 있습니다. 이렇게 하면 당신은 1d12점의 정신 피해를 입지만, 당신으로부터 15ft 내에 있는 모든 악하지 않은 크리쳐들은 3d6점의 정신 피해를 입게 됩니다.

*책을 파괴하기.* 사악한 어둠의 서 속 페이지를 찢어낼 수는 있지만, 그 속에 담긴 악의 전승은 결국 언제나 도로 돌아온다고 합니다. 또한 새로운 저자들이 매번 책에 새로운 페이지를 더해 나가며 악을 키워간다고도 합니다.

만약 솔라가 이 책을 둘로 찢어버린다면 이 책은 이후 1d100여 년간 파괴된 상태로 있겠지만, 그 이후에는 멀티버스 속 어느 어두운 구석에서 다시 하나의 모습으로 나타난다고 합니다.

이 책에 최소 100년 이상 조율되어 있던 소유자는 본래의 문구 속에 숨겨진 어구를 발견할 수 있으며, 이 어구를 천상어로 바꾸어 크게 말하면 말한 자 본인과 책 모두를 번쩍이는 광채의 폭발과 함께 파괴해 버린다고 합니다. 하지만 우주에 악이 남아 있는 한 이 책은 1d10 × 100년 뒤에 다시 모습을 갖출 것입니다. 만약 멀티버스에서 모든 악이 사라지고 만다면, 이 책은 먼지로 변해 영원히 파괴될 것입니다.

## 오르커스의 마법봉 Wand of Orcus
마법봉, 유물 (조율 필요)

오르커스는 거의 항상 으시시한 오르커스의 마법봉을 직접 지니고 다닙니다. 이 도구는 거의 그 창조자만큼이나 사악하며, 살아 있는 모든 것의 생명을 파괴하고 물질계를 영원한 불사의 정체 속에 처박으려는 데몬 군주의 목적을 공유하고 있습니다. 오르커스는 때때로 이 마법봉이 자신의 손을 떠나도록 허락합니다. 그럴 때면, 이 마법봉 스스로 마법적인 힘에 의해 어딘가에서 나타나 자신의 사악한 목적을 이루기에 걸맞은 임시 소유자의 손으로 들어간다고 합니다.

뼈로 만들어졌고 무쇠만큼이나 단단한 이 마법봉은 한때 인간 영웅이었던 자의 해골로 머리가 장식되어 있습니다. 이 영웅은 오르커스의 손에 죽음을 맞이했다고 합니다. 마법봉은 마법적으로 그 크기가 변화할 수 있으며, 소유자의 손에 딱 맞게 스스로 크기가 변합니다. 마법봉의 주변에서 식물은 자동으로 시들고, 마실 것은 상하며, 살이 썩고 벌레들이 들끓기 시작합니다.

오르커스를 제외하고 이 마법봉에 조율하려는 자는 먼저 DC 17의 건강 내성 굴림에 성공해야 합니다. 성공할 경우 조율을 시도한 자는 10d6의 사령 피해를 받으며, 실패할 경우 그 즉시 죽음을 맞이하고 좀비가 되어버립니다.

조율한 자가 사용할 때, 이 마법봉은 명중과 피해에 +3 보너스를 받는 메이스 마법 무기의 기능도 가집니다. 마법봉을 이용한 근접 공격이 명중하면, 목표는 추가로 2d12점의 사령 피해도 입게 됩니다.

***무작위 기능.*** 오르커스의 마법봉은 아래와 같은 무작위 기능을 지니고 있습니다.

- 하급 이로운 기능 2개
- 상급 이로운 기능 1개
- 하급 해로운 기능 2개
- 상급 해로운 기능 1개

*오르커스의 마법봉*이 부여하는 해로운 기능들은 오르커스 본인이 사용할 때면 억제됩니다.

***보호.*** 이 마법봉을 들고 있을 때는 AC에 +3 보너스를 받습니다.

***주문.*** 이 마법봉은 7회 충전되어 있습니다. 마법봉을 들고 있을 때, 당신은 행동을 사용하고 충전을 1회 혹은 그 이상 소비하여 아래 주문을 사용할 수 있습니다. (내성 DC 18). *사체 조종Animate Dead* (충전 1회), *황폐화Blight* (충전 2회), *죽음의 원Circle of Death* (충전 3회), *죽음의 손가락Finger of Death* (충전 3회), *권능어: 죽음Power Word: Kill* (충전 4회), *죽은 자와의 대화Speak with Dead* (충전 1회) 마법봉은 매일 새벽 1d4+3회의 힘을 재충전합니다.

마법봉과 조율하고 있는 것이 오르커스 본인이나 오르커스의 축복받은 추종자 중 하나라면, 이 주문들을 사용할 때 충전을 2회 덜 소비할 수 있습니다. (최저 0회 소비)

***언데드 소환.*** 당신이 마법봉을 들고 있을 때, 당신은 행동을 사용하여 스켈레톤이나 좀비들을 소환할 수 있습니다. 언데드들은 몬스터 매뉴얼(Monster Manual)에 제시된 평균 hp로 도합 500hp 어치까지 불러낼 수 있습니다. 언데드들은 당신 주변 300ft 반경 내에서 마법적으로 나타나며, 당신의 명령을 받아 파괴되거나 다음 날 새벽이 올 때까지 움직일 수 있습니다. 다음날 새벽이 되면 이 언데드들은 모두 무너져 뼈와 썩어가는 살점 덩어리가 될 것입니다. 당신이 이렇게 언데드들을 한 번 소환했다면, 다음날 새벽까지는 다시 이 기능을 사용할 수 없습니다.

오르커스 역시 이 마법봉에 조율되어 있는 동안 언데드들을 소환할 수 있는데, 오르커스는 스켈레톤이나 좀비뿐 아니라 모든 종류의 언데드를 소환할 수 있습니다. 또한 오르커스가 불러낸 언데드들은 다음날 새벽이 되어도 무너지지 않습니다.

***의식.*** 오르커스의 마법봉은 자의식을 지닌 혼돈 악 성향의 물건이며, 지능 16, 지혜 12, 매력 16을 지니고 있습니다. 또한 이 물건은 암시야를 지니고 있으며 120ft 내를 보고 들을 수 있습니다.

마법봉은 소유자와 정신감응으로 의사소통할 수 있으며, 심연어와 공용어를 말하고 읽고 이해할 수 있습니다.

***개성.*** 마법봉의 목적은 멀티버스의 살아있는 것을 모두 살해하려는 오르커스의 욕망을 충족시키는 것입니다. 마법봉은 차갑고 잔혹하며 허무주의적이고, 유머 감각이 없습니다.

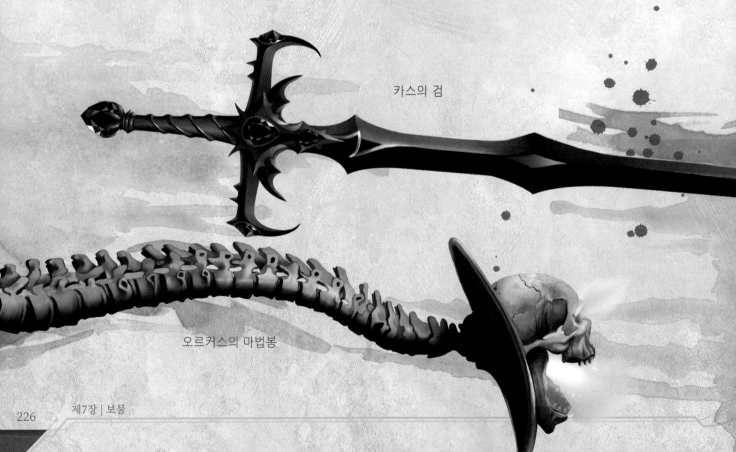

카스의 검

오르커스의 마법봉

원래 주인의 목적을 달성하겠다는 목적을 위해서, 마법봉은 가끔 현재 자신을 사용하는 자에게 복종하겠다는 듯이 위장하고 오르커스를 쓰러트리는 것을 돕겠다는 둥 실현 가망성이 없는 헛된 약속을 남발하기도 합니다.

***마법봉을 파괴하기.*** 오르커스의 마법봉을 파괴하려면 먼저 긍정력계로 가져가야 하며 지금 마법봉의 머리를 장식하고 있는 해골의 주인이었던 옛 영웅이 직접 마법봉을 파괴해야 합니다. 이를 달성하려면 먼저 오래전 죽은 그 영웅을 되살려야 하는데, 이것부터가 결코 쉬운 일이 아닙니다. 오르커스가 바로 이 영웅의 영혼을 감금해 놓고 잘 지키고 있기 때문입니다.

마법봉에 긍정적 에너지를 계속 주입하면 결국 균열이 생기고 폭파되겠지만, 위에서 설명한 대로 해골의 주인이었던 옛 영웅이 파괴하는 것이 아닌 한, 폭발한 마법봉은 어비스에 있는 오르커스의 곁에서 다시 본래의 모습을 되찾을 것입니다.

## 카스의 검 SWORD OF KAS
무기(롱소드), 유물 (조율 필요)

베크나의 권세가 막강했을 때, 그는 사악하고 무자비한 부관인 피투성이 손의 카스를 자신의 경호원이자 오른팔로 부렸습니다. 이 비열한 악당은 베크나의 조언자이자 전쟁군주였으며, 암살자이기도 했습니다. 그는 계속해서 성공을 거두며 베크나의 신임을 얻었고, 베크나는 그에게 포상을 내렸습니다. 칼을 든 본인만큼이나 사악하기 이를 데 없는 검이었습니다.

긴 세월이 흐르는 동안, 카스는 충실하게 리치 신 베크나를 섬겨왔지만, 그의 권력 역시 강력해지자 점점 오만한 마음을 품게 되었습니다. 그의 검은 계속하여 베크나를 제거하자고, 그러면 리치의 제국 그 자체를 베크나의 손에서 빼앗아 다스릴 수 있을 거라고 충동질하였습니다. 전설에 따르면 카스의 손에 의해 베크나가 파멸되었다고 하지만, 베크나 역시 배반한 부관을 절명시켰고 그 결과 오직 카스의 검만이 그 자리에 남게 되었다고 합니다. 어쨌든 두 사악한 힘의 파멸로 인해 세상은 조금 더 밝아지긴 했습니다.

카스의 검은 마법의 힘으로 자의식을 지닌 롱소드이며, 사용할 때 명중과 피해에 +3 보너스를 줍니다. 또한 이 검은 19-20에 치명타를 가하며, 언데드에게는 추가로 2d10의 참격 피해를 더 가합니다.

만약 이 검이 뽑힌 지 1분 안에 피에 적셔지지 않는다면, 그 소유자는 DC 15의 매력 내성 굴림을 굴려야 합니다. 이 내성에 성공한 경우 소유자는 3d6의 정신 피해를 받게 됩니다. 내성에 실패한 경우, 소유자는 *괴물 지배Dominate Monster* 주문에 영향을 받은 것처럼 칼에 의해 정신지배 당하며, 칼의 명령에 의해 피를 적시게 됩니다. 이 주문은 칼의 요구가 충족되면 자동으로 끝납니다.

***무작위 기능.*** 카스의 검은 아래와 같은 무작위 기능들을 지니고 있습니다.

- 하급 이로운 기능 1개
- 상급 이로운 기능 1개
- 하급 해로운 기능 1개
- 상급 해로운 기능 1개

***카스의 영혼.*** 당신이 검을 지니고 있는 동안, 전투가 시작하여 우선권을 굴릴 때마다 d10을 굴려 우선권에 더합니다. 추가로, 당신이 행동을 사용하여 검으로 공격을 가할 때, 당신은 검의 명중 보너스 일부를 빼서 대신 AC에 추가할 수 있습니다. 이렇게 조정된 보너스는 당신의 다음 턴이 시작될 때까지 지속됩니다.

***주문.*** 당신이 검을 지니고 있는 동안, 당신은 행동을 사용하여 아래 주문 중 한 가지를 사용할 수 있습니다. (내성 DC 18). *낙뢰 소환Call Lightning*, *신성 단어Divine Word*, *죽음의 손가락*

*Finger of Death*. 일단 검으로 주문을 한 번 사용했다면, 다음날 새벽까지는 다시 주문을 사용할 수 없습니다.

***의식.*** 카스의 검은 자의식을 지닌 혼돈 악 성향의 무기이며, 지능 15, 지혜 13, 매력 16을 지니고 있습니다. 이 검은 암시야를 지니고 있으며 120ft 거리까지 보고 들을 수 있습니다.

검은 소유주와 정신감응으로 대화하며, 공용어를 말하고 읽고 이해할 수 있습니다.

***개성.*** 이 검의 목적은 베크나에게 파멸을 가져오는 것입니다. 베크나의 추종자를 죽이고 그 리치 신의 업적을 파괴하는 것, 그 신의 계략을 망치는 것 모두 검의 목적에 포함됩니다.

또한 카스의 검은 베크나의 눈과 손으로 더렵혀진 모든 자를 찾아 파괴하려는 목적 역시 지니고 있습니다. 이 유물들에 대한 검의 집착은 결국 그 소유주에게까지 미치게 됩니다.

***검을 파괴하기.*** 베크나의 눈과 베크나의 손 모두와 조율하고 있는 누군가가 그 유물들의 기능으로 소원Wish 주문을 사용하면 카스의 검을 없애 버릴 수 있습니다. 소원Wish 주문을 시전한 자는 검과 매력 판정 대결을 해서 이겨야만 합니다. 검은 없애려는 자의 30ft 내에 있어야 하며, 그렇지 않을 경우 주문은 자동으로 실패합니다. 만약 검이 매력 대결 판정에서 승리하면 아무 일도 일어나지 않으며, 소원Wish 주문은 허비한 것이 됩니다. 만약 검이 대결 판정에서 패배하면 검은 그대로 파괴될 것입니다.

# 다른 보상들
모험자들이 보물을 갈망하기는 하지만, 다른 형태의 보상들 역시 감사하며 받아들일 수 있습니다. 이 부분에서는 신이나 왕족, 다른 강력한 존재들이 캐릭터의 업적에 대해 내려줄 수 있는 다양한 형태의 보상들에 대해 다룹니다. 이 보상은 캐릭터들에게 새로 힘을 부여해 주는 초자연적인 능력일 수도 있으며, 영지, 작위, 혹은 다른 특권일수도 있고, 20레벨 이상의 모험자들만이 얻을 수 있는 혜택일 수도 있습니다.

## 초자연적 능력
초자연적 능력은 강력한 마법적 힘을 지닌 존재가 내려줄 수 있는 특별한 보상입니다. 이러한 초자연적 능력은 축복과 마력의 두 가지 형태 중 하나로 주어집니다. 축복은 신이나 신에 준하는 존재에게서 부여되는 것이며, 마력은 대개 강력한 영혼이나 고대의 마법이 서려 있는 장소, 혹은 전설적 행동이 가능한 존재에게서 받는 것입니다. 마법 물건과는 다르게, 초자연적 능력들은 물건이 아니며 조율이 필요 없습니다. 이러한 초자연적 힘은 캐릭터에게 추가적인 능력을 부여하며, 이러한 능력들은 한 번만 사용할 수 있을 수도 있고 여러 번 사용이 가능하기도 합니다.

### 축복 BLESSINGS
캐릭터가 진정으로 대단한 업적을 이룩했다면 신에게서 축복을 받을 수도 있습니다. 이것은 신과 필멸자들 모두가 인정할만한 위대한 결과에만 주어집니다. 날뛰는 놀 무리들을 처리했다는 정도로는 축복을 받기에 적합하지 않지만, 드래곤의 여왕을 소환하려 하는 티아마트의 고위 여사제를 쓰러트리는 업적 정도라면 축복을 기대할 수도 있을 것입니다.

축복은 아래와 같은 상황에서 적합한 보상이 될 수 있습니다.

- 가장 성스러운 신의 사당을 정화함.
- 신의 적이 진행하던 대지를 뒤흔들 계략을 무찌름
- 성스러운 사명을 수행하는 신의 아끼는 종복을 도와줌.

또한 엄청난 위험을 무릅쓰고 사명을 진행하고자 하는 모험자 역시 축복을 받을 수 있습니다. 예를 들어, 온 대지를 휩쓴 마법적 질병의 창시자인 리치를 물리치기 위해 사명을 수행하려는 팔라딘은 자신이 모시는 신에게 축복을 받을 수도 있을 것입니다.

캐릭터들은 오직 자신에게 유용하게 쓰일 수 있는 축복만을 받을 것이며, 이러한 축복이 내려질 때는 신의 관심이 함께 주어집니다. 신이 축복을 내릴 때는 대개 어떤 목적이 있어서이며, 성인의 유해를 되찾는다던가 폭압적인 제국을 무너트리는 등의 목적에 맞는 축복이 주어질 것입니다. 모험자가 목적에 부합하지 않는 행동을 하거나 오히려 목적에 반대되는 행동을 한다면 신은 언제나 자신이 내린 축복을 도로 회수할 수 있습니다.

축복의 이익은 신이 그 힘을 회수할 때까지는 영원히 지속될 수 있습니다. 마법 물건과는 달리, 이러한 축복의 힘은 반마법장 *Antimagic Field*이나 그와 유사한 효과로 억제할 수 없습니다.

대부분의 모험자는 평생토록 한 번의 축복조차 받지 못하곤 합니다. 캐릭터가 한 번에 받을 수 있는 축복의 숫자에는 제한이 없지만, 평생 한 번 이상의 축복을 받는 경우는 그리 흔치 않습니다. 또한, 한 종류의 축복을 여러 번 받는 경우 그 이익이 서로 중첩되어 적용되지 않습니다. 예를 들어, 건강의 축복을 2번 받아서 건강 점수를 2번 올릴 수는 없다는 말입니다.

축복의 예시들은 아래 나와 있습니다. 축복의 문구는 그 사용자에게 맞게 나옵니다. 만약 당신이 더 다양한 축복을 만들고 싶다면, 마법 물건을 만들 때의 규칙을 준용하여 아래 축복들과 유사한 능력을 지니도록 만드시기 바랍니다.

***건강의 축복.*** 당신의 건강 점수는 2점 증가하며, 최대 22점까지 증가할 수 있습니다.

***보호의 축복.*** 당신의 AC와 내성굴림에 +1 보너스를 받습니다.

***마법 저항의 축복.*** 당신은 주문이나 다른 마법 효과에 대한 내성 굴림을 굴릴 때 이점을 받습니다.

***이해의 축복.*** 당신의 지혜 점수는 2점 증가하며, 최대 22점까지 증가할 수 있습니다.

***발할라의 축복.*** 이 축복은 당신에게 전사들의 영혼을 소환할 수 있는 능력을 부여합니다. 당신은 *발할라의 은 뿔피리*를 사용한 것처럼 전사 영혼들을 소환할 수 있습니다. 이 축복은 한 번 사용하고 나면 이후 7일간 사용할 수 없습니다.

***무기 강화의 축복.*** 당신이 소지하고 있는 비마법적인 무기 중 한 가지는, 당신이 손에 들었을 때 *+1 무기*가 됩니다.

***상처 봉합의 축복.*** 이 축복은 당신에게 *상처 봉합의 호부*를 장비한 것과 같은 이득을 줍니다.

## 마력 CHARMS

마력은 약한 초자연적 능력이며, 다양한 방법으로 얻을 수 있습니다. 예를 들어, 죽은 대마법사의 주문책에서 기이한 비밀을 알아낸 위저드는 마법적인 마력 약간을 얻을 수 있습니다. 또한 스핑크스의 수수께끼를 풀었거나 마법의 샘에서 물을 마신 캐릭터 역시 마력을 얻을 수 있습니다. 나이 많은 골드 드래곤이나 유니콘 같은 전설적인 크리쳐들 역시 가끔 동맹에게 마력을 내려주며, 탐험가들 역시 잃어버린 고대의 폐허를 탐사하다 원시적인 마법의 힘으로 인해 마력을 얻기도 합니다.

몇몇 마력은 오직 한 번만 사용할 수 있으며, 어떤 것들은 정해진 숫자를 사용하고 나면 사라지기도 합니다. 만약 당신에게 주문을 시전하는 능력을 부여해주는 마력이 있다면, 이 마력을 발동할 때는 주문 슬롯을 소비하거나 다른 구성요소(음성, 동작, 물질)를 사용하지 않아도 됩니다. 어떤 경우이든 간에 반마법장 *Antimagic Field*이나 그와 유사한 효력이 발휘되는 곳에서는 마력을 발동할 수 없으며, 마력의 효과 역시 *마법 무효화Dispel Magic*나 유사한 효과로 중단시킬 수 있습니다. 하지만 부여된 마력 그 자체는 신의 간섭이나 소원*Wish* 주문을 사용하지 않고서는 없앨 수 없습니다.

마력의 예시들이 아래 나와 있습니다. 마력의 문구는 사용자에 따라 달라질 수 있습니다. 일반적인 마력은 물약이나 주문의 효과를 복제하여 주어지는 것입니다. 그러므로 당신이 바란다면 얼마든지 당신만의 마력을 창조해 낼 수 있습니다.

***동물 소환의 마력.*** 이 마력은 당신이 행동을 사용해서 동물 소환*Conjure Animals* 주문을 시전할 수 있게 해줍니다. (3레벨 슬롯). 이 마력은 3번 사용하고 나면 사라집니다.

***암시야의 마력.*** 이 마력은 당신이 행동을 사용해 어떤 구성요소도 사용하지 않고 암시야*Darkvision* 주문을 사용할 수 있게 해줍니다. 이 마력은 3번 사용하고 나면 사라집니다.

***깃털 낙하의 마력.*** 이 마력은 깃털 낙하의 반지를 끼고 있는 것처럼 이득을 줍니다. 이 마력은 10일 효력을 발휘하며, 그 이후에는 사라져 버립니다.

***영웅심의 마력.*** 이 마력은 행동을 사용하여 마치 영웅심의 물약을 마신 것과 같은 이익을 부여합니다. 이 마력은 한번 사용하고 나면 사라져 버립니다.

***회복의 마력.*** 이 마력은 6회 충전되어 있습니다. 당신은 행동을 사용하고 충전 일부를 사용해 아래 주문들을 시전할 수 있습니다. 상급 회복*Greater Restoration* (충전 4회), 하급 회복*Lesser Restoration* (충전 2회) 일단 마력의 모든 충전이 다 소비되면 마력은 사라집니다.

***살해자의 마력.*** 당신이 소지한 검 중 하나는 이후 9일간 용 살해자나 거인 살해자가 됩니다. (DM의 선택에 따름) 마력은 시간이 지나고 나면 사라지고, 무기는 원래대로 보통 무기가 됩니다.

***생명의 마력.*** 이 마력은 당신에게 생명의 물약과 같은 이익을 줍니다. 일단 한번 사용하고 나면 이 마력은 사라집니다.

# 특권의 징표

어떨 때는 영지를 얻을 수 있는 특권 등이 모험자들에게 가장 기억에 남는 보상이 되기도 합니다. 모험자들에게는 가끔 명성과 권력을 얻을 기회가 생기며, 영지를 얻은 이후 후손에게 물려주기도 합니다. 어떤 영주는 평민에서 시작했지만, 세상의 위험한 곳들을 탐험하고 용감한 업적으로 이름을 날린 끝에 대대손손 이어받을 작위를 얻기도 합니다.

여기서는 가장 흔하게 주어지는 여러 특권의 징표들을 소개하고, 캠페인에서 어떻게 이러한 징표들을 부여할 수 있는지 이야기하고자 합니다. 이 징표들은 대개 보물과 함께 주어지지만, 오로지 특권의 징표만 주어지는 경우도 존재합니다.

## 추천서

황금이 충분치 않다면, 모험자들에게 금전적 보상 대신 추천서를 수여할 수도 있습니다. 이러한 추천서는 대개 안전한 운반을 위해 멋진 봉투에 들어가 있거나 두루마리 통에 넣어서 주어지며, 밀랍으로 봉인되어 수여자의 인장이 찍혀 있기도 합니다.

흠잡을 곳 없는 평판을 지닌 인물의 추천서가 있다면, 모험자들은 공작이나 총독, 여왕처럼 일반적으로는 만날 수 없는 NPC들과 만날 수도 있습니다. 또한, 이러한 추천서를 가지고 있다면 모험자들이 그 지역의 공권력과 어떤 "오해"나 마찰이 생겼을 때 이를 해결할 수 있기도 합니다.

추천서는 오직 수여자가 지정한 기간만 유효하며, 수여자의 힘이 닿지 않는 곳에서는 어떠한 이득도 주지 못합니다.

## 훈장

대개 금이나 다른 귀금속으로 만들어지는 장신구로 주어지기도 하지만, 훈장은 그 장신구로서의 값어치보다는 이를 수여하고 포상한 사람이 부여하는 더 거대한 상징에 가깝습니다.

훈장은 흔히 영웅적인 행위에 보답하기 위해 강력한 정치적 인물이 수여하곤 하며, 훈장을 지니고 다닐 경우 그 훈장의 중요성을 이해하는 사람들에게서 존경을 받을 수 있습니다.

영웅적 행동도 여러 가지가 존재하며, 각각의 행동에 따라 서로 다른 훈장이 수여되기도 합니다. 브렐랜드(에버론 캠페인 배경속 국가)의 왕은 브렐랜드의 시민들을 수호하는데 큰 도움을 준 모험자들에게 용맹의 왕립 훈장을 수여할 수도 있습니다. 이 훈장은 루비와 호박금으로 만들어진 방패 모양의 훈장입니다. 한편, 스론홀드의 조약을 끝내고 최종 전쟁을 다시 불사르려는 음모를 무찌른 영웅들에게는 그 대신 브렐랜드의 황금 곰 훈장을 수여할 수도 있습니다. 이 훈장은 황금으로 만들어진 곰 머리 모양을 하고 있으며 눈 위치에는 보석이 박혀 있을 것입니다.

훈장은 이를 받은 캐릭터에게 어떤 게임적 이익을 가져다주지 않지만, NPC들과의 관계에 있어서는 영향을 끼칠 수 있습니다. 예를 들어, 자랑스럽게 목에 황금 곰 훈장을 걸고 있는 캐릭터라면 브렐랜드 왕국 내에서는 영웅으로 인정받을 수 있을 것입니다. 하지만 브렐랜드의 영지를 벗어난다면 브렐랜드 왕의 동맹들과 대화할 때가 아닌 한 훈장의 중요성은 많이 떨어질 것입니다.

## 영지 수여

영지권은 말 그대로 봉사에 대한 보상으로 어떠한 영지를 수여한다는 왕의 문서 같은 형태로 수여됩니다. 이러한 영지는 대개 그지역 지배자나 통치권의 소유물이었던 것을 그대로 내려받는 경우가 많지만, 아예 소유권을 부여하는 것이 아니라 회수할 수 있는 형태로 대여해 주는 경우 역시 있습니다. 특히 수여받은 자의충성심을 의심할 수 있는 상황이라면 하사한 영지를 환수 조치할 가능성도 충분히 있습니다.

이 영지가 충분히 큰 경우라면 대개 하나 이상의 농장이나 촌락이 포함되어 있을 것이며, 따라서 영지를 받은 자는 그러한 촌락이나 농장에서 영주로 불릴 자격과 함께 세금을 거둘 권리 역시 받게됩니다. 또한 이 권한은 그에 따르는 의무 역시 지니고 있습니다.

영지를 부여받은 캐릭터는 영지 내의 어느 곳에서든 안전을 위한 시설을 세울 수 있습니다. 또한 영지를 받은 자는 상속의 일부로 영지를 물려줄 수도 있지만, 본래 영지를 내린 자의 허락이 없다면 영지를 매매하는 것은 불가능합니다.

영지는 정착을 원하거나 가족이 있는 모험자에게 있어 훌륭한 보상이 될 수 있으며, 그 지역에 어떤 개인적인 친분이나 투자를 한 적이 있는 모험자에게도 좋은 보상이 되어줄 것입니다.

## 특별한 호의

호의의 형태로 주어지는 보상은 언젠가 미래에 이 호의를 통해 부탁할 수 있다는 것을 의미합니다. 특별한 호의는 그 호의를 부여한 이들이 믿을만할 때 가장 유용합니다. 질서 선이나 질서 중립 성향의 NPC에게 호의를 통해 부탁하게 되면, 법을 어기지 않는 한 그 무엇이라도 해서 자신의 의무를 다할 것입니다. 반면 질서악 성향의 NPC 역시 마찬가지로 부탁에 최선을 다하겠지만, 이것은 약속을 지키려는 이유에서가 큽니다. 중립 선이나 중립 성향의 NPC는 그 자신의 명성을 지키기 위해서 호의에 보답하려 할 것입니다. 혼돈 선 성향의 NPC는 모험자들에게서 받은 호의에 보답하려는 의미에서 최선을 다할 것이며, 그 과정에서 개인적 위험이나 법을 어기는 것에 대해서는 별로 신경 쓰지 않을 것입니다.

## 특별한 권리

강력한 정치적 힘을 지닌 인물은 캐릭터들에게 특별한 권리를 수여할 수 있으며, 이는 대개 공식 문서의 형태로 주어집니다. 예를 들어, 캐릭터들은 공공장소에서 무기를 휴대할 권리, 왕권의 적들을 죽일 수 있는 권리, 혹은 공작 대신 협상할 수 있는 권리 등을 공식적 문서로 인정받을 수 있습니다. 어쩌면 특정한 공동체 내에

훈장

추천서

서 언제나 공짜로 방을 요구할 수 있는 권리를 얻을 수도 있으며, 필요할 경우 지역 자경단을 차출하여 도움을 받을 수 있다는 권리 역시 주어질 수 있습니다.

특별한 권리는 오로지 공식 문서가 제한하고 있는 기간만 유효하며, 모험자들이 이 권리를 오남용했다면 그 즉시 무효화될 수도 있습니다.

## 본거지

본거지는 대개 숙련된 모험자들이 왕이나 기사단, 마법사 의회 등과 같은 통치 권력에 대해 흔들림 없는 충성을 보여 주었을 때 그 보상으로서 주어지곤 합니다. 본거지는 도시 한가운데에 있는 요새화된 탑에서부터 변경지역에 자리한 성채에 이르기까지 다양한 형태로 주어질 수 있습니다. 본거지는 캐릭터들이 원하는 대로 다스릴 수 있지만, 본거지가 위치한 영지는 왕이나 그 지역 통치자의 소유물로 남아 있는 경우가 많습니다. 캐릭터들이 불충을 드러내거나 이러한 혜택을 받을 가치가 없다고 판단된다면, 왕이나 통치자는 캐릭터들에게서 본거지의 소유권을 도로 내놓으라고 요구하거나 강제로 빼앗을 수도 있습니다.

추가적인 보상으로서, 본거지를 내려준 통치자는 부여받은 직후 몇 개월 정도의 유지비를 대신 납부해 줄 수도 있습니다. 본거지의 유지비에 대해서는 제6장에서 더 자세한 정보를 찾아볼 수 있습니다.

## 작위

강력한 정치적 입지를 지닌 인물은 작위를 내려줄 수 있습니다. 이러한 작위는 대개 영지와 함께 수여됩니다. (위의 영지 수여를 참조하십시오.) 예를 들어, 캐릭터는 스톰리버의 공작이나 던 피요르드의 백작부인이라는 작위를 받을 수 있으며, 이때는 스톰리버나 던 피요르드 등 작위에 걸맞는 영지를 같이 받게 됩니다.

캐릭터는 여러 개의 작위를 동시에 지닐 수 있습니다. 봉건 사회에서 이러한 작위는 대개 자녀들에게 상속되는 것입니다. 캐릭터가 작위를 지니고 있다면, 그 작위에 걸맞는 태도를 보여야 합니다. 캐릭터의 충성심이나 적합성에 문제가 있다고 판단될 경우 왕의 칙명에 의해 도로 작위를 빼앗길 수도 있습니다.

## 훈련

캐릭터는 경제적 보상 대신 특별한 형태의 훈련을 보상으로 받을 수도 있습니다. 이러한 훈련은 흔히 할 수 있는 것이 아니므로 매우 탐나는 보상이 될 수도 있습니다. 이러한 훈련은 당연히 숙련된 강습자가 존재한다는 것을 전제하고 있습니다. 은퇴한 모험자나 용사가 스승이 되어줄 수 있을 것입니다. 훈련을 가르쳐줄 강습자는 은둔 생활 중인 위저드일 수도 있고, 여왕에게 부탁받은 거만한 소서러일 수도 있으며, 왕립 경호대의 기사단장이나 강력한 드루이드 회합의 수장일 수도 있습니다. 또한 산꼭대기 자리 잡은 사찰의 고승이나 바바리안 족장, 점술사로서 유목민을 따라다니는 워락이나 온 나라에 널리 퍼진 노래와 시를 만든 정신나간 바드일 수도 있습니다.

> ### 장엄한 은혜를 대신할 수단
> 당신은 20레벨 캐릭터에게 장엄한 은혜를 내리는 대신 아래와 같은 보상을 수여할 수 있습니다. 아래의 두 가지 선택지는 캐릭터 한 명에게 여러 번 수여할 수 있습니다.
> **능력치 증가.** 캐릭터는 하나의 능력치를 2점 증가시키거나 두 개의 능력치를 각각 1씩 증가시킬 수 있습니다. 이렇게 증가하는 능력치는 20을 넘을 수 있으며, 최대 30까지 올릴 수 있습니다.
> **새로운 재주.** 캐릭터는 플레이어가 선택한 한 가지 재주를 새로 익힙니다. 단 이는 당신의 허락이 있어야 합니다.

보상으로서 훈련을 받기로 한 캐릭터는 반드시 강습자와 함께 막간 활동을 소비해야 합니다. (제6장에서 막간 활동에 대해 더 자세한 정보를 얻을 수 있습니다.) 그 대신, 캐릭터는 특별한 이익을 얻을 수 있습니다. 훈련이 가져다 주는 이익은 아래와 같은 형태로 주어질 수 있습니다.

- 캐릭터는 1d4+6일동안 매일 새벽 고양감을 얻음.
- 캐릭터는 특정한 기술에 대해 숙련을 얻음.
- 캐릭터는 새로운 재주 하나를 배움.

## 장엄한 은혜 Epic Boons

장엄한 은혜는 오직 20레벨 캐릭터들에게만 주어지는 특별한 능력입니다. 이 레벨에 도달한 캐릭터들은 오직 당신이 그러한 은혜를 주고자 하고 그게 적당하다고 여겨질 때만 이러한 은혜를 받을 수 있습니다. 장엄한 은혜는 중요한 사명을 완수했거나, 무언가 특별히 기억에 남을만한 일을 끝냈을 때 주어지는 것이 가장 좋습니다. 사악한 유물을 파괴하는 데 성공했다거나, 고대의 드래곤을 쓰러트렸다거나, 외부 이계에서 가해지는 침입을 격퇴하는 등의 업적을 세웠다면 장엄한 은혜를 받을 수 있습니다.

장엄한 은혜는 또한 일종의 성장으로 주어지기도 합니다. 레벨이 더는 올라가지 않는 캐릭터들은 이러한 방법으로 더 강한 능력을 얻을 수 있습니다. 따라서 355,000XP를 넘어선 이후 30,000XP를 얻을 때마다 장엄한 은혜를 주는 것 역시 방법이 될 수 있습니다.

당신은 각각의 캐릭터가 어떠한 은혜를 얻을지 결정할 수 있습니다. 이상적으로 말하자면 당신이 캐릭터에게 부여하는 은혜는 미래의 모험을 위해 주어지는 것이 옳습니다. 하지만 당신이 괜찮다고 생각한다면 플레이어가 직접 자신의 캐릭터에게 주고 싶은 은혜를 선택하게끔 할 수도 있습니다.

어떤 은혜를 부여할지 결정했다면, 당신의 이야기와 세계 속에서 이를 어떻게 전해줄 것인지 생각하십시오. 이러한 은혜들 대부분은 독특한 것이며, 은혜를 받게 되면 캐릭터를 점차 반신과 같은 위치로 변화시킬 수 있습니다. 은혜를 받게 되면 캐릭터의 외형에서부터 그 변화가 나타납니다. 예를 들어, 진시아의 은혜를 받은 캐릭터의 눈은 강렬한 감정을 느꼈을 때 빛나기 시작할 것이며, 고위 마법의 은혜를 받은 캐릭터는 머리 주변에서 작은 빛의 티끌이 떠다닐 수 있습니다. 또한, 은혜가 어떻게 주어질지도 생각하십시오. 갑자기 신비롭게 생겨났습니까? 우주적인 존재가 나타나서 부여해 주었습니까? 은혜를 내려주는 그 자체가 모험 속 이야기의 신나는 한 장면이 될 수 있습니다.

은혜의 설명 문구에서 "당신"은 은혜를 받은 자를 지칭합니다. 달리 설명되어 있지 않은 한, 한 종류의 은혜는 오직 한 번만 얻을 수 있습니다.

### 고위 마법의 은혜 Boon of High Magic

당신은 당신이 이미 지니고 있는 클래스의 9레벨 주문 슬롯을 하나 더 얻습니다.

### 기술 숙련의 은혜 Boon of Skill Proficiency

당신은 모든 기술에 숙련을 얻습니다.

### 마법 저항의 은혜 Boon of Magic Resistance

당신은 주문과 다른 마법적 효과에 대해 내성 굴림을 할 때 이점을 얻습니다.

## 무적성의 은혜 BOON OF INVINCIBILITY

당신이 어떤 속성의 피해를 입게 되면, 당신은 그 피해를 0으로 만들 수 있습니다. 일단 이 은혜를 한 번 사용하고 나면, 짧은 휴식을 끝낼 때까지는 다시 사용할 수 없습니다.

## 밤의 영혼의 은혜 BOON OF THE NIGHT SOUL

당신이 약한 빛이나 완전히 어두운 곳에 있을 때, 당신은 행동을 사용하여 투명화할 수 있습니다. 당신이 어떤 행동이든 행동을 사용하거나 반응 행동을 취할 경우 투명화는 해제됩니다.

## 불멸성의 은혜 BOON OF IMMORTALITY

당신은 더는 나이를 먹지 않습니다. 당신은 나이를 먹게 되는 모든 효과에 면역을 얻으며, 고령으로 인해 사망하지 않습니다.

## 빠른 시전의 은혜 BOON OF QUICK CASTING

당신이 사용할 수 있는 1-3레벨의 주문 중, 시전시간이 1 행동인 주문 하나를 선택합니다. 이제 당신은 1 추가 행동으로 해당 주문을 시전할 수 있습니다.

## 속도의 은혜 BOON OF SPEED

당신의 걷는 속도는 30ft 증가합니다.

추가로, 당신은 추가 행동을 사용해 질주나 퇴각 행동을 할 수 있습니다. 일단 이 은혜를 한 번 사용하고 나면, 짧은 휴식을 끝낼 때까지는 다시 사용할 수 없습니다.

## 숙명의 은혜 BOON OF FATE

당신이 볼 수 있는 60ft 내의 크리쳐 하나가 능력 판정이나 명중 굴림, 내성 굴림을 할 때, 당신은 d10을 굴린 다음 그 결과를 해당 판정 수치에서 더하거나 뺄 수 있습니다. 일단 이 은혜를 한 번 사용하고 나면, 짧은 휴식을 끝낼 때까지는 다시 사용할 수 없습니다.

## 완벽한 건강의 은혜 BOON OF PERFECT HEALTH

당신은 모든 질병과 독에 면역을 얻으며, 건강 내성 굴림을 굴릴 때 이점을 얻습니다.

## 이계 여행의 은혜 BOON OF PLANAR TRAVEL

당신이 이 은혜를 얻을 때, 물질계를 제외한 이계 중 하나를 선택합니다. 당신은 이제 행동을 사용하여 그 이계로 가는 *이계 전송 Plane Shift* 주문을 시전할 수 있습니다. (주문 슬롯이나 구성요소가 필요하지 않습니다.) 이 주문은 오직 당신만을 목표로 해야 합니다. 또한 지정된 이계에서 물질계로 돌아오기 위한 주문 시전 역시 가능합니다. 일단 이 은혜를 한 번 사용하고 나면, 짧은 휴식을 끝낼 때까지는 다시 사용할 수 없습니다.

## 인내의 은혜 BOON OF FORTITUDE

당신의 최대 hp는 40점 증가합니다.

## 자유로움의 은혜 BOON OF THE UNFETTERED

당신은 당신을 붙잡으려는 상대에게 저항할 때 능력판정에 이점을 받습니다. 또한 추가로, 당신은 행동을 사용하여 붙잡힌 상태나 어떤 종류의 포박에서도 자동으로 탈출할 수 있습니다.

## 저항 불능 공격의 은혜 BOON OF IRRESTIBLE OFFENSE

당신은 상대의 피해 저항을 무시할 수 있습니다.

## 전투 숙련의 은혜 BOON OF COMBAT PROWESS

당신이 근접 공격을 가해 빗나갔을 때, 당신은 대신 명중시키는 것을 선택할 수 있습니다. 일단 이 은혜를 한번 사용하고 나면, 짧은 휴식을 끝낼 때까지는 다시 사용할 수 없습니다.

## 주문 반복의 은혜 BOON OF SPELL RECALL

당신은 당신이 알거나 준비했던 주문 하나를 주문 슬롯의 소비 없이 한 번 시전할 수 있습니다. 일단 이 은혜를 한 번 사용하고 나면, 긴 휴식을 끝낼 때까지는 다시 사용할 수 없습니다.

## 주문 통달의 은혜 BOON OF SPELL MASTERY

당신이 시전할 수 있는 1레벨 소서러, 워락, 위저드 주문 중 하나를 선택합니다. 당신은 이제 그 주문을 가장 낮은 레벨로 시전할 때 주문 슬롯을 소비하지 않습니다.

## 진시야의 은혜 BOON OF TRUESIGHT

당신은 60ft 거리의 진시야를 얻습니다.

## 차원 여행의 은혜 BOON OF DIMENSIONAL TRAVEL

당신은 행동을 사용하여 어떠한 주문 슬롯이나 구성요소도 사용하지 않고 *안개 걸음 Misty Step* 주문을 시전할 수 있습니다. 일단 이 은혜를 한번 사용하고 나면, 짧은 휴식을 끝낼 때까지는 다시 사용할 수 없습니다.

## 탄력의 은혜 BOON OF RESILIENCE

당신은 비마법적 무기로 가해지는 타격, 관통, 참격 피해에 대해 저항을 얻습니다.

## 탐지 불가의 은혜 BOON OF UNDETECTABILITY

당신은 민첩(은신) 판정에 +10 보너스를 얻습니다. 또한 당신은 예지계 마법으로 탐지되거나 예지계 마법의 목표가 되지 않습니다. 마법적인 염탐 감각기관 등도 이에 포함됩니다.

## 폭풍자손의 은혜 BOON OF THE STORMBORN

당신은 번개와 천둥 피해에 면역을 얻습니다. 또한 당신은 자유로이 *천둥파도 Thunderwave* 주문을 시전할 수 있으며, (내성 DC 15) 이때는 주문 슬롯이나 구성요소를 소비하지 않습니다.

## 행운의 은혜 BOON OF LUCK

당신은 자신이 능력 판정, 명중 굴림, 내성 굴림을 행해야 할 때 d10을 굴려 그 결과를 더할 수 있습니다. 일단 이 은혜를 한 번 사용하고 나면, 짧은 휴식을 끝낼 때까지는 다시 사용할 수 없습니다.

## 화염 영혼의 은혜 BOON OF THE FIRE SOUL

당신은 화염 피해에 면역을 얻습니다. 또한 당신은 자유로이 *타오르는 손길 Burning Hands* 주문을 시전할 수 있으며,(내성 DC 15) 이때는 주문 슬롯이나 구성요소를 소비하지 않습니다.

## 회복의 은혜 BOON OF RECOVERY

당신은 추가 행동을 사용하여 당신의 최대 hp 절반을 회복할 수 있습니다. 일단 이 은혜를 한 번 사용하고 나면, 긴 휴식을 끝낼 때까지는 다시 사용할 수 없습니다.

## 흔들림없는 조준의 은혜 BOON OF PEERLESS AIM

당신은 장거리 명중 굴림을 할 때 +20 보너스를 한 번 받을 수 있습니다. 일단 이 은혜를 한 번 사용하고 나면, 짧은 휴식을 끝낼 때까지는 다시 사용할 수 없습니다.

# 제3부

규칙의 관리자

# 제8장: 게임 진행하기

**규**칙은 당신과 플레이어들이 테이블에서 함께 즐거운 게임을 할 수 있도록 도와줍니다. 규칙이 당신을 보조하는 것이지, 당신이 규칙을 보조하는 것은 아닙니다. 게임에는 일반적인 규칙과는 별도로, 실제 게임 테이블에서 게임을 원활히 진행할 수 있게 해주는 테이블 규칙이 있습니다. 예를 들어, 플레이어들은 일행 중 한 명이 이번 게임 시간에 참석하지 못했을 때 어떻게 처리할지 미리 결정해 둘 수 있습니다. 미니어처를 가져와야 하는지 아닌지도 정해 둘 수 있으며, 당신이 사용하기로 한 특별 규칙들이 어떤 것인지도 알아 두어야 합니다. 또 주사위가 제대로 선 것이 아니라 미묘한 위치에 멈췄을 때 어떻게 할지도 결정해야 합니다. 이 장에서는 이런 주제들과 기타 다양한 주제를 다룰 것입니다.

## 테이블 규칙

게임에 참여하는 플레이어들이 모두 함께 즐거운 게임을 하자는 목적을 가지고 있는 경우가 가장 이상적이라고 할 수 있습니다. 이 부분에서는 당신이 이러한 이상적 상태를 만들기 위해 추천할 만한 테이블 규칙들을 소개합니다. 아래 가장 단순한 근본 원칙들이 있습니다.

**서로 존중하기.** 개인 간의 분쟁을 게임 테이블에 가져오거나, 서로 악감정으로 발전할 수 있는 논쟁을 하지 맙시다. 상대가 민감하게 반응한다면 상대의 주사위나 물건들을 만지지 맙시다.

**산만하게 하지 않기.** 게임 중에는 텔레비전이나 비디오를 꺼 놓읍시다. 어린아이들이 있다면, 아이돌보미를 고용해 둡시다. 산만하게 할 것들이 줄어들면 플레이어들이 캐릭터에 더 쉽게 이입하고 이야기를 더 즐길 수 있습니다. 플레이어들이 테이블에서 잠시 자리를 비웠다가 돌아오는 것도 괜찮겠지만, 휴식 시간을 정해놓길 바라는 플레이어도 있을 것입니다.

**간식거리를 준비하기.** 게임 시간을 시작하기 전에 먹을거리와 음료수를 가져올 사람을 정해 둡시다. 이 부분은 플레이어들끼리의 협의로 처리가 가능한 부분입니다.

## 테이블에서의 진행

플레이어들에 테이블에서 어떻게 게임 진행을 할지 예상하고 미리 정해 두도록 합시다.

- 누가 이야기하고 있는지 분명하게 합시다. 캐릭터로 이야기하는 것인지, 플레이어로 이야기하는 것인지.
- 캐릭터가 모를 것 같은 지식을 이미 플레이어가 지니고 있을 때 어떻게 처리할지, 또한 지식을 지닌 캐릭터가 무의식 상태이거나 죽은 경우, 멀리 떠나 있을 때처럼 다른 일행들과 의사소통을 할 수 없을 때 플레이어끼리의 정보 교환이 가능한지에 대해서도 의논해 둡시다.
- 플레이어들이 캐릭터의 행동 선언을 철회하는 것에 대해 허락할지를 미리 결정해 둡시다.

## 주사위 굴리기

주사위를 굴리는 방식을 미리 생각해 두는 것이 좋습니다. 모든 이가 보는 앞에서 주사위를 굴리는 것은 좋은 출발지점이 되어줍니다. 플레이어들이 주사위를 던진 다음 다른 이들이 보기 전에 주사위를 낚아채는 것을 보았다면, 그렇게 몰래 행동하지 말라고 넌지시 이야기해 두는 것이 좋습니다.

주사위가 테이블에서 바닥으로 떨어졌다면, 주사위가 나온 결과를 그대로 사용할 것입니까? 아니면 다시 굴릴 것입니까? 책이나 다른 물건에 끼어서 제대로 나오지 않았다면 책을 빼낼 것입니까? 아니면 다시 굴리게 할 것입니까?

DM으로서의 당신은 어떻게 할 것입니까? 다른 이들에게 보이는 상태에서 주사위를 굴릴 것입니까? 아니면 DM 스크린 뒤에서 굴릴 것입니까? 아래 사항들을 고려해 보십시오.

- 플레이어들이 볼 수 있게 주사위를 굴린다면, 그들은 당신이 공정하게 게임을 진행하고 있다고 생각할 것이며 주사위 결과를 조작한다고 생각하지 않을 것입니다.
- 스크린 뒤에서 주사위를 굴리면 플레이어들은 자신들이 맞서는 적의 강함을 계속 추측해야 할 것입니다. 어떤 괴물이 계속 명중 굴림을 성공한다면, 그 괴물은 캐릭터들보다 레벨이 월등히 높은 것일까요? 아니면 단지 주사위가 계속 잘 나오고 있는 것뿐일까요?
- 스크린 뒤에서 주사위를 굴리면, 당신은 자신이 원하지 않는 결과들을 조작할 수 있습니다. 만약 어떤 캐릭터가 치명타를 연달아 두 번 맞아서 죽게 되었다면, 당신은 2번째 치명타를 보통 타격으로 바꾸거나 아예 빗나간 것으로 할 수도 있습니다. 하지만 너무 자주 주사위 결과를 바꾸지는 말고, 그러고 있다는 사실을 밝히지도 마십시오. 그러지 않는다면 당신의 플레이어들은 진짜 위협에 맞서고 있다는 느낌을 받을 수 없을 것이고, 더 심하게는 당신이 게임을 조작한다고 생각할 지도 모릅니다.
- 스크린 뒤에서 주사위를 굴리는 것은 비밀스러운 느낌을 유지하는 데 도움이 될 수 있습니다. 예를 들어 플레이어 중 누군가가 주변에 투명한 무엇인가가 있다고 생각하고는 지혜(감지) 판정을 행할 때, 그 주사위를 스크린 뒤에서 굴리게 한 다음 "아무도 없는 것 같다."고 말해주면 실제로 아무도 없는지, 아니면 단지 판정에 실패한 것인지 알 수 없기에 계속 의구심을 품을 것입니다. 이 기법을 너무 남용해서는 안 됩니다.
- 플레이어가 얼마나 좋은 결과를 얻었는지 알지 못하게 하고 싶다면 플레이어 대신 주사위를 굴리는 것도 한 가지 방법이 될 수 있습니다. 예를 들어, 만약 플레이어가 생각하기에 눈앞의 남작부인이 마법적으로 매혹되었다고 의심하며 지혜(통찰) 판정을 하기 원한다고 해 봅시다. 플레이어가 직접 주사위를 굴려 높은 값이 나왔고 당신이 "이상한 것을 느끼지 못했다."고 한 경우, 플레이어는 남작 부인이 매혹되지 않았다는 사실을 꽤 자신 있게 확신할 것입니다. 반면 낮은 결과가 나왔을 경우, 마찬가지로 "이상한 것을 느끼지 못했다."고 말해 주어도 이번에는 자신이 없어서 계속 의심할 것입니다. 이런 결과를 피하기 위해 아예 주사위값을 숨기는 것은 유용한 대안이 될 수 있습니다.

## 명중과 피해 굴림

플레이어들은 명중굴림을 먼저 굴리는 습관이 있는 경우가 많습니다. 명중 굴림과 피해 굴림을 동시에 굴리게 한다면 게임이 더 빠르게 진행될 수 있습니다.

## 규칙에 대한 토의

당신은 규칙에 대해 의논이 필요할 때 이것을 어떻게 진행할지 미리 결정해 둘 필요가 있습니다. 어떤 집단에서는 진행하던 게임을 잠시 중단하고 규칙에 대한 해석 토론을 하는 것을 별로 개의치 않아 하기도 합니다. 또 어떤 집단에서는 먼저 DM이 결정하게 한 다음, 계속 게임을 하고 나중에 토론하기도 합니다. 만약 게임 중에 어떤 규칙 상의 문제가 발생했다면, 우선 기록해 두었다가 이후 이 문제에 대해 토론하도록 합시다.

## 메타게임적 사고방식

메타게임적 사고방식이란 게임 속에서 "게임"임을 인지하고 생각하는 것을 말합니다. 마치 자신이 영화속 등장인물이며, 누군가 자신을 연기하고 있다는 사실을 그 인물이 인지하고 있는 것과 유사합니다. 예를 들어, 어떤 플레이어가 "DM이 우리에게 벌써 저렇게 강력한 괴물을 내보낼 리가 없어!"라고 말하거나, "여기 읽으라고 던져준 지문은 그냥 문의 형태에 대해서만 길게 묘사하고 있네. 한번 더 조사하자!" 같이 말하는 것이 메타게임적 사고방식에 해당합니다.

당신은 "캐릭터 입장이라면 어떻게 생각했을까?"라는 식으로 조심스럽게 플레이어들에게 접근하면서 메타게임적 사고방식을 줄여갈 필요가 있습니다. 또한 협상이 필요하거나 살아남기 위해서는 도주할 수밖에 없는 등 난해한 상황을 던져주고 캐릭터들 입장에서 의논해 보라는 식의 상황 조성을 통해 메타게임적 사고방식을 조정해 나갈 수 있습니다.

## 불참한 플레이어

모임에 불참한 플레이어들의 캐릭터는 어떻게 다루어야 할까요? 아래 몇 가지 선택 사항들이 있습니다.

- 다른 플레이어가 불참한 플레이어의 캐릭터를 운영하게 합니다. 대신 조종하게 된 플레이어는 해당 캐릭터를 죽여서는 안되며, 자원을 현명하게 사용해야 합니다.
- 당신 스스로 그 캐릭터를 조종합니다. 당신에게는 추가적인 부담이 될 수 있지만, 가장 무난한 해결책입니다.
- 캐릭터도 일행과 떨어져 있는 상태라고 결정합니다. 캐릭터가 갑자기 모험에서 떠나게 되는 좋은 이유를 만들 필요가 있습니다. 어쩌면 마을에서 기다리고 있을 수도 있고, 막간 행동을 위해 시간이 필요해진 것일 수도 있습니다. 불참한 플레이어가 다시 돌아오면 모험에 합류한 것으로 합니다.
- 캐릭터를 배경의 일부로 취급합니다. 이 방식은 모두가 게임 세계에서 한 발짝 떨어져서 그럴싸하지 않은 결과를 받아들여야 한다는 문제가 있지만, 그 점만 해결할 수 있다면 가장 간단한 해결책이 될 수 있습니다. 당신은 그 캐릭터가 거기 없는 것처럼 취급할 수 있지만, 왜 그렇게 공기처럼 취급받게 되었는지에 관해서 설명하려 시도할 필요가 없습니다. 괴물들은 그 캐릭터를 공격하지 않을 것이며, 마찬가지로 캐릭터 역시 아무것도 하지 않을 것입니다. 불참한 플레이어가 돌아오면 캐릭터는 항상 그곳에 있었던 것 마냥 도로 행동할 수 있습니다.

## 작은 집단

각 플레이어는 일반적으로 캐릭터 하나씩을 운용합니다. 이 방식이 게임 운영에 가장 적당하며, 아무도 더 많은 부담을 지지 않습니다. 하지만 만약 당신이 적은 수의 플레이어와 함께 게임을 하게 된다면, 한 명의 플레이어가 여러 캐릭터를 운용해야 하는 경우가 생기기도 합니다. 아니면 당신이 그룹 내의 빈 자리를 NPC로 채워야 하는 경우 역시 생길 수 있습니다. 이때는 제4장의 "논 플레이어 캐릭터 만들기" 부분을 참조하시기 바랍니다. 당신은 또한 제9장의 "던전 마스터의 작업실" 부분을 참조하여 캐릭터들을 더 튼튼하게 만들 수도 있습니다.

원치 않는 플레이어에게 여러 캐릭터를 운용하라고 강요하지 말도록 합시다. 또한 한 명의 플레이어에게만 그런 권한을 허락해주는 편애 역시 피하도록 합시다. 만약 캐릭터 하나가 다른 캐릭터의 스승 역할이라면 플레이어는 오로지 한 명의 캐릭터에 대해서만 집중할 수 있을 것입니다. 그렇지 않다면, 플레이어들은 혼자서 어색한 대화를 연기하거나, 아예 역할 연기 자체를 기피할 수도 있습니다.

당신이 쉴새 없는 긴장의 연속이며 캐릭터가 연달아 죽어 나가는 게임을 진행하는 경우, 캐릭터를 여러 명 운용하는 것도 좋은 선택이 될 수 있습니다. 만약 당신의 게임 집단이 이러한 전제에 동의하고 있다면, 플레이어들은 각각 추가 캐릭터를 사전에 준비하고 있다가, 기존의 캐릭터가 죽어버렸을 때 대신하여 투입할 수 있습니다. 주 캐릭터의 레벨이 오를 때마다 예비 캐릭터들 역시 레벨이 올라가도록 하면 됩니다.

## 새 플레이어

새 플레이어가 게임 집단에 합류하면, 새 플레이어는 기존 일행에서 가장 낮은 레벨의 캐릭터와 같은 레벨로 캐릭터를 만들게 하는 편이 좋습니다. 다만 새 플레이어가 완전히 D&D 게임에 익숙하지 않은 초보라면 예외를 둘 수도 있습니다. 그런 경우라면, 새 플레이어는 1레벨 캐릭터부터 시작하게 하는 편이 좋습니다. 일행의 다른 캐릭터들 모두 이미 높은 레벨이라면, 잠시 캠페인 진행을 멈추고 새 플레이어를 위해 다들 1레벨 캐릭터를 만들어 몇 번의 게임 진행을 통해 새 플레이어가 게임 규칙을 익히는 것을 도와주는 게 어떨지 제안해 보는 것도 좋습니다.

일행이 이미 모험중이라면 새 캐릭터를 집단에 합류시키는 것은 상당히 어려운 작업일 수도 있습니다. 여기 이 작업을 좀 더 쉽게 하기 위한 몇 가지 제안이 있습니다.

- 새 캐릭터는 기존 일행의 모험자들 중 누군가의 친척이거나 친구여서 그를 찾으러 온 것입니다.
- 새 캐릭터는 다른 캐릭터들이 싸우고 있던 적이 감금해 두던 죄수입니다. 구출되고 나자 일행에 합류한 것입니다.
- 새 캐릭터는 이전 모험자 일행의 마지막 생존자입니다.

# 주사위의 역할

주사위는 균형의 중재자입니다. 주사위는 DM과 플레이어들이 서로 원하는 것이 다를 때, 어떤 분쟁도 없이 행동의 결과를 도출해주게 합니다. 주사위의 활용법을 어떻게 발전시켜 나갈 것인가는 전적으로 당신에게 달린 문제입니다.

## 주사위 굴리기

몇몇 DM은 거의 모든 것에 주사위를 굴리려 하기도 합니다. 캐릭터가 무슨 일을 하려 하면 DM은 판정이 필요하다고 말하고는 DC를 불러줍니다. DM이 이런 방식을 사용하면, 캐릭터들의 판정 성패에 따라 이야기의 전개 방향이 달라지므로 이를 유도하기가 어려워집니다. 현재 상황을 바꾸고 진행 방향을 유도하기 위해서는 임기응변 능력이 필요할 것입니다.

주사위에 의존하는 방식은 또한 플레이어들에게 뭐든지 가능하다고 느끼게 할 수도 있습니다. 일행 중 하플링이 오우거의 등 위로 뛰어올라 머리를 자른 다음 안전하게 뛰어내리는 게 불가능해 보일 수 있지만, 주사위만 잘 나온다면 충분히 가능한 일입니다.

이러한 접근 방식의 단점은 주사위를 굴릴수록 역할연기를 할 기회가 줄어든다고 느낄 수 있다는 것입니다. 또한 플레이어 캐릭터 각각의 결단과 개성 대신, 주사위의 결과가 향방을 좌우한다고 느낄 수도 있습니다.

## 주사위 무시하기

주사위 사용에 대한 또 다른 접근방식 중 하나는 가능한 한 주사위를 덜 사용하는 것입니다. 몇몇 DM은 오로지 전투 상황에만 주사위를 사용하며, 다른 상황에서는 자신의 판단 여하에 따라 성공과 실패를 바로 결정합니다.

이러한 접근 방식을 사용하면, DM은 플레이어들이 얼마나 창의적으로 대처했는가, 캐릭터들이 어떤 상황에 어떤 결정을 내렸는가를 듣고 행동이나 계획의 성패를 바로 결정하게 됩니다. 예를 들어, 플레이어들은 어떻게 비밀문을 찾으려 하는가 행동을 묘사할 것입니다. 벽을 더듬는다거나 횃불이 꽂혀 있는 장대를 비튼다는 식으로, 비밀문을 열기 위한 방아쇠를 찾으려는 묘사를 들으면, DM은 이 행동들이 얼마나 설득력 있는가를 생각한 다음, 능력치 판정 없이 비밀문을 찾았는지 어떤지를 알려줄 것입니다.

이 접근 방식은 플레이어들이 상황에 대처하여 발휘하는 창의성에 보답을 줄 수 있습니다. 캐릭터 시트나 캐릭터가 지닌 특별한 능력 대신, 플레이어의 연기와 판단이 성공과 실패를 좌우하게 됩니다. 반면 이 방식의 단점은 어떤 DM도 완벽한 중립성을 유지할 수는 없다는 것입니다. DM이 특정 플레이어나 접근방식을 더 선호하게 될 수도 있으며, 단순히 자기가 원하지 않는 방향으로 가지 못하게 하려고 판정을 고의로 성공 혹은 실패로 만들 수 있습니다. 또 이러한 접근 방식은 한 가지 "정답" 행동이 선언되기 전까지는 계속 묘사하고 행동하게 함으로써 게임이 느려지는 문제 역시 가지고 있습니다.

## 중간길

여러 DM이 위의 두 방식을 적당히 절충해서 사용합니다. 성패를 바로 판단하는 것과 주사위를 사용하는 것 사이에 균형을 잡으면, 당신은 플레이어들이 자기 캐릭터의 보너스와 능력치들을 사용하는 법과, 게임 세계에 주의를 기울이고 그 안에서 살아 숨쉬는 것처럼 행동하는 법을 모두 경험하게 할 수 있습니다.

주사위가 게임을 지배하지 않는다는 사실을 명심하십시오. 당신이 게임을 운영하는 것입니다. 주사위는 규칙과 유사합니다. 이들은 이야기 속 액션이 계속되도록 도와주는 도구일 뿐입니다. 당신은 언제든지 어느 플레이어의 어떤 행동이 성공이라고 선언할 수 있습니다. 또 주사위 결과가 나쁘게 나와 이야기의 흐름이 어그러질 것 같은 경우, 당신은 언제든 캐릭터의 판정에 이점을 줄 수 있습니다. 마찬가지로 나쁜 계획을 세우거나 불행한 상황이 겹친다면 간단하기 이를 데 없어 보이는 일도 불가능한 과업이 될 수 있으며, 언제든지 판정에 불리점을 안길 수 있습니다.

# 능력 점수 사용하기

플레이어들이 무언가 시도할 때면 능력치를 보거나 판정할 필요 없이 바로 성공과 실패를 결정할 수 있는 경우도 많이 있습니다. 예를 들어, 캐릭터가 방을 가로질러 걸어가길 원하는 경우, 대개 이런 행동의 성공이나 실패를 결정하기 위해 민첩 판정을 해야 할 필요는 없습니다. 마찬가지로 술집에서 맥주 한잔을 주문하려고 매력 판정을 해야 할 필요도 없습니다. 주사위를 굴려야 하는 경우는 그 행동에 적당한 실패 가능성이 있어야 할 때뿐입니다.

언제 주사위를 굴려야 할지 결정하는 것에 대해서, 아래와 같은 두 질문을 스스로 던져 보시기 바랍니다.

- 이 일이 너무 쉽거나, 어떤 경쟁이나 스트레스도 없어서 실패할 가능성이 아예 없는 일인가요?
- 이 일은 너무 부적절하거나 불가능한 일인가요? 화살로 달을 맞추려 드는 정도가 이런 일이 될 것입니다.

두 질문에 대한 대답이 모두 아니오 라면, 판정이 필요할 수도 있습니다. 아랫부분은 능력 판정이나 명중 굴림, 내성 굴림을 언제 선언해야 하는지에 대한 안내를 제공합니다. 또한 DC를 선정하는 방법이나 이점/불리점을 사용하는 법도 안내합니다.

## 능력 판정

능력 판정은 캐릭터가 하려는 일이 성공했는가 실패했는가를 알아보는 판정입니다. 플레이어즈 핸드북(Player's Handbook)에는 어떤 능력치가 어디에 사용되는가에 대한 예시가 나와 있습니다. 아래 능력 판정 표는 이러한 자료를 요약한 것입니다.

### 여러 번의 판정 시도

판정에 실패한 캐릭터가 다시 판정을 시도하려는 경우도 있습니다. 때로는 얼마든지 다시 판정을 시도할 수 있는 경우도 있습니다. 이런 경우는 단지 시간이 오래 걸릴 뿐, 성공할 때까지 시도를

**능력 판정**

| 능력치 | 사용처 | 사용 예시 |
|---|---|---|
| 근력 | 신체적 힘과 운동능력 | 문 때려 부수기, 바위 움직이기, 쐐기로 문 고정 시키기 |
| 민첩 | 기민함, 반응, 균형 | 경비병 은신해서 지나치기, 좁은 발판 건너기, 사슬에서 벗어나기 |
| 건강 | 체력과 건강함 | 마라톤 견디기, 집게 없이 달군 금속 집기, 술 마시기 대결에서 이기기 |
| 지능 | 기억력과 이성 | 전승 지식 기억하기, 단서의 중요성 판단하기, 암호화된 메시지 해독하기 |
| 지혜 | 감각과 의지력 | 숨어 있는 대상 찾기, 누군가의 거짓말 알아채기 |
| 매력 | 사회적 영향력과 자신감 | 설득하기, 군중 동원하기, 설득력 있게 거짓말하기 |

반복할 시간만 있다면 언젠가 결국은 하려는 일에 성공하게 될 것입니다. 이 과정을 더 빠르게 처리하려면, 대략 10여 번 같은 일을 시도할 시간을 소비하면 자동으로 성공한 것으로 취급할 수 있습니다. 하지만, 얼마나 여러 번 시도하든 간에 아예 불가능한 일을 성공시킬 수는 없습니다.

반면, 판정에 한번 실패하면 다시는 재시도할 수 없는 경우 역시 존재합니다. 예를 들어, 경비병이랑 마주친 상황에서 일행이 실은 위장한 왕의 수하들이라고 로그가 속임수를 시도할 수 있습니다. 이때 로그의 매력(기만) 판정이 경비병의 지혜(통찰) 판정 대결에서 패했다면, 같은 거짓말을 다시 시도하는 것은 불가능합니다. 캐릭터는 다른 방식으로 경비병을 지나칠 방법을 찾던가, 아니면 다른 성문에서 다른 경비병을 대상으로 판정을 시도해 봐야 할 것입니다. 하지만 당신은 최초의 실패로 인해 상황을 수습하기 위한 이후의 판정들이 더 어려워졌다고 선언할 수 있습니다.

### 대결 판정

대결 판정은 두 대상이 서로 대결하여 능력 판정을 시도하는 경우입니다. 대결 판정은 캐릭터가 다른 어떤 대상의 노력과 시도를 바로 망치려 하거나 바로 맞상대하려 할 경우 사용될 수 있습니다. 대결로 이루어지는 능력 판정에서는 어떤 목표치가 아닌 서로의 결과값을 비교해 이기는 것이 중요해집니다.

당신이 대결 판정을 선언하면, 대결에 나서는 각자가 사용할 능력치를 결정하게 됩니다. 양쪽이 같은 능력치를 사용할 수도 있으며, 서로 다른 능력치를 사용하여 상대할 수도 있습니다. 예를 들어, 누군가의 시야에서 숨으려 드는 경우, 숨는 쪽은 민첩에, 찾으려는 쪽은 지혜에 기반한 판정을 행할 것입니다. 하지만 만약 둘이서 팔씨름하는 경우라거나 문을 사이에도 두고 드잡이하는 경우라면 양쪽 모두 근력을 사용하여 판정할 것입니다.

# 명중 굴림

캐릭터가 무언가를 맞추고자 할 때 명중 굴림을 굴리게 됩니다. 특히 목표가 갑옷이나 방패를 들고 있는 경우, 혹은 엄폐 뒤에 있는 경우는 명중 굴림이 꼭 필요합니다. 당신은 또한 궁술 대결이나 다트 게임 등과 같은 비전투 상황에서도 명중 굴림을 사용하라고 할 수 있습니다.

# 내성 굴림

내성 굴림은 무언가 해로운 효과에 대해 반응해야 하는데 선택할 여지가 없이 즉각적인 반응 결과를 보여야 할 경우 선언할 수 있습

> ### 지능 판정 vs 지혜 판정
> 캐릭터가 무언가 알아채려 할 때 지능이나 지혜 중 어느 쪽 능력치를 사용해서 판정해야 하는지 고민스럽다면, 두 능력치가 매우 높거나 낮을 때 어떤 일이 발생하는지를 생각해 봐서 참고하도록 합시다.
> 지혜는 매우 높지만 지능이 낮은 캐릭터의 경우, 주변 환경을 놀랍도록 잘 알아차리지만 자신이 무엇을 알아차렸는지 파악하는 데 어려움을 겪을 수 있습니다. 이 캐릭터는 벽의 한 부분이 다른 부분과 비교해서 더 깨끗하다는 사실을 알아차릴 수 있지만, 그게 비밀문이 있어서 그렇다는 사실까지는 알아낼 수 없을 것입니다.
> 반면 지능이 높지만 지혜는 낮은 캐릭터의 경우, 주변 환경에 무지하지만 영리합니다. 이 캐릭터는 벽의 한 부분이 다른 부분과 비교해서 다르다는 사실은 전혀 눈치채지 못하겠지만, 누군가 그 부분을 지적해 주면 당장 왜 어느 부분만 특별히 더 깨끗한지 이유를 추론해 낼 수 있습니다.
> 지혜 판정은 캐릭터가 주변 환경을 감지하는 것에 이용됩니다. (벽의 한 부분이 더 깨끗하다는 등), 반면 지능 판정은 왜 사물간의 연관성이나 인과관계를 파악하는 데 이용됩니다. (벽이 깨끗한 것은 그 부분에 비밀문이 있어서 라는 등)

니다. 내성이 성공했다는 것은 무언가 나쁜 일이 캐릭터에게 일어났는데, 캐릭터는 어떻게든 그 효과를 피할 기회를 잡았다는 것입니다. 캐릭터가 능동적으로 시도해서 그 시도의 결과를 판정하는 능력 판정과 달리, 내성 굴림은 캐릭터가 능동적으로 무언가 하는 것이 아니라 다가오는 위험에 대해 즉각적으로 반응해야 하는 경우, 그 반응이 성공했는지 아닌지를 결정하기 위해 주어집니다.

대부분 주문이나 괴물의 능력, 함정 등과 같이 어떤 효과가 일어났을 때 이에 맞춘 내성 굴림이 따라옵니다. 이때 당신은 어떤 내성을 굴려야 하며 DC는 얼마나 되는지 선언할 수 있습니다.

상황에 따라서는 내성 굴림이 필요하다는 사실을 즉각 알 수도 있습니다. 특히나 캐릭터가 갑옷이나 방패로 막을 수 없는 해로운 효과의 목표가 되었을 때가 그러합니다. 이 경우 어떤 능력치가 연관되어 있는지는 당신이 결정하게 됩니다. 아래 내성 굴림 표는 여러 상황에 걸맞은 능력치를 알려줄 것입니다.

### 내성 굴림

| 능력치 | 사용처 |
| --- | --- |
| 근력 | 당신을 강제로 움직이려 하거나 붙잡는 힘에 맞설 때. |
| 민첩 | 피해가 예상되는 지역을 피할 때. |
| 건강 | 질병이나 독, 다른 생명의 위협을 견뎌낼 때. |
| 지능 | 특정한 환영을 믿지 않으려 하거나 논리, 기억 등에 연관된 정신 공격을 견디려 할 때. |
| 지혜 | 매혹이나 공포, 다른 방식으로 의지력에 대한 공격을 견디려 할 때. |
| 매력 | 빙의 같은 효과를 견뎌낼 때, 당신의 자아를 집어삼키려 하거나 다른 이계로 내던지려는 효과를 막을 때. |

# 난이도

규칙이나 모험에서 명확히 설명해 주지 않을 때, 능력 판정이나 내성 굴림에 있어서 난이도를 정하는 것은 당신의 임무입니다. 가끔은 이미 지정된 DC를 당신이 바꿔야 할 때도 있습니다. 난이도를 정할 때는 캐릭터가 하려는 일이 얼마나 어려운지를 생각한 다음 아래 있는 일반적 DC 표에서 적당한 난이도를 정해 선언하도록 합시다.

### 일반적 DC

| 임무 | DC | 임무 | DC |
| --- | --- | --- | --- |
| 매우 쉬움 | 5 | 어려움 | 20 |
| 쉬움 | 10 | 매우 어려움 | 25 |
| 평범함 | 15 | 거의 불가능 | 30 |

이러한 분류에 따른 난이도는 쉽게 기억하도록 만들어진 것일 뿐이니, 매번 이 책을 참고하며 DC를 정할 필요는 없습니다. 여기에는 실제 게임 진행 상에서 DC를 정할 때 도움이 될 만한 조언들이 있습니다.

만약 당신이 능력 판정이 필요하다고 선언했다면, **매우 쉬움**에 속하는 난이도일 경우는 거의 없습니다. 대부분의 경우, DC 5짜리 일은 오히려 실패하기가 어렵습니다. 상황이 아주 특이한 경우가 아니라면, 이처럼 쉬운 임무는 판정할 필요도 없이 성공할 것입니다.

그러면 이제 "이 일의 난이도는 쉬움, 평범함, 어려움 중에 어디 속할까?"를 자문해 보도록 합시다. 만약 당신이 10, 15, 20만을 사용한다 해도, 게임은 무리 없이 굴러갈 것입니다. 연관된 능력치가 10 정도로 평범하고, 해당 임무에 관련된 기술이 전혀 없는 캐릭터라 해도 **쉬움** 난이도에서는 50% 확률로 성공한다는 점을 기억해 둡시다. **평범함** 난이도의 경우 더 높은 능력치가 있거

나 관련된 기술이 있어야 성공할 수 있으며, **어려움** 난이도의 경우 능력치와 관련된 기술 둘 다 있어야 성공을 기대할 수 있습니다. 물론 d20에서 행운이 터지는 경우는 언제든 가능합니다.

스스로 생각하기에 "이 일은 특별히 어려울 거야"라고 생각된다면 더 높은 DC를 책정해도 되지만, 그럴 때는 캐릭터의 레벨을 미리 생각해 보도록 합시다. DC 25의 **매우 어려운** 임무는 저레벨 캐릭터가 어찌어찌해낼 수 있을지도 모르지만, 최소 10레벨 이상의 캐릭터에게 더 합당한 도전이 될 것입니다. 또한 DC 30의 **거의 불가능한** 임무는 20레벨 캐릭터가 관련된 기술에 숙련을 지니고 연관 능력치가 20점이 되어도 d20에서 19-20이 나와야 성공을 기대할 만한 어려움이라는 점을 기억해 두도록 합시다.

## 변형 규칙: 자동 성공

가끔은 d20의 무작위성이 우스꽝스러운 결과를 가져오기도 합니다. DC 15의 근력 판정에 성공해야만 부술 수 있는 문이 있다고 칩시다. 근력 20의 파이터가 철퇴를 수없이 내리쳐도, 주사위가 나쁘게 나온다면 문은 부서지지 않을 것입니다. 한편, 근력 10짜리 로그가 판정을 시도했는데, d20에서 20이 나왔다면 문은 단번에 부서져 열릴 것입니다.

이런 결과가 불편하다면, 특정한 판정에서는 자동 성공이 가능하다는 선택 규칙을 고려해 볼 수 있습니다. 이 선택 규칙을 사용하면, 관련 능력치 -5 이하의 DC를 요구하는 판정에서는 자동 성공을 취할 수 있습니다. 위의 예시를 들자면, 파이터는 근력 20이므로 DC 15의 판정에서는 자동 성공을 할 수 있습니다. 이 규칙은 대결 판정, 내성 굴림, 명중 굴림 등에 사용해서는 안 됩니다.

기술에 숙련이 있거나 도구를 사용하는 경우 역시 자동 성공을 고려해 볼 수 있습니다. 만약 캐릭터의 숙련 보너스가 능력 판정에 더해진다면, DC 10 이하의 판정에 대해서는 자동 성공으로 취급한다고 할 수 있습니다. 만약 11레벨 이상의 캐릭터라면 DC 15 이하의 판정에 자동 성공을 얻을 수 있습니다.

이러한 접근 방식의 부작용은 게임을 너무 쉽게 예측할 수 있다는 점입니다. 예를 들어, 일단 캐릭터의 능력치가 20이 되고 나면 DC 15 이하의 판정은 모두 자동 성공이 될 수도 있습니다. 영리한 플레이어들이라면 언제나 가장 높은 능력치를 지닌 캐릭터가 그에 연관된 판정을 하도록 할 것입니다. 만약 당신이 실패의 위험을 좀 첨가하고 싶다면, DC를 높일 필요가 있습니다. 하지만 이렇게 하면 이제 당신이 해결하고자 하는 문제가 더 악화될 수 있습니다. DC가 높아진다는 것은 더 높은 주사위 결과를 요구한다는 뜻이며, 따라서 운이 판정에 더 많은 영향을 끼치게 되기 때문입니다.

## 숙련

당신이 능력 판정을 행하라고 할 때, 해당 판정에 기술이나 도구 숙련이 적용되는지를 고려해 둡시다. 또한, 판정하게 된 플레이어가 자신이 지닌 숙련 보너스를 적용할 수 있는지 물어보는 경우 역시 있을 수 있습니다.

이러한 질문에 대해 생각해 볼 때, 우선 고려해야 할 것은 캐릭터가 이런 상황에 대비한 훈련과 연습을 행해 왔는가 하는 것입니다. 만약 대답이 "아니오"라면, 숙련 보너스가 적용되지 않는다고 할 수 있습니다. 하지만 만약 대답이 "그렇다"라면, 적절한 기술이나 도구 숙련 보너스를 제공해서 캐릭터가 받아온 훈련과 연습의 결과를 표현할 수 있습니다.

### 기술

플레이어즈 핸드북(Player's Handbook)에 실려 있는 것과 마찬가지로, 기술 숙련은 캐릭터가 어떤 능력치의 어떤 부분에 더 집중하였는가를 나타냅니다. 캐릭터가 지닌 민첩 능력치의 다양한 부분 중에서, 이 캐릭터는 특히 은신에 더 집중했을 수도 있습니다. 그런 경우 은신 기술에 숙련을 얻게 됩니다. 이 기술은 사용될 때 주로 민첩 능력치와 같이 사용됩니다.

특별한 상황에 처한 경우 기존의 기술을 항상 사용하던 능력치 대신 다른 능력치와 함께 사용하게 할 수 있습니다. 예를 들어, 멀리 떨어진 섬에서 본토까지 헤엄쳐야 할 경우, 당신은 운동 기술을 근력 대신 건강 능력치와 같이 판정하게 할 수 있습니다. 수영은 기본적으로 운동 기술과 연관되어 있으니 숙련이 적용되며, 거리가 멀기에 근력보다는 지구력이 더 필요하므로 건강이 적용됩니다. 따라서 일반적인 근력(운동)판정 대신 건강(운동) 판정을 행하게 되는 것입니다.

가끔 플레이어들은 능력 판정을 할 때 가지고 있는 기술 숙련을 사용할 수 있는지 물어볼 수 있습니다. 만약 플레이어가 어떻게 이 판정에 캐릭터가 지닌 기술을 사용할 수 있는 것인가에 대해 설득력 있는 설명을 할 수 있었다면 판정에 기술을 적용해 주는 것 역시 좋은 방법입니다. 이는 플레이어들이 발휘하는 창의성에 보상하는 방법이기 때문입니다.

### 도구

도구에 대해 숙련을 지니고 있으면, 그 도구를 사용하는 경우 능력 판정에 숙련 보너스를 받을 수 있습니다. 예를 들어, 목공의 도구에 숙련을 가진 캐릭터는 목관 악기를 만들려고 민첩 판정을 할 때 숙련 보너스를 받거나, 나무 비밀문을 만드는 지능 판정에 보너스를 받거나, 트레뷰쳇을 제작하는 근력 판정에서 보너스를 받을 수 있습니다. 하지만 이러한 숙련 보너스는 불안한 목제 구조물을 식별하려 할 때나 이미 만들어진 물건의 제작자를 조사하려 할 때는 받을 수 없습니다. 이러한 행동은 도구를 사용하지 않기 때문입니다.

### 내성 굴림과 명중 굴림

캐릭터는 내성 굴림이나 명중 굴림에 숙련 보너스를 받을 수도 있고 아닐 수도 있습니다. 캐릭터가 익숙한 행동을 할 때는 언제나 보너스가 적용된다고 보는 편이 옳습니다.

## 이점과 불리점

이점과 불리점은 DM이 사용할 수 있는 여러 도구 중에서 가장 유용한 것 중 하나입니다. 이러한 요소들은 캐릭터가 어떤 행동을 하려 할 때 상황에 따라 주어지는 이롭고 불리한 효과를 가장 잘 표현하는 방법입니다. 이점은 또한 게임 진행 과정에서 놀라운 창의성을 보여준 플레이어에게 내려줄 수 있는 보상으로서도 작용할 수 있습니다.

캐릭터들은 특별 능력이나 행동, 주문 혹은 클래스나 배경의 기능으로서 이점이나 불리점을 얻게 됩니다. 혹은 환경에 따라 판정에 유리하거나 불리한 영향이 가해질 때, 그 결과로서 이점이나 불리점이 주어지기도 합니다.

아래 상황에서 **이점**을 주는 것을 고려해 보십시오.

- 맞서는 상대가 타고난 능력을 제대로 발휘할 수 없는 상황에 처했을 때
- 주변 환경의 어떤 요소가 캐릭터의 성공 가능성에 도움을 주고 있을 때
- 플레이어가 어떤 임무를 시도하면서 놀라운 창의성이나 영리함을 보여주었을 때
- 캐릭터가 취한 이전의 행동들이 현재의 성공 가능성을 높여주고 있을 때

반면, 아래 상황에서 **불리점**을 주는 것을 고려해 보십시오.

- 상황이 성공에 방해가 되고 있을 때
- 주변 환경의 어떤 요소가 캐릭터의 성공 가능성을 떨어트리고 있을 때 (그 상황이 이미 판정에 페널티를 가하지 않고 있을 때만 해당합니다.)
- 플레이어가 세운 계획이나 행동의 묘사가 성공의 가능성을 떨어트리고 있을 때

이점과 불리점은 서로를 상쇄하기 때문에, 상황이나 환경이 서로 얼마나 더 유리하고 불리하게 만드느냐를 일일이 계산할 필요는 없습니다.

예를 들어, 한 위저드가 비홀더를 피해 던전 복도를 달리며 도망가는 상황을 생각해 봅시다. 모퉁이를 돌면 두 마리의 오우거가 기다리고 있습니다. 위저드는 오우거가 매복하고 있는 소리를 들을 수 있을까요? 당신은 위저드의 지혜(감지) 판정을 하기 전에 영향을 주는 요소들을 고려할 수 있습니다.

위저드는 달리고 있으며, 앞에 무엇이 있는지 주의를 기울일 상황이 아닙니다. 이것은 위저드의 능력 판정에 불리점을 가할 수 있습니다. 하지만 오우거들이 창살문 함정을 준비하고 있다면 이것은 매우 큰 소음이 나는 일이므로 위저드의 판정에 이점을 제공할 수 있습니다. 그 결과로서, 캐릭터는 어떤 이점이나 불리점 없이 지혜 판정을 행할 수 있으며 다른 요소들은 고려할 필요가 없습니다. 오우거의 매복이 있었던 지난번 조우라거나, *천둥파도 Thunderwave* 주문의 영향으로 아직도 위저드의 귀가 먹먹한 상태라는 것, 던전의 전체적인 소음 수준 등은 모두 고려할 필요가 없습니다. 이점은 전체적으로 하나이며 불리점도 전체적으로 하나이므로, 서로 상쇄되어 사라지기 때문입니다.

# 고양감

고양감의 제공은 플레이어들의 역할 연기와 위험 감수에 보상을 주는 좋은 방법입니다. 플레이어즈 핸드북(*Player's Handbook*)에서 설명한 바와 같이, 고양감을 지니고 있으면 캐릭터는 여러가지 이익을 얻을 수 있습니다. 능력 판정이나 명중 굴림, 내성 굴림 한 번에 이점을 얻을 수 있는 것입니다. 캐릭터가 지닐 수 있는 고양감은 최대 하나라는 점을 기억해 두십시오.

## 고양감 수여하기

고양감은 당신이 진행하는 캠페인에 힘을 불어넣어 줄 양념으로 생각하십시오. 어떤 DM들은 고양감을 거의 사용하지 않지만, 다른 이들은 게임의 핵심적인 부분으로 다루기도 합니다. 이 부분에서 기대하시는 바가 없다면, 이 황금률만이라도 꼭 기억하시기 바랍니다. 고양감은 모두에게 게임을 더 재미있는 것으로 만들기 위해 쓰여야 합니다. 고양감을 보상으로 수여하는 것은 플레이어들에게 게임을 더 신나고 즐거운 것으로, 더 기억에 남는 것으로 만들도록 유도하기 위해서입니다.

가장 우선하는 법칙을 들자면, 한 번의 게임 모임에서 각각의 플레이어에게 한 번씩 고양감을 주는 것을 목표로 삼는 게 좋습니다. 시간이 흐르다보면 때에 따라 더 자주, 혹은 덜 자주 고양감을 수여하길 바라게 될 것입니다. 이렇게 게임 내에서 당신이 적당하다고 생각하는 빈도로 고양감을 건네 주는 법을 익히게 됩니다. DM을 계속하는 동안 꾸준히 같은 빈도로 고양감을 줄 수도 있으며, 캠페인이 달라질 때마다 주는 빈도를 바꿀 수도 있습니다.

고양감 수여는 플레이어들에게 어떤 행동을 장려하기 위한 보상의 의미를 가질 수 있습니다. DM으로서 당신의 스타일과 당신이 함께하는 게임 집단의 스타일을 고려하십시오. 어떤 방식이 당신의 게임 집단을 더 즐겁게 만들 수 있을까요? 어떤 행동을 하는 것이 당신이 미리 정한 게임 캠페인의 장르 주제에 더 맞는 것일까요? 이러한 질문들의 답을 생각할 수 있으면 언제 어떻게 고양감을 줄 것인지 결정할 수 있습니다.

***역할 연기.*** 좋은 역할 연기에 대한 보상으로 고양감을 사용하는 것은 대부분의 게임 집단에서 좋은 출발점이 되어줍니다. 플레이어 중 누군가가 자신의 캐릭터가 지닌 개성, 특징, 단점, 유대를 잘 살리는 연기를 했을 경우 고양감을 수여하십시오. 캐릭터의 행동이 어떤 식으로든 기억에 남을만한 것인 경우도 마찬가지입니다. 어떤 행동으로 인해 이야기가 크게 진전했다거나, 모험자들이 위험에 처하게 되었다거나, 게임 도중 큰 웃음을 준 경우가 그렇습니다. 근본적으로, 당신은 게임을 모두에게 더 즐겁게 만들어 준 역할연기에 대한 보상으로 고양감을 줄 수 있습니다.

각 플레이어가 지닌 역할연기 스타일도 고려하면서, 어떤 누군가의 스타일을 특별히 편애하지 않도록 하십시오. 예를 들어, 앨리슨은 사투리를 넣어 말하고 캐릭터의 버릇을 흉내 내는데 능한 반면, 폴은 캐릭터의 태도와 행동을 묘사하며 역할연기를 하는 쪽을 더 선호한다고 해 봅시다. 둘 중 어느 쪽이 더 낫다고 하기는 어렵습니다. 고양감은 플레이어들이 각각 맡은 바를 다하고 최선을 다하도록 만들어주어야 하며, 이로 인해 게임을 모두에게 더 나은 것으로 만들기 위한 보상이 되어야 합니다.

***영웅심.*** 당신은 플레이어 캐릭터들이 기꺼이 위험을 떠안았을 때 이에 대한 보상으로 고양감을 줄 수 있습니다. 파이터는 발코니에서 굶주린 놀 무리 속으로 직접 뛰어들지 않아도 됐겠지만, 용감하게 그런 행동을 했을 때 그에 대한 보상으로 고양감을 받을 수 있습니다. 이런 보상이 있으면 플레이어들은 기꺼이 치고받는 상황에 뛰어들 것입니다.

이러한 접근 방식은 특히 액션 위주가 되는 캠페인을 진행할 때 매우 좋습니다. 이러한 캠페인에서는 d20을 굴리기 전이 아니라 굴리고 나서 고양감을 사용하는 것 역시 고려해 볼 만합니다. 이러한 사용법을 허락해 주면, 실패에 대한 대비책으로서 고양감을 사용할 수도 있게 됩니다. 캐릭터가 실패에 직접 뛰어들지 않을 수 있다는 자신감이 생기면, 더 위험부담을 지는 전술 역시 플레이어들의 선택지 중 하나가 될 수 있습니다.

***승리에 대한 보상.*** 어떤 DM들은 캠페인을 진행하면서 철저히 공정한 역할만을 하고자 합니다. 고양감은 대개 DM의 판단에 따라 주어지는데, 캠페인을 오로지 주사위가 나오는 방향대로 이끌

고자 하는 게 당신의 스타일이라면 이런 방식은 제대로 작동하지 않습니다. 당신의 스타일이 가능한 당신의 판단을 배제하는 것이라면, 고양감을 당신의 판단 대신 캐릭터들이 어떤 중요한 목표나 승리를 달성했을 때 부여하는 것으로 대신하는 것 역시 생각해 볼 만합니다. 이는 캐릭터들이 얻었을 강력한 자신감이나 활력을 표현하는 방법이 되어줄 것입니다.

이 방식을 사용하면, 다 같이 힘을 합해 강력한 적을 물리쳤을 때, 혹은 영리한 계획을 세워 목표를 달성했을 때, 캠페인의 중요한 장애물을 극복했을 때 일행 전체에게 고양감을 줄 수 있습니다.

***장르 적응.*** 고양감은 캠페인을 특정한 장르로 끌고 가려 할 때 유용한 도구가 되어 줄 수 있습니다. 이런 접근방식을 사용하면, 캐릭터가 자신의 개성이나 단점, 유대를 살릴 때 대신 장르의 모티브를 충실히 표현했을 때 그 보답으로 고양감을 주는 것을 생각해 볼 수 있습니다. 예를 들어, 느와르 필름에서 영감을 얻은 캠페인을 진행한다고 해 봅시다. 이때 캐릭터는 "나는 사단이 날 것을 알면서도 매력적인 사람을 도와주는 걸 피할 수 없어."라는 추가 단점을 지닐 수 있습니다. 캐릭터들이 의심스럽지만 고혹적인 귀족을 도와주려 하거나, 이로 인해 결국 모략과 배신의 거미줄에 빠지게 되었을 때, 그 보답으로서 고양감을 부여할 수 있습니다.

이와 유사하게 공포 이야기를 진행하는 캐릭터들은 어쩔 수 없이 유령들린 집에서 하룻밤을 보내며 그 비밀을 캐야 할 수도 있습니다. 대개는 하지 않을 행동이지만, 공포 장르의 중요한 순간을 끌어오기 위해 나머지 일행과 떨어져 홀로 집을 조사하는 행동을 한 캐릭터에게는 보상으로 고양감을 주는 것 역시 생각해 볼 만 합니다.

이성적인 판단이 가능한 사람이라면 뻔한 귀족의 모략이나 유령 들린 집은 피해갈 수 있겠지만, 느와르 필름이나 공포 장르의 주된 등장인물은 이런 생각 있는 사람들이 아닙니다. 우리는 특정한 형태의 이야기 속에 등장하는 주역들에 대해 이야기하고 있는 것입니다. 이런 접근 방식을 사용하려면, 당신이 생각하는 캠페인 장르와 유사한 장르의 작품들을 쭉 나열한 목록을 작성하고 이것을 플레이어들과 공유하십시오. 당신이 캠페인을 시작하기 전에, 목록 속 작품들에 대해 이야기를 하고 이러한 장르적 문법에 대해 게임 집단이 이해하고 받아들일 수 있는지 확인하십시오.

***플레이어들과 고양감.*** 이미 고양감을 지니고 있는 플레이어가 다른 플레이어에게 고양감을 건네줄 수 있다는 점을 기억하십시오. 어떤 게임 집단에서는 실제로 고양감을 집단 전체의 자원으로 인식하고 사용하며, 주사위 판정을 하기 전에 사용할지 말지를 미리 의논하곤 합니다. 플레이어들이 스스로 생각하기에 적당하다고 여기는 대로 고양감을 사용하게 하는 것이 최선이겠지만, 당신이 정한 안내를 따라서 사용하도록 이야기하는 것 역시 가능합니다. 특히 중요한 점은 당신이 특정한 장르의 문법에 따라 이야기를 만들고자 할 때, 그것에 맞게 사용하도록 플레이어들을 유도해야 한다는 점입니다.

## 언제 고양감을 부여할까?

당신이 보상으로 고양감을 수여할 때를 잘 생각하십시오. 어떤 DM들은 행동에 대한 보상으로서 고양감을 바로 수여합니다. DM들 중 다른 일부는 플레이어들이 여러 가지 선택지를 고민할 때, 특정한 행동을 하면 고양감을 주겠다는 식으로 행동을 유도합니다. 양쪽 방식 모두 나름의 장점과 단점이 있습니다.

행동을 기다린 다음에 주는 방식은 이야기의 흐름을 끊지 않는다는 장점이 있으며, 플레이어들은 자신들의 결정이 고양감을 받을지 아닐지 알 수 없다는 것을 의미하기도 합니다. 또한 이 방식은 판정 이후에 고양감을 사용할 수 있게 허락해 주거나, 판정하기도 전에 고양감을 주겠다고 하지 않는 이상에는 플레이어들이 고양감을 얻게 되는 행동 그 자체에 고양감을 사용할 수 없다는

것을 뜻하기도 합니다. 이 접근 방식은 게임 집단이 게임에 열중하고 플레이어의 선택권이 중요하며, DM은 한 발짝 물러난 상태에서 플레이어들이 자유로이 원하는 대로 선택하는 상황에서 가장 유용합니다.

어떤 행동이 고양감을 얻을 수 있는 것인가 미리 말해주는 방식은 투명한 기준을 갖게 하지만, 당신이 플레이어들의 행동을 유도하려 한다거나 선택권을 빼앗긴다는 생각이 들게 만듭니다. 행동하기 전 고양감을 제공하는 방식은 장르 모사에 중점을 두거나 게임 집단이 이야기 진행을 가장 중요하게 생각하는 경우 유용합니다. 이런 경우는 캐릭터 각각의 자유는 서로 함께 이야기를 만들어나가는 것에 비해서는 덜 중요해지기 때문입니다.

만약 당신이 처음 새 캠페인을 시작하였거나 새로운 게임 집단과 함께하고 있다면, 행동 이후 주는 방식으로 시작하는 것을 권합니다. 이러한 접근 방식은 게임 진행의 흐름을 방해하지 않으며 또한 당신이 플레이어들을 조작하려 든다는 의심도 받지 않을 수 있기 때문입니다.

## 고양감 기록하기

플레이어는 대개 캐릭터 시트에 자신이 가진 고양감을 쓰고 지우며 표기하기도 하고, 포커칩이나 다른 토큰을 이용해 이를 표시하기도 합니다. 어쩌면 d20 주사위 중 하나를 이용해 고양감을 나타내는 토큰으로 쓸 수도 있습니다. 고양감을 사용하면 바로 이 주사위를 굴리는 것입니다. 이렇게 사용한 d20 주사위는 당신의 손으로 돌아오게 됩니다. 만약 그 플레이어가 다른 누군가에게 고양감을 전달했다면, 주사위 역시 전달해준 플레이어의 손으로 가면 됩니다.

## 고양감 무시하기

당신의 캠페인에는 고양감이 어울리지 않을 수도 있습니다. 어떤 DM들은 고양감이 일종의 메타게임적 사고를 유발한다고 생각하기도 하며, 영웅심이나 역할연기 등과 같은 게임적 부분들은 당연히 수행하는 것이지 여기에 어떤 인센티브가 필요하다고 생각하지 않을 수 있습니다.

만약 당신이 고양감 규칙을 무시하기로 선택했다면, 플레이어들에게 이 캠페인에서는 주사위를 나온 그대로 사용해야만 한다는 점을 미리 이야기해주는 것이 좋습니다. 이렇게 고양감을 사용하지 않는 것은 거칠고 어려운 캠페인이나 DM이 어디까지나 공정한 중재자로서만 활동하려는 경우 좋은 선택이 될 수 있습니다.

## 변형 규칙: 플레이어들만 고양감 수여

당신은 DM으로서 게임 도중 많은 기록을 해야 합니다. 그러다 보니 가끔은 고양감을 기록하거나 이걸 보상하는 일을 잊어버릴 수도 있습니다. 따라서 변형 규칙으로, 당신은 플레이어들이 서로 고양감을 부여하며 보상하도록 할 수 있습니다. 매번 세션에 각 플레이어는 다른 플레이어에게 한 번 고양감을 줄 수 있습니다. 플레이어들은 게임 집단이 합의한 원칙에 따라 서로에게 고양감을 수여하게 됩니다.

이 접근방식을 사용하면 당신의 게임 진행은 더 편안해지며, 각 플레이어는 서로의 좋은 게임 진행에 보상할 기회를 얻게 됩니다. 물론 당신은 이렇게 서로에게 주어지는 보상이 공평하게 주어졌는지를 감독해야 할 필요가 있긴 합니다.

이 접근 방식은 게임 집단이 이야기 진행에 가장 중점을 두고 있을 때 적절합니다. 반면, 플레이어들이 좋은 역할연기나 다른 게임적 행동에 대한 보상보다는, 그저 중요한 상황에서 잘 써먹기 위해 서로에게 고양감을 주려 하는 경우는 제대로 작동하지 않을 것입니다.

이 규칙의 또 다른 변형으로서, 한 사람의 플레이어가 한 번의 게임 모임에서 여러 번 고양감을 수여할 수 있도록 허락할 수도

있습니다. 이런 경우, 처음 수여하는 고양감은 자유로이 주어도 되지만, 두 번째부터는 고양감을 줄 때마다 당신은 플레이어 캐릭터들이 맞서는 적 중 하나에게 이점을 부여하는 식으로 균형을 맞출 수 있습니다. 이런 방식으로라면 한 번의 게임 도중에도 여러 번의 고양감을 얻을 수 있으며, 쓰이지 않은 고양감은 다음 모임에 그대로 가져갈 수 있게 됩니다.

## 판정과 결과

당신은 명중 굴림과 능력 판정, 내성 굴림 등의 결과를 정할 수 있습니다. 대체로 판정 결과는 간단하게 확인할 수 있습니다. 명중 굴림이 성공하면, 피해를 가합니다. 내성 굴림에 실패하면, 해로운 결과를 당합니다. 능력 판정이 DC를 넘기면, 판정에 성공합니다.

당신은 DM으로서 여러가지 다양한 방식의 접근을 통해 성공과 실패를 조정해서 모든 판정이 흑백으로 결정나지 않게 만들 수 있습니다.

### 대가를 치른 성공

실패는 험난할 수 있지만, 가까스로 성공할 때 역시 상당한 고통이 가해질 수 있습니다. 캐릭터가 어떤 판정에서 1-2 차이로 실패했다면, 당신은 실패하는 대신 대가를 치르고 성공하는 방식으로 처리할 수 있습니다. 성공하는 대신 치러야 하는 대가로는 아래와 같은 것들을 예시로 들 수 있습니다.

- 캐릭터는 홉고블린의 방어를 제치고 칼을 찔러 넣으며 빗나갈 뻔했지만 어떻게든 명중시킬 수 있었습니다. 그러나 홉고블린은 몸을 크게 비틀었고 당신은 칼을 떨어트리고 말았습니다.
- 캐릭터는 화염구Fireball가 터지는 범위에서 몸을 날려 가까스로 피할 수 있었지만 넘어지고 말았습니다.
- 캐릭터는 코볼드 포로를 심문하는 데 실패했지만, 코볼드는 어쩌다 비밀을 발설하긴 했습니다. 그러나 발설하면서 코볼드는 큰소리를 질렀고, 주변 괴물들이 알아챘을 것입니다.
- 캐릭터는 겨우겨우 미끄러지지 않고 절벽을 기어오르는 데 성공했지만, 올라오는 과정에서 로프가 아슬아슬하게 끊어질 것 같은 상황이 되었고 여전히 이 로프 아래에는 동료들이 매달려 있습니다.

이처럼 성공에 대한 대가를 생각할 때는, 모험의 현 상황에 걸맞은 장애나 부작용을 적절하게 제시해야 합니다. 플레이어들은 아슬아슬하게 성공하는 대신 새로운 도전의 국면을 맞이해야 할 것입니다.

또한 이러한 기법은 캐릭터가 판정에서 딱 DC에 맞는 결과가 나왔을 때 역시 사용할 수 있습니다. 대가를 치르는 아슬아슬한 성공은 다양한 방식으로 재미있게 사용할 수 있습니다.

### 실패의 여러 단계

가끔은 능력 판정에서 실패하는 것 역시 여러 단계로 표현할 수 있습니다. 예를 들어, 상자에 걸린 함정을 해제하려는 캐릭터가 실패하는 경우를 생각해 봅시다. 주어진 DC보다 5 이상으로 실패한 경우 캐릭터는 실수로 함정을 발동시킨 것이 되며, 5 차이 이하로 실패하면 발동은 시키지 않았지만, 해제도 실패한 것을 뜻합니다. 또한 여왕의 도움을 받기 위한 매력(설득)판정에 실패하는 경우 역시, 5 이상의 차이로 실패했다면 단순히 설득에 실패한 정도가 아니라 여왕의 분노를 사 지하 감방에 감금될 수도 있습니다.

### 치명적인 성공과 실패

능력 판정이나 내성 굴림에서 20이나 1이 나오는 경우는 단순히 성공이나 실패일 뿐, 대개 특별한 결과가 나오지 않습니다. 하지만 당신은 이렇게 특별한 주사위 결과가 나왔을 때, 그 결과를 조정해서 더욱 극적인 연출을 할 수 있습니다. 이 과정을 어떻게 게임에 적용시킬 것인가는 전적으로 당신에게 달려 있습니다. 좀 더 쉬운 접근 방식을 택하자면, 성공이나 실패의 충격을 더욱 크게 만드는 것으로 해결할 수 있습니다. 예를 들어, 주사위에서 1이 나와 실패한 시도는 자물쇠 따기에서 아예 도구가 망가지는 식으로 처리할 수 있고, 지능(수사) 판정에서 20이 나온 경우는 본래 주어질 단서에 더해 추가로 다른 단서 역시 주어질 수 있습니다.

# 탐험

이 부분에서는 여행과 추적, 시야 등과 같이 탐험에 관련된 규칙을 안내합니다.

## 지도를 사용하기

모험자들이 어떤 환경을 탐험하고 있든, 당신은 지도를 사용해 여행의 진도를 훨씬 자세하게 묘사할 수 있습니다. 던전 안에서는 지도를 이용해 이동 경로를 표시하면 어떤 통로를 통해 왔는지, 어떤 문을 지나 어떤 방에 들어갔었는지 등을 쉽게 표시할 수 있으며, 모험자들이 더 현명하게 앞으로의 진로를 선택하게 할 수 있습니다. 이와 마찬가지로 야생 환경 역시 지도를 이용하면 다양한 길과 강, 지형 등등을 표시할 수 있고, 캐릭터들은 이러한 정보를 이용해 여행길을 더 잘 설계할 수 있을 것입니다.

지도 여행 속도 표는 여러 가지 축척의 지도를 사용할 때 여행 속도를 측정하는 용도로 사용될 수 있습니다. 이 표는 모험자들이 도보로 여행할 때 분 단위, 시간 단위, 하루 단위로 얼마나 멀리 갈 수 있는지를 보여줍니다. 이 표는 느림, 보통, 빠름의 세 가지 속도로 여행 거리를 보여주며, 이는 플레이어즈 핸드북(Player's Handbook)에 나왔던 것과 같습니다. 캐릭터들은 대개 보통 속도로 여행할 때 하루에 24마일을 여행할 수 있습니다.

### 여행 속도 표

| 지도 크기 | 느린 속도 | 보통 속도 | 빠른 속도 |
|---|---|---|---|
| 던전 (1칸=10ft) | 20칸/분 | 30칸/분 | 40칸/분 |
| 도시 (1칸=100ft) | 2칸/분 | 3칸/분 | 4칸/분 |
| 지역 (1헥스=1마일) | 2헥스/시간 18헥스/일 | 3헥스/시간 24헥스/일 | 4헥스/시간 30헥스/일 |
| 왕국 (1헥스=6마일) | 1헥스/3시간 3헥스/일 | 1헥스/2시간 4헥스/일 | 1헥스/1.5시간 5헥스/일 |

## 특별한 여행 속도

플레이어즈 핸드북의 여행 속도 규칙은 여행자 집단이 장기간 여행하는 것을 가정하고 있으며, 그럴 때는 집단 내 개개인의 걷는 속도에 영향을 받지 않습니다. 개개인의 걷는 속도는 전투 상황일 경우 상당히 큰 차이를 가져오지만, 장기간의 여행이 되면 그렇지 않습니다. 더 빠른 사람은 느린 사람을 기다려주고, 서로 걷다 쉬기를 반복하다 보면 집단의 이동 속도는 결국 비슷해집니다.

환영마를 탄다거나 비행 융단을 이용하는 경우, 혹은 범선을 타고 여행하거나 노움들이 만든 증기기관 여행 기구를 사용하는 때는 평범한 속도로 여행할 필요가 없습니다. 마법이나 기관의 힘, 혹은 바람의 힘은 지치지 않고 계속 이동할 수 있으며, 더욱이 하늘을 날아간다면 지상의 장애물들에 구애받지 않을 수 있습니다. 당신이 비행 이동이 가능한 탈 것으로 여행하거나 마법, 기관, 혹은 자연의 힘을 통해 여행하는 경우, 아래와 같은 규칙을 이용하면 표기된 속도를 장기간의 여행 속도로 변환할 수 있습니다.

- 1분당 이동하는 거리는 전투 속도에 10을 곱한 것과 같습니다.
- 1시간당 이동하는 거리는 전투 속도를 10으로 나눈 숫자만큼의 마일입니다.
- 하루당 이동하는 거리는 시간당 거리에 여행에 들이는 시간을 곱해서 계산합니다. (대개는 하루 8시간 여행합니다.)
- 빠른 속도로 여행하는 경우, 속도는 1/3 증가합니다.
- 느린 속도로 여행하는 경우, 속도는 1/3 감소합니다.

예를 들어, 어떤 캐릭터가 바람 걷기Wind Walk 주문의 영향을 받아 전투시 300ft 속도로 비행할 수 있게 되었다고 해 봅시다. 이 캐릭터는 1분당 3,000ft 이동할 수 있으며, 빠르게 이동하려면 4,000ft, 느리게 이동하려면 2,000ft의 속도로 이동할 수 있습니다. 또한 이 캐릭터는 시간당 20, 30, 혹은 40마일 이동할 수 있습니다. 이 주문은 8시간 동안 지속되므로, 지속시간동안 계속 여행한다면 하루에 160마일, 240마일, 혹은 320마일 여행할 수 있습니다.

또한 환영마Phantom Steed 주문을 사용해 마법의 탈것을 소환한 경우, 이 탈 것은 전투시 100ft 속도로 이동할 수 있고 진짜 말과는 달리 지치지 않습니다. 환영마에 탄 캐릭터는 보통 속도로 여행할 때 1분당 1,000ft 이동할 수 있으며, 빠른 속도의 경우 분당 1,333ft, 느린 속도로 이동할 경우 666ft의 속도로 이동할 수 있습니다. 또한 환영마를 타면 한 시간에 7마일, 10마일, 혹은 13마일의 속도로 여행할 수 있습니다.

## 야외에서의 시야

야외를 여행할 때, 맑은 날이라면 캐릭터는 사방 2마일 거리까지 볼 수 있습니다. 물론 숲이나 언덕, 다른 장애물이 있어 시야가 막힐 경우는 거기까지만 보입니다. 비가 내리는 경우, 시야는 최대 1마일까지로 줄어들게 되며, 안개가 낀 경우는 100~300ft 거리까지로 줄어들기도 합니다.

맑은 날에 높은 언덕이나 산 위에 올라왔다면 최대 40마일 거리까지도 볼 수 있습니다. 마찬가지로 산이나 언덕이 아니라 매우 높은 지역에서 내려다보는 것만으로도 비슷하게 멀리 볼 수 있습니다.

## 다른 크리쳐 감지하기

탐험하다 보면, 캐릭터들은 다른 누군가를 마주치기도 합니다. 여기서 누가 누구를 먼저 알아채는가는 중요한 문제가 됩니다.

실내에서라면, 방이나 복도의 구성에 따라서 어느 쪽이 상대를 먼저 알아챌 수 있느냐가 결정되곤 합니다. 또한 실내에서는 시야가 광원의 유무에 따라 제한되기도 합니다. 야외에서의 시야는 날씨나 지형에 따라서, 혹은 하루 중 어느 때인가에 따라 제한되기도 합니다. 또한 상대의 모습을 보기 전에 먼저 소리를 통해 알아차리는 경우 역시 있을법합니다.

어느 쪽도 은신하고 있지 않다면, 서로 눈으로 보거나 소리를 듣게 될 때 자동으로 동시에 같이 발견한 것이 됩니다. 한 쪽이 은

신중이라면, 은신중인 쪽의 민첩(은신) 판정의 결과를 상대편 집단의 상시 지혜(감지) 점수와 비교하게 됩니다. 여기에 대해서는 플레이어즈 핸드북(Player's Handbook)에 잘 나와 있습니다.

## 추적하기

모험자들은 때때로 다른 크리쳐들의 흔적을 쫓아야 할 때도 있습니다. 어쩌면 다른 크리쳐들이 모험자들의 흔적을 쫓기도 합니다. 추적을 하려면 일단 추적하려는 자가 지혜(생존) 판정에 성공해야만 합니다. 또한 아래와 같은 상황에서는 다시 판정을 요구할 수도 있습니다.

- 추적을 중단하고 짧은 휴식, 혹은 긴 휴식 이후 다시 추적을 재개하려 하는 경우
- 흔적이 남지 않는 강 같은 장애물 너머로 추적하려는 경우
- 기후 상황이나 지형이 극심하게 변해서 추적이 훨씬 더 어려워지는 경우

추적 판정의 DC는 환경에 추적 대상의 흔적이 얼마나 잘 남아 있는가에 따라 달라집니다. 보이는 흔적이 명백하다면 아예 판정이 필요하지 않을 수도 있습니다. 예를 들어, 진흙탕 길을 행군해 가는 군대의 뒤를 쫓는 것에는 굳이 판정이 필요 없습니다. 추적 대상이 눈에 띄는 흔적을 남기지 않는다면, 편평한 돌바닥 위의 흔적을 쫓는 것은 한층 어려운 일이 될 것입니다. 또한 시간이 흐름에 따라 흔적을 뒤쫓는 일은 더욱 어려워지기도 합니다. 더는 쫓을 흔적이 없다면 당신은 추적 자체가 불가능하다고 선언할 수도 있습니다.

아래 추적 DC 표는 DC를 정하는 기준을 안내해주며, 당신이 원한다면 표의 내용을 참고하여 직접 DC를 정할 수도 있습니다. 또한 흔적이 여럿 남아 있다면 판정에 이점을 부과할 수도 있고, 수많은 흔적 사이에 묻혀 버렸다면 불리점을 부과할 수도 있습니다.

판정에 실패했다면 캐릭터는 추적에 실패한 것이 되지만, 다시 한번 해당 지역을 주의 깊게 살펴보면 다시 추적을 개시할 수도 있습니다. 이러한 과정은 던전처럼 출입이 드문 지역에서라면 10분 정도면 되지만, 야외라면 1시간 정도 걸리기도 합니다.

### 추적 DC

| 환경 흔적 | DC |
|---|---|
| 눈처럼 부드러운 표면 | 10 |
| 흙이나 잔디 | 15 |
| 돌 표면 | 20 |
| 지나간 이후 지난 날짜 하루당 | +5 |
| 피와 같이 다른 흔적을 남김 | -5 |

# 사회적 교류

모험자들이 사회적으로 교류를 할 때는 대개 목적을 지니고 있습니다. 정보 획득, 안전에 대한 원조, 누군가의 신뢰, 처벌 회피, 전투 회피, 협정 등이 이러한 목표이며, 모험자들은 이 목표를 위해 사회적 행동에 나서게 됩니다. 물론 모험자들과 맞상대하는 이들 역시 자신만의 목적이 있습니다.

어떤 DM들은 사회적 교류를 일종의 자유 형식 역할 연기처럼 풀어나가곤 하며, 주사위를 거의 사용하지 않습니다. 또 몇몇 DM들은 교류와 상호작용의 결과를 위해 캐릭터들에게 매력 판정을 요구하기도 합니다. 어떤 접근 방식이든 나름대로의 유용성이 있으며, 대부분의 게임들은 플레이어 본인의 기술 (역할 연기와 설득)과 캐릭터의 기술 (능력 판정)이 모두 사용되는 양극단 사이의 어딘가에 위치합니다.

## 교류 판정하기

플레이어즈 핸드북에는 사회적 교류 상황에서 역할연기와 능력 판정 사이의 균형을 맞추기 위한 안내가 나와 있습니다. (해당 책의 제8장 "모험"을 참조하십시오.) 이 부분에서는 그에 더해, 사회적 교류 과정을 판정하는 구조를 만드는 법을 제공합니다. 이러한 구조 대부분은 플레이어들이 게임 중 알아채지는 못하는 것들이며, 역할연기를 대체하여 사용되는 것도 아닙니다.

### 1. 시작 태도 정하기

모험자들의 상대가 보여주는 첫 번째 태도는 우호적, 무관심, 적대적의 3가지로 나누어져 있습니다.

**우호적인 대상**은 모험자들을 돕고자 하며 그들의 성공을 바랍니다. 특별히 위험이나 대가가 따르지 않는 부탁이나 행동의 경우, 우호적인 대상은 별다른 의문 없이 모험자들의 도움이 되고자 따를 것입니다. 개인적 위험 요소가 동반된다면, 매력 판정에 성공할 경우 우호적인 대상이 위험을 감수하더라도 도움에 나서게 할 수 있습니다.

**무관심한 대상**은 자기 쪽에 이익이 되는 방향이라면 일행을 돕거나 방해할 수 있습니다. 대상이 무관심하다는 것이 꼭 방관하고 있다거나 흥미가 없다는 것을 뜻하지 않습니다. 무관심해도 충분히 친절하고 온화할 수 있으며, 반대로 딱딱하고 신경질적일 수도 있습니다. 무관심한 대상에게 무언가라도 부탁하려면 매력 판정에 성공해야만 할 것입니다.

**적대적인 대상**은 모험자들과 그 목표에 맞서려 들지만, 그게 꼭 보자마자 공격하려 든다는 뜻은 아닙니다. 예를 들어, 귀족은 건방진 모험자들을 경멸하면서 왕의 환심을 끄는 라이벌이 되지 못하도록 그들이 실패하길 바랄 수도 있는데, 그것을 직접적인 위협이나 폭력 대신 중상모략으로 얽어매려는 식으로 나타낼 수 있습니다. 모험자들이 적대적인 대상에게서 어떤 협조라도 끌어내게끔 설득하려면, 한 번 이상의 어려운 매력 판정에 성공해야만 할 것입니다. 또한, 너무 큰 적의를 가지고 있는 적대적 대상은 매력 판정에 성공한다 해도 태도가 변화하지 않을 것이며, 이런 경우라면 어떠한 외교적인 접근이라도 모두 자동으로 실패할 것입니다.

### 2. 대화

대화를 직접 연기합니다. 모험자들이 직접 그들의 논점을 말하게 하고, 자신들이 교류하는 상대에게 먹혀들도록 그 논점을 설명하게 합니다.

*태도 변화시키기.* 대상의 태도는 대화 도중에 변화할 수 있습니다. 만약 모험자들이 교류 과정에서 (상대의 이상, 유대, 단점에 연관된) 무언가 적당한 말을 했거나 행동을 했다면, 일행은 적대적 대상을 일시적으로 무관심한 단계로 만들 수 있으며, 무관심한 대상 역시 일시적으로 우호적으로 만들 수 있습니다. 마찬가지로 무시하거나 모욕한 경우, 혹은 해로운 행동을 한 경우는 우호적인 대상 역시 일시적으로 무관심하게 만들거나, 무관심한 대상을 적대적으로 바꿀 수 있습니다.

모험자들이 상대의 태도를 바꿀 수 있는가 없는가는 당신이 결정할 문제입니다. 당신은 모험자들의 대화가 상대에게 어떤 영향을 미칠지 판단해야 합니다. 일반적으로, 대상의 태도는 한 번의 교류 과정에서 한 단계 이상 변하지 않으며, 이러한 변화는 일시적일 수도 있고 영구적일 수도 있습니다.

*개성 판정.* 모험자들은 반드시 상대의 이상, 유대, 단점을 전부 이해한 상태에서 교류하지는 않습니다. 만약 그들이 이러한 개성 요소를 사용해 상대의 태도를 바꾸고자 한다면, 먼저 상대가 어떤 것들을 신경쓰는지 알아야 합니다. 추측으로 알아내는 것 역시 가

능하지만, 그릇된 추측은 대상의 태도를 나쁜 방향으로 바꾸게 할 위험이 있습니다.

충분히 오래 교류를 했다면, 일행은 대화를 통해 대상의 개성 요소를 알아낼 기회를 얻을 수 있습니다. 모험자는 지혜(통찰) 판정을 통해 대상의 개성 요소를 알아내려 할 수 있습니다. 당신이 이 판정의 DC를 결정합니다. 판정에 10 이상으로 실패한 경우, 잘못 판단하여 엉뚱한 개성을 알아낸 것이며, 따라서 당신은 잘못된 정보를 제공하면 됩니다. 예를 들어, 노현자의 개성 중에 무지렁이들에 대한 편견을 지녔다는 단점이 있을 때, 모험자가 이를 알아려는 판정에서 크게 실패하였다면, 오히려 노현자가 잘 배우지 못한 사람들과의 관계와 만남에서 즐거움을 얻는다고 판단할 수도 있습니다.

시간이 주어진다면 모험자들은 대상의 친구나 동료, 개인적인 편지, 일화, 이야기들을 종합해 상대의 개성들을 배울 수도 있습니다. 이러한 정보를 얻어 나가는 과정은 아예 새로운 사회적 교류 과정의 기초라고 할 수 있습니다.

### 3. 매력 판정

모험자들이 자신의 요청이나 요구, 제안을 던진 시점에서, 혹은 당신이 이 대화가 그 의미를 다 했다고 생각하는 시점에서 매력 판정이 행해집니다. 대화 과정에서 적극적으로 참여한 캐릭터라면 누구나 그 판정에 참여할 수 있습니다. 모험자들이 대화를 어떻게 이끌어 나갔는가에 따라 설득, 기만, 위협 등의 기술이 판정에 사용될 수 있습니다. 대상이 지닌 현재의 태도와 반응이 DC를 결정하며, 이는 아래 대화 반응 표에 나와 있습니다.

### 대화 반응

| DC | 우호적 대상의 반응 |
|---|---|
| 0 | 위험이나 희생이 필요없다면, 부탁받은대로 행동합니다. |
| 10 | 가벼운 위험이나 희생을 요구받은 경우에도, 부탁받은대로 행동합니다. |
| 20 | 중대한 위험이나 희생을 요구받은 경우에도, 부탁받은대로 행동합니다. |

| DC | 무관심한 대상의 반응 |
|---|---|
| 0 | 대상은 도움을 주지 않지만 해도 끼치지 않습니다. |
| 10 | 위험이나 희생이 필요없다면, 부탁받은대로 행동합니다. |
| 20 | 가벼운 위험이나 희생을 요구받은 경우에도, 부탁받은대로 행동합니다. |

| DC | 적대적 대상의 반응 |
|---|---|
| 0 | 대상은 모험자들의 행동을 방해하기 위해 위험을 감수합니다. |
| 10 | 대상은 도움도 주지 않지만 해도 끼치지 않습니다. |
| 20 | 위험이나 희생이 필요없다면, 부탁받은대로 행동합니다. |

*판정 보조하기.* 캐릭터 중 하나가 판정을 시도할 때, 다른 캐릭터들 역시 보조적으로 도움을 줄 수 있습니다. 만약 도와주려는 캐릭터가 교류 과정에서 무언가 긍정적으로 작용할 말이나 행동을 했다면, 판정에 이점을 얻을 수 있습니다. 만약 다른 캐릭터 중 하나가 마찬가지로 교류 과정에서 무언가 불리하게 작용할 말이나 행동을 했다면, 판정에 불리점을 얻게 됩니다.

*여러 번 판정하기.* 특정한 상황이라면, 판정은 여러 번 행해질 수도 있습니다. 특히 모험자들이 교류 과정에서 노리는 목표가 여러 가지라면 각각의 목표에 대해서 판정을 행하기도 합니다.

### 4. 반복하기?

매력 판정을 하고 나면, 상대의 태도에 영향을 끼치려는 대화 시도가 더는 아무 이익이 없거나 오히려 상대를 화나게 할 위험

안게 되며, 이후 상대를 적대적으로 변화시킬 수도 있습니다. 여기에 대해서는 당신이 최선이라 생각하는 판단을 따르시기 바랍니다. 예를 들어, 일행의 로그가 판정이 끝난 이후에도 계속 귀족을 압박하려 든다면 귀족은 일행에 대한 태도가 무관심에서 적대적으로 변할 수 있으며, 다른 캐릭터는 이후 귀족의 적대감을 녹이기 위해 영리하게 역할연기를 하고 매력(설득) 판정에 성공해야 할지도 모릅니다.

## 역할연기

어떤 DM들은 자연스럽게 역할연기를 합니다. 하지만 당신이 그렇게 자연스러운 수준이 아니라도 걱정할 필요는 없습니다. 가장 중요한 것은 당신이 만들어 낸 NPC와 괴물들의 입장을 보여주며 그 과정에서 플레이어들에게 즐거움을 주는 것이라는 사실을 기억하고만 있으면 됩니다. 당신이 연극 연기를 수련하거나 코미디를 배울 필요는 없습니다. 핵심은 이야기 요소와 캐릭터의 성격에 집중하고, 플레이어들에게 즐거운 경험과 감정적으로 함께 하는 느낌을 주어 당신 나름의 역할연기에 동참하게끔 하는 것입니다.

### NPC 되기

캐릭터나 괴물이 실제로 존재한다면 모험자들을 어떻게 대할까 상상해 보십시오. 그들이 무엇을 생각할지 생각해 보십시오. 그들에게도 이상, 유대, 단점들이 있을까요? 이러한 과정을 거치면 당신은 캐릭터나 괴물을 더욱 실감나게 만듦과 동시에, 모험자들로 하여금 정말로 살아있는 세계에서 움직이고 있다는 느낌을 줄 수 있습니다.

게임의 흐름을 뒤흔들 수 있는 반응과 행동을 만들기 위해 애쓰십시오. 예를 들어, 사악한 위저드의 손에 가족 모두가 몰살당한 늙은 여인은 일행의 위저드 역시 원수와 무슨 관련이 있지 않을까 하는 무시무시한 의심을 품을 수도 있습니다.

하지만 당신이 캐릭터나 괴물을 연기하고자 할 때도, 극작가들에게 통용되는 오래된 조언이 그대로 적용됩니다. 보여주되, 말하지 말라(Show, don't tell)는 조언입니다. 예를 들어, NPC가 편협하고 이기적인 인물이라 묘사하는 것보다는, 그 NPC가 행동으로써 직접 자신이 지닌 편협하고 이기적인 면을 보여주는 편이 낫다는 말입니다. NPC는 온갖 질문에 대한 답변을 가지고 있을 수도 있고, 자기에게 일어난 일을 공유하고자 하는 열린 마음을 지녔을 수도 있으며, 모든 대화에서 자신이 화제의 중심이 되려는 절박한 욕구를 지니고 있을 수도 있습니다.

### 목소리 쓰기

게임 모임에서 이야기할 때는 대개 평탄한 어조를 사용하게 됩니다. 극적인 효과를 주려면, 전투 함성을 외치거나 음모를 속삭이는 것도 할 수 있게 준비하는 편이 좋습니다.

또한 캐릭터와 괴물들에 따라 서로 다른 목소리를 사용한다면 더 쉽게 기억에 남길 수 있습니다. 당신이 타고난 흉내쟁이나 연기자가 아니라면, 실제 생활에서 들었던 것 중 기억에 남는 독특한 어투를 가져오는 편을 추천합니다. 영화나 TV 드라마에서 나온 어투를 흉내 내보는 것도 좋은 시작이 될 수 있습니다. 서로 다른 목소리들을 연습해 보고 유명인의 목소리를 모사하면서 당신의 NPC를 더욱 실감나게 만들 수 있습니다.

서로 다른 이야기 패턴을 실험해 보십시오. 예를 들어, 술집 여급과 도시의 행정관은 쓰는 단어부터 서로 다를 것입니다. 마찬가지로 농부들은 좀 더 거친 방언을 쓰겠지만, 부자들은 허세에 찬 표현을 쓸 것입니다. 해적 NPC라면 유명한 롱 존 실버의 걸걸한 목소리를 사용할 것입니다. 지능을 지닌 괴물들은 어색한 문법으로 공용어를 사용하며 부자연스럽게 말할 것입니다. 주정뱅이들이나 괴물들의 웅얼대는 소리는 말끝을 흐리고 뭉개

는 것이 좋고, 리저드포크들이 위협할 때는 쉿쉿거리는 소리가 들어갈 것입니다.

여러 NPC와 동시에 교류할 때는 모험자들이 초점을 유지하는지 잘 확인하도록 합시다. NPC들이 항상 모험자들과 이야기하도록 하고, NPC들끼리 이야기하는 경우를 줄이도록 합시다. 가능하다면 NPC중 하나가 이야기 대부분을 진행하는 것이 좋지만, 여러 NPC가 같이 이야기할 때는 각각이 독특한 목소리를 사용하게 하여 플레이어들로 하여금 누가 누구인지를 알게 하는 것이 중요합니다.

## 표정과 손동작 사용하기

표정을 적절히 사용하여 캐릭터의 감정을 표현해 보도록 합시다. 찡그리기, 웃기, 으르렁대기, 이를 드러내기, 삐죽대기, 눈 감기 등등의 표정은 플레이어들의 기억에 당신이 연기하는 캐릭터나 괴물을 훨씬 뚜렷하게 남겨줍니다. 당신이 기이한 목소리를 사용하고 독특한 얼굴 표정으로 연기한다면, 캐릭터는 진심으로 살아있는 존재처럼 플레이어들의 기억에 남을 것입니다.

당신이 의자에서 일어나 연기할 필요는 없지만, 손동작과 팔동작을 잘 활용한다면 NPC에 더욱 생기를 불어넣을 수 있습니다. 귀족은 한팔을 내저으며 차갑고 단조로운 소리로 이야기할 수 있으며, 대마법사는 손가락을 꿈틀거리며 눈알을 굴리면서 조용하게 자신의 불쾌감을 표현할 수 있을 것입니다.

## 플레이어들에게 접근하기

어떤 플레이어들은 역할연기와 사회적 교류를 더 즐기기도 합니다. 당신과 함께하는 플레이어들의 취향이 어떠하든 간에, 당신이 생동감 있게 만들어낸 NPC와 괴물들은 플레이어들을 고양시키게 하고 그들 역시 자신의 캐릭터들에 그만큼 투자하여 생동감 있게 연기를 할 것입니다. 이런 과정을 거치면 사회적 교류는 게임에 참가하는 모든 이가 더욱 몰입하는 계기가 될 수 있으며, 이야기의 주역들에게 깊이 있는 배경을 부여할 것입니다.

게임에 참여하는 모든 사람이 이처럼 참여하는 역할연기 장면을 만들기 위해서, 아래와 같은 접근 방식들을 참고하시기 바랍니다.

***플레이어가 우선하는 것들 주목하기.*** 책의 서두에서 이야기했던 바와 같이, 각 플레이어는 좋아하는 게임 내 활동들이 저마다 다르기 마련입니다. 연기하기를 좋아하는 플레이어는 교류 상황에서 활력을 얻게 되며, 그 순간에 주목받습니다. 이들은 자신들이 본보기가 되어 다른 플레이어들마저 고양시키기도 하지만, 이때 다른 플레이어들 역시 즐거워하고 있는지를 분명히 짚고 넘어가도록 하십시오.

탐험과 이야기 진행을 좋아하는 플레이어들은 역할연기에도 무리 없이 참여하곤 하지만, 이는 캠페인을 진행시키고 아직 알지 못하는 게임 속 세상을 더 많이 알고자 하는 이유가 큽니다. 문제 해결을 좋아하는 플레이어는 NPC의 태도를 변화시키는 적절한 말이 무엇일지 유추하는 데서 즐거움을 얻기도 합니다.

선동하는 성향의 플레이어들은 NPC들로부터 반응을 이끌어내는 데서 즐거움을 얻으며, 따라서 역할연기에도 곧잘 참여합니다. 하지만 이들의 참여가 언제나 생산적인 방향으로 흘러가진 않습니다.

캐릭터를 최적화하고 괴물들을 죽이는 것을 즐기는 플레이어들 역시 가끔 논쟁을 즐기며, 교류 과정에서 분쟁이 생겨나는 경우 등에도 이들 플레이어가 역할연기에 끼어들 기회를 얻을 수 있습니다. 물론, 교류 과정 끝에 전투로 이어지는 상황 (타락한 대신이 암살자들을 보내 모험자들을 죽이려 한다거나) 등이 이렇게 액션을 중심으로 하는 플레이어들을 끌어들이는 최선의 방법입니다.

***특정한 캐릭터를 목표로 삼기.*** 사회적 교류에 잘 관여하지 않는 캐릭터라도 최소한 한 번은 이야기에 끼어들 수밖에 없는 상황을 만들도록 해 보십시오. 대화의 상대가 되는 NPC가 해당 캐릭터의 가족이나 연줄이어서 오직 그 캐릭터와만 이야기하려 하는 상황 등이 좋은 예시가 될 것입니다. 특정한 종족이나 클래스의 NPC는 오직 자신과 같은 종족/클래스의 인물과만 대화하겠다고 할 수도 있습니다. 중요한 일이라는 느낌을 주면 잘 참여하지 않는 캐릭터의 참여를 이끌어낼 수 있지만, 이 과정에서 이미 역할연기를 하는 캐릭터들의 표현을 막지 않도록 합시다.

만약 한두 명의 플레이어만이 대화 전체를 주도하고 있다면, 기회를 봐서 다른 이들을 끌어들이도록 해 봅시다. "거기 덩치 친구는 어떤가? 이봐, 바바리안! 내 도움을 나중에 갚겠다는 맹세를 할 텐가?"하는 식으로 캐릭터들을 불러냅시다. 아니면 플레이어에게 자신의 캐릭터가 대화 도중 무엇을 하고 있는지 물어보도록 합시다. 전자의 접근 방식은 이미 자기 캐릭터의 입장에서 이야기하는 것에 익숙한 플레이어들에게 좋은 방식이며, 후자는 아직 역할연기 장면에서 직접 참여할 만한 용기가 없는 플레이어들에게 사용하기에 좋습니다.

# 물체

캐릭터들이 밧줄을 잘라야 하거나, 창문을 깨야 하거나, 뱀파이어의 관을 부숴야 할 경우, 가장 단순하고 확실한 규칙은 이것입니다. 적절한 시간과 도구를 준다면, 파괴할 수 있는 것인 한 캐릭터들은 무엇이든 파괴할 수 있습니다. 캐릭터가 어떤 물체에 해를 가하려고 할 때는 상식선에서 판단해 보도록 합시다. 파이터가 돌벽을 검으로 잘라내려 한다면, 과연 가능할까요? 아닙니다. 아마도 검은 벽에 충돌하는 순간 부러질 가능성이 더 큽니다.

이러한 규칙에서 말하는 물체란 창문, 문, 검, 책, 탁자, 의자, 돌 등과 같이 개별의 움직이지 않는 물건을 칭하는 것입니다. 건물이나 탈것 등과 같이 여러 물건이 결합한 것은 이에 해당하지 않습니다.

## 물체의 게임적 정보

시간이 중요한 상황이라면, 당신은 파괴 가능한 물체에 적절한 방어도와 HP를 부여할 수 있습니다. 또한 이러한 물체는 특정 종류의 피해에 대해 면역이나 저항, 혹은 취약성을 지닐 수도 있습니다.

***방어도.*** 물체의 방어도는 이 물체를 때렸을 때 피해를 입히기가 얼마나 어려운가에 달려 있습니다. (물체는 회피하거나 할 수 없기 때문입니다.) 물체 방어도 표에서 다양한 물질에 따른 AC를 제안하고 있습니다.

### 물체 방어도

| 물질 | AC | 물질 | AC |
|---|---|---|---|
| 천, 종이, 밧줄 | 11 | 쇠, 강철 | 19 |
| 수정, 유리, 얼음 | 13 | 미스랄 | 21 |
| 나무, 뼈 | 15 | 아다만틴 | 23 |
| 돌 | 17 | | |

***hp.*** 물체의 hp는 해당 물체가 구조를 유지하기 위해서 얼마나 많은 피해를 견딜 수 있는가로 정해집니다. 구조가 튼튼한 물체는 연약한 것보다 더 많은 hp를 지니고 있습니다. 크기가 큰 물체 역시 작은 것보다 더 많은 hp를 가지는 경우가 많지만, 그 물체 내의 작은 부분을 파괴하는 것만으로도 충분히 전체를 파괴하는 것만큼 효과를 낼 수 있다면 크기에는 큰 의미가 없습니다. 물체 hp 표를 참고하면 연약한 물체나 튼튼한 물체의 예시 hp량을 확인할 수 있습니다.

## 물체 hp

| 크기 | 연약함 | 튼튼함 |
|---|---|---|
| 초소형 (병, 자물쇠) | 2 (1d4) | 5 (2d4) |
| 소형 (상자, 류트) | 3 (1d6) | 10 (3d6) |
| 중형 (나무통, 샹들리에) | 4 (1d8) | 18 (4d8) |
| 대형 (마차, 10x10ft 창문) | 5 (1d10) | 27 (5d10) |

***거대형 또는 초대형 물체.*** 일반적인 무기는 거대형 혹은 초대형 물체에 해를 줄 수 없습니다. 거신상이나 엄청난 크기의 돌기둥, 혹은 거대한 바위 같은 것이 이러한 물체의 예시가 될 것입니다. 물론 횃불 하나만 있어도 거대형 크기의 태피스트리를 불태울 수 있으며, *지진Earthquake* 주문을 시전하면 엄청난 크기의 석상 역시 무너트릴 수 있습니다. 거대형이나 초대형 크기 물체의 hp는 당신이 원하는 대로 정할 수도 있으며, 그냥 특정한 공격이나 무기에 대해 얼마나 오래 견딜 수 있는지를 정해 두어도 됩니다. 만약 당신이 물체의 hp를 정하고자 한다면, 커다란 물체를 대형 크기 이하의 여러 부분으로 나누어 각각의 부분에 hp를 책정하는 편이 좋습니다. 어떤 특정한 부분을 집중 공격해 파괴하면, 물체 전체가 파괴되는 것 역시 가능합니다. 예를 들어, 인간의 모습을 본뜬 초대형 크기의 석상이라 해도, 대형 크기의 다리 부분을 공격해 hp를 0으로 만들면 무너지고 말 것입니다.

***물체와 피해 종류.*** 물체는 독성과 정신 피해에 대해 면역을 지니고 있습니다. 또한 당신은 특정한 물체나 물질의 경우, 몇몇 피해 종류에 대해 더 큰 피해를 입는다고 정해 둘 수 있습니다. 예를 들어, 타격 피해는 물체를 깨트리는 데는 좋지만, 밧줄이나 가죽을 자를 때는 적합하지 않을 것입니다. 종이나 천으로 된 물체는 불과 번개 피해에 취약성을 가질 것입니다. 곡괭이는 돌을 빨리 조갤 수 있지만, 나무를 베는 데는 비효율적일 것입니다. 언제나 그렇듯이 최선의 판단을 내려야 합니다.

***피해 한계선.*** 성벽 등과 같은 커다란 물체는 피해에 대해 더욱 강력한 저항력을 지니고 있으며, 이를 피해 한계선이라 합니다. 피해 한계선을 지닌 물체는 한 번의 공격이나 효과로 가해지는 피해가 한계선 이하인 경우, 그 피해를 무시합니다. 만약 공격의 피해가 한계선을 넘었다면, 정상적으로 그 피해를 모두 받습니다. 한계선을 넘지 못하는 피해는 모두 가상의 피해로 취급하며, 물체의 hp를 깎지 못합니다.

# 전투

이 부분에서는 플레이어즈 핸드북(Player's Handbook)에 설명된 전투 규칙을 기반으로, 게임 내에서 전투가 벌어졌을 때 이를 자연스럽게 처리할 수 있는 여러 규칙을 논의합니다.

## 우선권 정하기

전투 상황에서 누가 언제 행동할 것인가를 정하고 기록하는 데에는 여러 가지 방법이 있습니다.

### 목록 숨기기

많은 DM이 우선권 목록을 플레이어들이 볼 수 없게 숨겨둡니다. 대개는 DM 스크린 뒤에 메모지를 써 놓거나, 컴퓨터로 스프레드 시트를 만들어 활용합니다. 이렇게 하면 전투에 참가하고 있는 이들은 자기 순서가 언제 올지를 알 수 없으며, 당신은 우선권 표에 괴물들의 현재 hp를 같이 기입하여 전투 상황표처럼 이용할 수 있습니다.

이 방법의 단점은, 한 라운드가 끝나고 다음 라운드가 시작될 때마다 당신이 플레이어들에게 그 사실을 알려주어야 한다는 것입니다.

### 목록 보여주기

칠판 등을 이용해 공개적으로 우선권을 기록할 수도 있습니다. 플레이어들이 당신에게 자기 우선권 수치를 말해준 다음, 그 수치를 높은 순서대로 칠판에 씁니다. 물론 가운데 상대방의 우선권이 끼어 들어갈 수도 있으니 가운데 공간이 좀 있어야 합니다. 괴물들의 우선권을 그 공간에 미리 다 써도 되고, 첫 턴에 행동할 때마다 하나하나 써넣어도 됩니다.

금속성 칠판의 경우 자석을 이용해 우선권 순서를 표시하는 것도 가능합니다. 이런 방식을 쓰려면 캐릭터 각각을 표시하는 자석과 괴물들을 표시하는 자석이 있어야 합니다. 아니면 각각의 이름을 쓴 카드를 자석으로 붙여놓는 것 역시 가능합니다.

목록을 보이게 할 경우, 모두가 게임 진행의 순서를 볼 수 있습니다. 플레이어들은 언제 자기 순서가 돌아올지 알 수 있으며, 진행에 따라서 자신들의 행동을 계획할 것입니다. 우선권 목록이 보이게 되면 괴물들 역시 행동할지 알 수 있게 되므로, 전투 상황에서의 불확실성 역시 제거됩니다.

목록을 보이게 하는 경우, 플레이어 한 사람 우선권 기록을 책임지고 맡게 하는 것 역시 가능합니다. 우선권 기록자는 종이나 칠판에 우선권을 기록하고, 다른 플레이어들도 같이 볼 수 있게 할 것입니다. 이 방법을 사용하면 당신이 여러 가지를 기록하고 기억해야 하는 부담을 줄일 수 있습니다.

### 색인 카드

이 방식을 사용하면, 각각의 캐릭터는 색인 카드를 지니게 됩니다. 같은 종류의 괴물들 역시 종류마다 색인 카드를 지닙니다. 플레이어들이 자기 우선권 수치를 말할 때, 그 수치를 캐릭터의 색인 카드에 적어서 내게 됩니다. 마찬가지로 괴물들 역시 우선권 수치를 색인 카드에 써 놓습니다. 그런 다음 카드를 수치가 높은 순서대로 쌓아서 배열하면 됩니다. 카드에 쓰인 순서대로 행동하고, 행동한 다음에는 카드를 다시 맨 밑으로 보냅니다. 이렇게 카드를 쌓은 순서가 한 바퀴 돌아가면 라운드가 끝납니다.

플레이어들이 카드가 쌓인 순서를 모른다면 첫 턴에는 전투 진행의 순서를 알 수 없으며, 괴물들이 언제 행동을 개시하게 될지도 알 수 없을 것입니다.

## 괴물의 히트 포인트 기록하기

당신은 전투 조우 상황 동안에 각각의 괴물이 입는 피해를 기록해야 할 필요가 있습니다. 많은 DM은 피해 기록을 비밀로 해서, 플레이어들이 얼마나 더 공격해야 괴물을 쓰러트릴 수 있는지 알 수 없게 하는 경우가 많습니다. hp 기록을 비밀로 할지 아닐지는 당신이 결정할 문제입니다. 다만 중요한 부분은 각각의 괴물이 지닌 hp가 개별적으로 기록되어야 한다는 점입니다.

괴물 한두 마리의 피해 기록은 대수롭지 않을 수도 있지만, 대규모 괴물 집단의 경우 쉽지 않을 수도 있습니다. 당신이 미니어처나 다른 시각적인 보조물을 사용하지 않는다면, 괴물들 각각을 기록하는 가장 좋은 방법은 각각에게 독특한 특징을 주는 것입니다. "끔찍한 흉터가 있는 오우거"와 "뿔이 난 투구를 쓴 오우거" 같은 식으로 구별되는 묘사를 하면, 당신과 플레이어들 모두 같은 종류의 두 괴물을 더 쉽게 구분할 수 있습니다. 예를 들어, 각각 59점의 hp를 지닌 오우거 3마리가 등장하는 조우가 벌어졌다고 해 봅시다. 우선권을 굴린 다음, 각각의 오우거가 지닌 hp와 특징을 기록해 두면 됩니다. (원한다면 이름을 지어도 좋습니다.)

크래그 (오우거/흉터): 59
쏘드 (오우거/투구): 59
머르 (오우거/오물 냄새): 59

당신이 미니어쳐를 사용해 괴물들을 표시하고 있다면, 각각 구분되는 미니어쳐를 사용하는 것 역시 쉬운 방법이 될 수 있습니다. 여러 괴물이 등장하는데 똑같은 미니어쳐들만 지니고 있다면, 미니어쳐에 서로 다른 색을 칠한 작은 스티커를 붙이거나 글자를 쓰거나 해서 구분할 수 있게 표시할 수 있습니다.

예를 들어, 위의 3마리 오우거가 등장하는 전투 조우의 경우, 당신이 똑같은 오우거 미니어쳐 3개를 지니고 있다면 각각에 A, B, C라 글자를 쓴 스티커를 붙여 표시할 수 있습니다. 그런 다음 각 오우거들의 hp를 기록하고, 쓰인 글자에 따라서 표시해서 피해를 입을 때마다 빼 나갈 수 있습니다. 몇 라운드의 전투가 지나고 나면 괴물의 hp 기록표는 이렇게 될 것입니다.

오우거 A: 59 53 45 24 14 9 사망
오우거 B: 59 51 30
오우거 C: 59

플레이어들은 각각의 괴물이 얼마나 다친 것처럼 보이는지 물어볼 수 있습니다. 물론 당신이 각 괴물에 hp가 얼마나 남았는지 알려주어야 할 필요는 없지만, 최대 hp의 절반 이하로 떨어졌다면 눈에 띄게 상처가 늘어났으며 쓰러질 것처럼 보인다고 말해주는 정도는 괜찮습니다. 최대 hp의 절반 정도가 된 괴물은 중상 상태로 묘사할 수 있으며, 플레이어들은 강인한 상대와의 싸움에서 진척을 이루었음을 느끼고 언제 더 강력한 주문이나 능력을 사용해야 할지 판단하는 데 도움을 받을 것입니다.

## 상태이상 사용하고 기록하기

게임 중의 다양한 규칙이나 요소는 어떤 크리쳐에 언제 상태이상이 걸리며 어떻게 되는가를 분명히 묘사하고 있습니다. 물론 즉흥적으로 상태이상을 사용할 수도 있습니다. 각각의 상태이상은 직

감적으로 사용할 수 있습니다. 예를 들어, 캐릭터가 잠자고 있는 중이라면 분명히 의식이 없을 것이므로 해당 캐릭터는 무의식 상태라고 할 수 있습니다. 캐릭터가 바닥에 굴러떨어졌습니까? 그러면 보나 마나 그 캐릭터는 넘어진 상태일 것입니다.

상태이상 기록은 꽤 복잡할 수 있습니다. 괴물들의 경우, 색인 카드에 상태이상을 써 놓거나 우선권 표에 쓰는 것으로 해결할 수 있습니다. 플레이어들은 자기 캐릭터에 상태이상이 걸려 있을 때 이를 기억하고 적용해야 할 필요가 있습니다. 플레이어들은 고의로 상태이상이 걸려있다는 사실을 무시하거나 잊어버릴 가능성도 있기 때문에, 캐릭터에 걸려 있는 상태이상은 각각의 색인 카드에 쓰거나 칠판 등에 써 놓을 수도 있습니다.

당신이 색인 카드를 사용한다면, 이 카드에 특별한 표시를 해서 상태이상이나 효과를 나타내는 것도 좋습니다. 현혹당했음을 나타내는 밝은 핑크색 스티커를 붙인 상태로 색인 카드를 플레이어에게 건네준다면, 플레이어는 절대 상태이상에 걸려 있다는 것을 잊어버리지 못할 것입니다.

## 괴물과 치명타

괴물들 역시 플레이어 캐릭터와 마찬가지로 치명타 규칙을 사용합니다. 즉, 당신이 주사위를 굴리는 대신 괴물의 평균 피해를 사용한다면, 치명타가 나올 경우 어째야 하는지 생각해 두어야 한다는 것입니다. 괴물이 치명타를 가했다면, 원래 굴리게 되어 있는 주사위를 굴려서 평균값에 더하는 방식을 쓰면 좋습니다. 예를 들어, 일반적으로 평균 5(1d6+2)점의 참격 피해를 주는 고블린이 치명타를 냈다면, 굴리게 되어 있는 1d6을 굴려 그 값을 더하는 방식으로 1d6+5 의 피해를 줄 수 있습니다.

## 격자와 헥스에서 크리쳐의 크기

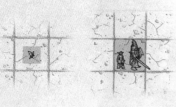 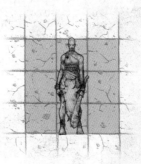 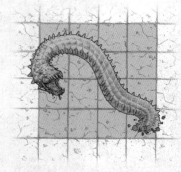

| 초소형 | 소형 또는 중형 | 대형 | 거대형 | 초대형 |

## 임기응변 피해

괴물이나 게임 중 효과 등은 대개 얼마나 피해를 입히는지 명시되어 있습니다. 그러나 가끔은 즉흥적으로 얼마나 피해가 가해지는지를 결정해야 할 필요가 있습니다. 아래의 임기응변 피해 표는 이럴 때 당신이 피해 정도를 결정하는 데 도움을 줄 수 있는 제안들입니다.

### 임기응변 피해

| 주사위 | 예시 |
|---|---|
| 1d10 | 타는 석탄에 맞음. 떨어진 책장에 맞음. 독 바늘에 찔림. |
| 2d10 | 번개에 맞음. 불구덩이에 굴러떨어짐. |
| 4d10 | 무너지는 터널에서 바위에 깔림. 산성 구덩이에 떨어짐. |
| 10d10 | 쓰러지는 벽에 깔림. 회전하는 강철 칼날에 맞음. 터져 나오는 용암에 맞음. |
| 18d10 | 용암 구덩이에 잠김. 추락하는 공중요새에 깔림. |
| 24d10 | 불의 원소계에서 소용돌이치는 불꽃에 삼켜짐. 신과 같은 존재에게 먹히거나 달 크기의 괴물에게 짓눌림. |

피해 심각성과 레벨 표는 여러 레벨의 캐릭터들이 각각 피해를 입을 때 이것이 얼마나 치명적일 수 있는가를 나타낸 것입니다. 캐릭터의 레벨을 기준으로 맞춰보면 피해가 얼마나 가해졌을 때 그게 얼마나 심각할지를 판단할 수 있습니다.

### 피해 심각성과 레벨

| 캐릭터 레벨 | 퇴치 | 위험 | 치명 |
|---|---|---|---|
| 1-4 레벨 | 1d10 | 2d10 | 4d10 |
| 5-10 레벨 | 2d10 | 4d10 | 10d10 |
| 11-16 레벨 | 4d10 | 10d10 | 18d10 |
| 17-20 레벨 | 10d10 | 18d10 | 24d10 |

**퇴치** 규모의 피해는 그 레벨의 캐릭터를 죽일 정도의 위협을 주지는 않지만, 심각하게 약해진 캐릭터는 이 정도의 피해에도 충분히 쓰러질 수 있습니다.

반면, **위험** 규모의 피해는 약한 캐릭터에게 충분히 큰 위협이 되며, 해당 레벨의 캐릭터가 이미 hp가 좀 떨어진 상태라면 충분히 죽음의 **위협**이 될 수 있습니다.

또한 치명 규모의 피해는 이름 그 자체가 말해주듯 해당 레벨의 캐릭터가 가진 hp를 즉시 0으로 만들기에 충분한 피해를 가합니다. 이 정도 규모의 피해는 강력한 캐릭터라 할지라도 이미 피해를 좀 입은 상태라면 충분히 죽여버릴 수 있습니다.

## 효과 범위 조정하기

여러 가지 주문이나 게임 효과들은 원통형이나 구체형 등의 효과 범위를 지닙니다. 당신이 미니어쳐 등의 시각적 보조재를 사용하지 않는다면, 이러한 효과범위를 적용하고 누가 포함되고 누가 벗어나는지 판단하는 게 좀 어려울 수도 있습니다. 물론 이런 경우에도 가장 간단한 방법은 당신의 직감을 믿고 밀고 나가는 것입니다.

더 많은 안내가 필요하다면, 효과 범위 내의 목표 표를 이용해 보는 것도 좋습니다. 이 표를 사용하면 각각의 전투 참여자가 서로 가까이 인접해 있을 때, 해당 범위에 얼마나 많은 전투 참여자가 들어갈 것인지를 보여줍니다. 잠정적 목표의 숫자에 따라서 범위에 포함되는 수를 줄이거나 늘리십시오. 1d3을 굴려서 얼마나 많은 목표를 빼거나 더할지 결정할 수 있습니다.

### 효과 범위 내의 목표

| 효과 | 목표의 숫자 |
|---|---|
| 원뿔형 | 크기 ÷ 10 (나머지 올림) |
| 입방체 혹은 사각형 | 크기 ÷ 5 (나머지 올림) |
| 원통형 | 반경 ÷ 5 (나머지 올림) |
| 직선형 | 길이 ÷ 30 (나머지 올림) |
| 구체형 또는 원형 | 반경 ÷ 5 (나머지 올림) |

예를 들어, 위저드가 한 무리의 오크에게 *타오르는 손길Burning Hands* 주문을 시전할 때, 이 주문은 15ft 길이의 원뿔형 주문이므로, 표를 사용해 보면 15 ÷ 10 = 1.5, 나머지를 올리므로 2명까지가 범위에 들어간다고 생각할 수 있습니다. 마찬가지로 소서러가 100ft 길이의 직선 범위인 *번개Lightning Bolt* 주문을 오우거와 홉고블린 들에게 시전했다고 할 경우, 표를 이용하면 100 ÷ 30 = 3.33 으로 올림 해서 최대 4마리까지 목표에 들어간다고 생각할 수 있습니다.

이러한 접근법을 사용하면 복잡한 예측 없이 간단화해서 목표를 적용할 수 있습니다. 물론 전술적인 느낌을 주고 싶다면, 미니어쳐를 사용해서 범위를 그리고 적용하는 편을 추천합니다.

## 집단 다루기

전투 조우를 진행하다 보면, 10여마리가 넘는 괴물이 한꺼번에 전투에 등장했을 때는 원활한 속도를 유지하기가 어려울 수 있습니다. 다수가 참전하는 전장 상황이라면, 당신은 명중 굴림을 생략하는 대신 다수의 괴물 집단이 하나의 목표에 가하는 평균 명중 숫자를 산정할 수 있습니다.

명중 굴림을 굴리는 대신, 당신은 집단에 속하는 전투 참가자가 목표의 AC를 명중시키려면 d20에서 최소 얼마가 나와야 하는지를 계산해야 합니다. 이 결과는 전투 중 계속 사용될 것이므로, 어딘가에 적어 두는 편을 추천합니다.

최소 d20 수치를 집단 공격 표에서 찾아보십시오. 해당 표에서는 특정한 적을 명중시키려면 얼마나 많은 수의 적이 한꺼번에 공격해야 하는지를 알려주고 있습니다. 표는 그만큼의 숫자가 한꺼번에 공격한다면 이들의 시도가 결국 결합되어 최소 한 명은 공격을 성공시킬 수 있다는 뜻입니다.

예를 들어, 8마리의 오크가 파이터 하나를 에워싸고 공격한다고 가정해 봅시다. 오크들의 명중 보너스는 +5이며, 파이터의 AC는 19입니다. 오크는 최소 14 이상이 나와야 파이터를 명중시킬 수 있습니다. 표에 따르면, 오크 3마리가 공격할 때 그중 하나는 파이터를 명중시킬 수 있습니다. 3마리씩 나누게 되면 8마리의 오크는 두 집단과 나머지 2마리로 떨어지며, 나머지 2마리는 아예 파이터를 명중시킬 수 없습니다.

만약 공격을 가하는 대상이 각기 다른 양의 피해를 가한다면, 가장 큰 피해를 주는 쪽이 명중시킨 것으로 합니다. 만약 공격하는 쪽이 같은 명중 보너스를 받는 공격을 여러 번 가할 수 있다면, 해당 공격을 각각 한 번씩 명중시킨 것으로 합니다. 만약 공격하는 측의 명중 보너스가 서로 다르다면, 각각의 공격을 별개로 판정합니다.

이 명중 판정 체계는 주사위 굴림의 숫자를 줄이는 대신 치명타를 무시합니다. 전투 참가자의 수가 충분히 줄어들었다면 다시 개별적인 주사위 굴림을 사용해서 한쪽이 일방적으로 공격하는 상황이 만들어지지 않게 합니다.

### 집단 공격

| d20 필요값 | 1회 명중에 필요한 공격자 수 |
| --- | --- |
| 1–5 | 1 |
| 6–12 | 2 |
| 13–14 | 3 |
| 15–16 | 4 |
| 17–18 | 5 |
| 19 | 10 |
| 20 | 20 |

## 미니어쳐 사용하기

플레이어들은 전투 상황에서 당신의 묘사에 의지해 전투 배경과 적들 사이에서 자기 캐릭터들이 어디에 있는지 인지합니다. 하지만 전투가 복잡해지면, 이를 제대로 운영하기 위해서는 시각적 보조 도구가 필요해지며, 여기서 가장 많이 사용되는 것이 격자 지도와 미니어쳐입니다. 당신이 지형 모델을 만들 수 있거나, 3차원 던전 모형을 제작하고 격자 지도 위에 비닐을 씌워 선으로 지도를 그려나가 게임을 할 때도, 미니어쳐를 사용하는 것을 충분히 고려해 볼 만합니다.

플레이어즈 핸드북(Player's Handbook)에서는 미니어쳐와 격자 지도를 사용하여 전투를 묘사할 때의 단순한 규칙을 소개하고 있습니다만, 여기에서는 더욱 확장하여 규칙들을 해설할 것입니다.

### 전술 지도

당신은 비닐 표면의 1인치 격자판에 수성 마커를 이용해서 전술 지도를 그릴 수 있습니다. 종이도 괜찮고, 다른 평평한 표면이면 무엇이든 상관없습니다. 미리 만들어진 포스터 사이즈의 지도도 있으며, 카드보드 타일로 붙여 만드는 지도도 있고, 다양한 플라스틱이나 레진 재질을 이용해 지형 효과를 묘사하는 지도 역시 사용해 보면 즐거울 것입니다.

전술 지도에서 가장 일반적인 한 칸의 크기는 5ft 사각형이며, 이렇게 격자로 만들면 간단히 준비하고 쉽게 지도를 사용할 수 있습니다. 하지만, 꼭 격자를 사용해야 한다는 뜻은 아닙니다. 그냥 아무 표시 없는 지도에서 거리를 측정할 줄자나 실, 막대 등을 이용해 게임하는 것도 가능합니다.

또 다른 방식으로는 한 변이 1인치인 육각형(헥스라고도 부릅니다.)으로 이루어진 지도를 사용하는 것입니다. 헥스 지도를 사용하면 격자를 쉽게 대체할 수 있으며, 훨씬 유연하게 이동을 계산할 수 있습니다. 물론 직선으로 이루어진 던전의 복도나 문은 헥스에 잘 들어맞지 않는다는 문제가 남아있긴 합니다.

포위(격자)

1/2 엄폐(격자)

3/4 엄폐 (격자)

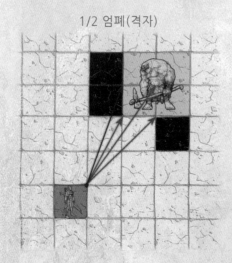

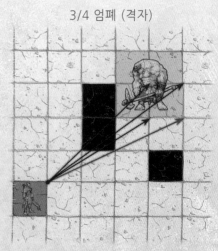

## 격자와 헥스에서 크리쳐의 크기

크리쳐의 크기는 해당 크리쳐가 얼마나 많은 공간을 점유하는가에 따라 달라지며, 아래 크리쳐 크기와 공간 표에서 이를 찾아볼 수 있습니다. 당신이 사용하는 미니어쳐가 해당 크리쳐의 크기와 같지 않아도, 적당히 표시하고 기억한다면 그냥 이것을 대용해서 쓸 수 있습니다. 예를 들어, 당신은 대형 크기 괴물의 미니어쳐를 이용해 거대형 크기 거인을 표시할 수 있습니다. 물론 이 거인은 전술 지도에 놓였을 때 더 적은 공간을 차지하겠지만, 여전히 붙잡기 등 모든 규칙에서는 거대형 크기로 계산합니다.

### 크리쳐 크기와 공간

| 크기 | 공간: 격자 | 공간: 헥스 |
|---|---|---|
| 초소형 | 1칸당 4 | 헥스당 4 |
| 소형 | 1칸 | 1헥스 |
| 중형 | 1칸 | 1헥스 |
| 대형 | 4칸(2×2) | 3헥스 |
| 거대형 | 9칸(3×3) | 7헥스 |
| 초대형 | 16칸(4×4) 이상 | 12헥스 이상 |

## 효과 범위

주문이나 괴물이 사용하는 능력, 다른 기능들로 인해 효과 범위가 발생하면, 이 범위에 들어가는 목표가 어떻게 되는지 판정하기 위해서 이를 격자나 헥스에 맞게 바꾸어야 할 필요가 있습니다.

격자나 헥스 하나를 효과 범위의 기원점으로 잡고, 일반적인 규칙에 따라 범위를 계산하면 됩니다. 효과 범위가 원형인데 한 칸의 절반 이상이 범위에 속해 있다면, 해당 칸은 효과 범위에 속해 있는 것으로 취급합니다.

## 시선

두 공간 사이에 시선이 연결되는지 확인하는 가장 간단한 방법은, 칸의 꼭지점 하나를 잡고 그것을 상대편 공간의 꼭지점과 연결하는 가상의 선을 그려보는 것입니다. 최소한 하나의 선이라도 아무런 방해 없이 연결되었다면 시선이 연결된 것입니다. 반면 모든 선이 물체에 의해 막혔거나, 돌벽, 두꺼운 커튼, 짙은 안개 등으로 인해 가려졌다면 시선은 연결되지 않은 것입니다.

## 엄폐

목표가 특정한 공격이나 효과에 대해 엄폐하고 있는가 확인하는 방법은, 공격자가 위치한 공간의 꼭지점 하나를 효과의 시작점으로 잡고, 목표가 위치한 공간의 각 꼭지점마다 가상의 선을 연결해

보는 것입니다. 이러한 가상의 선 중 1-2개가 (다른 크리쳐를 포함한) 장애물에 막혀 가려졌다면, 목표는 절반 엄폐를 받는 것입니다. 선 중 3-4개가 장애물에 막혀 가려졌지만 여전히 공격은 닿는다면, 목표는 3/4 엄폐를 받는 것입니다. (화살 발사용 슬릿 뒤에 숨어 있다든가 하는 경우가 좋은 예시입니다.)

헥스를 사용하는 경우라도 격자와 마찬가지 방식으로 해결할 수 있습니다. 육각형의 각 꼭지점 사이에 가상의 선을 그려보는 것입니다. 3개의 선이 가려졌다면 절반 엄폐를 받은 것이며, 4개 이상의 선이 가려졌어도 여전히 공격이 닿는다면 3/4 엄폐를 받는 것입니다.

## 선택 규칙: 포위 Flanking

미니어쳐들을 자주 사용한다면, 포위 규칙을 쓰는 것도 좋습니다. 포위 규칙이 있다면 여러 공격자들이 단순히 같은 적을 포위하기만 해도 모두 명중 굴림에 이점을 받을 수 있습니다.

적을 볼 수 없는 크리쳐는 포위에 동원될 수 없습니다. 또한 행동불능 상태의 크리쳐 역시 포위에 동원될 수 없습니다. 대형 혹은 그보다 큰 크기의 크리쳐는 자신이 점유한 칸 중 하나 이상이 포위 상태여야만 포위된 것으로 칩니다.

***격자 지도에서 포위하기.*** 둘 이상의 동료 크리쳐가 하나의 적을 둘러싸고 서로 정반대면이나 정 반대 모서리에서 인접해 있을 경우, 그 적을 포위 상태로 만들 수 있습니다. 이때 포위를 이루고 있는 각각의 크리쳐는 명중 굴림에서 이점을 받을 수 있습니다.

두 크리쳐가 격자 위의 적 하나를 포위하고 있는가를 정확히 확인하고 싶다면, 포위를 이루는 크리쳐 중 하나의 공간에서 반대편 크리쳐의 공간으로 가상의 선을 연결해 보면 됩니다. 이 선이 적의 정반대편 면이나 꼭지점으로 나가게 된다면, 그 적은 포위된 것입니다.

***헥스 지도에서 포위하기.*** 둘 이상의 동료 크리쳐가 하나의 적을 둘러싸고 서로 정반대편의 면에 인접해 있으면, 그 적을 포위 상태로 만들 수 있습니다. 이때 포위를 이루고 있는 각각의 크리쳐는 명중 굴림에서 이점을 받을 수 있습니다. 헥스를 사용할 때는 서로 정 반대편 아군에게까지 떨어져 있는 헥스의 숫자를 세어야 합니다. 중형 이하 크기의 적을 포위하고 있다면, 두 동료는 적을 둘러싸고 서로 헥스 2칸만큼 떨어져 있어야 합니다. 대형 크기의 적을 포위하고 있다면, 적을 둘러싸고 헥스 4칸만큼 떨어져 있어야 하며, 초대형 크기의 적이라면 최소 6칸 이상만큼 떨어져 있어야 합니다.

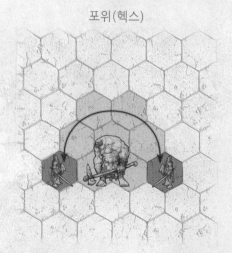

포위(헥스)

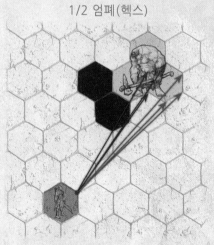

1/2 엄폐(헥스)

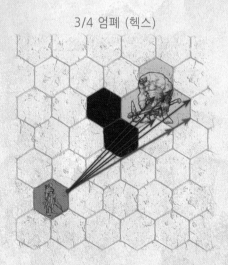

3/4 엄폐 (헥스)

## 선택 규칙: 대각선

플레이어즈 핸드북(Player's Handbook)에서는 격자 지도를 사용할 때 이동 거리를 측정하는 단순한 방법을 소개하고 있습니다. 대각선 이동을 포함해 한 칸 이동을 무조건 5ft로 계산하는 것입니다. 이 방식을 쓰면 게임 진행은 빨라지지만, 기하학을 무시하는 셈이고 특히 장거리를 계산할 때 부정확해집니다. 이 선택 규칙을 사용하면 거리 계산에 좀 더 현실성을 더할 수 있습니다.

대각선으로 움직이거나 거리를 재야 할 때, 첫 번째 대각선은 5ft로, 다음은 10ft로 계산하는 것입니다. 수평이동이든 수직이동이든 마찬가지로 이렇게 5ft, 10ft씩 번갈아 가면서 계산해 나갑니다. 예를 들어, 어떤 캐릭터가 먼저 대각선으로 한 칸(5ft) 움직이고, 그런 다음 3칸 직선으로 움직이고(15ft), 다시 대각선으로 한 칸 움직이면(10ft) 도합 30ft 이동한 것이 됩니다.

## 선택 규칙: 방향

어느 크리쳐가 어떤 방향을 향하고 있는지 분명히 하고 싶다면, 이 선택 규칙을 사용하면 됩니다.

각각의 크리쳐는 정면각(향하고 있는 방향)이 있으며, 좌우측면이 있고, 후방각이 있습니다. 크리쳐는 이동이 끝나는 시점에 어느 방향을 향할지 결정할 수 있으며, 또한 다른 크리쳐의 이동 시점에 반응행동을 사용해 보고 있는 방향을 바꿀 수도 있습니다.

크리쳐는 대개 자신의 전방각 혹은 측면에 있는 적들만을 목표로 할 수 있으며, 후방각은 볼 수 없습니다. 이는 공격자가 크리쳐의 후방에서 접근해 공격할 경우 명중 굴림에 이점을 받는다는 뜻입니다. 방패는 오직 전방과 방패를 장비한 측면의 공격에 대해서만 AC를 제공합니다. 예를 들어, 왼팔에 방패를 장비한 파이터는 오로지 전방각과 좌측면의 공격에 대해서만 방패의 AC를 받을 것입니다.

모든 크리쳐의 시각 형태가 다 비슷하리라고 생각할 필요는 없습니다. 예를 들어, 점액질의 오커 젤리는 모든 면을 전방으로 취급할 수도 있으며, 히드라는 3개의 정면과 1개의 후방이 있을 수도 있습니다.

격자 지도를 사용한다면, 크리쳐가 차지한 공간 중 한쪽 면을 정해 그 면을 향하고 있다고 정할 수 있습니다. 정면선의 각 모서리에서 대각선 방향으로 가상의 선을 그어, 그 선을 중심으로 전방각과 좌우 측면을 정합니다. 마찬가지의 방법으로 후방을 판정합니다.

헥스 지도를 사용한다면, 전방, 후방, 측면을 정하기 위해서 좀 더 많은 생각이 필요합니다. 일단 한 크리쳐가 차지한 공간의 한 면을 정하고, 그 면에서 퍼져 나가는 방식으로 전방각을 정합니다. 마찬가지로, 전방의 정 반대쪽 면에서 퍼져 나가는 방식으로 후방이 정해집니다. 전방과 후방에 속하지 않은 좌우의 남은 부분이 각각 측면이 될 것입니다.

전방, 후방, 측면을 정하기 위해 선을 긋다 보면, 격자나 헥스 한 칸이 전방이나 측면에 모두 속해 있을 수도 있습니다. 이 선이 정확히 칸을 반으로 가른다면, 다음 방식을 사용하시기 바랍니다. 한 칸이 전방/측면에 모두 속해 있다면, 그 칸은 전방으로 칩니다. 또한 한 칸이 측면/후방에 모두 속해 있다면, 그 칸은 측면으로 칩니다.

## 반응행동 시간 조정하기

일반적인 전투 참가자는 준비 행동이나 기회 공격으로 전투중 반응행동을 사용합니다. 다양한 주문이나 효과에 따라서 더 다양한 반응행동이 가능해지기도 하며, 가끔은 이 반응행동이 언제 일어나는지 판정하는 게 꽤 어려워지기도 합니다. 이런 경우, 아래 규칙을 가장 우선으로 생각하십시오. 반응행동 능력에 서술되어 있

는 시점이 가장 우선되어 적용됩니다. 예를 들어, 기회 공격과 방패Shield 주문의 경우, 이를 유발한 적의 행동을 간섭할 수 있다는 점이 분명히 명시되어 있습니다. 만약 반응행동에 특별한 시점이 명시되어 있지 않거나, 그 시점이 불명확하다면, 준비 행동과 마찬가지로 발동조건이 되는 사건이 벌어진 이후 발생한 것으로 적용합니다.

## 게임 효과의 중첩

여러 가지 게임 내 효과들이 동시에 하나의 대상에 적용될 수 있습니다. 하지만 같은 이름을 지닌 효과는 동시에 오직 하나만 적용될 수 있으며, 그중 가장 강한 것만 적용됩니다. 효과의 지속시간은 덧씌워져 적용됩니다. 예를 들어, 어떤 목표가 불의 원소가 사용하는 화염 형태 능력에 의해 불이 붙었다고 해 봅시다. 이 상태에서 입게 되는 지속 화염 피해는, 같은 능력으로 다시 당했다 해서 더 늘어나지 않습니다. 주문이나 클래스 요소, 재주, 종족 특성, 괴물 능력, 마법 물건 등이 모두 게임 효과에 속합니다. 플레이어즈 핸드북 제10장의 "마법 효과 겹치기"에 이에 연관된 규칙이 설명되어 있습니다.

# 추적

일반적인 이동 규칙을 엄격하게 적용하기만 하면, 흥분되는 추적 장면을 시시하고 예측 가능한 것으로 만들어버릴 우려가 있습니다. 속도가 빠른 쪽이 항상 속도가 느린 쪽을 잡게 될 것이고, 양측의 속도가 같다면 서로의 거리는 아예 줄어들지 않을 것입니다. 아래 설명되는 규칙을 사용하면 추적장면에 여러 무작위적 요소를 포함시켜 더욱 흥분되는 장면으로 만들 수 있습니다.

## 추적 시작하기

추적은 도주자와 한 명 이상의 추적자가 필요합니다. 추적에 참가하는 측이 이미 우선권을 굴린 상태가 아니라면, 우선권부터 굴리도록 합시다. 전투시와 마찬가지로 추적 장면의 양측은 자기 턴에 각각 한 번의 행동을 할 수 있습니다. 추적은 어느 한쪽이 포기하거나 도주자가 도주에 성공하면 끝납니다.

추적이 시작하는 시점에, 도주자와 추적자 사이의 거리를 정합니다. 추적이 계속됨에 따라 거리는 변할 것이기 때문에 이를 계속 잘 기록합니다. 또한 추적자가 여럿이라면, 도주자와 가장 가까운 추적자를 선두 추적자라고 칭합니다. 선두 추적자는 라운드마다 달라질 수 있습니다.

## 추적 진행하기

추적 참가자들은 라운드마다 질주 행동을 취하고자 할 가능성이 매우 큽니다. 추적자들은 도주자를 놓치지 않기 위해 주문 시전이나 공격보다는 거리를 좁히는데 주력할 것이며, 도주자 역시 무사히 도망가기 위해서 마찬가지로 행동하려 들 것입니다.

### 질주

추적 참가자들은 3 + 자신의 건강 수정치 횟수만큼 판정 없이 질주 행동을 사용할 수 있습니다. 일단 지정된 횟수를 넘기면, 질주하려 할 때마다 자기 턴이 끝날 때 DC 10의 건강 판정을 해야 하며, 실패할 시 1단계의 탈진을 얻게 됩니다.

탈진 5단계에 도달한 참가자는 추적에서 떨어져 나가며, 속도가 0이 됩니다. 추적 과정에서 탈진을 얻게 된 참가자들은 짧은 휴식이나 긴 휴식을 취한 다음 탈진을 없앨 수 있습니다.

## 주문과 공격

추적 참가자는 사거리 내의 대상에 대해 정상적으로 공격을 가하거나 주문을 시전할 수 있습니다. 일반적인 경우와 마찬가지로 엄폐나 지형 등에 대한 규칙을 적용해 공격과 주문을 판정합니다.

추적에 참가하고 있는 이들은 일반적으로 서로에게 기회 공격을 가할 수 없습니다. 서로가 움직일 것임을 너무나 잘 예상할 수 있기 때문입니다. 하지만, 추적에 참가하고 있지 않은 상대는 여전히 기회 공격을 가할 수 있습니다. 예를 들어, 모험자들이 도망치는 도적을 쫓아 뒷골목을 달리고 있을 때, 주변의 건달 무리는 모험자들에게 기회 공격을 가할 수 있을 것입니다.

## 추적 끝내기

추적은 한쪽이 멈추거나, 도주자가 도망치거나, 추적자가 충분히 가까이 접근해 붙잡았을 때 끝나게 됩니다.

어느 한쪽이 추적을 포기했다면, 도주자는 모든 추적 참가자가 자기 턴의 행동을 끝마친 다음 라운드가 끝날 때 민첩(은신) 판정을 행합니다. 이 결과를 추적자들의 상시 지혜(감지) 판정 점수와 비교하며, 추적자가 여럿이라면 각각 감지 점수를 따로 비교합니다.

만약 도주자가 여전히 선두 추적자의 시선 내에 있다면, 이 판정은 자동으로 실패합니다. 시선에서 벗어난 상태에서 도주자의 은신 판정이 다른 모두의 감지 점수보다 더 높다면, 도주자는 무사히 숨어서 도망친 것이 됩니다. 만약 추적자 중 누군가의 감지 점수가 더 높았다면 도망치려는 도주자를 발견한 것이고, 따라서 다음 라운드에 추적은 계속됩니다.

여러 상황에 따라서 도주자의 은신 판정에는 이점이나 불리점이 가해질 수 있습니다. 이 상황은 아래 도주 조건 표에 나와 있습니다. 만약 여러가지 조건들이 가해져 도주자가 이점과 불리점을 동시에 받게 된다면, 일반적인 경우와 마찬가지로 이점과 불리점은 서로를 상쇄하고 아무런 효과도 가해지지 않습니다.

### 도주 조건

| 조건 | 판정에 가해짐 |
| --- | --- |
| 도주자 뒤로 많은 장애물이 있음 | 이점 |
| 도주자가 번잡하거나 시끄러운 장소로 들어감 | 이점 |
| 도주자 뒤로 별 장애물이 없음 | 불리점 |
| 도주자가 한적하고 조용한 장소로 들어감 | 불리점 |
| 선두 추적자가 레인저이거나 생존 기술에 숙련을 지니고 있음 | 불리점 |

표에 실려 있지 않은 조건들 역시 도주자의 시도에 도움을 주거나 방해가 될 경우 당신의 판단에 따라 적용될 수 있습니다. 예를 들어, 도주자에게 요정 불꽃*Faerie Fire* 주문이 붙어 있는 경우, 더 쉽게 발견되기 때문에 당연히 도주 시도에는 불리점이 가해질 수 있습니다.

또한 도망친다는 것이 꼭 도주자가 완전히 추적자들을 따돌려야 한다는 것을 뜻하지는 않습니다. 예를 들어 번잡한 도시에서라면 도주자가 인파 속에 섞여 들어가 모퉁이를 넘어 사라져 버리면, 추적자들은 더는 추적할 단서가 남지 않을 수도 있습니다.

## 추적 상황

좋은 추적 장면에서는 항상 복잡한 상황들이 등장하여 추적을 더욱 긴박한 것으로 만들어 줍니다. 시가지 추적 상황 표와 야생 추적 상황 표를 참고하면 이런 추가적 상황들의 몇 가지 예시를 확인할 수 있습니다. 추적 상황은 무작위로 발생합니다. 추적에 참여하는 참가자들은 자기 턴이 끝날 때

d20을 굴립니다. 그 결과를 표에 대비하면 벌어지는 추적 상황을 정할 수 있습니다. 표에서 설명하는 추적 상황은 주사위를 굴린 참가자가 아니라, 우선권 상 그 다음 차례의 추적 참가자에게 적용됩니다. d20을 굴린 참가자나 그 다음 차례에서 추적 상황을 받게 된 참가자 중 하나가 고양감을 소비하면 이런 상황을 회피해 없앨 수 있습니다.

캐릭터들은 창의성을 발휘하여 추적자를 떨구기 위해 다른 상황을 만들어 낼 수 있습니다. (예를 들어 좁은 복도에 *거미줄Web* 주문을 시전한다거나) 당신이 보았을 때 적당하다고 생각하는 만큼 효과를 조정하면 됩니다.

## 시가지 추적 상황

| d20 | 상황 |
|---|---|
| 1 | 말이나 마차 같은 커다란 장애물이 앞길을 막습니다. DC 15의 민첩(곡예) 판정에 성공해야 장애물을 돌파할 수 있습니다. 판정에 실패한 경우, 해당 장애물은 10ft의 어려운 지형으로 취급합니다. |
| 2 | 한 무리의 군중이 길을 막습니다. DC 10의 근력(운동) 판정이나 민첩(곡예) 판정에 성공해야 인파를 뚫고 지나갈 수 있습니다. 실패할 시, 군중은 10ft의 어려운 지형으로 취급합니다. |
| 3 | 커다란 스테인드글라스나 비슷한 장벽이 앞을 가로막고 있습니다. DC 10의 근력 내성 굴림에 성공하면 장벽을 뚫고 계속 갈 수 있습니다. 실패했다면 장벽에 몸을 던졌으나 쓰러진 것입니다. |
| 4 | 술통이나 상자 따위의 장애물들이 어지러이 널려 길을 막고 있습니다. DC 10의 민첩(곡예) 판정이나 지능 판정에 성공하면 이 미로를 통과할 수 있습니다. 실패했다면 미로는 10ft의 어려운 지형으로 취급합니다. |
| 5 | 발밑의 길이 비나 기름, 다른 액체로 인해 미끄럽습니다. DC 10의 민첩 내성굴림에 성공해야 제대로 갈 수 있습니다. 실패한 경우 미끄러져 넘어진 것입니다. |
| 6 | 당신은 먹이를 두고 싸우는 한 무리의 개들과 마주칩니다. DC 10의 민첩(곡예) 판정에 성공하면 개 무리를 지나칠 수 있습니다. 실패한 경우, 당신은 개들에게 물어뜯겨 1d4점의 관통 피해를 받습니다. 또한 개들은 5ft의 어려운 지형으로 취급합니다. |
| 7 | 당신은 추적 도중 싸움에 휘말립니다. DC 15의 근력(운동) 또는 민첩(곡예)나 매력(위협) 판정에 성공하면 싸움판에 방해받지 않고 지나갈 수 있습니다. 실패한 경우 당신은 2d4점의 타격 피해를 받게 되며, 싸움판은 10ft의 어려운 지형으로 취급합니다. |
| 8 | 거지가 길을 막고 서 있습니다. DC 10의 근력(운동) 판정이나 민첩(곡예) 혹은 매력(위협) 판정에 성공하면 거지를 지나칠 수 있습니다. 동전 하나를 던져주면 판정에 자동으로 성공합니다. 판정에 실패한 경우, 거지는 5ft의 어려운 지형으로 취급합니다. |
| 9 | 과하게 열성적인 **경비병** (몬스터 매뉴얼(Monster Manual)에 게임 수치가 나와 있습니다.) 한 명이 당신을 다른 누군가와 착각합니다. 당신이 이번 턴에 20ft 이상 움직였다면 경비병은 창으로 당신에게 기회공격을 가합니다. (명중 +3, 명중시 1d6+1의 관통 피해) |
| 10 | 당신은 통과하거나 넘어갈 수 없는 장애물을 피하고자 급히 방향을 틀어야 합니다. DC 10의 민첩 내성 굴림을 굴려 성공하면 방향을 제대로 전환할 수 있습니다. 판정에 실패한 경우, 당신은 무언가 단단한 것에 충돌하여 1d4점의 타격 피해를 받게 됩니다. |
| 11-20 | 추가 상황 없음. |

## 야생 추적 상황

| d20 | 상황 |
|---|---|
| 1 | 당신의 길이 우거진 덤불로 가로막혔습니다. DC 10의 근력(운동) 판정이나 민첩(곡예) 판정에 성공하면 덤불을 헤쳐 갈 수 있습니다. 실패한 경우, 덤불은 5ft의 어려운 지형으로 취급합니다. |
| 2 | 고르지 않은 바닥 때문에 나아가기가 어렵습니다. DC 10의 민첩(곡예) 판정에 성공하면 지역을 잘 벗어날 수 있습니다. 실패한 경우, 해당 지형은 10ft의 어려운 지형으로 취급합니다. |
| 3 | 당신은 한 무리의 곤충 무리 (몬스터 매뉴얼에 게임 수치가 나와 있습니다. 정확히 어떤 종류의 곤충 무리인지는 DM이 그 상황에 맞추어 결정합니다.)를 뚫고 지나가야 합니다. 곤충 무리는 당신에게 기회공격을 가할 것입니다.(명중 +3, 명중시 4d4의 관통 피해) |
| 4 | 개울, 시내, 혹은 징검다리가 길 앞에 있습니다. DC 10의 근력(운동) 판정이나 민첩(곡예) 판정에 성공하면 장애물을 넘어갈 수 있습니다. 판정에 실패한 경우 장애물은 10ft의 어려운 지형으로 취급합니다. |
| 5 | DC 10의 건강 내성 굴림을 굴립니다. 실패한 경우, 당신은 날아오는 모래먼지나 재, 눈, 꽃가루 등에 의해 눈이 안 보이는 상태가 됩니다. 이 상태는 당신의 턴이 끝날 때까지 지속됩니다. 보이지 않는 동안은 속도가 절반이 됩니다. |
| 6 | 예기치 못하게 떨어지는 길이 있습니다. DC 10의 민첩 내성 굴림에 성공하면 이 장애물을 돌파할 수 있습니다. 실패할 시 당신은 1d4×5ft 낙하한 것이며, 높이 10ft당 1d6점의 타격 피해를 입게 되고, 땅에 떨어져 넘어진 상태가 됩니다. |
| 7 | 당신은 사냥꾼이 놓아둔 덫에 걸려듭니다. DC 15의 민첩 내성 굴림에 성공해야 덫을 피할 수 있습니다. 내성에 실패한 경우 당신은 그물에 포박된 상태가 됩니다. 그물에서 탈출하는 규칙은 플레이어즈 핸드북(Player's Handbook) 제5장의 "장비" 부분을 참조하시기 바랍니다. |
| 8 | 당신은 돌진하는 동물 무리에 둘러싸입니다. DC 10의 민첩 내성 굴림에 성공해야 무리를 돌파할 수 있습니다. 실패할 시 당신은 1d4점의 타격 피해와 1d4점의 관통 피해를 입고 넘어진 것이 됩니다. |
| 9 | 당신의 길 앞에 서슬덩굴이 자라나 있습니다. DC 15의 민첩 내성 굴림을 굴리거나 10ft 더 돌아서 이동하면 서슬덩굴을 피할 수 있습니다. 내성에 실패한 경우 1d10점의 참격 피해를 입게 됩니다. |
| 10 | 그 지역을 떠도는 다른 크리쳐 하나가 갑자기 당신을 뒤쫓기 시작합니다. 이 새 추적자가 정확히 무엇인지는 해당 지역을 참조하여 DM이 결정할 것입니다. |
| 11-20 | 추가 상황 없음. |

## 당신만의 추적 상황 만들기

위의 표가 가능한 모든 환경 상황을 망라하고 있지는 않습니다. 발더스 게이트의 하수도에서 벌어지는 추격전이나, 멘조베란잔의 거미줄로 가득한 복도에서 벌어지는 추격전에 어떤 일이 벌어질지는 당신이 직접 창의력을 발휘하여 표로 만들어 넣을 수 있습니다.

## 찢어지기

추적당하고 있는 도주자들은 작은 집단으로 나누어 각자 도망칠 수 있습니다. 이 전술을 선택하면 추적자들은 어느 쪽을 추적해야 할지, 어떻게 세력을 나누어야 할지, 아니면 어느 한 쪽의 추적을 포기해야 하는지 선택해야만 합니다. 만약 추적자들 역시 마찬가지로 작은 집단으로 나누어 각자 추격해 나간다면, 개별적인 도주 집단마다 따로 추격을 진행하면 됩니다. 쫓고 쫓기는 한 라운드가 지나면 다시 다른 집단의 라운드를 진행하는 방식으로 돌고 돌면서 진행하게 됩니다. 개별적인 도주 집단마다, 추적자와의 남은 거리는 다르게 적용되어야 합니다.

## 추적 지도 그리기

추적 장면을 미리 계획해 둘 기회를 잡았다면, 시간을 들여 추적 경로의 대략적인 지도를 만들어 두는 편이 좋습니다. 특정 지점에 장애물을 삽입하여 그 시점에서 캐릭터들에게 능력 판정이나 내성 굴림을 굴려 추적이 지체되거나 멈추는 것을 피하게 만드십시오. 아니면 무작위적으로 상황표를 사용하는 것 역시 좋은 방법이 될 수 있습니다. 어느 쪽이든 임기응변으로 적용해 가면 됩니다.

　복잡한 상황들은 추적을 가로막는 장벽이 될 수도 있고, 도주자가 난장판을 만들 기회를 줄 수 있습니다. 숲속에서 버그베어들에게 추적당하고 있는 캐릭터들은 말벌 둥지를 발견하고 일부러 속도를 늦춰가며 돌을 던지는 등 둥지를 공격해서 추적자들에게 방해물을 안길 수도 있습니다.

　추적 지도는 추적의 방식에 따라서 직선이어도 되고 여러 갈래로 나누어져 있을 수도 있습니다. 예를 들어, 광산 선로를 따라 탈출하는 경우 분기점은 있을 리 없겠지만 도시의 하수도에서 벌어지는 추격전은 여러 분기점이 있을 수도 있습니다.

## 역할 뒤집기

추적을 벌이는 도중, 쫓는 자가 갑자기 쫓기는 측이 되는 상황이 벌어질 수도 있습니다. 예를 들어, 캐릭터들이 시장 틈을 타고 도적 하나를 추적하는 상황은 도적 길드의 다른 구성원들에게 불필요한 관심을 끌 수도 있습니다. 캐릭터들은 도망치는 도적을 추적하며, 한편으로는 자기들을 따라오는 길드의 다른 도적들을 피해야 합니다. 새로운 추적 참가자들의 우선권을 굴리고, 양쪽 추적을 동시에 진행하십시오. 또 다른 상황을 가정하자면, 도망치던 도적이 기다리고 있던 자신의 동료에게 합류하는 경우를 들 수 있습니다. 수적으로 열세가 된 캐릭터들은 추적을 포기하고 도망쳐야 하는 상황이 될 수도 있습니다.

# 공성 장비

공성 무기는 성채를 포함해 성벽으로 요새화된 지역을 공격하게 위해 고안 되었습니다. 이러한 무기들은 전쟁 요소가 가미된 캠페인에서 등장하곤 합니다. 대부분의 공성 무기는 전장에 고정되어 움직이지 않으며, 운반하고 조준 사격하기 위해서는 이를 조종하는 인원이 반드시 필요합니다.

## 공성추

대형 물체

**방어도:** 15
**히트 포인트:** 100
**피해 면역:** 독성, 정신

공성추는 이동할 수 있게 만든 덮개차로, 덮개에 사슬로 매단 커다란 통나무를 묶어놓은 것입니다. 이 통나무의 머리는 쇠로 덮여 있어, 이것을 휘둘러 장벽을 파쇄합니다.

　공성추를 사용하려면 최소 4명 이상의 중형 크리쳐가 필요합니다. 공성추에는 덮개가 있기 때문에, 위에서부터 가해지는 공격에 대해서는 완전 엄폐를 얻을 수 있습니다.

　*공성추. 근접 무기 공격:* 명중 +8, 간격 5ft. 물체 하나. *명중시:* 16 (3d10) 타격 피해.

## 공성탑

초대형 물체

**방어도:** 15
**히트 포인트:** 200
**피해 면역:** 독성, 정신

공성탑은 벽에 이동 가능한 목재 구조물로, 나무 골재와 벽으로 만들어져 있습니다. 거대한 나무 바퀴나 여러 통나무 위에 얹는 식으로 이동시키며, 짐을 끄는 짐승을 시키거나 병사들이 끌고 밀어서 움직입니다. 중형이나 소형 크기 크리쳐는 공성탑을 이용할 경우 40ft 높이까지 올라갈 수 있습니다. 탑 안에 있는 크리쳐는 외부에서의 모든 공격에 대해 완전 엄폐를 얻을 수 있습니다.

## 대포

대형 물체

**방어도:** 19
**히트 포인트:** 75
**피해 면역:** 독성, 정신

대포는 화약을 사용하여 쇠로 주조한 무거운 탄환을 파괴적인 속도로 투사하는 무기입니다. 화약이 존재하지 않는 캠페인에서는 비전 마법의 힘을 사용하여 발사하는 대포가 존재할 수도 있으며, 영리한 노움이나 위저드 기술자들이 개발할 수도 있습니다.

　대포는 대개 바퀴가 달린 나무 틀에 실려 있습니다. 대포를 발사하려면 먼저 장전하고 조준해야 합니다. 장전에 행동 하나, 조준에 행동 하나, 발사에 행동 하나를 사용하게 됩니다.

　*대포알. 장거리 무기 공격:* 명중 +6, 거리 600/2,400ft. 목표 하나. *명중시:* 44 (8d10) 타격 피해.

## 매달린 가마솥

대형 물체

**방어도:** 19
**히트 포인트:** 20
**피해 면역:** 독성, 정신

가마솥은 쇠로 만들어진 거대한 솥이며, 뒤집어서 내용물을 쏟기 쉽도록 매달려 있습니다. 일단 내용물을 한번 비우고 났다면 반드시 다시 채워야 또 쓸 수 있습니다. 또한 내부의 내용물은 다시 열을 가해 끓게 해야 합니다. 가마솥을 채우는 데에는 행동 3개가 필요하며, 뒤집기 위해서는 행동 1개가 필요합니다.

　가마솥은 산이나 녹색 점액 등 다른 액체를 담는 용도로도 사용할 수 있습니다.

　*끓는 기름.* 가마솥은 10ft 사각형 범위에 끓는 기름을 쏟을 수 있습니다. 범위 내의 모든 대상은 DC 15의 민첩 내성을 굴려야 하며, 실패시 10(3d6)의 화염 피해를 받게 됩니다. 내성에 성공한 경우 피해는 절반으로 줄어듭니다.

## 발리스타

대형 물체

**방어도:** 15
**히트 포인트:** 50
**피해 면역:** 독성, 정신

발리스타는 거대한 석궁으로, 무거운 볼트를 발사합니다. 사격하기 전에는 반드시 장전하고 조준하는 과정을 거쳐야 합니다. 무기를 장전하는데 행동 하나, 조준하는데 행동 하나, 발사하는데 행동 하나를 사용하게 됩니다.

　*볼트. 장거리 무기 공격:* 명중 +6, 거리 120/480ft. 목표 하나. *명중시:* 16 (3d10) 관통 피해.

## 투석기
*대형 물체*

**방어도:** 15
**히트 포인트:** 100
**피해 면역:** 독성, 정신

투석기는 고각도로 무거운 물체를 쏘아 보내기 위해 만들어진 발사기구입니다. 높은 각도에서 떨어지기 때문에 엄폐 뒤에 숨은 목표를 명중시키는 용도로 사용할 수 있습니다. 투석기를 사용하려면 반드시 먼저 장전하고 조준해야 합니다. 투석기 장전에는 행동 2개가 들어가며, 조준에 다시 2개, 발사에 행동 1개가 필요합니다.

투석기는 대개 무거운 돌을 날려 보내지만, 다른 발사체를 장전하여 쏘아 보내는 것도 가능합니다.

***투석용 돌.*** *장거리 무기 공격:* 명중 +5, 거리 200/800ft (60ft 내의 대상은 공격할 수 없음). 목표 하나. *명중시:* 27 (5d10) 타격 피해.

## 트레뷰쳇
*거대형 물체*

**방어도:** 15
**히트 포인트:** 150
**피해 면역:** 독성, 정신

트레뷰쳇은 고각도로 물체를 쏘아 보낼 수 있는 강력한 발사기구이며, 따라서 엄폐 뒤의 목표를 공격할 수 있습니다. 트레뷰쳇을 발사하려면 반드시 먼저 조준하고 장전해야 합니다. 무기를 장전하는데 행동 2개, 조준하는데 행동 2개가 필요하며, 발사하기 위해서도 행동 1개를 사용해야 합니다.

트레뷰쳇은 일반적으로 무거운 돌을 발사하지만, 기름이나 오물이 든 통 등 다른 종류의 발사체를 장전하여 사용할 수도 있습니다. 이러한 발사체는 각기 다른 효과를 가지고 있습니다.

***트레뷰쳇 돌.*** *장거리 무기 공격:* 명중 +5, 거리 300/1,200ft (60ft 이내의 적은 공격할 수 없음.) 목표 하나. *명중시:* 44 (8d10) 타격 피해.

# 질병

역병이 왕국 전역을 휩쓸고 있으면, 그 치료약을 찾기 위한 사명에 모험자들이 뛰어들 수도 있습니다. 수백여 년간 열린 적 없는 고대의 무덤을 뒤지던 모험자는 곧 자신이 끔찍한 질병에 걸렸다는 사실을 깨닫게 될 수도 있습니다. 암흑의 세력과 거래를 주고받던 워락은 자신이 주문을 시전할 때마다 이상한 증상이 생긴다는 것을 알아차리기도 합니다.

간단한 발병의 경우 일행의 자원 일부를 소모하는 정도에서 끝날 수도 있으며, *하급 회복Lesser Restoration* 주문 한 번이면 치료가 끝나기도 합니다. 더 복잡한 증상의 경우 한 명 이상의 모험자가 치료법을 찾기 위해 노력해야 할 수도 있으며, 이 치료법이 있어야만 질병의 확산을 막고 수습을 할 수 있을지도 모릅니다.

질병은 모험자들 몇몇이 걸리는 증상 정도가 아니라, 기본적으로는 이야기를 진행시키기 위해 사용되는 도구의 성격을 지닙니다. 규칙은 질병의 여러 효과와 어떻게 질병을 치유할 수 있는지 알려주고 있지만, 질병이 어떻게 작용하며 퍼져 나가게 되는지는 단순하게 규칙을 적용하는 이상의 문제입니다. 질병은 어떤 대상에게든 영향을 끼칠 수 있으며, 단순히 한 종류의 종족이나 크리처에 국한되지 않고 다른 것들에게로 퍼져나갈 수 있습니다. 오직 구조물이나 언데드에게만 영향을 끼치는 질병이 있을 수 있으며, 하플링 공동체를 완전히 휩쓸어버렸지만, 다른 종족에게는 전혀 영향이 없는 질병도 있을 수 있습니다. 이는 질병을 이야기에서 어떻게 사용할 것인가에 따라 당신이 결정할 문제입니다.

# 예시 질병

아래 설명된 질병들은 게임 속에서 다양하게 이용될 수 있는 질병의 예시입니다. 내성굴림 DC나 잠복기, 증상을 포함해 질병의 다른 특징들은 당신이 진행하는 캠페인에 맞게 얼마든지 바꾸어도 됩니다.

## 광소 열병 CACKLE FEVER

이 질병은 인간형을 주로 전염시키지만, 기이하게도 노움들은 이 질병에 면역입니다. 이 병에 걸린 환자는 가끔 미친 듯이 웃음을 터트리고자 하는 충동에 휩싸이며, 이 특징 때문에 질병의 이름과 더불어 "비명증"이라는 으스스한 별명이 생겼습니다.

이 증상은 감염 이후 1d4 시간이 지나면 나타나며, 고열과 어지러움을 동반합니다. 감염된 환자는 1레벨의 탈진을 얻고 이 탈진은 병이 치유될 때까지 사라지지 않습니다.

감염된 환자가 극심한 스트레스를 받게 되면, DC 13의 건강 내성 굴림을 굴려야 합니다. 여기서 극심한 스트레스란 전투 상황이나 공포, 혹은 악몽을 꾸는 등을 모두 포함합니다. 이 내성에 실패하면 환자는 5(1d10)점의 정신 피해를 받고, 1분간 행동불능 상태가 되어 미친듯이 웃게 됩니다. 환자는 매번 자기 턴이 끝날 때마다 다시 내성굴림을 굴릴 수 있으며, 성공시 웃음을 멈추고 행동불능 상태에서 벗어날 수 있습니다.

감염된 자에게서 10ft 이내에 인간형 크리쳐가 있는 상태에서 웃음이 터져 나왔다면, 10ft 내의 크리쳐들은 모두 DC 10의 건강 내성 굴림을 굴려야 하며 실패시 질병에 감염됩니다. 크리쳐가 내성에 성공했다면 이후 24시간 동안은 해당 감염자에게서 다시 질병이 옮길 염려는 없습니다.

긴 휴식이 끝날 때마다, 감염된 자는 DC 13의 건강 내성 굴림을 굴립니다. 이 내성굴림에 성공한 경우, 이 내성굴림의 DC와 웃음 발작의 DC는 1d6 낮아집니다. 이런 식으로 계속 내성의 DC를 깎아 0이 되면 질병에서 완치된 것입니다. 반면 긴 휴식이 끝나는 시점의 내성 DC에서 3번 실패하게 되면, 무작위적인 영구적 광기 하나가 생깁니다. 광기에 대해서는 이 장 뒷부분에서 설명할 것입니다.

## 시궁창 역병 SEWER PLAGUE

시궁창 역병은 시궁창, 늪지, 오물더미 등에서 전염되는 질병을 모두 통칭하는 것입니다. 때로는 그렇게 오염된 환경에서 살아가는 쥐나 오티유 등의 생물이 질병의 매개체가 되기도 합니다.

인간형 대상이 질병의 매개체가 되는 크리쳐에게 물리거나, 오물에 직접 접촉하는 등의 일이 발생하면 DC 11의 건강 내성 굴림을 굴려야 합니다. 이 내성에 실패하면 질병에 감염됩니다.

시궁창 역병은 1d4일이 지나고 나서 증상이 나타납니다. 이 증상은 심한 피곤함과 경련입니다. 감염된 환자는 1단계의 탈진을 겪게 되며, 히트 다이스를 소비해도 오직 절반의 hp만을 회복할 수 있고, 긴 휴식을 취해도 hp를 회복할 수 없습니다.

긴 휴식이 끝날 때마다 감염된 환자는 DC 11의 건강 내성 굴림을 굴려야 합니다. 내성에 실패하면 환자는 1단계의 탈진을 얻습니다. 내성에 성공하면 탈진 1단계를 회복합니다. 이렇게 내성에 계속 성공해서 질병으로 인한 탈진이 모두 제거되면 질병에서 치유됩니다.

## 눈길 부패 SIGHT ROT

이 고통스러운 질병은 눈에서 피가 나게 하고 결과적으로는 환자를 실명에 이르게 합니다.

야수나 인간형 크리쳐가 이 질병에 오염된 물을 마셨다면 DC 15의 건강 내성 굴림을 굴려야 합니다. 이 내성에 실패하면 질병에 감염됩니다. 감염된 지 하루가 지나면 증상이 발생하며, 환자의 시야는 점차 흐려지기 시작합니다. 환자는 모든 명중 굴림과 시각에 관계된 능력 판정에 -1 페널티를 받게 됩니다. 증상이 나타난 이후, 긴 휴식을 취하고 끝날 때마다 이 페널티는 1씩 증가합니다. 페널티가 -5에 달하면 감염된 환자는 완전히 시력을 잃게 되고, 하급 회복Lesser Restoration이나 치유Heal 같은 마법적 수단으로 회복해야만 다시 찾을 수 있게 됩니다.

눈길 부패병은 눈밝음꽃이라는 희귀한 꽃을 이용해 치유할 수 있으며, 이 꽃은 늪지 부근에 자란다고 합니다. 약초학 도구에 숙련을 가진 캐릭터가 한 시간 정도를 써서 늪지를 살펴본다면 한 번 사용할 분량의 연고를 만들 수 있는 꽃을 찾을 수 있습니다. 긴 휴식을 취할 때 이 꽃으로 만든 연고를 눈에 바르면 질병이 악화되는 것을 피할 수 있습니다. 이런 식으로 3회 눈을 치료하면 질병을 완전히 치료할 수 있습니다.

# 독

독은 본래부터 악용되기 쉽고 치명적이기 때문에 대부분의 사회에서 독을 다루는 것은 불법입니다. 하지만 암살자나 드로우처럼 사악한 존재들에게 독은 유용한 도구이기도 합니다.

독은 아래의 4가지 형태로 나누어집니다.

**접촉형.** 접촉형 독은 물체에 발라서 사용하며, 바른 물체를 씻어내거나 만질 때까지는 남아 있습니다. 노출된 피부로 접촉형 독에 닿은 대상은 독의 효과에 당합니다.

**섭취형.** 섭취형 독은 먹어야만 그 효과를 발휘됩니다. 한 번 효과를 발휘할 분량이 모두 섭취되어야 하며, 음료나 음식에 섞어서 사용합니다. 일부만 섭취했더라도 부분적으로 효과를 발휘할 수 있을 것인가는 당신이 판단해서 정할 문제이며, 내성 굴림에 이점을 허용하거나 절반의 피해만 주는 식으로 효과를 감소시킬 수도 있습니다.

**흡입형.** 분말이나 가스 형태의 독은 흡입되어야 효과를 발휘합니다. 가루를 불거나 가스를 배출한 5 × 5 × 5ft의 공간 내에 크리쳐가 들어간 경우, 흡입 독을 들이마신 것이 되어 효과가 나타납니다. 남은 독은 그 이후 즉시 사라집니다. 단순히 숨을 멈추는 것만으로는 흡입 독을 막을 수 없는데, 이런 독은 코의 점막이나 눈물샘 등 신체의 노출된 기관을 통해 침투할 수 있기 때문입니다.

**부상형.** 부상형 독은 무기에 발라 사용하며, 탄환이나 함정 도구에도 사용될 수 있습니다. 관통이나 참격 피해를 통해 상처를 내게 되면 이 독이 상대의 몸에 들어가 효과를 발휘하게 되지만, 그 전에 씻겨 나간다면 사라질 수도 있습니다.

## 독

| 물건 | 종류 | 분량 당 가격 |
| --- | --- | --- |
| 독사 독 | 부상형 | 200gp |
| 드로우 독 | 부상형 | 200gp |
| 무력약 | 섭취형 | 600gp |
| 보라 벌레 독 | 부상형 | 2,000gp |
| 악덕 | 흡입형 | 250gp |
| 암살자의 피 | 섭취형 | 150gp |
| 에테르 정수 | 흡입형 | 300gp |
| 와이번 독 | 부상형 | 1,200gp |
| 자백제 | 섭취형 | 150gp |
| 창백 정제 | 섭취형 | 250gp |
| 캐리온 크롤러 점액 | 접촉형 | 200gp |
| 태기트 기름 | 접촉형 | 400gp |
| 태운 오터 연기 | 흡입형 | 500gp |
| 한밤의 눈물 | 섭취형 | 1,500gp |

# 예시 독극물

각각의 독은 저마다 독특한 쇠약 효과를 지니고 있습니다.

**독사 독(Serpent Venom) (부상형).** 이 독은 죽었거나 무력화된 거대형 독사에게서 채취해야 합니다. 이 독을 바른 무기에 맞은 대상은 DC 11의 건강 내성 굴림을 굴려야 하며, 실패할 시 10 (3d6) 점의 독성 피해를 입게 됩니다. 내성에 성공하면 피해는 절반으로 줄어듭니다.

**드로우 독(Drow Poison) (부상형).** 이 독은 대개 드로우들만 만드는 것으로 알려져 있으며, 햇빛이 닿지 않는 장소에서만 제작 가능하다고 합니다. 이 독을 사용한 무기에 맞은 대상은 DC 13의 건강 내성을 굴려야 하며, 실패할 시 1시간 동안 중독 상태가 됩니다. 만약 내성 굴림에 5 이상의 차이로 실패했다면 대상은 이렇게 중독 상태가 되어 있는 동안 무의식 상태로 쓰러집니다. 무의식 상태의 대상은 공격에 피해를 입거나 누군가가 행동을 사용해 흔들어 깨우면 의식을 되찾을 수 있습니다.

**무력약(Torpor) (섭취형).** 이 독을 섭취한 대상은 DC 15의 건강 내성 굴림을 굴려야 합니다. 내성에 실패할 시 대상은 4d6시간 동안 중독 상태가 되며, 이 독에 중독된 대상은 행동불능 상태가 됩니다.

**보라 벌레 독(Purple Worm Poison) (부상형).** 이 독은 죽었거나 무력화된 보라 벌레에게서 채취해야 합니다. 이 독을 바른 무기에 맞은 대상은 DC 19의 건강 내성 굴림을 굴려야 하며, 실패할 시 42 (12d6) 점의 독성 피해를 받게 됩니다. 내성에 성공하면 피해는 절반으로 줄어듭니다.

**악덕(Malice) (흡입형).** 이 독을 흡입한 대상은 DC 15의 건강 내성 굴림을 굴려야 하며, 실패시 1시간 동안 중독 상태가 됩니다. 이 독에 중독된 대상은 시력을 잃어 장님 상태가 됩니다.

**암살자의 피(Assassin's Blood) (섭취형).** 이 독을 섭취한 대상은 DC 10의 건강 내성 굴림을 굴려야 합니다. 내성에 실패하면 6(1d12) 점의 독성 피해를 입고 24시간 중독 상태가 됩니다. 내성에 성공하면 피해는 절반이 되며 중독 상태가 되지 않습니다.

**에테르 정수(Essence of Ether) (흡입형).** 이 독을 흡입한 대상은 DC 15의 건강 내성 굴림을 굴려야 하며, 실패시 8시간 동안 중독 상태가 됩니다. 이 독에 중독되면 무의식 상태에 빠집니다. 무의식 상태의 대상은 공격에 피해를 입거나 다른 누군가가 행동을 사용해 흔들어 깨우면 의식을 되찾을 수 있습니다.

**와이번 독(Wyvern Poison) (부상형).** 이 독은 죽었거나 무력화된 와이번에게서 채취해야 합니다. 이 독을 바른 무기에 맞은 대상은 DC 15의 건강 내성 굴림을 굴려야 하며, 실패시 24(7d6) 점의 독성 피해를 입게 됩니다. 내성에 성공하면 피해는 절반으로 줄어듭니다.

**자백제(Truth Serum) (섭취형).** 이 독을 섭취한 대상은 DC 11의 건강 내성 굴림을 굴려야 하며, 실패시 1시간 동안 중독 상태가 됩니다. 이 독에 중독된 대상은 고의로 거짓말을 할 수 없게 되며, 이는 마치 *진실의 공간Zone of Truth* 주문의 효과를 받는 것으로 취급합니다.

**창백 정제(Pale Tincture) (섭취형).** 이 독을 섭취한 대상은 DC 16의 건강 내성 굴림을 굴려야 하며, 실패시 3(1d6)점의 독성 피해를 입고 중독 상태가 됩니다. 중독된 대상은 24시간마다 내성 굴림을 다시 굴려야 하며, 실패할 때마다 3(1d6)점의 독성 피해를 받습니다. 이 독의 효과가 끝날 때까지, 이 독으로 인해 입은 피해는 어떠한 수단으로도 치료할 수 없습니다. 내성 굴림에 7번 성공하게 되면 독의 효과는 종료되며, 정상적으로 나머지 피해도 치료할 수 있습니다.

**캐리온 크롤러 점액(Carrion Crawler Mucus) (접촉형).** 이 독은 죽었거나 행동불능 상태인 캐리온 크롤러에게서 채취해야 합니다. 이 독에 접촉한 대상은 DC 13의 건강 내성을 굴려야 하며, 실패시 1분간 중독 상태가 됩니다. 중독 상태가 된 대상은 마비됩니다. 마비된 대상은 매번 자기 턴이 끝날 때마다 내성 굴림을 다시 굴릴 수 있으며, 성공시 효과에서 벗어날 수 있습니다.

**태기트 기름(Oil of Taggit) (접촉형).** 이 독에 접촉된 대상은 DC 13의 건강 내성 굴림을 굴려야 하며, 실패시 24시간 동안 중독됩니다. 이 독에 중독된 대상은 무의식 상태가 됩니다. 무의식 상태 중에 피해를 받으면 깨어날 수 있습니다.

**태운 오터 연기(Burnt Othur Fumes) (흡입형).** 이 독을 들이마신 대상은 DC 13의 건강 내성 굴림을 굴려야 하며, 실패할 시 10(3d6) 점의 독성 피해를 입고 매번 자기 턴이 시작할 때마다 다시 내성 굴림을 굴려야 합니다. 이후에는 내성이 실패할 때마다 3(1d6) 점의 독성 피해를 입게 됩니다. 내성에 3번 성공하면 독의 효력은 끝납니다.

**한밤의 눈물(Midnight Tears) (섭취형).** 이 독을 섭취한 대상은 자정이 될 때까지 아무 효과도 겪지 않습니다. 만약 이 독이 자정 이전에 해독되지 않았다면, 자정이 되었을 때 이 대상은 DC 17의 건강 내성 굴림을 굴려야 하며 실패할 시 31(9d6) 점의 독성 피해를 입게 됩니다. 내성에 성공시 피해는 절반으로 줄어듭니다.

## 독 구입하기

어떤 배경에서는 법으로 독의 소지와 사용이 엄격하게 금지되어 있지만, 암시장 거래처나 음험한 약사는 비밀리에 보관하고 있는 것이 있을 수도 있습니다. 범죄자 연줄이 있는 캐릭터는 더 쉽게 독을 구할 수도 있습니다. 다른 캐릭터들은 뇌물도 써 가며 열심히 찾아다녀야 겨우 구하려는 독을 구할 수 있을 것입니다.

독 표에 나와 있는 가격은 각각 1회용에 들어가는 가격입니다.

## 독 제작이나 채취

캐릭터는 모험 사이의 막간 활동으로 플레이어즈 핸드북(*Player's Handbook*)의 제작 규칙을 사용해 독극물을 만들 수 있습니다. 이때 캐릭터는 독 제작자의 도구에 대해 숙련을 지니고 있어야 합니다. 당신의 결정에 따라, 플레이어 캐릭터는 다른 종류의 독도 제작할 수 있습니다. 독에 사용되는 성분 모두를 구매하긴 어려울 수도 있으며, 이러한 성분을 찾아 나서는 것이 모험의 바탕이 되기도 합니다.

한편, 뱀이나 와이번, 캐리온 크롤러 등 독성을 지닌 크리쳐에게서 독을 채취하는 것도 가능합니다. 채취 대상은 죽었거나 행동불능 상태여야 하며, 채취 과정은 1d6분이 소요되고 DC 20의 지능(자연학) 판정이 필요합니다. (독 제작자 도구에 대해 숙련이 있으면 자연학에 숙련이 없어도 숙련 보너스를 받을 수 있습니다.) 판정에 성공하게 되면 캐릭터는 한 번 사용하기에 충분한 독을 채취할 수 있습니다. 판정에 실패하면 독을 채취하는데 실패한 것입니다. 만약 캐릭터가 판정 DC에서 5 이상 실패하면 캐릭터는 채취에 실패한 것뿐 아니라 독에 걸려들게 됩니다.

## 광기

일반적인 캠페인이라면, 캐릭터들은 자신들이 접하게 되는 공포스러운 광경이나 매일 펼쳐지는 학살극 때문에 미쳐가지는 않습니다. 하지만 가끔은 모험자조차 도저히 버틸 수 없는 스트레스가 가해지기도 합니다. 만약 당신의 캠페인이 강렬한 공포를 주제로 하고 있다면, 이 주제를 강화시키기 위해 광기를 사용해 보는 것을 원할 수도 있습니다. 광기는 모험자가 마주치게 될 극도로 공포스러운 존재들의 본성을 잘 드러내 줄 것입니다.

# 미쳐가는 과정

여러 가지 마법 효과는 평범한 정신에 광기를 더해갑니다. 예를 들어 *이계 접촉Contact Other Plane* 이나 *문양Symbol* 등과 같은 주문은 광기를 유발할 수 있으며, 여기에 사용된 규칙 대신 플레이어즈 핸드북(Player's Handbook)의 주문 효과에 실려 있는 광기 규칙을 이용해도 됩니다. 여러가지 질병이나 독, 정신의 폭풍이나 판데모니엄의 울부짖는 바람 같은 이계의 효과들 역시 광기를 유발할 수 있습니다. 몇몇 유물들 역시 사용하거나 조율하려 할 때 사용자의 정신을 파괴할 수 있습니다.

광기를 유발하는 효과에 저항하려면 지혜나 매력 내성 굴림을 굴려야 할 수도 있습니다. 만약 당신이 게임에서 이성 점수 규칙(제9장 "던전 마스터의 작업실"을 참조하십시오.)을 사용하고 있다면, 지혜나 매력 대신 이성 내성 굴림을 해야 할 수도 있습니다.

## 광기의 효과

광기는 단기, 장기, 무기한으로 가해질 수 있습니다. 대부분의 비교적 평범한 효과는 단기 광기에 속하며, 몇 분 정도만 지속됩니다. 더 무시무시한 효과나 지속되는 효과는 장기나 무기한 광기에 속할 것입니다.

단기 광기에 영향을 받은 캐릭터는 아래 **단기 광기** 표에 나온 효과를 1d10분간 받게 됩니다.

장기 광기에 영향을 받은 캐릭터는 아래 **장기 광기** 표에 나온 효과를 1d10 × 10시간 동안 받게 됩니다.

무기한 광기에 영향을 받은 캐릭터는 아래 **무기한 광기** 표에 나온 새로운 캐릭터 단점을 얻게 되며, 이는 치유될 때까지 지속됩니다.

### 단기 광기

| d100 | 효과 (1d10분간 지속) |
|---|---|
| 01–20 | 캐릭터는 자신의 마음 속에 틀어박혀 마비 상태가 됩니다. 이 효과는 캐릭터가 피해를 입으면 끝납니다. |
| 21–30 | 캐릭터는 행동불능 상태가 되고, 그동안 계속 비명을 지르거나, 미친듯이 웃거나 울고 있습니다. |
| 31–40 | 캐릭터는 공포 상태가 되고, 매 라운드 자기 행동을 사용해 공포의 대상에게서 멀어지는 방향으로 이동하며 도망치려 합니다. |
| 41–50 | 캐릭터는 계속 주절대기 시작하고 그동안은 일반적으로 말을 하거나 주문시전을 할 수 없습니다. |
| 51–60 | 캐릭터는 매 라운드 자기 행동을 사용해 가장 가까운 크리쳐를 무조건 공격합니다. |
| 61–70 | 캐릭터는 매우 생생한 환영을 보게 되며, 모든 능력 판정에 불리점을 받게 됩니다. |
| 71–75 | 캐릭터는 명백하게 자기 파괴적인 것이 아니라면, 다른 이들이 하라는 행동을 그대로 합니다. |
| 76–80 | 캐릭터는 진흙이나 점액, 찌꺼기 같은 이상한 것들을 먹고 싶은 강렬한 욕구를 느끼게 됩니다. |
| 81–90 | 캐릭터는 충격 상태가 됩니다. |
| 91–00 | 캐릭터는 무의식 상태로 쓰러집니다. |

## 장기 광기

| d100 | 효과 (1d10 × 10 시간 지속) |
|---|---|
| 01–10 | 캐릭터는 손을 씻는다거나, 물건을 만지거나, 기도하거나, 동전을 세는 등의 강박적인 행동을 계속 반복하고자 하는 욕구를 느낍니다. |
| 11–20 | 캐릭터는 생생한 환영을 보게 되며, 모든 능력 판정에 불리점을 받습니다. |
| 21–30 | 캐릭터는 강력한 편집증을 앓게 되며, 지혜와 매력 판정에 불리점을 받게 됩니다. |
| 31–40 | 캐릭터는 (대개 광기의 원천이 되는) 무엇인가에 대해 강력한 거부감과 멀어지고자 하는 욕구를 느낍니다. 이는 *반공감/공감Antipathy/Sympathy* 주문의 반공감 효과와 같습니다. |
| 41–45 | 캐릭터는 강력한 망상증을 앓게 됩니다. 물약 하나를 고르십시오. 캐릭터는 자신이 그 물약의 효과를 받고 있다고 생각할 것입니다. |
| 46–55 | 캐릭터는 특정한 인물이나 물건을 "행운의 부적"으로 생각하게 되며, 그 대상에게서 30ft 이상 떨어지면 모든 명중 굴림, 능력 판정, 내성 굴림에 불리점을 받게 됩니다. |
| 56–65 | 캐릭터는 눈이 멀거나(25%), 귀머거리가 됩니다.(75%) |
| 66–75 | 캐릭터는 통제 불가능한 경련이나 틱 증상이 생기며, 근력 혹은 민첩에 기반한 모든 명중 굴림과 능력 판정, 내성 굴림에 불리점을 받게 됩니다. |
| 76–85 | 캐릭터는 부분적 기억상실을 앓게 됩니다. 캐릭터는 그 자신의 자아, 그리고 종족과 클래스 요소 등을 기억하지만, 주변 인물이나 광기가 일어나기 전의 일들을 전혀 기억하지 못하게 됩니다. |
| 86–90 | 캐릭터가 피해를 받을 때마다, 그는 DC 15의 지혜 내성 굴림을 굴려야 하며 여기서 실패하면 *혼란Confusion* 주문에 걸린 것 같은 상태가 됩니다. *혼란Confusion* 상태는 1분간 지속될 것입니다. |
| 91–95 | 캐릭터는 말하는 능력을 잃어버립니다. |
| 96–00 | 캐릭터는 무의식 상태로 쓰러집니다. 아무리 피해를 주거나 흔들어도 캐릭터를 깨울 수 없습니다. |

## 무기한 광기

| d100 | 단점 (치유될 때까지 지속) |
|---|---|
| 01–15 | "난 취해 있어야 제정신을 유지할 수 있어." |
| 16–25 | "내가 찾은 건 모두 내거야." |
| 26–30 | "나는 내가 아니라 다른 누군가를 닮아야 해. 그의 옷차림이나 버릇을 따라하고 이름을 가져와야 해." |
| 31–35 | "다른 사람들의 관심을 끌려면 진실을 왜곡하고 과장하거나 대놓고 거짓말을 해야 해." |
| 36–45 | "내 목표를 이루는 것만이 내 관심사야. 다른 모든 것들은 무시할 거야." |
| 46–50 | "내 주변에서 일어나는 일에 신경을 쓰기가 어려워." |
| 51–55 | "다른 사람들이 제 멋대로 나를 판단하는 방식이 마음에 들지 않아." |
| 56–70 | "나는 내가 아는 한 가장 강하고, 영리하고, 현명하고, 빠르고, 아름다운 사람이야." |
| 71–80 | "어떤 강력한 적이 나를 쫓고 있어. 그 적의 수하가 온 사방에 깔려 있어. 어디서든 나를 지켜볼 거야." |
| 81–85 | "세상에 내가 믿을 수 있는 사람은 하나뿐이야. 나는 오직 이 특별한 친구 한 명만을 돌봐줄 거야." |
| 86–95 | "난 뭐든지 진지하게 받아들일 수가 없어. 진지한 상황일수록 나는 웃기는 부분을 찾아낼 거야." |
| 96–00 | "나는 사람을 죽이는 게 정말 좋아." |

## 광기 치료하기

*감정 진정화Calm Emotion* 주문을 사용하면 광기의 효과를 억누를 수 있으며, 하급 회복*Lesser Restoration* 주문을 사용하면 캐릭터에게서 단기나 장기 광기를 제거할 수 있습니다. 광기의 원인에 따라서는 저주 해제*Remove Curse*나 악과 선 퇴치 *Dispel Evil and Good* 주문을 사용하는 것이 더 효과적일 수도 있습니다. *상급 회복Greater Restoration* 주문이나 그보다 강력한 주문을 사용하면 캐릭터에게서 무기한 광기를 제거하는 것도 가능합니다.

# 경험치 점수

경험치는 플레이어 캐릭터의 레벨을 올려주며 대부분의 경우 전투 조우를 거치며 보상으로 획득하게 됩니다.

각각의 괴물들은 도전 지수에 따라서 XP값을 지니고 있습니다. 모험자들이 이 괴물들을 무찌르면, 그 총 XP값을 일행 숫자만큼 나누어 얻게 됩니다. 무찌르는 것은 대개 죽이는 것을 뜻하지만, 멀리 내쫓거나 포획하는 것이 될 수도 있습니다. 모험자 일행이 NPC들의 도움을 받았다면, 그들 역시 경험치를 나누어 받습

니다. (NPC들이 있으면 전투가 더 쉬워지기 때문에, 각 캐릭터는 경험치를 더 적게 받게 됩니다.)

제3장 "모험 창조하기" 부분을 참조하면 경험치 점수를 사용해 전투 조우를 고안하는 방법에 대한 안내를 받을 수 있습니다.

## 결석한 캐릭터

대개 모험자들은 자기가 직접 참여한 조우에서만 경험치를 얻을 수 있습니다. 만약 플레이어가 게임 모임에 결석했다면 그 플레이어의 캐릭터는 경험치를 얻을 수 없을 것입니다.

시간이 지나다 보면 결국 결석한 플레이어와 쭉 참가한 플레이어의 캐릭터들 사이에 레벨 차이가 생기게 될 것입니다. 이는 별로 이상한 일이 아닙니다. 같은 일행 속에서 2-3레벨 정도의 차이는 게임 진행을 망치지 않을 정도이기 때문입니다. 어떤 DM들은 게임 진행에 참여하는 대가로서 XP를 다루며, 이를 통해 플레이어들이 더 성실하게 참여하도록 유도합니다.

한편, 모임에 결석한 캐릭터들에게도 마찬가지로 XP를 줄 수 있습니다. 이렇게 하면 일행을 항상 같은 레벨로 둘 수 있습니다. 모임에 참여하지 않아도 경험치를 받을 수 있다고는 하지만, 게임 그 자체가 즐거운 것이기 때문에 고의로 게임 모임에 결석하려는 플레이어는 많지 않을 것입니다.

## 비전투 도전

전투 상황을 제외한 다른 도전에 대해서도 캐릭터들에게 경험치를 줄지, 주지않을지를 결정할 수 있습니다. 캐릭터들이 남작과 어려운 협상을 성공시켰다거나, 고집불통 드워프 씨족들과의 무

역 거래를 맺거나, 파멸의 골짜기를 무사히 벗어나는 데 성공했다면, 당신은 이런 도전을 극복한 대가로 경험치를 제공할 수 있습니다.

일단 제3장에서 나온 방식대로 전투 조우를 고안하는 규칙들을 응용하여 조우의 난이도를 정한 다음, 이렇게 정해진 난이도를 기반으로 유사한 난이도의 전투 조우와 같은 경험치를 제공하면 됩니다. 다만 이렇게 경험치를 줄 만한 도전은 충분한 실패의 가능성이 있는 것이어야 합니다.

## 이정표

당신은 캐릭터들이 중대한 이정표를 완료할 때마다 경험치를 수여할 수 있습니다. 모험을 준비할 때, 특정한 사건이나 조우를 이정표로 삼으면 됩니다. 아래 이정표가 될 만한 것들의 예시가 있습니다.

- 모험을 완수하기 위해 달성해야 하는 일련의 목적 중 하나를 달성하기
- 모험과 연관된 비밀 장소나 숨겨진 정보 발견하기
- 중요한 장소에 도착하기

경험치를 줄 때는 중요한 이정표라면 어려운 조우만큼, 가벼운 이정표라면 쉬운 조우만큼 주면 됩니다.

모험의 진행에 따라서 경험치나 보물 말고도 다른 보상을 제공하고 싶다면, 이정표를 지날 때마다 추가적으로 작은 보상을 지급하는 방법을 생각해 볼 수 있습니다. 아래는 이러한 보상의 예시입니다.

- 모험자들은 짧은 휴식을 취한 것처럼 이익을 얻습니다.
- 모험자들은 히트 다이스를 회복하거나 낮은 레벨의 주문 슬롯을 회복받습니다.
- 캐릭터들은 하루 사용량이 제한된 마법 물건의 사용량을 회복받습니다.

# 경험치를 제외한 레벨 상승

아예 경험치를 사용하지 않고도 캐릭터의 성장을 진행할 수 있습니다. 플레이어들이 참가한 게임 모임 횟수에 따라 진행하거나, 캠페인 이야기상의 중요한 목표에 도달할 때마다 레벨을 올리는 방식을 사용하는 것입니다. 어느 쪽이든 간에, 당신은 플레이어들에게 캐릭터의 레벨을 올리라고 해 줄 수 있습니다.

이 방식으로 레벨을 올려 나가면 전투가 많지 않은 캠페인에서도 충분히 쉽게 레벨을 올릴 수 있습니다. 또한 너무 자주 전투가 포함되어 경험치 계산이 피곤해진 경우에도 유용합니다.

## 모임 기반의 레벨 상승

게임 모임 횟수에 기반하여 레벨을 올리려면, 일단 첫 모임이 끝나고 나서 두 번째 모임 때 2레벨에 도달하게 하고, 다시 다음 모임 때 3레벨에 도달하게 하며, 4레벨 때부터는 모임 2번마다 한 번씩 올리는 방식을 채택하는 것을 추천합니다. 높은 레벨에 도달하면 모임 두세 번마다 한 번씩 레벨을 올려줄 수 있습니다. 이는 일반적으로 한 번의 모임이 4시간 길이로 이루어지는 것을 가정한 방식입니다.

## 이야기 기반의 레벨 상승

캠페인에서 이야기에 중요한 진척이 이루어지거나 중요한 목표를 달성했을 때마다 모험자들의 레벨을 올려줄 수 있습니다.

# 제9장: 던전 마스터의 작업실

**던**전 마스터는 플레이어즈 핸드북(Player's Handbook)에 나온 규칙들이나 이 책의 안내, 혹은 몬스터 매뉴얼(Monster Manual)에 나오는 괴물들의 정보 따위에 제한받을 필요가 없습니다. 당신은 자신의 상상력이 이끄는 대로 캠페인 세계를 이끌어 갈 수 있습니다. 이 장에서는 당신이 캠페인을 입맛대로 바꾸어 나가는데 필요한 선택 규칙들을 담고 있으며, 새로운 괴물이나 마법 물건 등 당신만의 무언가를 만들 때 필요한 규칙에 대한 안내도 실려 있습니다.

이 장에서 소개되는 선택 규칙들은 게임의 여러 부분에 연관되어 있습니다. 몇 가지는 다양한 규칙의 변형이며, 다른 것들은 아예 새로운 규칙으로 소개됩니다. 각각의 선택지는 서로 다른 장르와 진행 스타일을 대표하고 있습니다. 다만 이러한 선택규칙들이 게임에 어떠한 영향을 줄 것인지 명확히 파악하기 전까지는 여러 개의 선택규칙을 동시에 적용하기 전에 충분히 고려하시기 바랍니다.

캠페인에 새로운 규칙을 추가하기 전에, 아래 두 가지 질문에 대해 생각해 보시기 바랍니다.

- 이 규칙이 게임을 더 나아지게 할까?
- 내 플레이어들이 이 규칙을 좋아할까?

양쪽 모두 긍정적이라면, 새로운 규칙을 추가해 적용해 봐도 좋습니다. 플레이어들에게 피드백을 들려달라고 해 보십시오. 당신이 도입한 규칙이나 게임 요소가 의도된 대로 쓰이지 않고 있거나 게임을 더 발전시키지 못하고 있다면, 언제든 규칙을 재정비하거나 도로 뺄 수 있습니다. 어느 책에서 나온 규칙이든, 모든 규칙은 당신을 위해 있는 것이지, 당신이 규칙을 위해 있는 것은 아닙니다.

캐릭터가 동시에 하나 이상의 효과에 집중할 수 있게 해 주거나, 라운드당 더 많은 반응행동이나 추가 행동을 할 수 있게 해 주거나, 3개 이상의 마법 물건에 조율할 수 있게 해 주는 규칙을 추가하기 전에는 특히 조심하시기 바랍니다. 정신집중이나 반응행동, 추가 행동, 마법 물건 조율 등에 대한 규칙과 게임 요소들은 게임의 균형을 심하게 망가트리거나 게임을 너무 복잡하게 만들 수 있습니다.

## 능력치 선택 규칙

이 부분에서 소개하고 있는 선택 규칙들은 능력치 점수를 사용하는 것들입니다.

### 숙련 주사위

이 선택 규칙은 캐릭터가 받는 숙련 보너스를 숙련 주사위로 대체하여 게임에 무작위성을 더하고 숙련을 덜 확실한 요소로 만들어 줍니다. 캐릭터의 플레이어는 능력 판정이나 명중 굴림, 내성 굴림에 숙련 보너스를 더하는 대신, 주사위 하나를 굴리게 됩니다. 숙련 주사위 표는 어떤 상황에서 어떤 주사위를 굴려야 하는지 보여주며, 이는 캐릭터 레벨에 기반해 결정됩니다.

로그의 숙달 등과 같은 특수한 게임적 요소들로 인해 숙련 보너스가 2배로 증가할 경우, 해당 규칙은 숙련 주사위를 2개 굴리는 것으로 대체됩니다.

이 선택 규칙은 플레이어 캐릭터들과 레벨이 있는 NPC들을 위한 것이며, 괴물들은 사용할 수 없습니다.

### 숙련 주사위

| 레벨 | 숙련 보너스 | 숙련 주사위 |
|---|---|---|
| 1-4레벨 | +2 | 1d4 |
| 5-8레벨 | +3 | 1d6 |
| 9-12레벨 | +4 | 1d8 |
| 13-16레벨 | +5 | 1d10 |
| 17-20레벨 | +6 | 1d12 |

## 기술 변형 규칙

기술은 특정한 상황에서 능력 판정에 숙련 보너스를 더할 수 있게 해 줍니다. 기술이 사용되는 상황에 따라 6개의 주요 능력치 중 어느 것과 함께 사용되느냐가 결정됩니다. 예를 들어, 곡예와 은신은 민첩 능력치의 다른 두 측면을 나타내며, 캐릭터는 이 두 측면 중 하나만을 숙달하거나 양쪽 모두를 익힐 수도 있습니다.

당신은 기술 규칙이나 그 사용법들을 아래와 같은 변형 규칙으로 대체할 수 있습니다. 당신이 운영하고자 하는 캠페인에 걸맞은 규칙을 선택하시기 바랍니다.

### 능력 판정 숙련

이 변형 규칙을 사용하면, 캐릭터들은 기술에 대한 숙련을 갖지 않습니다. 대신, 각 캐릭터는 두 가지 능력치에 대한 숙련을 가집니다. 하나는 캐릭터의 클래스에 연관되며, 하나는 캐릭터의 배경에 연관되어 주어집니다. 클래스에 따른 능력 판정 숙련 표는 각각의 클래스가 어떤 능력치에 숙련되어 있는지 보여주고 있으며, 캐릭터 배경을 정할 시 다른 능력치 하나를 정해 숙련을 얻습니다. 캐릭터는 1레벨로 시작할 때부터 자신 선택한 두 개의 능력치에 연관된 모든 판정에 숙련 보너스를 얻을 수 있습니다.

### 클래스에 따른 능력치 판정 숙련

| 클래스 | 능력 판정 |
|---|---|
| 드루이드 | 지능, 지혜 중 하나 |
| 레인저 | 근력, 민첩, 지혜 중 하나 |
| 로그 | 민첩, 지능, 지혜, 매력 중 하나 |
| 몽크 | 근력, 민첩, 지능 중 하나 |
| 바드 | 아무거나 하나 |
| 바바리안 | 근력, 민첩, 지혜 중 하나 |
| 소서러 | 지능, 매력 중 하나 |
| 워락 | 지능, 매력 중 하나 |
| 위저드 | 지능, 지혜 중 하나 |
| 클레릭 | 지능, 지혜, 매력 중 하나 |
| 파이터 | 근력, 민첩, 지혜 중 하나 |
| 팔라딘 | 근력, 지혜, 매력 중 하나 |

이 규칙이 적용되면 숙달 요소 역시 다르게 적용됩니다. 클래스 요소에 숙달이 있는 캐릭터는 1레벨에서 기술 숙련 2개를 고르는 대신, 자신이 선택한 2개의 숙련 능력치 중 하나를 고릅니다. 이렇게 선택한 숙련 능력치에 관한 판정에 숙달로 인한 보너스를 적용합니다. 만약 캐릭터가 이후 추가로 기술 숙련을 얻는다면, 캐릭터는 기술을 고르는 대신 다른 능력치 하나를 골라 그 능력치에 연관된 모든 기술 판정에 보너스를 얻습니다.

이 선택 규칙을 사용하면 게임에서 "기술"이라는 요소를 완전히 제거하게 되며, 캐릭터들 사이의 구분점 몇가지도 사라집니다. 예를 들어서, 이 선택 규칙을 사용하면 설득과 위협 기술 중 어느 한쪽에만 특화하는 것은 불가능해지며, 같은 매력 능력치를 지녔기 때문에 같은 정도로 숙달된 것으로 취급합니다.

## 배경 숙련

이 변형 규칙을 이용하면, 캐릭터들은 기술이나 도구 숙련을 가지지 않습니다. 또한 캐릭터에게 기술이나 도구 숙련을 제공하는 요소들은 어떤 이득도 제공하지 않게 됩니다. 그 대신, 캐릭터는 자신의 배경에 기반하여, 배경에서 훈련하고 익혔을 것으로 생각되는 요소에 대해서 숙련 보너스를 받게 됩니다. 어떤 배경이 어떤 기술과 도구에 대한 숙련을 제공하는지는 DM이 최종적으로 결정하고 판단하게 됩니다.

예를 들어, 어떤 캐릭터가 귀족 배경을 지니고 있다면, 해당 배경에 따라서 그 캐릭터는 매력과 관련된 판정에 숙련 보너스를 받을 수 있으며, 왕의 면전에서 이야기하는 방식에 대해서도 숙달되어 있다고 여겨질 수 있습니다. 판정이 요구되는 상황에 처했을 때는 플레이어 본인이 나서서 자기 캐릭터가 어떻게 이 상황을 대비하고 훈련해 왔는지를 역설해야 할 수도 있습니다. 이는 단순히 "나는 귀족이니까"로 끝나는 게 아니고, "나는 모험자 경력을 시작하기 전 3년간 궁정에서 가문의 대사로 일해 왔고, 그러니 이런 일에 대해서는 충분하고도 남는 경험이 있다."는 식의 적극적 표현이어야 합니다.

이 간단한 체계는 플레이어들이 캐릭터들의 배경과 역사에 많은 중요성을 부여하게 합니다. 주어진 상황에서 자기 캐릭터가 숙련 보너스를 받을 수 있는가 없는가에 대해 끝없는 논쟁을 벌이도록 놔두지 마십시오. 플레이어가 게임적 이익을 위해서 캐릭터의 배경을 억지스럽게 만들어 함께 게임을 하는 사람들 모두가 보기에도 어색하고 어이없는 주장을 하는 게 아니라면, 플레이어들의 주장을 과감하게 인정하고 그에 따른 보상을 주도록 하십시오.

만약 해당 캐릭터가 숙달 요소를 지니고 있다면, 숙달에 따라 기술이나 도구 숙련을 고르게 하는 대신 캐릭터의 배경 중 어느 지점에 숙달의 이익을 받을 것인지 선택하게 하십시오. 위의 귀족 예시를 계속 들자면, 플레이어는 "궁정식 예절을 갖추고 예의범절이 매우 중요한 상황"에 숙달할 수도 있으며, "궁정 내 다른 누군가에게 해를 입히려는 비밀 계략을 파헤치는 상황"에 숙달을 하겠다고 할 수도 있습니다.

## 성격 특성 숙련

이 변형 규칙을 사용하면, 캐릭터는 기술 숙련을 가지지 않습니다. 대신 캐릭터는 자신의 성격 특성 중 긍정적인 것과 연관되는 상황에 처했을 때 능력 판정에 숙련 보너스를 더할 수 있습니다. 예를 들어, 어떤 캐릭터가 "나는 절대 계획을 세우지 않아. 하지만 나는 임기응변에 정통하지"라는 긍정적 개성을 지니고 있다면, 긴박한 상황에서 임기응변으로 대처해야 하는 상황에 처했을 때 숙련 보너스를 받을 수 있게 됩니다. 플레이어들은 캐릭터를 만들 때 최대 4개까지의 긍정적인 성격 특성을 만들어야 합니다.

한편 캐릭터가 지닌 부정적인 개성 역시 능력 판정에 직접적으로 영향을 끼치게 됩니다. 예를 들어 "나는 가끔 깊은 생각과 명상에 빠져 주변 사물을 잊어버리곤 해."라는 부정적 개성을 지닌 은자가 있다고 한다면, 그는 주변의 은신한 적들을 찾기 위한 판정에 불리점을 받게 될 것입니다.

만약 캐릭터가 숙달 요소를 지니고 있다면, 플레이어는 기술이나 도구 대신 자신이 지닌 개성 중 어느 하나를 골라 그것에 숙달을 하게 됩니다. 캐릭터가 이후 새로운 기술이나 도구 숙련을 얻게 되면, 기술이나 도구를 고르는 대신 새로이 긍정적인 개성 하나를 추가하시기 바랍니다.

이 규칙을 사용하면 플레이어들이 캐릭터의 개성에 더 집중하게 만들 수 있습니다. 캐릭터의 긍정적인 개성과 부정적인 개성이 고루 게임에 적용되도록 유도하십시오. 플레이어들이 긍정적인 개성은 언제나 적용되는데 부정적인 개성들은 잘 쓰이지 않는다는 느낌을 받지 않게 하십시오.

당신은 또한 자신의 판단에 따라 캐릭터가 지닌 이상이나 유대, 단점 역시 이 규칙에 적용할 수 있습니다.

## 영웅 점수

영웅 점수는 에픽 판타지나 신화적 분위기 캠페인에 어울리며, 여기에서 캐릭터들은 단순한 모험자가 아니라 슈퍼히어로에 가까운 모습으로 비춰지게 됩니다.

이 선택 규칙을 사용하면 캐릭터는 1레벨로 시작시 5점의 영웅 점수를 지니게 됩니다. 캐릭터의 레벨이 오를 때마다, 해당 캐릭터는 남아 있는 영웅 점수를 모두 버리고, 대신 새로 5 + 1/2 레벨 만큼의 영웅 점수를 새로 얻게 됩니다.

캐릭터는 명중 굴림이나 능력 판정, 내성 굴림을 굴릴 때 영웅 점수를 소비할 수 있습니다. 또한 이런 판정에서 이미 주사위를 굴린 다음에도 그 결과가 적용되기 전이라면 영웅 점수를 사용하겠다고 선언할 수 있습니다. 영웅 점수를 사용하면 플레이어는 추가로 1d6을 굴려 그 결과를 d20 결과에 더할 수 있으며, 이로 인해 실패를 성공으로 바꿀 수 있습니다. 한 번의 판정에는 오직 영웅 점수 1점만을 소비할 수 있습니다.

추가로, 캐릭터가 죽음 내성 굴림에 실패할 때마다, 플레이어는 영웅 점수 1점을 소비하여 실패를 성공으로 바꿀 수 있습니다.

## 새로운 능력치 점수: 명예와 이성

당신이 엄격한 명예의 규약을 강조하는 캠페인을 운영하거나 끊임없는 광기의 위협이 도사리고 있는 캠페인을 운영하고 있다면, 명예나 이성이라는 새로운 능력치를 적용해 보는 것도 좋은 시도가 될 수 있습니다. 이 능력치들은 기존 6개의 기본 능력치와 유사하게 작용하지만, 아래 설명되는 몇 가지 예외들을 포함하고 있습니다.

이 선택 규칙 능력치들은 캐릭터 제작시 아래와 같이 만들어집니다.

- 플레이어들이 능력치 배분에 기본 배열 방식을 사용한다면, 추가하려는 선택 능력치 하나 당 11점 능력치 1개씩을 더 배분합니다.
- 플레이어들이 점수로 능력치를 구매하는 규칙을 사용한다면, 선택 능력치 규칙을 하나씩 적용할 때마다 3점씩의 점수를 추가로 지급합니다.
- 플레이어들이 주사위를 굴려 능력치를 정한다면, 선택 능력치 규칙 하나당 1번씩 더 주사위를 굴려 새 능력치에 적용합니다.

만약 당신이 게임 중 괴물의 명예나 이성 점수를 이용해 내성 굴림을 굴리거나 판정을 해야 할 일이 생긴다면, 매력 능력치로 대체하여 판정하시기 바랍니다.

### 명예 점수 HONOR SCORE

만약 당신이 운영하는 캠페인이 엄격한 명예 규칙을 따르는 문화에서 진행되는 것이라면, 캐릭터가 이 규칙에 얼마나 헌신하고 잘 따르는가를 판정하려 할 때 명예 점수를 이용하도록 할 수 있습니다. 이 능력치는 아시아 문화권을 배경으로 하는 게임에 어울리며, D&D에서는 포가튼 렐름즈의 카라 투르 배경이 이에 해당합니다. 명예 능력치는 또한 기사도의 시대를 배경으로 할 때도 유용합니다.

명예는 캐릭터가 얼마나 법도를 잘 지키는가 뿐만 아니라, 캐릭터가 법도를 이해하고 있는 깊이 역시 표현합니다. 명예 점수는 또한 다른 이들이 캐릭터의 명예를 어떻게 대하는가 역시 나타냅니다. 높은 명예 점수가 있는 캐릭터는 다른 이들에게도 그만한 명성을 지니고 있을 것이며, 특히나 높은 명예를 지닌 캐릭터일수록 이에 민감하게 반응할 것입니다.

다른 능력치들과는 달리, 명예 점수는 일반적인 능력치 점수처럼 상승시킬 수 없습니다. 대신, 당신은 캐릭터의 행동에 따라서 추가로 명예 점수를 상승시켜 주거나 깎아버릴 수 있습니다. 모험 도중 캐릭터의 행동이 법도를 잘 이해하고 명예를 드높일 만한 것이었다면 모험이 끝나는 시점에 그 보상으로 명예 점수를 1점 높여줄 수 있을 것이며, 반대로 명예를 더럽혔다면 1점 깎을 수도 있습니다. 다른 능력치들과 마찬가지로 명예 점수는 20점을 넘을 수도 없고 1점 아래로 떨어질 수도 없습니다.

*명예 판정.* 사회적 상황에 따라 명예 판정이 필요한 경우가 있을 수도 있습니다. 매력과 마찬가지로 캐릭터가 사회의 법도나 명예를 얼마나 잘 이해하고 있는가를 판정해야 할 때가 그런 경우이며, 사회적 교류 도중에도 필요해질 수 있습니다.

아래와 같은 상황들이 명예 판정을 요구할 수 있는 상황의 예시입니다.

- 어떻게 행동하는 게 명예로운 길인지 확신이 들지 않을 때
- 품위를 잃지 않고 항복하려 할 때
- 다른 캐릭터의 명예 점수를 판독하려 할 때
- 복잡한 사회적 상황에서 알맞은 예절을 취하려 할 때
- 자신이 지닌 명예로운/불명예스러운 평판을 이용하여 누군가에게 영향을 주려 할 때

*명예 내성 굴림.* 캐릭터가 불가피하게 무언가 불명예스러운 행동을 해야만 할 때 명예 내성 굴림이 필요해질 수 있습니다. 주로 아래와 같은 상황에서 명예 내성 굴림을 굴려야 할 수 있습니다.

- 우연히 명예의 규약이나 예절을 어기는 것을 피하려 할 때
- 적에게 받은 모욕이나 도발에 반응하려는 욕구를 참을 때
- 적의 속임수로 인해 명예의 규약을 어기게 되는 상황을 피하려 들 때

## 이성 점수 SANITY SCORE

당신이 완전히 이질적인 존재들이나, 그 강력한 힘과 졸개들로 캐릭터들의 정신을 산산조각내는 위대한 크툴루처럼 불가해한 공포로 점철된 것들이 등장하는 캠페인을 운영하고 있다면, 이성 점수를 사용하는 것을 고려해 보십시오.

높은 이성 점수를 지닌 캐릭터는 광기의 면전에서도 냉정한 판단을 할 수 있는 반면, 이성 점수가 낮은 캐릭터는 불안정한 모습을 보이고 일반적인 범주를 벗어난 기괴한 공포에 맞설 때 더 쉽게 망가지게 될 것입니다.

*이성 판정.* 당신은 자신의 캠페인 속에 등장하는 이질적인 광기의 존재들에 연관된 판정을 요구할 때 지능 대신 이성을 이용해 판정하라고 할 수 있습니다. 미쳐 날뛰던 광신도가 써갈긴 예언을 해독하거나 금단의 지식이 쓰인 책에서 주문을 배워야 할 때 역시 이성 판정이 필요할 수 있습니다. 캐릭터들은 주로 아래와 같은 상황에서 이성 판정을 해야 할 것입니다.

- 너무나 이질적이어서 해석하는 것만으로도 캐릭터의 정신이 무너질 것 같은 글귀를 해독하려 할 때
- 남아있는 광기의 잔존 효과를 극복하려 할 때
- 일반적인 마법의 이해를 벗어난 완전히 기괴한 마법 효과를 알아내려 할 때

*이성 내성 굴림.* 캐릭터가 광기를 극복하려 하거나, 아래와 같은 상황에 처했을 때 당신은 이성을 이용해 내성 굴림을 하라고 요구할 수 있습니다.

- 파 렐름에서 온 존재를 접하거나 다른 기괴하고 이질적인 것들을 처음 마주했을 때.
- 이질적 존재와 정신적으로 직접 연결되었을 때.
- *문양Symbol* 주문의 광기 선택지처럼 정신의 안정성을 공격하는 주문의 목표가 되었을 때.
- 이질적 물리법칙이 적용되는 데미플레인을 통과할 때.
- 정신 피해를 입히는 종류의 주문이나 공격 효과를 저항하려 들 때.

이성 내성 굴림에 실패하면 단기, 장기, 혹은 무기한 광기의 효과를 받을 수도 있습니다. 광기 부분은 이 책의 제8장 "게임 진행하기"에 자세히 나와 있습니다. 캐릭터가 장기적이거나 무기한적 광기를 받게 되면, 캐릭터의 이성 점수를 1점 깎습니다. 상급 회복Greater Restoration 주문을 사용하면 이렇게 잃어버린 이성 점수를 되찾을 수도 있으며, 레벨이 상승할 때 이성 점수를 상승시키는 것도 가능합니다.

# 모험의 선택지

이 부분에서는 휴식 등의 규칙을 변경할 수 있는 선택 규칙들과, 현대식 무기처럼 기이한 것을 당신의 캠페인에 적용할 때 사용할 수 있는 규칙 등을 소개하고 있습니다.

## 절망적 공포와 절대적 공포

이 규칙들은 다크 판타지 캠페인을 진행할 때 그 무시무시한 분위기를 더 잘 표현하기 위해 사용될 수 있습니다.

### 절망적 공포 FEAR

모험자들이 도저히 꺾을 수 없을 것 같은 위협에 마주하게 되었을 때, 당신은 일행에게 지혜 내성 굴림을 굴리라고 요구할 수 있습니다. 내성 굴림의 DC는 상황에 따라 달라집니다. 이 내성 굴림에서 실패한 캐릭터는 1분간 공포 상태가 됩니다. 캐릭터는 자기 턴이 끝날 때마다 다시 내성 굴림을 시도할 수 있으며, 여기서 성공하게 되면 공포 상태에서 벗어날 수 있습니다.

### 절대적 공포 HORROR

절대적 공포는 단순히 놀라고 무서움에 떠는 수준을 넘어서는 것입니다. 절대적 공포는 역겨움과 고뇌를 동반하고 있습니다. 모험자들이 도저히 일반의 이해로 감당할 수 없는 무엇인가를 마주하거나 이 세상에 없을 법한 것과 마주쳤을 때, 아니면 무시무시한 진실에 직면하였을 때 절대적 공포를 겪을 수 있습니다.

이런 상황에서라면, 당신은 캐릭터들이 이 절대적 공포를 극복할 수 있는가 판정하기 위해 매력 내성 굴림을 굴리라고 선언할 수 있습니다. 이때 DC는 캐릭터들이 처한 상황이 얼마나 공포스러운 것인가에 따라 달라집니다. 내성에 실패했다면, 캐릭터들은 당신이 선택하거나 무작위로 정해진 단기 혹은 장기 광기를 얻게 될 것입니다. 광기에 대해서는 이 책의 제8장 "게임 진행하기" 부분에서 더 자세히 설명하고 있습니다.

# 치유

이 선택 규칙은 모험자들이 부상에서 회복해 가는 과정을 더 쉽게 혹은 어렵게 만들어 주며, 모험을 계속하며 휴식을 취하는 시간을 늘리거나 줄여 줍니다.

### 치유사의 키트 의존도

캐릭터들이 짧은 휴식 동안 히트 다이스를 소비하려면, 일행 중 누군가가 치유사의 키트를 사용해 붕대를 감아주고 상처를 돌봐주어야만 합니다.

### 치유 기회

이 선택 규칙은 캐릭터들이 전투 한복판에서도 치유할 수 있게 해주며, 일행 중 치료 마법을 사용하는 캐릭터가 아무도 없을 때나 마법적인 치유 자체가 매우 희귀한 캠페인을 운영하고 있을 때 유용하게 사용할 수 있습니다.

캐릭터는 행동을 사용해 자신의 치유 기회를 사용하고, 자신이 지닌 히트 다이스를 총 절반까지 사용할 수 있습니다. 이렇게 소비한 히트 다이스 하나당 주사위 하나씩을 굴리며, 주사위 하나당 자신의 건강 수정치를 더합니다. 이렇게 나온 총합계 만큼의 hp를 회복할 수 있습니다. 캐릭터는 주사위 하나를 굴릴 때마다 다음 주사위를 굴릴지 아닐지를 선택할 수 있습니다.

일단 치유 기회를 사용한 캐릭터는 짧은 휴식 혹은 긴 휴식을 취하기 전까지 다시 치유 기회를 사용할 수 없습니다.

이 선택 규칙을 사용하면, 캐릭터가 긴 휴식을 취하고 나면 자신의 히트 다이스를 모두 회복할 수 있으며, 짧은 휴식을 취하고 나면 레벨 ÷ 4만큼의 히트 다이스를 회복합니다. (최소 주사위 1개는 회복할 수 있습니다.)

모험을 좀 더 슈퍼히어로 같은 느낌으로 만들고 싶다면, 행동이 아니라 추가 행동으로 치유 기회를 사용하게 하는 것 역시 가능합니다.

### 느린 자연 치유

캐릭터들은 긴 휴식이 끝나도 hp를 회복할 수 없습니다. 그 대신, 캐릭터들은 짧은 휴식 때와 마찬가지로 긴 휴식을 취할 때 히트 다이스를 소비해 회복할 수 있습니다.

이 선택 규칙은 마법적인 치유 없이 캐릭터들의 체력을 회복하려 할 때 더 긴 시간을 소비하게 만들며, 따라서 더 거칠고 현실적인 캠페인에 잘 맞습니다.

## 휴식 변형규칙

플레이어즈 핸드북(Player's Handbook)의 제8장에서 소개되고 있는 짧은 휴식이나 긴 휴식에 대한 규칙은 영웅적 분위기의 캠페인을 운영할 때 잘 맞습니다. 캐릭터들은 치명적인 적과 맞서며 종이 한 장 차이로 자신의 목숨을 건질 만큼의 피해를 입기도 하지만, 그래도 다음 날이면 다시 싸워나갈 힘을 얻게 됩니다. 만약 이런 접근 방식이 당신의 캠페인에는 어울리지 않는 것이라면 아래와 같은 변형 규칙들을 적용하는 것을 생각해 보십시오.

### 장엄한 영웅담 형

이 선택 규칙은 5분 쉬는 것으로 짧은 휴식을, 1시간 쉬는 것으로 긴 휴식을 가능하게 만듭니다. 이렇게 변경하면 캐릭터들이 전투의 영향에서 더 쉽게 회복할 수 있기 때문에 더 자주 전투를 벌일 수 있게 됩니다. 또한 당신은 전투 조우를 더 어렵게 만들 수도 있을 것입니다.

이 규칙을 사용하면 주문시전자들은 자신의 주문 슬롯을 더 빨리 비워버릴 수 있습니다. 특히 고레벨 주문 슬롯의 소비에 거리낌이 없어집니다. 이런 경우를 피하려면, 주문시전자가 긴 휴식을 마칠 때 최대 주문 슬롯의 절반까지만(나머지 버림) 회복하게 하거나, 일반적인 긴 휴식으로는 5레벨 이하의 주문 슬롯만 회복된다고 하는 것을 고려해 볼 수 있습니다. 주문시전자가 6레벨 이상의 주문 슬롯을 회복하려면 여전히 8시간의 휴식이 필요하다고 정하면 되는 것입니다.

### 처절한 현실주의 형

이 선택 규칙을 사용하면 짧은 휴식이 8시간 걸리며, 긴 휴식은 7일을 소모하게 됩니다. 이 규칙을 적용하면 캠페인은 자주 중단될 수 있으며, 플레이어들은 전투를 벌일 때 얻을 수 있는 이익과 손해를 더 신중하게 검토하게 될 것입니다. 캐릭터들은 한 번에 연달아 많은 전투를 벌일 수 없게 되며, 모든 모험은 더 조심스러운 계획 하에 진행될 것입니다.

이러한 접근 방식은 캐릭터들이 던전 밖에서 더 많은 시간을 쏟게 만듭니다. 당신이 음모나 모략, 정치, 그리고 NPC들과의 교류에 더 집중하는 캠페인을 만들었다면 이 방식은 좋은 선택지가 되어 줄 것이며, 이런 상황에서라면 무작정 전투에 뛰어드는 것보다 더 좋은 방법이 있는지 계속 고민하게 될 것입니다.

## 총화기

당신이 소설 삼총사나 이와 유사한 스워시버클러 형태의 모험을 만들고 싶다면, 화약을 사용하는 무기들을 캠페인에 적용해서 르네상스 시대와 유사한 분위기를 만들어 보는 것도 괜찮습니다. 마찬가지로 추락한 우주선이 등장하거나 오늘날의 지구와 같은 요소들이 혼재된 미래적, 현대적 분위기의 캠페인을 만들고자 할 때도 총화기는 등장할 수 있습니다. 총화기 표는 여러 시대에서 등장할 수 있는 다양한 화기의 예시를 들고 있습니다. 다만 이 표에서 현대적이거나 미래적 화기의 가격은 제시하지 않을 것입니다.

### 숙련

캐릭터들이 총화기에 대해서도 숙련을 가질 수 있게 할 것인가 아닌가는 당신이 결정할 문제입니다. 대부분의 D&D 세계에 사는 캐릭터들은 그러한 숙련을 가지지 못합니다. 캐릭터들은 플레이어즈 핸드북에 실린 훈련 규칙을 사용해 막간을 이용해서 사용 숙련을 취득할 수 있습니다만, 이렇게 숙련을 얻으려면 먼저 훈련시 사용할 탄환이 충분하다는 전제가 있어야 합니다.

### 속성

총화기는 특별한 탄환을 사용하며, 몇 가지는 연사나 재장전 속성을 지니고 있습니다.

**탄환.** 총화기에 사용되는 탄환은 한번 사용하고 나면 파괴됩니다. 르네상스나 현대형 총화기는 총탄을 사용합니다. 미래형 총화기의 경우 에너지 전지라고 부르는 특별한 탄환을 이용합니다. 에너지 전지는 총화기의 모든 사격에 대응할 수 있는 화력을 지닙니다.

**연사.** 연사 속성을 지닌 무기는 단순히 목표 하나를 공격하는 것 외에도, 흩뿌리는 방식으로 연사하여 10 × 10 × 10ft의 범위 내의 모든 크리처에게 공격을 가할 수 있습니다. 해당 범위 내의 모든 크리처는 DC 15의 민첩 내성을 굴려야 하며, 실패시 무기의 일반 피해를 그대로 입게 됩니다. 연사 속성을 사용할 경우 탄환 10발을 소모한 것으로 칩니다.

**재장전.** 재장전 속성이 있는 무기는 일정 횟수를 발사하고 나면 재장전을 해야 합니다. 캐릭터는 행동이나 추가 행동을 사용하여 재장전을 할 수 있습니다.(행동 선택은 캐릭터의 자유입니다.)

## 폭발물

르네상스나 현대적 요소를 가미한 경우, 게임에 폭발물이 등장할 수도 있으며, 이는 폭발물 표에 나온 대로 적용합니다.

### 폭탄

캐릭터는 행동을 사용해 폭탄에 불을 붙이고 60ft 내의 한 지점에 던질 수 있습니다. 해당 지점에서 5ft 내의 모든 대상은 DC 12의 민첩 내성을 굴려야 하며, 실패시 3d6의 화염 피해를 입게 됩니다.

### 화약

화약은 권총이나 장총에 총탄을 장전하는 요소로 쓰이거나 폭탄을 만드는데도 들어갈 수 있습니다. 화약은 작은 나무통에 담아 팔게 되며, 방수 처리를 해 놓은 뿔에 담아 팔기도 합니다.

화약으로 가득 찬 통에 불을 붙이면 폭발할 수도 있습니다. 이 때 화약 통 10ft 주변의 모든 대상은 화염 피해를 입을 것입니다. (방수 뿔의 경우 3d6, 나무 통의 경우 7d6의 피해). DC 12의 민첩 내성 굴림에 성공하면 피해를 절반으로 줄일 수 있습니다. 1온스의 화약에 불을 붙이면 1라운드 동안 섬광을 일으키며 타오릅니다. 이때 이 섬광은 30ft까지는 밝은 빛으로, 추가 30ft까지는 약한 빛으로 비춰줍니다.

### 다이너마이트

캐릭터는 행동을 사용하여 다이너마이트 막대에 불을 붙이고 60ft 내의 한 지점으로 던질 수 있습니다. 폭발 지점에서 5ft 내의 모든 대상은 DC 12의 민첩 내성 굴림을 굴려야 하며, 실패할 시 3d6의 타격 피해를 입게 됩니다. 성공하면 절반의 피해만 받기도 합니다.

캐릭터는 여러 개의 다이너마이트 막대를 한데 묶어 한꺼번에 폭발시킬 수도 있습니다. 이때 추가된 막대 하나당 피해는 1d6씩 늘어납니다. (최대 10d6까지 늘어날 수 있습니다.) 또한 막대가 하나 붙을 때마다 폭발 범위 역시 5ft씩 늘어납니다. (최대 20ft까지)

그리고 폭발을 지연시키기 위해서 더 긴 도화선을 사용할 수도 있습니다. 이런 경우, 1~6라운드까지 터질 시간을 미리 조정할 수 있습니다. 다이너마이트를 위한 우선권을 따로 굴리십시오. 미리 지정된 시간이 지나고 나면, 해당 라운드의 자기 우선권이 돌아올 때 다이너마이트는 폭발할 것입니다.

### 수류탄

캐릭터는 행동을 사용하여 수류탄을 60ft 범위 내의 어딘가로 던질 수 있습니다. 유탄 발사기를 사용한다면 120ft 범위까지 유탄을 쏘아 보낼 수 있습니다.

**파편 수류탄**의 경우 폭발 지점에서 20ft 내의 모든 대상은 DC 15의 민첩 내성 굴림을 굴려야 하며, 실패시 5d6의 관통 피해를 입게 됩니다. 내성에 성공하면 피해를 절반으로 줄일 수 있습니다.

**연막 수류탄**의 경우, 착탄한 다음 라운드에 연막을 피워 올려 착탄 지점에서 20ft 내의 전역을 심하게 가려진 상태로 만듭니다. 시간당 10마일 정도의 적당한 바람이 있다면 4라운드 만에 연막을 흩어버릴 수 있으며, 시간당 20마일 내외의 강력한 바람이라면 1라운드 만에 연막을 흩어 놓을 것입니다.

### 외계 기술 파악하기

| 지능 판정 수치 | 결과 |
| --- | --- |
| 9 이하 | 실패 1회, 실수로 충전이나 사용 횟수를 1회 소비함. 캐릭터는 다음 판정에 불리점을 받게 됨 |
| 10-14 | 실패 1회 |
| 15-19 | 성공 1회 |
| 20 이상 | 성공 1회, 캐릭터는 다음 판정에 이점을 얻음 |

### 총화기

| 르네상스 시대 물건 | 가격 | 피해 | 무게 | 속성 |
| --- | --- | --- | --- | --- |
| *군용 장거리 무기* | | | | |
| 권총 | 250gp | 1d10 관통 피해 | 3lbs | 탄환 (거리 30/90), 장전 |
| 머스켓 | 500gp | 1d12 관통 피해 | 10lbs | 탄환 (거리 40/120), 장전, 양손 |
| *탄환* | | | | |
| 총탄 (10발) | 3gp | — | 2lbs | — |

| 현대 물건 | 가격 | 피해 | 무게 | 속성 |
| --- | --- | --- | --- | --- |
| *군용 장거리 무기* | | | | |
| 자동 권총 | — | 2d6 관통 피해 | 3lbs | 탄환 (거리 50/150), 재장전(15발) |
| 리볼버 | — | 2d8 관통 피해 | 3lbs | 탄환 (거리 40/120) 재장전(6발) |
| 사냥용 소총 | — | 2d10 관통 피해 | 8lbs | 탄환 (거리 80/240) 재장전(5발), 양손 |
| 자동 소총 | — | 2d8 관통 피해 | 8lbs | 탄환 (거리 80/240), 연사, 재장전(30발), 양손 |
| 산탄총 | — | 2d8 관통 피해 | 7lbs | 탄환 (거리 30/90), 재장전 (2발), 양손 |
| *탄환* | | | | |
| 총탄 (10발) | — | — | 1lb | — |

| 미래적 물건 | 가격 | 피해 | 무게 | 속성 |
| --- | --- | --- | --- | --- |
| *군용 장거리 무기* | | | | |
| 레이저 권총 | — | 3d6 광휘 피해 | 2lbs | 탄환 (거리 40/120), 재장전 (50발) |
| 반물질 소총 | — | 6d8 사령 피해 | 10lbs | 탄환 (거리 120/360), 재장전(2발), 양손 |
| 레이저 소총 | — | 3d8 광휘 피해 | 7lbs | 탄환 (거리 100/300), 재장전(30발), 양손 |
| *탄환* | | | | |
| 에너지 전지 | — | — | 5온스 | — |

## 외계 기술

모험자들이 그 세상이나 그 시대의 것이 아닌 물건을 찾게 되면, 플레이어들은 그게 어떤 것인지 알아도 캐릭터들은 알아내지 못하는 상황이 벌어질 수 있습니다. 이때 캐릭터가 해당 기술에 대해 무지하다는 사실을 반영하기 위해, 캐릭터들에게 연달아 지능 판정을 요구하여 기술이 어떠한 것인지 파악해 가도록 만들 수 있습니다.

해당 기술이 어떻게 적용되는 것인지 판단하려면, 캐릭터는 먼저 기술의 복잡성에 따라 여러 번의 지능 판정에 성공해야 합니다. 담배 라이터나 계산기, 리볼버처럼 단순한 물건이라면 2번의 판정만 성공해도 되지만, 컴퓨터나 전기톱, 호버크래프트 같이 복잡한 물건이라면 4번의 성공이 필요할 수도 있습니다. 판정할 때마다 외계 기술 파악하기 표에 따라 결과를 판단합니다. 만약 캐릭터가 물건을 살펴 보면서 긴 휴식을 취하기 전에 4번 이상 판정에 실패한다면 해당 물건은 사용법을 알아보다가 파괴된 것으로 칩니다.

그 물건이 어떻게 쓰이는지 봤던 캐릭터나 유사한 물건을 다뤄 본 경험이 있는 캐릭터는 지능 판정에 이점을 받을 수 있습니다.

### 폭발물

| 르네상스 시대 물건 | 가격 | 무게 |
| --- | --- | --- |
| 폭탄 | 150gp | 1lb |
| 화약, 통 | 250gp | 20lbs |
| 화약, 방수 뿔 | 35gp | 2lbs |

| 현대 시대 물건 | 가격 | 무게 |
| --- | --- | --- |
| 다이너마이트(막대) | — | 1lb |
| 파편 수류탄 | — | 1lb |
| 연막 수류탄 | — | 2lbs |
| 유탄 발사기 | — | 7lbs |

# 플롯 점수

플롯 점수를 도입하면 플레이어들이 캠페인의 진행 방향에 영향을 줄 수 있으며, 이야기 진행의 복잡성이나 세상 그 자체를 변화시킬 수도 있으며, DM의 역할 일부를 대체할 수도 있습니다. 만약 당신의 플레이어들이 이러한 규칙을 악용할 소지가 있다고 판단된다면, 이를 적용하지 않으시길 권합니다.

## 플롯 점수 사용하기

각각의 플레이어들은 1점의 플롯 점수를 지니고 시작합니다. 게임 모임 동안, 플레이어는 플롯 점수를 소비해 하나의 효과를 발동할 수 있습니다. 이 효과는 당신의 게임 모임이 이 선택 규칙을 어떻게 다루느냐에 따라 달라질 수 있으며, 대표적인 3가지 효과는 아래에 설명되어 있습니다.

플레이어는 모임당 1점 넘게 플롯 점수를 사용할 수 없습니다. 당신이 바란다면 이 제한을 약간 풀어줄 수도 있으며, 특히 플레이어들이 이야기를 좀 더 주도하고 뒤바꾸어 가길 원한다면 플롯 점수를 더 자주 사용하게 해 주는 것도 좋습니다. 게임 모임에 참여한 모든 플레이어가 각자 1점씩의 플롯 점수를 소비했다면, 이들 모두는 다시 1점씩의 플롯 점수를 얻을 수 있습니다.

## 선택 1: 이런 반전이!

플롯 점수를 소비한 플레이어는 해당 상황이나 배경에 반드시 적용되어야 하는 요소 하나를 첨가할 수 있습니다. 예를 들어, 플롯 점수를 소비한 플레이어는 그 자신이 비밀문을 찾았다거나, NPC가 나타났다거나, 일행이 마주친 괴물이 실은 오래전에 잃어버린 동료인데 변신 주문을 맞아 끔찍한 야수로 변한 것이었다는 식의 선언을 할 수 있습니다.

이 방식으로 플롯 점수를 사용하려는 플레이어는 먼저 시간을 들여서 모임의 다른 모두와 자기 생각을 의논해야 하며, 선언하기 전에 이 요소가 이야기 진행에 어떤 영향을 줄지 들어봐야 합니다.

## 선택 2: 이야기는 복잡해지고

플레이어가 플롯 점수를 소비할 때마다, 소비한 플레이어의 오른쪽에 앉은 다른 플레이어 한 명은 해당 장면에 한 가지 복잡성을 더하는 요소를 넣어야 합니다. 예를 들어 어떤 플레이어가 플롯 점수를 소비하여 비밀문을 찾았다고 선언했다면, 그의 오른쪽에 앉은 플레이어는 그 비밀문을 열면 마법적 함정이 발동해서 일행이 던전의 다른 부분으로 전이되어버린다는 식으로 상황을 바꿀 수 있습니다.

## 선택 3: 신들이 미친 게 틀림없다

이 접근 방식을 사용하면, 고정적인 DM이라는 역할이 사라집니다. 게임 모임의 모든 사람은 자기 캐릭터를 지니고. 그 중 한명이 DM을 맡아 게임을 정상적으로 진행합니다. DM을 맡은 사람이 지닌 캐릭터는 나머지 일행이 원한다면 NPC로 취급하거나 잠시 이야기에서 빠진 것으로 취급할 수도 있습니다.

언제든 다른 플레이어 한 명이 플롯 점수를 소비하면 그가 바로 DM이 됩니다. 해당 플레이어의 캐릭터는 NPC가 되고, 지금까지 DM이었던 사람의 캐릭터가 들어오며 게임은 계속됩니다. 전투 한복판에서 DM의 역할을 바꾸는 것은 그다지 좋은 생각이 아닐 수 있지만, 새로운 DM이 자기 역할을 충분히 이해하고 이전 DM이 자리를 넘겨줄 수 있다면 그것도 불가능하지는 않습니다.

이 방식으로 플롯 점수를 사용하면 매번 새로운 DM이 예측 불가능한 방향으로 게임을 진행하게 되면서 흥미로운 캠페인이 만들어질 수도 있습니다. 이 접근 방식은 또한 DM을 해보고 싶은 플레이어들이 작게나마 게임을 운영해 보며 경험을 쌓는 데도 도움이 됩니다.

이 방식대로 플롯 점수를 사용하는 캠페인에서는 게임 모임에 참여하는 모든 사람이 자기 나름대로 준비를 해 오고 조우를 만들어 와야 하며, 충분히 준비하지 못했거나 DM 역할을 하고 싶지 않은 플레이어는 그냥 플롯 점수를 소비하지 않고 계속 플레이어로서만 활동할 수도 있습니다.

이 접근 방식을 사용하려면, 먼저 모임에 참여하는 모두가 캠페인 전체에 적용될 몇 가지 설정을 공유해야 하며, 그래야 DM이 변경되면서도 다른 사람의 계획이나 노력이 모두 무용지물로 돌아가는 것을 막을 수 있습니다.

# 전투 선택 규칙

이 부분의 선택 규칙들은 전투를 색다른 방식으로 다루게 해 줄 것입니다. 이러한 선택 규칙을 적용할 경우 가장 큰 문제점은 게임의 속도가 느려질 위험이 있다는 것입니다.

## 우선권 변형 규칙

이 부분에서는 우선권을 다루는 색다른 방식들을 제공합니다.

### 우선권 점수

이 선택 규칙을 사용하면, 전투 참가자들은 전투 시작 시점에 우선권을 굴리지 않습니다. 그 대신, 각각의 참가자들은 10 + 민첩 수정치로 정해지는 우선권 점수를 지닙니다.

주사위를 굴리는 대신 간단한 덧셈으로 우선권을 정하고, 그 점수의 높낮이에 따라 우선권 순서를 따라가게 되면 게임의 진행 속도를 상당히 빠르게 할 수 있습니다. 그 대가로 종종 우선권 순서가 뻔히 예측 가능하게 나오는 방법이기도 합니다.

### 집단 우선권

각각의 PC와 괴물마다 따로 우선권을 굴리고, 그 결과를 나온 순서에 따라 배열하고, 이 목록을 기억하며 게임을 진행하다 보면 진행 속도가 상당히 느려집니다. 만약 당신이 약간의 불균형을 대가로 지불하고서라도 게임의 속도를 좀 더 빠르게 하고 싶다면, 집단 우선권 규칙을 시험해 보는 것도 좋습니다.

이 변형 규칙을 사용하면, 플레이어들은 개개인이 아니라 집단으로서 d20을 굴립니다. 당신 역시 d20을 굴려 적대 세력의 우선권을 정합니다. 이 판정에는 어떠한 수정치도 주어지지 않습니다. 높은 결과가 나온 쪽이 먼저 행동하며, 동수가 나온 경우에는 다시 주사위를 굴려 순서를 판정합니다.

한 집단의 턴이 되면, 집단에 속한 구성원들은 자신들이 원하는 순서대로 행동할 수 있습니다. 해당 집단의 모든 구성원이 자신의 턴을 마치면 상대 집단의 순서가 시작됩니다. 모든 집단이 자기 턴을 마치면 라운드가 끝납니다.

만약 전투에서 여러 편의 집단이 참여하는 상황이 발생했다면, 각각의 집단마다 따로 우선권을 굴리며 높은 순서대로 행동합니다. 전투가 완료될 때까지 처음 나온 우선권 순서에 따라 집단으로 턴을 행하게 됩니다.

이 변형규칙은 팀워크를 강조하며, 당신 역시도 괴물들이 서로 공조하여 싸울 수 있는 만큼 DM 작업을 좀 더 편하게 해줍니다. 하지만 우선권이 높은 집단 쪽이 먼저 적들을 몰아붙이기가 너무 쉬워지기 때문에 균형이 깨지는 측면도 있습니다.

### 속도 요소

어떤 DM들은 일반적인 우선권 굴림이 쉽게 예측할 수 있고 방해하기 쉽다는 점에 불만을 가지곤 합니다. 플레이어들은 우선권 순서를 고려하여 캐릭터의 행동을 결정하곤 합니다. 예를 들어, 심하게 부상당한 파이터라도 자기 바로 다음 턴에 클레릭이 자신을 치유해 줄 수 있다는 것을 알고 있다면 트롤에게 돌격해 들어갈 수 있을 것입니다.

속도 요소는 전투 상황에서 우선권을 좀 더 예측하게 어렵게 만들어 주는 선택 규칙이며, 대신 이를 사용하면 게임의 속도가 느려질 가능성이 있습니다. 이 변형 규칙을 사용하면, 전투 참가자들은 매라운드 우선권을 굴리게 됩니다. 또한 우선권을 굴리기 전, 각각의 캐릭터나 괴물들은 자신이 하려는 행동을 선언해야 합니다.

*우선권 수정치.* 우선권에는 전투 참가자들의 크기 분류와 취하려는 행동에 따라 수정치가 가해집니다. 예를 들어, 경량형 무기로 싸우는 크리쳐나 단순한 주문을 시전하려는 자는 무겁고 느린 무기로 싸우려는 자보다 먼저 행동할 가능성이 높습니다. 아래의 속도 요소 우선권 수정치 표를 보시면 자세한 것이 나와 있습니다. 만약 아무런 수정치도 가해지지 않는 행동을 하려 한다면, 이 행동은 우선권에 영향을 주지 않습니다. 만약 양손을 쓰는 중형 근접 무기로 공격하려 하는 등 하나 이상의 수정치가 가해진다면, 각각의 수정치는 모두 우선권 굴림에 영향을 줍니다.

## 속도 요소 우선권 수정치

| 요소 | 우선권 수정치 |
| --- | --- |
| 주문 시전 | 시전된 주문의 레벨만큼 뺌 |
| 근접, 중량형 | -2 |
| 근접, 경량형 또는 교묘한 무기 | +2 |
| 근접, 양손 무기 | -2 |
| 장거리, 장전 무기 | -5 |

| 크기 분류 | 우선권 수정치 |
| --- | --- |
| 초소형 | +5 |
| 소형 | +2 |
| 중형 | +0 |
| 대형 | -2 |
| 거대형 | -5 |
| 초대형 | -8 |

각각의 수정치는 턴당 한 번만 가해집니다. 예를 들어, 단검 두 개를 들고 전투하는 로그라 할지라도 경량형 근접 무기를 사용하여 얻는 우선권 수정치는 +2 하나뿐입니다. 주문시전의 경우, 가장 높은 레벨의 주문에 맞추어 수정치가 가해집니다.

캐릭터의 추가 행동에 따라서도 우선권에 수정치가 가해지지만, 여전히 하나의 수정치는 턴당 한 번만 영향을 준다는 사실을 잊지 마십시오. 예를 들어 팔라딘이 추가 행동으로 2레벨 주문을 시전하고 숏소드로 공격을 가하려 하는 경우, 팔라딘은 2레벨 주문 시전으로 인해 우선권에 -2 수정치를, 경량형 근접 무기로 공격을 하므로 우선권에 +2 수정치를 받습니다. 따라서 최종 수정치는 +0이 될 것입니다.

위의 표는 그냥 시작일 뿐입니다. 당신은 캐릭터가 하려는 행동을 판정하여 우선권을 더 빠르거나 늦게 만들 수 있습니다. 재빠르게 끝나는 간단한 행동은 우선권에 보너스를 줄 것이며, 느리고 어려운 행동은 우선권에 페널티를 가할 것입니다. 가장 우선되는 법칙으로는 보너스든 페널티든 2~5 사이의 값을 가지는 게 좋다는 정도뿐입니다.

예를 들어, 파이터가 손잡이를 돌려 창살문을 들어올리려 한다고 해 봅시다. 이것은 복잡하며 어려운 행동이므로 당신은 이 행동이 우선권에 -5 페널티를 받는다고 선언할 수 있습니다.

*우선권 굴리기.* 행동을 정하면 모두 우선권을 굴리고 수정치를 더할 시간입니다. 그 결과는 비밀로 남겨집니다. 당신은 30부터 우선권 순서를 높은 순서대로 부르며, 하나씩 내려갑니다. 자기 우선권 순서가 된 캐릭터는 선언하고 행동할 수 있습니다. 같은 숫자에 여러 캐릭터가 있을 경우 민첩이 더 높은 순서대로 행동하거나, 아니면 다시 주사위를 굴려 판정할 수 있습니다.

*턴.* 각각의 전투 참여자는 자기 턴에 그냥 이동을 할 수 있지만, 행동은 먼저 선언한 것을 하거나 아니면 아예 행동하지 않을 수도 있습니다.

모든 참가자가 행동했다면 라운드가 끝난 것이며, 다시 같은 과정을 반복합니다. 전투 참여자 모두가 행동을 선언하고, 우선권을 굴리며, 순서에 따라 자기 턴을 시작합니다.

# 행동 선택 규칙

이 부분에서는 전투에서 사용 가능한 새로운 행동 선택지들을 소개합니다. 이러한 행동들은 게임 내에서 집단으로 이루어지거나, 개개인이 행할 수 있습니다.

## 더 큰 크리쳐에 기어오르기

만약 어떤 크리쳐가 다른 크리쳐에게로 뛰어오르고자 한다면, 붙잡기 규칙을 이용해 할 수 있습니다. 하지만 소형이나 중형 크기 크리쳐는 마법으로 초자연적인 힘을 얻지 않는 한, 거대형 혹은 초대형 크리쳐를 목표로 붙잡기에 성공할 가능성이 희박합니다.

이에 대한 대안으로, 커다란 상대를 마치 지형처럼 취급해 등 뒤로 뛰어 오르거나 팔다리에 매달리게 할 수 있습니다. 먼저, 뛰어오를 만한 자리를 잡기 위해 필요하다면 능력 판정을 해야 할 수도 있습니다. 자리를 잡았다면, 작은 크리쳐는 행동을 사용해 근력(운동)이나 민첩(곡예) 판정을 해서 목표의 민첩(곡예) 판정과 대결합니다. 작은 크리쳐가 대결 판정에서 승리했다면 성공적으로 목표의 공간에 들어가 그 몸에 매달린 것입니다. 작은 크리쳐가 매달려 있을 때에는 목표가 이동할 때마다 같이 이동됩니다. 또한 작은 크리쳐는 매달린 적에 대한 명중 굴림에 이점을 받습니다.

더 작은 크리쳐는 목표가 점유하고 있는 공간 내에서도 이동할 수 있으며, 이 경우 목표가 점유한 공간은 어려운 지형으로 취급합니다. 목표는 더 작은 크리쳐가 어디 있는가에 따라 자기 몸에 올라탄 크리쳐를 공격하려 시도할 수도 있으며, 이러한 시도가 가능한가 아닌가는 당신의 판단에 따릅니다. 목표는 행동을 사용해 몸에 올라탄 크리쳐를 떨어뜨리려 시도할 수 있습니다. 긁어내거나 벽에 몸을 비비고 붙잡아 던지려는 시도가 그러한 것입니다. 이때 목표는 근력(운동) 판정을 하며, 이 결과를 올라탄 크리쳐의 근력(운동) 판정이나 민첩(곡예) 판정과 비교합니다. 어떤 판정을 사용할지는 올라탄 쪽이 정할 수 있습니다.

## 무장해제

전투 참가자는 무기 공격을 이용해 상대가 손에 들고 있는 무기나 다른 물건을 떨어뜨리려 시도할 수 있습니다. 공격자는 목표의 근력(운동) 또는 민첩(곡예) 판정 결과를 목표로 명중 굴림을 시도합니다. 공격자가 이 대결 판정에서 승리한 경우 해당 공격은 아무런 피해나 나쁜 효과를 주지 않지만, 그 대신 공격을 받은 자는 손에 들고 있는 것을 떨어뜨리게 됩니다.

공격받는 자가 해당 물건을 두 개 이상의 손으로 들고 있는 경우, 공격자는 명중 굴림에 불리점을 받게 됩니다. 또한 목표가 공격자보다 큰 크기를 지니고 있다면 목표는 능력 판정에 이점을 받게 되며, 크기가 작다면 불리점을 받게 됩니다.

## 지정

이 선택 규칙은 근접 전투원들이 서로를 기회공격으로 더 많이 견제할 수 있게 만들어 줍니다.

크리쳐는 근접 공격을 가하면서 동시에 공격받은 목표를 지정할 수 있습니다. 공격자의 다음 턴이 끝날 때까지, 자신이 지정한 대상을 상대로 하는 기회 공격의 명중 굴림에는 이점을 받을 수 있습니다. 이 기회 공격은 공격자의 반응행동을 소모하지 않지만, 공격자가 행동불능 상태가 되거나 *전격의 손아귀Shocking Grasp* 주문을 받는 등 반응행동을 할 수 없는 상태가 되면 기회 공격 역시 할 수 없습니다. 공격자는 턴당 한 번의 기회공격만 할 수 있습니다.

## 돌파

크리쳐가 적대적인 대상이 점유한 공간을 뚫고 지나가려 할 경우, 이동하려는 자는 이 적대적 대상을 힘으로 돌파해야 합니다. 이동하려는 자는 행동이나 추가 행동을 사용하여 근력(운동) 판정을 행하고, 그 결과를 적대적 대상의 근력(운동) 판정 결과와 비교하여 대결합니다. 돌파를 시도하는 크리쳐가 적대적 대상보다 크다면 이 판정에 이점을 받게 되며, 작다면 불리점을 받게 됩니다. 이동하려는 자가 이 대결 판정에서 이기면, 적대적 대상이 점유하고 있는 공간을 지나서 이동할 수 있습니다.

## 옆으로 밀어내기

이 선택 능력을 사용하면, 크리쳐는 플레이어즈 핸드북(Player's Handbook)에 실린 특별한 밀어내기 공격을 가해 목표를 뒤쪽이 아니라 옆으로 밀어낼 수 있습니다. 공격자가 목표를 옆으로 밀어내려면 근력(운동) 판정에 불리점을 받게 됩니다. 만약 이 판정에 성공하면 공격자는 목표를 자신의 간격 내에서 5ft 옆으로 이동시킬 수 있습니다.

## 구르기

크리쳐는 적대적 대상이 차지한 공간 사이로 몸을 날려 숙이고 구르며 이동하려고 시도할 수 있습니다. 이동하려는 자는 행동 또는 추가 행동을 사용해 민첩(곡예) 판정을 행하며, 그 결과를 적대적 대상의 민첩(곡예) 판정 결과와 비교하여 대결합니다. 만약 이동하려는 자가 이 대결 판정에서 이겼다면, 적대적 대상이 차지하고 있는 공간을 지나쳐 이동할 수 있습니다.

# 엄폐물 타격

장거리 공격이 엄폐 뒤에 있는 목표를 명중시키지 못했다면, 당신은 이 선택 규칙을 사용해 공격이 엄폐물에 맞았는지 아닌지를 판정할 수 있습니다.

먼저, 엄폐가 아니었을 때를 가정한 명중 굴림의 결과를 판정합니다. 만약 명중 굴림의 결과가 엄폐가 아니었을 때를 가정한 상태에서 해당 목표물에 명중할 정도로 높았다면, 해당 공격은 엄폐물에 맞은 것입니다. 만약 엄폐를 제공하는 것이 크리쳐이고 해당 명중 굴림의 결과가 엄폐를 제공하는 크리쳐의 AC보다 높게 나왔다면, 이 공격은 엄폐 뒤의 크리쳐 대신 엄폐를 제공한 크리쳐에게 명중한 것으로 칩니다.

# 적들을 베어 넘기기

만약 플레이어 캐릭터들이 낮은 레벨의 적들로 이루어진 거대한 무리와 맞서는 경우가 자주 벌어진다면, 이 선택 규칙을 사용해 그러한 전투의 속도를 올리는 것을 고려해 볼 수 있습니다.

근접 공격으로 인해 아무런 부상도 받지 않은 크리쳐의 hp를 한 번에 0으로 만들었다면, 이 피해의 초과분은 인접한 다른 크리쳐에게 갈 수 있습니다. 공격자는 자신의 간격 내에서 본래 목표에 인접한 다른 목표를 선택하여 초과된 분량의 피해를 줄 수 있으나, 이때 본래 굴렸던 명중 굴림이 이 부차적 목표의 AC 이상이어야 합니다. 만약 이 부차적 목표 역시 아무런 부상이 없는 상태였고 다시 이 초과분에 의해 hp가 0 이하로 떨어졌다면, 다시 이 과정을 반복하여 3차로 피해를 받을 목표를 정할 수 있습니다. 이런 식으로 주변에 적합한 목표가 남지 않거나 피해를 받아도 단번에 쓰러지지 않는 목표가 남을 때까지 과정을 반복합니다.

# 부상

피해는 일반적으로 장기적인 효과를 주지 않습니다. 하지만, 이 선택 규칙을 사용하면 장기적인 부상을 가하는 것이 가능해집니다.

장기적인 부상 판정을 언제 행할지는 당신의 판단에 달려 있습니다. 대개는 아래와 같은 상황에 처했을 때 장기적인 부상을 입을 가능성이 생기곤 합니다.

· 치명타에 맞았을 때
· hp가 0으로 떨어졌지만 죽지는 않았을 때
· 죽음 내성 굴림에 5 이상 차이로 실패했을 때

부상의 형태를 결정하려면 아래의 장기적 부상 표를 굴려 그 결과를 확인하면 됩니다. 이 표는 일반적인 인간형 크리쳐의 부상에 대해서 다루고 있지만, 당신이 살짝 조정하면 다른 형태의 신체를 지닌 크리쳐에 대해서도 그 결과를 적용할 수 있을 것입니다.

### 장기적 부상

| d20 | 부상 |
| --- | --- |
| 1 | **눈을 잃음.** 당신은 시각에 연관된 지혜(감지) 판정과 장거리 명중 굴림에 불리점을 받습니다. *재생Regenerate* 주문이나 유사한 마법 효과로 잃어버린 눈을 도로 만들 수 있습니다. 만약 당신이 이 부상을 여러 번 입어 눈이 하나도 없게 되었다면 당신은 장님 상태가 됩니다. |
| 2 | **팔이나 손을 잃음.** 당신은 더는 양손으로 물체를 들 수 없으며, 한 번에 하나의 물체만 들 수 있습니다. *재생*주문 등으로 잃어버린 사지를 도로 얻을 수 있습니다. |
| 3 | **다리나 발을 잃음.** 당신의 보행 속도는 절반이 되며, 의족 등을 사용하지 않는다면 지팡이가 있어야 걸을 수 있습니다. 당신이 질주 행동을 사용하면 행동이 끝난 이후 항상 넘어진 상태가 됩니다. 당신은 균형을 잡는 민첩 판정에 불리점을 받습니다. *재생* 주문 등을 사용하면 잃어버린 사지를 도로 얻을 수 있습니다. |
| 4 | **절름발이.** 당신의 보행 속도는 5ft 감소합니다. 당신은 질주 행동을 사용하고 나서 DC 10 민첩 내성 굴림을 행해야 하며, 이 내성에 실패한 경우 넘어집니다. 마법적인 치유를 받으면 저는 발을 치유할 수 있습니다. |
| 5-7 | **내장 부상.** 당신이 전투에서 행동을 취할 때마다, 당신은 DC 15의 건강 내성 굴림을 굴려야 합니다. 이 내성에 실패하면 당신은 당신의 다음 턴이 시작할 때까지 모든 행동을 할 수 없고 반응행동을 취할 수 없습니다. 내부 부상은 마법적 치유를 받거나 10일간 아무것도 하지 않고 휴식을 취하면 치료됩니다. |
| 8-10 | **부러진 갈비뼈.** 내부 부상과 같지만, 건강 내성 굴림의 DC가 10입니다. |
| 11-13 | **끔찍한 상처.** 당신은 가리기 어려운 상처로 외모가 훼손되었습니다. 당신은 매력(설득) 판정에 불리점을, 매력(위협) 판정에 이점을 받습니다. *재생*이나 *치유Heal*주문 등 6레벨 이상의 마법적 치유를 받으면 이 상처를 제거할 수 있습니다. |
| 14-16 | **곪은 상처.** 당신의 최대 hp는 상처가 지속되는 한 24시간마다 1점씩 떨어집니다. 만약 당신의 최대 hp가 0이 되었다면 당신은 사망합니다. 이 상처는 마법적 치료를 받으면 회복됩니다. 또한, 누군가 24시간마다 한번씩 DC 15의 지혜(의학) 판정에 성공하여 당신을 돌봐줄 수 있으며, 이 판정에 10번 성공하면 상처가 치유됩니다. |
| 17-20 | **가벼운 상처.** 이 상처는 부정적인 효과를 주지 않습니다. *재생*이나 *치유* 등 6레벨 이상의 마법적 치료를 받으면 이 상처를 없앨 수 있습니다. |

당신은 위의 표에 나와 있는 효과를 사용하는 대신, 플레이어에게 자기 캐릭터가 어떤 부상을 당했는지 정하게 할 수도 있습니다. 캐릭터는 위의 표에 맞추어 d20을 굴리지만, 해당하는 장기적 효과를 받는 대신 같은 이름의 단점을 획득하게 됩니다. 다른 단점과 마찬가지로 플레이어가 게임 진행 중 자기 캐릭터의 장기적 부상을 표현할지 여부는 어디까지나 플레이어의 자유에 달려 있습니다. 그러나 이 부상의 효과를 잘 표현하면 고양감을 얻을 수 있으며, 그 고양감을 유효하게 사용할 수도 있을 것입니다.

## 막대한 피해

이 선택 규칙은 크리쳐가 막대한 피해를 받았을 때 더 쉽게 쓰러지도록 해 줍니다.

크리쳐가 한 번에 본래 최대hp의 절반 이상의 피해를 받은 경우 해당 크리쳐는 DC 15의 건강 내성을 굴려야 하며, 실패할 시 아래의 신체 충격 표에서 주사위를 굴려 그 결과를 받습니다. 예를 들어 최대 hp가 30점인 크리쳐가 단번에 15점 이상의 피해를 받았다면 건강 내성을 굴려야 할 것입니다.

### 신체 충격

| d10 | 효과 |
| --- | --- |
| 1 | 크리쳐의 hp는 0으로 떨어집니다. |
| 2-3 | 크리쳐의 hp는 0이 되지만 안정한 상태입니다. |
| 4-5 | 크리쳐는 자신의 다음 턴이 끝날 때까지 충격 상태가 됩니다. |
| 6-7 | 크리쳐는 자신의 다음 턴이 끝날 때까지 반응행동을 취할 수 없으며 명중 굴림과 능력 판정에 불리점을 받게 됩니다. |
| 8-10 | 크리쳐는 자신의 다음 턴이 끝날 때까지 반응행동을 취할 수 없습니다. |

## 사기

어떤 전투원들은 전투 상황이 불리하게 돌아갈 경우 도망치려 할 수도 있습니다. 이 선택 규칙을 사용하면 괴물이나 NPC들이 언제 도망칠지를 판정할 수 있습니다.

크리쳐는 대개 아래와 같은 상황에서 도망치려 할 수 있습니다.

- 기습당했을 때
- 전투에서 최대 hp의 절반만 남게 되었을 때
- 자기 턴인데 상대편에게 해를 가할 방법이 전혀 없을 때

또한 집단 역시 아래와 같은 상황에서 도망치려 할 수 있습니다.

- 집단 구성원 전체가 기습당했을 때
- 집단 지도자의 hp가 0이 되었거나, 행동불능이거나, 포로로 잡혔거나, 전투에서 제거되었을 때.
- 집단이 원래 크기의 절반만 남았는데 상대편에는 아무런 손실도 없을 때

집단이나 크리쳐 개인이 도망칠지 어떨지를 판정하려면, 도망치려는 집단의 지도자 혹은 개인이 DC 10의 지혜 내성 굴림을 굴리면 됩니다. 만약 상대편이 압도적이라면 이 내성 굴림에는 불리점이 가해질 수도 있으며, 힘의 차이가 너무나 크다면 자동 실패를 선언할 수도 있습니다. 집단의 지도자가 어떠한 이유에서든 내성 굴림을 굴리지 못하는 상태라면, 지도자 다음으로 매력 점수가 높은 구성원이 대신 내성 굴림을 굴릴 수 있습니다.

내성이 실패하면, 해당 집단이나 크리쳐는 가장 빠른 경로를 택해 도주를 시도합니다. 만약 도주가 불가능한 상황이라면 항복하려 할 수도 있습니다. 만약 항복한 집단이나 크리쳐가 다시 공격을 받는다면 전투는 재개될 것이며, 이후에는 도주나 항복의 가능성이 다시 주어지기 어렵습니다.

적들이 내성에 실패하여 도주하는 것이 모험자들에게 꼭 이로운 결과를 가져오지는 않습니다. 예를 들어 오우거 한 마리는 전투에서 도주한 다음 던전으로 되돌아가 경보를 울릴 수도 있으며, 캐릭터들이 얻으려는 보물을 싸매고 도망갈 수도 있습니다.

# 괴물 창조하기

몬스터 매뉴얼(Monster Manual)에는 바로 사용할 수 있는 수백 종 이상의 괴물이 있지만, 그것만으로는 당신이 상상할 수 있는 모든 괴물을 다 표현할 수 없습니다. 새로운 괴물들을 만들고 이미 존재하는 것들을 조정하여 당신의 플레이어들이 전혀 예상하지 못했던 놀라움과 즐거움을 주는 것 역시 D&D 경험의 일부입니다.

이 과정은 만들려는 새 괴물의 컨셉을 생각하는 것부터 시작합니다. 무엇이 이 괴물을 독특하게 만들어 줍니까? 이들은 어디서 살고 있습니까? 이들이 당신의 모험에서, 캠페인에서, 세상에서 하는 역할은 어떤 것입니까? 어떻게 생겼습니까? 어떤 기괴한 능력들을 지니고 있습니까? 이러한 질문들에 대답해 가다 보면, 당신은 게임 속에서 어떻게 이 새로운 괴물들을 소개할 것인지 떠올릴 수 있을 것입니다.

## 괴물 조정하기

일단 당신이 괴물에 대한 생각을 떠올렸다면, 이를 표현하기 위한 게임적 자료가 필요할 것입니다. 일단 떠올려 보아야 할 질문은 이것입니다. 이미 있는 게임적 자료들을 사용할 수 있을까요?

몬스터 매뉴얼에 실려 있는 자료 상자들은 당신의 괴물을 만드는데 좋은 시작점이 될 수 있습니다. 예를 들어, 엘프들을 사냥하며 살아가는 지능적인 삼림 포식자를 떠올려 봅시다. 물론 몬스터 매뉴얼에는 이러한 괴물이 없지만, 콰고스는 등반 이동 속도를 지닌 인간형 포식자입니다. 어쩌면 당신은 새로운 괴물을 만들며 콰고스의 게임 자료를 가져오고 이름만 달리 바꿀 수도 있을 것입니다. 또한 당신은 이 과정에서 콰고스가 사용하는 언어를 지하공용어에서 엘프어나 삼림어 등으로 바꾸는 등 작은 변화를 줄 수도 있을 것입니다.

불꽃으로 타오르는 피닉스가 필요한가요? 거대 독수리나 로크의 게임 수치를 사용하되 불꽃 피해에 대한 면역을 주고, 공격으로 화염 피해를 가하도록 해보면 어떨까요? 비행 원숭이가 필요한가요? 유인원에게 날개와 비행 이동 속도를 주면 될 것입니다. 거의 대부분의 새로운 괴물들은 이미 존재하는 것들을 기반으로 만들 수 있습니다.

이미 존재하는 게임 자료들을 조정하는 것은 아예 기초부터 만들어나가는 것보다 시간과 노력을 훨씬 절약하는 길이며, 이미 존재하는 괴물에 언어나 성향을 바꾸고 몇 가지 특수 감각을 넣는 등은 도전 지수를 변경시키지도 않습니다. 하지만 일단 hp나 피해를 조정하는 크리쳐의 공격이나 방어 능력을 변경하게 되면 이는 도전 지수를 변경하게 되며, 여기에 관해서는 이후에 설명하겠습니다.

### 무기 바꾸기

만약 괴물이 제작된 무기를 장비하고 있다면, 당신은 이 무기를 다른 것으로 바꿔줄 수 있습니다. 예를 들어, 당신은 홉고블린이 장비하고 있는 롱소드를 할버드로 바꿔줄 수 있습니다. 새로 변경된 무기로 인해 피해와 간격이 조정될 수 있음을 잊지 마십시오. 또한 한손 무기를 양손 무기로 바꿀 수 있으며, 그 반대도 가능하다는 사실 역시 잊지 마십시오. 예를 들어, 홉고블린은 방패를 버리는 대신 할버드(양손무기)를 장비할 수 있으며, 이 경우 AC는 2 떨어질 것입니다.

## 특징 추가하기

괴물을 조정하는 또 다른 간단한 방법은 특징을 추가하는 것입니다. 당신은 자신만의 특징을 만들어 내거나, 이미 몬스터 매뉴얼(Monster Manual)의 수많은 괴물이 가진 특징 중에서 하나를 골라 가져올 수도 있습니다. 예를 들어, 당신은 일반적인 고블린에 거미 등반 특징을 추가해서 기괴한 고블린 거미 변종을 만들어 낼 수 있으며, 일반적인 트롤에게 머리 두 개 특징을 추가하여 쌍두 트롤을 만들 수도 있고, 이미 존재하는 아울베어에 거대 올빼미의 날개와 비행 이동 속도를 부여하여 날아다니는 아울베어를 만들어 낼 수도 있습니다.

# 괴물의 게임 수치 빠른 제작

특정한 도전 지수를 지닌 괴물의 게임 수치가 필요하다면, 아래 설명되는 여러 단계를 거쳐 간단히 만들어 낼 수 있습니다. 만약 이미 몬스터 매뉴얼에 존재하는 괴물과 비슷한 게임 수치를 사용하고자 한다면, "괴물의 게임 수치 만들기" 부분으로 넘어가십시오.

## 도전 지수에 따른 괴물의 수치

| CR | 숙련 보너스 | 방어도 | hp | 명중 보너스 | 피해 / 라운드 | 내성 DC |
|---|---|---|---|---|---|---|
| | | 방어적 | | 공격적 | | |
| 0 | +2 | ≤ 13 | 1–6 | ≤ +3 | 0–1 | ≤ 13 |
| 1/8 | +2 | 13 | 7–35 | +3 | 2–3 | 13 |
| 1/4 | +2 | 13 | 36–49 | +3 | 4–5 | 13 |
| 1/2 | +2 | 13 | 50–70 | +3 | 6–8 | 13 |
| 1 | +2 | 13 | 71–85 | +3 | 9–14 | 13 |
| 2 | +2 | 13 | 86–100 | +3 | 15–20 | 13 |
| 3 | +2 | 13 | 101–115 | +4 | 21–26 | 13 |
| 4 | +2 | 14 | 116–130 | +5 | 27–32 | 14 |
| 5 | +3 | 15 | 131–145 | +6 | 33–38 | 15 |
| 6 | +3 | 15 | 146–160 | +6 | 39–44 | 15 |
| 7 | +3 | 15 | 161–175 | +6 | 45–50 | 15 |
| 8 | +3 | 16 | 176–190 | +7 | 51–56 | 16 |
| 9 | +4 | 16 | 191–205 | +7 | 57–62 | 16 |
| 10 | +4 | 17 | 206–220 | +7 | 63–68 | 16 |
| 11 | +4 | 17 | 221–235 | +8 | 69–74 | 17 |
| 12 | +4 | 17 | 236–250 | +8 | 75–80 | 17 |
| 13 | +5 | 18 | 251–265 | +8 | 81–86 | 18 |
| 14 | +5 | 18 | 266–280 | +8 | 87–92 | 18 |
| 15 | +5 | 18 | 281–295 | +8 | 93–98 | 18 |
| 16 | +5 | 18 | 296–310 | +9 | 99–104 | 18 |
| 17 | +6 | 19 | 311–325 | +10 | 105–110 | 19 |
| 18 | +6 | 19 | 326–340 | +10 | 111–116 | 19 |
| 19 | +6 | 19 | 341–355 | +10 | 117–122 | 19 |
| 20 | +6 | 19 | 356–400 | +10 | 123–140 | 19 |
| 21 | +7 | 19 | 401–445 | +11 | 141–158 | 20 |
| 22 | +7 | 19 | 446–490 | +11 | 159–176 | 20 |
| 23 | +7 | 19 | 491–535 | +11 | 177–194 | 20 |
| 24 | +7 | 19 | 536–580 | +12 | 195–212 | 21 |
| 25 | +8 | 19 | 581–625 | +12 | 213–230 | 21 |
| 26 | +8 | 19 | 626–670 | +12 | 231–248 | 21 |
| 27 | +8 | 19 | 671–715 | +13 | 249–266 | 22 |
| 28 | +8 | 19 | 716–760 | +13 | 267–284 | 22 |
| 29 | +9 | 19 | 761–805 | +13 | 285–302 | 22 |
| 30 | +9 | 19 | 806–850 | +14 | 303–320 | 23 |

## 1단계. 도전 지수 예상하기

당신의 괴물이 지니게 될 도전 지수를 예상해 보십시오. 도전 지수는 괴물의 숙련 보너스와 여타 중요한 전투용 수치를 정하게 해 줍니다. 지금 생각하는 도전 지수에 너무 연연하지 마십시오. 이후 단계에서도 얼마든지 재조정할 수 있습니다.

모험자의 레벨과 동일한 도전 지수를 지닌 괴물 하나는, 4인으로 구성된 모험자 집단에 적당한 도전이 되어 줍니다. 만약 괴물이 쌍을 이루거나 집단으로 행동한다면, 그 도전 지수는 일행의 레벨보다 낮아야 할 것입니다.

당신이 만들고자 하는 괴물이 캐릭터들의 레벨과 같아야만 적당한 도전이 될 수 있다는 강박관념에 사로잡히지 마십시오. 더 낮은 도전 지수를 지닌 괴물들도 집단을 이루고 있다면 충분히 높은 레벨의 캐릭터들에게 위협적인 도전이 될 수 있습니다.

## 2단계. 기본 수치

도전 지수에 따른 괴물의 수치 표를 참조하여, 1단계에서 예상한 도전 지수에 따른 괴물의 기본 방어도, hp, 명중 보너스, 라운드 당 피해 등을 확인하십시오.

## 3단계. 수치 조정하기

당신이 생각해 둔 괴물의 컨셉에 따라 괴물의 방어도, hp, 명중 보너스, 라운드 당 피해, 내성 DC 등을 올리거나 내리십시오. 예를 들어 당신이 방어가 튼튼한 괴물을 필요로 한다면, AC를 올려야 할 필요가 있을 것입니다.

일단 원하는 대로 조정했다면, 괴물의 수치를 기록해 두도록 하십시오. 당신이 생각하기에 괴물에게 필요하겠다 싶은 수치가 있다면 (능력 점수라든가) 아래 "괴물 자료 상자 만들기"에서 차례대로 단계를 밟아 만들 수 있을 것입니다.

## 4단계. 마지막 도전 지수 확인

이제 3단계에서 조정한 수치에 따라 괴물의 최종적 도전 지수를 계산할 차례입니다.

*방어적 도전 지수.* 도전 지수에 따른 괴물의 수치 표에서 당신이 정한 괴물의 hp에 해당하는 도전 지수를 확인하십시오.

이제 해당 도전 지수의 괴물이 지니는 AC가 얼마인지 확인하십시오. 당신이 정한 괴물의 AC가 표의 AC보다 2점 이상 높거나 낮다면, AC가 2점 상승할 때마다 정해둔 hp를 1단계씩 낮추거나 AC가 2점 감소할 때마다 hp를 1단계씩 올려 도전 지수를 맞출 수 있습니다.

*공격적 도전 지수.* 도전 지수에 따른 괴물의 수치 표에서 당신이 괴물을 사용해 라운드 당 몇 점의 피해를 가하려 하는지 정하고, 그에 해당하는 도전 지수를 확인하십시오.

이제 해당 도전 지수의 괴물이 지닌 명중 보너스가 얼마인지 확인하십시오. 당신이 정해둔 괴물의 명중 보너스가 표에 주어진 것보다 2점 이상 높거나 낮다면, 명중 보너스가 2점 상승할 때마다 정해둔 라운드 당 피해를 1단계씩 낮추거나, 명중 보너스가 2점 감소할 때마다 라운드 당 피해를 1단계씩 높여 도전 지수를 맞출 수 있습니다.

괴물이 명중 굴림보다 내성을 허용하는 효과에 더 의존하여 행동한다면, 위의 내용에서 명중 보너스 대신 DC를 사용해 계산하십시오.

괴물이 명중 굴림과 DC를 모두 사용한다면, 더 자주 사용하는 능력에 초점을 맞추어 변경하십시오.

*평균 도전 지수.* 괴물의 최종 도전 지수는 방어적 도전 지수와 공격적 도전 지수를 더해 둘로 나눈 것입니다. 이후 나머지를 올림으로 처리하면 괴물의 최종 도전 지수를 결정할 수 있게 됩니

다. 예를 들어 당신이 만들고자 하는 괴물의 방어적 도전 지수가 2이고 공격적 도전 지수가 3이라면, 최종 도전 지수는 3이 될 것입니다.

이 최종 도전 지수를 이용하여, 위의 표에서 해당 도전 지수에 걸맞는 숙련 보너스를 확인할 수 있습니다. 도전 지수에 따른 경험치 표를 참조하여 해당 괴물의 경험치값이 얼마인지 확인하도록 합시다. 아무런 위협이 되지 않는 괴물은 도전 지수 0이며, 따라서 경험치값 역시 0XP입니다. 그게 아니라면 최소 10XP를 지닐 것입니다.

괴물을 창조하는 일은 숫자만을 따지는 작업이 아닙니다. 이 장에서 제시되는 안내는 당신이 필요로 하는 괴물을 창조할 수 있게 해 주지만, 실제로 해당 괴물이 재미있게 사용할 수 있는 것인가 어떤가를 확인하는 방법은 시험해 보는 것뿐입니다. 당신이 만들어 낸 괴물이 실제 어떻게 움직이는가 확인하고 난 다음, 그 경험에 의거해서 해당 괴물의 도전 지수를 올리거나 내리는 식으로 다시금 조정을 가할 수 있을 것입니다.

## 도전 지수에 따른 경험치

| CR | XP | CR | XP |
|---|---|---|---|
| 0 | 0 또는 10 | 14 | 11,500 |
| 1/8 | 25 | 15 | 13,000 |
| 1/4 | 50 | 16 | 15,000 |
| 1/2 | 100 | 17 | 18,000 |
| 1 | 200 | 18 | 20,000 |
| 2 | 450 | 19 | 22,000 |
| 3 | 700 | 20 | 25,000 |
| 4 | 1,100 | 21 | 33,000 |
| 5 | 1,800 | 22 | 41,000 |
| 6 | 2,300 | 23 | 50,000 |
| 7 | 2,900 | 24 | 62,000 |
| 8 | 3,900 | 25 | 75,000 |
| 9 | 5,000 | 26 | 90,000 |
| 10 | 5,900 | 27 | 105,000 |
| 11 | 7,200 | 28 | 120,000 |
| 12 | 8,400 | 29 | 135,000 |
| 13 | 10,000 | 30 | 155,000 |

# 괴물의 자료 상자 만들기

당신이 완전한 자료 상자를 지닌 괴물을 만들고자 한다면, 아래 방법을 사용해 당신만의 새로운 괴물을 만들 수 있습니다.

몬스터 매뉴얼(Monster Manual)의 소개 부분을 참조하면 괴물의 자료 상자 각 부분에 대한 설명을 확인할 수 있습니다. 일단 당신이 새로운 것을 만들기 전에, 자료 상자의 각 부분이 어떤 기능을 지니고 있는지 익숙해지는 것이 중요합니다. 당신만의 괴물을 만들어나가는 과정에서 결정을 내리기 어려울 때가 있다면, 몬스터 매뉴얼의 예시를 통해 안내를 받을 수 있을 것입니다.

일단 생각해 둔 컨셉의 괴물이 있다면, 아래 단계를 밟아 나가도록 합시다.

## 1단계. 이름

괴물의 이름은 다른 부분들과 마찬가지로 충분한 고려를 거쳐 정해져야 합니다.

당신의 괴물은 실제 세계에 존재하는 생물에 기반을 두고 있을 수도 있고, 신화에서 온 것일 수도 있습니다. 이런 경우에는 비교적 뻔한 이름을 사용할 수도 있을 것입니다. 만약 당신이 스스로 이름을 창조하고자 한다면, 대개 최고의 이름은 괴물의 외모나 본성을 반영하고 있는 것(미믹이나 아울베어)이나, 흥미로운 울림을 지닌 것들(츄얼이나 스리크린 등)이 많다는 점을 기억하도록 합시다.

## 2단계. 크기

당신의 괴물이 어떤 크기를 지니고 있을지 정합니다. 초소형, 소형, 중형, 대형, 거대형, 초대형 등의 크기가 가능합니다.

괴물의 크기는 이후 제8단계에서 괴물의 hp를 계산하는 데도 사용되며, 괴물이 얼마나 큰 공간을 차지하는지도 말해 줍니다. 이는 플레이어즈 핸드북(Player's Handbook)에서 자세히 설명합니다.

## 3단계. 종류

괴물은 그 본성과 출신에 따라 여러 종류로 나누어집니다. 몬스터 매뉴얼에서는 괴물들이 각 분류에 따라서 어떤 특징을 지니고 있는지 설명하고 있습니다. 당신이 만들고자 하는 괴물의 컨셉에 가장 어울리는 것을 고르도록 합시다.

## 4단계. 성향

만약 당신이 만들고자 하는 괴물이 어떠한 도덕적 컨셉도 지니지 않고 있다면 그것은 무성향입니다. 그게 아니라면, 자신의 본성과 도덕적 기준에 따라 성향을 지니고 있을 것입니다. 각각의 성향에 대해서는 플레이어즈 핸드북에서 자세히 설명하고 있습니다.

## 5단계. 능력 점수와 수정치

괴물들은 플레이어 캐릭터처럼 6가지 능력 점수를 지니고 있습니다. 6가지 능력 점수는 각각 1점에서 30점까지 중 하나로 정해집니다.

괴물의 능력 점수에 따라 수정치도 정해집니다. 능력 점수와 수정치에 관한 표는 플레이어즈 핸드북에서 찾아볼 수 있습니다.

만약 당신이 괴물의 능력 점수를 정하기 어렵다면, 몬스터 매뉴얼에서 비교할만한 괴물을 찾아본 다음 그것을 베끼도록 합시다. 예를 들어, 당신이 만들고자 하는 괴물이 대략 인간 일반인과 유사할 정도로 똑똑하다면 지능은 10(수정치 +0)일 것입니다. 만약 그 괴물이 오우거와 비슷할 정도로 강력하다면, 근력은 19(수정치 +4) 일 것입니다.

## 6단계. 예상 도전 지수

당신의 괴물에 맞는 도전 지수를 정하도록 합시다. 1단계 이전의 "괴물의 게임 수치 빠른 제작" 부분을 참조하여 정보를 확인할 수 있습니다. 당신은 이후 단계에서 숙련 보너스를 사용해야 하니, 그 부분을 염두에 두고 진행하도록 합시다.

## 7단계. 방어도

괴물의 방어도는 그 도전 지수와 직결됩니다. 당신은 두 가지 방법 중 하나를 택해 괴물의 도전 지수를 정할 수 있습니다.

**표 사용하기.** 당신은 도전 지수에 따른 괴물의 수치 표를 통해 괴물의 예상 도전 지수에 기반해서 적당한 AC를 정할 수 있습니다. 해당 표에는 도전 지수에 따라 기준이 되는 AC를 제공하고 있습니다. 필요하다면 이 AC를 원하는 대로 조정해도 됩니다. 예를 들어, 도전 지수 1인 괴물의 기본 AC는 13이지만, 당신이 만들고자 하는 괴물이 잘 무장하고 있다면 필요한 만큼 AC를 올려도 됩니다. 당신이 만들고자 하는 괴물의 AC가 예상 도전 지수와 맞아떨어지지 않더라도 너무 염려하지 마십시오. 다른 부분들 역시 도전 지수에 영향을 미치니, 그 부분은 이후 단계에서 확인할 수 있을 것입니다.

*적절한 AC 결정하기.* 다른 방법을 쓰자면, 당신은 괴물이 착용하고 있는 갑옷, 자연적 방어력, 기타 AC를 올릴 수 있는 여러 수단(예를 들어 *마법 갑주Mage Armor* 주문 등)을 고려하여 적절한 AC를 정해도 됩니다. 다시 한번 말하지만, 당신이 만들고자 하는 AC가 예상 도전 지수와 일치하지 않더라도 너무 염려하지 마십시오.

만약 괴물이 제작된 갑옷을 입고 있다면, 그 괴물의 AC는 착용하고 있는 갑옷에 따라 결정될 수 있습니다. (여러 가지 갑옷에 대해서는 플레이어즈 핸드북(Player's Handbook)을 참조하십시오.) 만약 괴물이 방패를 들고 있다면, 방패에 의한 보너스 역시 AC에 적용하도록 합니다.

갑옷을 입고 있지 않은 괴물은 자연적 방어력을 지니고 있을 수도 있으며, 이 경우 괴물의 AC는 10 + 민첩 수정치 + 자연 갑옷 보너스입니다. 두꺼운 가죽을 지닌 괴물은 +1에서 +3까지의 자연 갑옷 보너스를 받습니다. 매우 뛰어난 갑옷으로 무장한 경우, +3 이상의 보너스를 받기도 합니다. 예를 들어 고르곤 같은 경우, 온몸이 강철판으로 둘러싸여 있으며, 자연 갑옷 보너스 +9를 받습니다.

## 8단계. 히트 포인트

괴물의 hp는 도전 지수에 직결됩니다. 당신은 두 가지 방법으로 괴물의 hp를 정할 수 있습니다.

*표 사용하기.* 당신은 도전 지수에 따른 괴물의 수치 표를 사용하여 적절한 hp를 정할 수 있습니다. 해당 표에서는 도전 지수에 따라 기준이 되는 hp의 범위를 제공하고 있습니다.

*hp 적용하기.* 다른 방법을 쓰자면, 당신은 괴물의 히트 다이스를 사용하여 평균 hp를 계산할 수 있습니다. 당신이 만들고자 하는 괴물의 hp가 예상 도전 지수와 일치하지 않아도 너무 염려하지 마십시오. 다른 요소들 역시 괴물의 도전 지수에 영향을 끼치며, 이후 단계에서 얼마든지 히트 다이스와 hp를 조정할 수 있습니다.

당신은 원하는 만큼 괴물의 hp를 줄 수 있지만, 어떤 주사위를 사용할 것인가는 괴물의 크기에 따라 달라집니다. 여기에 대해서는 크기에 따른 히트 다이스 표를 찾아보십시오. 예를 들어, 중형 괴물은 hp를 정하기 위해 d8을 사용하므로, 5 히트 다이스를 지닌 중형 괴물이 건강 13점(수정치 +1)을 지니고 있다면, 괴물은 5d8+5점의 hp를 지닐 것입니다.

괴물은 대개 히트 다이스의 평균값을 가집니다. 예를 들어, 위에서 말한 5d8+5를 지닌 괴물은 (5 × 4.5 +5) 27점의 hp를 지닐 것입니다.

### 크기에 따른 히트 다이스

| 괴물의 크기 | 히트 다이스 | 주사위당 평균 HP |
| --- | --- | --- |
| 초소형 | d4 | 2½ |
| 소형 | d6 | 3½ |
| 중형 | d8 | 4½ |
| 대형 | d10 | 5½ |
| 거대형 | d12 | 6½ |
| 초대형 | d20 | 10½ |

## 9단계. 피해 취약성, 저항, 면역

당신이 만들고자 하는 괴물이 어떤 속성의 피해에 취약성이나 저항, 면역을 지니고 있는지 결정합니다. (여러가지 피해 속성에 대해서는 플레이어즈 핸드북을 참조하십시오.) 취약성이나 저항, 면역은 당신이 만들고자 하는 괴물이 지니고 있을 법한 경우에만 주도록 합니다. 예를 들어, 녹아내린 용암으로 만들어진 괴물이라면 화염 피해에 면역이 있는 게 당연할 것입니다.

당신이 괴물에게 3종 이상의 피해에 대한 저항이나 면역을 주고자 한다면, 이는 실질적으로 그 괴물에게 더 많은 hp를 주는 것과 마찬가지입니다. 괴물이 지닌 저항이나 면역이 참격, 관통, 타격 피해에 대한 것이라면 더욱 그렇습니다. 하지만, 모험자들은 레벨이 높아지면 이런 방어력을 돌파할 수단을 가지는 경우가 많으니, 저항이나 면역 역시 높은 레벨에서는 영향이 적어지곤 합니다.

*실질적 hp.* 만약 괴물이 여러 종류의 피해 속성에 대해 저항과 면역을 지니고 있다면 일행에 속한 모험자들 모두가 이러한 저항과 면역에 대응할 수단을 지니지는 못할 것이라는 뜻이며, 따라서 도전 지수에 따른 hp를 계산할 때 이러한 방어 수단을 고려해야만 합니다. 특히나 괴물들이 비마법적 무기로 가해지는 참격, 관통, 타격 피해에 대한 저항이 있다면 더욱 그렇습니다. 아래의 저항과 면역에 따른 실질적 hp를 사용해, 최종 도전 지수를 계산할 때 사용할 실질적 hp를 결정하도록 합시다. (괴물의 실제 hp가 변하는 것은 아닙니다.)

예를 들어 도전 지수 6에 150점의 hp를 지닌 괴물이 비마법적 무기에 의한 참격, 관통, 타격 피해에 저항을 지니고 있다면, 그 괴물은 (저항이므로 ×1.5를 해서) 실제로는 225점의 hp를 지닌 것이나 마찬가지입니다. 따라서 최종 도전 지수를 판정할 때는 hp 225점을 지닌 것으로 취급합니다.

괴물은 대개 2종 이상의 피해에 취약성을 지닌 경우가 많지 않습니다. 취약성은 괴물의 도전 지수에 큰 영향을 끼치지 않습니다. 다만 괴물이 다양한 속성의 피해에 취약성을 지니는 경우, 특히 타격, 관통, 참격 피해에 취약한 경우는 도전 지수에 영향을 가할 수도 있습니다. 그처럼 특이한 괴물의 경우는 실질적 hp를 실제 수치의 절반으로 계산합니다. 차라리 그런 경우는 아예 취약성을 제거하고, 괴물에게 처음부터 더 낮은 hp를 주는 것도 고려해 볼 만 합니다.

## 저항과 면역에 기반한 실질적 hp

| 예상 도전지수 | 저항 적용hp 수정 | 면역 적용hp 수정 |
| --- | --- | --- |
| 1–4 | ×2 | ×2 |
| 5–10 | ×1.5 | ×2 |
| 11–16 | ×1.25 | ×1.5 |
| 17 이상 | ×1 | ×1.25 |

## 10단계. 명중 보너스

괴물의 명중 보너스는 도전 지수에 직결됩니다. 당신은 두 가지 방법을 통해 괴물의 명중 보너스를 결정할 수 있습니다.

*표 사용하기.* 당신은 괴물이 지닌 능력 점수에 상관없이, 도전 지수에 따른 괴물의 수치 표를 사용하여 적절한 명중 보너스를 정할 수 있습니다.

표에는 각각의 도전 지수에 맞는 기본 명중 보너스가 나와 있습니다. 하지만 당신이 생각해 둔 컨셉에 따라서 얼마든지 자유롭게 이를 조정해도 됩니다. 예를 들어, 도전 지수 1인 괴물의 기본 명중 보너스는 +3 이지만, 당신이 만들고자 하는 괴물이 더 뛰어난 정확성을 지니고 있다면 명중 보너스를 더 올려도 됩니다. 당신이 만들고자 하는 괴물의 명중 보너스가 예상 도전 지수와 꼭 일치하지 않아도 너무 염려하지 마십시오. 다른 요소들 역시 도전 지수에 영향을 끼치며, 이후 단계에서 적용될 것입니다.

*명중 보너스 계산하기.* 그게 아니라면, 당신은 캐릭터의 명중 보너스를 계산한 방법과 같은 방법을 사용해 괴물의 명중 보너스를 계산할 수 있습니다.

괴물이 명중 굴림을 요구하는 행동을 사용하면, 그 명중 보너스는 대개 해당 괴물의 숙련 보너스 + 근력이나 민첩 수정치입니

다. 괴물은 대개 근접 공격을 위해 근력 수정치를 사용하고 장거리 공격에는 민첩 수정치를 사용하지만, 작은 괴물의 경우 양쪽 모두 민첩 수정치를 사용하기도 합니다.

다시 한번 말하지만, 당신이 만들고자 하는 괴물의 명중 보너스가 예상 도전 지수와 꼭 일치하지 않아도 너무 염려하지 마십시오. 이후에 언제라도 괴물의 명중 보너스를 다시 조정할 수 있습니다.

## 11단계. 피해

괴물의 피해 예상값은 라운드 당 예상 피해량을 말하며, 이것 역시 도전 지수와 직결되어 있습니다. 당신은 두 가지 방법을 사용해 괴물의 피해 예상값을 결정할 수 있습니다.

*표 사용하기.* 당신은 도전 지수에 따른 괴물의 수치 표를 사용하여 매 라운드 괴물이 얼마나 많은 피해를 가하는지 결정할 수 있습니다. 이 표에는 각각의 도전 지수에 맞는 피해 예상값 범위가 나와 있습니다. 이 예상값은 공격 횟수나 방법에 따른 분산이나 배분을 무시한 것입니다. 예를 들어, 괴물은 매 라운드 한 번의 공격을 가해 해당 피해를 입힐 수도 있으며, 여러 번의 공격을 나누어 가해서 해당 피해를 하나 혹은 다수의 적에게 입힐 수도 있습니다.

이 괴물이 어떻게 피해를 입힐지 생각해서 가하는 피해의 속성을 정하도록 합니다. 예를 들어, 면도날처럼 날카로운 손톱으로 공격하는 괴물은 참격 피해를 가할 것입니다. 만약 그 손톱에 독성이 있다면, 피해의 일부는 참격 대신 독성 피해를 입힐 수도 있습니다.

만약 당신이 라운드마다 약간씩 다른 피해를 가하고 싶다면, 당신은 피해 범위를 주사위 하나로 정해지게 하거나(공격을 한 번만 가하는 괴물의 경우), 여러 개의 주사위로 정하게 할 수 있습니다. (여러 번 공격하는 괴물의 경우) 예를 들어, 도전 지수 2인 괴물은 라운드 당 15-20점의 피해를 가합니다. 해당 괴물이 근력 18 (수정치 +4)을 지녔다고 생각해 보면, 이 괴물은 매 라운드 3d8+4 (평균 17.5)점 피해의 공격 한 번을 가하거나, 1d10+4 (평균 9)점의 피해의 공격 2번을 행할 수 있습니다. 이것들 외에도 해당 피해 범위에 맞는 더 다양한 조합이 가능합니다.

*무기에 따른 기본 피해값 사용.* 그게 아니라면, 당신은 괴물이 사용하는 무기에 따라 사용하는 주사위를 통해 공격마다 가하는 피해값을 계산해 볼 수 있습니다.

당신이 만들고자 하는 괴물의 예상 피해값이 도전 지수와 일치하지 않아도 너무 염려하지 마십시오. 도전 지수에는 다른 요소들도 영향을 가하며, 이는 나중에 논의할 수 있습니다. 또한 당신은 언제나 괴물의 예상 피해값을 조정할 수 있습니다.

어떤 괴물들은 손톱이나 꼬리 가시 등의 자연적 무기들을 사용하며, 다른 것들은 만들어진 무기를 사용하기도 합니다.

만약 괴물에게 자연적 무기가 있다면, 당신은 이런 공격들이 얼마나 많은 피해를 가하는지, 또 각 피해는 어떤 속성인지 결정해야 합니다. 필요하다면 몬스터 매뉴얼(Monster Manual)을 참조하시기 바랍니다.

만약 괴물이 제작된 무기를 장비하고 있다면, 무기에 따라서 가해지는 피해도 달라집니다. 예를 들어, 중형 괴물이 그레이트액스를 장비하고 있다면, 피해는 1d12 + 괴물의 근력 보너스가 됩니다.

크기가 큰 괴물들은 거대한 무기를 사용하며, 따라서 피해 주사위도 더 많아집니다. 대형 크기 괴물의 경우 무기 주사위를 2배로 하며, 거대형 크기의 경우 3배, 초대형 크기의 경우 4배로 합니다. 예를 들어, 거대형 크기의 거인이 체격에 맞는 그레이트액스를 사용할 경우의 피해는 일반적인 1d12가 아니라 3d12 + 근력 보너스가 될 것입니다.

자기 크기보다 큰 사용자를 위해 만들어진 무기를 사용하면 명중 굴림에 불리점을 받게 됩니다. 당신은 자기보다 두 단계 이상 큰 사용자를 위해 만들어진 무기는 아예 사용할 수 없다고 규칙상 정할 수 있습니다.

***피해 총량 계산.*** 괴물의 피해 총량을 계산하려면, 괴물이 매 라운드 공격에 가하는 평균 피해량을 계산한 다음 그 합계를 내면 됩니다. 만약 괴물에게 여러 가지 공격 선택지가 있다면, 그중 가장 효율적인 방법의 공격을 택해 총량을 계산합니다. 예를 들어, 화염 거인은 라운드당 2번의 그레이트소드 공격을 가하거나 1번의 바위 던지기 공격을 가할 수 있습니다. 그레이트소드 공격이 더 많은 피해를 가하므로, 피해 총량을 계산할 때는 그것을 사용합니다.

만약 괴물의 피해 총량이 라운드마다 달라진다면, 전투 시작 후 최초 3라운드의 피해 평균을 내서 피해 총량으로 사용합니다. 예를 들어, 화이트 드래곤 성체는 다중공격(1번의 물기와 2번의 할퀴기 공격)으로 라운드당 평균 37점의 피해를 가하며, 그 외에도 브레스를 사용해 대상 하나당 45점의 피해를 가하기도 합니다. 두 명의 목표를 명중시킨다고 보면 90점이 될 것이며, 드래곤은 가능한 많은 목표를 포함하는 방식으로 사용할 것입니다. 전투 시작 직후의 3라운드 동안, 드래곤은 대개 1번의 브레스 공격과 2번의 다중 공격을 사용할 것입니다. 따라서 그 평균은 (90+37+37) ÷ 3이 되므로, 54점으로 계산되어야 할 것입니다.(나머지 버림)

괴물의 피해 총량을 계산할 때는, 매턴 사용할 수 없는 피해를 가하는 효과들 역시 계산해야 합니다. 이는 주로 오오라, 반응행동, 전설적 행동이나 본거지 행동 등을 포함합니다. 예를 들어, 발러는 자신에게 근접 공격을 가하는 크리쳐 모두에게 10점의 화염 피해를 가하는 불꽃 오오라를 지니고 있습니다. 이 오오라는 또한 발러가 자기 턴을 시작할 때 주변 5ft 내에 있는 모든 크리쳐에게 10점의 화염 피해를 가합니다. 만약 당신이 매라운드 일행 중 최소 1명 이상이 발러로부터 5ft 내에 있을 것이고 또 최소 1명 이상이 근접 무기로 발러를 명중시키리라 생각한다면, 발러의 라운드 당 피해 총량은 20 증가해야 할 것입니다.

## 12단계. 내성 DC

괴물 중 어떤 것은 목표에게 공격을 가하거나 다른 효과를 사용하여 내성 굴림을 굴리게 합니다. 이러한 효과에 대한 내성 DC는 도전 지수와 직결됩니다. 당신은 두 가지 방법을 사용하여 내성 DC를 결정할 수 있습니다.

***표 사용하기.*** 당신은 도전 지수에 따른 괴물의 수치 표를 사용하여 목표가 내성 굴림을 굴려야 할 때 필요한 DC를 정할 수 있습니다.

***DC 계산하기.*** 그게 아니면, 당신은 아래 방법을 통해서 괴물의 내성 DC를 계산할 수 있습니다. 기본은 8 + 괴물의 숙련 보너스 + 괴물의 해당 능력 수정치입니다. 당신은 공격이나 효과에 가장 어울리는 능력을 정해 그 수정치를 사용할 수 있습니다.

> ### 공격에 수반되는 것
> 많은 괴물이 단순히 피해 말고도 다양한 것이 수반되는 공격을 가합니다. 이들 중 몇 가지는 아래 소개되는 요소를 약간씩 비틀어 공격에 추가하는 방식으로 적용할 수 있을 것입니다.
> - 공격에 부가되는 다른 속성의 피해 추가
> - 명중시 괴물이 붙잡는 공격
> - 명중시 괴물이 목표를 쓰러트리는 공격
> - 공격이 명중하고 내성 굴림에 실패하면 목표에게 상태이상을 부과하는 능력

예를 들어, 만약 해당 효과가 독에 연관된 것이라면, 해당 능력은 대개 괴물의 건강 점수일 것입니다. 만약 효과가 주문과 유사한 것이라면, 해당하는 능력은 괴물의 지능, 지혜 또는 매력 중 하나일 것입니다.

당신이 지정한 내성 DC가 괴물의 예상 도전 지수와 일치하지 않더라도 너무 염려하지 마십시오. 괴물의 도전 지수에는 다른 요소들도 영향을 끼치며, 이는 이후에 다시 적용될 것이고, 당신은 언제든 내성 DC를 다시 조정할 수 있습니다.

## 13단계. 특징, 행동, 반응행동 등.

몇몇 특징 (마법 저항 등)이나 특별 행동(우월한 투명화 등), 혹은 특별한 반응행동(받아넘기기 등)은 괴물의 전투 효율성을 향상시키며, 따라서 도전 지수를 높일 수도 있습니다.

괴물 요소 표에는 몬스터 매뉴얼(Monster Manual)에서 찾을 수 있는 다양한 요소들을 소개하고 있습니다. 이 표에 나오는 요소들은 괴물의 실질적인 방어도나 hp, 명중 보너스나 예상 피해값을 증가시키며, 따라서 도전 지수가 달라질 수도 있습니다. (이러한 요소들이 괴물의 실제 수치를 바꾸는 것은 아닙니다.) 괴물의 도전 지수에 영향을 주지 않는 요소들의 경우, - 기호로 표기할 것입니다.

특징이나 행동, 반응행동을 괴물에게 주고자 할 때는, 모든 괴물에게 이러한 기능들이 필요하지는 않다는 사실을 명심하시기 바랍니다. 당신이 이러한 기능들을 부여할수록, 괴물들은 점점 더 복잡해지고 운영하기 어려워집니다.

***선천적 주문시전 또는 주문시전.*** 선천적 주문시전 능력이나 주문시전 특징을 지닌 괴물들은, 자신이 사용할 수 있는 주문에 따라 도전 지수에 영향을 가합니다. 괴물의 일반적 공격보다 더 많은 피해를 주는 주문이나 괴물의 AC 혹은 hp를 증가시킬 수 있는 주문은 괴물의 최종 도전 지수에 영향을 줄 수 있습니다. 몬스터 매뉴얼의 도입부에 있는 "특징" 부분을 참조하면 이러한 부분에 대한 정보를 더 얻을 수 있습니다.

## 14단계. 속도

모든 괴물은 저마다의 보행 속도를 지니고 있습니다. (이동할 수 없는 괴물들은 보행 속도 0으로 표기됩니다.) 또한 보행 속도에 더해 괴물들 일부는 굴착이나 등반, 비행, 혹은 수영 등 기타 이동 속도를 지니기도 합니다.

*비행하는 괴물.* 괴물이 날아다닐 수 있고 장거리에서 피해를 가할 수 있으며 도전 지수가 10 이하인 경우, 괴물의 (실제 AC가 달라지는 것은 아니지만) 실질 방어도를 2 높게 적용하여 예상 도전 지수를 평가합니다. (고레벨 캐릭터는 비행하는 크리쳐들에 대해서도 대응할 수 있는 능력이 상당하니 레벨이 높아지면 그럴 필요가 없습니다.)

## 15단계. 내성 굴림 보너스

만약 당신이 만들고자 하는 괴물이 몇 가지 특정 효과에 대해 비범한 저항력을 갖추고 있다면, 특정 능력 점수에 연관된 내성 굴림에 보너스를 주어 이를 표현할 수 있습니다.

내성 굴림 보너스는 능력 점수가 낮을 때 좋은 대응책이 됩니다. 예를 들어, 낮은 지혜 점수를 지닌 언데드 괴물의 경우 매혹이나 공포, 퇴치 효과에 저항하기 위해 지혜 내성 굴림이 더 높아야 할 필요가 있을지도 모릅니다.

내성 굴림 보너스는 괴물의 숙련 보너스 + 괴물의 관련 능력 수정치로 정해집니다.

3개 이상 능력에 내성 굴림 보너스를 받는 괴물은 방어에 상당한 이점을 받게 되므로, (실제 AC가 달라지는 것은 아니지만) 도전 지수를 계산할 때 실질 방어도가 달라지는 것으로 가능합니다. 3~4개의 능력 점수에 대해 보너스를 받는다면 AC가 2 높아진 것으로 적용합니다. 그리고 5개 이상 보너스를 받는다면 AC가 4 높아진 것으로 적용합니다.

## 16단계. 최종 도전 지수

이 지점에서, 괴물의 최종 도전 지수를 계산하기 위한 수치적 정보를 모두 얻었습니다. 이 단계는 실질적으로 "괴물의 게임 수치 빠른 제작" 부분의 제4단계와 동일합니다. 괴물의 방어적 도전 지수와 공격적 도전 지수를 따로 계산한 다음, 그 평균을 내서 최종 도전 지수를 정합니다.

## 17단계. 기술 보너스

당신이 만들고자 하는 괴물이 기술에 숙련을 지니고 있다면, 당신은 해당 기술에 관계된 능력 판정 시 괴물이 지닌 숙련 보너스를 더해 이를 표현할 수 있습니다. 예를 들어, 날카로운 감각을 지닌 괴물이라면 지혜(감지) 판정에 보너스를 받을 것이며, 특별히 교활한 괴물이라면 매력(기만) 판정에 보너스를 받을 것입니다.

당신은 해당 괴물이 해당 기술에 엄청나게 숙달되어 있을 경우, 숙련 보너스를 두 배로 적용할 수 있습니다. 예를 들어, 도플갱어는 다른 이들을 속이는데 엄청난 능력을 지니고 있으므로 매력(기만) 판정에 받는 보너스는 숙련 보너스 × 2 + 매력 수정치가 될 것입니다.

기술 보너스는 괴물의 도전 지수에 영향을 주지 않습니다.

## 18단계. 상태이상 면역

불이익을 주는 상태이상 몇 가지에 면역을 지닌 괴물도 있을 수 있으며, 이러한 면역은 도전지수에 영향을 주지 않습니다. 상태이상에 대한 자세한 정보는 플레이어즈 핸드북(*Player's Handbook*)의 부록 A를 참조하십시오.

피해 면역과 마찬가지로, 상태이상 면역 역시 직관적이며 동시에 논리적으로 주어져야 합니다. 예를 들어, 바위 골렘은 신체에 신경 체계도 없고 장기도 없으므로 중독되지 않는 게 당연할 것입니다.

## 19단계. 감각

괴물은 몬스터 매뉴얼(*Monster Manual*)에서 소개되는 아래의 특수 감각 중 몇 가지를 지니고 있을 수도 있습니다. 이러한 특수 감각들은 장님시야, 암시야, 진동감지, 진시야 등입니다. 괴물이 지닌 특수 감각은 도전 지수에 영향을 주지 않습니다.

*상시 감지 점수.* 모든 괴물은 상시 지혜(감지) 점수를 지니고 있으며, 이 점수를 이용해서 주변에 다가오는 것이나 숨어 있는 적을 감지합니다. 괴물의 상시 지혜(감지) 점수는 10 + 지혜 수정치입니다. 만약 이 괴물이 감지 기술에 숙련이 있다면, 상시 점수는 10 + 괴물의 지혜(감지) 보너스가 됩니다.

## 20단계. 언어

괴물이 언어를 구사할 수 있는가, 그렇다면 몇 가지 언어를 구사할 수 있는가 등은 도전 지수에 영향을 주지 않습니다

괴물은 당신이 원한다면 몇 가지 언어라도 구사할 수 있지만, 여러 언어를 사용하는 괴물은 그렇게 많지 않습니다. 대부분의 괴물들(특히 야수들)은 아예 언어를 사용하지 못합니다. 또한 말할 수 있는 능력이 없지만, 언어를 이해할 수 있는 괴물도 있을 수 있습니다.

*정신감응.* 괴물이 정신감응을 사용할 수 있는가 아닌가는 도전 지수에 영향을 주지 않습니다. 정신감응에 대한 더 많은 정보가 필요하다면 몬스터 매뉴얼을 참조하십시오.

# NPC 자료 상자

몬스터 매뉴얼의 부록 B에는 도적이나 경비 등 일반적으로 사용되는 전형적 NPC들에 대한 자료 상자가 실려 있으며, 이를 조정하는 방법에 대한 조언도 있습니다. 이러한 조언들은 플레이어즈 핸드북의 종족 요소를 적용하던가, NPC에게 마법 물건을 장비시키거나, 갑옷과 무기, 주문을 변경하는 등으로 적용할 수 있습니다.

만약 NPC 자료 상자를 이용해 특정한 괴물 종족에 걸맞게 변경하고 싶다면, 아래 NPC 요소 표를 참조해 능력 수정치를 적용하고 기능들을 더하면 됩니다. 만약 NPC의 AC, hp, 명중 보너스 혹은 예상 피해값이 변경된다면, 이에 따라 도전 지수도 변합니다.

## 기초부터 NPC 만들기

만약 NPC를 위해 아예 새로운 게임 수치가 필요하다면, 당신에게는 두 가지 선택지가 있습니다.

- 당신은 (몬스터 매뉴얼에서 소개하는 것처럼) 괴물을 만들 듯 NPC 자료 상자를 만들 수 있습니다. 이는 이전에 설명한 단계를 따라 이루어집니다.
- 당신은 플레이어 캐릭터를 만들 듯 NPC를 만들 수 있습니다. 이 방법은 플레이어즈 핸드북에 나와 있습니다.

만약 당신이 플레이어 캐릭터를 만들 듯 NPC를 만들고자 한다면, 당신은 배경 설정은 건너뛰고 NPC에게 2개의 기술 숙련을 제공할 수 있습니다.

NPC 요소 표는 몬스터 매뉴얼에서 등장한 도전 지수가 1보다 낮은 여러 비인간 종족들의 능력 수정치와 특징들을 설명하고 있습니다. 이 수정치들을 NPC 자료 상자에 적용하면 괴물을 만들 듯 NPC의 도전 지수를 결정할 수 있습니다. 여기 실린 요소들은 괴물 요소 표에서 소개된 것들처럼 도전 지수에 영향을 줄 수 있습니다. NPC의 숙련 보너스는 NPC의 도전 지수가 아니라 플레이어 캐릭터와 동일하게 클래스 레벨에 따라 결정됩니다.

만약 당신이 사용하고자 하는 괴물이 아래 표에 나와 있지 않다면, "클래스를 지닌 괴물들" 부분을 참조하십시오.

## 괴물 요소

| 요소 이름 | 예시 괴물 | 도전 지수에 주는 영향 |
| --- | --- | --- |
| 감아올리기 | 로퍼 | — |
| 거대화 | 두에르가 | 괴물의 실질 라운드 당 피해값이 요소에 나온 대로 증가 |
| 거미 등반 | 이터캡 | — |
| 거미줄 | 거대 거미 | 괴물의 실질 AC가 1 증가 |
| 거미줄 감각 | 거대 거미 | — |
| 거미줄 걷기 | 거대 거미 | — |
| 거짓 외관 | 가고일 | — |
| 공격방향 전환 | 고블린 두목 | — |
| 공격성 | 오크 | 괴물의 실질 라운드 당 피해값이 2 증가 |
| 공성 괴물 | 대지 원소 | — |
| 공포스러운 존재감 | 블랙 드래곤 고룡 | 괴물이 10레벨 이하의 캐릭터를 상대할 경우, 실질 hp가 25% 증가한 것으로 취급함 |
| 공포스러운 형상 | 밴시 | 공포스러운 존재감 참조 |
| 광란 | 놀 | 괴물의 실질 라운드 당 피해값이 2 증가 |
| 광원 | 화염해골 | — |
| 군사적 이점 | 홉고블린 | 괴물의 공격당 실질 피해가 라운드 당 한번 요소에 나온 만큼 증가 |
| 굴착자 | 움버 헐크 | — |
| 그림자 은신 | 그림자 데몬 | 괴물의 실질 AC가 4 증가 |
| 급강하 공격 | 아라코크라 | 괴물의 공격당 실질 피해값이 요소에 나온 대로 증가 |
| 급습 | 호랑이 | 괴물의 첫 라운드 피해값이 이 특징으로 얻는 추가 행동의 것만큼 증가 |
| 기습 공격 | 버그베어 | 괴물의 첫 라운드 피해값이 요소에 나온 대로 증가 |
| 기피 | 데미리치 | 괴물의 실질 AC가 1 증가 |
| 끈질김 | 위어보어 | 괴물의 실질 hp가 예상 도전 지수에 따라 다음과 같이 증가. 도전지수 1-4: 7hp, 5-10: 14hp, 11-16: 21hp, 17이상: 28hp |
| 날아치기 | 페리톤 | — |
| 데빌의 시야 | 가시 데빌 | — |
| 돌격 | 켄타우르스 | 괴물의 공격당 피해값이 요소에 나온대로 증가 |
| 두 머리 | 에틴 | — |
| 마법 무기 | 발러 | — |
| 마법 저항 | 발러 | 괴물의 실질 AC가 2 증가 |
| 매복자 | 도플갱어 | 괴물의 실질 명중 보너스가 1 증가 |
| 매혹 | 뱀파이어 | — |
| 맹안 감각 | 그림록 | — |
| 무리 전술 | 코볼드 | 괴물의 실질 명중 보너스가 1 증가 |
| 무모함 | 미노타우르스 | — |
| 미끄러움 | 쿠오 토아 | — |
| 미로 기억력 | 미노타우르스 | — |
| 반마법 영향 | 날아다니는 검 | — |
| 반사적 | 마릴리스 | — |
| 반향감지 | 후크 호러 | — |
| 받아넘기기 | 홉고블린 전쟁군주 | 괴물의 실질 AC가 1 증가 |
| 변신자 | 위어랫 | — |
| 부정형 | 블랙 푸딩 | — |
| 붙잡는 자 | 미믹 | — |
| 브레스 무기 | 블랙 드래곤 고룡 | 실질 예상 피해값을 책정할 때, 브레스가 2명을 명중했으며 내성 굴림에 실패했다고 가정함 |
| 비실체 이동 | 유령 | — |
| 빙의 | 유령 | 괴물의 실질 hp가 2배로 증가 |
| 빛 민감성 | 그림자 데몬 | — |
| 삼키기 | 베히르 | 괴물이 목표 하나를 삼키고 2라운드간 산성 피해를 가한다고 가정함 |

| 요소 이름 | 예시 괴물 | 도전 지수에 주는 영향 |
| --- | --- | --- |
| 상처입은 격노 | 콰고스 | 괴물의 첫 라운드 피해값이 요소에 나온 대로 증가 |
| 생각 읽기 | 도플갱어 | — |
| 생명 흡수 | 와이트 | — |
| 선천적 주문시전 | 지니 | "괴물의 자료 상자 만들기"의 13단계 참조 |
| 수륙양용 | 쿠오 토아 | — |
| 순간이동 | 발러 | — |
| 숨 참기 | 리자드포크 | — |
| 악마적 축복 | 캠비온 | 괴물의 매력 보너스를 실제 AC에 더함. |
| 악취 | 트로글로다이트 | 괴물의 실질 AC가 1 증가 |
| 안정된 자세 | 다오 | — |
| 야만스러움 | 버그베어 | 괴물의 실질 라운드당 피해값이 요소에 나온 대로 증가 |
| 언데드의 인내력 | 좀비 | 괴물의 실질 hp가 예상 도전 지수에 따라 다음과 같이 증가. 도전지수 1-4: 7hp, 5-10: 14hp, 11-16: 21hp, 17이상: 28hp |
| 에테르화 | 나이트 해그 | — |
| 예리한 감각 | 헬 하운드 | — |
| 외계적 지각력 | 쿠오 토아 | — |
| 요정 선조 | 드로우 | — |
| 우월한 투명화 | 페어리 드래곤 | 괴물의 실질 AC가 2 증가 |
| 원소 육신 | 아제르 | 괴물의 실질 라운드 당 피해값이 요소에 나온 대로 증가 |
| 재빠른 도주 | 고블린 | 괴물의 실질 AC와 실질 명중 보너스가 +4 증가 (매 라운드 숨는다고 가정시) |
| 재생 | 트롤 | 괴물의 실질 hp가 3 x 라운드 당 재생하는 hp값만큼 증가 |
| 전설적 저항력 | 블랙 드래곤 고룡 | 매일 이 특성을 사용할 수 있는 횟수와 예상 도전 지수에 따라 실질 hp가 증가함. 도전지수 1-4: 1회당 10hp, 5-10: 1회당 20hp, 11이상: 1회당 30hp |
| 정신 방어 | 기스제라이 몽크 | 갑옷이나 방패를 장비하지 않은 경우, 괴물의 지혜 수정치를 실제 AC에 더함 |
| 제자리 뛰기 | 불리워그 | — |
| 조이기 | 구렁이류 뱀 | 괴물의 실질 AC가 1 증가 |
| 주문시전 | 리치 | "괴물의 자료 상자 만들기"의 13단계 참조 |
| 죽음의 폭발 | 마그민 | 괴물이 첫 번째 라운드에서 가하는 실질 피해값이 요소에 나온만큼 증가. 2명의 목표에게 피해를 가했다고 가정함 |
| 지도력 | 홉고블린 대장 | — |
| 지형 위장 | 불리워그 | — |
| 천사의 무기 | 데바 | 괴물의 실질 라운드당 피해값이 요소에 나온 대로 증가 |
| 카멜레온 피부 | 트로글로다이트 | — |
| 태양광 민감성 | 코볼드 | — |
| 퇴치 면역 | 리버넌트 | — |
| 퇴치 저항 | 리치 | — |
| 투명화 | 임프 | — |
| 파악불능 | 안드로스핑크스 | — |
| 피의 격분 | 사후아긴 | 괴물의 실질 명중 보너스가 4 증가 |
| 피해 이전 | 클로커 | 괴물의 실질 hp가 2배로 증가. 괴물의 hp값 중 1/3을 라운드당 피해에 더함 |
| 피해 흡수 | 살점 골렘 | — |
| 형체 불변 | 강철 골렘 | — |
| 형태 변신 | 브라스 드래곤 고룡 | — |
| 확고부동 | 수염 데빌 | — |
| 환영 외모 | 그린 해그 | — |
| 회생 | 리치 | — |
| 흉내내기 | 켄쿠 | — |

## NPC 요소

| 종족 | 능력치 수정 | 요소 및 특징 |
|---|---|---|
| 아라코크라 | 민첩 +2, 지혜 +2 | 급강하 공격, 발톱 공격 행동, 속도 20ft, 비행 50ft, 창공어 가능 |
| 불리워그 | 지능 -2, 매력 -2 | 수륙양용, 개구리나 두꺼비와의 대화. 늪지 위장, 제자리 뛰기, 속도 20ft, 수영 40ft, 불리워그어 가능 |
| 드래곤본* | 근력 +2, 매력 +1 | 브레스 무기.(레벨 대신 도전 지수로 피해 결정), 피해 저항, 용족 선조, 공용어와 용언 가능 |
| 드로우* | 민첩 +2, 매력 +1 | 요정 선조. 드로우의 선천적 주문시전 기능, 태양광 민감성, 암시야 120ft, 엘프어와 지하 공용어 가능 |
| 드워프* | 근력 또는 지혜 +2, 건강 +2 | 드워프의 탄성, 돌의 꾀, 속도 25ft, 암시야 60ft, 공용어와 드워프어 가능 |
| 엘프* | 민첩 +2, 지능 또는 지혜 +1 | 요정 선조, 망아상태, 암시야 60ft, 감지 기술에 숙련, 공용어와 엘프어 가능 |
| 놀 | 근력 +2, 지능 -2 | 광란, 암시야 60ft |
| 노움* | 지능 +2, 민첩 또는 건강 +2 | 노움의 교활함, 소형 크기, 속도 25ft, 암시야 60ft, 공용어와 노움어 가능 |
| 지하 노움 | 근력 +1, 민첩 +2 | 노움의 교활함, 선천적 주문시전, 바위 위장, 소형 크기, 속도 20ft, 암시야 120ft, 노움어, 대지어, 지하 공용어 가능 |
| 고블린 | 근력 -2, 민첩 +2 | 재빠른 도주, 소형 크기, 암시야 60ft, 공용어와 고블린어 가능 |
| 그림록 | 근력 +2, 매력 -2 | 맹안 감각, 예민한 청각과 후각, 바위 위장, 장님 상태 면역. 맹안시야 30ft 또는 10ft, (귀머거리 상태에서 줄어듬). 지하 공용어 가능 |
| 하프 엘프* | 민첩 +1, 지능 +1, 매력 +2 | 요정 선조. 암시야 60ft, 2개 기술에 숙련. 공용어와 엘프어 가능 |
| 하프 오크* | 근력 +2, 건강 +1 | 불굴의 인내력, 암시야 60ft, 위협 기술에 숙련, 공용어와 오크어 가능 |
| 하플링 | 민첩 +2, 건강 또는 매력 +1 | 용감함, 하플링의 기민함, 행운아, 소형 크기, 속도 25ft, 공용어와 하플링어 가능 |
| 홉고블린 | 없음 | 군사적 이점, 암시야 60ft, 공용어와 고블린어 |
| 켄쿠 | 민첩 +2 | 매복자, 흉내내기, 창공어와 공용어를 이해할 수 있지만 흉내내기로 따라한 한 가지 언어만 말할 수 있음 |
| 코볼드 | 근력 -4, 민첩 +2 | 무리 전술, 태양광 민감성, 소형 크기, 암시야 60ft, 공용어와 용언 가능 |
| 쿠오 토아 | 없음 | 수륙양용, 외계적 지각력, 미끄러움, 태양광 민감성, 속도 30ft, 수영 30ft 암시야 120ft, 지하 공용어 |
| 리저드포크 | 근력 +2, 지능 -2 | 숨 참기(15분), 자연 갑옷 보너스로 AC +3, 속도 30ft, 수영 30ft, 용언 가능 |
| 머포크 | 없음 | 수륙양용, 속도 10ft, 수영 40ft, 수중어와 공용어 가능 |
| 오크 | 근력 +2, 지능 -2 | 공격성, 암시야 60ft, 공용어와 오크어 가능 |
| 스켈레톤 | 민첩 +2, 지능 -4, 매력 -4 | 타격 피해에 취약성, 독성 피해와 탈진에 면역, 중독 상태 면역. 암시야 60ft, 말할 수는 없으니 생전에 알았던 언어 이해 가능 |
| 티플링* | 지능 +1, 매력 +2 | 하계의 유산 (주문을 결정할 때 레벨 대신 도전 지수 사용), 화염 피해에 저항, 암시야 60ft, 공용어와 하계어 가능 |
| 트로글로다이트 | 근력 +2, 건강 +2, 지능 -4, 매력 -4 | 카멜레온 피부, 악취, 태양광 민감성, 자연 갑옷 보너스로 AC +1, 암시야 60ft, 트로글로다이트어 가능 |
| 좀비 | 근력 +1, 건강 +2, 지능 -6, 지혜 -4, 매력 -4 | 언데드의 인내력, 독성 피해에 면역, 중독 상태 면역. 암시야 60ft, 말할 수는 없으나 생전에 알았던 언어 이해 가능 |

*플레이어즈 핸드북(Player's Handbook)에 이 종족의 요소들이 나와 있으며, 이 요소들은 NPC의 도전 지수를 변경시키지 않습니다.

## 클래스를 지닌 괴물들

당신은 플레이어즈 핸드북(Player's Handbook)의 제3장에 실린 규칙을 사용해 괴물에게 클래스 레벨을 줄 수 있습니다. 예를 들어, 당신은 평범한 위어울프를 바바리안 4레벨을 지닌 위어울프로 만들 수 있습니다. ("위어울프, 4레벨 바바리안"으로 표현할 수 있을 것입니다.)

괴물의 자료 상자에서 시작합니다. 괴물은 클래스 레벨에 따른 모든 요소를 받지만, 아래는 예외입니다.

- 괴물은 추가된 클래스의 시작 장비를 받지 않습니다.
- 괴물은 클래스에 따라 히트 다이스를 받지 않고, 레벨이 오를 때마다 추가로 크기에 따른 자기 히트 다이스를 받습니다.
- 숙련 보너스는 레벨이 아니라 도전 지수에 따라 결정됩니다.

일단 괴물에게 클래스 레벨을 주었다면, 원하는 대로 적당히 능력 점수를 조정합니다. (예를 들어, 괴물이 위저드로서 기능한다면 지능 점수를 높일 것입니다.) 필요하다면 다른 조정을 가해도 됩니다. 이렇게 조정하고 나면 도전 지수를 다시 책정해야 할 것입니다.

괴물이 지닌 클래스 레벨에 따라서, 도전 지수는 아주 약간 변할 수도 있고 크게 달라질 수도 있습니다. 예를 들어, 위어울프가 바바리안 4레벨을 얻었다면 이전보다 훨씬 큰 위협이 될 것입니다. 하지만 사용할 수 있는 주문이나 hp를 볼 때 레드 드래곤 고룡이 위저드 5레벨을 얻어도 도전 지수에는 별다른 변화가 없을 것입니다.

# 주문 창조하기

새로운 주문을 만들고자 할 때는 우선 이미 존재하는 것들을 참조하십시오. 아래 몇 가지 고려할 사항이 있습니다.

- 만약 어떤 주문이 너무 좋아서 시전자가 매번 그것만 사용하려고 든다면, 그 레벨에는 너무 강력한 것일 가능성이 큽니다.
- 지속시간이 매우 길거나 넓은 범위를 지닌 주문은 동일 레벨의 다른 것에 비교해 효력이 낮아야 합니다.
- 매우 제한적으로만 사용되는 주문, 예를 들자면 오직 선한 드래곤에게만 사용할 수 있는 주문 따위는 만들지 않는 것이 좋습니다. 그러한 주문이 실제 존재한다 해도, 이를 배우거나 사용하려는 캐릭터는 거의 없을 것입니다.
- 주문이 해당 클래스의 특성에 맞는지 생각해 보십시오. 예를 들자면 위저드나 소서러는 치유 주문을 사용할 수 있는 경우가 거의 없습니다. 따라서 위저드의 주문 목록에 치유 주문을 추가하게 되면 클레릭의 영역을 침범하는 것입니다.

## 주문 피해

피해를 가하는 주문의 경우, 아래의 주문 피해 표를 사용해 해당 레벨에서 얼마나 많은 피해를 가하는지 결정할 수 있습니다. 이 표는 내성 굴림에 성공하거나 명중 굴림이 빗나갔을 때 절반의 피해를 가할 수 있는 것으로 가정하고 있습니다. 만약 이 주문이 내성 굴림에 성공했을 때 아예 피해를 가하지 않는 종류라면, 피해를 25% 정도 상향해도 됩니다.

당신은 표에 나온 것과 다른 피해 주사위를 사용할 수 있으나, 그 평균값은 비슷해야 합니다. 사용하는 주사위를 다르게 하면 주문에 다양성을 줄 수 있습니다. 예를 들어, 당신은 소마법의 피해를 1d10(평균값 5.5)에서 2d4(평균값 5)로 바꿀 수 있습니다. 이러면 최대값과 평균값이 같이 약간 줄어들 것입니다.

### 주문 피해

| 주문 레벨 | 단일 대상 | 여러 대상 |
| --- | --- | --- |
| 소마법 | 1d10 | 1d6 |
| 1 레벨 | 2d10 | 2d6 |
| 2 레벨 | 3d10 | 4d6 |
| 3 레벨 | 5d10 | 6d6 |
| 4 레벨 | 6d10 | 7d6 |
| 5 레벨 | 8d10 | 8d6 |
| 6 레벨 | 10d10 | 11d6 |
| 7 레벨 | 11d10 | 12d6 |
| 8 레벨 | 12d10 | 13d6 |
| 9 레벨 | 15d10 | 14d6 |

## 치유 주문

위의 주문 피해 표를 통해 해당 레벨의 치유 주문이 얼마나 많은 hp를 회복해 주는가도 판정할 수 있습니다. 단, 소마법으로는 치유가 불가능해야 합니다.

# 마법 물건 창조하기

제7장 "보물"에서 소개된 마법 물건들은 캐릭터들이 모험 과정에서 얻을 수 있는 마법적 보물들의 일부일 뿐입니다. 만약 당신의 플레이어들이 능숙한 베테랑들이고 그들에게 새로운 놀라움을 주고 싶다면, 당신은 이미 존재하는 마법 물건을 조정하거나 아예 새로운 물건을 만들어 낼 수 있습니다.

## 물건 조정하기

새로운 마법 물건을 만들어 내는 가장 간단한 방법은 이미 존재하는 것을 조정하는 것입니다. 만약 팔라딘이 플레일을 자신의 주된 무기로 사용하고 있다면, 당신은 *신성 복수자*를 검 대신 플레일로 바꾸어 제공할 수도 있습니다. 당신은 물건의 속성을 변경하지 않고도 *숫양의 반지*를 반지 대신 마법봉으로 만들 수도 있으며, *보호의 망토*를 변경시켜 보호의 *서클렛*으로 만들 수 있습니다.

다른 방식도 간단합니다. 특정한 속성의 피해를 주는 물건이 있다면, 같은 양의 피해를 다른 속성으로 가하도록 해도 됩니다. 예를 들어 *불꽃 혓바닥 검*은 화염 피해 대신 번개 피해를 가하는 식으로 바꿀 수 있습니다. 한 가지 속성은 다른 것으로 대체될 수 있습니다. 그러니 *등반의 물약*을 은신의 물약으로 쉽게 바꿀 수도 있습니다.

한 물건에 다른 물건의 기능을 부여해서 조정할 수도 있습니다. 예를 들어, 당신은 *언어 변환의 투구*와 *정신감응의 투구*가 지닌 효과를 하나의 투구에 더해 넣을 수 있습니다. 이렇게 하면 이 물건은 더욱 강력해지겠지만 (그리고 희귀도도 더욱 올라가겠지만) 게임에 큰 악영향은 주지 않을 것입니다.

마지막으로, 제7장 "보물"에서 소개된 물건을 조정할 때 사용할 수 있는 도구들을 기억해 보십시오. 이미 존재하는 물건에 흥미로운 하급 속성이나 특징을 더하거나, 자아를 지니게 해 주면 물건을 매우 다양하게 변화시킬 수 있습니다.

## 새로운 물건 창조하기

만약 이미 존재하는 물건을 조정하는 것만으로는 충분하지 않다면, 근본부터 새로 물건을 만드는 것도 가능합니다. 마법 물건은 캐릭터가 이전에 할 수 없었던 일을 가능하게 하거나, 캐릭터가 이미 가능했던 것들을 더욱 향상시켜 줍니다. 예를 들어, *도약의 반지*는 착용자가 이미 할 수 있는 능력을 강화시켜 엄청난 거리를 뛸 수 있게 해 줍니다. 하지만 *숫양의 반지*는 캐릭터에게 새로이 역장 피해를 가할 수 있게 하는 능력을 부여해 줍니다.

단순하게 생각하고 접근할 수록, 게임 속에서 물건을 사용하는 방식도 간단해 질 수 있습니다. 물건이 서로 다른 다양한 기능을 지니고 있다면 충전에 따른 횟수 제한을 두는 것도 좋습니다. 하지만 항상 발동상태인 물건이나, 하루에 사용할 수 있는 횟수 제한이 있는 물건이 사용하고 관리하기엔 더 편할 것입니다.

### 힘의 레벨

만약 어떤 물건이 명중하였을 때 단번에 어떤 캐릭터를 죽일 수 있는 것이라면, 이 물건은 게임의 균형을 해치기에 충분한 것입니다. 한편, 게임 중에 그 이익을 거의 누릴 수 없는 물건은 제대로 된 보상이라 할 수 없을 것입니다.

희귀도에 따른 마법 물건의 능력 표를 보면 물건의 희귀성에 따라 마법 물건이 얼마나 강력해야 하는지 결정할 수 있을 것입니다.

## 희귀도에 따른 마법 물건의 능력

| 희귀도 | 최대 주문 레벨 | 최대 보너스 |
|---|---|---|
| 범용 | 1레벨 | — |
| 비범 | 3레벨 | +1 |
| 고급 | 6레벨 | +2 |
| 희귀 | 8레벨 | +3 |
| 전설 | 9레벨 | +4 |

***최대 주문 레벨.*** 표의 이 열에서는 해당 물건에 유사한 효과를 보이는 최대 주문 레벨이 나와 있습니다. 이는 기본적으로 하루 1회 사용하는 경우에 해당합니다. 예를 들어, 범용 등급 물건은 하루 1번 1레벨 주문에 해당하는 이익을 줄 수 있습니다. (소모품이라면 아예 한 번만 사용할 수 있을 것입니다.) 고급, 희귀, 전설 등급 물건은 그보다 낮은 레벨의 이익을 더 자주 제공할 수도 있습니다.

***최대 보너스.*** 만약 마법 물건이 AC나 명중 굴림, 내성 굴림, 능력 판정에 지속적인 보너스를 제공한다면, 물건의 희귀도에 따라 얼마나 큰 보너스를 받을 수 있는가가 이 표에 나와 있습니다.

## 조율

만들고자 하는 마법 물건에 조율을 요구할 것인지 아닌지 결정할 때는, 아래 원칙에 따라 판단하시기 바랍니다.

- 만약 해당 물건을 일행이 돌려가며 사용하며 지속적인 이익을 받을 수 있는 경우, 그 물건은 조율을 요구해야 합니다.
- 만약 해당 물건이 다른 보너스들과 같이 적용받을 수 있는 보너스를 제공한다면, 그런 물건들을 수집하여 대량의 보너스를 누적시키는 일을 피하고자 조율을 요구하는 편이 좋습니다.

# 새 캐릭터 선택지 만들기

만약 플레이어즈 핸드북(Player's Handbook)에서 소개된 플레이어 캐릭터의 선택지로는 당신의 캠페인에서 필요로 하는 것들을 완전히 표현할 수 없다면, 아랫부분의 조언을 참고하여 아예 새로운 종족, 클래스 혹은 배경을 만들어 내는 것도 가능합니다.

## 새로운 종족이나 하위종족 만들기

이 부분에서는 이미 존재하는 종족을 조정하거나, 아예 새로운 종족을 만드는 법을 설명합니다. 당신의 캠페인에서 사용할 종족을 조정하거나 설계할 때 가장 중요한 부분은 만들어 내고자 하는 종족이나 하위종족에 연관된 이야기를 생각해 보는 것입니다. 당신의 캠페인 내에서 그 종족에 대한 이야기가 어떻게 흘러갈지에 대해 확고한 생각을 지니고 있다면, 아래의 제작 과정에서 결정을 내리기가 훨씬 간편해질 것입니다. 아래 질문들에 스스로 답변해 보십시오.

- 당신의 캠페인에서 왜 이 종족을 필요로 합니까?
- 이 종족은 어떻게 생겼습니까?
- 이 종족의 문화를 어떻게 설명할 수 있습니까?
- 이 종족의 구성원들은 어디 살고 있습니까?
- 이야기 진행에 이 종족이 얽혀 들어갈 만한 역사와 문화 속 흥미로운 갈등이 있습니까?
- 이 종족과 플레이 가능한 다른 종족들 사이의 관계는 어떻습니까?
- 이 종족의 구성원들과 잘 어울리는 클래스와 배경은 어떤 것이 있습니까?

- 이 종족의 주요한 특징은 어떤 것들이 있습니까?
- 새로운 하위 종족을 만들고자 한다면, 같은 뿌리에서 나온 다른 하위 종족들과 어떤 차이점들이 있어 갈라져 나왔습니까?

당신이 생각하고 있는 종족을 사용 가능한 다른 종족들과 비교해 보고, 이 새 종족이 이미 존재하는 것들에 비교해 너무 빛이 바래거나(이 경우 새 종족은 너무 인기가 없을 것입니다.) 거꾸로 다른 종족들을 완전히 가려버리지는 않는지(이 경우 플레이어들은 다른 종족들을 선택하는 것을 꺼리게 될 것입니다.) 생각해 보십시오.

종족 요소 등 종족의 게임적 요소를 설계하고자 할 때는, 게임 내에 이미 존재하는 종족들을 참고하여 영감을 얻는 것도 좋습니다.

### 외양 변경

이미 존재하는 종족을 조정하는 가장 손쉬운 방법은 그 외모를 변경하는 것입니다. 캐릭터의 외관만을 바꾸는 것은 게임 요소에 영향을 끼치지 않습니다. 예를 들어, 당신은 하플링의 종족 요소에는 전혀 변경을 가하지 않으면서 쥐 형태의 의인화된 종족으로 바꿀 수 있을 것입니다.

### 문화적 변경

당신의 세계에서는 엘프들이 숲의 거주자가 아니라 사막을 방랑하는 유목민일 수도 있으며, 하플링들은 구름속 도시에 살고, 드워프들은 광부가 아니라 선원들일 수도 있습니다. 당신이 어떤 종족의 문화적 특징을 바꾸려 할 때는, 그 종족의 숙련이나 특징 역시 바꾸고자 하는 문화에 발맞추어 바꿀 수 있을 것입니다.

예를 들어, 당신의 세계에서는 드워프들이 광부가 아니라 바다를 항해하는 항해자이자 화약의 발명가라고 해 봅시다. 당신은 드워프들이 권총과 머스킷총에 대한 숙련을 지니고 있다고 할 수 있으며, 장인의 도구 대신 수상 탈것에 대한 숙련을 줄 수 있습니다. 이 두 가지 작은 변경점은 종족의 강함에는 큰 변화를 주지 않으면서 플레이어즈 핸드북에서 설명하는 드워프들에게 아예 다른 문화를 제공할 수 있습니다.

### 하위종족 만들기

새로운 하위종족 만들기는 기존의 종족적 특징에 가볍게 변화를 주는 일 이상이 필요한 작업이지만, 단순히 몇 가지 선택지를 교체하는 것 이상으로 플레이어들에게 종족 선택시의 다양성을 제공할 수 있다는 이점이 있습니다.

아래의 엘라드린은 엘프의 하위종족으로서, 하위종족 설계의 예시가 되어줄 것입니다. 이 하위종족은 D&D 멀티버스 내에서 나름의 역사를 지니고 있으니, 그 이야기에 기반해서 특징을 만들어 내기만 하면 될 것입니다.

### 예시 하위종족: 엘라드린 Eladrin

자연과 강한 유대를 지닌 마법의 종족인 엘라드린은 페이와일드의 황혼 세계에서 살고 있습니다. 그들의 도시는 때때로 물질계까지 겹쳐 있기도 하며, 가끔 산속 계곡이나 숲속 깊은 곳의 공터가 페이와일드로 접어드는 지점에서 얼굴을 비치기도 합니다.

플레이어즈 핸드북에 수록된 엘프 하위종족들은 능력 점수가 상승하고 무기 훈련 요소를 지니며, 그 외에도 2~3가지의 추가적 요소를 지니고 있습니다. 엘라드린의 이야기와 그 마법적 본성을 생각해 보면, 엘라드린 캐릭터는 지능이 상승하는 게 합당해 보입니다. 하이 엘프나 우드 엘프에게 공통으로 적용되는 기본 무기 훈련을 변화시킬 필요는 없을 것입니다.

엘라드린은 여러 세계 사이를 넘나드는 그들의 능력과, 잠시 사라졌다가 다른 곳에서 나타나는 힘 때문에 다른 엘프들과 구분

## 새 종족 만들기

기초부터 새로운 종족을 만들고자 한다면, 그 종족의 이야기를 생각해 보고 거기서부터 시작하는 것이 좋습니다. 당신이 만들어낸 종족을 이미 당신 세계에 존재하는 다른 종족들과 비교해 보고, 다른 종족들이 지닌 특징들 역시 자유로이 빌려 오십시오. 아래 예시로 나온 아시마르는 티플링과 유사하지만, 악마 대신 천상의 혈통을 타고 난 종족으로 설계되었습니다.

## 예시 종족: 아시마르 Aasimar

티플링의 혈통에 악마의 피가 흐른다면, 아시마르는 천상의 존재들로부터 시작된 후예들입니다. 이들은 대개 화려한 머리카락과 흠 없는 피부, 꿰뚫어보는 듯한 눈매를 지닌 훌륭한 인간의 모습을 지니고 있습니다. 아시마르는 때때로 자신들이 지닌 천상 혈통의 주의를 끌지 않고 물질계에서 악을 정화하고 선을 보호하기 위해 인간들과 함께 지내고자 합니다. 대개는 결국 사회의 상층부에 올라 존경받는 지도자나 명예로운 영웅으로 여겨지게 되지만, 아시마르들이 처음 사회에 적응하기 위해서는 많은 노력을 기울여야 합니다.

당신은 아시마르를 티플링 종족의 대척점으로 사용하려 할 수 있습니다. 이 두 종족은 당신의 캠페인 속에서 선과 악의 더 큰 갈등을 반영하는 좋은 요소가 되어줄 것입니다.

여기 아시마르를 만들 때 생각한 기본적 목표들이 있습니다.

* 아시마르는 효율적인 클레릭과 팔라딘이 되어야 합니다.
* 티플링이 악마인 동시에 인간인 것처럼 아시마르는 천상체인 동시에 인간이 되어야 합니다.

아시마르와 티플링을 동전의 양면으로 생각하면, 티플링을 살펴보는 것으로 이 새 종족에게 어떤 특징을 주어야 할지 고려할 수 있을 것입니다. 일단 우리가 아시마르를 만들 때 클레릭이나 팔라딘으로서 유용해야 한다고 생각했으니 지능과 매력 대신 지혜와 매력을 상승시키는 것이 좋은 선택지가 될 수 있습니다.

티플링과 마찬가지로 아시마르들 역시 암시야를 가집니다. 이들이 지닌 천상의 혈통을 볼 때, 화염 피해 대신 광휘 피해에 저항을 가지는 것이 더 합당할 것입니다. 하지만 광휘 피해는 화염 피해처럼 널리 쓰이지 않으므로 언데드와 맞설 때 더 유용할 수 있도록 사령 피해에 대한 저항을 주는 것 역시 고려해 볼 만합니다.

티플링이 지닌 하계의 유산 요소는 마법적인 천상의 혈통을 설계할 때 좋은 본보기가 되어 줄 것입니다. 티플링의 주문들 대신 그와 비슷한 레벨에서 아시마르가 지닌 천상의 혈통을 드러내 줄 다른 주문들을 골라 봅니다. 하지만, 아시마르는 더 다양한 저항을 지니고 있으므로 이 요소는 기본적인 도구성 주문들에 한정되어야 할 것입니다.

여러 가지 세부 사항을 손보고 나면, 아시마르의 종족 요소는 아래와 같이 정리될 것입니다.

***능력 점수 증가.*** 당신의 지혜 점수는 1점, 매력 점수는 2점 증가합니다.

***나이.*** 아시마르는 인간과 비슷한 속도로 성숙하지만, 수명은 약간 더 깁니다.

***성향.*** 이들이 지닌 천상의 혈통 때문에, 아시마르는 선한 성향을 가지는 경우가 많습니다. 하지만 몇몇 아시마르들은 자신들의 혈통을 거부하고 악에 빠져들기도 합니다.

***크기.*** 아시마르는 잘 균형 잡힌 인간의 모습입니다. 따라서 아시마르의 크기는 중형입니다.

***암시야.*** 천상의 혈통 덕분에, 아시마르는 어둠과 약한 조명 속에서도 뛰어난 시야를 지니고 있습니다. 당신은 60ft 내의 약한 빛 속에서 밝은 빛에 있는 것처럼 볼 수 있으며, 완전한 어둠 속에

됩니다. 게임 속에서 이러한 특징들은 안개 걸음*Misty Step* 주문을 제한적으로 사용하는 것으로 구현될 수 있습니다. 안개 걸음은 2레벨 주문이기 때문에, 이 능력이 있다면 이 하위 종족에게 추가적인 다른 요소는 필요 없을 정도로 강력합니다. 따라서 엘라드린 하위 종족은 아래와 같은 요소들을 지니게 됩니다.

***능력 점수 상승.*** 당신의 지능 점수는 1 증가합니다.

***엘프 무기 훈련.*** 당신은 롱소드, 숏소드, 롱보우, 숏보우에 대한 숙련을 지니고 있습니다.

***요정 발걸음(Fey Step).*** 당신은 안개 걸음 주문을 한 번 사용할 수 있습니다. 당신이 짧은 휴식이나 긴 휴식을 마치면 이 요소를 다시 사용할 수 있습니다.

서도 약한 빛에 있는 것처럼 볼 수 있습니다. 어둠 속에서는 색을 구분할 수 없고 모든 것이 회색의 음영으로 보입니다.

**천상의 저항력(Celestial Resistance).** 당신은 사령 피해와 광휘 피해에 저항을 지닙니다.

**천상의 유산(Celestial Legacy).** 당신은 빛Light 소마법을 알고 있습니다. 3레벨이 되면, 당신은 하급 회복Lesser Restoration 주문을 한 번 사용할 수 있으며, 긴 휴식을 취하고 나면 다시 능력을 사용할 수 있게 됩니다. 5레벨에 도달하면 당신은 태양광Daylight 주문을 3레벨 주문처럼 사용할 수 있으며, 마찬가지로 긴 휴식을 취하고 나면 이 능력을 다시 사용할 수 있습니다. 이 주문들을 사용할 때는 매력이 주문시전 능력치로 사용됩니다.

**언어.** 당신은 천상어와 공용어를 이해하고 읽고 말할 수 있습니다.

# 클래스 조정하기

플레이어즈 핸드북(Player's Handbook)에 수록된 클래스들은 전형적인 캐릭터들을 다양하게 다루고 있지만, 당신의 캠페인 세계에서는 더 많은 것들이 필요할 수도 있습니다. 아랫부분은 이미 존재하는 클래스들에 조정을 가해 당신의 게임에 필요한 변화를 주기 위한 방법들을 소개하고 있습니다.

## 숙련 변경하기

클래스가 지닌 숙련을 변경하는 것은 당신의 세계에 더 잘 맞도록 클래스를 조정할 수 있는 안전하고 간단한 방법의 하나입니다. 하나의 기술이나 도구 숙련을 다른 것으로 교체하는 정도는 그 클래스를 더 강하거나 약하게 만들지 않으며, 작은 차이로 클래스의 분위기를 바꿔 줄 수 있습니다.

예를 들어, 당신의 세계 속에는 로그들이 속한 위대한 길드가 있으며, 이들은 자신들의 수호신을 숭배하며, 그 신의 이름 아래 비밀스러운 작전을 수행한다고 해 봅시다. 이러한 문화적 특징을 반영하려면, 당신은 로그 캐릭터가 숙련할 수 있는 기술의 목록에 종교학을 넣을 수 있습니다. 어쩌면 오직 길드에 속한 로그들만이 기술을 익힐 수 있다고 제한을 거는 것 역시 가능합니다.

또한 당신은 세계의 모습을 반영하기 위해 클래스들이 지닌 무기나 갑옷의 숙련 역시 변경할 수 있습니다. 예를 들어, 당신은 특정한 신을 섬기는 클레릭의 경우 물질적 부를 지닌 것을 금한다고 결정할 수 있으며, 신성한 목적을 위한 것이 아니면 마법 물건을 지니는 것 역시 금한다고 할 수 있습니다. 이러한 클레릭들은 오직 지팡이 하나만을 지니고 다니며, 이를 제외한 다른 무기나 갑옷을 장비하는 것이 금지되어 있습니다. 이를 반영하기 위해, 당신은 이 신을 믿는 클레릭들의 경우 모든 무기와 갑옷의 숙련을 제거하고 오직 쿼터스태프에 대한 숙련만을 줄 수 있습니다. 대신 당신은 이렇게 사라진 숙련을 대신할만한 다른 이익을 제공할 수 있습니다. 예를 들어 몽크들이 지닌 비무장 방어 클래스 요소가 대표적이겠지만, 이를 신의 축복으로 내려줄 수도 있을 것입니다.

## 주문 목록 변경하기

클래스의 주문 목록을 조정하면 캐릭터의 힘에는 큰 영향을 주지 않으면서 클래스의 분위기를 상당히 변화시킬 수 있습니다. 당신의 세계에서 팔라딘들은 이상에 맹세하지 않으며, 강력한 소서러들에게 맹세한다고 해 봅시다. 이러한 이야기를 반영하기 위해, 당신은 팔라딘의 주문 목록을 변경해 자신들의 주인을 수호하기 위한 것들로, 소서러나 위저드 주문에서 가져온 것들로 채울 수 있습니다. 이제 갑자기 팔라딘은 아예 새로운 클래스처럼 느껴질 것입니다.

워락의 주문 목록을 변경할 때는 더 주의를 기울여야 합니다. 워락은 짧은 휴식을 취한 다음 주문 슬롯을 회복하므로, 다른 클래스들이 사용하는 것보다 더 자주 특정한 주문들을 시전할 수 있기 때문입니다.

## 클래스 제한

당신은 클래스의 능력과 요소를 전혀 변경하지 않아도, 특정한 종족이나 문화에 속한 캐릭터들만 해당 클래스를 택할 수 있다는 제한을 걸게 되면 세계 속에서 클래스들이 지닌 모습을 크게 변화시킬 수 있습니다.

예를 들어, 당신은 바드와 소서러, 워락, 위저드가 서로 다른 4개의 종족 혹은 문화가 지닌 마법적 전통을 대표한다고 정할 수 있습니다. 바드의 대학들은 엘프만이 들어갈 수 있으며, 드래곤본은 소서러가 될 수 있는 유일한 종족이고, 당신 세계 속의 워락은 모두 인간으로만 이루어질 수 있습니다. 당신은 이 제한을 더 세밀하게 쪼갤 수도 있습니다. 전승 학파는 오직 하이 엘프들의 것이며, 용맹 학파는 오직 우드 엘프만이 속한다는 식으로 말입니다. 노움이 환영계 마법학파를 개발했으며, 따라서 해당 학파를 전공한 위저드들은 모두 노움이라는 식으로 설정하는 것도 가능합니다. 서로 다른 인간 문화권에서는 서로 다른 계약을 맺은 워락들이 나타나곤 한다는 것도 좋습니다. 이와 유사하게, 다양한 클레릭 권역은 서로 다른 종족과 문화를 대표하는 별개의 문화권에 속해 있다는 식으로 구분하는 것도 가능합니다.

당신은 플레이어 캐릭터들이 이러한 클래스를 선택할 때, 얼마나 유연하게 이 제한들을 적용할 것인지 생각해야 합니다. 엘프 사이에서 성장한 하프엘프는 바드 전통을 배울 수 있는 것일까요? 워락들이 성장하는 문화와 아무런 관련이 없는 드워프가 워락으로서의 계약을 맺을 수 있을까요? 언제나 마찬가지로, 플레이어들이 원한다면 긍정적인 대답을 내어주고 그 결과로 캐릭터의 이야기와 세계 자체의 다양성을 확보하는 것이, 가능성을 아예 닫아버리는 것보다는 더 좋은 선택이 될 것입니다.

## 클래스 요소 교체하기

만약 해당 클래스의 요소 한두 가지가 당신이 원하는 캠페인의 분위기나 주제에 맞지 않는다면, 당신은 해당 요소를 클래스에서 빼고 대신 다른 것을 넣을 수 있습니다. 그렇게 할 경우, 당신은 새로 추가한 선택지가 예전 것만큼 매력적인지 고려해 보아야 하며, 대체된 클래스 요소가 사회적 상호작용이나 탐험, 전투 등에서 예전 것만큼 클래스에 효율적으로 작동하는지도 생각해야 합니다.

궁극적으로 봐서 클래스는 플레이어에게 특정한 캐릭터 컨셉을 표현할 수 있게 해 주는 도구일 뿐이며, 따라서 당신이 클래스의 요소를 교체한다면 캐릭터의 면모 한 가지를 제거하는 것과 다를 바 없습니다. 클래스 요소를 교체하는 것은 당신이 운영하는 캠페인의 특별한 필요에 의한 것이거나, 특정한 종류의 캐릭터를 만들고자 하는 플레이어의 요청에 의한 것이어야 합니다. (대개는 소설이나 TV 드라마, 만화 등에서 나온 캐릭터를 본따려는 시도일 수 있습니다.)

첫 단계는 기존의 클래스가 지닌 특징이나 일련의 특징 중 어느 것을 교체하려 하는지 결정하는 일입니다. 그다음 당신은 이러한 요소들이 클래스에게 어떤 것을 제공하는지 판단하고, 교체로 인해 클래스의 힘이 너무 강해지거나 반대로 너무 약해지지 않도록 해야 합니다. 당신이 교체하려는 요소들에 대해 아래 질문들을 스스로 던져 보십시오.

클래스에 제공하는 요소들을 검토해 보십시오. 두 선택지가 유사한 요소를 지니는 것은 그리 이상한 일이 아니며, 또한 다른 클래스들을 살펴보며 작동 방식을 조사해 보는 것도 영감을 얻는 좋은 방법입니다. 각각의 클래스 요소를 설계할 때와 마찬가지로 아래 질문들을 스스로 던져 보고 생각해 보십시오.

* 이 클래스 요소는 이야기를 강화하거나 클래스 선택지의 주제를 분명하게 해 줍니까?
* 기존의 요소들 중 본보기로 삼을만한 것이 있습니까?
* 새로운 클래스 요소는 같은 레벨의 다른 것들과 비교해서 어떻게 느껴집니까?

## 선택 규칙: 주문 점수

클래스를 조정하는 다양한 방법 중 하나로, 각 클래스가 주문을 사용하는 방식을 변경할 수 있습니다. 이 변형 체계를 사용하면, 주문시전 요소를 지닌 캐릭터는 주문 슬롯을 소비하는 대신 주문 점수를 사용하여 주문을 시전하게 됩니다. 주문 점수는 시전자가 더 유연하게 주문을 사용할 수 있게 해 주는 대신, 규칙이 더욱 복잡해진다는 문제를 안게 됩니다.

이 변형 규칙에서, 각각의 주문은 레벨에 따른 소비 점수를 지니게 됩니다. 주문 점수 비용 표는 1레벨에서 9레벨 슬롯 주문들 각각의 비용이 요약되어 있습니다. 주문 슬롯을 사용하지 않는 소마법들은 주문 점수를 소비하지 않습니다.

주문시전 요소를 지닌 클래스는 레벨이 올라가며 새로 주문 슬롯을 얻는 대신, 주문 점수의 합계가 증가하게 됩니다. 당신은 일정량의 주문 점수를 사용해서 특정 레벨의 주문 슬롯을 만들게 되며, 이 슬롯을 사용해서 주문을 시전합니다. 당신의 주문 점수는 0 미만으로 떨어지지 않으며, 긴 휴식을 취한 다음에는 주문 점수가 전부 회복됩니다.

6레벨 이상의 주문은 시전할 때 특히 더 큰 대가를 요구합니다. 당신은 주문 점수를 사용해 6레벨 이상의 주문 슬롯을 오직 하나씩만 만들 수 있으며, 같은 레벨의 슬롯을 다시 만들려면 먼저 긴 휴식을 끝마쳐야 합니다.

주문 점수 총량은 주문시전 클래스의 레벨에 따라 결정되며, 아래 레벨에 따른 주문 점수 표에 나와 있습니다. 또한 당신의 레벨은 당신이 만들 수 있는 최고 슬롯이 얼마인지도 결정합니다. 주문 점수가 얼마나 남아 있는 간에 시전자 레벨이 낮다면 높은 레벨의 주문 슬롯을 만들 수 없습니다.

레벨에 따른 주문 점수 표는 바드, 클레릭, 드루이드, 소서러, 위저드들을 위한 것입니다. 팔라딘이나 레인저의 경우, 캐릭터 레벨을 절반으로 나누어 적용하기 바랍니다. 또한 파이터(엘드리치 나이트)나 로그(아케인 트릭스터)의 경우, 캐릭터 레벨을 3으로 나누어 적용하면 됩니다.

이 체계는 주문을 시전할 수 있고 주문 슬롯을 지닌 괴물들에게도 적용할 수 있지만, 그렇게 하는 것은 추천할 만한 일이 아닙니다. 괴물의 주문 점수 총량과 잔량을 계산하는 것은 귀찮은 작업이기 때문입니다.

### 주문 점수 비용

| 주문 레벨 | 점수 비용 | 주문 레벨 | 점수 비용 |
| --- | --- | --- | --- |
| 1레벨 | 2 | 5레벨 | 7 |
| 2레벨 | 3 | 6레벨 | 9 |
| 3레벨 | 5 | 7레벨 | 10 |
| 4레벨 | 6 | 8레벨 | 11 |
| | | 9레벨 | 13 |

---

* 이 요소를 교체하면 탐험, 사회적 교류, 전투 등에 어떠한 영향이 있을까요?
* 이 요소를 교체하면 일행이 하루에 얼마나 많은 모험을 할 수 있는지에 영향을 주게 될까요?
* 이 요소가 클래스에서 제공하는 자원을 소모하는 것인가요?
* 이 요소는 언제나 효력을 발휘하나요? 아니면 짧은 휴식이나 긴 휴식, 일정 길이의 시간이 흐른 다음에 충전되나요?

이러한 질문들에 답해 나가다 보면 당신은 제거한 것을 대체할 새로운 요소의 설계를 시작할 수 있습니다. 새로운 클래스 요소가 기존의 것에 비해 탐험이나 사회적 교류, 전투 상황에서 다르게 작용하게 되는 것은 상관없지만, 너무 달라지게 되면 곤란합니다. 예를 들어, 당신은 탐험에 중점을 둔 요소를 교체해 순수하게 전투에 중점을 둔 것으로 바꿀 수 있는데, 그렇게 했다면 당신은 해당 클래스를 전투 상황에서 더욱 강력하게 만들어 줄 수 있겠지만 그 대신 다른 클래스는 당신이 의도하지 않았더라도 전투 상황에서 빛을 덜 보게 될 것입니다.

새로운 클래스 요소를 어떻게 설계할 것인가에 대한 명확한 해법은 없습니다. 가장 좋은 시작 지점은 다른 클래스 요소들이나 주문, 재주, 기타 규칙들을 살펴보며 영감을 얻는 것입니다. 분명히 몇 번은 실수도 하게 될 것이며, 괜찮아 보이던 요소들도 시간이 지나면서 문제점을 드러내는 경우 역시 많습니다. 다 괜찮습니다. 당신이 설계한 모든 것은 어쨌든 게임 내의 테스트가 필요합니다. 새로운 클래스 요소를 소개할 때면, 게임 중에 이 요소로 인해 문제가 발생할 경우 언제든 재조정할 수 있다는 사실을 플레이어들에게 인지시키는 것이 중요합니다.

### 새로운 클래스 선택지 만들기

각각의 클래스에는 최소 하나 이상씩의 중요한 선택지가 있습니다. 클레릭들은 신성 권역을 고르고, 파이터들은 무예 아키타입을 고르며, 위저드들은 비전 전통을 고르는 식입니다. 새로운 선택지를 만드는 것은 기존 클래스에서 아무것도 제거할 필요가 없지만, 기존의 선택지들과 비교해 너무 강하거나 약한 것은 아닌지, 그러면서도 충분히 독특한지를 확인해 보아야 합니다. 클래스 설계의 다른 부분들과 마찬가지로, 새로운 선택지 역시 당신의 생각을 충분히 시험해 보아야 하고 원하는 대로 제대로 돌아가지 않는 경우 언제든 다시 재조정할 수 있어야 합니다.

일단 만들고자 하는 새로운 선택지의 컨셉이 떠올랐다면, 이제 세부사항을 설계할 때입니다. 만약 당신이 어디서 시작해야 좋을지 감을 잡을 수 없다면, 기존의 선택지들을 살펴보고 이것들이

## 레벨에 따른 주문 점수

| 클래스 레벨 | 주문 점수 | 최대 주문 레벨 |
|---|---|---|
| 1레벨 | 4 | 1레벨 |
| 2레벨 | 6 | 1레벨 |
| 3레벨 | 14 | 2레벨 |
| 4레벨 | 17 | 2레벨 |
| 5레벨 | 27 | 3레벨 |
| 6레벨 | 32 | 3레벨 |
| 7레벨 | 38 | 4레벨 |
| 8레벨 | 44 | 4레벨 |
| 9레벨 | 57 | 5레벨 |
| 10레벨 | 64 | 5레벨 |
| 11레벨 | 73 | 6레벨 |
| 12레벨 | 73 | 6레벨 |
| 13레벨 | 83 | 7레벨 |
| 14레벨 | 83 | 7레벨 |
| 15레벨 | 94 | 8레벨 |
| 16레벨 | 94 | 8레벨 |
| 17레벨 | 107 | 9레벨 |
| 18레벨 | 114 | 9레벨 |
| 19레벨 | 123 | 9레벨 |
| 20레벨 | 133 | 9레벨 |

# 배경 만들기

잘 만들어진 배경은 플레이어가 당신의 캠페인 속에서 살아 움직이는 것 같이 흥미로운 캐릭터를 만들 수 있게 해 줍니다. 배경은 게임의 작동방식이라기보다, 당신의 세계 속에서 캐릭터가 어디 위치하는지 말해주는 역할을 합니다.

상인이나 방랑자 같은 개략적 캐릭터 배경에 집중하기보다, 조직이나 집단, 당신의 캠페인 속의 여러 문화권에 대해 생각해 본다면 플레이어 캐릭터를 위한 흥미로운 배경들을 만들 수 있습니다. 예를 들어, 당신은 학자 배경과 유사한 역할을 하도록 캔들킵의 복사(Acolyte of Candlekeep) 배경을 만들 수 있으며, 이 새로운 배경은 일반적 학자 대신 당신의 세계 속의 특정한 지역이나 조직과 더 깊은 연관을 지니게 될 것입니다.

캔들킵의 복사 배경을 지닌 캐릭터는 캔들킵의 대도서관을 관리하는 수도사들인 공언자(Avowed)들 중 친구가 있을 수도 있습니다. 이 캐릭터는 자료를 찾고 전승을 연구하기 위해 도서관에 자유로이 출입할 수 있겠지만, 다른 캐릭터들은 귀중하고 희귀한 지식이 담긴 책을 바쳐야만 들어올 수 있습니다. 캔들킵의 적은 캐릭터의 적이 되며, 캔들킵의 우군은 캐릭터의 친구가 될 것입니다. 캔들킵의 복사는 학식있는 연구자이자 지식의 수호자로 널리 존경받고 있습니다. NPC들이 이 캐릭터의 배경을 알게 되면 여러가지 흥미로운 접촉이 벌어질 것이고, 어쩌면 연구를 위해 캐릭터에게 접근해 오는 이들도 있을 수 있습니다.

당신 자신만의 배경을 창조하려면 아래 단계를 따라가십시오.

## 1단계. 당신의 세계 속에 뿌리내리기

새로운 배경을 당신의 캠페인에 뿌리내리게 하려면, 먼저 이 배경이 캠페인 속의 어떤 요소와 연관되어 있는지 결정해야 합니다. 조직이나 파벌, 인물, 사건, 장소 등이 이러한 요소가 될 수 있습니다.

## 2단계. 개인적 개성 고려하기

플레이어즈 핸드북(Player's Handbook)에 실려 있는 인격 특성, 이상, 유대, 단점 등의 개성 목록 중에서 배경에 알맞은 것들을 골라 표를 만들어 보십시오. 당신의 캐릭터들이 그 표를 사용하지 않는다고 해도, 이 단계를 거치면 세계 속에서 해당 배경이 어떤 모습으로 비치는가를 그려볼 수 있습니다. 표는 복잡할 필요가 없습니다. 2~3개의 항목 만으로도 충분합니다.

## 3단계. 숙련과 언어 정하기

배경에 따라 주어질 2개의 기술 숙련과 2개의 도구 숙련을 결정합니다. 당신은 도구 숙련 하나 대신 언어 하나를 제공하는 식으로 교환할 수도 있습니다.

## 4단계. 시작시 장비 정하기

당신이 만든 배경이 시작시 장비 꾸러미를 제공하는지 생각해 두십시오. 모험 장비를 구매할 수 있는 약간의 돈과 함께 주어진 시작시 장비는 캐릭터가 모험자가 되기 전 캐릭터가 구해둔 도구입니다. 각각의 배경마다 독특한 물건 한두 가지를 제공하는 것도 좋습니다.

예를 들어, 캔들킵의 복사 배경을 지닌 캐릭터는 모험자용 복장 하나, 학자의 로브 하나, 양초 4개, 부싯깃통 하나, 캔들킵의 문장이 새겨진 빈 두루마리통 하나, 벨트 주머니와 10gp 정도의 화폐를 지니고 시작하게 될 것입니다. 두루마리통은 캔들킵의 복사가 모험자로서의 삶을 시작하기 전에 받은 물건일 것입니다. 당신의 결정에 따라, 이 통 안에는 쓸만한 지도가 들어있을 수도 있습니다.

## 5단계. 배경 요소 정하기

당신의 선택에 따라 이미 존재하는 배경의 요소를 사용하거나 새로운 특징을 만들어 낼 수도 있으며, 기존 요소에 약간의 변경을 가해 독특함을 줄 수도 있습니다.

예를 들어, 캔들킵의 복사 배경은 (플레이어즈 핸드북에 소개된) 학자 배경이 지닌 연구자 요소를 지닐 수도 있으며, 여기에 더해 일반적인 비용을 지불하지 않고 캔들킵에 들어가는 게 허락되었다는 추가적 이익을 제공할 수도 있습니다.

배경 요소는 능력 판정이나 명중 굴림등과 같은 게임적 이익을 제공하는 것을 피해야 합니다. 대신, 이러한 요소들은 역할연기나 탐험, 기타 세계와 관계를 맺는 새로운 선택지와 방법들을 제공하는 역할을 지니게 됩니다.

예를 들어, 학자가 지닌 연구자 요소는 캐릭터를 모험에 보내기 위해서 고안된 것입니다. 이 요소는 정보를 제공하거나 판정에서 자동 성공을 보장하지 않습니다. 그 대신, 만약 학자 배경을 지닌 캐릭터가 정보를 기억하는데 실패하면, 어디서 이 정보를 찾을 수 있는지 알고 있는 것뿐입니다. 정보의 출처는 다른 학자일 수도 있고, 오래전 잊혀진 고대 무덤 속에 잠들어 있는 장서고일 수도 있습니다.

최고의 배경 요소는 캐릭터가 모험에 나설 이유를 만들어 주고, NPC와의 연줄을 만들어 주며, 당신이 만들어 놓은 설정들을 엮어나갈 기회를 주는 것입니다.

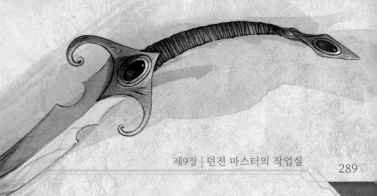

# 부록 A: 무작위 던전

이 부록은 당신이 빠르게 던전을 생성할 수 있도록 도와줍니다. 여기서 주어지는 표들은 되풀이되어 사용됩니다. 먼저 시작 지역을 굴리고, 그다음 해당 지역에서 찾을 수 있는 통로와 문에 연관된 표를 굴립니다. 시작 통로와 문이 정해지면, 위치를 정하고 이어지는 통로와 문, 방, 계단 등등의 표를 굴립니다. 이러한 던전의 구성요소 각각은 서로 다른 표를 통해 주사위 굴림으로 결정됩니다.

이 안내를 따르다 보면 당신은 설계도 한 장을 넘는 크기의 복잡한 구조물을 만들게 됩니다. 만약 당신이 던전에 제약을 걸고 싶다면, 먼저 얼마나 크게 만들 것인지 정해 두는 게 좋습니다.

던전 크기를 정할 때의 가장 대표적인 제한은 설계도 크기에 따른 제한입니다. 던전의 특징이 종이의 경계를 넘었을 때는 축소하면 됩니다. 복도가 지도의 가장자리로 뻗어가다가 끊어질 것 같다면, 여유 공간에 맞추어 방을 더 작게 만들면 됩니다.

그게 아니라면, 당신은 지도의 가장자리로 향한 통로가 던전의 또 다른 입구라고 할 수도 있습니다. 입구에 걸맞게 계단이나 비탈 등을 만들어두면 지도가 위치한 곳으로 내려오는 길을 만들 수 있을 것입니다.

## 시작 지역

시작 지역 표는 당신의 던전으로 통하는 방이나 통로 몇 개를 만드는 용도로 사용됩니다. 무작위 시작 지역을 굴릴 때는, 문이나 복도 하나를 골라 던전 전체의 입구로 이용하게 됩니다.

일단 당신이 입구를 선택했다면, 복도나 문에 따른 표에서 주사위를 굴려 시작 지역에서 뻗어 나가는 길을 만들게 됩니다. 각각의 통로는 시작 지역에서 10ft 이상씩 뻗어 나갑니다. 이 지점 이후부터는 통로 표를 사용하여 각각의 통로가 어디로 이어지는지 결정하면 됩니다. 문 뒤에 있는 것 표를 사용하여 문이나 비밀문 뒤에 무엇이 있는지 결정할 수 있습니다.

### 시작 지역

| d10 | 설정 |
|---|---|
| 1 | 정사각형 20 × 20ft 각 벽면에 통로 |
| 2 | 정사각형 20 × 20ft 두 벽에 문, 3번째 벽에 통로 |
| 3 | 정사각형 40 × 40ft 세 벽에 문 |
| 4 | 직사각형 80 × 20ft 중앙에 일렬로 기둥이 있음. 긴 벽 양쪽으로 통로, 작은 벽 쪽으로는 문 |
| 5 | 직사각형 20 × 40ft 각 벽면에 통로 |
| 6 | 원형 지름 40ft 동서남북으로 통로 |
| 7 | 원형 지름 40ft 동서남북으로 통로. 중앙에 우물 (아래 층으로 이어질 수도 있음) |
| 8 | 정사각형 20 × 20ft 두 벽에 문, 3번째 벽에 통로. 4번째 벽에 비밀문 |
| 9 | 통로. 10ft 너비, T자 갈림길 |
| 10 | 통로. 10ft 너비, 4갈래 갈림길 |

## 통로

통로나 복도를 만들 때면, 통로 표를 여러 번 굴려 갈림길과 길이를 정해가며 방이나 문에 닿을 때까지 계속 이어 나가게 됩니다.

당신이 새로운 통로를 만들 때마다, 일단 그 너비를 결정해야 합니다. 만약 통로가 다른 통로에서 갈라져 나온 것이라면, 통로 너비 표에서 d12를 굴립니다. 만약 이 통로가 방에서 시작된 것이라면, 표에서 d20을 굴려 정하게 되지만, 통로 너비는 최소한 시작된 방의 벽면 너비보다 5ft 이상 작아야 합니다.

### 통로

| d20 | 설정 |
|---|---|
| 1-2 | 직선으로 30ft 이어짐. 문이나 측면통로 없음 |
| 3 | 직선으로 20ft 이어짐. 오른쪽에 문. 다시 10ft 직선 |
| 4 | 직선으로 20ft 이어짐. 왼쪽에 문. 다시 10ft 직선 |
| 5 | 직선으로 20ft 이어짐. 통로 끝 정면에 문 |
| 6-7 | 직선으로 20ft 이어짐. 오른쪽에 측면통로. 다시 10ft 직선 |
| 8-9 | 직선으로 20ft 이어짐. 왼쪽에 측면통로. 다시 10ft 직선 |
| 10 | 직선으로 20ft 이어짐. 막다른 길. 10% 확률로 비밀문 |
| 11-12 | 직선으로 20ft 이어짐. 이후 왼쪽으로 돌아 다시 10ft 직선 |
| 13-14 | 직선으로 20ft 이어짐. 이후 오른쪽으로 돌아 다시 10ft 직선 |
| 15-19 | 방 (방 표에서 굴림) |
| 20 | 계단* (계단 표에서 굴림) |

*계단이 존재한다는 것은 던전이 여러 층으로 이루어져 있다는 뜻입니다. 만약 당신이 다층 구조 던전을 만들고 싶지 않다면, 주사위를 다시 굴리거나, 계단을 던전의 다른 입구로 만들거나, 당신이 원하는 다른 요소로 교체하십시오.

### 통로 너비

| d12/20 | 너비 |
|---|---|
| 1-2 | 5ft |
| 3-12 | 10ft |
| 13-14 | 20ft |
| 15-16 | 30ft |
| 17 | 40ft 중간에 일렬로 기둥이 있음 |
| 18 | 40ft 중간에 2열로 기둥이 있음 |
| 19 | 40ft 폭, 20ft 높이 |
| 20 | 40ft 폭, 20ft 높이, 위층에 올라갈 수 있는 회랑 10ft |

# 문

문을 설정하기 위해 표를 굴릴 때는, 문의 종류 표에서 그 재질과 속성을 정하고, 그다음 문 뒤에 있는 것 표에서 반대편에 무엇이 있는지 결정하는 방식을 사용합니다. 만약 문에 빗장이 걸려 있다면, 어느 쪽에 빗장이 걸려 있는지 당신이 결정해야 합니다. 잠겨 있지 않은 문 역시 당신의 결정에 따라 걸려 있을 수 있습니다. 제5장의 "모험의 환경" 부분을 참조해 문과 창살문에 대한 정보를 얻으십시오.

## 문의 종류

| d20 | 문의 종류 |
|-----|----------|
| 1-10 | 목재 |
| 11-12 | 목재, 빗장 또는 잠겨 있음 |
| 13 | 석재 |
| 14 | 석재, 빗장 또는 잠겨 있음 |
| 15 | 철제 |
| 16 | 철제, 빗장 또는 잠겨 있음 |
| 17 | 창살문 |
| 18 | 창살문, 잠겨 있음 |
| 19 | 비밀문 |
| 20 | 비밀문, 빗장 또는 잠겨 있음 |

## 문 뒤에 있는 것

| d20 | 있는 것 |
|-----|--------|
| 1-2 | 10ft 길이의 통로. 이후 T자 갈림길 양쪽으로 각각 통로가 10ft씩 이어짐 |
| 3-8 | 20ft 길이의 통로. 직선으로 이어짐 |
| 9-18 | 방 (방 표에서 굴림) |
| 19 | 계단 (계단 표에서 굴림) |
| 20 | 함정이 설치된 가짜 문 |

# 방

방을 설정하기 위해 표를 굴릴 때는, 먼저 방 표에서 그 구조를 정합니다. 그다음 방 출구 표에서 방에 연결된 출구가 몇 개인지 결정합니다. 각각의 출구마다 출구 위치와 출구 종류 표를 사용해 출구의 구조와 위치를 결정합니다.

이후 "던전 채워넣기" 부분을 참조해 각각의 방에 어떤 것들이 있는지 설정할 수 있습니다.

## 방

| d20 | 방 |
|-----|----|
| 1-2 | 정사각형, 20 × 20ft[1] |
| 3-4 | 정사각형, 30 × 30ft[1] |
| 5-6 | 정사각형, 40 × 40ft[1] |
| 7-9 | 직사각형, 20 × 30ft[1] |
| 10-12 | 직사각형, 30 × 40ft[1] |
| 13-14 | 직사각형, 40 × 50ft[2] |
| 15 | 직사각형, 50 × 80ft[2] |
| 16 | 원형, 지름 30ft[1] |
| 17 | 원형, 지름 50ft[2] |
| 18 | 팔각형, 40 × 40ft[2] |
| 19 | 팔각형, 60 × 60ft[2] |
| 20 | 부정형, 대략 40 × 60ft[2] |

[1] 방 출구 표에서 보통 방 항목을 사용
[2] 방 출구 표에서 대형 방 항목을 사용

## 방 출구

| d20 | 보통 방 | 대형 방 |
|-----|---------|---------|
| 1-3 | 0 | 0 |
| 4-5 | 0 | 1 |
| 6-8 | 1 | 1 |
| 9-11 | 1 | 2 |
| 12-13 | 2 | 2 |
| 14-15 | 2 | 3 |
| 16-17 | 3 | 3 |
| 18 | 3 | 4 |
| 19 | 4 | 5 |
| 20 | 4 | 6 |

## 출구 위치

| d20 | 위치 |
|-----|------|
| 1-7 | 반대편 벽에 위치 |
| 8-12 | 왼쪽 벽에 위치 |
| 13-17 | 오른쪽 벽에 위치 |
| 18-20 | 들어온 쪽 벽에 위치 |

## 출구 종류

| d20 | 종류 |
|-----|------|
| 1-10 | 문(문의 종류 표 참조) |
| 11-20 | 복도, 10ft 길이 |

# 계단

계단은 오르내리는 길을 모두 포함합니다. 비탈, 굴뚝, 오르내릴 수 있는 축대, 사다리, 승강기도 여기 포함됩니다. 던전이 다층 구조로 되어 있다면, 층간 거리는 당신이 정할 수 있습니다. 대개 던전은 층마다 30ft 이상 떨어져 있습니다.

## 계단

| d20 | 계단 |
|-----|------|
| 1-4 | 한 층 아래 방으로 연결 |
| 5-8 | 한 층 아래 20ft 길이의 통로로 연결 |
| 9 | 두 층 아래 방으로 연결 |
| 10 | 두 층 아래 20ft 길이의 통로로 연결 |
| 11 | 세 층 아래 방으로 연결 |
| 12 | 세 층 아래 20ft 길이의 통로로 연결 |
| 13 | 한 층 위 방으로 연결 |
| 14 | 한 층 위 20ft 길이의 통로로 연결 |
| 15 | 막다른 길로 올라감 |
| 16 | 막다른 길로 내려감 |
| 17 | 한 층 위 20ft 길이 통로로 연결되는 굴뚝 |
| 18 | 두 층 위 20ft 길이 통로로 연결되는 굴뚝 |
| 19 | 한 층 아래로 연결되는 축 (승강기는 있을 수도 없을 수도 있음) |
| 20 | 위아래 각각 한 층씩 연결된 축 (승강기는 있을 수도 없을 수도 있음) |

# 지역 연결하기

일단 지도가 완성되고 나면, 서로 인접해 있지만 연결되어 있지 않은 방과 통로들 사이에 더 많은 문을 추가해서 연결하는 것을 고려해 보십시오. 이렇게 문을 더 설치하고 나면 던전의 경로가 다양해지고, 플레이어들의 선택지도 늘어납니다.

만약 당신의 던전이 여러 층으로 되어 있다면, 계단이나 구덩이, 기타 수직 통로가 이 층들을 연결하고 있는지 확인해 보십시오. 당신이 종이를 이용해 지도를 그리고 있다면, 기존 지도 위에 새 페이지를 덮어서 던전 위아래를 오가는 통로의 위치를 일치시키는 것이 좋습니다.

# 던전 채워넣기

지도를 그리는 것은 던전 제작 과정의 많은 즐거움 중 절반 정도 밖에 되지 않습니다. 대략적 구조를 만들었다면, 이제 던전의 여러 통로와 방에서 캐릭터들을 기다릴 도전과 보상을 채워 넣을 차례입니다. 흥미로운 광경과 소리, 다양한 물건과 크리쳐를 배치한다면, 아무리 넓은 공간이라도 충분히 재미있는 요소를 채울 수 있을 것입니다.

당신은 던전의 모든 구석구석을 다 세밀하게 설계해야 할 필요가 없습니다. 그저 등장할 괴물들의 목록, 배치할 보물들의 목록, 그리고 각각의 던전 구역에 있어서 핵심이 되는 특징 몇 가지만 미리 준비해 두어도 충분합니다.

## 방의 목적

방의 목적이 명확하면 어떤 기구를 배치하고 어떻게 꾸밀 것인가 결정하기가 훨씬 편해집니다.

던전 지도 속의 여러 방마다 저마다의 목적이 있을 수 있으며, 아래의 여러 표들을 사용해 대략적인 아이디어를 얻을 수 있습니다. 던전들 자체의 목적은 제5장 "모험의 환경"의 "던전의 목적" 부분에 나와 있으며, 각각의 목적에 맞는 표가 따로 있습니다. 예를 들어, 당신이 던전을 일종의 분묘로 만들고자 한다면, 아래 표 중 무덤 표를 통해서 각 방의 목적을 정할 수 있습니다. 던전마다 특화되어 있는 이 표들 말고도 일반 던전 방 표가 뒤에 나와 있으며, 뚜렷한 목적이 없거나 다양한 목적으로 쓰이는 던전을 만들고자 할 때에는 이 표를 사용할 수 있습니다.

무작위 주사위 굴림을 통해 던전의 구조 전체를 만들어가다 보면 예상치 못하는 결과를 얻을 수도 있습니다. 조그마한 방이 일종의 신전이 될 수도 있고, 그 바로 옆의 거대한 방은 사실 창고로 쓰이고 있을 수도 있습니다. 이렇게 기이한 구성은 나름의 재미와 신선한 사고방식을 불러일으킬 수 있지만, 당신이 보기에 적절하게 느껴지는 대로 고쳐 사용할 수도 있습니다. 당신은 핵심이 될 방들을 따로 빼서 그것들은 직접 목적을 정해 설계할 수 있습니다.

## 던전: 죽음의 함정

| d20 | 목적 |
|-----|------|
| 1 | 관찰자들을 위한 대기실 혹은 준비실 |
| 2-8 | 침입자들에 맞서 요새화된 경비실 |
| 9-11 | 중요한 보물이 있는 보물창고. 잠겨져 있거나 비밀문을 통해서만 들어올 수 있음(75%의 확률로 함정이 있음.) |
| 12-14 | 수수께끼가 있는 방. 함정이나 괴물을 통과하려면 수수께끼를 풀어야 함 |
| 15-19 | 침입자를 죽이거나 포획하기 위해 설치된 함정 |
| 20 | 관찰실. 경비병이나 관찰자가 던전 내에서 크리쳐들의 행동을 감시하기 위해 만든 곳 |

## 던전: 본거지 혹은 둥지

| d20 | 목적 |
| --- | --- |
| 1 | 무기와 갑옷이 보관된 무기고 |
| 2 | 손님들을 맞이하기 위한 응접실 |
| 3 | 중요한 행사를 위한 연회실 |
| 4 | 본거지의 방어자들을 위해 준비된 병영 |
| 5 | 지도자들을 위한 침실 |
| 6 | 본거지의 신앙을 위해 준비된 예배당 |
| 7 | 음료수를 얻을 수 있는 우물 또는 수조 |
| 8-9 | 본거지의 방어를 위한 경비실 |
| 10 | 경비용 짐승이나 애완동물이 있는 우리 |
| 11 | 식품 저장과 준비를 위한 부엌 |
| 12 | 포로를 감금하기 위한 우리 혹은 감옥 |
| 13-14 | 그다지 중요하지 않은 물건들이 있는 창고 |
| 15 | 본거지의 지도자가 궁정을 여는 옥좌실 |
| 16 | 고문실 |
| 17 | 훈련과 운동 시설 |
| 18 | 박물관 혹은 트로피 실 |
| 19 | 욕조 혹은 화장실 |
| 20 | 무기나 갑옷, 도구나 기타 물건을 만드는 공방 |

## 던전: 미로

| d20 | 목적 |
| --- | --- |
| 1 | 소환실. 미로를 경비하기 위한 소환수들을 준비하는 곳 |
| 2-5 | 미로를 순찰하는 경비병들을 위한 경비실 |
| 6-10 | 미로를 순찰하는 경비 짐승들이 있는 둥지 |
| 11 | 비밀문으로만 오갈 수 있는 감옥 혹은 우리. 미로에 빠진 포로나 죄수를 감금하는 곳 |
| 12 | 신이나 다른 존재에게 기도하기 위한 사원 |
| 13-14 | 식료품 저장고, 혹은 미로의 수호자들이 계속 임무를 수행하기 위한 도구가 보관된 곳 |
| 15-18 | 미로의 침입자들을 죽이기 위해 설치된 함정 |
| 19 | 음료수를 얻을 수 있는 우물 |
| 20 | 문이나 횃불, 기타 가구를 수리하고 관리하는 공방 |

## 던전: 광산

| d20 | 목적 |
| --- | --- |
| 1-2 | 광부들을 위한 병영 |
| 3 | 관리자나 책임자용 침실 |
| 4 | 광부들의 수호신이나 대지신, 보호의 신을 위한 예배실 |
| 5 | 광부들의 음료수를 얻을 수 있는 수조 |
| 6-7 | 경비실 |
| 8 | 일꾼들의 식사를 준비하는 부엌 |
| 9 | 광산에서 발견된 특이한 광물을 연구하는 실험실 |
| 10-15 | 원석을 채굴하는 채굴장 (75%의 확률로 고갈되었음) |
| 16 | 광산 책임자용 사무실 |
| 17 | 망가진 도구를 수리하는 대장간 |
| 18-19 | 도구와 기타 장비를 저장하는 창고 |
| 20 | 원석을 지표면에 가지고 올라가기 전까지 보관해 두는 금고 혹은 창고 |

## 던전: 이계 포탈

| d100 | 목적 |
| --- | --- |
| 01-03 | 장식된 휴게실 혹은 대기실 |
| 04-08 | 포탈의 수호자들을 위한 무기고 |
| 09-10 | 방문자들을 맞이하기 위한 응접실 |
| 11-19 | 포탈의 경비병들이 사용하는 병영 |
| 20-23 | 포탈을 수호하는 결사의 고위층이 이용하는 침실 |
| 24-30 | 포탈이나 그 수호자에 연관된 신을 위한 예배당 |
| 31-35 | 신선한 물을 얻을 수 있는 수조 |
| 36-38 | 입문자들에게 포탈의 비밀을 가르치는 교실 |
| 39 | 포탈을 수호하거나 조사하기 위해 소환을 행하는 소환실 |
| 40-41 | 포탈을 수호하다 목숨을 잃은 자들을 위한 납골당 |
| 42-47 | 식당 |
| 48-50 | 포탈과 그에 얽힌 사건들을 조사하기 위한 예지실 |
| 51-55 | 방문자와 경비병들이 숙박하는 기숙사 |
| 56-57 | 입구실 혹은 현관 |
| 58-59 | 포탈 혹은 그 수호대에 연관된 물건이나 트로피를 장식하는 갤러리 |
| 60-67 | 포탈을 감시하고 수호하는 경비실 |
| 68-72 | 부엌 |
| 73-77 | 포탈에 연관된 실험을 하거나 포탈에서 나온 크리쳐들을 연구하는 실험실 |
| 78-80 | 포탈의 역사와 연관된 도서가 보관된 장서고 |
| 81-85 | 포탈에 침입하려던 포로나 크리쳐를 가둔 감옥 |
| 86-87 | 이계 교차점. 한때 다른 세계로 가는 포탈이 있었던 곳. (25%의 확률로 작동중) |
| 88-90 | 창고 |
| 91 | 포탈에 연관된 보물이나 수호자들의 재산을 보관하고 있는 창고 혹은 금고 |
| 92-93 | 학습실 |
| 94 | 포탈을 통과해 나온 크리쳐나 몰래 사용하려던 자를 취조하기 위한 고문실 |
| 95-98 | 화장실 혹은 욕실 |
| 99-00 | 수호대 도구나 장비 혹은 포탈을 연구하기 위한 시설을 제작하고 수리하기 위한 공방 |

## 던전: 요새

| d100 | 목적 |
|---|---|
| 01-02 | 요새에 들어오려는 방문자들을 위한 대기실 |
| 03-05 | 고품질 장비와 발리스타 등의 공성장비를 위한 무기고 |
| 06 | 요새의 지도자가 방문자들을 맞이하는 응접실 |
| 07 | 신기한 크리쳐들을 붙잡아 둔 동물원이나 새장 |
| 08-11 | 행사를 열고 손님들을 맞아들이는 연회실 |
| 12-15 | 정예 경비병들을 위한 병영 |
| 16 | 대리석 바닥이 깔린 욕조나 기타 화려한 위생시설 |
| 17 | 요새의 지도자나 중요한 손님이 사용하는 침실 |
| 18 | 요새의 지도자와 연관이 있는 신을 모시는 예배당 |
| 19-21 | 신선한 물을 얻을 수 있는 수조 |
| 22-25 | 친밀한 회합이나 격식 없는 식사를 위한 식당 |
| 26 | 다양한 옷이 준비된 의복실 |
| 27-29 | 값비싼 미술품이나 트로피가 전시된 갤러리 |
| 30-32 | 방문객들을 즐겁게 해주기 위한 게임 시설 |
| 33-50 | 경비실 |
| 51 | 요새 경비를 위해 훈련된 짐승이나 괴물이 있는 우리 |
| 52-57 | 많은 손님에게 희귀한 요리를 대접하는 부엌 |
| 58-61 | 희귀한 책이 대량으로 보관된 장서고 |
| 62 | 손님들을 즐겁게 해 주기 위한 라운지 |
| 63-70 | 와인이나 증류주가 보관된 주류 창고 |
| 71-74 | 가족이나 친밀한 손님들을 위한 휴게실 |
| 75-78 | 마구간 |
| 79-86 | 평범한 물건이나 보급품이 있는 창고 |
| 87 | 중요한 보물을 지키기 위한 금고 (75%의 확률로 비밀문을 통해서만 들어올 수 있음) |
| 88-92 | 책상이 마련되어 있는 학습실 |
| 93 | 화려하게 장식된 옥좌실 |
| 94-96 | 평범한 손님들이 알현하기 전 대기하는 대기실 |
| 97-98 | 화장실 혹은 욕실 |
| 99-00 | 과거 요새의 지도자나 다른 중요한 인물이 잠들어 있는 납골당 |

## 던전: 신전 혹은 사원

| d100 | 목적 |
|---|---|
| 01-03 | 전투 깃발과 문양, 갑옷과 무기로 가득찬 무기고 |
| 04-05 | 신전의 사제들이 평민과 보통 방문객을 맞이하는 응접실 |
| 06-07 | 축하연과 성축일을 기념하는 연회실 |
| 08-10 | 신전의 사병들과 고용된 경비병들을 위한 병영 |
| 11-14 | 신도들이 조용히 묵상할 수 있는 독방 |
| 15-24 | 중요한 의식을 거행하기 위한 중앙 사원 |
| 25-28 | 신전의 주된 신 아래의 하급 신들을 모시는 예배당 |
| 29-31 | 입문자와 사제들을 훈련하기 위한 교실 |
| 32-34 | 특별히 성별되어 외계의 존재들을 소환하는 소환실 |
| 35-40 | 대사제나 비슷하게 중요한 인물들을 모시는 납골당. 잘 숨겨져 있으며 괴물과 함정들로 지켜지고 있음 |
| 41-42 | 신전의 하인과 하급 사제들을 위한 거대 식당 |
| 43 | 신전의 고위 사제들을 위한 작은 식당 |
| 44-46 | 룬이 새겨지고 예언 도구들이 갖추어진 예지실 |
| 47-50 | 하급 사제와 학생들이 숙식하는 기숙사 |
| 51-56 | 경비실 |
| 57 | 신전의 신과 연관된 동물이나 괴물들이 있는 우리 |
| 58-60 | 부엌(사악한 신전이라면 고문실과 흡사할 수 있음) |
| 61-65 | 종교적 문서들이 잘 구비된 장서고 |
| 66-68 | 포획한 적들을 감금한 감옥(선 혹은 중립 신의 경우) 희생 제물을 가둔 감옥 (악신의 경우) |
| 69-73 | 의식용 복장과 성구들을 보관한 의복실 |
| 74 | 승용마와 신전의 탈것들이 있는 마구간. 방문객이나 대상들을 위해 준비된 곳 |
| 75-79 | 평범한 보급품들이 있는 창고 |
| 80 | 귀중한 성물이나 의식용 물건이 있는 금고. 엄중하게 경비되고 있음 |
| 81-82 | 이단심문을 위해 마련된 고문실(선 혹은 중립 신의 경우), 또는 고통을 즐기기 위한 고문실(악신의 경우) |
| 83-89 | 신전이나 신화의 중요한 인물을 기리기 위한 예술품들이 있는 트로피 실 |
| 90 | 욕실 혹은 화장실 |
| 91-94 | 음료수를 얻을 수 있는 우물. 공성이나 공격에 대비해 경비되고 있음 |
| 95-00 | 무기나 종교적 물건, 도구등을 만들고 수리하는 공방 |

## 던전: 무덤

| d20 | 목적 |
|---|---|
| 1 | 죽은 자에게 예를 표하는 방문객을 위한 대기실 |
| 2-3 | 죽은 자를 보살피고 그 쉼터를 수호하는 신의 예배당 |
| 4-8 | 덜 중요한 이들이 매장된 분묘 |
| 9 | 죽은 자와 접촉해 인도를 받기 위한 예지실 |
| 10 | 도굴꾼들을 죽이기 위한 함정이 설치된 가짜 분묘 |
| 11 | 죽은 자의 업적을 기리는 예술품들이 있는 갤러리 |
| 12 | 귀족이나 대사제, 기타 중요한 이들의 대분묘 |
| 13-14 | 언데드나 구조물 등 먹고 잠잘 필요가 없는 경비병들이 지키는 경비실 |
| 15 | 매장 의식을 위한 의복과 도구가 있는 의복실 |
| 16-17 | 무덤을 관리하고 매장 의식을 치르는 도구가 있는 창고 |
| 18 | 가장 부유하고 중요한 인물이 있는 무덤. 비밀문과 함정으로 지켜지고 있음 |
| 19-20 | 죽은 자를 염하고 매장을 준비하는 공방 |

## 던전: 보물 금고

| d20 | 목적 |
|---|---|
| 1 | 방문객들을 위한 대기실 |
| 2 | 보물고의 경비병들이 사용하는 일반/마법 도구가 준비된 무기고 |
| 3-4 | 경비병들의 병영 |
| 5 | 신선한 물을 얻을 수 있는 수조 |
| 6-9 | 침입자들을 막기 위한 경비실 |
| 10 | 보물고를 지키는 짐승이나 괴물이 있는 우리 |
| 11 | 경비병들의 식사를 준비하는 부엌 |
| 12 | 킹비병들이 접근하는 자를 살펴볼 수 있는 관측실 |
| 13 | 생포한 침입자들을 감금하는 감옥 |
| 14-15 | 던전에 숨겨진 보물을 지키고 있는 금고나 창고. 잠겨져 있거나 비밀 문으로만 출입할 수 있음 |
| 16 | 생포한 침입자들에게서 정보를 얻기 위한 고문실 |
| 17-20 | 던전에 침입한 자들을 죽이거나 생포하기 위한 함정이나 시설 |

## 일반적 던전 방

| d100 | 목적 | d100 | 목적 |
|---|---|---|---|
| 1 | 대기실 | 51-52 | 부엌 |
| 02-03 | 무기고 | 53-54 | 연구실 |
| 4 | 알현실 | 55-57 | 장서고 |
| 5 | 새장 | 58-59 | 라운지 |
| 06-07 | 연회실 | 60 | 명상실 |
| 08-10 | 병영 | 61 | 관측실 |
| 11 | 욕조 혹은 화장실 | 62 | 사무실 |
| 12 | 침실 | 63-64 | 주류 저장고 |
| 13 | 동물 우리 | 65-66 | 감방 |
| 14-16 | 독방 | 67-68 | 응접실 |
| 17 | 기도실 | 69-70 | 대식당 |
| 18 | 예배당 | 71 | 의류 보관실 |
| 19-20 | 수조 | 72 | 살롱 |
| 21 | 교실 | 73-74 | 사당 |
| 22 | 옷장 | 75-76 | 휴게실 |
| 23-24 | 소환실 | 77-78 | 대장간 |
| 25-26 | 궁정 | 79 | 마구간 |
| 27-29 | 분묘 | 80-81 | 창고 |
| 30-31 | 식당 | 82-83 | 금고 |
| 32-33 | 예지실 | 84-85 | 학습실 |
| 34 | 기숙사 | 86-88 | 신전 |
| 35 | 의복실 | 89-90 | 옥좌실 |
| 36 | 입구 혹은 현관 | 91 | 고문실 |
| 37-38 | 갤러리 | 92-93 | 훈련실 |
| 39-40 | 게임 시설 | 94-95 | 박물관 |
| 41-43 | 경비실 | 96 | 대기실 |
| 44-45 | 홀 | 97 | 간호실 |
| 46-47 | 거대 홀 | 98 | 우물 |
| 48-49 | 회랑 | 99-00 | 공방 |
| 50 | 우리 | | |

# 현재 방의 상태

만약 던전이 버려진지 오래된 것이라면, 당신은 주사위를 굴려 현재 방의 상태를 판정할 수 있습니다. 여전히 그 목적대로 사용되고 있는 던전의 경우 모든 것이 원래 상태대로 보전되어 있을 것입니다.

## 현재 방의 상태

| d20 | 목적 |
|---|---|
| 1-3 | 파편이 깔려 있음. 천장이 부분적으로 무너짐 |
| 4-5 | 구멍. 바닥이 부분적으로 무너짐 |
| 6-7 | 재. 내부가 대부분 불타 있음 |
| 8-9 | 한때 캠프 장소로 사용되었음 |
| 10-11 | 물구덩이. 방의 원래 시설은 물에 의해 해를 입음 |
| 12-16 | 가구들이 망가졌지만 여전히 그 자리에 있음 |
| 17-18 | 다른 용도로 바뀌어 사용됨. (일반 던전 방 표를 굴림) |
| 19 | 거의 다 뜯겨 나감 |
| 20 | 멀쩡하고 원래 상태를 유지중 |

## 방의 내용물

일단 던전 내 방의 여러 가지 목적이 정해지고 나면, 당신은 각각의 방에 있는 내용물들을 결정해야 합니다. 던전 방 내용물 표를 이용하면 무작위로 주사위를 굴려 방의 내용물을 정할 수 있으며, 그게 아니면 직접 당신이 특정한 방에 어떤 것들이 있는지 결정할수 있습니다. 만약 당신이 방의 내용물을 직접 정하고자 한다면, 흥미롭고 다채로운 것들로 채워 넣는 게 좋습니다. 이 표에 나오는 내용물에 더해 이 부록의 뒤에 나오는 "던전 꾸미기"에서 추가적으로 여러 요소나 물건을 배치할 수 있습니다.

던전 방 내용물 표에 나오는 "주된 거주자"란 해당 지역을 통제하는 크리쳐를 말합니다. "애완동물 또는 동맹"은 주된 거주자에 복종하는 크리쳐를 말합니다. "무작위 크리쳐"는 청소부나 다른 괴물들이며, 대개 외로이 돌아다니는 것들이거나 작은 집단으로 해당 지역 내를 지나치는 것들입니다. 캐리온 크롤러나 거대 쥐, 젤라틴 큐브, 녹 괴물 등이 여기에 속합니다. 제3장 "모험 창조하기"를 참조하면 무작위 조우에 대한 더 자세한 정보를 얻을 수 있습니다.

### 던전 방 내용물

| d100 | 내용물 |
|---|---|
| 01-08 | 괴물 (주된 거주자) |
| 09-15 | 괴물 (주된 거주자) 보물과 함께 있음 |
| 16-27 | 괴물 (애완동물 또는 동맹) |
| 28-33 | 괴물 (애완동물 또는 동맹) 보물을 지키고 있음 |
| 34-42 | 괴물 (무작위 크리쳐) |
| 43-50 | 괴물 (무작위 크리쳐) 보물과 함께 있음 |
| 51-58 | 던전의 위험요소 ("무작위 던전 위험" 참조)와 보물 |
| 59-63 | 장애물 ("무작위 장애물" 참조) |
| 64-73 | 함정 ("무작위 함정" 참조) |
| 74-76 | 함정 ("무작위 함정" 참조) 보물을 보호하고 있음 |
| 77-80 | 속임수 ("무작위 속임수" 참조) |
| 81-88 | 빈방 |
| 89-94 | 던전 위험("무작위 던전 위험" 참조)이 있는 빈방 |
| 95-00 | 보물이 있는 빈방 |

## 괴물과 동기

제3장 "모험 창조하기"에는 괴물을 이용하여 조우를 만드는 방법에 대한 안내를 제공하고 있습니다. 다양성과 반전을 제공하기 위해, 다양한 난이도의 조우를 만들어 섞어 놓는 것이 좋습니다.

던전 초반에 강력한 크리쳐와 조우하게 되면 플레이어들은 흥분할 것이며 모험자들은 그들의 기지로 위기를 돌파해야 합니다. 예를 들어, 레드 드래곤 고룡이 던전의 첫 번째 층에서 잠들

어 있고, 그 드래곤 둥지에서 연기와 무거운 숨소리가 흘러나올 수도 있습니다. 영리한 캐릭터들이라면 최선을 다해 드래곤을 피하려 할 것이며, 그 와중에서도 용감한 도적은 드래곤의 보물더미에서 동전 얼마라도 훔치려 할 수 있습니다.

모든 괴물이 다 적대적일 필요도 없습니다. 던전에 괴물들을 배치할 때, 이들 각각이 주변의 크리쳐들이나 모험자들에 대해 어떤 태도를 취할지 결정해야 합니다. 캐릭터들은 굶주린 짐승에게 먹을 것을 줘서 달랠 수도 있으며, 더 영리한 크리쳐들은 복잡한 동기를 지니고 있을 수도 있습니다. 괴물의 동기 표는 던전에 있는 괴물들이 어떤 목적을 지니고 있는지 정하는데 사용할수 있습니다.

방 여러 개에 걸쳐 마주치게 되는 대집단의 경우, 전체 집단이 같은 동기를 지니고 있을 수도 있으며, 개별적인 목적을 지닌 하부 집단들이 있을 수도 있습니다.

### 괴물의 동기

| d20 | 목표 | d20 | 목표 |
|---|---|---|---|
| 1-2 | 안식처 찾기 | 12-13 | 적들에게서 숨기 |
| 3-5 | 던전 정복 | 14-15 | 전투에서 회복하기 |
| 6-8 | 던전 내의 물건 찾기 | 16-17 | 위험 회피 |
| 9-11 | 라이벌 죽이기 | 18-20 | 재산 늘리기 |

## 무작위 던전 위험

이미 누군가 거주하고 있는 지역에서는 위험 요소를 찾기가 어렵습니다. 괴물들이 위험요소를 이미 치워놓았거나 피해 다니기 때문입니다. 비명 버섯과 보라 버섯은 몬스터 매뉴얼(Monster Manual)에 소개되어 있습니다. 다른 위험요소들은 제5장 "모험의 환경"에나와 있습니다.

### 던전의 위험요소

| d20 | 목표 | d20 | 목표 |
|---|---|---|---|
| 1-3 | 갈색 곰팡이 | 11-15 | 거미줄 |
| 4-8 | 녹색 점액 | 16-17 | 보라 버섯 |
| 9-10 | 비명 버섯 | 18-20 | 노랑 곰팡이 |

## 무작위 장애물

장애물은 던전의 진행을 가로막는 요소입니다. 때때로 이러한 장애물이 던전의 거주자들에게는 오히려 던전 내를 지나다닐 수 있는 편리한 길로 취급되곤 합니다. 예를 들어 물로 가득 침수된 방은 대부분의 캐릭터들에게 장애물이겠지만, 물속에서 숨을 쉴 수 있는 크리쳐들에게는 쉽게 오갈 수 있는 통로가 될 것입니다.

장애물은 여러 개의 방에 걸쳐 있을 수 있습니다. 균열은 여러 개의 방과 통로에 걸쳐 있을 수 있고, 넓은 지역의 구조물이 전체적으로 무너져 있을 수도 있습니다. 마법 제단에서 몰아쳐 나오는 거센 바람은 위험도 자체는 덜하겠지만 모든 방향으로 수백ft에 달하는 거리까지 공기를 뒤흔들 것입니다.

## 장애물

| d20 | 내용물 |
| --- | --- |
| 1 | 1d10 × 10ft 반경의 반생명 오오라. 이 오오라 내부에서는 생명체가 hp를 회복할 수 없음 |
| 2 | 이동 속도를 절반으로 줄이는 강력한 바람. 장거리 명중 굴림에 불리점을 줌 |
| 3 | 통로를 막고 있는 *칼날 방벽Blade Barrier* |
| 4-8 | 천장이 무너져 있음 |
| 9-12 | 1d4 × 10ft 너비에 2d6 × 10ft 깊이의 균열. 던전의 아래 층으로까지 이어질 수 있음 |
| 13-14 | 2d10ft 깊이의 물. 위로 이어지는 경사나 계단 등에 물이 차 있음 |
| 15 | 지역 전체에 용암이 흐르고 있음 (50% 확률로 건널 수 있는 석재 다리가 있음) |
| 16 | 거대 버섯이 통로를 막고 있어서 잘라내야 지나갈 수 있음 (25% 확률로 위험한 곰팡이나 버섯이 그 안에 있음) |
| 17 | 독성 가스 (노출되면 1분당 1d6점의 독성 피해) |
| 18 | 들어온 자가 천장으로 떨어지게 만드는 중력 역전 *Reverse Gravity* |
| 19 | *불꽃의 벽Wall of Fire*이 통로를 막고 있음 |
| 20 | *역장의 벽Wall of Force*이 통로를 막고 있음 |

## 무작위 함정

던전 안에 빠르게 무작위로 던전을 설치하고 싶다면, 아래 표들을 통해 제5장의 "모험의 환경"에 소개되어 있는 예시 함정들을 배치할 수 있습니다. 이 표를 사용하고자 한다면, 먼저 함정 효과와 함정 발동 조건 표를 통해 함정의 종류를 정하고, 그다음 함정 피해 심각성 표를 굴려서 얼마나 치명적인 함정인지 정할 수 있습니다. 함정의 피해 심각성에 대한 자세한 정보는 제5장을 참조하십시오.

### 함정 발동 조건

| d6 | 발동 조건 |
| --- | --- |
| 1 | 밟는 경우 (바닥, 계단) |
| 2 | 통과하는 경우 (아치, 통로) |
| 3 | 만지는 경우 (손잡이, 석상) |
| 4 | 여는 경우 (문, 보물 상자) |
| 5 | 보는 경우 (벽화, 비전 상징) |
| 6 | 움직이는 경우 (바위 블록, 수레) |

### 함정 피해 심각성

| d6 | 피해 심각성 |
| --- | --- |
| 1-2 | 퇴치 |
| 3-5 | 위험 |
| 6 | 치명 |

### 함정 효과

| d100 | 효과 |
| --- | --- |
| 01-04 | 석상이나 물건에서 *마법 화살Magic Missile* 주문이 발사됨 |
| 05-07 | 계단이 무너져 경사가 되고, 아랫부분에 구덩이가 있음 |
| 08-10 | 천장 벽돌이나 천장 전체가 무너짐 |
| 11-12 | 방이 잠기고 천장이 천천히 내려옴 |
| 13-14 | 바닥에 비탈이 열림 |
| 15-16 | 쨍그랑거리는 소리로 주변 괴물들을 불러옴 |
| 17-19 | 물체를 만지면 *분해Disintegrate* 주문이 발동함 |
| 20-23 | 문이나 다른 물체에 접촉 독이 발려 있음 |
| 24-27 | 벽, 바닥, 물체 등에서 화염방사 |
| 28-30 | 물체를 만지면 *육신 석화Flesh to Stone* 주문이 발동함 |
| 31-33 | 바닥이 무너지거나 바닥 자체가 환영 |
| 34-36 | 가스가 흘러나옴. 장님가스, 산성가스, 시야를 가리는 가스, 마비가스, 독성가스, 수면가스 등이 가능 |
| 37-39 | 바닥 타일에 전기가 흐름 |
| 40-43 | *보호의 문양Glyph of Warding* |
| 44-46 | 바퀴달린 거대형 크기 석상이 복도를 굴러옴 |
| 47-49 | 벽이나 물체에서 *번개Lightning Bolt* 주문이 발사됨 |
| 50-52 | 문이 잠기고 물이나 산으로 채워짐 |
| 53-56 | 열린 상자에서 다트가 발사됨 |
| 57-59 | 무기나 갑옷, 혹은 걸개를 만지면 갑자기 움직이면서 공격해 옴 (몬스터 매뉴얼(Monster Manual)의 "움직이는 물체" 참조) |
| 60-62 | 칼날이 달렸거나 무거운 추가 방이나 복도를 가로지름 |
| 63-67 | 숨겨진 구덩이가 바닥에서 열려 캐릭터들이 떨어짐 (25% 확률로 바닥에 블랙 푸딩이나 젤라틴 큐브가 있음) |
| 68-70 | 산이나 불이 차 있는 숨겨진 구덩이 |
| 71-73 | 잠겨진 구덩이에 물이 차오름 |
| 74-77 | 날카로운 낫이 벽이나 물체에서 튀어나옴 |
| 78-81 | (독이 발려 있을 수도 있는) 창이 튀어나옴 |
| 82-84 | 약한 구조의 계단이 무너지고 바닥에 가시가 있음 |
| 85-88 | *천둥파도Thunderwave* 주문이 캐릭터들을 구덩이나 가시로 밀어냄 |
| 89-91 | 강철이나 바위 입이 캐릭터를 속박함 |
| 92-94 | 바위 블록이 복도에 내려 찍힘 |
| 95-97 | *문양Symbol* 주문 |
| 98-00 | 벽이 같이 미끄러짐 |

## 무작위 속임수

속임수는 함정보다는 좀 더 특이하고 약간 덜 위험한 것들을 말합니다. 어떤 것들은 던전의 창조자가 만들어 남겨둔 것이며, 다른 것들은 던전 내에 맴도는 기이한 마법적 힘의 영향일 수 있습니다.

아래의 표는 무작위적으로 속임수를 만들 수 있게 해 줍니다. 먼저 속임수가 설치된 물건이 무엇인지 굴려서 정하고, 그런 다음 속임수의 속성을 정합니다. 어떤 것들은 무효화될 수 없는 영구적인 효과이며, 다른 것들은 일시적으로만 유지되거나 *마법 무효화 Dispel Magic* 주문으로 중화할 수 있습니다. 각각의 속임수가 영구적인지 아닌지는 당신이 결정할 문제입니다.

## 속임수 물체

| d20 | 물체 | d20 | 물체 |
|---|---|---|---|
| 1 | 책 | 11 | 식물이나 나무 |
| 2 | 항아리에 담긴 뇌 | 12 | 물웅덩이 |
| 3 | 타오르는 불 | 13 | 룬이 새겨진 벽/바닥 |
| 4 | 깨진 보석 | 14 | 해골 |
| 5 | 문 | 15 | 마법적 힘의 구체 |
| 6 | 천장 벽화 | 16 | 석상 |
| 7 | 가구 | 17 | 돌 첨탑 |
| 8 | 유리 조각 | 18 | 갑옷 |
| 9 | 버섯이 깔린 바닥 | 19 | 태피스트리나 걸개 |
| 10 | 그림 | 20 | 연습용 허수아비 |

## 속임수

| d100 | 속임수 효과 |
|---|---|
| 01-03 | 물건을 맨 처음 만진 사람이 나이를 먹음 |
| 04-06 | 만진 물체가 움직임. 혹은 주변 물체가 움직임 |
| 07-10 | 기술을 시험하는 3개의 질문을 던짐 (모두 정답이면 보상을 내려줌) |
| 11-13 | 저항이나 취약성을 부여함 |
| 14-16 | 만지면 캐릭터의 성향, 개성, 크기, 외모, 성별을 바꿈 |
| 17-19 | 금을 납으로 바꾸는 등 물질 하나를 변화시킴 |
| 20-22 | 역장 방벽을 만들어냄 |
| 23-26 | 환영을 만들어 냄 |
| 27-29 | 잠깐 마법 물건을 억제함 |
| 30-32 | 캐릭터의 크기를 키우거나 축소시킴 |
| 33-35 | 수수께끼를 던지는 *마법의 입Magic Mouth* 주문 |
| 36-38 | *혼란Confusion* 주문 (10ft 내의 캐릭터들을 목표로 함) |
| 39-41 | 방향을 알려줌 (참일 수도 거짓일 수도 있음) |
| 42-44 | 소원을 하나 들어줌 |
| 45-47 | 만지려고 하면 날아서 피함 |
| 48-50 | 캐릭터들에게 *사명 부여Geas* 주문을 시전 |
| 51-53 | 중력을 강화/약화하거나, 없애거나 역전시킴 |
| 54-56 | 탐욕을 유발함 |
| 57-59 | 안에 감금된 크리쳐가 있음 |
| 60-62 | 출구를 잠가버리거나 열어줌 |
| 63-65 | 확률 게임을 제안함. 이기면 보상이나 정보를 얻음 |
| 66-68 | 특정한 종류의 크리쳐들을 도와주거나 해를 가함 |
| 69-71 | 캐릭터들에게 *변신Polymorph* 주문을 시전 (1시간 동안 지속) |
| 72-75 | 수수께끼나 퍼즐을 제공 |
| 76-78 | 이동을 방해함 |
| 79-81 | 동전, 가짜 동전, 보석, 가짜 보석, 마법 물건, 혹은 지도 등을 제공함 |
| 82-84 | 괴물을 풀어주거나 소환, 혹은 주변 괴물을 퇴치함 |
| 85-87 | 캐릭터들에게 *암시Suggestion* 주문을 시전 |
| 88-90 | 만지면 크게 통곡함 |
| 91-93 | 이야기를 걸어옴 (일반적인 대화, 농담, 시, 노래, 주문 시전, 비명 등이 가능) |
| 94-97 | 캐릭터들을 다른 곳으로 순간이동 시킴 |
| 98-00 | 캐릭터 둘의 정신을 서로 바꿔치기 함 |

# 무작위 보물

제7장 "보물"의 표와 안내를 참조하여 당신의 던전 곳곳 어디에 보물이 있는가 결정하십시오.

# 비어 있는 방

비어 있는 방은 캐릭터들이 짧은 휴식을 취할 수 있는 귀중한 안식처가 될 수 있습니다. 캐릭터들은 다른 크리쳐들이 들어오지 못하게 방벽을 설치하고 긴 휴식을 취할 수도 있습니다.

가끔은 비어 있는 것처럼 보여도 실은 그렇지 않은 방이 있을 수 있습니다. 만약 캐릭터들이 방을 주의 깊게 살펴보았다면, 당신은 던전의 이전 거주자가 남긴 일지 한 조각이나 다른 던전으로 이어지는 지도 등을 발견하게 해서 보상을 내려줄 수 있습니다.

# 던전 꾸미기

이 부분에서 제공되는 표는 던전 곳곳에 놓아둘 자잘한 물건들이나 흥미로운 지점을 만들기 위한 것입니다. 던전 꾸미기는 던전의 전체적 분위기를 만들어 주며, 누가 이것을 만들었고 그 역사는 어떠했는지, 그리고 주변의 함정이나 속임수는 어떤 것들인지 알려주고 탐험할 동기를 부여합니다.

무작위로 던전을 꾸미는 요소들을 만들어 보려면 먼저 소리, 공기, 냄새 부분에서 주사위를 한 번씩 굴리고, 다른 것들은 원하는 만큼 굴려서 해당 지역에 원하는대로 배치하면 됩니다.

## 소리

| d100 | 효과 | d100 | 효과 |
|---|---|---|---|
| 01-05 | 크게 터지는 소리 | 54-55 | 웃음소리 |
| 06 | 고통의 외침 | 56-57 | 흐느낌 |
| 07 | 웅웅댐 | 58-60 | 웅얼거림 |
| 08-10 | 찬송 | 61-62 | 음악 소리 |
| 11 | 종이 울리는 소리 | 63 | 딸각거림 |
| 12 | 지저귐 | 64 | 울림소리 |
| 13 | 철거덕거림 | 65-68 | 부스럭거림 |
| 14 | 땡땡 울림 | 69-72 | 긁는 소리 |
| 15 | 딸가닥거림 | 73-74 | 비명 |
| 16 | 기침 소리 | 75-77 | 헐떡거림 |
| 17-18 | 삐걱거림 | 78 | 타닥거림 |
| 19 | 북소리 | 79-80 | 미끄러지는 소리 |
| 20-23 | 앞쪽의 발소리 | 81 | 짤각거림 |
| 24-26 | 다가오는 발소리 | 82 | 홀짝거림 |
| 27-29 | 뒤쪽의 발소리 | 83 | 훌쩍임 |
| 30-31 | 멀어지는 발소리 | 84 | 튀는 소리 |
| 32-33 | 옆쪽의 발소리 | 85 | 깨지는 소리 |
| 34-35 | 낄낄댐 (약하게 들림) | 86-87 | 끽끽거림 |
| 36 | 쇠울림소리 | 88 | 깩깩거림 |
| 37-39 | 으르렁댐 | 89-90 | 바닥 두드리는 소리 |
| 40-41 | 신음 | 91-92 | 쿵 울림 |
| 42 | 투덜거림 | 93-94 | 탁 치는 소리 |
| 43-44 | 쉿쉿거림 | 95 | 딸랑거림 |
| 45 | 뿔나팔소리 | 96 | 비틀거림 |
| 46 | 울부짖음 | 97 | 징징대는 소리 |
| 47-48 | 흥얼댐 | 98 | 속삭임 소리 |
| 49 | 딸랑거림 | 99-00 | 휘파람 소리 |
| 50-53 | 문 두들기는 소리 | | |

## 공기

| d100 | 효과 | | d100 | 효과 |
|---|---|---|---|---|
| 01-60 | 깨끗하고 축축함 | | 86-90 | 깨끗하고 따뜻함 |
| 61-70 | 깨끗하고 건조함 | | 91-93 | 흐릿하고 축축함 |
| 71-80 | 깨끗하나 추움 | | 94-96 | 연기나 증기 |
| 81-83 | 안개가 있고 공기가 추움 | | 97-98 | 깨끗하나 천장에 연기 |
| 84-85 | 깨끗하나 바닥에 안개 | | 99-00 | 깨끗하나 바람이 불고 있음 |

## 냄새

| d100 | 효과 | | d100 | 효과 |
|---|---|---|---|---|
| 01-03 | 맵싸함 | | 66-70 | 썩은 내 |
| 04-05 | 염산 냄새 | | 71-75 | 야채 썩은 내 |
| 06-39 | 눅눅함 | | 76-77 | 소금기 냄새 |
| 40-49 | 흙냄새 | | 78-82 | 연기 |
| 50-57 | 비료 냄새 | | 83-89 | 탁한 냄새 |
| 58-61 | 쇠 냄새 | | 90-95 | 유황 냄새 |
| 62-65 | 오존 냄새 | | 96-00 | 지린내 |

## 일반적 요소

| d100 | 물건 | | d100 | 물건 |
|---|---|---|---|---|
| 01 | 부러진 화살 | | 60 | 무딘 투창 촉 |
| 02-04 | 재 | | 61 | 가죽 장화 |
| 05-06 | 뼈 | | 62-64 | 나뭇잎과 가지 |
| 07 | 깨진 병 | | 65-68 | 보통 곰팡이 |
| 08 | 끊어진 사슬 | | 69 | 곡괭이 손잡이 |
| 09 | 깨진 곤봉 | | 70 | 부러진 장대(5ft) |
| 10-19 | 거미줄 | | 71 | 도기 조각 |
| 20 | 구리 동전 | | 72-73 | 넝마 |
| 21-22 | 무너진 천장 | | 74 | 썩은 밧줄 |
| 23-24 | 깨진 바닥 | | 75-76 | 자갈과 흙 |
| 25-26 | 무너진 벽 | | 77 | 뜯겨나간 자루 |
| 27 | 단검 손잡이 | | 78-80 | 무해한 점액 |
| 28-29 | 젖은 천장 | | 81 | 녹슨 가시 |
| 30-33 | 젖은 벽 | | 82-83 | 막대기 |
| 34 | 마른 핏자국 | | 84 | 작은 돌조각 |
| 35-41 | 떨어진 핏자국 | | 85 | 지푸라기 |
| 42-44 | 똥 | | 86 | 부러진 칼날 |
| 45-49 | 먼지 | | 87 | 흩어진 이빨 |
| 50 | 깨진 약병 | | 88 | 횃불 밑동 |
| 51 | 음식더미 | | 89 | 벽의 낙서 |
| 52 | 보통 버섯 | | 90-91 | 큰 물웅덩이 |
| 53-55 | 박쥐 똥 | | 92-93 | 작은 물웅덩이 |
| 56 | 털 혹은 가죽 | | 94-95 | 떨어지는 물방울 |
| 57 | 깨진 망치 머리 | | 96 | 양초의 밀랍 흔적 |
| 58 | 망가진 투구 | | 97 | 떨어진 밀랍 방울 |
| 59 | 구부러지고 녹슨 쇠 | | 98-00 | 썩은 나뭇조각 |

## 일반적 가구나 설비

| d100 | 물건 | | d100 | 물건 |
|---|---|---|---|---|
| 01 | 제단 | | 50 | 중형 술통 (65갤런) |
| 02 | 팔걸이 의자 | | 51 | 대형 우상 |
| 03 | 무기류 | | 52 | 작은 물통 (20갤런) |
| 04 | 벽걸이 커튼 | | 53 | 물레 |
| 05 | 가방 | | 54 | 깔판 |
| 06 | 나무통(40갤런) | | 55 | 매트리스 |
| 07-08 | 침대 | | 56 | 양동이 |
| 09 | 벤치 | | 57 | 그림 |
| 10 | 담요 | | 58-60 | 짚자리 |
| 11 | 상자(대형) | | 61 | 받침대 |
| 12 | 화로와 목탄 | | 62-64 | 말뚝 |
| 13 | 물동이 | | 65 | 배게 |
| 14 | 찬장 | | 66 | 파이프 (105갤런) |
| 15 | 침상 | | 67 | 퀼트 |
| 16 | 큰 술통(125갤런) | | 68-70 | 걸개 (소형/중형) |
| 17 | 캐비닛 | | 71 | 골풀 |
| 18 | 가지 촛대 | | 72 | 자루 |
| 19 | 대형 카펫 | | 73 | 튀어나온 촛대 |
| 20 | 술통 (40갤런) | | 74 | 장막 |
| 21 | 샹들리에 | | 75 | 시트 |
| 22 | 목탄 | | 76-77 | 벽 선반 |
| 23-24 | 평범한 의자 | | 78 | 사당 |
| 25 | 패드달린 의자 | | 79 | 옆 천장 |
| 26 | 긴 의자 | | 80 | 소파 |
| 27 | 큰 상자 | | 81 | 보통 지팡이 |
| 28 | 중형 상자 | | 82 | 옷걸이 |
| 29 | 서랍 달린 상자 | | 83 | 석상 |
| 30 | 옷장 | | 84 | 높은 발판 |
| 31 | 석탄 | | 85 | 발판 |
| 32-33 | 긴 소파 | | 86 | 큰 탁자 |
| 34 | 나무상자 | | 87 | 긴 탁자 |
| 35 | 화톳불 | | 88 | 낮은 탁자 |
| 36 | 벽장 | | 89 | 원형 탁자 |
| 37 | 쿠션 | | 90 | 작은 탁자 |
| 38 | 선반 | | 91 | 가대 탁자 |
| 39 | 책상 | | 92 | 태피스트리 |
| 40-42 | 나무가 있는 벽난로 | | 93 | 왕좌 |
| 43 | 덮개 벽난로 | | 94 | 큰 가방 |
| 44 | 작은 술통 (10갤런) | | 95 | 통 |
| 45 | 분수 | | 96 | 초대형 술통 |
| 46 | 천장 벽화 | | 97 | 항아리 |
| 47 | 맷돌 | | 98 | 벽 세면대 |
| 48 | 족쇄 | | 99 | 나무 숙사 |
| 49 | 무릎 방석 | | 00 | 작업대 |

| d100 | 물건 | d100 | 물건 |
| --- | --- | --- | --- |
| 79 | 발받침 | 85-86 | 튜브 (배관) |
| 80 | 박제된 동물 | 87 | 족집게 |
| 81 | 수조 | 88-90 | 약병 |
| 82 | 집게 | 91 | 물시계 |
| 83 | 삼각대 | 92 | 철사 |
| 84 | 튜브 (용기) | 93-00 | 작업대 |

## 종교적 가구나 설비

| d100 | 물건 | d100 | 물건 |
| --- | --- | --- | --- |
| 01-05 | 제단 | 55 | 모자이크 |
| 06-08 | 종 | 56-58 | 기부함 |
| 09-11 | 화로 | 59 | 그림이나 벽화 |
| 12 | 가지 촛대 | 60-61 | 좌석 |
| 13-14 | 양초 | 62 | 음악용 파이프 |
| 15 | 촛대 | 63 | 기도 깔개 |
| 16 | 성직복 | 64 | 설교단 |
| 17 | 차임 | 65 | 레일 |
| 18-19 | 제단용 천 | 66-69 | 로브 |
| 20-23 | 기둥 | 70-71 | 장막 |
| 24 | 커튼 혹은 걸개 | 72-76 | 사당 |
| 25 | 드럼 | 77 | 측면 의자 |
| 26-27 | 샘 | 78-79 | 강연단 |
| 28-29 | 큰 징 | 80-82 | 석상 |
| 30-35 | 성표/부정표 | 83 | 왕좌 |
| 36-37 | 성스러운/부정한 글 | 84-85 | 대형 향로 |
| 38-43 | 우상 | 86-90 | 삼각대 |
| 44-48 | 향로 | 91-97 | 의복 |
| 49 | 무릎꿇는 단 | 98-99 | 봉헌대 |
| 50-53 | 램프 | 00 | 호루라기 |
| 54 | 낭독대 | | |

## 기구나 개인적 물건 등

| d100 | 물건 | d100 | 물건 |
| --- | --- | --- | --- |
| 01 | 송곳 | 47-48 | 거울 |
| 02 | 붕대 | 49 | 바늘 |
| 03 | 대야 | 50 | 요리용 기름 |
| 04-05 | 바구니 | 51 | 연료 기름 |
| 06-07 | 책 | 52 | 향유 |
| 08-09 | 병 | 53 | 팬 |
| 10 | 그릇 | 54-55 | 양피지 |
| 11 | 상자 | 56 | 음악용 파이프 |
| 12-13 | 붓 | 57 | 담배 파이트 |
| 14 | 양초 | 58 | 요리 접시 |
| 15 | 양초 덮개 | 59 | 냄비 |
| 16 | 촛대 | 60-61 | 주머니 |
| 17 | 지팡이 | 62 | 화장용 분 |
| 18 | 상자 | 63 | 깃털 펜 |
| 19 | 작은 상자 | 64 | 면도날 |
| 20-21 | 금고 | 65 | 밧줄 |
| 22 | 향수 | 66 | 연고 |
| 23 | 빗 | 67-68 | 두루마리 |
| 24 | 컵 | 69 | 셰이커 |
| 25 | 마개 달린 병 | 70 | 거름망 |
| 26-27 | 접시 | 71-72 | 비누 |
| 28 | 귀이개 | 73 | 통뚜껑 |
| 29 | 물병 | 74 | 숟가락 |
| 30 | 기다란 병 | 75 | 마개 |
| 31-32 | 물통 | 76-77 | 작은 석상 |
| 33 | 음식 | 78-79 | 실 |
| 34 | 포크 | 80-82 | 부싯깃통 |
| 35 | 그릴 | 83 | 수건 |
| 36 | 맷돌 | 84 | 쟁반 |
| 37 | 뿔잔 | 85 | 삼각대 |
| 38 | 모래시계 | 86 | 수프 그릇 |
| 39 | 큰 술잔 | 87-88 | 꼬인 실 |
| 40 | 주전자 | 89-90 | 꽃병 |
| 41 | 열쇠 | 91-92 | 약병 |
| 42 | 나이프 | 93 | 행주 |
| 43 | 주사위 | 94 | 숫돌 |
| 44 | 장신구 | 95-96 | 가발 |
| 45-46 | 램프/랜턴 | 97-98 | 양모 |
| | | 99-00 | 뜨개실 |

## 마법적 가구

| d100 | 물건 | d100 | 물건 |
| --- | --- | --- | --- |
| 01-03 | 증류기 | 46-47 | 모래시계 |
| 04-05 | 저울과 무게추 | 48-49 | 물병 |
| 06-09 | 비커 | 50 | 주전자 |
| 10 | 풀무 | 51 | 장신구 |
| 11-14 | 책 | 52 | 램프/랜턴 |
| 15-16 | 병 | 53 | 렌즈 (오목/볼록) |
| 17 | 그릇 | 54 | 마법원 |
| 18 | 상자 | 55 | 막자와 사발 |
| 19-22 | 화로 | 56 | 팬 |
| 23 | 우리 | 57-58 | 양피지 |
| 24 | 양초 | 59 | 별모양 |
| 25-26 | 촛대 | 60 | 오망성 |
| 27-28 | 가마솥 | 61 | 담배 파이프 |
| 29-30 | 분필 | 62 | 냄비 |
| 31-32 | 도가니 | 63 | 프리즘 |
| 33 | 수정구 | 64-65 | 깃털 |
| 34 | 마개 있는 병 | 66-68 | 건조대 |
| 35 | 책상 | 69 | 젓는 막대 |
| 36 | 접시 | 70-72 | 두루마리 |
| 37-40 | 약병 용기 | 73 | 육분의 |
| 41 | 깔때기 | 74-75 | 해골 |
| 42 | 용광로 | 76 | 주걱 |
| 43-44 | 약초 | 77 | 계량 수저 |
| 45 | 뿔 | 78 | 강연대 |

## 용기의 내용물

| d100 | 물건 | d100 | 물건 |
|------|------|------|------|
| 01-03 | 재 | 55-59 | 점성 액체 |
| 04-06 | 나무껍질 | 60-61 | 알 수 없는 덩어리 |
| 07-09 | 신체 장기 | 62-64 | 기름 |
| 10-14 | 뼈 | 65-68 | 반죽 |
| 15-17 | 잉걸불 | 69-71 | 톱밥 |
| 18-22 | 수정 | 72-84 | 가루 |
| 23-26 | 먼지 | 85-86 | 걸쭉한 액체 |
| 27-28 | 섬유 | 87-88 | 피부나 통가죽 |
| 29-31 | 젤라틴 | 89-90 | 구슬(금속, 나무 등) |
| 32-35 | 곡식 | 91-92 | 나뭇조각 |
| 36-38 | 기름 | 93-94 | 대롱 |
| 39-41 | 껍질 | 95-97 | 실 |
| 42-46 | 잎 | 98-00 | 줄기 |
| 47-54 | 묽은 액체 | | |

## 책이나 두루마리의 내용물

| d100 | 물건 | d100 | 물건 |
|------|------|------|------|
| 01-02 | 회계 기록 | 60 | 회상록 |
| 03-04 | 연금술사의 기록 | 61-62 | 항해 기록 |
| 05-06 | 연감 | 63-64 | 소설 |
| 07-08 | 동물 기록 | 65 | 그림 |
| 09-11 | 자서전 | 66-67 | 시 |
| 12-14 | 문장학 서적 | 68-69 | 기도책 |
| 15 | 신화 서적 | 70 | 부동산 증서 |
| 16 | 압화가 있는 책 | 71-74 | 요리책 |
| 17 | 달력 | 75 | 범죄 심판 기록 |
| 18-22 | 카탈로그 | 76 | 왕가의 칙령 |
| 23-24 | 계약서 | 77-78 | 악보 |
| 25-27 | 일기 | 79 | 주문책 |
| 28-29 | 사전 | 80 | 갑옷 제작서 |
| 30-32 | 낙서장 | 81-82 | 천문학 서적 |
| 33 | 위조된 문서 | 83-84 | 주조 서적 |
| 34 | 문법 교육용 책 | 85-86 | 희귀한 식생 서적 |
| 35-36 | 이단 문서 | 87-88 | 약초학 서적 |
| 37-41 | 역사 서적 | 89-90 | 지역 식생 서적 |
| 42-43 | 유언과 묵시록 | 91-92 | 수학 서적 |
| 44-45 | 법적 문서 | 93 | 건축학 서적 |
| 46-53 | 편지 | 94 | 의학 서적 |
| 54 | 광인의 글귀 | 95 | 종교적 문서 |
| 55 | 마법 속임수 | 96 | 금지된 지식의 책 |
| 56 | 마법 두루마리 | 97-99 | 먼 땅의 여행록 |
| 57-59 | 지도나 지도책 | 00 | 이계의 여행록 |

# 부록 B: 괴물 목록

## 환경에 따른 괴물 목록

아래 표는 환경과 도전 지수에 따라 괴물들을 정리한 것입니다. 이 표에는 천사와 데몬들처럼 환경에 상관없이 나타나는 괴물들은 포함시키지 않았습니다.

### 구릉 괴물

| 괴물 | 도전 지수 (XP) |
| --- | --- |
| 까마귀, 대머리수리, 독수리, 비비, 염소, 일반인, 하이에나 | 0 (10XP) |
| 거대 족제비, 경비병, 노새, 도적, 독사, 마스티프, 부족 전사, 스터지, 코볼드, 피의 매 | 1/8 (25XP) |
| 거대 늑대 거미, 거대 올빼미, 고블린, 까마귀 무리, 날개 달린 코볼드, 늑대, 도끼 부리, 멧돼지, 박쥐 무리, 슈도드래곤, 엘크, 팬서(쿠거) | 1/4 (50XP) |
| 거대 염소, 곤충 무리, 놀, 오크, 워그, 정찰병, 홉고블린 | 1/2 (100XP) |
| 갈색 곰, 거대 독수리, 거대 하이에나, 고블린 두목, 다이어 울프, 사자, 하프 오우거, 하피, 히포그리프 | 1 (200XP) |
| 거대 멧돼지, 거대 엘크, 광전사, 그리폰, 놀 무리 군주, 도적 두목, 드루이드, 오로그, 오우거, 오크 그럼쉬의 눈, 페가서스, 페리톤 | 2 (450XP) |
| 그린 해그, 맨티코어, 베테랑, 위상 거미, 위어울프, 홉고블린 대장 | 3 (700XP) |
| 놀 이노그의 이빨, 에틴, 위어보어 | 4 (1,100XP) |
| 고르곤, 뷸레트, 언덕 거인, 리버넌트, 위어베어, 트롤 | 5 (1,800XP) |
| 갈렙 두어, 사이클롭스, 와이번, 키마이라 | 6 (2,300XP) |
| 바위 거인, 카퍼 드래곤 성체 | 7 (2,900XP) |
| 레드 드래곤 성체 | 10 (5,900XP) |
| 로크 | 11 (7,200XP) |
| 카퍼 드래곤 원숙체 | 14 (11,500XP) |
| 레드 드래곤 원숙체 | 17 (18,000XP) |
| 카퍼 드래곤 고룡 | 21 (33,000XP) |
| 레드 드래곤 고룡 | 24 (62,000XP) |

### 극지 괴물

| 괴물 | 도전 지수 (XP) |
| --- | --- |
| 올빼미, 일반인 | 0 (10XP) |
| 도적, 부족 전사, 코볼드, 피의 매 | 1/8 (25XP) |
| 거대 올빼미, 날개 달린 코볼드 | 1/4 (50XP) |
| 얼음 메피트, 오크, 정찰병 | 1/2 (100XP) |
| 갈색 곰, 하프 오우거 | 1 (200XP) |
| 검치호, 광전사, 그리폰, 도적 두목, 드루이드, 북극곰, 오로그, 오우거, 오크 그럼쉬의 눈 | 2 (450XP) |
| 겨울 늑대, 맨티코어, 베테랑, 예티 | 3 (700XP) |
| 리버넌트, 어린 레모라즈, 위어베어, 트롤 | 5 (1,800XP) |
| 매머드, 화이트 드래곤 성체 | 6 (2,300XP) |
| 서리 거인 | 8 (3,900XP) |
| 흉물 예티 | 9 (5,000XP) |
| 레모라즈, 로크 | 11 (7,200XP) |
| 화이트 드래곤 원숙체 | 13 (10,000XP) |
| 화이트 드래곤 고룡 | 20 (25,000XP) |

### 도심 괴물

| 괴물 | 도전 지수 (XP) |
| --- | --- |
| 고양이, 까마귀, 염소, 일반인, 쥐 | 0 (10XP) |
| 거대 쥐, 경비병, 귀족, 날뱀, 노새, 도적, 마스티프, 사교도, 스터지, 조랑말, 코볼드 | 1/8 (25XP) |
| 거대 독사, 거대 지네, 까마귀 무리, 날개 달린 코볼드, 박쥐 무리, 쥐 무리, 복사, 슈도드래곤, 스켈레톤, 승용마, 연기 메피트, 좀비, 짐말, 켄쿠 | 1/4 (50XP) |
| 거대 말벌, 깡패, 곤충 무리, 섀도, 악어, 전투마 | 1/2 (100XP) |
| 거대 거미, 구울, 유안티 순혈, 악령, 첩자, 하프 오우거 | 1 (200XP) |
| 가고일, 가스트, 도적 두목, 미믹, 사교 광신자, 사제, 위어랫, 윌 오 위스프 | 2 (450XP) |
| 기사, 도플갱어, 베테랑, 수괴, 와이트, 위상 거미 | 3 (700XP) |
| 서큐버스/인큐버스, 유령, 코아틀 | 4 (1,100XP) |
| 검투사, 리버넌트, 뱀파이어 스폰, 캠비온 | 5 (1,800XP) |
| 마법사, 투명 추적자 | 6 (2,300XP) |
| 방패 수호자, 오니 | 7 (2,900XP) |
| 암살자 | 8 (3,900XP) |
| 그레이 슬라드, 실버 드래곤 성체 | 9 (5,000XP) |
| 대마법사 | 12 (8,400XP) |
| 락샤샤, 뱀파이어 | 13 (10,000XP) |
| 주문시전자 또는 전사 뱀파이어 | 15 (13,000XP) |
| 실버 드래곤 원숙체 | 16 (15,000XP) |
| 실버 드래곤 고룡 | 23 (50,000XP) |
| 타라스크 | 30 (155,000XP) |

뷸레트

## 사막 괴물

| 괴물 | 도전 지수 (XP) |
|---|---|
| 고양이, 대머리수리, 일반인, 재칼, 전갈, 하이에나 | 0 (10XP) |
| 경비병, 낙타, 날뱀, 노새, 도적, 독사, 부족 전사, 스터지, 코볼드 | 1/8 (25XP) |
| 거대 늑대 거미, 거대 도마뱀, 거대 독사, 구렁이류 뱀, 날개 달린 코볼드, 슈도드래곤 | 1/4 (50XP) |
| 곤충 무리, 놀, 먼지 메피트, 정찰병, 재칼위어, 홉고블린 | 1/2 (100XP) |
| 거대 거미, 거대 대머리수리, 거대 두꺼비, 거대 하이에나, 사자, 유안티 순혈, 스리 크린, 죽음의 개, 하프 오우거 | 1 (200XP) |
| 거대 구렁이류 뱀, 광전사, 놀 무리 군주, 도적 두목, 드루이드, 오우거 | 2 (450XP) |
| 거대 전갈, 미이라, 와이트, 위상 거미, 유안티 저주자, 홉고블린 대장 | 3 (700XP) |
| 놀 이노그의 이빨, 라미아, 위어타이거, 코아틀 | 4 (1,100XP) |
| 대기 원소, 리버넌트, 불의 원소 | 5 (1,800XP) |
| 메두사, 브라스 드래곤 성체, 사이클롭스 | 6 (2,300XP) |
| 유안티 흉물 | 7 (2,900XP) |
| 블루 드래곤 성체 | 9 (5,000XP) |
| 수호자 나가 | 10 (5,900XP) |
| 이프리트, 자이노스핑크스, 로크 | 11 (7,200XP) |
| 브라스 드래곤 원숙체 | 13 (10,000XP) |
| 미이라 군주, 보라 벌레 | 15 (13,000XP) |
| 블루 드래곤 원숙체 | 16 (15,000XP) |
| 블루 드라코리치 원숙체, 안드로스핑크스 | 17 (18,000XP) |
| 브라스 드래곤 고룡 | 20 (25,000XP) |
| 블루 드래곤 고룡 | 23 (50,000XP) |

## 산악 괴물

| 괴물 | 도전 지수 (XP) |
|---|---|
| 독수리, 염소 | 0 (10XP) |
| 경비병, 부족 전사, 스터지, 코볼드, 피의 매 | 1/8 (25XP) |
| 날개 달린 코볼드, 박쥐 무리, 슈도드래곤, 아라코크라, 프테라노돈 | 1/4 (50XP) |
| 거대 염소, 오크, 정찰병 | 1/2 (100XP) |
| 거대 독수리, 사자, 하프 오우거, 하피, 히포그리프 | 1 (200XP) |
| 거대 엘크, 검치호, 광전사, 그리폰, 드루이드, 오로그, 오우거, 오크 그럼쉬의 눈, 페리톤 | 2 (450XP) |
| 맨티코어, 바실리스크, 베테랑, 헬 하운드 | 3 (700XP) |
| 에틴 | 4 (1,100XP) |
| 대기 원소, 뷸레트, 트롤 | 5 (1,800XP) |
| 갈렙 두어, 사이클롭스, 와이번, 키마이라 | 6 (2,300XP) |
| 바위 거인 | 7 (2,900XP) |
| 서리 거인 | 8 (3,900XP) |
| 구름 거인, 실버 드래곤 성체, 화염 거인 | 9 (5,000XP) |
| 레드 드래곤 성체 | 10 (5,900XP) |
| 로크 | 11 (7,200XP) |
| 실버 드래곤 원숙체 | 16 (15,000XP) |
| 레드 드래곤 원숙체 | 17 (18,000XP) |
| 실버 드래곤 고룡 | 23 (50,000XP) |
| 레드 드래곤 고룡 | 24 (62,000XP) |

## 숲 괴물

| 괴물 | 도전 지수 (XP) |
|---|---|
| 고양이, 깨어난 덤불, 비비, 사슴, 오소리, 올빼미, 일반인, 하이에나 | 0 (10XP) |
| 가지 황폐자, 거대 족제비, 거대 쥐, 경비병, 날뱀, 도적, 독사, 마스티프, 부족 전사, 스터지, 코볼드, 피의 매 | 1/8 (25XP) |
| 거대 개구리, 거대 늑대 거미, 거대 도마뱀, 거대 독사, 거대 박쥐, 거대 오소리, 거대 올빼미, 고블린, 구렁이류 뱀, 까마귀 무리, 날개 달린 코볼드, 늑대, 멧돼지, 가시 황폐자, 점멸견, 슈도드래곤, 스프라이트, 엘크, 켄쿠, 팬서, 픽시 | 1/4 (50XP) |
| 거대 말벌, 검은 곰, 놀, 리저드포크, 곤충 무리, 사티로스, 오크, 워그, 유인원, 덩굴 황폐자, 정찰병, 홉고블린 | 1/2 (100XP) |
| 갈색 곰, 거대 거미, 거대 두꺼비, 거대 하이에나, 고블린 두목, 다이어 울프, 드라이어드, 버그베어, 유안티 순혈, 페어리 드래곤 (노란색 이하), 하프 오우거, 호랑이, 하피 | 1 (200XP) |
| 거대 구렁이류 뱀, 거대 멧돼지, 거대 엘크, 광전사, 그릭, 깨어난 나무, 놀 무리 군주, 도적 두목, 독사 무리, 드루이드, 리저드포크 주술사, 앙크헤그, 오로그, 오우거, 오크 그럼쉬의 눈, 위어랫, 윌오 위스프, 이터캡, 켄타우로스, 페가서스, 페어리 드래곤(녹색 이상) | 2 (450XP) |
| 굴절 야수, 그린 해그, 베테랑, 아울베어, 위상 거미, 위어울프, 유안티 저주자, 홉고블린 대장 | 3 (700XP) |
| 놀 이노그의 이빨, 밴시, 위어보어, 위어타이거, 코아틀 | 4 (1,100XP) |
| 고르곤, 리버넌트, 샘블링 마운드, 위어베어, 유니콘, 트롤 | 5 (1,800XP) |
| 거대 유인원, 그릭 우두머리, 오니, 유안티 흉물 | 7 (2,900XP) |
| 그린 드래곤 성체 | 8 (3,900XP) |
| 트린트 | 9 (5,000XP) |
| 골드 드래곤 성체, 수호자 나가 | 10 (5,900XP) |
| 그린 드래곤 원숙체 | 15 (13,000XP) |
| 골드 드래곤 원숙체 | 17 (18,000XP) |
| 그린 드래곤 고룡 | 22 (41,000XP) |
| 골드 드래곤 고룡 | 24 (62,000XP) |

## 수중 괴물

| 괴물 | 도전 지수 (XP) |
| --- | --- |
| 육식어 | 0 (10XP) |
| 인어 | 1/8 (25XP) |
| 구렁이류 뱀, 증기 메피트 | 1/4 (50XP) |
| 거대 해마, 사후아긴, 산호 상어 | 1/2 (100XP) |
| 거대 문어, 육식어 무리 | 1 (200XP) |
| 거대 구렁이류 뱀, 메로우, 사냥꾼 상어, 사후아긴 여사제, 시 해그, 플레시오사우루스 | 2 (450XP) |
| 범고래 | 3 (700XP) |
| 거대 상어, 물의 원소, 사후아긴 남작 | 5 (1,800XP) |
| 마리드 | 11 (7,200XP) |
| 폭풍 거인 | 13 (10,000XP) |
| 드래곤 터틀 | 17 (18,000XP) |
| 크라켄 | 23 (50,000XP) |

## 늪 괴물

| 괴물 | 도전 지수 (XP) |
| --- | --- |
| 까마귀, 쥐 | 0 (10XP) |
| 거대 쥐, 독사, 부족 전사, 스터지, 코볼드 | 1/8 (25XP) |
| 거대 개구리, 거대 도마뱀, 거대 독사, 구렁이류 뱀, 까마귀 무리, 날개 달린 코볼드, 불리워그, 쥐 무리, 진흙 메피트 | 1/4 (50XP) |
| 곤충 무리, 리저드포크, 악어, 오크, 정찰병 | 1/2 (100XP) |
| 거대 거미, 거대 두꺼비, 구울, 유안티 순혈 | 1 (200XP) |
| 가스트, 거대 구렁이류 뱀, 독사 무리, 드루이드, 리저드포크 주술사, 오우거, 오크 그럼쉬의 눈, 윌 오 위스프 | 2 (450XP) |
| 그린 해그, 와이트, 유안티 저주자 | 3 (700XP) |
| 거대 악어, 리버넌트, 물의 원소, 섐블링 마운드, 트롤 | 5 (1,800XP) |
| 블랙 드래곤 성체, 유안티 흉물 | 7 (2,900XP) |
| 히드라 | 8 (3,900XP) |
| 블랙 드래곤 원숙체 | 14 (11,500XP) |
| 블랙 드래곤 고룡 | 21 (33,000XP) |

## 언더다크 괴물

| 괴물 | 도전 지수 (XP) |
|---|---|
| 거대 불딱정벌레, 마이코니드 새싹, 비명 버섯 | 0 (10XP) |
| 거대 쥐, 부족 전사, 스터지, 코볼드, 플럼프 | 1/8 (25XP) |
| 거대 도마뱀, 거대 독사, 거대 박쥐, 거대 지네, 고블린, 그림록, 날개 달린 코볼드, 드로우, 박쥐 무리, 보라 버섯, 쿠오 토아, 트로글로다이트 | 1/4 (50XP) |
| 가스 포자, 곤충 무리, 녹 괴물, 다크맨틀, 마이코니드 성체, 섀도, 오크, 용암 메피트, 정찰병, 지저 노움, 피어서, 홉고블린, 그레이 우즈 | 1/2 (100XP) |
| 거대 거미, 거대 두꺼비, 고블린 두목, 구울, 두에르가, 버그베어, 불뱀, 악령, 콰고스 포자 하인, 쿠오 토아 채찍사제, 하프 오우거 | 1 (200XP) |
| 가고일, 가스트, 거대 구렁이류 뱀, 그릭, 기버링 마우서, 노틱, 드루이드, 미노타우르스 스켈레톤, 미믹, 북극 곰(동굴 곰), 오로그, 오우거, 오커 젤리, 오크 그럼쉬의 눈, 젤라틴 큐브, 지능 포식자, 캐리온 크롤러, 콰고스 | 2 (450XP) |
| 그렐, 도플갱어, 미노타우르스, 베테랑, 수괴, 스펙테이터, 와이트, 위상 거미, 콰고스 쏘노트, 쿠오 토아 감시자, 헬 하운드, 홉고블린 대장, 후크 호러 | 3 (700XP) |
| 블랙 푸딩, 뼈 나가, 에틴, 유령, 츄얼, 화염해골 | 4 (1,100XP) |
| 대지 원소, 드로우 정예 전사, 망령, 로퍼, 뱀파이어 스폰, 비홀더 좀비, 샐러맨더, 쏘른, 오티유, 움버 헐크, 트롤 | 5 (1,800XP) |
| 드라이더, 사이클롭스, 키마이라 | 6 (2,300XP) |
| 그릭 우두머리, 드로우 마법사, 마인드 플레이어, 바위 거인 | 7 (2,900XP) |
| 마인드 플레이어 비전술사, 영혼 나가, 클로커, 포모리언 | 8 (3,900XP) |
| 화염 거인 | 9 (5,000XP) |
| 아볼레스 | 10 (5,900XP) |
| 다오, 베히르 | 11 (7,200XP) |
| 그림자 레드 드래곤 성체, 비홀더 | 13 (10,000XP) |
| 데스 타일런트 | 14 (11,500XP) |
| 보라 벌레 | 15 (13,000XP) |

위상 거미

## 초원 괴물

| 괴물 | 도전 지수 (XP) |
|---|---|
| 고양이, 대머리수리, 독수리, 사슴, 염소, 일반인, 재칼, 하이에나 | 0 (10XP) |
| 거대 족제비, 경비병, 날뱀, 독사, 부족 전사, 스터지, 피의 매 | 1/8 (25XP) |
| 거대 늑대 거미, 거대 독사, 고블린, 늑대, 도끼부리, 멧돼지, 승용마, 엘크, 팬서(표범), 프테라노돈 | 1/4 (50XP) |
| 곤충 무리, 거대 말벌, 거대 염소, 놀, 오크, 워그, 정찰병, 재칼위어, 코카트리스, 홉고블린 | 1/2 (100XP) |
| 거대 대머리수리, 거대 독수리, 거대 하이에나, 고블린 두목, 버그베어, 사자, 스리 크린, 허수아비, 호랑이, 히포그리프 | 1 (200XP) |
| 거대 멧돼지, 거대 엘크, 그리폰, 놀 무리 군주, 드루이드, 알로사우르스, 앙크헤그, 오로그, 오우거, 오크 그럼쉬의 눈, 켄타우르스, 코뿔소, 페가서스 | 2 (450XP) |
| 맨티코어, 베테랑, 안킬로사우르스, 위상 거미, 홉고블린 대장 | 3 (700XP) |
| 놀 이노그의 이빨, 위어보어, 위어타이거, 코끼리, 코아틀 | 4 (1,100XP) |
| 고르곤, 뷸레트, 트리케라톱스 | 5 (1,800XP) |
| 사이클롭스, 키마이라 | 6 (2,300XP) |
| 티라노사우르스 렉스 | 8 (3,900XP) |
| 골드 드래곤 성체 | 10 (5,900XP) |
| 골드 드래곤 원숙체 | 17 (18,000XP) |
| 골드 드래곤 고룡 | 24 (62,000XP) |

## 해안 괴물

| 괴물 | 도전 지수 (XP) |
|---|---|
| 게, 독수리, 일반인 | 0 (10XP) |
| 거대 게, 경비병, 도적, 독사, 부족 전사, 스터지, 인어, 코볼드, 피의 매 | 1/8 (25XP) |
| 거대 늑대 거미, 거대 도마뱀, 날개 달린 코볼드, 슈도드래곤, 프테라노돈 | 1/4 (50XP) |
| 사후아긴, 정찰병 | 1/2 (100XP) |
| 거대 독수리, 거대 두꺼비, 하피 | 1 (200XP) |
| 광전사, 그리폰, 도적 두목, 드루이드, 메로우, 사후아긴 여사제, 시 해그, 오우거, 플레시오사우루스 | 2 (450XP) |
| 맨티코어, 베테랑 | 3 (700XP) |
| 밴시 | 4 (1,100XP) |
| 물의 원소, 사후아긴 남작 | 5 (1,800XP) |
| 사이클롭스 | 6 (2,300XP) |
| 브론즈 드래곤 성체 | 8 (3,900XP) |
| 블루 드래곤 성체 | 9 (5,000XP) |
| 로크, 마리드, 진 | 11 (7,200XP) |
| 폭풍 거인 | 13 (10,000XP) |
| 브론즈 드래곤 원숙체 | 15 (13,000XP) |
| 블루 드래곤 원숙체 | 16 (15,000XP) |
| 드래곤 터틀 | 17 (18,000XP) |
| 브론즈 드래곤 고룡 | 22 (41,000XP) |
| 블루 드래곤 고룡 | 23 (50,000XP) |

# 도전지수에 따른 괴물 목록

아래 색인은 몬스터 매뉴얼에 등장하는 괴물들을 도전 지수에 따라 정렬한 것입니다.

## 도전 지수 0 (0-10XP)

개구리 Frog
거대 불딱정벌레 Giant Fire Beetle
거미 Spider
게 Crab
고양이 Cat
기어오는 손톱 Crawling Claw
까마귀 Raven
깨어난 덤불 Awakened Shrub
대머리수리 Vulture
도마뱀 Lizard
독수리 Eagle
레뮤어 Lemure
마이코니드 새싹 Myconid Sprout
매 Hawk
문어 Octopus
박쥐 Bat
비명 버섯 Shrieker
비비 Baboon
사슴 Deer
염소 Goat
오소리 Badger
올빼미 Owl
육식어 Quipper
일반인 Commoner
재칼 Jackal
전갈 Scorpion
족제비 Weasel
쥐 Rat
하이에나 Hyena
해마 Sea Horse
호문쿨루스 Homunculus

## 도전 지수 1/8 (25XP)

가지 황폐자 Twig Blight
거대 게 Giant Crab
거대 족제비 Giant Weasel
거대 쥐 Giant Rat
경비병 Guard
귀족 Noble
낙타 Camel
날뱀 Flying Snake
노새 Mule
독사 Poisonous Snake
마스티프 Mastiff
메인즈 Manes
모논드론 Monodrone
부족 전사 Tribal Sarrior
사교도 Cultist
스터지 Stirge
슬라드 올챙이 Slaad Tadpole
인어 Merfolk
조랑말 pony
코볼드 Kobold
플럼프 Flumph
피의 매 Blood Hawk

## 도전 지수 1/4 (50XP)

가시 황폐자 Needle Blight
거대 개구리 Giant Frog
거대 늑대 거미 Giant Wolf Spider
거대 도마뱀 Giant Lizard
거대 독사 Giant Poisonous Snake
거대 박쥐 Giant Bat
거대 오소리 Giant Badger
거대 올빼미 Giant Owl
거대 지네 Giant Centipede
고블린 Goblin
구렁이류 뱀 Constrictor Snake
그림록 Grimlock
까마귀 무리 Swarm of Ravens
날개 달린 코볼드 Winged Kobold
날아다니는 검 Flying Sword
늑대 Wolf
도끼 부리 Axe Beak
듀오드론 Duodrone
드레치 Dretch
드로우 Drow
멧돼지 Boar
박쥐 무리 Swarm of Bats
복사 Acolyte
불리워그 Bullywug
점멸견 Blink Dog
슈도드래곤 Pseudodragon
스켈레톤 Skeleton
스프라이트 Sprite
승용마 Riding Horse
아라코크라 Aarakocra
엘크 Elk
연기 메피트 Smoke Mephit
보라 버섯 Violet Fungus
좀비 Zombie
쥐 무리 Swarm of Rats
증기 메피트 Steam Mephit
진흙 메피트 Mud Mephit
짐말 Draft Horse
켄쿠 Kenku
쿠오 토아 Kuo-toa
트로글로다이트 Troglodyte
팬서 Panther
프테라노돈 Pteranodon
픽시 Pixie

## 도전 지수 1/2 (100XP)

가스 포자 Gas Spore
거대 말벌 Giant Wasp
거대 염소 Giant Goat
거대 해마 Giant Sea Horse
검은 곰 Black Bear
그레이 우즈 Gray Ooze
깡패 Thug
녹 괴물 Rust Monster
놀 Gnoll
다크맨틀 Darkmantle
덩굴 황폐자 Vine Blight
리저드포크 Lizardfolk
마그민 Magmin
마이코니드 성체 Myconid Adult
먼지 메피트 Dust Mephit

곤충 무리 Swarm of Insects
사티로스 Satyr
사후아긴 Sahuagin
산호 상어 Reef Shark
섀도 Shadow
악어 Crocodile
얼음 메피트 Ice Mephit
오크 Orc
용암 메피트 Magma Mephit
워그 Worg
유인원 Ape
재칼위어 Jackalwere
전투마 Warhorse
전투마 스켈레톤 Warhorse Skeleton
지저 노움 Deep Gnome
정찰병 Scout
코카트리스 Cockatrice
트라이드론 Tridrone
피어서 Piercer
홉고블린 Hobgoblin

## 도전 지수 1 (200XP)

갈색 곰 Brown Bear
거대 거미 Giant Spider
거대 대머리수리 Giant Vulture
거대 독수리 Giant Eagle
거대 두꺼비 Giant Toad
거대 문어 Giant Octopus
거대 하이에나 Giant Hyena
고블린 두목 Goblin Boss
구울 Ghoul
다이어 울프 Dire Wolf
두에르가 Duegar
드라이어드 Dryad
버그베어 Bugbear
불뱀 Fire Snake
브라스 드래곤 유생체 Brass Dragon Wyrmling
사자 Lion
유안티 순혈 Yuan-ti Pureblood
스리 크린 Thri-kreen
악령 Spector
움직이는 갑옷 Animated Armor
육식어 무리 Swarm of Quipper
임프 Imp
죽음의 개 Death Dog
첩자 Spy
카퍼 드래곤 유생체 Copper Dragon Wyrmling
쾅고스 포자 하인 Quaggoth Spore Servant
콰짓 Quasit
쿼드론 Quadrone
쿠오 토아 채찍사제 Kuo-toa Whip
페어리 드래곤 (어린)
(빨간, 주황, 노랑)
Faerie Dragon (young)
(Red, Orange, Yellow)
하프 오우거 Half-ogre
하피 Harpy
허수아비 Scarecrow
호랑이 Tiger
히포그리프 Hippogriff

트로글로다이트

그린 드래곤 유생체

## 도전 지수 2 (450XP)

가고일 Gargoyle
가스트 Ghast
거대 구렁이류 뱀
Giant Constrictor Snake
거대 멧돼지 Giant Boar
거대 엘크 Giant Elk
검치호 Saber-toothed Tiger
광전사 Berserker
그리폰 Griffon
그린 드래곤 유생체
Green Dragon Wyrmling
그릭 Grick
기버링 마우서 Gibbering Mouther
기스제라이 몽크 Githzerai Monk
깨어난 나무 Awakened Tree
노틱 Nothic
놀 무리 군주 Gnoll Pack Lord
도적 두목 Bandit Captain
독사 무리
Swarm of Poisonous Snakes
바늘 데빌 Spined Devil
드루이드 Druid
리저드포크 주술사
Lizardfolk Shaman
마이코니드 왕족
Myconid Sovereign
메로우 Merrow
미노타우르스 스켈레톤
Minotaur Skeleton
미믹 Mimic
북극 곰 Polar Bear
브론즈 드래곤 유생체
Bronze Dragon Wyrmling
블랙 드래곤 유생체
Black Dragon Wyrmling
사교 광신도 Cult Fanatic
사냥꾼 상어 Hunter Shark
사제 Priest
사후아긴 여사제 Sahuagin Priestess
시 해그 Sea hag
실버 드래곤 유생체
Silver Dragon Wyrmling

아제르 Azer
알로사우르스 Allosaurus
앙크헤그 Ankheg
오로그 Orog
오우거 Ogre
오우거 좀비 Ogre Zombie
오커 젤리 Ochre Jelly
오크 그럼쉬의 눈
Orc Eye of Gruumsh
위어랫 Wererat
윌 오 위스프 Wil-o'-wisp
이터캡 Ettercap
젤라틴 큐브 Gelatinous Cube
지능 포식자 Intellect Devourer
질식시키는 깔개
Rug of Smothering
캐리온 크롤러 Carrion Crawler
켄타우르스 Centaur
코뿔소 Rhinoceros
콰고스 Quaggoth
페가서스 Pegasus
페리톤 Peryton
페어리 드래곤 (늙은)
(녹색, 청색, 남색, 보라색)
Faerie Dragon (old)
(Green, Blue, Indigo, Violet)
펜타드론 Pentadrone
폴터가이스트 (악령)
Poltergeist (spector)
플레시오사우르스 Plesiosaurus
화이트 드래곤 유생체
White Dragon Wyrmling

## 도전 지수 3 (700XP)

거대 전갈 Giant scorpion
겨울 늑대 Winter Wolf
골드 드래곤 유생체
Gold Dragon Wyrmling
굴절 야수 Displacer Beast
그렐 Grell
그린 해그 Green Hag
기사 Knight
기스양키 전사 Githyanki Warrior
나이트메어 Nightmare

도플갱어 Doppelganger
맨티코어 Manticore
미노타우르스 Minotaur
미이라 Mummy
바실리스크 Basilisk
버그베어 족장 Bugbear Chief
범고래 Killer Whale
베테랑 Veteran
블루 드래곤 유생체
Blue Dragon Wyrmling
수괴 Water Weird
수염 데빌 Bearded Devil
스펙테이터 Spectator
아울베어 Owlbear
안킬로사우르스 Ankylosaurus
예티 Yeti
와이트 Wight
위상 거미 Phase Spider
위어울프 Werewolf
유안티 저주자 Yuan-ti Malison
콰고스 쏘노트 Quaggoth Thonot
쿠오 토아 감시자 Kuo-toa Monitor
헬 하운드 Hell Hound
홉고블린 대장 Hobgoblin Captain
후크 호러 Hook Horror

## 도전 지수 4 (1,100XP)

그림자 데몬 Shadow Demon
놀 이노그의 이빨
Gnoll Fang of Yeenoghu
라미아 Lamia
레드 드래곤 유생체
Red Dragon Wyrmling
리자드 왕/여왕 Lizard King/Queen
밴시 Banshee
블랙 푸딩 Black Pudding
뼈 나가 Bone Naga
서큐버스/인큐버스
Succubus/Incubus
시 해그(집회 소속)
Sea Hag (in coven)
에틴 Ettin
오크 전쟁 족장 Orc War Chief
위어보어 Wereboar
위어타이거 Weretiger
유령 Ghost
인큐버스 Incubus
츄얼 Chuul
코끼리 Elephant
코아틀 Couatl
헬름드 호러 Helmed Horror
화염해골 Flameskull

코아틀

## 도전 지수 5 (1,800XP)

가시 데빌 *Barbed Devil*
거대 상어 *Giant Shark*
거대 악어 *Giant Crocodile*
검투사 *Gladiator*
고르곤 *Gorgon*
그린 해그 (집회 소속)
*Green hag (in coven)*
나이트 해그 *Night Hag*
대기 원소 *Air Elemental*
대지 원소 *Earth Elemental*
드로우 정예 전사
*Drow Elite Warrior*
레드 슬라드 *Red Slaad*
로퍼 *Roper*
리버넌트 *Revenant*
메졸로스 *Mezzoloth*
물의 원소 *Water Elemental*
바를구라 *Barlgura*
뱀파이어 스폰 *Vampire Spawn*
불의 원소 *Fire Elemental*
블레트 *Bulette*
비홀더 좀비 *Beholder Zombie*
사후아긴 남작 *Sahuagin Baron*
살점 골렘 *Flesh Golem*
샐러맨더 *Salamander*
샘블링 마운드 *Shambling Mound*
쏘른 *Xorn*
망령 *Wraith*
어린 레모라즈 *Young Remorhaz*
언덕 거인 *Hill Giant*
오티유 *Otyugh*
움버 헐크 *Umber Hulk*
위어베어 *Werebear*

유니콘 *Unicorn*
캠비언 *Cambion*
트롤 *Troll*
트리케라톱스 *Triceratops*
하프 레드 드래곤 베테랑
*Half-red Dragon Veteran*

## 도전 지수 6 (2,300XP)

갈렙 두어 *Galeb Duhr*
기스제라이 저스
*Githzerai Zerth*
드라이더 *Drider*
마법사 *Mage*
매머드 *Mammoth*
메두사 *Medusa*
브라스 드래곤 성체
*Young Brass Dragon*
브록 *Vrock*
사이클롭스 *Cyclops*
와이번 *Wyvern*
차즘 *Chasme*
쿠오 토아 대사제
*Kuo-toa Archpriest*
키마이라 *Chimera*
투명 추적자 *Invisible Stalker*
홉고블린 전쟁군주
*Hobgoblin Warlord*
화이트 드래곤 성체
*Young White Dragon*

## 도전 지수 7 (2,900XP)

그릭 우두머리 *Grick Alpha*
거대 유인원 *Giant Ape*
나이트 해그 (집회 소속)
*Night Hag (in coven)*
드로우 마법사 *Drow Mage*

샘블링 마운드

마인드 플레이어 *Mind Flayer*
바위 거인 *Stone Giant*
방패 수호자 *Shield Guardian*
블루 슬라드 *Blue Slaad*
블랙 드래곤 성체
*Young Black Dragon*
오니 *Oni*
유안티 흉물 *Yuan-ti Abomination*
카퍼 드래곤 성체
*Young Copper Dragon*

## 도전 지수 8 (3,900XP)

그레이 슬라드 *Gray Slaad*
그린 슬라드 *Green Slaad*
기스양키 기사 *Githyanki Knight*
드로우 롤스의 여사제
*Drow Priestess of Lolth*
마인드 플레이어 비전술사
*Mind Flayer Arcanist*
사슬 데빌 *Chain Devil*
서리 거인 *Frost Giant*
암살자 *Assassin*
그린 드래곤 성체
*Young Green Dragon*
브론즈 드래곤 성체
*Young Bronze Dragon*
영혼 나가 *Spirit Naga*
클로커 *Cloaker*
티라노사우루스 렉스
*Tyrannosaurus Rex*
포모리언 *Fomorian*
헤즈로우 *Hezrou*
히드라 *Hydra*

## 도전 지수 9 (5,000XP)

구름 거인 *Cloud Giant*
글라브레주 *Glabrezu*
나이칼로스 *Nycaloth*
블루 드래곤 성체
*Young Blue Dragon*
뼈 데빌 *Bone Devil*
실버 드래곤 성체
*Young Silver Dragon*

점토 골렘 *Clay Golem*
트린트 *Treant*
화염 거인 *Fire Giant*
흉물 예티 *Abominable Yeti*

## 도전 지수 10 (5,900XP)

골드 드래곤 성체
*Young Gold Dragon*
데바 *Deva*
데스 슬라드 *Death Slaad*
레드 드래곤 성체
*Young Red Dragon*
바위 골렘 *Stone Golem*
수호자 나가 *Guardian Naga*
아볼레스 *Aboleth*
요크롤 *Yochlol*

## 도전 지수 11 (7,200XP)

다오 *Dao*
레모라즈 *Remorhaz*
로크 *Roc*
마리드 *Marid*
베히르 *Behir*
뿔 데빌 *Horned Devil*
이프리트 *Efreeti*
자이노스핑크스 *Gynosphinx*
진 *Djinni*

## 도전 지수 12 (8,400XP)

대마법사 *Archmage*
아카날로스 *Arcanaloth*
에리니에스 *Erinyes*

## 도전 지수 13 (10,000XP)

그림자 레드 드래곤 성체
*Young Red Shadow Dragon*
날페쉬니 *Nalfeshnee*
락샤샤 *Rakshasa*
뱀파이어 *Vampire*
브라스 드래곤 원숙체
*Adult Brass Dragon*
비홀더 (본거지 아님)
*Beholder (not in lair)*
울트롤로스 *Ultroloth*

뼈 데빌

폭풍 거인 *Storm Giant*
화이트 드래곤 원숙체
*Adult White Dragon*

### 도전 지수 14 (11,500XP)
데스 타일런트 (본거지 아님)
*Death Tyrant (not in lair)*
블랙 드래곤 원숙체
*Adult Black Dragon*
비홀더 (본거지) *Beholder (in lair)*
얼음 데빌 *Ice Devil*
카퍼 드래곤 원숙체
*Adult Copper Dragon*

### 도전 지수 15 (13,000XP)
그린 드래곤 원숙체
*Adult Green Dragon*
데스 타일런트 (본거지)
*Death Tyrant (in lair)*
미이라 군주 (본거지 아님)
*Mummy Lord (not in lair)*
뱀파이어(전사) *Vampire (warrior)*
뱀파이어(주문시전자)
*Vampire (spellcaster)*
보라 벌레 *Purple Worm*
브론즈 드래곤 원숙체
*Adult Bronze Dragon*

### 도전 지수 16 (15,000XP)
강철 골렘 *Iron Golem*
마릴리스 *Marilith*
미이라 군주 (본거지)
*Mummy Lord (in lair)*
블루 드래곤 원숙체
*Adult Blue Dragon*
실버 드래곤 원숙체
*Adult Silver Dragon*
플라네타르 *Planetar*

### 도전 지수 17 (18,000XP)
고리스트로 *Goristro*
골드 드래곤 원숙체
*Adult Gold Dragon*
데스 나이트 *Death Knight*
드래곤 터틀 *Dragon Turtle*
레드 드래곤 원숙체
*Adult Red Dragon*
블루 드라코리치 원숙체
*Adult Blue Dracolich*
안드로스핑크스 *Androsphinx*

### 도전 지수 18 (20,000XP)
데미리치 (본거지 아님)
*Demilich (not in lair)*

### 도전 지수 19 (22,000XP)
발러 *Balor*

### 도전 지수 20 (25,000XP)
데미리치 (본거지)
*Demilich (in lair)*
브라스 드래곤 고룡
*Ancient Brass Dragon*
핏 핀드 *Pit Fiend*
화이트 드래곤 고룡
*Ancient White Dragon*

### 도전 지수 21 (33,000XP)
리치 (본거지 아님)
*Lich (not in lair)*
블랙 드래곤 고룡
*Ancient Black Dragon*
솔라 *Solar*
카퍼 드래곤 고룡
*Ancient Copper Dragon*

### 도전 지수 22 (41,000XP)
그린 드래곤 고룡
*Ancient Green Dragon*
리치 (본거지) *Lich (in lair)*
브론즈 드래곤 고룡
*Ancient Bronze Dragon*

### 도전 지수 23 (50,000XP)
블루 드래곤 고룡
*Ancient Blue Dragon*
실버 드래곤 고룡
*Ancient Silver Dragon*
엠피리언 *Empyrean*
크라켄 *Kraken*

### 도전 지수 24 (62,000XP)
골드 드래곤 고룡
*Ancient Gold Dragon*
레드 드래곤 고룡
*Ancient Red Dragon*

### 도전 지수 30 (155,000XP)
타라스크 *Tarrasque*

레드 드래곤 원숙체

# 부록 C: 지도

**모**험을 위해 지도를 만드는 일은 즐겁고, 도전적이며, 시간이 들어가는 일입니다. 하지만 당신에게 딱히 무언가 떠오르는 게 없다면, 시간과 에너지를 아끼기 위해 이미 만들어진 지도를 사용하는 것도 좋습니다. 출판된 모험물이나 인터넷은 지도를 찾기 위한 자료의 보고입니다. 여기 몇 가지 예시 지도를 첨부하였습니다. 마음대로 사용하세요!

바닥층    꼭대기층

1칸 = 5ft

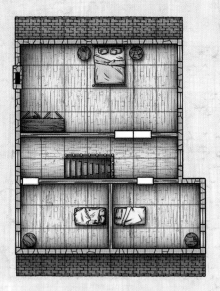

2층

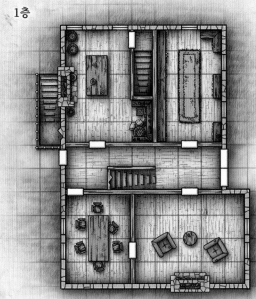

1층

지하실

1칸 = 5ft

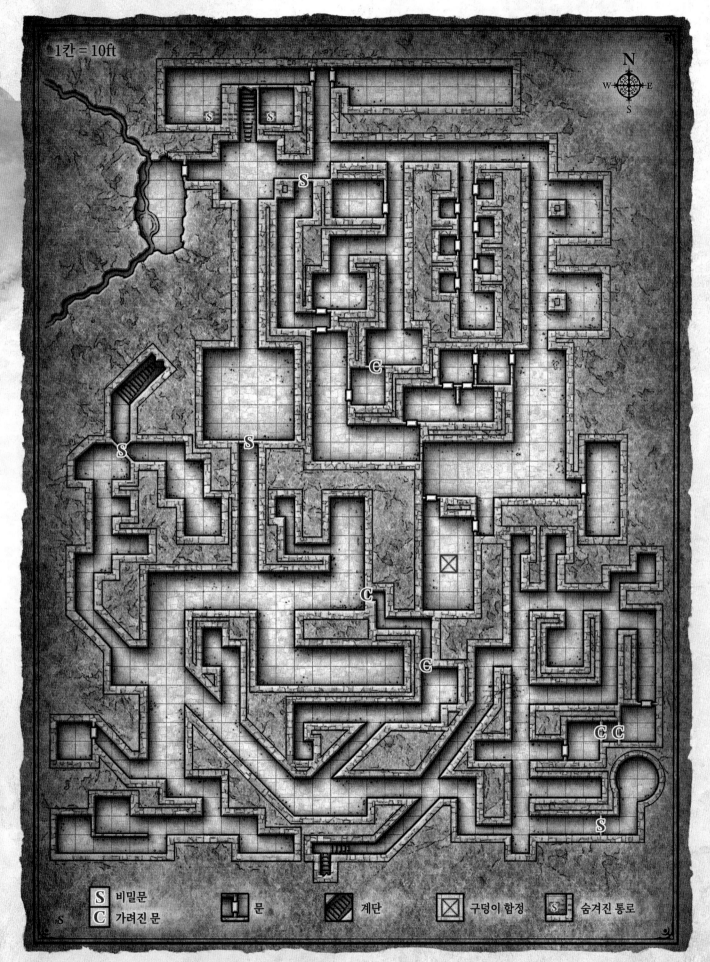

1칸 = 10ft

N
W E
S

1칸 = 5ft

# 부록 D: 던전 마스터를 위한 읽을거리

**여**기 당신이 이야기꾼으로서, 작가로서, 공연자로서, 지도 제작자로서 영감을 얻기 위한 작품들을 몇 가지 소개합니다. 이 목록은 완전한 것이 아니며, 그저 던전즈 & 드래곤 즈Dungeons & Dragons 제작팀과 플레이테스트에 참여한 이들이 골라준 작품들의 목록일 뿐입니다. 더 많은 영감을 얻고 싶다면, 플레이어즈 핸드북(Player's Handbook)의 부록 E도 참조하세요.

스티븐 킹. 유혹하는 글쓰기 (김영사)
토마스 말로리 경. 아서 왕의 죽음
로버트 맥키. 시나리오 어떻게 쓸 것인가
존 트루비. 이야기의 해부
제시 셸. The Art of Game Design (한글판)
블레이크 스나이더. Save The Cat!: 흥행하는 영화 시나리오의
　8가지 법칙

Atlas Games. *Once Upon a Time: The Storytelling Card Game.*

Bernhardt, William. *Creating Character: Bringing Your Story to Life.*

———. *Perfecting Plot: Charting the Hero's Journey.*

———. *Story Structure: The Key to Successful Fiction.*

Bowers, Malcolm. *Gary Gygax's Extraordinary Book of Names.*

Browning, Joseph & Suzi Lee. *A Magical Medieval Society: Western Europe.*

Burroway, Janet. *Writing Fiction.*

Cleaver, Jerry. *Immediate Fiction.*

Cordingly, David. *Under the Black Flag.*

Egri, Lajos. *The Art of Dramatic Writing.*

Ewalt, David M. *Of Dice and Men.*

Gygax, Gary. *Gary Gygax's Living Fantasy* and the rest of the Gygaxian Fantasy Worlds series.

———. *Master of the Game.*

———. *Role-Playing Mastery.*

Hindmarch, Will. *The Bones: Us and Our Dice.*

Hindmarch, Will & Jeff Tidball. *Things We Think About Games.*

Hirsh, Jr., E.D. *The New Dictionary of Cultural Literacy.*

Ingpen, Robert. *The Encyclopedia of Things That Never Were.*

Kaufmann, J.E. & H.W. Kaufmann. *The Medieval Fortress.*

Koster, Raph. *A Theory of Fun for Game Design.*

Laws, Robin D. *Hamlet's Hit Points.*

Lee, Alan & David Day. *Castles.*

Macaulay, David. *Castle.*

Mortimer, Ian. *The Time Traveler's Guide to Medieval England.*

O'Connor, Paul Ryan, ed. *Grimtooth's Traps.*

PennyPress. *Variety Puzzles and Games series.*

Peterson, Jon. *Playing at the World.*

Robbins, Ben. *Microscope.*

Swift, Michael and Angus Konstam. *Cities of the Renaissance World.*

TSR. *Arms and Equipment Guide.*

———. *Campaign Sourcebook/Catacomb Guide.*

———. *The Castle Guide.*

Walmsley, Graham. *Play Unsafe: How Improvisation Can Change the Way You Roleplay.*

Wilford, John Noble. *The Mapmakers.*

Writers Digest. *The Writer's Complete Fantasy Reference.*